普通高等教育工商管理"十三五"规划教材
编审委员会名单

顾　　问　李维安
主　　任　高　闯
副 主 任　徐向艺　刘延平　高俊山
委　　员　(按姓氏笔画排序)
　　　　　王　晗（大连交通大学）
　　　　　王　震（中国石油大学，北京）
　　　　　王忠伟（辽宁科技大学）
　　　　　王家斌（沈阳师范大学）
　　　　　牛东晓（华北电力大学）
　　　　　刘　冰（山东工商学院）
　　　　　刘延平（北京交通大学）
　　　　　李　健（北京理工大学）
　　　　　李志强（山西大学）
　　　　　李福学（渤海大学）
　　　　　杨俊青（山西财经大学）
　　　　　张兆响（山东工商学院）
　　　　　张青山（沈阳工业大学）
　　　　　张梦霞（首都经济贸易大学）
　　　　　孟　越（沈阳理工大学）
　　　　　赵　晶（中国人民大学）
　　　　　赵文辉（北京大学）
　　　　　徐向艺（山东大学）
　　　　　高　闯（首都经济贸易大学）
　　　　　高俊山（北京科技大学）
　　　　　黄忠东（徐州工程学院）
　　　　　梅　强（江苏大学）
　　　　　雷银生（武汉工业学院）
　　　　　魏农建（上海对外贸易学院）

普通高等教育工商管理"十三五"规划教材
"十三五"江苏省高等学校重点教材

（编号：2016-1-098）

管理学
——创业视角

第二版

梅 强　主编
文学舟　毛翠云　副主编

化学工业出版社
·北京·

《管理学——创业视角》(第二版) 从创业这一崭新视角，运用理论与实践相结合、科研反哺教学的方法，吸取人类社会活动中积累的管理理论精华，系统阐述了管理学的基本理论，诠释管理的计划职能、组织职能、领导职能和控制职能。在每章开篇和结尾处都安排了管理案例，而且主要是创业管理案例，以进一步阐述相关的创业管理实践，帮助读者更好地提高应用管理学理论方法解决管理实践、创业实践问题的能力。保持了管理学理论体系的完整性和系统性，本书既吸取当今全球管理学前沿的最新理论成果，又紧密结合我国管理的实践活动，并从创业视角系统阐述管理学理论。

《管理学——创业视角》(第二版) 可作为普通高等学校管理类各专业的教材或教学参考书，也可作为企事业、政府机关管理工作者以及创业者的指导用书。

图书在版编目 (CIP) 数据

管理学：创业视角 / 梅强主编．—2 版．—北京：化学工业出版社，2018.9

普通高等教育工商管理"十三五"规划教材 "十三五"江苏省高等学校重点教材

ISBN 978-7-122-33085-7

Ⅰ.①管… Ⅱ.①梅… Ⅲ.①管理学-高等学校-教材 Ⅳ.①C93

中国版本图书馆 CIP 数据核字 (2018) 第 219726 号

责任编辑：宋湘玲　王淑燕　　　　　　　装帧设计：韩　飞
责任校对：王素芹

出版发行：化学工业出版社（北京市东城区青年湖南街 13 号　邮政编码 100011）
印　　刷：大厂聚鑫印刷有限责任公司
装　　订：三河市宇新装订厂
787mm×1092mm　1/16　印张 24　字数 703 千字　2018 年 9 月北京第 2 版第 1 次印刷

购书咨询：010-64518888　　　售后服务：010-64518899
网　　址：http://www.cip.com.cn
凡购买本书，如有缺损质量问题，本社销售中心负责调换。

定　价：65.00 元　　　　　　　　　　　　　　　　　　　　　版权所有　违者必究

前　　言

为加强对创业管理型人才的培养，我们 2011 年编写了《管理学——创业视角》一书。本教材从创业视角系统阐述管理学理论，保持了管理学理论体系的完整性和系统性，具有鲜明的特色。教材出版后，我国数十所高等院校的管理学专业师生及许多企业管理者、创业者使用本教材，并给予了广泛的好评，认为本教材视角新颖、可读性好、指导性强。

近年来，管理学理论和实践不断有新的发展，尤其表现为以下几个方面：

(1) 经济的全球化影响组织的决策方式。随着国家（地区）之间联系的逐步拓展和加深，企业等各类组织越来越受到其他国家（地区）相应组织管理决策的影响。当全球化背景及市场发生变化时，企业经营战略及管理方式也需要相应的调整。

(2) 互联网及其他技术的兴起与快速发展促进管理的变革。一方面，互联网的发展改变了组织的模式（如虚拟企业的形成与发展），创新了企业等各类组织的运营模式，也给各类组织的管理带来了新的挑战。另一方面，随着信息技术的快速发展，数据、信息和资源对企业等各类组织的运营管理产生了重要的影响。

(3) 创业环境的不断优化促进了创业活动的蓬勃发展。近年来，涌现了一批创新创业活动的典型案例，因此，有必要将这些新颖的、前沿性、现实性案例进行总结。

因此，我们对本教材进行了修订。本次修订围绕以下几个方面展开：

(1) 完善本教材的知识体系。现代企业和创业越来越重视战略管理，作为计划职能的重要内容，本次修订大大充实了战略管理理论内容，增加了"第八章 战略的类型与选择"。主要内容包括：战略的层次与类型，企业国际化经营的内涵、动机及国际化经营战略，红海与蓝海战略及各自适用情境。

(2) 更新和充实若干新理论知识。主要有："第四章 社会责任与管理伦理"中，增加了"SA 8000 的认证流程"；"第五章 创业管理基础"中，增加了"第四节 互联网创业及对策"；"第七章 计划"中，增加了"影响计划的权变因素""计划编制的有效性""目标管理的特点"；"第十一章 组织设计与组织变革"中，补充了"互联网时代企业组织结构变革的基本趋势"部分内容；"第十二章 组织文化"中，增加了"中国创业文化的特征"；等等。

(3) 更新和调整案例与知识拓展。为适应管理实践和创业环境的变化，更新了绝大多数章节开头的导入案例和章后的案例分析。随着创业管理实践的快速发展，原先大多数章节导入案例和章后案例显得较为陈旧，需要调整。更新后的各章导入案例和章后案例基本都是本土案例，对我国读者而言，更加具有借鉴意义。同时，知识拓展内容也更新了若干内容，更反映创业前沿知识。

本书参与修订人员由江苏大学教师组成，具体分工如下：

全书由江苏大学梅强教授担任主编，文学舟教授和毛翠云教授担任副主编。其中：第一章、第二章、第十七章由马风光修订，第三章由黄婷修订，第四章、第五章由毛翠云修订，第六章、第九章由梅强和黄婷修订，第七章、第十六章由文学舟修订，第八章由文学舟新增撰写，第十章、第十一章由何勤修订，第十二章由宋联可修订，第十三章、第十五章由李国昊修订，第十四章由胡桂兰修订，第十八章由屠文娟修订。

梅强教授提出本教材修订的主要原则和总体框架，对每章提出具体修订意见，对修订后的书稿进行统稿并最终修改、定稿。文学舟教授参与了书稿的统稿和修改工作。

在本教材编写和出版过程中，得到了一些教师、企业界人士、创业者等的帮助和支持，在此深表感谢！

本教材可用作高等学校管理学专业学生的课程教材，也可作为各类组织中管理者、创业者深入学习管理学理论及应用的学习参考书。

由于编者水平所限，书中难免存在疏漏和不妥之处，敬请读者批评指正。

梅强

2018 年 8 月

第一版前言

管理学是一门富有逻辑并充满智慧的科学，借用管理学大师彼得·德鲁克的一句话：管理重要的是做正确的事，而不仅仅是正确地做事。要真正做到这一点并非易事，因为企业、学校、医院、科研机构以及政府部门等管理工作千差万别，需要创造性地应用管理学理论来指导。

本书以管理职能构建全书框架，即人们熟悉的几大职能板块——计划、组织、领导和控制等职能，围绕这些职能展开阐述，同时为了适应面广量大创业型人才培养的要求，又将有关创业管理理论和创业案例融入《管理学》教材中；且充分保证管理学理论体系的系统性，以满足管理类专业应用型、创业型人才培养的需要。

目前我国中小企业发展迅速，其数量占企业总数的99%以上，特别是创业已经以丰富多彩的形式融入现代社会的各个层次、各类组织，然而现实中所需的创业管理型人才严重缺乏。虽然我国现有管理类专业教育在人才培养方面取得了显著的成绩，但是与社会对创业型管理人才的需求相比，存在着人才培养目标缺乏针对性、培养过程及途径与实践脱节、教学内容和方式手段不适应社会需求等诸多问题。

笔者在1996年，就承担联合国开发计划署资助项目"小企业改革与发展"，十几年来，坚持不懈地研究中小企业及其创业问题，主持完成了十多项主题与其相关的国家社会科学基金、国家自然科学基金和省部级基金项目，累积了一批相关研究成果。随着全民创业、大学生创业教育的兴起，及时将此类研究成果反哺教学，先后在研究生、本科生中开设了创业管理课程，同时与江苏省中小企业局合作，面向社会开展创业服务和辅导工作，这为以创业视角来阐述管理学理论奠定了良好基础。

本书具有下列几方面的鲜明特色：第一，新颖性，既保持管理学理论体系的完整性和系统性，又实现从创业视角系统阐述管理学理论；第二，实践性，在每章开篇和结尾处基本安排了与其主要知识点有关的创业管理案例，以进一步阐述相关的创业管理实践；第三，创新性，及时反映管理学理论的新成果，例如，现有管理学教材中，较少涉及危机控制的内容，而书中的第十七章，专门阐述危机控制等。

教材配套有电子教案，可为选用本书的教师免费提供，如有需要请登录教学资源网 www.cipedu.com.cn 下载或联系 1172741428@qq.com。

本书编写人员由江苏大学和山西大学教师组成，具体分工如下。

全书由江苏大学梅强教授任主编，山西大学李志强教授、江苏大学毛翠云教授任副主编。其中：第一章、第二章和第十六章由马风光（江苏大学）撰写，第三章由黄婷（江苏大学）撰写，第四章、第五章由毛翠云撰写，第六章由梅强撰写，第七章由李志强撰写，第八章由梅强、黄婷撰写，第九章、第十章由何勤（江苏大学）撰写，第十一章由宋联可（江苏大学）撰写，第十二章和第十四章由李国昊（江苏大学）撰写，第十三章由胡桂兰（江苏大学）撰写，第十五章由常涛（山西大学）撰写，第十七章由屠文娟（江苏大学）撰写。

梅强教授提出本教材编写的主要框架，对每章提出修改意见，对书稿进行统稿并最终修改、定稿。毛翠云教授参与了书稿的统稿和修改工作。

在本教材编写和出版过程中，得到了许多人员的帮助和支持，在此深表感谢。

本教材可作为高等学校管理类课程教材，也可作为广大管理工作者、创业者的指导用书。

最后衷心祝愿广大读者都能从本书中受益。

梅强

2011年6月

目 录

第一篇 总 论

第一章 管理与管理学 ... 2
- 导入案例 一场"什么是管理"的探讨 ... 2
- 第一节 管理概述 ... 3
- 第二节 管理者 ... 6
- 第三节 管理学的研究对象与特点 ... 9
- 知识拓展 创业中的管理问题 ... 12
- 本章小结 ... 12
- 案例分析 王永庆的中国式管理思想 ... 13
- 复习思考题 ... 15

第二章 管理理论的发展 ... 16
- 导入案例 宗庆后的管理创新三阶段 ... 16
- 第一节 早期管理思想 ... 17
- 第二节 古典管理理论 ... 21
- 第三节 行为科学理论 ... 27
- 第四节 现代管理理论丛林 ... 30
- 知识拓展 传统文化对大学生创业的影响 ... 33
- 本章小结 ... 34
- 案例分析 李嘉诚的管理之道 ... 35
- 复习思考题 ... 37

第三章 管理的基本原理 ... 38
- 导入案例 阿里巴巴的管理思想 ... 38
- 第一节 系统原理 ... 39
- 第二节 人本原理 ... 42
- 第三节 权变原理 ... 44
- 第四节 责任原理 ... 46
- 第五节 效益原理 ... 48
- 第六节 创新原理 ... 50
- 知识拓展 创业精神 ... 54
- 本章小结 ... 55
- 案例分析 人本管理 创新成长 ... 55
- 复习思考题 ... 57

第四章 社会责任与管理伦理 ... 58
- 导入案例 王老吉：将社会责任化为企业发展原动力 ... 58
- 第一节 社会责任 ... 58
- 第二节 管理伦理 ... 65
- 知识拓展 公益创业 ... 71
- 本章小结 ... 72
- 案例分析 三鹿集团奶制品污染事件 ... 72

复习思考题 ·· 74

第五章　创业管理基础 ·· 75
　　导入案例　皇朝漆从网络中发掘商机 ·· 75
　　第一节　创业管理概述 ·· 75
　　第二节　创业机会识别与评价 ·· 79
　　第三节　创业机会开发及价值实现 ··· 84
　　第四节　互联网创业 ·· 89
　　知识拓展　大数据时代的创业机遇 ··· 91
　　本章小结 ·· 93
　　案例分析　海归 MPA 的淘宝创业历程 ··· 93
　　复习思考题 ·· 95

第二篇　计 划 职 能

第六章　环境分析 ·· 98
　　导入案例　老干妈的成长 ·· 98
　　第一节　全球化背景下环境分析的意义 ·· 99
　　第二节　宏观环境分析 ·· 101
　　第三节　行业环境分析 ·· 104
　　第四节　内部条件分析 ·· 108
　　第五节　环境分析的程序和方法 ·· 112
　　知识拓展　创业环境 ·· 115
　　本章小结 ·· 116
　　案例分析　聚美优品的起家 ·· 116
　　复习思考题 ·· 117

第七章　计划 ··· 118
　　导入案例　某电子厂的计划 ·· 118
　　第一节　计划概述 ··· 119
　　第二节　计划的编制 ·· 123
　　第三节　目标管理 ··· 129
　　知识拓展　创业计划 ·· 135
　　本章小结 ·· 137
　　案例分析　蒙牛的目标管理 ·· 137
　　复习思考题 ·· 138

第八章　战略的类型与选择 ·· 140
　　导入案例　顺丰跨界电商：豪赌还是机遇？ ·· 140
　　第一节　战略的层次与类型 ·· 141
　　第二节　企业国际化经营及战略选择 ··· 146
　　第三节　企业战略创新——从红海到蓝海 ·· 152
　　知识拓展　企业创新创业战略选择 ·· 159
　　本章小结 ·· 160
　　案例分析　格力电器的多元化战略 ·· 161
　　复习思考题 ·· 162

第九章　决策 ··· 163
　　导入案例　刘强东的决策 ·· 163
　　第一节　决策的概念与类型 ·· 164

第二节　决策过程·······166
　　第三节　决策方法·······171
　　知识拓展　创业决策·······177
　　本章小结·······179
　　案例分析　百度CEO李彦宏的创业决策·······179
　　复习思考题·······180

第三篇　组 织 职 能

第十章　组织基础·······182
　　导入案例　直线权与参谋权·······182
　　第一节　组织概述·······182
　　第二节　正式组织与非正式组织·······184
　　第三节　管理幅度与管理层次·······187
　　第四节　集权与分权·······189
　　第五节　直线权和参谋权·······191
　　知识拓展　公司内部创业·······195
　　本章小结·······196
　　案例分析　A集团的管理机构调整·······196
　　复习思考题·······200

第十一章　组织设计与组织变革·······201
　　导入案例　华为的铁三角组织及其一线呼唤炮火的业务流程体系·······201
　　第一节　组织设计·······202
　　第二节　委员会·······213
　　第三节　互联网环境下的组织变革·······215
　　第四节　企业业务流程再造·······219
　　知识拓展　创业型公司组织模式·······221
　　本章小结·······223
　　案例分析　餐饮创业企业的组织变革之争——记杨利平的糯米美食厂·······223
　　复习思考题·······224

第十二章　组织文化·······225
　　导入案例　文心六艺馆，积极传承中华文化·······225
　　第一节　组织文化概述·······226
　　第二节　组织文化的功能·······228
　　第三节　塑造组织文化的主要途径·······232
　　第四节　学习型组织·······233
　　知识拓展　创业文化·······238
　　本章小结·······240
　　案例分析　为什么喜欢萌可可·······241
　　复习思考题·······243

第十三章　人力资源管理·······244
　　导入案例　跳槽·······244
　　第一节　人力资源管理概述·······244
　　第二节　人力资源规划·······246
　　第三节　人力资源的招聘与配置·······250
　　第四节　人力资源的培训·······254

第五节	人力资源的评价	256
第六节	薪酬设计	259
第七节	职业生涯管理	260
知识拓展	弹性工作制	263
本章小结		265
案例分析	阿里巴巴：造就万名千万富翁的人力资源管理	266
复习思考题		268

第四篇 领 导 职 能

第十四章 领导 270
- 导入案例　追梦的领导者戴跃锋 270
- 第一节　领导的含义与本质 271
- 第二节　领导理论 274
- 第三节　领导艺术 280
- 第四节　不确定性环境下的领导 284
- 知识拓展　创业型领导 285
- 本章小结 286
- 案例分析　中国梦，九久康 286
- 复习思考题 291

第十五章 激励 292
- 导入案例　大学生招聘中的困惑 292
- 第一节　激励概述 292
- 第二节　激励的理论 294
- 知识拓展　非物质激励 302
- 本章小结 305
- 案例分析　腾讯的"游戏化"激励员工成长体系 305
- 复习思考题 307

第十六章 沟通 308
- 导入案例　杨瑞的困惑 308
- 第一节　沟通概述 308
- 第二节　沟通的障碍及其克服 316
- 第三节　组织冲突与管理 322
- 知识拓展　创业沟通 325
- 本章小结 326
- 案例分析　淘宝商城如何实现冲突管理 326
- 复习思考题 327

第五篇 控 制 职 能

第十七章 管理控制 330
- 导入案例　OEC 管理法 330
- 第一节　控制概述 331
- 第二节　控制过程 336
- 第三节　控制方法 341
- 知识拓展　创业风险分析与控制 345
- 本章小结 348

| 案例分析 甲车间的管控改革 | 348 |
| 复习思考题 | 350 |

第十八章 危机控制 ... 351
- 导入案例 三株帝国的没落 ... 351
- 第一节 危机控制概述 ... 352
- 第二节 危机控制的原则 ... 357
- 第三节 危机控制的方法及趋势 ... 359
- 知识拓展 新创企业的危机管理 ... 362
- 本章小结 ... 365
- 案例分析 海底捞三小时危机公关 ... 365
- 复习思考题 ... 368

参考文献 ... 369

第一篇 总 论

第一章　管理与管理学

本章学习目的

- 理解管理的内涵、性质和职能
- 明确管理者的分类及技能要求
- 认识管理学的研究对象和特点
- 掌握学习管理学的方法和意义

导入案例 ▶▶▶

一场"什么是管理"的探讨

李松和王天是大学同学,学的都是工商管理专业。毕业后,李松去了一家外资企业从事管理工作,而王天则被学校免试推荐为该校的硕士研究生。李松在当上部门经理后也来到该校参加管理培训。

两个老同学见面后,由于志趣相同,在吃完晚饭后,又来到李松的宾馆房间,就关于"什么是管理"的话题继续闲聊起来。

王天问李松:"我虽然已经读了管理专业的研究生,但对于什么是管理,我还是不太明白,有人说,管理就是决策,有人说,管理是协调他人的活动,如此等,真是公说公有理,婆说婆有理。你是从事管理工作的,那你认为到底什么是管理?"

李松略为思索了一会儿,说道:"从我工作的经验看来,管理就是与人打交道。"

"那么依你看,善于交际的人就是好的管理者了?"王天追问道。

"那也不能这么说",李松忙回答说,"虽然与人打交道非常重要,但管理也不仅仅是与人打交道。"

"你说得对,管理还要做计划、定目标、选人才、做决策、组织实施和控制等",王天继续发表自己的见解。

"嗯,差不多吧。比如我,几乎啥都得做,今天开会,明天写报告,后天订计划,忙得团团转,搞好管理可真不容易。"李松深有感触地说。

"不是说'管理就是通过其他人来完成工作'吗?"王天有些不解地说。

李松回答道:"我个人认为,这句话有失偏颇,管理的确要指挥下属完成工作,但管理者绝不是动动嘴就行了,其实管理者的工作量非常大,他们必须身体力行,起到引领的作用。"

"是的,管理不是发号施令。管理者是舵手,是教练,他必须带领其他人一起为组织目标的实现而奋斗。不过听说在一些企业,有些人只要能和领导搞好关系,不用真抓实干,没有真才实学,也会受到上级的器重。"

"不一定,在我就职的这家企业,这种现象好像不存在,你有本事,有业绩,上级才会器重你,你才会获得提拔、加薪,拍马屁没有用。因此,我认为管理的目的就是有效实现组织的目标。"

夜深了,可李松和王天好像并没有丝毫的睡意,两人还在围绕着关于"什么是管理"的话题继续探讨着。

资料来源：https://wenku.baidu.com/view/850a401cb7360b4c2f3f6406.html，作者略有删改。

第一节　管　理　概　述

一、管理的含义

对于什么是管理，迄今为止，人们的理解并不完全一致。从中文理解，"管"在古代是指钥匙，后引申为管辖；"理"的本意是治玉，后引申为处理。合起来就是管人和理事。英语的管理——"manage"源于意大利文"maneggiare"，意思是驯马。下面是一些著名西方学者对管理的经典定义。

哈罗德·孔茨认为：管理就是设计和保持一种良好环境，使人在群体里高效率地完成既定目标。

斯蒂芬·罗宾斯认为：管理是指同别人一起，或通过别人使活动完成得更有效的过程。

小詹姆斯·H·唐纳利认为：管理就是由一个或更多的人来协调他人活动，以便收到个人单独活动所不能收到的效果而进行的各种活动。

赫伯特·西蒙认为：管理就是决策，决策贯穿于管理的全部过程。

亨利·法约尔认为：管理是由计划、组织、指挥、协调及控制等职能为要素组成的活动过程。

弗雷德里克·泰罗认为：确切地知道你要别人干什么，并注意他们用最好的、最经济的方法去干。

上述定义从不同侧面、不同角度揭示了管理的某一特性。透过不同的说法，我们可以发现管理工作的许多基本的点，如管理的目的、管理的职能。综合前人的成果，我们认为：管理是对组织资源进行整合以有效实现组织目标的过程。

孔茨说过："给管理下的定义并不一定要很严密、完备和硬性，而明确列出管理的特定内涵才是更为重要的事情。"为了深入理解管理的内涵，需要强调以下几点。

第一，管理的载体是组织。由两个或两个以上的人组成，为一定目标而进行协作活动的集体，就形成组织，"许多人在同一生产过程中，或在不同的但互相联系的生产过程中，有计划地一起协同劳动，这种劳动形式叫做协作。"有效的协作需要组织，需要在组织中实施管理。

任何组织都存在于一定的内外部环境之中，受到环境的约束。例如，企业的生存离不开外部的原材料供应和顾客的需求，其生产经营活动要受到国家政策、法律等多种因素的影响；学校的生存取决于学生求学的欲望和用人单位的需求。管理实践活动必须注重组织的内外部环境，适应环境，利用环境，并根据内外部环境的变化而不断地进行创新。

第二，管理的目标是有效地实现组织的目标。管理是一种有意识、有目的的活动，不能为管理而管理。"有效"的要求主要体现在两个方面：①效率，它表明投入与产出的关系，要求组织以最少的投入达到最大的产出；②效果，它反映所进行的活动符合组织目标的程度。简单地说，管理的目标就是"做正确的事情，正确地做事情。"效率与效果相比，效果是第一位的。

第三，管理的实质是对组织资源的整合。资源是一个组织运行的基础，也是开展管理工作的前提。传统意义上的资源主要是指人、财、物，强调的是那些内部的、有形的资源。现代意义上的资源远不只是这些，内部资源和外部资源、有形资源和无形资源都是组织的资源。组织的管理工作要把可利用的各种资源整合起来，给资源赋予更大的价值，以此实现组织的目标。在某种意义上说，组织间的较量实际上是资源利用效果的较量，资源是流动的，不能给资源赋予更高价值的组织将会归于失败。

在组织的所有资源中，人力资源是最重要、最难获取、最难管理的。组织中的任何事都是由人来处理的，所以管理者既管人又管事，而管事实际上也就是管人。管理活动自始至终，在每一个环节都是与人打交道的。在现代社会中，人力资源能否得到充分利用，决定组织的目标能否充分实现。因此管理的核心也可以说是对人力资源的整合。

第四，管理的范围极为广泛。管理普遍适用于任何类型的组织。因为任何组织都有特定的组织目标，都有其一定的资源调配和利用问题，因此，也就有管理问题。管理活动遍布人类社会的方方面面，无时无处不在。

盈利性组织需要管理，这类组织十分重视投入与产出的比较，十分强调对资源的利用效果。人们往往认为只有大企业才需要管理。事实上，小企业同样需要管理。每年都会有大量的小企业破产倒闭，究其原因，并不仅是因为小企业拥有的资源少，更重要的原因是管理方面的问题。从非盈利性组织来看，不仅政府、军队需要管理，学校、医院、报社也需要管理，而且各种基金会、联合会、俱乐部，以及政治党派、学术团体和宗教组织等也都需要管理。

当然，不同类型的组织，由于其活动的目标和内容存在一些差异，因而管理的具体内容和方法也不尽相同。但从基本管理职能和管理原理、方法来看，各种不同类型的组织具有大量相似共通性。

二、管理的性质

（一）管理的自然属性和社会属性

管理的自然属性是指管理同生产力、社会化大生产相联系的属性。马克思在《资本论》中明确地指出："凡是直接生产过程具有社会结合过程的形态，而不是表现为独立生产者独立劳动的地方，都必然会产生监督劳动和指挥劳动。不过它具有二重性。"这就是说，管理活动的产生具有客观必然性，是由人们的共同劳动引起的。经济学家早就发现，集体劳动因分工协作会产生一种协作力，其劳动的效率要大大高于各成员单独劳动效率的代数和，这种协作力即来源于管理。

人们的共同劳动和社会化大生产不仅产生了对管理的需要，而且推动了管理的发展。今天，管理业已成为现代生产力中不可或缺的因素。可以说，没有现代管理，就没有现代生产力；没有管理的现代化，就不可能有社会经济的现代化。瑞典发展研究院对1994年的国际竞争力进行的研究排名显示：资源并不丰富，科技也不十分发达的小国——新加坡令人惊讶地跃居为第二名，超过经济大国日本和欧洲许多老牌国家。进一步研究发现，其最重要的原因之一就是新加坡政府对经济的高超的管理，正是这推动了该国经济的迅猛发展，极大地提高了国家的国际竞争力。

管理的社会属性是指管理同生产关系、社会制度相联系的属性。任何社会组织的管理都是在一定的社会形态下，受到政治、法律及体制的影响。作为特殊职能的管理活动都要反映出管理的预期目的，谁的目的和怎样的目的，实现目的的途径和手段等，而管理的目标要受到生产关系和上层建筑的制约和影响。任何一种管理方法、管理技术和手段的出现又总是带有时代的烙印，其有效性又往往同生产力水平及社会历史背景相适应。

理解管理的二重性对于学习和掌握管理学的原理和方法，并应用其指导具体的管理实践有着重要的意义。首先，它有助于我们理解和把握管理活动的一般规律和管理学形成、确立和发展的历史背景和时代脉搏。其次，管理的二重性表明，先进的管理理论、技术和方法是人们长期从事管理活动的产物，是人类智慧的结晶，它同生产力的发展一样，具有连续性，是不分国界的，可以为我所用。再次，它要求我们在学习他人的先进理论、方法和经验时，区别哪些东西值得我们借鉴，切忌生搬硬套的教条主义。

（二）管理的科学性和艺术性

管理的科学性首先是指有效的管理，成功的管理必须有科学的理论、方法来指导，管理活动应遵循管理的基本原理和原则；其次、管理的科学性指的是管理学是一门科学。科学是经过整理的知识。任何科学的根本特点是运用科学去发展知识。同其他科学一样，管理科学具备明确的概念、明确的理论和其他积累起来的知识。管理学研究管理活动的客观规律，在长期的管理实践中，形成了自己系统的原理、原则和方法论。今天，管理学作为一门独立的科学在实践中起到了不可替代的作用。

管理科学还包括从经验、技能提炼发展而来的管理技术。技术反映理论，管理技术主要涉及管理的方法。技术在一切操作领域里都是重要的，在管理领域一样重要，如管理技术中的预算编制、会计成本核算、投资收益率控制法、网络计划等各种计划、控制技术，以及目标管理等，都是帮助管理者最有成效地开展活动的一种手段。

管理的艺术性是指管理的实践性、创造性和灵活性。首先，管理活动是在一定的环境中进行的，环境各异且不断变化，对每一具体对象的管理没有一个唯一的、完全的模式。因此，具体管理活动的成效在很大程度上取决于或者说体现了管理主体管理技巧的运用和发挥。其次，当管理者从众多可供选择的管理方式和手段中选择一种合适的用于自己的管理实践时，也体现了他管理的艺术性技能。再次，由于管理的主要对象——人具有主观能动性和感情，人能积极地思考，并自主地作出行为决定，而且，感情是最难数量化、模式化的东西，受多种因素的影响。因而，对于不同的人，即便是同样的问题，也可能需要采取灵活的方法才能收到良好效果，达到管理的目的。最后，管理的艺术性还与管理者的性格有关。研究发现，合格的或成功的管理者的先决条件之一是个人有成为管理者的欲望和意愿。有些人愿意做与人有关的工作，视与人沟通为乐趣，另一些人可能恰恰相反。这时，艺术性更多地取决于人的天赋和直觉，是一种非理性的行为。因此，不同性格的人在管理活动中其创造性和灵活性的发挥就会表现出很大的差异。

从管理的科学性与艺术性可知，有成效的管理艺术是以对它所依据的管理理论的理解为基础的。管理的专业教育与训练仅为培养出色的主管人员在理论知识方面打下坚实的基础，管理者必须通过大量的实践来提高自身的管理水平，创造性地灵活运用科学知识，以保证管理的成功。

管理的科学性与艺术性并不互相排斥而是相互补充。不注重管理的科学性而只强调管理工作的艺术性，这种艺术性将会表现为随意性；不重视管理工作的艺术性，管理科学将会是僵硬的教条。管理的科学性来自于管理艺术，管理的艺术性要建立在管理科学的基础上，二者是统一的。

三、管理的职能

管理职能（management functions），是指管理者为实现有效管理所应发挥的功能。管理工作是由一系列相互关联、连续进行的活动构成的，这些活动可被归类为管理的基本职能。在管理学史上，关于管理的职能有多种观点。法约尔最早提出五项管理职能：计划、组织、指挥、控制、协调。之后，古利克将其扩展为七项职能：计划、组织、指挥、控制、协调、人事、沟通。著名的美国管理学者德鲁克又将管理职能划分为：计划、组织、人事、领导和控制。20世纪50年代中期，加利福尼亚大学两位教授——哈罗德·孔茨和西里尔·奥唐奈采用计划、组织、人事、领导和控制5种职能作为管理教科书的框架，在此后的20年中，他们合著的《管理学原理》一书成为销量最大的管理教科书之一。通过描述管理的各项职能可以大致描述管理学的整个体系，所以时至今日，最普及的管理教科书仍按照管理职能来组织内容。

尽管在管理究竟涉及哪几项活动上仍然存在分歧，但大多只是阐述中的表达繁简不同，没有实质的差异。如许多教科书将职能界定为4个基本职能：计划、组织、领导和控制。本书也将选择四项主要职能来逐一介绍，分别是计划、组织、领导、控制。

处于各个级别和部门的管理者，无论是大的组织还是小的组织，无论是营利性组织还是非营利性组织，无论是国内组织还是全球性组织，都必须履行管理职能。管理者履行这些职能的良好程度决定了其组织的效率和效益。下面扼要地阐述一下管理职能的内涵。

（一）计划职能（planning）

计划的任务是要制定目标及目标实施途径（即计划方案）。具体来说，计划工作主要包括：描述组织未来的发展目标如利润增长目标、市场份额目标、社会责任目标等；有效利用组织的资源实现组织的目标；决定为实现目标所要采取的行动。计划是管理的首要职能，管理活动从计划工作开始。

（二）组织职能（organizing）

组织工作的任务是构建一种工作关系网络，使组织成员在这样的网络下更有效地开展工作。

它包括决定组织要完成的任务是什么，谁去完成这些任务，这些任务怎么分类组合，谁向谁报告，以及各种决策应在哪一级上制定。组织就是把组织的各种资源、各个要素、各个环节，从劳动分工和协作上，从时间和空间的相互关系上，科学合理地组合起来，形成一个有机整体。

（三）领导职能（leading）

管理者要及时根据外界环境的变化，指示组织内的所有人与资源配合去适应环境，采取适当的行为。管理者协调个体和组织行为，调动组织成员的积极性、创造性，并给予他们发展的机会。管理者从整体出发，调节组织的各项活动，进行有效的沟通，消除工作中的重复、脱节和冲突现象，使组织各子系统建立良好的配合关系，形成一个良好的工作氛围。

（四）控制职能（controlling）

就是按原定计划、目标和标准进行检查，找出差异，分析原因，采取措施，及时纠正偏差，保证组织目标的实现。管理者必须监控组织的绩效，将实际的表现与预先设定的目标进行比较。如果出现了任何显著的偏差，就要使组织回到正确的轨道上来。管理者要督促组织内成员尽自己的努力，按照既定的目标与计划做好自己专职范围内的工作。在控制过程中，管理者要评价组织在多大程度上实现了目标以及采取了什么样的行动来保持和提高业绩。

第二节 管 理 者

一、管理者的含义

管理者在组织中工作，但是并非在组织中的每一个人都是管理者。为了简化起见，组织中的成员一般可分两类，一类是作业人员，另一类是管理者。管理者的工作业务性质与其他作业人员的工作业务性质是不同的。作业人员直接在一岗位上或一任务中制造产品或提供服务，但是他们不负有监管他人工作的责任。例如，生产线上的装配工、超市结账台前的收银员、百货公司里的售货员、税务局里的办事员员等都是作业人员。

相反，管理者要指挥他人的活动。当然，管理者也可有一些作业性任务。例如，工厂中的领班，除了监管班组工人的工作活动外，自己也经常要做一些操作工作。不管管理者是高层的、中层的或一线的，他们都有下属。所以对管理者的定义是：管理者指组织中指挥他人活动的人，或对他人的工作负有责任的人。

二、管理者的分类

在一个组织中通常有许多管理者，不同的管理者处于不同的管理岗位上。对管理人员进行分类可按纵向的管理层次或横向的管理领域来加以区分。

（一）不同层次的管理者

大致可把管理者分为三类，即高层管理者、中层管理者和一线管理者。

1. 高层管理者

高层管理者是组织中的高级领导人，在一些大公司中通常包括董事长、总裁、首席行政长官、首席执行官和副总裁等。高层管理人员一般需负责决定组织的目标和战略，并对组织的资源拥有分配权，尤其是对人力资源的调配，同时也需对整个组织的业绩负责。

2. 中层管理者

中层管理者是介于高层管理者和一线管理者之间的中级管理者。他们可以是部门经理、地区经理，或分厂、车间的负责人等，中层管理者负责贯彻和执行高层管理部门制定的目标和政策，把任务落实到基层单位，并检查、督促和协调基层管理者的工作。

3. 一线管理者

一线管理者是直接监察实际作业人员的管理者。一线管理者的头衔包括工长、领班、小组长。一线管理者的主要职责是给下属安排工作任务、次序，确保下属的工作条件和工作环境，使工作流程一步接着一步顺利地进行；需协调下属人员，使之成为一支有组织的协作队伍；有责任使下属愿意工作和能够工作。一线管理者必须根据组织的大目标制定出本部门的工作目标，并与下属一起按本部门的工作目标制订出每个人的工作目标；还应对下属人员的调配负主要责任，并对培养部门中潜在的领导人员负有初步的责任。

（二）不同领域的管理者

在企业中的各级管理层次中，都可能有市场营销、财务、生产、人事、行政及其他各类管理者。

1. 市场营销管理者

市场营销管理者主要职责和营销职能有关，即把该组织的产品和服务送到用户手中。营销职能包括市场调查，产品的调拨、定价与销售、促销推广以及消费者心理研究等。显然，市场营销职能对许多组织而言是十分重要的。近些年来，不少成功的企业都采纳了"市场营销观念"，即企业所做的一切都紧紧围绕如何满足用户的需要。

2. 财务管理者

财务管理者主要和组织的金融资源打交道。其主要职责包括资金筹集、预算、核算与投资等。有些机构如银行等金融机构，财务管理者的需要量特别大。成功企业的领导人有必要精通财务知识。

3. 生产与经营管理者

生产与经营管理者的主要工作是建立一个能为组织制造产品和提供服务的系统。在这一系统中，他们负责计划、控制日常的营运活动。典型的任务包括生产控制、库存控制、质量管理、工厂布局、厂址选择及工作设计等。现代企业中所关注的一些热点问题，如提高生产率、节约资源等，使生产经营管理者在许多组织中的地位变得更为重要。

4. 人事管理者

人事管理者即人力资源管理者，主要负责人力资源规划、职工的招聘与挑选、培训和发展、设计报酬福利制度、制定绩效评估制度等。在一些大企业、大公司中这些活动都由一些单独的专职部门来处理，在一些小的组织中，则由若干人负责行使所有的人力资源职能。人事经理在组织中的地位日益提高。

5. 行政管理者

行政管理者或一般管理者并不专门从事某一特定的管理专业领域的工作，他们往往是一个通晓多方面知识的全才，而不是只受过某一领域训练的专才。他们基本上对管理各领域都有所了解并熟悉这些工作。

除了上述的各类管理者外，在许多组织中还有其他一些专职管理者。例如，公共关系人员，负责处理与媒体之间的关系，以提高组织的形象；研究开发人员，负责协调组织的科研项目中科学家和工程师之间的活动。再如，有些企业中的内部咨询人员及跨国公司中的国际管理者等。随着现代企业规模扩大和环境复杂化，这类管理者的人数及其重要性也在不断增长和提高。

三、管理者的角色

管理者的角色实际上是指作为一般的管理者，他在组织体系内从事各种活动时的立场、行为表现等的一种特性归纳。

加拿大管理学家亨利·明茨伯格（Henry Mintzberg）对5位总经理工作进行了研究，并以此为依据，于1968年在麻省理工学院的斯隆管理学院完成了他的博士论文"工作中的经理——由有结构的观察确定的经理的活动、角色和程序"。在博士论文的基础上，《经理工作的性质》一书于1973年出版，这本书成为经理角色学派的代表著作。

明茨伯格的发现对长期以来人们关于管理者的看法提出了挑战。例如，当时普遍认为管理者是深思熟虑的，在决策时总是仔细、系统地处理有关信息。而研究发现，与多数非经理人员所做的工作相比，经理的活动具有简短、多样和琐屑等特点，大事小事交叉在一起，干扰是极其寻常的。在大量观察的基础上，明茨伯格的结论是，管理者扮演着10种不同的但却高度相关的角色。

这10种角色可以从总体上分为三大类型。

（一）人际关系角色（interpersonal roles）

人际关系角色指作为正式负责或管辖一个具体的组织单位并具有特别的职务地位的人，所有管理者都要履行礼仪性和象征性的义务。人际关系角色包括以下三种。

挂名首脑（figure head）。这是最简单的一种角色。管理者负有在所有礼仪事务方面代表其组织的责任。

联络者（liaison）。管理者同组织以外的管理者或其他各种类型的人交往，以便外部获得支持和信息。

领导者（leader）。涉及管理者与其下属的关系，如激励、调配等。

（二）信息角色（informational roles）

管理者的人际关系角色使他具有获得信息的独特地位。他同外部的接触带来了外部信息，而他的领导工作则使他成为组织内部信息的集中点。其结果是，管理者成为组织信息的重要神经中枢。信息角色包括以下三种。

监听者（monitor）。管理者作为信息的接受者和收集者，使他对于组织的状况有一个彻底的了解。

传播者（disseminator）。管理者把特别的信息向他的组织内传播。

发言人（spokesperson）。管理者把组织的信息向组织所处的环境传播。

（三）决策制定角色（decisional roles）

管理者掌握信息的独特地位和特别的权力使他在重大决策（战略性决策）方面处于中心地位。决策制定角色包括以下四种。

企业家（entrepreneur）。管理者在企业家角色中发动组织的变革。

故障排除者（混乱驾驭者，disturbance handler）。在组织受到威胁时，管理者要处理紧急情况。

资源分配者（resource allocator）。这一角色决定组织向哪一方向发展。

谈判者（negotiator）。这一角色表现为管理者在他感到有必要时代表组织同外界打交道。

四、管理者的技能要求

管理工作是复杂的。如果要把承担管理工作所需要的各种技能全部列举出来是完全不可能的。在管理者应掌握的一般性管理技能方面，目前人们普遍接受的是美国学者罗伯特·库茨（Robert L. Kutz）于20世纪70年代提出的管理技能模型。

（一）技术技能（technical skills）

技术技能即与特定专业领域有关的知识和能力。一般而言，所处的管理层次越低，对技术技能的要求越高；所处的管理层次越高，对技术技能的要求越低。管理人员没有必要使自己成为某一技术领域的专家，因为他们可以借助于有关专业人员来解决技术性问题。但他们需要了解或初步掌握与其专业领域相关的基本技术知识，否则他们将很难与其所主管的组织内的专业技术人员进行有效的沟通和交流，从而无法对其所管辖的业务范围内的各项管理工作进行具体的指导。这也会严重影响决策的及时性、有效性。

（二）人际技能（human skills）

人际技能即处理与他人包括个人和团体关系的能力。管理最主要的任务是管理人，这就要求管理人员必须具有识别人、任用人、团结人、组织人和调动人的积极性以实现组织目标的能力。对于各个层次的管理人员来说，人际技能都同样重要。管理人员不仅要处理好与下级的关系，学会影响和激励下级的工作；还要处理好与上级、同级之间的关系，学会如何说服领导，如何与其他部门有效合作。

（三）概念技能（conceptual skills）

概念意味着对模糊的、不明确的复杂问题进行分析，明确问题的本质和问题的根源，确定问题的关键变量，理解变量与问题之间的关系，从而使问题清晰化。概念技能是对问题进行思考和推理的能力。

在这里，我们将概念技能理解为一种将组织视为一个整体，对组织所面临的复杂问题建立起适当的分析框架，设想组织如何适应外部环境变化的能力，即分析、判断和决策能力。因而，概念技能也称为"决策技能"。这种能力具体包括：把握全局的能力；理解事物的相互关联性，从而识别关键因素的能力；权衡方案优劣及其内在风险的能力等。

越是处于高层的管理人员，越需要制定全局性的决策。他们所做的决策影响范围更广、影响期限更长，因此，他们需要更多地掌握概念性技能，进而把全局意识、系统思想和创新精神渗透到决策过程中。作为基层管理人员，他们每天大量的工作是与从事具体作业活动的工作人员打交道。他们有责任检查工作人员的工作，及时解答并同工作人员一起解决实际工作中出现的各种具体问题。因此，他们必须全面而系统地掌握与本单位工作内容相关的各种技术性技能。当然，基层管理人员也可能面临一些例外的、复杂的问题，也要协调好所管辖工作人员的工作，制订本部门的整体计划，为了做好这些工作，他们也需要掌握一定的概念性技能。人际关系技能是组织各层管理人员都应具备的技能。因为不管是哪个层次的管理者，都必须在与上下左右进行有效沟通的基础上，相互合作地共同完成组织的目标。

第三节 管理学的研究对象与特点

一、管理学研究对象

管理学有狭义和广义之分。狭义管理学研究的是管理学的一般原理、原则和方法等，通常称为管理学原理或管理学基础。它适用于任何类型组织，诸如工商企业、军队、学校、医院、科研机构以及政府机关、教会等；广义管理学则指学科群。以盈利性组织的理论看，它既包括市场学、财务管理、生产管理、组织行为学、战略管理、管理信息系统、研究与开发理论、公共关系学等，又包括管理经济学、公司法学、运筹学、比较管理学等。我们这里主要探讨的是狭义的管理学。

管理学是专门研究管理活动的基本规律和一般方法的科学，是在总结管理发展历史经验的基础上，综合运用现代社会科学、自然科学及先进科学技术的理论和方法，研究管理规律和方法，以指导管理的实践活动的一门学科。管理学普遍适用于各类组织管理工作，但以工商企业为基础。

二、管理学的特点

（一）管理学是一门软科学

软科学是相对于硬科学来说的。它除了具有不能完全精确化、定量化的含义外，更主要的是具有类似于电子计算机软件的含义。管理的情况与计算机的情况十分相似。如果把组织中的人力、物力、财力看成硬件的话，管理就是软件。人们讲管理是软科学，实际上是指管理是如何使各种资源形成最佳组合和发挥最大效能的。同时，管理本身是不能创造价值的，它必须借助于被管理的对象及条件来体现管理的价值。而这种价值是很难从其他人创造的价值中明确地区分出来的。人们经常在问，究竟管理创造了多少价值？这确是一种模糊的概念。另外，要想通过管理来提高效率和效益，往往要通过较长的时间之后才能看得出来。

（二）管理学是一门应用性科学

首先，管理学的知识来源于人们的管理实践，是人们管理经验的概括和总结。没有实践，它就成了无源之水，无本之木。其次，管理学的知识，必须运用到实践中去才有价值，否则，它就失去了存在的意义。再次，管理学知识的正确与否，归根结底要接受实践的检验。管理学是为管理者提供从事管理的有用的理论、原则和方法的实用性学科。管理的实践性表现为它具有科学性，即它具有经过实践检验证明其正确的原理和原则，并且它能反过来指导人们的实践，使人们顺利地达到预期的目的。

（三）管理学是一门综合性学科

管理学的主要目的是要指导管理实践活动。管理活动的复杂性、多样性决定了管理学内容的综合性。管理学的综合性表现为：在内容上，它需要从社会活动的各个领域、各个方面以及各种不同类型组织的管理活动中概括和抽象出对各门具体管理学科都具有普遍指导意义的管理思想、原理和方法；在方法上，它需要综合运用现代社会科学、自然科学和技术科学的成果，来研究管理活动中普遍存在的基本规律和一般方法。面对当代异常复杂的管理活动，管理者仅掌握单一方面的知识是远远不够的。因此，管理学涉及政治学、经济学、心理学、人类学、社会学、生理学、伦理学、工艺学、数学、统计学等多门学科的知识。管理学针对管理实践中所存在的各种活动，在人类的知识宝库中广泛收集对自己有用的东西，并加以综合、提炼拓宽、融合，形成完整的学科。

三、学习和研究管理学的方法

（一）权变的方法

管理既是一门科学又是一门艺术，这本身就要求不论是理论研究还是管理实践都必须注重权变的方法。在管理实践中，不管是哪一个层次的管理者都会经常进入进退两难的境地。例如，组织管理需要制定明确的规章制度，但规章制度的存在必然会使一些组织成员的需求得不到满足；一个企业家要注意维持现状，同时又必须打破现状；要注重职工个人利益的满足，但又不能突出个人利益而损害整体的利益；要给下属开展工作所必需的权利，但又不能失去控制；等等。学习各种管理理论和各管理学派的管理思想时，要分析这种理论产生的历史背景和要解决的主要问题，了解它的主要研究思路和方法，将理论产生初期的环境状况与当今的情况进行对比，分析其现实应用价值。这样有助于从众多的管理理论中识别出具有普遍意义的管理规律，有助于培养理论与实践相结合的能力，在具体从事管理工作时能够灵活地运用基本的管理理论，处理好大量的两难困境问题，并在管理工作中实现创新。

（二）系统的方法

组织是一个系统，管理工作不能人为地把系统割裂开来。学习管理，要有整体观念，要能够识别各种管理理论、各种管理活动之间的内在联系，从而真正认识到作为一名管理者应该做些什么工作，怎样把工作做好，以及应掌握的相关知识有哪些。

（三）案例方法

管理理论来源于实践。每个组织都存在管理，而且也都可能存在值得借鉴的经验。但是，要对每一个组织的管理活动都进行研究显然是不可能的。在众多的组织中挑选有代表性的个案，从整体或局部对它在管理实践中取得的成功或失败进行深入个案剖析，进而发现可借鉴的规律和原则，便成为管理研究的重要方法。在管理教育方面，案例分析作为一种教学方法已十分普遍。哈佛商学院因其成功的案例教学已培养出大批的优秀企业家，该学院的教学方式也成为管理教育的楷模。

但是，值得注意的是，案例分析并非简单的经验总结。案例分析强调分析成功或失败的原因，鼓励人们思考并依据案例所提供的资料自己作出决策。学习和研究管理，应多注重案例分析，如果能够有机会对有代表性的企业长期跟踪研究，将会获得很多意想不到的收获。

（四）试验模拟方法

在管理活动中，试验方法已成为摸索经验、进行决策的强有力的工具。泰罗的科学管理理论和一系列提高生产效率的措施、人际关系—行为科学理论，以及权变管理理论都是人们通过试验摸索总结出来的，并通过试验予以验证和推广。在管理实践中比较常见的试验方法有以下几种。

1. 对比试验

这是通过比较来研究和揭示管理对象某种特性的试验方法。这种试验往往是为了验证某些假设而采取的。对比试验一般要把试验对象分成两个以上情况相似的组群，然后将其中一个或多个组群作为"试验组"，另外设置一个或多个"对照组"作为比较的对象。进行试验时，要使"对照组"的情况保持不变，使"试验组"的情况不断变化，进而发现情况变化对"试验组"所产生的影响。进行这种试验时，除了需要研究的一个或几个变量外，各组其他一切方面都应尽量相似，这样才容易真正发现试验因素的作用。

2. 可行性试验

在管理实践中，拟定出政策方案后，常常要先做小规模的试验以验证方案的可行性，或者根据出现的问题适当修改方案。有时在最终决策方案拟定之前也要进行试验，以此比较众多可行方案的优劣，进而选择出最佳决策方案。

3. 模拟试验

依据已取得的关于管理对象的事实材料，运用已知的客观规律，建立起一个与管理对象的某些方面相似的模拟模型，然后对模拟模型进行试验，再把试验结果类推到实际管理对象上去的管理方法。其特点是利用管理对象的替代物（模拟模型）进行试验，人们可通过对模拟模型进行多次的、多方面的试验来得到许多有关实际管理对象的有用信息。

（五）比较管理学方法

比较管理学是建立在比较分析的基础上对管理现象进行研究的一个管理学分支，其研究范围往往是跨国度的，它主要分析不同体制、不同国家之间在经济、文化、工业上的差异对管理的影响，探索管理发展的模式和普遍适用的管理规律。

比较管理学研究要注重一般性和特殊性的关系。在研究过程中，首先要考察一国管理的特殊性，然后要探讨各国管理的一般性（或统一性）；其次要特别注意一般性与特殊性的关系；最后在掌握一般性和特殊性的基础上探索每个国家管理的途径。

如何把西方的管理理论与中国实际结合起来，是一个重大的课题。掌握和运用比较管理学的研究方法，对建立中国特色的管理学科十分重要，对准确地理解和把握西方管理理论也是必需的。

四、学习管理学的重要性

（一）管理对社会发展的重要性

管理在现代社会中的地位和作用决定了学习管理学的必要性和重要性。科学技术进步决定了社会生产力水平，从而推动社会发展的进程。但是，仅有先进的科学技术，没有先进的管理水平，没有相应的管理科学的发展，先进的科学技术是无法得到推广和有效运用的。它的作用也不可能得到充分的发挥，而且还会阻碍社会生产力的提高。因此，在当代人们普遍认为，先进的科学技术和先进的管理科学是推动现代社会发展的"两个车轮"，缺一不可。这一点，已为许多国家的发展经验所证明。未来的社会更需要管理。管理是人类不可缺少的重要活动，随着未来社会共同劳动的规模日益扩大，劳动分工协作更加精细，社会化大生产日趋复杂，管理就更加重要了。比起过去和现在，管理在未来的社会中将处于更加重要的地位。

（二）学习管理学对个人发展的重要性

组织的所有层次都需要管理者，无论是政府机构、社会团体、企业、医院都需要具有管理才能的各类人员。任何组织的成功都有赖于有效的管理，为了使组织能有效地达到目标，组织需要各级成员在组织运行中讲究工作的效率与效益。一位优秀的企业首席执行官（CEO）能拯救一个面临破产的公司，一位出色的将军能挽回战争的败局，一位杰出的市长能使城市繁荣兴旺……而他们成就的取得与其管理才能密切相关。当我们要从一位普通的销售代表晋升为销售主管，从一位技术职员晋升为技术开发部经理，从一位文员晋升为办公室主任，我们同样需要掌握管理技能。管理技能能帮助我们成就事业，学习管理学为我们的人生发展打下了良好的基础。

知识拓展

创业中的管理问题

创业充满艰辛，也经常听到创业者们可歌可泣的事迹。缺资金缺设备缺人手，创业者要面临超常的压力和挑战，流汗流血，一点一点积攒自己的事业基础，积累自己的"第一桶金"。

一、从"大处"和"远处"着想

在与一批小型企业创业者的接触中，经常能听到"发展成行业龙头""在本地区领先""构造有力的销售网络""科技领先""国际化经营""占领市场制高点""多角化经营"等远大抱负。如果不负责任地把一些大型企业的做法、管理体制、制度、模式推销给初创过程中的中小企业，这不仅教条，也十分危险。"阶段不可逾越"，在创业阶段，企业生存的需要可能远远重于发展的需要。至于企业已经步入正常发展轨道而还不采取措施提升管理水平那也就不能造就企业家了。

二、抓住重点，快速反应

人们一般习惯井井有条、排好队、布好阵、有规矩有方圆，但是创业阶段，企业自身条件不具备、现在市场变化也十分迅速，一般不会让您心平气和地排队布阵。做管理的人，有时碰到一个初创的企业，就拿组织理论、组织体系、规章制度、管理机制去衡量去套，未必合适。当然不是说这些东西不重要，而应该考虑企业的具体情况。一个健全的组织体系、管理机制不是一天两天造就的。

因此，对于初创的企业，有两点很重要：一是快速形成企业利润，使初创的企业能够尽快得到血液，为生存发展奠定基础，快速形成企业赢利的产品和服务、快速促成销售成功；二是快速建立企业"顾客反应"机制，这与形成企业利润一致，企业要很快找到自己的顾客并及时跟进销售和服务。相对而言，其他工作可能不一定显得那么紧迫。企业内部，也形成一个"顾客导向"，多数工作，如生产、技术、质量、供应、销售等快速围绕"顾客"展开。

三、具体的事务可能很重要

企业家绝不应该忘记自己的战略和使命。但企业初创，不要急于把自己放在"老总"的椅子上，坐在办公室里发号施令，创业者可能需要大量时间精力用在具体事务的处理上，比如一笔资金、一次采购、第一批产品、第一个顾客、第一笔交易、技术上的难题，有时也许这件事情很小。

把这些初期的"战术"甚至"业务"层面的事情处理好非常重要，哪怕是一个很小的失误可能也会葬送企业的前程。

四、思想清楚，眼光要看得远

企业初创，企业家可能置身于大量具体事务之中，但思想还是要跳出具体事务的框框。企业家应该明白，目的和手段的关系，近期和长远的关系；应该在这些事务中不断总结，发现机遇问题，积累经验教训；企业家应该是清醒的，想得更多，更远……

本章小结

组织已经成为当今社会存在和运行的基本形式。管理成为人类最重要的活动之一，只有通过管理，才能提高组织成员的积极性，有效地实现组织的目标。所谓管理就是对组织资源进行整合，以有效实现组织目标的过程。

管理是人们在总结大量的管理实践的经验教训基础上对管理活动规律的理论阐释，因此它是一门科学；但管理者必须通过大量的实践来提高自身的管理水平，创造性地灵活运用管理知识，才能保证管理的成功，因此，管理又是一门艺术。管理还具有二重性：管理的自然属性是指管理同生产力、社会化大生产相联系的属性；管理的社会属性是指管理同生产关系、社会制度相联系的属性。

尽管在管理究竟涉及哪几项活动上仍然存在分歧，但大多只是阐述中的表达繁简不同，没有实质的差异。一般将职能界定为4个基本职能：计划、组织、领导和控制。

管理者是相对于作业者而言的。管理者按照其所处的层次，大致可把管理者分为三类，即高层管理者、中层管理者和一线管理者；在企业中的各级管理层次中，都可能有市场营销、财务、生产、人事、行政及其他各类管理者。明茨伯格认为管理者扮演着不同的但却高度相关的角色。

管理学是专门研究管理活动的基本规律和一般方法的科学，是在总结管理发展历史经验的基础上，综合运用现代社会科学、自然科学及先进科学技术的理论和方法，研究管理规律和方法，以指导管理的实践活动的一门学科。学习管理学无论对于自己还是组织、社会都有重要意义。学好管理学，也要掌握科学的方法。

案例分析

王永庆的中国式管理思想

王永庆出身于中国台湾穷苦的茶农之家，几代人都以种茶为生，只能勉强糊口。9岁那年，父亲不幸患病只得卧床休养，王永庆开始用自己瘦小的肩膀帮助母亲分担生活的重担。15岁，王永庆小学毕业，先到茶园做杂工，后到一家小米店当了一年学徒。第二年，王永庆作出人生中第一个重要决定，开米店自己当老板，启动资金则是父亲向别人借来的200块钱。

问题随之而来，王永庆的小店开张后没有多少生意，原因是米店竞争非常激烈，而他的米店开办最晚，规模最小，更谈不上知名度了，没有任何优势。王永庆不仅挨家挨户上门推销自己的大米，而且还免费给居民淘陈米、洗米缸。此外，当时大米加工技术比较落后，出售的大米掺杂着米糠、沙粒和小石头，买卖双方是见怪不怪。王永庆在每次卖米前都把米中杂物拣干净，买主得到了实惠，一来二往便成了回头客。几年下来，米店生意越来越火，王永庆筹办了一家碾米厂，同时完成了个人资本的原始积累。

抗日战争胜利后，中国台湾经济开始发展，建筑业势头最好。王永庆便抓住时机经营木材生意，结果获利颇丰。后来经营木材业的商家越来越多，竞争也越来越激烈，王永庆便毅然决定退出木材行业。

20世纪50年代初，还是个名不见经传的普通商人王永庆，主动表示投资塑胶业。消息传出，王永庆的朋友都认为王永庆是想发财想昏了头，纷纷劝他放弃这种异想天开的决定。其实，王永庆虽然对塑胶工业是外行，但他向许多专家讨教过，还拜访过不少有名的实业家，甚至已私下去日本考察过，对市场情况做了深入细致的调查。1954年，他创办了中国台湾岛上第一家塑胶公司，3年以后建成投产。但果然如人们所预料的，立刻就遇到了销售问题。首批产品100吨，在中国台湾只销售了20吨，明显地供大于求。可王永庆却反其道而行之，下令扩大生产。这一来，连他当初争取到的合伙人，也不敢再跟着他冒险了，纷纷要求退出。精明过人的王永庆，竟敢背水一战，变卖了自己的全部财产，买下了公司的全部产权。他认为自己产品销不出去，并不是真的供过于求，而是因为价格太高——要想降低价格，就只有提高产量以降低成本。

第二年，他又投资成立了自己的塑胶产品加工厂——南亚塑胶工厂。随着产品价格的降低，销路自然打开了，台塑公司和南亚公司双双大获其利。从那以后，王永庆塑胶粉的产量持续上升，他的公司成了世界上最大的PVC塑胶粉粒生产企业。王永庆由PVC起家，一路向上游发展，完成垂直整合的石化供应链，事业版图也从石化扩及电子、医疗等范畴。到2008年，台塑的营业额达到4838亿元人民币，占了中国台湾地区GDP的16%。2008年6月，福布斯公布王永庆身价68亿美元，位居中国台湾第二。台塑集团被誉为中国台湾经济奇迹的象征，王永庆也被各界誉为"中国台湾的经营之神"。2008年10月15日早上，王永庆被发现在睡眠中安详辞世，享年92岁。

王永庆对中国企业做出很大的贡献。他通过50年的企业实践不仅缔造了一个商业帝国，更总结出了一套对中国企业有借鉴意义的独特的管理思想。

一、什么是中国企业管理之魂

王永庆对此做出了明确回答："只能是中华民族的信仰和文化。"具体说，就是要靠中华民族的"勤劳朴实""止于至善"的精神来办好企业，这也是民族精神的精髓。只要以这个民族精神为"根"，经过不断实践和思考，再实践再思考，没有企业办不好的。"什么时候企业经营偏离了民族信仰和文化，什么时候我们在竞争对手面前就彻底忘记了自己是谁。"

二、什么是企业家的做人准则

王永庆说："这就是对自己负责，对他人负责。"也就是要"利己利人，回馈社会"。具体说，王永庆强调了四个善待："善待客户、善待员工、善待社会、善待自然"。为此，他把发展社会公益事业作为经营企业的主旨。

三、什么是发展企业的依靠

王永庆发展企业有两大依靠：第一是靠不断演进的领先理念带动企业员工行动；第二是以实践为本，不断探讨实践，使之发现新理念，引领企业的进步。企业的文化，就是在理念与实践持久互动中形成的。

四、什么是企业家的风范

他的风范是：永远用平民语言向员工、干部讲管理的道理。他善于用自己的经验、体会和逻辑，以讲故事的方式娓娓道来。听过之后，人们留下深刻印象的就是简而明的哲理，因为真理就应当是简单的。

五、什么是企业成功的信条

第一条，是尊重知识。表现在王永庆身上，不只是他尊重有知识的人，而是他那炽热的求知欲。他相信：知识是工作前进的动力源。有了这一条，就能做到遇事有"三预"：一是预感（感性），二是预见（悟性），三是预谋（胆识）。有了这"三预"，就有了应变决策的能力。

第二条，就是追求"合理化原则"，一切遵守"止于至善"的严细要求。实现"合理化原则"与"止于至善"的要求在于认真负责、实事求是。王永庆在管理上几乎永不改变的目标，就是把企业引向永无休止地追求合理化的长河之中。

六、如何认识管理的本质

王永庆毫不含糊地说："管理学的本质是实践。"他认为："世界上只有实际体验、用心追求，才会有自己的经营理念。"

美国管理大师邓肯更说过一句极端的话："管理没有原理"。管理的本质是个性化、人性化的企业经营，主要是靠"以我为主"的实践。

七、如何认识IT管理工具

早在1966年，王永庆就提出企业管理要实施电脑化管理，并且特别重视"企业再造"新思想的应用。

他说："电脑管理是企业经营的最大原动力"，"因为虚拟数据较易被电脑识别，企业可以从漏税痛苦深渊中抽身。实现电脑化管理是企业重大改革措施。""一个能实现电脑化管理的企业，一定是有较高管理水平的企业。"而台塑的电脑化管理，又必然与企业程序管理再造分不开。

八、大企业如何"活化"机制

台塑的管理体制与西方不同，王永庆根据中国文化传统采取了决策集团体制——集团虽不是法人，但却凌驾下属各法人公司之上，集团绝对是决策与指挥全局的大脑。集团通过一系列工作制度和行政命令，有效地掌控各公司的发展方向和进程。

中国台湾企业界、学术界评价王永庆所创的管理体制，是"以中国传统文化为背景的决策集权、执行分权的管理体制"。其特点是：寓理念于权力之中；寓权力于管理之中；寓管理于服务之中。

九、大企业如何"活化"日常沟通

人们常说:"沟通就是管理"。因为如何实现上下持续有效地沟通,至为关键。王永庆的办法就是"午餐汇报制度"。尽管不少企业老板也这么做,但谁都没有王永庆坚持得好。王永庆认为:"沟通制度决定着执行的结果和质量。"只要领导或部属发现有"异常现象",领导就要在午餐会上追根问底,问几个"为什么",一直到提出有效解决办法为止。干部们反映每次午餐会的印象,多是"追问在情理之中,而答案则往往是在意料之外"。

此制度不在本身,而在于坚持与彻底的"止于至善"的认真态度。台塑就通过"午餐汇报"等制度消灭管理上的疏漏和死角。外界人们说:"台塑的绩效是吃出来的"。

十、什么是管理的最高境界

王永庆认为:"对员工只讲'仁慈',不讲'竞争'与'奉献',那是虚伪表现。"企业领导人要以自己的言行引导员工不把注意力放在当前一两年的薪资待遇上,要引导员工为更长远利益去努力,这才是对自己、对企业都是有利的正确的员工薪资观。否则只能使矛盾激化,影响企业与个人的成长。

他意识到:企业领导要让每位员工对自己的责任、使命清清楚楚。管理的终极目标,是给每人发展空间、发展目标、发展希望,在企业内要让每个人有"切身感"。只要有了"切身感",什么都有了。

资料来源:杨沛霆.王永庆:为"中国式管理"贡献了什么?[J].中外管理,2007(6).

讨论题:
1. 你认为什么是中国式管理?它与西方管理有什么不同?
2. 王永庆的经营成功与他的管理思想和管理方式有什么关系?
3. 王永庆的管理思想对当代企业有哪些方面的借鉴意义?

复习思考题

1. 什么是管理?在学习本课程前,你怎么理解它的含义?
2. 管理的自然属性和社会属性、科学性与艺术性是怎样的关系?
3. 管理有哪些基本职能?它们之间有什么关系?你觉得哪个职能更加重要?
4. 明茨伯格认为管理者扮演着哪些角色?它们与管理职能有什么关系?
5. 为什么不同层次的管理者的能力结构是不同的?
6. 管理学研究对象是什么?管理学有哪些特点?
7. 结合个人体会,谈谈学习管理学的意义。

第二章　管理理论的发展

本章学习目的

- 了解中国古代管理思想特点
- 认识西方工业革命时期的管理思想的代表人物
- 理解泰罗的科学管理理论、法约尔的一般管理理论和韦伯的行政组织理论
- 掌握行为科学的含义及产生的历史背景和过程
- 明确霍桑试验的过程和成果结论
- 区分现代管理理论丛林的各个理论流派

导入案例 ▶▶▶

宗庆后的管理创新三阶段

宗庆后，杭州娃哈哈集团公司董事长兼总经理。娃哈哈如何实现有效管理？宗庆后在《娃哈哈方法》一书中提出了有名的"管理创新三阶段"论。

第一阶段　经验管理

它的特征是能人治厂，凭感觉、靠经验管理。企业的整个运作都靠能人拉动，靠其个人的能力、素质、经验和风格发挥着巨大的作用。在这个阶段宗庆后事必躬亲、身先士卒，与员工一起起早贪黑地干。这个阶段宗庆后最大的管理特色是以亲情塑造团队、以威权建立权威，管理上比较粗放，但企业凝聚力强，锻造了一个可以一扫天下的"子弟兵"队伍。

第二阶段　科学管理

20世纪90年代中期，娃哈哈进入第二个阶段。在此阶段，宗庆后完成了娃哈哈的几大管理创新：一是改变企业资本结构，重组企业股权，与法国达能合资；二是逐渐形成联销体营销网络，建立以通路为平台的企业运作模式。三是，也是最重要的管理变革，宗庆后与时俱进进行管理分层授权。这之后的娃哈哈，在宗庆后的领导下屡战屡胜，"宗氏兵法"开始名扬天下，"非常营销"成为饮料行业的标杆。娃哈哈靠战略领先创造优势，攀上中国食品饮料行业的领头羊宝座。

第三阶段　现代管理

在进入跨国竞争和全面竞争时代之后，娃哈哈的管理变革再次遭遇转型。宗庆后给出的解决方案是企业流程再造。这里所说的"企业流程再造"，相比于以通路为平台的"组织流程再造"，主要区别是，宗庆后开始从企业结构的层面上升到企业信息整合的层面。通过企业流程再造，可以通过信息化提高企业的整体运作水平，从而使管理层从日常工作中的随意决策变成科学化决策。

在经过多方面考虑之后，宗庆后聘请美国埃森哲公司为娃哈哈实施企业流程再造的"外脑"，主要内容包括：实施应用 SAP 软件、供应键优化系统（APO）、管理信息系统（ERP），建立企业科学的分级授权体制。

资料来源：高超. 娃哈哈方法［M］. 北京：工人出版社，2004，作者略有删改。

第一节　早期管理思想

一、中国古代管理思想

中国是一个具有五千年悠久历史的文明古国,在中华民族长期生存繁衍发展的历史长河中,创造了光辉灿烂的传统民族文化。据说在《尧典》中就记载着尧和舜管理国家的事迹。公元前12~前11世纪,《周礼》第一次把中国官僚组织机构设计为360职,并规定了相应的级别和职数,层次、职责分明,反映了当时中国已有了相当完备的国家管理思想。春秋战国时期的《孙子兵法》一书是世界上第一部系统论述管理战略与战术问题的杰出著作,距今已有2500年。悠久的中国古代传统文化孕育了博大精深的管理思想,产生了多姿多彩的、独具特色的管理方式和方法,其管理思想的精髓不仅哺育了中华民族的管理思想核心,而且也对日本列岛上的大和民族、朝鲜半岛上的高丽民族及东南亚诸国的管理思想均产生了深远的影响。

先哲群星闪烁,典籍浩如烟海,我们只能取其部分精华,以收一斑窥豹之效。中国古代管理思想基本要点如下。

(一) 入世精神

所谓入世精神,就是积极地关心社会现实的人生态度。儒家思想,不论是先秦的孔孟之道,还是两汉以后儒学,乃至程朱理学,其主旨都是经世致用、教民化俗、兴邦治国。其主要信条,如"内圣外王""修身、齐家、治国、平天下"。儒家思想的基本精神要求将内在的修养外化为积极的事功;道家文化,虽消极遁世,但又主张"以柔克刚""以弱胜强""以少胜多""以后争先",以"不争"为"争","无为"而"无不为";至于法家文化,奖励耕战,富国强兵,厉行法治,德刑并用,强调积极地治理社会,大胆地追求功利,具有更明显的现实精神。

正是这种积极的人生态度,几千年来激励着中华民族在艰苦的环境中,创造了灿烂的古代文化,锤炼出自尊自强的民族精神。20世纪90年代的"海尔精神""长虹精神""联想精神"等,都贯穿着一条主线——不怨天尤人,发愤图强,艰苦创业,勇攀高峰。

(二) 伦理中心

中国的古代社会,在意识形态上是以伦理为中心的社会。从春秋战国时代开始,孔子便提出了以"仁"为核心的思想体系。他说:"克己复礼为仁"。这里的"礼",便是宗法等级制度,具有外加的强制性;而"仁"则是要把"礼"建立在道德教育的基础之上。到了后来,则演变成"三纲五常","忠""孝"是"礼"重要的道德标准,其特点是服从。这种为封建等级制度服务的伦理道德,严重地束缚、压制个人的主动性,上对下专横傲慢,下对上盲从讨好,成为我国企业文化建设的消极因素。

然而,这种伦理中心主义的传统,有其合理的方面,即重视维系人际关系的伦理纽带,有利于社会关系的稳定与和谐。它要求人们把自己看作是集体的一员,时刻记住自己的责任;它把个人、家庭和国家、集体的命运紧密联系起来,有助于民族凝聚力、组织凝聚力的加强。

(三) 重义轻利

重义轻利的义利观,是中国几千年的传统观念之一。孔子说:"君子喻于义,小人喻于利。"孟子进一步主张:"何必曰利。"董仲舒提出:"仁人者,正其谊不谋其利,明其道不计其功。"重义轻利的义利观,有其积极的社会意义。它鄙弃"嗟来之食"和"不义之财"。当前,有些企业利欲熏心,做出一系列违法乱纪的事。大力提倡以义取利,义利并重的义利观,倡导超越金钱的追求,是十分必要的。但在市场经济条件下,企业也应当在法律和道德的约束下努力实现经济效益,并积极满足员工正当合理的物质要求。

(四) 中庸之道

孔子说:"中庸之为德也,甚至矣乎!"可见,儒家把中庸看作是最高的道德。什么叫中庸?朱熹说:"中者不偏不倚,无过不及之名,庸,平常也。"所谓"和"指和谐,孔子说:"礼之用,和为贵，先王之道，斯为美。"中庸之道教育人们在处理和解决问题的时候不应该走极端，要避免过与不及的出现。通俗地说，就是正确掌握事物发展的"度"，以实现管理的和谐发展。

中庸之道维护旧制、反对变革的消极影响是十分深远的，作为一股巨大的历史惰力，它几乎成为世代相传的心理定势。"祖宗之法不可变"，"先王之制不可变"，"三年无改于父之道"等，被视为亘古不变的真理。"没有先例"，"风险太大"，常常成为拒绝改革的借口；"宁稳勿乱"，"不为人先"，常常成为徘徊观望的理由。视传统为当然，视变革为畏途，这种心态一天不改变，中国的改革便一天难推进。

中庸之道在群体观、社会观上却有其积极的一面。这主要反映在"和"的观念上。"和为贵"是中国几千年历史中处理人际关系、民族关系、社会关系的传统原则，用求大同、存小异的办法，协调社会各部分人的利益和要求，达到整体的协调、和睦，是中国社会长期稳定的重要文化支柱。以一个企业而言，"内求团结，外求发展"的原则，应该是一个可供选择的高明策略。它已被中国的许多企业成功的实践所证明。

（五）重视名节

孟子有一段名言："生亦我所欲也，义亦我所欲也，二者不可得兼，舍生而取义者也。生亦我所欲，所欲有甚于生者，故不为苟得也；死亦我所恶，所恶者甚于死者，故患有所不辟也。"在中华民族的传统文化中，把民族、国家的尊严和荣辱，个人的人格、信念和操守，看得重于一切。这种民族精神，在日常生活中表现为珍视荣誉、崇尚气节、讲求廉耻、高度自尊。时穷节乃见，在危难的关头，就表现为崇高的气节。"富贵不能淫，贫贱不能移，威武不能屈"，"士可杀不可辱"，为了捍卫自己的信念、节操和名誉，为了维护民族和国家的尊严敢于蔑视强暴，甘愿忍受贫苦，甚至不惜牺牲自己的生命。今天，我们只要去掉其中封建思想的糟粕，把自尊、自爱、自强、重视名节的精神，建立在社会主义意识形态的基础之上，就会形成有利的心理环境，激发出人民群众的集体荣誉和民族自豪感。

在企业的激励机制中，重视荣誉，追求自尊，是一种较高层次的精神需要。只要方法得当，就可以通过荣誉激励、形象激励、感情激励、参与激励等精神激励手段，有效地调动职工的积极性、创造性，并强化职工的集体荣誉感和主人翁责任感，建设开拓进取、奋发向上的企业文化。

重视名声向坏的方向发展，就是追求虚荣、大讲排场、死要面子。这种贪图虚名、奢侈浪费的不良社会风尚，在当今仍存在着。有些企业，文过饰非报喜不报忧，喜欢摆花架子，甚至为了争本企业的面子，或者为了给对方面子，可以置企业亏损的困境而不顾。

（六）勤俭传统

自古以来，我们民族就以勤俭为大德、奢侈为大恶，主张"克勤于邦，克俭于家"（《尚书》）。唐代诗人李商隐在《咏史》诗中道："历览前贤国与家，成由勤俭败由奢。"但近几年，奢侈之风成为企业和社会的一种公害。在这种情况下，迫切需要恢复和发扬勤劳节俭、艰苦奋斗的企业文化传统。

（七）廉洁意识

在中国悠久的历史中，总是把官吏划分为清官与贪官，颂扬廉洁公正的清官，贬斥腐败昏庸的贪官。这种廉洁意识存在于民族的传统文化之中，具有十分深刻的内涵。古人云："公生明，廉生威"，"公则民不敢慢，廉则吏不敢欺"。只要清除掉此话中以官治民的消极一面，我们便不难发现其中廉洁公正意识的历史价值。

（八）家庭观念

与西方国家意识形态上的个人主义传统相反，我国意识形态的传统是家庭观念。子从父，妻从夫，兄弟友爱，姐妹互助，这种家庭观念既包含有整体感、骨肉情，又包含有家长意识和服从意识。在中国几千年的历史中，家庭伦理是社会伦理的基础，家庭观念推而广之，渗透到社会关系的各个领域。皇帝叫"万岁爷"，官吏叫"父母官"，徒弟奉师严守"师徒如父子"的古训，百姓呼众人常用"父老兄弟"的惯语。在企业里，职工的主人翁意识，往往借助于家庭观念的中介，以"爱厂如家"的形式表现出来。

当然，家庭观念也有消极的一面，那就是企业领导者的家长意识和职工的盲目服从意识。它不利于企业内部民主管理制度的完善和落实，也不利于企业主要负责人与职工之间的平等沟通，往往造成命令主义的倾向，导致独断专行的恶果。

（九）任人唯贤

我国历史上一直存在着两种用人路线——"任人唯亲"和"任人唯贤"。大凡有成就的英明君主及其谋士，总是倡导"任人唯贤"路线。韩非提出"宰相必起于州郡，猛将必发于卒伍"，主张任用有实践经验和成绩突出的人才，并指出："术者，因任而授官，循名而责实，操生杀之柄，课群臣之能者也，此人主之所执者也。""诚有功，则虽疏贱必赏；诚有过，则虽近爱必诛。"用这种赏罚分明、循名责实的办法，造成任人唯贤的开明局面。诸葛亮指出："治国之要，务在举贤"，"为官设人者治，为人设官者乱"，"赏赐不避怨仇"，"诛罚不避亲戚"。"挥泪斩马谡"的故事，是"任人唯贤"思想最形象的注解。

（十）辩证思维

中国人与西方人在思维上的重大差别是：中国人习惯于从整体到个体，从个体角度审视和对待整体。比如在信封上写地址，中国人的顺序是国家、城市、区、街道、门牌号码；而大多数西方国家的书写顺序则恰恰相反。中国画以"写意"为主，即注重整体意味的把握，并不注重细节的真实；而西洋画则以"写实"为主（当然，印象画派等现代画另当别论）。再如，西医以人体解剖为基础，强调对症治疗；而中医则从人体的整体上进行分析，强调辨症治疗。这种不同的思维方法在企业文化中也鲜明地表现出来。中国人的企业习惯于从国家和企业的总体上去考虑问题。这与西方企业中个人主义价值观相比，具有突出的优势，但也有消极的一面，即容易忽视个人的正当利益和要求，容易压抑个体的积极性和创造性。

中国朴素的辩证思想方法，还表现在转化观上。"物极必反""相反相成"思想，在两千年前就已形成并且普遍用于战争、政治斗争和经商活动中。《老子》中"以顺待逆，以逸待劳，以卑待骄，以静待噪"的后发制人思想；"以弱胜强，以柔克刚，以退为进"的斗争策略；"将欲弱之，必固强之；将欲废之，必固兴之；将欲夺之必固予之"的欲擒故纵方法……《孙子兵法》中"知彼知己，百战不殆""得道多助，失道寡助""不战而胜，是为上策"的战略思想；"避实而击虚""因敌变化而取胜"的应变策略；"令人以文，齐之以威"。"令民与上同意"的带兵原则；"千军易找，一将难求""将者，智、信、仁、勇、严也"的人事哲学；以及三十六计的具体谋略……

日本学者村山孚说得好："我们希望中国朋友在实现中国企业管理现代化的道路上，千万不要以为只有外国的新奇概念和奥妙的数学公式才是科学。中华民族几千年来积累的文化同样是实现中国企业管理现代化的宏大源流。"这些话对于一切学习管理学的人，可以说是金玉良言。中国古代管理思想博大精深，虽然没有形成完整的体系，但是毕竟是我们先人深刻思考的结果，我们承认其在认知上存在相当多的不足，但也绝非一无是处。欧美的有益管理经验和理论应该积极吸取，拒绝学习的盲目排外是极其愚蠢的。但对本民族文化的精华视而不见或者一知半解，也非常的不明智。正确的态度应该是兼容并蓄、中西合璧，这样会使我们的管理工作更加游刃有余，乃至形成某种独特的优势。

二、西方工业革命时期的管理思想

管理思想虽然古已有之，但管理理论的系统形成则是伴随着工厂制度的出现而开始的。

18世纪60年代以后，西方国家开始进行工业革命（又称产业革命）。工业革命最早发生在英国。这场革命使以手工业为基础的资本主义工场向采用机器的资本主义工厂制度过渡。工业革命带来了生产技术和生产关系的重大变革，使生产力有了较大的发展。随之而来的是管理思想的革命，计划、组织、控制等职能相继产生。以现代工业生产为特征的工厂的出现，对传统的管理方法提出了挑战。如在高速的生产过程中，如何保证生产的连续性、节奏性和均衡性？

在产量越来越大的情况下，如何保证产品的质量、标准化？保证产品的顺利销售？又如何在生产的过程、技术的标准、产品的质量都实现了标准化后,实现人与工作的规范统一?特别是工厂这类以追求自身经济利益为特征的新型社会组织形式,也不可能简单地套用人类在几千年自我发展过程中建立起来的宗教、国家和军队的管理思想和方法,这种现象正如美国学者丹尼尔·雷恩所指出的:"正在兴起的工厂制度所提出的管理问题同以前所碰到的问题完全不同。天主教会能够按照教义和信徒的虔诚来组织和管理它的财产;军队能够通过严格的等级纪律和权力结构管理大批的官兵;政府机构可以不必对付竞争或获取利润而展开工作。可是,新工厂制度下的管理人员却不能使用上述任何一种办法来确保各种资源的合理使用。"

工厂制度的出现,不仅使管理活动的思考有了众多的对象,而且随着企业规模不断扩大,劳动产品的复杂程度与工作专业化程度日益提高,企业经理人员也逐渐摆脱了其他工作,专门从事管理,使管理活动逐渐成为许多组织成员的专门职业,他们的任务便是思考和改善管理活动的组织。这种思考的累积必然有助于管理理论的系统形成和发展。

为了解决工业革命带来的诸多管理问题,从18世纪中下叶起,就有许多人开始关注产业革命带来的工厂管理问题。其中影响较大、记载较为充分的是亚当·斯密(Adam Smith)、查尔斯·巴贝奇(Charles Babbage)和罗伯特·欧文(Robert Owen)。

(一)亚当·斯密(1723~1790年)

亚当·斯密是英国古典经济学的杰出代表人物和创立者。1776年他发表了他的代表作《国民财富的性质和原因的研究》。该书不但对经济学和政治学作出了巨大贡献,而且也为管理学留下了宝贵的遗产。在书中他系统阐述了"经济人"的观点和劳动分工理论。

亚当·斯密把人类利己主义本性作为理论研究的前提,把经济现象看成是具有利己主义本性的经济人活动的结果。他认为人人追求私利,而这种追求客观上又促进了社会共同利益的实现。因此,他主张经济的自由放任主义。

亚当·斯密特别强调劳动分工及其经济利益。他指出:"劳动生产力上最大的增进,以及运用劳动时所表现出的更大的熟练、技巧和判断力,似乎都是分工的结果。"

亚当·斯密坚信分工可提高生产效率,因为:分工可增进劳动者的技能熟练程度;可节约由于工作变换而损失的时间;有助于专门从事某项工作的劳动者改进工具和发明新机器。

(二)查尔斯·巴贝奇(1792~1871年)

查尔斯·巴贝奇是英国的数学家、发明家、现代自动计算机的创始人和科学管理的先驱者。巴贝奇从小就养成对任何事情都要寻根究底的习惯,拿到玩具也会拆开来看看里面的构造。以后他又受了数学和其他科学的训练并考察了许多工厂。这使得他在管理方面提出了许多创见和新的措施。他的贡献主要有以下几点。

巴贝奇通过时间研究和成本分析,进一步分析了劳动分工使生产率提高的原因:节省了学习所需要的时间;节省了学习期间所耗费的材料;节省了从一道工序转移到下一道工序所需要的时间;经常从事某一工作,肌肉能够得到锻炼,不易引起疲劳;节省了改变工具,调整工具所需要的时间;重复同一操作,技术熟练,工作速度较快;注意力集中于单一作业,便于改进工具和机器。

巴贝奇还提出了一种工资加利润分享的制度,以此来调动劳动者工作的积极性。他认为,工人除了拿工资外,还应按工厂所创利润的百分比额外地得到一部分报酬。这样的做法有以下好处:每个工人的利益同工厂的发展及其所创利润多少直接相关;每个工人都会关心浪费和管理不善等问题;能促使每个部门改进工作;有助于激励工人提高技术及品德;工人同雇主的利益一致,可以消除隔阂,共求企业的发展。

(三)罗伯特·欧文(1771~1858年)

罗伯特·欧文,是19世纪初英国卓越的空想社会主义者,被人们称为"一位自相矛盾的人物"。他本人既是一位颇有成就的企业家,但又是一位试图阻止资本主义社会罪恶扩散的空想社会主义者。

他认为:人是环境的产物,对人的关心至少应同对无生命的机器关心一样多。从1800年开始，他在苏格兰新纳拉克经营一家纺织厂，在这个工厂里，他做了前所未有的实验，推行了许多改革办法。他改善了工厂的工作条件：把长达十几个小时的劳动日缩短为十个半小时；严禁未满九岁的儿童参加劳动；提高工资；免费供应膳食；建设工人住宅区，改善工作和生活条件；开设工厂商店，按成本出售职工所需必需品；设立幼儿园和模范学校；创办互助储金会和医院，发放抚恤金等。这些改革的目标是探索既能改善工作生活条件，又有利于工厂所有者的方法。其结果确实改善了工人的生活，也使工厂获得了优厚的利润。欧文这一系列改革的指导思想体现了他对人的因素的重视。

欧文的管理理论和实践突出了人的地位和作用，实际上是人际关系和行为科学理论的思想基础，对以后的管理产生相当大的影响，有人称他为"人事管理之父"。

第二节 古典管理理论

社会发展的现实问题向人类提出了挑战，人类也为回答现实的问题，开始了对适应新型社会组织工厂管理工作的研究。这是人类历史上第一次从科学的高度、理论的高度对管理进行总结和研究，管理作为一种理论、一种思想、一整套科学的方法开始诞生了。因此，可以这样认为，虽然人们自发地运用了一些管理的思想和方法，以帮助自我的生存和发展。人们也在国家政权建设、军队训练与战斗和宗教发展的过程中广泛地使用了管理的思想和方法，并结合各类组织的特点，建立了一些理论和适应组织工作特点的管理制度和体系，但把管理作为一门科学进行系统的研究，从理论的高度进行概括和抽象却是近100年的事情。对西方管理思想的这一演变过程进行深入的了解和认识，是学习管理知识的人们应该特别注意的问题。

西方古典管理理论是指19世纪末、20世纪初在美国、法国、德国等西方国家形成的有一定科学依据的管理理论。经过产业革命后，资本主义先进国家的生产力发展已达到一定的高度，科学技术也有了较大的发展，并有了许多新发明。但是管理一般是建立在经验和主观臆断的基础上，缺乏科学的依据。由于企业管理落后，使这些国家的经济发展和企业中的劳动生产率都远远落后于当时科学技术成就和国内外经济条件所提供的可能性。为了适应生产力发展的要求，当时的美国、法国、德国及其他一些西方国家都产生了科学管理运动，从而形成各有特点的古典管理理论。古典管理理论的代表主要有以泰罗为代表的科学管理理论，以法约尔为代表的一般管理理论，以韦伯为代表的行政组织理论。

一、泰罗的科学管理理论

费雷德里克·温斯洛·泰罗（Frederick Winslow Taylor，1856～1915）出生于美国费城一个富有的律师家庭，中学毕业后考上哈佛大学法律系，但因眼疾而不得不辍学。1875年，他进入一家小机械厂当徒工，1878年转入费城米德瓦尔钢铁厂当机械工人，他在该厂一直干到1897年。在此期间，由于工作努力，表现突出，很快先后被提升为车间管理员、小组长、工长、技师、制图主任和总工程师，并在业余学习的基础上获得了机械工程学士学位。1915年泰罗逝世。他的墓碑位于一座能俯视费城钢铁厂烟囱的小山上，墓碑上刻着："科学管理之父——弗雷德里克·温斯洛·泰罗"。

泰罗的特殊经历，使他有可能在工厂的生产第一线系统地研究劳动组织与生产管理问题。在米德瓦尔钢铁厂当工人的时候，泰勒已经真正开始观察有关管理方面的问题了。泰罗在工厂的实践中感到当时的企业领导不懂得用科学方法来进行管理，不了解工作程序、劳动节奏和疲劳因素对劳动生产率的影响；而工人则缺少训练，没有正确的操作方法和适用的工具，这些都大大影响了劳动生产率的提高。为了改变这种状况，他从1880年开始进行实验，系统地研究和分析工人的操作方法和作业所花的时间。他将这些实验逐步改进发展，成为系统的管理制度，被称为科学管理或"泰罗制"。泰罗的主要著作是《科学管理原理》（1911）和《科学管理》（1912）。在两部书中所阐述的科学管理理论，使人们认识到了管理是一门建立在明确的法规、条文和原则之上的科学，它适用于人类的各种活动，从最简单的个人行为到经过充分组织安排的大公司的业务活动。

科学管理理论的主要内容概括为以下八个方面。

第一，科学管理的中心问题是提高效率。泰罗认为，要制定出有科学依据的工人的"合理的日工作量"，就必须进行工时和动作研究。方法是选择合适且技术熟练的工人，把他们的每一项动作、每一道工序所使用的时间记录下来，加上必要的休息时间和其他延误时间，就得出完成该项工作所需要的总时间，据此定出一个工人"合理的日工作量"，这就是所谓工作定额原理。

第二，为了提高劳动生产率，必须为工作挑选第一流的工人。所谓第一流的工人，泰罗认为："每一种类型的工人都能找到某些工作使他成为第一流的，除了那些完全能做好这些工作而不愿做的人"。在制定工作定额时，泰罗是以"第一流的工人在不损害其健康的情况下维护较长年限的速度"为标准的。这种速度不是以突击活动或持续紧张为基础，而是以工人能长期维持正常速度为基础。泰罗认为，健全的人事管理的基本原则是：使工人的能力同工作相配合，管理当局的责任在于为雇员找到最合适的工作，培训他成为第一流的工人，激励他尽最大的努力来工作。

第三，要使工人掌握标准化的操作方法，使用标准化的工具、机器和材料，并使作业环境标准化，这就是所谓标准化原理。泰罗认为，必须用科学的方法对工人的操作方法、工具、劳动和休息时间的搭配，机器的安排和作业环境的布置等进行分析，消除各种不合理的因素，把各种最好的因素结合起来，形成一种最好的方法，他认为这是管理当局的首要职责。

第四，实行刺激性的计件工资报酬制度。为了鼓励工人努力工作、完成定额，泰罗提出了这一原则。这种计件工资制度包含三个方面：通过工时研究和分析，制定出一个有科学依据的定额或标准；采用一种叫做"差别计件制"的刺激性付酬制度，即计件工资率按完成定额的程度而浮动（例如，如果工人只完成定额的80%，就按80%工资率付酬；如果超过了定额的120%，则按120%工资率付酬）；工资支付的对象是工人而不是职位，即根据工人的实际工作表现而不是根据工作类别来支付工资。泰罗认为这样做，既能克服消极怠工的现象，更重要的是能调动工人的积极性，从而促使工人大大提高劳动生产率。

第五，工人和雇主两方面都必须认识到提高效率对双方都有利，都要来一次"精神革命"，相互协作，为共同提高劳动生产率而努力。

在泰罗的铁锹试验中，每个工人每天的平均搬运量从16吨提高到59吨；工人每日的工资从1.15美元提高到1.88美元。而每吨的搬运费从7.5美分降到3.3美分。对雇主来说，关心的是成本的降低；而对工人来说，关心的则是工资的提高，所以泰罗认为这就是劳资双方进行"精神革命"，从事协调与合作的基础。

第六，把计划职能同执行职能分开，变原来的经验工作法为科学工作法。所谓经验工作法是指每个工人用什么方法操作，使用什么工具等，都由他根据自己的或师傅等人的经验来决定。泰罗主张明确划分计划职能与执行职能，由专门的计划部门来从事调查研究，为定额和操作方法提供科学依据；制定科学的定额和标准化的操作方法及工具；拟定计划并发布指示和命令；比较"标准"和"实际情况"，进行有效的控制等工作。至于现场的工人，则从事执行的职能，即按照计划部门制定的操作方法和指示，使用规定的标准工具，从事实际的操作，不得自行改变。

第七，实行职能工长制。即将管理的工作予以细分，使所有的管理者只承担一种管理职能。他设计出八个职能工长，代替原来的一个工长，其中四个在计划部门，四个在车间。每个职能工长负责某一方面的工作，在其职能范围内，可以直接向工人发出命令。泰罗认为职能工长制有三个优点：对管理者的培训所花费的时间较少；管理者的职责明确，因而可以提高效率；由于作业计划已由计划部门拟定，工具与操作方法也已标准化，车间现场的职能工长只需进行指挥监督，因此非熟练技术的工人也可以从事较复杂的工作，从而降低整个企业的生产费用。

后来的事实表明，一个工人同时接受几个职能工长的多头领导，容易引起混乱。所以，职能工长制没有得到推广。但泰罗的这种职能管理思想为以后职能部门的建立和管理的专业化提供了参考。

第八，实行例外管理原则。泰罗等人认为，规模较大的企业组织和管理，必须应用例外管理原则，即企业的高级管理人员把例行的一般日常事务授权给下级管理人员去处理，自己只保留对例外事项的决定和监督权。这种原则以后发展成为管理上的分权化原则和实行事业部制管理体制。

泰罗提出的这些管理思想和管理方法，蕴含着深刻的思想和理念。20世纪以来，泰罗思想与组织设计一直结合在一起，其原理一直被广泛地应用。这些思想在当时十分新颖，福特公司首先应用他们，成就了以后的福特汽车王国。即使在今天，科学管理思想仍然发挥着巨大的作用，现代管理科学学派可以说是科学管理思想的必然延伸。在今日的西方世界，有许多学者面对现代西方许多颓废的思潮在大声地疾呼要恢复到科学管理的时代去。泰罗的科学管理主要有两大贡献：一是管理要走向科学；二是劳资双方的精神革命。前者是有效管理的必要条件，后者是有效管理的必要心理。当然，科学管理存在过于重视技术、强调个别作业效率且对人的看法有偏、忽视了企业的整体功能等历史局限因素。

二、科学管理理论的其他代表人物

泰罗的科学管理理论在20世纪初得到了广泛的传播和应用，影响很大。因此在他同时代和他以后的年代中，有许多人也积极从事于管理实践与理论的研究，丰富和发展了科学管理理论。其中比较著名的如下。

（一）亨利·甘特（Henry L. Gantt）

美国管理学家、机械工程师甘特是泰罗在创建和推广科学管理时的亲密合作者，他与泰罗密切配合，使科学管理理论得到了进一步的发展。特别是他的甘特图（Gantt Chart），是当时计划和控制生产的有效工具，并为当今现代化方法PERT（计划评审技术）奠定了基石。他还提出了"计件奖励工资制"，即除了按日支付有保证的工资外，超额部分给予奖励；完不成定额的，可以得到原定日工资，这种制度补充了泰罗的差别计件工资制的不足。此外，甘特还很重视管理中人的因素，强调"工业民主"和更重视人的领导方式，这对后来的人际关系理论有很大的影响。

（二）吉尔布雷斯夫妇（Frank B. Gilbreth and Lillian M. Gilbreth）

弗兰克·吉尔布雷斯（1868～1924年），1885年考上麻省理工学院，但因家庭困难放弃了求学机会而当了砌砖工人，其后成为建筑工程师，后又被提升为承包公司主管，不久又成为独立经营的建筑承包商。吉尔布雷斯毕生致力于提高效率，即通过减少劳动中的动作浪费来提高效率，被公认为"动作研究之父"。

莉莲·弗兰克·吉尔布雷斯（1878～1972年），毕业于加州大学，是美国第一个获得心理学博士的女性，被人称为"管理学的第一夫人"。1904年与弗兰克结婚，共同从事"时间与动作"研究工作。

他们采用两种手段进行时间与动作研究：其一是将工人的操作动作分解为17种基本动作，吉尔布雷斯称之为"therbligs"（这个字即为吉尔布雷斯英文名字母的倒写）；其二是用拍影片的方法，记录和分析工人的操作动作，寻找合理的最佳动作，以提高工作效率。通过这些手段，他们纠正了工人操作时某些不必要的多余动作，形成了快速准确的工作方法。与泰罗不同的是，吉尔布雷斯夫妇在工作中开始注意到人的因素，在一定程度上试图把效率和人的关系结合起来。

三、法约尔的一般管理理论

亨利·法约尔（Henry Fayol），法国人，1860年从圣艾帝安国立矿业学院毕业后进入康门塔里—福尔香堡（Comentry-Fourchambault）采矿冶金公司，成为一名采矿工程师，并在此度过了整个职业生涯。从采矿工程师后任矿井经理直至公司总经理，由一名工程技术人员逐渐成为专业管理者，他在实践中逐渐形成了自己的管理思想和管理理论，对管理学的形成和发展作出了巨大的贡献。

法约尔1916年问世的名著《工业管理与一般管理》，是他一生管理经验和管理思想的总结。他认为他的管理理论虽然是以大企业为研究对象，但除了可应用于工商企业之外，还适用于政府、教会、慈善团体、军事组织以及其他各种事业。所以，人们一般认为法约尔是第一个概括和阐述一般管理理论的管理学家。他的理论概括起来大致包括以下内容。

（一）经营与管理的差异

法约尔区别了经营和管理，认为这是两个不同的概念，管理包括在经营之中。通过对企业全部活动的分析，将管理活动从经营职能中提炼出来，成为经营的单独的一项职能。进一步得出了普遍意义上的管理定义，即"管理是普遍的一种单独活动，有自己的一套知识体系，由各种职能构成，管理者通过完成各种职能来实现一个目标过程。"他又把管理分为五个职能，分别为计划、组织、指挥、协调和控制。

法约尔还分析了处于不同管理层次的管理者各种能力的相对要求，随着企业由小到大、职位由低到高，管理能力在管理者必要能力中的相对重要性不断增加，而其他诸如技术、商业、财务、安全、会计等能力的重要性则会相对下降。

（二）管理教育

他认为管理能力可以通过教育来获得，"缺少管理教育"是由于"没有管理理论"，一般管理者都按照他自己的方法、原则和个人的经验行事，但是谁也不曾设法使那些被人们接受的规则和经验变成普遍的管理理论。法约尔认为，管理者应该具备一定的能力和品质。要有健康的身体，充沛的精力；有良好的学习能力、适应能力和判断能力；有坚定的信念并且主动承担责任，熟悉企业中的多种业务，能够总结以前的经验和教训，使以后的工作更加明智。

（三）管理的14条原则

在法约尔的笔下，"原则"一词不是一个固定不变的僵化的概念，因为他认为在管理方面，没有什么死板和绝对的东西，只有尺度问题，因而原则是灵活的、可以适用于一切需要的。法约尔提出了14项著名的原则。

1. 劳动分工

实行劳动的专业化分工可以提高效率。这种分工不仅限于技术工作，也适用于管理工作。但专业化分工要适度，不是分得越细越好。

2. 权力与责任

权力与责任是互相依存互为因果的。权力是"指挥他人的权以及促使他人服从的力"；责任是随着权力而来的奖惩。法约尔明确区分了职位权力与个人权力，职位权力是由个人职位高低而定，个人权力则是由个人的智慧、知识、品德等个性形成。

3. 纪律

法约尔认为，纪律实际上是企业领导人同下属人员之间在服从、勤勉、积极、举止和尊敬方面所达成的一种协议。纪律对企业取得成功是绝对必要的。任何社会组织，其纪律状况取决于领导人的道德状况，不良的纪律来自不良的领导。高层领导人和下属一样，必须接受纪律的约束。制定和维护纪律的最有效方法是各级都要有好的领导，尽可能有明确而公平的协定，并要合理地执行惩罚。

4. 统一指挥

无论什么时候，一个下属都应接受而且只应接受一个上级的命令。双重命令对于权威、纪律和稳定性都是一种威胁。

5. 统一领导

凡是具有同一目标的全部活动，都仅应有一个领导人和一套计划。统一领导与统一指挥不同，统一指挥是针对下属而言的，统一领导则是针对组织或者活动而言的。

6. 个别利益服从整体利益

个人的私心和缺点常常促使员工将个人利益放在集体利益之上，因此身为领导，必须经常监督又要以身作则，才能缓和两者的矛盾，使其一致起来。

7. 合理的报酬

法约尔认为,薪酬制度应当公平、适度,对工作成绩与工作效率优良者应有奖励。但奖励不应超过某一适当的限度,即奖励应以能激起职工的热情为限,否则会出现副作用。

8. 适当的集权与分权

提高下属重要性的做法就是分权,降低这种重要性的做法就是集权。就集权制度本身来说,无所谓好与坏。集权与分权是一个比例问题,对每一个企业都存在一个最优比例,但这个比例也会变化。适当的集权程度是由管理者及员工的素质、企业的条件和环境决定的。

9. 等级链

这是由最高权力机构到最低层管理人员所组成的链条结构。这是一条权力线,是自上而下和自下而上传递信息的必经途径。尊重权力线与保持行动迅速应密切相结合。

企业中存在的等级制度要求各种沟通都应按层次逐渐进行,但这样可能产生信息延误现象,为了解决这个问题,法约尔提出了跳板原则。如图 2-1 所示,按照传统的等级制度,F 要和 P 沟通,就必须沿着等级路线攀登到 A,然后再从 A 下到 P。所谓跳板原则,就是允许 F 和 P 直接沟通(横向沟通)。但这里有两个前提,一是F 和 P 都要得到上级的授权,二是要事后向上级汇报。这样既维护了组织的统一指挥,又大大提高了组织的工作效率。

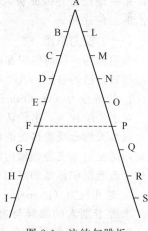

图 2-1 法约尔跳板

10. 秩序

所谓秩序是指"凡事各有其位"。法约尔认为这一原则既适用于物质资源,也适用于人力资源。合理的秩序是按照事物的内在联系确定的。秩序的实现,不仅有赖于有效的组织,而且有赖于审慎的选人。

11. 公平

公平是由善意和公道产生的。善意即领导者以善意对待雇员。公道就是要执行已订立的协定,说话算数。领导者要充分考虑雇员要求平等的愿望,公平地对待他们以及他们的工作。

12. 保持人员稳定

一个人要有效地、熟练地从事某项工作,需要相当长的时间,管理人员的工作更是如此。所以,一个成功企业的管理人员必须是稳定的,要尽可能避免人员的流动。不必要的流动是管理不善的结果。

13. 首创精神

首创精神可使一个人在工作中充满热情和发挥干劲。人的自我实现需求的满足是激励人们的工作热情和工作积极性的最有力的刺激因素。对于领导者来说,"需要极有分寸地,并要有某种勇气来激发和支持大家的首创精神"。

14. 团结精神

全体成员的和谐与团结是企业发展的巨大力量,所以,领导者应尽一切可能,保持和巩固人员的团结,努力在内部建立起和谐与团结的气氛。培养团结精神的有效方法是严守统一指挥原则并加强情况的交流,多用口头沟通。

法约尔的一般管理理论是西方古典思想的重要代表,后来成为管理过程学派的理论基础(该学派将法约尔尊奉为开山祖师),也是以后各种管理理论和管理实践的重要依据,对管理理论的发展和企业管理的历程均有着深刻的影响。管理之所以能够走进大学讲堂,全依赖于法约尔的卓越贡献。一般管理思想的系统性和理论性强,管理五大职能的分析为管理科学提供了一套科学的理论构架,来源于长期实践经验的管理原则给实际管理人员巨大的帮助,其中某些原则甚至以"公理"的形式为人们接受和使用。因此,继泰罗的科学管理之后,一般管理也被誉为管理史上的第二座丰碑。

四、韦伯的行政组织理论

马克斯·韦伯（Max Weber，1864~1920年），德国人，出生于爱尔福特的一个富裕家庭。1882年进入海德堡大学读法律，以后又就读于柏林大学和哥廷根大学。曾于1883~1888年间参加过四次军事训练，对德国的军事生活和组织制度有相当多的了解。他一生中担任过多所大学的教授，1894年开始担任弗赖堡大学政治经济学教授，1896年开始担任海德堡大学经济学教授，1918年开始担任维也纳大学社会学教授，1919年开始担任慕尼黑大学社会学教授等。此外，他还担任过政府顾问，成为编辑、著作家等。他的著作有《经济和社会》《社会和经济组织的理论》《社会学论文集》等。韦伯在管理思想上的最大贡献是提出了所谓理想的行政组织体系的理论，并因此被人称为"组织理论之父"，与泰罗、法约尔一样被誉为西方古典管理理论的三位先驱。

（一）权力来源

韦伯认为，任何组织都必须以某种形式的权力作为基础，没有某种形式的权力，任何组织都不能达到自己的目标。人类社会存在三种为社会所接受的权力。

1. 传统权力（traditional authority）

对于传统权力，韦伯认为：人们对其服从是因为领袖人物占据着传统所支持的权力地位，同时，领袖人物也受着传统的制约。但是，人们对传统权力的服从并不是以与个人无关的秩序为依据，而是在习惯义务领域内的个人忠诚。领导人的作用似乎只为了维护传统，因而效率较低，不宜作为行政组织体系的基础。

2. 超凡权力（charisma authority）

来源于别人的崇拜与追随。超凡权力的合法性，完全依靠对于领袖人物的信仰，他必须以不断的奇迹和英雄之举赢得追随者，超凡权力过于带有感情色彩并且是非理性的，不是依据规章制度，而是依据神秘的启示。所以，超凡的权力形式也不宜作为行政组织体系的基础。

3. 法定权力（legal authority）

理性——法律规定的权力。韦伯认为，只有法定权力才能作为行政组织体系的基础，其最根本的特征在于它提供了慎重的公正。原因在于：管理的连续性使管理活动必须有秩序地进行；以"能"为本的择人方式提供了理性基础；领导者的权力并非无限，应受到约束。

（二）理想的行政组织体系

所谓"理想的"，是指这种组织体系并不是最合乎需要的，而是指现代社会最有效和最合理的组织形式形态。有了适合于行政组织体系的权力基础，韦伯勾画出理想的官僚组织模式（Bureaucratic Ideal Type）（在这里"官僚"并不带贬义，是一个中性词），它具有下列特征。

第一，组织中的人员应有固定和正式的职责并依法行使职权。组织是根据合法程序制定的，应有其明确目标，并靠着这一套完整的法规制度，组织与规范成员的行为，以期有效地追求与达到组织的目标。

第二，组织的结构是一层层控制的体系。在组织内，按照地位的高低规定成员间命令与服从的关系。

第三，人与工作的关系。成员间的关系只有对事的关系而无对人的关系。

第四，成员的选用与保障。每一职位根据其资格限制（资历或学历），按自由契约原则，经公开考试合格予以使用，务求人尽其才。

第五，专业分工与技术训练。对成员进行合理分工并明确每人的工作范围及权责，然后通过技术培训来提高工作效率。

第六，成员的工资及升迁。按职位支付薪金，并建立奖惩与升迁制度，使成员安心工作，培养其事业心。

韦伯认为，这种高度结构的、正式的、非人格化的理想行政组织体系是人们进行强制控制的合理手段，是达到目标、提高效率的最有效形式。这种组织形式在精确性、稳定性、纪律性和可靠性方面都优于其他组织形式，能适用于所有的各种管理工作及当时日益增多的各种大型组织，如教会、国家机构、军队、政党、经济企业和各种团体。

第三节　行为科学理论

古典管理理论的杰出代表泰罗、法约尔等人在不同的方面对管理思想和管理理论的发展做出了卓越的贡献，并对管理实践产生深刻影响，但是他们共同的特点是，着重强调管理的科学性、合理性、纪律性，而未给管理中人的因素和作用以足够重视。他们的理论是基于这样一种假设，即社会是由一群群无组织的个人所组成的；他们在思想上、行动上力争获得个人利益，追求最大限度的经济收入，即"经济人"；管理部门面对的仅仅是单一的职工个体或个体的简单总和。基于这种认识，工人被安排去从事固定的、枯燥的和过分简单的工作，成了"活机器"。从20世纪20年代美国推行科学管理的实践来看，泰罗制在使生产率大幅度提高的同时，也使工人的劳动变得异常紧张、单调和劳累，因而引起了工人的强烈不满，并导致工人的怠工、罢工以及劳资关系日益紧张等事件的出现；另外，随着经济的发展和科学的进步，有着较高文化水平和技术水平的工人逐渐占据了主导地位，体力劳动也逐渐让位于脑力劳动，也使得西方的资产阶级感到单纯用古典管理理论和方法已不能有效控制工人以达到提高生产率和利润的目的。这使得对新的管理思想、管理理论和管理方法的寻求和探索成为必要。从20世纪20年代末开始，就逐渐出现了"以人为中心"的管理学研究，即出现了行为科学管理理论。

行为科学是运用社会学、社会心理学、生理学等科学理论和方法来研究工作环境中个人和群体行为的一门综合性学科。这一学派认为，管理问题的解决，如果只重视物质和技术条件，而忽视人的行为和社会环境对工效的影响，是片面的。他们强调人和人的行为是管理工作的关键因素；重视环境和人群之间的相互关系对提高工作效率的影响，因此，它研究人的行为以及产生行为的思想动机，探求人类行为的规律。行为科学产生于美国，它的发展大致可分为两个阶段。

一、人际关系学说——早期的行为科学

（一）梅奥与霍桑实验

霍桑实验是从1924~1932年，在美国芝加哥城郊的西方电器公司所属的霍桑工厂中进行的一系列实验。霍桑工厂是一家拥有25 000名工人的生产电话机和电器设备的工厂。它设备完善，福利优越，具有良好的娱乐设施、医疗制度和养老金制度，但是工人仍有强烈的不满情绪，生产效率也很不理想。为了探究其中的原因，在1924年美国国家研究委员会组织了一个包括各方面的专家在内的研究小组对该厂的工作条件和生产效率的关系进行了全面的考察和多种实验。霍桑实验的结论是人际关系学说的基本要点，也是行为科学在以后发展的理论基础，并对以后的管理思想发展起着重大的影响。

霍桑实验的初衷是试图通过改善工作条件与环境等外在因素，找到提高劳动生产率的途径，从1924~1932年，先后进行了四个阶段的实验：照明实验、福利实验、访谈实验和电话线圈装配实验。

1. 照明实验（1924年11月~1927年4月）

当时关于生产效率的理论占统治地位的是劳动医学的观点，认为也许影响工人生产效率的是疲劳和单调感等，于是当时的实验假设便是"提高照明度有助于减少疲劳，使生产效率提高"。可是经过两年多实验发现，照明度的改变对生产效率并无影响。具体结果是：当实验组照明度增大时，实验组和控制组都增产；当实验组照明度减弱时，两组依然都增产或者变化不大，直至照明减至如月光一般、实在看不清时，产量才会急剧降下来。

2. 福利实验（1927年8月~1928年4月）

实验目的总的来说是查明福利待遇的变换与生产效率的关系。研究人员选出5名装配工人和1名划线工共6名女工，在单独的房间从事装配电器的工作。在实验过程中逐步增加一些福利条件（缩短工作时间、延长休息时间、免费供应点心等），实验设计者原来设想，这些福利条件的改善会刺激工人积极性发挥，一旦撤销这些措施，劳动生产率一定会下降。但奇怪的是突然取消这些福利条件，工人的劳动生产率不但没有下降，反而继续上升。

研究人员面对此结果感到茫然，失去了信心。实验者认为实验失败了，准备放弃实验。1927年，哈佛大学教授埃尔顿·梅奥（Elton Mayo）在纽约的哈佛俱乐部给一些公司的人事经理作报告，曾参与第一阶段实验的西方电器公司的人事经理前来听报告，他向梅奥介绍了实验的情况，并邀请埃尔顿·梅奥前去做实验。梅奥对这项实验很感兴趣，于是率领一些人进入了霍桑工厂，开始了第二阶段的实验工作。

3. 访谈实验（1928年9月～1930年5月）

梅奥等人在霍桑厂进行了两年多的大规模的态度调查，此计划的最初想法是要工人就管理当局的规划和政策、工头的态度和工作条件等问题作出回答，但这种规定好的访谈计划在进行过程中却大出意料之外。访问开始采用的方式是调查人员提问、工人回答，但效果很差，一些人不敢说，另一些人对问题不感兴趣，不愿说。访谈者了解到这一点，及时把访谈计划改为事先不规定内容，每次访谈的平均时间从30分钟延长到1～1.5个小时，规定在谈话过程中实验者必须耐心倾听意见、牢骚，并作详细记录，不作反驳和训斥，而且对工人的情况要深表同情。这次谈话实验收到了意想不到的效果，工厂的产量大幅度提高。这是由于工人长期以来对工厂的各项管理制度和管理立法有许多不满和意见，受到压抑，无处发泄，形成了工人和管理者的对立情绪。通过谈话，缓解了工人和管理者之间的矛盾冲突，管理者和被管理者之间形成了良好的融洽的人际关系。因此，工人心情舒畅，有主人翁感、使命感和责任感。

4. 电话线圈装配实验（1931年11月～1932年5月）

实验共进行了半年多。梅奥等人在这个实验中选择14名男工人在单独的房间里从事绕线、焊接和检验工作。对这个班组实行特殊的工人计件工资制度。实验者原来设想，实行这套奖励办法会使工人更加努力工作，以便得到更多的报酬。但观察的结果发现，产量只保持在中等水平上，每个工人的日产量平均都差不多，而且工人并不如实地报告产量。深入的调查发现，这个班组为了维护他们群体的利益，自发地形成了一些规范。他们约定，谁也不能干的太多，突出自己；谁也不能干的太少，影响全组的产量，并且约法三章，不准向管理当局告密，如有人违反这些规定，轻则挖苦谩骂，重则拳打脚踢。进一步调查发现，工人们之所以维持中等水平的产量，是担心产量提高，管理当局会改变现行奖励制度，或裁减人员，使部分工人失业，或者会使干得慢的伙伴受到惩罚。这一实验表明，为了维护班组内部的团结，可以放弃物质利益的引诱。

（二）人际关系学说的基本要点

霍桑实验结束后，埃尔顿·梅奥等人对实验结果进行了总结，并出版了《工业文明中的人的问题》《工业文明中的社会问题》《管理与工人》《管理与士气》等管理著作，他们的理论构成了人际关系学说。该学说强调以下观点。

1. 职工是"社会人"而非"经济人"

必须从社会系统的角度来看待职工。职工并不单纯追求金钱收入，他们还有社会方面、心理方面的需求，即追求人与人之间的友情、安全感、归属感和受人尊重的需求等。影响职工生产积极性的因素，除了物质因素外还有社会和心理因素，生产率的高低主要取决于职工的工作情绪，即职工的"士气"。

2. 企业中存在着"非正式组织"

企业中除了"正式组织"之外，还存在着"非正式组织"。"非正式组织"是指人们在企业内共同工作过程中，由于情感交流、兴趣爱好相近等原因所组成的一种非正式团体，团体首领是团体成员推选或自然形成的，每个成员都自觉地遵守团体所形成的各种行为规范约束，非正式团体在企业的组织结构图中是找不到的。梅奥指出，非正式组织与正式组织有重大差别。在正式组织中,以效率逻辑为其行为规范;而在非正式组织中,则以感情逻辑为其行为规范。如果管理人员只是根据效率逻辑来管理,而忽略工人的感情逻辑,必然会引起冲突,影响企业生产率的提高和目标的实现。因此,管理当局必须重视非正式组织的作用,注意在正式组织的效率逻辑与非正式组织的感情逻辑之间保持平衡,以便管理人员与工人之间能够充分协作。

　　3. 企业管理者要树立新型的领导方式,注重提高职工的满足感

　　根据"社会人"和"非正式组织"的观点,企业管理者不能再把职工当成机器的附属品而采取"萝卜加大棒"的管理方式,必须把职工看成是有爱、有恨、有追求的活生生的人,必须了解他们的真实愿望,进而提高他们的生产积极性。因此,企业中管理人员的新的领导能力在于,要同时具有技术—经济的技能和人际关系的技能。满足企业效率逻辑的能力同满足工人感情逻辑的能力是不同的。要对各级管理人员进行训练,使他们学会了解人们的理性行为和非理性行为,通过同工人交谈来了解其感情,以便在正式组织的经济需求同非正式组织的社会需求之间保持平衡。平衡是取得高效率的关键。

　　人际关系学说第一次把管理研究的重点从工作和物的因素上转到人的因素上来,不仅在理论上对古典管理理论作了修正和补充,开辟了管理研究的新理论,还为现代行为科学的发展奠定了基础,而且对管理实践产生了深远的影响。

二、后期的行为科学

　　行为管理思想产生之初因为侧重于研究人们之间的相互关系,所以被称作"人际关系学说"。这种思想在经历了20世纪三四十年代的迅速发展后,已经形成了一个庞大而复杂的学科群,吸引着来自心理学、社会学、人类学、管理学、人机工程等众多领域的研究者。在1949年美国芝加哥召开的一次学术会议上,来自各个不同领域的与会者一致认为,围绕行为研究所取得的现有成果已足以证明该类研究具有了独立学科的地位,于是正式将其定名为行为科学。但鉴于广义的行为科学是一个研究包括人的行为以至动物的行为在内的涵盖范围广泛的学科体系,20世纪60年代后,有些专门研究行为科学在企业中应用的学者提出了"组织行为学"这一名称。

　　组织行为学的研究内容大体上可分为三个层面。

(一)有关员工个体行为的研究

　　这是最微观层面的研究,涉及的内容主要包括人的需要、动机和激励,以及企业中人的特性问题。人际关系学说提出了员工是"社会人"而不是"经济人"的假设,后期行为研究者进一步提出了"自我实现人"的主张。这些基于对员工需要类型和特征的识别而提出的"人性"假设,实际上是对管理者对员工所采取的种种不同管理哲学、理念和管理措施的概括反映。

(二)有关员工群体行为的研究

　　这一层面的研究强调了企业中的员工不是孤立的个人,而是各式各样正式和非正式群体的成员,彼此之间存在着一定程度的相互接触、相互影响和相互作用。将员工置于群体的背景中进行研究。结果发现,人在群体中的行为,与其作为独立的个人时的行为相比较,会表现出许多独特或差异之处。关于群体压力、群体中成员互动过程的动力的研究,以及群体中沟通、竞争和冲突问题的研究,构成了群体行为研究的主要内容。

(三)有关组织行为的研究

　　这是针对组织整体这最高层次展开行为方面的研究。主要包括"以人为中心"的领导理论,体现"人本"原则的工作设计与组织设计理论,以及组织发展和组织变革理论等。

　　以上三个层面的研究虽然有各自不同的侧重点,但它们是相互联系、不可割裂的。比如,对员工的人性假设不仅影响到针对个体所采取的激励措施,还影响到了领导行为及其他各项管理措施。道格拉斯·麦克雷戈(Douglas M. McGregor),就是立足于对现实中企业管理者对员工所采取的管理方式不同而提出"X-Y理论"两分法。他在1957年发表的《企业的人性面》中指出,按"X理论"来进行管理的传统方式,需要向体现"Y理论"观点的新模式转变。

第四节　现代管理理论丛林

第二次世界大战后，社会经济发展中出现了许多新的变化：工业生产和科学技术迅速发展；企业的规模进一步扩大；企业生产过程自动化的程度空前提高；技术更新的周期大为缩短；市场竞争越来越激烈；生产社会化程度更加提高；许多复杂产品和现代化工程需要组织大规模的分工协作才能完成。这些都对企业经营管理提出了许多新的要求，企业经营管理原有的理论和方法有些不能适应新形势的需要。因此，在古典管理学派和早期行为学派的基础上，出现了许多新的管理理论和方法，形成许多新的学术派别。这些理论同古典管理学派和行为科学的理论，在历史渊源和理论内容上互相影响，盘根错节。

如果说泰罗和法约尔的古典理论当初只是管理学的萌芽，那么现在这些萌芽已发展成为一片茂密的丛林。各种各样的管理学派犹如如雨后春笋，滋生蔓延，形形色色的理论观点犬牙交错，林立丛生。哈罗德·孔茨（Harold Koontz，1908～1984年）教授把这种管理理论学派林立的情况比喻成"热带丛林"，并称之为"管理理论丛林"。他认为，如果"管理理论丛林"继续存在，将会使管理工作者和学习管理理论的初学者如同进入热带丛林中一样，迷失方向而找不到出路。在发表于1961年的《管理理论丛林》中，孔茨提出了管理学的六大学派，1980年，他重新对管理学学派问题进行研究，并在当年发表了《再论管理理论的丛林》，补充了另外五种学派。之后孔茨教授的合作者对孔茨从前的理论进行补充，增加了管理学的新学派，包括麦肯锡7-S理论、全面质量管理理论和流程再造理论。

一、管理过程学派

该学派是在法约尔管理思想的基础上发展起来的，主要研究管理的过程和职能。其代表人物是美国的哈罗德·孔茨。该学派的基本研究方法是：首先把管理人员的工作划分成一些职能，然后以管理职能为框架进行研究，从丰富多彩的管理实践中探求管理的基本规律。

基本观点是：管理是一个过程，即让别人同自己去实现既定目标的过程；管理过程的职能有五个：计划、组织、人员配备、领导、控制；管理职能具有普遍性，即各级管理人员都执行着管理职能，但侧重点则因管理级别的不同而异；管理应具有灵活性，要因地制宜，灵活应用。

二、人际关系学派

该学派是从20世纪60年代的人类行为学派演变来的。基本思想是，管理工作总是通过人去完成的，因此必须围绕人与人之间的关系这个核心来进行研究。这个学派的学者大多数受过心理学方面的训练，把有关的社会科学原有的或新近提出的理论、方法和技术用来研究人与人之间和人群内部的各种现象，从个人的品性动态一直到文化关系，无所不涉及。他们注重管理中"人"的因素，认为人们在为实现目标而结成团体一起工作时，应该互相了解。代表人物与理论为：马斯洛的"需求层次理论"、赫茨伯格的"双因素理论"、布莱克和穆顿的"管理方格理论"。

三、群体行为学派

该学派同人际关系学派关系密切，容易混淆。但它关心的主要是群体中人的行为，而不是人际关系。它以社会学、人类学和社会心理学为基础，而不以个人心理学为基础。它着重研究各种群体行为方式。它也常被叫做"组织行为学"。最早的代表人物和研究活动是梅奥和霍桑试验。20世纪50年代，美国管理学家克里斯·阿吉里斯（Chris Argyris）提出"不成熟—成熟理论"。

四、经验（案例）学派

该学派通过分析经验（常常就是案例）来研究管理，认为管理学者和实际管理工作者通过研究各式各样的成功和失败的管理案例，就能理解管理问题，自然地学会有效地进行管理。很多学者认为，严格地说，该学派的主张实质是传授管理知识的一种方法，称为"案例教学"。代表人物有戴尔，代表作《伟大的组织者》《管理：理论和实践》；德鲁克，代表作《有效的管理者》。

五、社会合作系统学派

该学派从社会学的角度来分析各类组织。该学派将组织看作是一种社会系统,是一种人的相互关系的协作体系,组织是社会大系统中的一部分,受到社会环境各方面因素的影响。管理人员的作用就是要围绕着物质的、生物的和社会的(群体的相互作用、态度和信息)因素去适应总的合作系统。美国的切斯特·巴纳德(Chestevr Barnard)是该学派的创始人,他的著作《经理的职能》对该学派有很大的影响。该学派的理论有以下一些要点。

第一,正式组织的存在有三个条件:共同的目的、协作的愿望、信息的沟通。

第二,组织的生存将取决于在组织实现目标的过程中是否使成员顺利达到个人的目的,取决于组织对环境适应的程度。

第三,经理人员的职能有三条:建立和维持一套信息传递的系统;善于激励组织成员为实现组织目标而做出贡献;确定组织目标。

六、社会技术系统学派

该学派的创始人是特里司特及其在英国塔维斯托克研究所中的同事。他们通过对英国煤矿中长壁采煤法生产问题的研究,认为在管理中只分析社会系统是不够的,还需要研究技术系统对人的影响。他们发现,企业中的技术系统(如机器设备和采掘方法)对社会系统有很大的影响。因此,必须把企业中的社会系统同技术系统结合起来考虑,而管理者的一项主要任务就是要确保这两个系统相互协调。因此该学派主要研究工业工程学、人-机工程等方面。

七、系统管理学派

该学派以一般系统论为理论基础来研究管理问题,它侧重于对组织结构和模式进行分析,并建立起系统模型以便于分析,从系统的角度考察管理的基本职能。主要代表人物是卡斯特、罗森茨威克等。卡斯特和罗森茨威克认为:"必须以整个组织系统作为研究管理的出发点,应该综合运用各个学派的知识,研究一切重要的分系统及其相互关系。"

八、决策理论学派

该学派的观点是,决策是管理的主要任务,因而应集中研究决策问题,而管理是以决策为特征的,所以管理理论应围绕决策这个核心来建立。这一学派是在社会合作系统学派的基础上发展起来的,他们把第二次世界大战以后发展起来的系统理论、运筹学、计算机科学等综合运用于管理决策问题,形成了一个有关决策过程、准则、类型及方法的较完整的理论体系。主要代表人物是曾获诺贝尔经济学奖的赫伯特·西蒙(Herbert Simon)。其理论要点如下。

第一,决策贯穿于管理的全过程,管理就是决策。

第二,决策是一个复杂的过程,包括四个阶段:搜集情况阶段,拟定计划阶段,选定计划阶段,评价计划阶段。

第三,在决策标准上,用"满意"的准则代替"最优"准则。

第四,组织的决策根据其活动是否反复出现,可分为程序化决策和非程序决策;根据决策条件,可分为确定型决策、风险型决策和非确定型决策。每一种决策所采用的方法和技术都是不同的。

九、管理科学学派

尽管各种管理理论学派都在一定程度上应用数学方法,但只有管理科学学派把管理看成是一个数学模型和程序的系统。一些知名的运筹学家就属于这个学派。这个学派的人士有时会给自己取上一个"管理科学家"的美名。这些人的一个永恒的信念是,只要管理是一个逻辑过程,就能用数学符号和运算关系来予以表示。这个学派的主要方法就是模型。借助于模型可以把问题用它的基本关系和选定目标表示出来。由于数学方法大量应用于最优化问题,因此它同决策理论有着很密切的关系。当然,编制数学模型绝不限于决策问题。

十、权变理论学派

又被称为"随机应变法"、"情况决定论"、"管理情景论"或"形势管理论"等。它是20世纪 70 年代在美国形成的一种管理理论。该学派强调，管理者的实际工作取决于所处的环境条件，强调在管理中要根据组织所处的内外部条件随机应变，没有什么一成不变、普遍适用的"最好的"管理理论和方法。代表人物是美国尼布拉加斯大学教授卢桑斯。

十一、经理角色学派

该学派是 20 世纪 70 年代在西方出现的最新的一个管理学派，且同时受到管理学者和实际管理者的重视。该学派主要通过观察经理的实际活动来明确经理角色的内容。早就有人对经理（从总经理到领班）的实际工作进行过研究，但把这种研究发展成为一个众所周知的学派的却是加拿大管理学家亨利·明茨伯格。

十二、麦肯锡 7-S 理论

托马斯·J·彼得斯（Thomas J. Peters）和小罗伯特·H·沃特曼（Robert H. Waterman），这两位斯坦福大学的管理硕士、长期服务于美国著名的麦肯锡管理顾问公司的学者，访问了美国历史悠久、最优秀的 62 家大公司，又以获利能力和成长的速度为准则，挑出了 43 家杰出的模范公司。他们对这些企业进行了深入调查、并与商学院的教授进行讨论，以麦肯锡顾问公司研究中心设计的企业组织七要素（简称 7-S 理论）为研究的框架，总结了这些成功企业的一些共同特点，写出了《追求卓越——美国企业成功的秘诀》一书。

7-S 理论指出了企业在发展过程中必须全面地考虑各方面的情况，包括结构（structure）、制度（systems）、风格（style）、员工（staff）、技能（skills）、战略（strategy）、共同价值观（shared values），如图 2-2 所示。战略、结构和制度被认为是企业成功的"硬件"，风格、人员、技能和共同价值观被认为是企业成功经营的"软件"。麦肯锡的 7-S 理论提醒世界各国的经理们，软件和硬件同样重要。两位学者指出，各公司长期以来忽略的人性，如非理性、固执、直觉、喜欢非正式的组织等，其实都可以加以管理，这与各公司的成败息息相关，绝不能忽略。

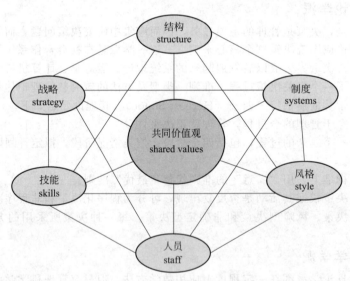

图 2-2 麦肯锡 7-S 理论

十三、全面质量管理理论

全面质量管理，即 TQM（total quality management），就是指一个组织以质量为中心，以全员参与为基础，目的在于通过顾客满意和本组织所有成员及社会受益而达到长期成功的管理途径。其内容本质是：对全面质量的管理，对全部过程的管理，全员参加的质量管理，全面采用科学方法的质量管理。在全面质量管理中，质量这个概念和全部管理目标的实现有关。

全面质量管理起源于美国,可以追溯到泰罗1911年出版的《科学管理原理》,但主要源自休哈特的统计品管(SQC)和菲根鲍姆的全面质量控制(TQC)。菲根鲍姆于1961年指出,"全面质量管理是为了能够在最经济的水平上,并考虑到充分满足顾客要求的前提下进行生产和提供服务,并能把企业各部门在设计质量、维持质量和提高质量的活动构成为一体的一种有效体系。"

十四、流程再造理论

流程再造(business process reengineering,BPR)理论是由美国麻省理工学院(MIT)的计算机教授迈克尔·哈默和CSC管理顾问公司董事长钱皮提出的,在20世纪90年代达到了全盛的一种管理思想。哈默和钱皮指出,200年来,人们一直遵循亚当·斯密的劳动分工的思想来管理企业,即注重把工作分解为最简单和最基本的步骤;而目前应围绕这样的概念来建立和管理企业,即把工作任务重新组合到首尾一贯的工作流程中去。

他们给BPR下的定义是:"为了飞跃性地改善成本、质量、服务、速度等现代企业的主要运营基础,必须对工作流程进行根本性的重新思考并彻底改革。"内容为从根本重新而彻底地去分析与设计企业程序,并管理相关的企业变革,以追求绩效,并使企业达到戏剧性的成长。企业再造的重点在于选定对企业经营极为重要的几项企业程序加以重新规划,以提高营运的效果。流程再造的核心是面向顾客满意度的业务流程,打破企业按职能设置部门的管理方式,代之以业务流程为中心,重新设计企业管理过程,从整体上确认企业的作业流程,追求全局最优,而不是个别最优。

知识拓展

传统文化对大学生创业的影响

中国传统文化是指中国历史上以个体农业经济为基础、以宗法家庭为背景、以儒家伦理为核心的社会文化体系。

一、传统文化对商业发展的消极影响

(一)传统文化理念抑商重农,阻碍商业思想发展

中国是一个历史悠久的封建专制的农业大国,长期处于封闭、半封闭的状态,在绵延数千年的封建王朝的统治下,"重义轻利""重士轻商""重农轻商""忠君报国""致君泽民"的观念构成了中国传统文化的价值内核。但"重农轻商""重士轻商"政策从古代到近代几乎贯彻全部历史的一个传统的经济政策。

(二)传统文化实践重义轻利,轻视商业创业活动

儒家所追求的"君子人格",道家所追求的"隐士人格",佛家所追求的"随缘人格",墨家所宣扬的"英雄人格",都无一例外地强调"重义轻利""重士轻商""重农轻商""忠君报国"的观念。因此在中国传统文化中商业被列入"君子不为"的低贱职业,而大丈夫应该"忠君报国""致君泽民""为国纾难、为君分忧",干一番大事业,留名青史,光耀门楣。

(三)传统就业观念根深蒂固,挫伤创业动力意志

由于中国传统文化是在长期的封建历史制度条件下形成和发展起来的,其基本价值标准和核心追求带来的后果往往是泯灭个性和扼杀创造性,从而形成了"乐天知命、安贫乐道""既来之则安之""万般皆下品,唯有读书高""学而优则仕"等封建专制意识浓厚的就业观念。事实上,直到改革开放已经进行了40年的今天,轻商思想仍然存在一定的影响力,许多人将进入公务员、国企、事业单位等序列作为就业成功与否的标准,这与中国传统的"官本位"思想有着直接的关系。

二、传统文化对商业发展的积极影响

(一)促进古代社会稳定,提高经济效益

中国古代文化中的思想体系以儒家思想为核心,以"三纲五常"为伦理道德规范,主张仁

政,提倡经世济民,以助君王、明教化,因此规定了严格森严的封建等级制度。人们树立了与之相适的世界观,本分地过着属于自己的生活,做到"君君臣臣、父父子子",为封建社会营造了一个相对稳定的社会环境。这就减少了经济活动中的风险性和不确定性,进而促进了社会经济绩效的提高,在历史长河中开创了几代封建社会的盛世局面。当代创业实践也告诉我们,只有尊重客观事实和创业规律,脚踏实地,在保持稳定的基础上提升创业意识和产品利润,才能保证创业实践和效果的可持续性发展。

(二)传统文化重视构建商业准则,崇尚诚信创业

传统的"义利观"表现为重信守信,经营者除了追求经济利益还注重追求高尚的人格。如孔子所说的"义以生利,利以平民",承认对物质利益的追求是合乎人情的,同时又认为这一追求必须符合社会公众的道德准则,做到"取之有道",也就是说义与利是统一的。

三、传统文化对创业教育的影响

(一)传统文化对高校创业教育的影响

长期以来我国基础教育采用应试教育,导致教育重智商轻情商,重分数轻人格养成,重书本知识轻综合素质,成为一种普遍的教育行为。客观上将基础教育变成升大学的选拔教育,使中小学教育的功利色彩浓厚。功利性色彩浓重的中小学应试教育,会阻碍学生对创新创业意识的发展,导致高校大学生的奋斗精神、进取精神、创造精神受到很大影响,易造成自我意识强全局意识差、竞争意识强合作意识差。

(二)传统文化对家庭创业教育的影响

传统家庭教育的概念中,"万般皆下品,唯有读书高""学而优则仕"已经成为大多数家庭的基本价值取向。家长出于"望子成龙,望女成凤"的期盼,但他们对"龙""凤"的理解又是片面的。在他们看来,所谓成才就是学习成绩好、考试得高分,就是上一个好大学,找一份好工作,缺少对孩子自主创业的引导。社会上出现的报考公务员热等现象,不但源于害怕竞争,渴望寻求一个无后顾之忧的避风港,还源于依赖思想和小富即安心理。

四、扬弃传统文化,构建大学生创业精神

(一)改变创业观念,营造创业氛围

高校和家庭要培养大学生的创业动机、志向、信念,激发他们强烈的创业愿望;政府和社会要营造良好的创业文化氛围,搭建通畅的创业平台,激活创业要素,保障创业者合法权益。创业教育并不等于鼓励每位大学生一毕业就去创业,甚至休学创业,而是培养他们的创新创业精神和能力,为学生的长远发展提供一种素质。

(二)吸取优良传统文化,传递"诚信"正能量

在传统文化中历来以"义利观"作为商业活动的基本准则,强调诚信经商,有"童叟无欺"的商业信条,是"君子"的基本标准之一。李嘉诚先生曾说:"一个企业的开始意味着一个良好信誉的开始,有了信誉,自然有了财路,这是必须具备的商业道德。"因此在大学生创业教育中,应该充分发掘传统文化中"诚信精神",把"诚信"作为创业成功的基石,把诚信作为做人、创业的基本准则,通过诚信立人教育唤起大学生自我教育和自我完善的意识,使其始终保持言行一致和表里如一、敢于承认错误和担当责任,做一个对自己、家庭和社会负责任的人。"民无信不立""人而无信,不知其可也",诚实守信是市场经济体制下人们在创业活动中必须遵守的一项道德规范。具体而言,就是在创业过程中,第一要"诚心"。做到真心诚意,实事求是,不虚假,不欺诈;第二是"守信"。遵守承诺,遵守协议,讲究信用,注重产品质量和企业信誉。一个人若有不诚信的记录,别人就不会再与其合作,大学生不能诚实守信,就不能成功创业。

本章小结

只要人类有集体活动,就有管理。因此,管理思想和人类历史一样悠久深远。悠久的中国古代传统文化孕育了博大精深的管理思想,并带有鲜明的中国地域和传统文化的烙印。管理理论的

系统形成则是伴随着工厂制度的出现而开始的。这个时期影响较大的代表人物是亚当·斯密、查尔斯·巴贝奇和罗伯特·欧文。

19世纪末、20世纪初的西方古典管理理论标志了管理理论的正式产生。古典管理理论的代表主要有以泰罗为代表的科学管理理论,以法约尔为代表的一般管理理论,以韦伯为代表的思想的行政组织理论。他们共同的特点是,着重强调管理的科学性、合理性、纪律性,而未给管理中人的因素和作用以足够重视。

从20世纪20年代末开始,就逐渐出现了"以人为中心"的管理学研究,即出现了行为科学管理理论。人际关系学说是早期的行为科学。霍桑实验的结论是人际关系学说的基本要点,也是行为科学在以后发展的理论基础,并对以后的管理思想发展起着重大的影响。

第二次世界大战后,社会经济发展中出现了许多新的变化。形形色色的理论观点盘根错节,林立丛生。管理学存在管理过程学派、管理科学学派、社会系统学派、决策理论学派、系统理论学派、经验主义学派、经理角色学派、权变理论学派再加上早期的行为学派等。

案例分析

李嘉诚的管理之道

创业之路

1928年7月29日,李嘉诚出生于广东省潮安县的书香世家。1940年年初,李嘉诚随家人为了躲避日军侵略,辗转迁徙中国香港。李嘉诚来到中国香港的第一件事,便是苦学粤语和英语。14岁开始便承担养家重任,年少时期李嘉诚做过茶馆的跑堂、舅舅钟表店的伙计、五金厂的推销员。但是基于对时势的准确判断,李嘉诚果断地选择独立创业。1950年夏,22岁的李嘉诚创立了长江塑胶厂即长江实业有限公司。

人们都称李嘉诚为"塑胶花大王"。李嘉诚的成功与他敏锐的洞察力密不可分。作为塑胶厂老板,李嘉诚每日都在寻求着塑胶业的动向信息。而李嘉诚扎实的"英语童子功"再次帮了他。一天,在翻阅英文版《塑胶》时,李嘉诚读到了这样一则简短的消息:意大利一家公司已开发出利用塑胶原料制成的塑胶花,并即将投入批量生产,推向欧美市场。李嘉诚立即判断,塑胶花的面市将会引起塑胶市场的一场革命。

1957年的春天,李嘉诚揣着强烈的希冀和求知欲登上飞往意大利的班机,来到那家在世界上开风气之先的塑胶公司进行考察。考察回来后,塑胶花已经在中国香港面市。李嘉诚跑了好多家花店,了解销售的情况,他发现绣球花最为畅销,立即买下好些绣球花作为样品。李嘉诚回到长江塑胶厂不动声色地把几个部门负责人和技术骨干召集到办公室,他宣布,长江塑胶厂将以塑胶花为主攻方向一定要使其成为本厂的拳头产品,使长江塑胶厂更上一层楼。李嘉诚在香港快人一步研制出塑胶花,填补了中国香港市场的空白。按理说,物以稀为贵,卖高价在情理之中,但是李嘉诚明察秋毫,认为塑胶花工艺并不复杂,长江塑胶厂的塑胶花一面市,其他塑胶厂势必会在极短的时间之内跟着模仿上市,倒不如在人无我有、独家推出的极短的第一时间,以适中的价位迅速抢占中国香港的所有塑胶花市场,一举打出长江塑胶厂的旗号,掀起新的消费热潮。卖得快必产得多,以销促产比居奇为贵更加符合商界的游戏规则。这样,即使效颦者蜂拥,长江塑胶厂早已站稳了脚跟,长江塑胶厂的塑胶花也深深地植入了消费者的心中。

李嘉诚掀起了中国香港消费新潮流,长江塑胶厂由默默无闻的小厂一下子蜚声中国香港塑胶业界。不出所料,很快中国香港冒出了数家塑胶花专业厂,长江塑胶厂只是先行一步,等待它的将是与同业的公平而无情的竞争。大家都在抢占市场,而长江塑胶厂的规模无法保证其在同业的龙头地位。李嘉诚在亲友当中集资招股,筹集的资金用于租赁厂房、添置设备,他赴意大利考察塑胶花,同时对欧洲的企业结构和管理方式抱有浓厚的兴趣。他深知,私营企业财力薄弱,发展缓慢,他看好股份制企业。他决定分两步走:第一步组建合伙性的有限公司;第二步发展到相当规模的时候就申请上市成为公众性的有限公司。

　　1957年的岁尾,长江塑胶厂改名为长江工艺有限公司,总部由新浦港搬到北角,李嘉诚任董事长兼总经理,厂房分为两处,一处仍然生产塑胶玩具,另外一处生产塑胶花,李嘉诚把塑胶花作为了重点产品。1958年,长江公司的营业额达到了一千多万港元,纯利一百多万港元。而这一年,李嘉诚刚好30岁,真正的三十而立。

　　塑胶花为李嘉诚带来数千万港元的盈利,长江塑胶厂成为世界最大的塑胶花生产厂家,李嘉诚塑胶花大王的美名不仅蜚声中国香港,还为世界的塑胶同行所侧目。

用 人 之 道

　　出身寒门的李嘉诚通过半个世纪不懈的奋斗,从一个普通人成为商界名人并且取得了令人瞩目的成就。每当提起他的成功,李嘉诚总是坦然告知,良好的处世哲学和用人之道是他成功的前提。白手起家的李嘉诚在其长江实业集团发展到一定规模的时候,敏锐地意识到企业要发展,人才是关键。一个企业的发展在不同的阶段需要有不同的管理和专业人才,而他当时的企业所面临的人才困境较为严重,李嘉诚克服重重困难,劝退了一批创业之初帮他一起打江山的难兄难弟,果断地启用了一批年轻有为的专业人,为集团的发展注入了新鲜的血液。与此同时他制订了若干用人措施,诸如开办夜校培训在职工人,选送有培养前途的年轻人出国深造。而他自己也专门请了家庭教师,学习知识自学英语。

　　在李嘉诚组建新的高层领导班子里面,既具有杰出金融头脑和非凡分析本领的财务专家,也有经营房地产的老手;既有生气勃勃、年轻有为的中国香港人,也有作风严谨、善于谋断的西方人。可以这么说,李嘉诚今天能够取得如此巨大的成就,是和他回避了东方式家族化管理模式分不开的。他启用的那些洋专家,在集团内部管理上把西方先进的企业管理经验带入了长江集团,使之在科学的高效的条件之下来运作。而对外,李嘉诚不但把西方人作为收购的主要对象,而且让西方人作为进军西方市场的主导。

　　在总结用人心得时,李嘉诚曾形象地说:"大部分人都有长处和短处,需各尽所能、各得所需、以量材而用为原则。这就像一部机器,假如主要的机件需要用五百匹马力去发动,虽然半匹马力与五百匹相比小得多,但也能发挥其部分作用。"李嘉诚这一番话极为透彻地点出了用人之道的关键所在。

中 西 之 式

　　李嘉诚等商业巨头的实践,是建立在传统文化与西方文化的激烈碰撞与融合的基础之上的。在短短的数十年时间内,李嘉诚由寄人篱下到富可敌国,不仅左右着中国香港经济,而且在全球经济舞台上举足轻重。

　　李嘉诚之所以能够做到传统文化与西方文化的嫁接,首先在于他抛弃了传统文化中某些劣根性的东西。若是没有中国香港所面临的国际商业环境的冲击,李嘉诚就不可能那么迅速而彻底地超越东方家族化管理模式。

　　在李嘉诚的两个儿子成人之前,他没有安排任何一个亲属到公司里工作。他一开始就超越了任人唯亲的做法,广泛地聚集全世界的人才。李嘉诚的公司分布在52个国家,有20万名员工,其中包括为数众多的外国人。长江实业与和记黄埔完全是在职业经理人的运作之下,这些职业经理人,特别是外国职业经理人把西方先进的管理经验带进公司,对李嘉诚商业帝国的持续成功起到了决定性的作用。

　　李嘉诚能够完全抛弃中国传统文化中以血缘为纽带的狭隘观念,这对华人来说实为难能可贵。李嘉诚认为,亲信并不等于亲人。他说:"在我公司服务多年的行政人员,有的已工作了很多年,有些更长达30年,什么国籍都有。无论是什么国籍,只要在工作上有表现,对公司忠诚,有归属感,经过一段时间的努力和考验,就能成为公司的核心成员。"李嘉诚的亲信观,无疑受到了西方文化的深刻影响。李嘉诚说得清清楚楚，他是"保留有我们中国好的文化"。这就意味着，他同时也抛弃了许多"坏的中国文化"，从而做到了中西文化的融合。事实上，在现代市场经济中，传统文化对李嘉诚的影响，更多的是在为人处世方面，而其商业上的思维则更接近西方。也就是说，中国文化在李嘉诚的管理之道中并不是主流，而是边缘性的文化。

那种认为李嘉诚的成功之道就是中国传统文化加西方科技的中国式管理偏见，是李嘉诚一直明确反对的。因此，李嘉诚自己曾经强调："事实上我是依靠西方管理的模式，不然也很难发展到52个国家。但是其中做人的道理，我自己是中国人，是保留有我们中国好的文化，这个人情味永远都是存在的。"李嘉诚还说，他的内心是倾向儒家，但管理要学习西方国家方式，"不然那么多人，那么多生意，怎么赚钱？一团糟的，没钱赚。"尽管李嘉诚也曾经说过，"以外国人的管理方式，加上中国人的管理哲学，以及保存员工的干劲及热诚，我相信无往而不利。"但李嘉诚所说的"外国人的管理方式"当然包含"外国人的管理哲学"。任何管理方式都是管理哲学的反映。李嘉诚并没有独尊中国哲学。在李嘉诚的管理哲学中，显然是糅合了中西哲学最优秀的元素。在李嘉诚的管理实践中，我们既可以看到儒家宽厚为怀的"仁爱"思想，也能看到西方的民主与自由。李嘉诚的管理之道无疑是建立在中西文化融合基础之上的混沌管理。在李嘉诚的管理中，管理的制度层面主要是西方管理，而管理的文化层面则是融合中西。

资料来源：张羿．李嘉诚：超越中西的管理大道［J］．中国招标，2006，(56)．

讨论题：

1. 李嘉诚创业成功的因素是什么？
2. 你认为中国的管理者应该如何糅合中西方管理思想？李嘉诚在这方面的经验可以给我们怎样的启示？
3. 很多像李嘉诚、王永庆那样的企业家并没有接受过专门和系统的管理理论的教育，这是否意味着管理理论对于一个成功企业家并不重要？为什么？

复习思考题

1. 中国古代管理思想的基本特点和要点是什么？
2. 西方工业革命时期的管理思想的代表人物有哪些？他们在管理史上的贡献是什么？
3. "科学管理"理论的主要内容是什么？试评析。
4. 法约尔的一般管理理论包括哪些内容？其历史地位如何？
5. 人际关系学说产生的历史背景是什么？主要内容是什么？
6. 现代管理理论丛林产生的历史背景是什么？包括哪些学派？

第三章　管理的基本原理

本章学习目的

- 解释系统的含义和特征，阐述系统原理的要点
- 掌握人本原理的主要观点
- 知道权变原理的要点以及应该如何去运用
- 了解责任原理的本质及其对管理工作的实际指导意义
- 能区分效果、效率和效益，并知道如何追求效益
- 掌握创新原理的内容、意义、原则和策略

导入案例 ▶▶▶

阿里巴巴的管理思想

阿里巴巴网络技术有限公司由马云等18人于1999年在浙江杭州创立。2014年9月，阿里巴巴集团在纽约证券交易所正式挂牌上市，股票代码"BABA"，创始人和董事局主席为马云。集团经营多项业务，包括淘宝网、天猫、聚划算、全球速卖通、阿里巴巴国际交易市场、1688、阿里妈妈、阿里云、蚂蚁金服、菜鸟网络等。2016年8月，阿里巴巴集团在"2016中国企业500强"中排名第148位。

能够让阿里巴巴25000名员工有更高效率的产出，是阿里巴巴的管理思想。在阿里巴巴，价值观是决定一切的准绳，招什么样的人，怎样培养人，如何考核人，都坚决彻底地贯彻这一原则。

"阿里巴巴是靠团队打天下的，而不是靠个人英雄主义。"——马云

企业文化要求有与之相适应的人才来执行和贯彻，而招聘是企业获得合格人才的渠道。企业在招聘过程中融入企业文化，真正从人力资源的入口开始贯彻企业文化，能更大程度地为企业招到合适的人才，降低员工流失率。企业文化建设一直是阿里巴巴发展的重中之重，2001年，强调"简单、激情、开放"等价值观在阿里巴巴内部被奉为圭臬；2003年，阿里巴巴更是"争议性"地把价值观纳入到绩效考核体系中来，而且占到50%的权重。在阿里巴巴的招聘历史上曾多次出现由于价值观不和，而把一些精英人才拒之门外的案例。原因就是"如果跟我们价值观不相吻合，一个人能力越大，那么进来之后对组织的破坏力也就更大。"

优秀人才通常都希望自己的成果能得到别人尤其是上级领导的认可；而不努力的员工则是希望谁也不知道自己的工作。留住好的优秀员工，淘汰差的员工，绩效考核是很有效的方法。阿里巴巴的KPI考核，就是制定"岗位层级"，也就是广为人知的管理序列（M）和专业序列（P）。根据层级为员工定岗、定编、定价格，并规划员工发展路径。良好的绩效评估系统，可以使企业甄别出优秀的人才，并因此使双方都大大受惠。

马云能认识到别人的长处，了解自己的不足和需要帮助的地方。这种互相弥补的心态很重要，否则会有怨气和冲突，这是组建团队的关键。阿里巴巴在整合雅虎中国的过程中，合理安置了雅虎中国的优秀人才还发明了被人津津乐道的"留人四宝"：远景吸引高管；事业

和待遇留住中层；不变薪酬福利安定员工；注资员工，感情银行。

资料来源：https://club.1688.com/threadview/46323028.htm。作者略有删改。

原理是指某种客观事物的实质及运动的基本规律。管理原理是对管理工作的实质内容进行科学分析总结而形成的基本真理，它是现实管理现象的抽象，是对各项管理制度和管理方法的高度综合与概括，因而对一切管理活动具有普遍的指导意义。

第一节　系统原理

社会组织都是由人、物、信息有机组成的系统。任何管理对象都是一个特定的系统。管理就是对这些系统进行管理，没有系统也就没有管理。管理本身也是一个系统，它的每一个要素都不是孤立存在的，既在自己的系统之内，又与其他系统发生联系。为了使管理达到最优，必须对管理进行系统分析。系统原理不仅为认识管理的本质和方法提供了新的视角，同时它提出的观点和方法也广泛渗透到了人本原理、权变原理、责任原理、效益原理和创新原理之中。从某种意义上讲，系统原理在整个管理原理的有机系统中起着举足轻重的统帅作用。

一、系统的含义

系统论最初是 20 世纪 40 年代由美籍奥地利生物学家贝塔朗菲创立的一门逻辑和数学领域的科学。它的主要目的是确立系统研究的一般原则，从而使系统观点、系统方法由定性走向定量，由经验走向科学。后来，经过许多科学家的不断发展，形成了比较系统的理论体系。系统论源于辩证法，它强调事物是普遍联系和发展的，要从联系和发展变化的观点研究事物。系统论从哲学角度提出了相关系统的基本思想，并且它通过科学精确的计算，定量地描述系统中各个要素之间的差异、相互作用及其发展变化的过程。

系统，是指由若干相互联系、相互作用的要素在一定的环境中所构成的具有特定功能的有机整体。就其本质来说，系统是"过程的复合体"。其中，"要素"指系统内部相互联系、相互作用的各个组成部分。"功能"指事物所能发挥的作用或效能。

在自然界和社会中，任何事物都是以系统的形式存在的，一切事物都可以看做一个系统。系统从组成要素的性质看，可以划分为自然系统和人造系统。生态系统、气象系统、宇宙等由自然物质组成的系统被称为自然系统，而生产系统、商业系统、管理系统等则是人为地为达到某种目的而建立的系统，这种系统属于人造系统。另外，按照系统的物质属性，可以划分为实体系统和概念系统；按照系统的运动属性，可以划分为动态系统和静态系统；按照系统与环境的关系，可以分为开放系统和封闭系统；按照系统的反馈属性分，可以分为开环系统和闭环系统。对系统进行各种形态的划分，是为了加深对各类系统的理解。实际上，系统常常是以上几种类型的综合体。在实际的管理工作和研究中应对系统进行全面的考察和分析。

二、系统的特征

（一）集合性

这是系统最基本的特征。一个系统至少由两个或两个以上的子系统构成。构成系统的子系统称为要素，也就是说，系统是由各个要素结合而成的，这就是系统的集合性。如一个典型的大中型制造业企业系统通常由研究开发子系统、生产子系统、销售子系统、生产及生活服务子系统、管理子系统组成。

（二）层次性

系统的结构是有层次的，构成一个系统的子系统和子子系统分别处于不同的地位。系统从总体上看，都有宏观和微观之分，而微观上，还有各种层次。出于系统层次的普遍性，因而系统概念本身也就具有层次性，有系统、子系统、子子系统等。例如，工厂的车间，相对于工厂系统来说是子系统，而相对于班组子系统来看，又是个系统，工厂相对于公司系统来说，也是个子系统。系统与子系统是相对而言的，而层次是客观存在的。系统层次性示意图如图 3-1 所示。

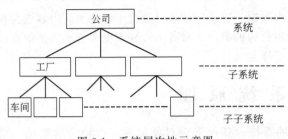

图 3-1 系统层次性示意图

（三）相关性

系统各要素之间相互依存、相互制约的关系就是系统的相关性。系统的相关性思想是整体性思想的延续，它揭示了系统内部各要素间的联系。各个要素之间相互联系，相互作用和相互制约。同时每个要素的存在依赖于其他要素的存在，当某个要素发生变化的时候，其他要素也会随之变化，从而使整个系统发生变化。比如，人类发展的足迹逐渐改变着生态系统，这些变化致使生态失去平衡，环境污染、温室效应等现象都是这些变化引起的。生态系统的变化和人类的社会系统具有紧密的联系。生态系统失衡所带来的天灾、疾病、饥饿等影响着人类的政治、经济、生活等系统的运行。"蝴蝶效应"就是系统相关性的生动概括。

相关性一方面表现为子系统同系统之间的关系；系统的存在和发展，是子系统存在和发展的前提，因而各子系统本身的发展，就要受到系统的制约。例如，国民经济系统中的工业、农业、商业等子系统的发展，受到国民经济这一系统的制约。另一方面，表现为系统内部子系统或要素之间的关系。某要素的变化会影响另一些要素的变化，而各个要素之间关系的状态，对子系统和整个系统的发展，都可能产生重要的影响。

三、系统原理的要点

（一）整体性原理

整体性原理指系统要素之间的相互关系及要素与系统之间的关系以整体为主进行协调，局部服从整体，使整体效果为最优。实际上就是从整体着眼，部分着手，统筹考虑，各方协调，达到整体的最优化。

1. 从系统目的的整体性来说

局部与整体存在着复杂的联系和交叉效应。大多数情况下，局部与整体是一致的。对局部有利的事，对整体也是有利的，对整体有利的对局部也有利。但有时，局部认为是有利的事，从整体上来看并不一定就是有利的，甚至是有害的。有时，局部的利越大，整体的弊反而越多。因此，当局部和整体发生矛盾时，局部利益必须服从整体利益。

2. 从系统功能的整体性来说

系统的功能不等于要素功能的简单相加，而是往往要大于各个部分功能的总和，即"整体大于各个孤立部分的总和"。这里的"大于"，不仅指数量上大，而且指在各部分组成一个系统后，产生了总体的功能，即系统的功能。这种总体功能的产生是一种质变，它的功能大大超过了各个部分功能的总和。因此，系统要素的功能必须服从系统整体的功能，否则，就要削弱整体功能，从而也就失去了系统功能的作用。

在现实情形中，经常可以看到一个系统中，重局部，轻全局，特别是局部之间不协调，互相扯皮，从而损害了全局的利益。在这种情况下，子系统的功能虽好，但不利于达到整体的目的，效果当然不会好；相反，有时候子系统的效益虽然低一些，但有利于实现系统的功能，有利于达到整体的目的，其效果自然是好的。

（二）动态性原理

系统作为一个运动着的有机体，其稳定状态是相对的，运动状态则是绝对的。系统不仅作为一个功能实体而存在，而且作为一种运动而存在。系统内部的联系就是一种运动，系统与环境的相互作用也是一种运动。系统的功能是时间的函数，因为不论是系统要素的状态和功能，还是环境的状态或联系的状态都是在变化的，运动是系统的生命。例如，企业是社会经济系统中的子系统，它为了适应外部社会经济系统的需要，必须不断地完善和改变自己的功能，而企业内部各子系统的功能及相互关系也必须随之相应地发展变化。企业系统就是在这种不断变化的动态过程中生存和发展的，因此，企业的产品结构、工艺过程、生产组织、管理机构、规章制度、经营方针、管理方法等都具有很强的时限性。

掌握系统动态原理，研究系统的动态规律，能够预见系统的发展趋势，构立起超前观念，减少偏差，掌握主动，使系统向期望的目标顺利发展。

（三）开放性原理

封闭系统因受热力学第二定律作用，其熵值将逐渐增大，活力逐步减少。严格地说，完全封闭系统是不能存在的。实际上，不存在一个与外部环境完全没有物质、能量、信息交换的系统。任何有机系统都是耗散结构系统，系统与外界不断交流物质、能量和信息，才能维持其生命。并且只有当系统从外部获得的能量大于系统内部消耗散失的能量时，系统才能克服熵而不断发展壮大。所以，对外开放是系统的生命。在管理工作中，任何试图把本系统封闭起来与外界隔绝的做法，都只会导致失败。明智的管理者应当从开放性原理出发，充分估计到外部对本系统的种种影响，努力从开放中增加本系统从外部吸入的物质、能量和信息。

（四）环境适应性原理

系统不是孤立存在的，它要与周围事物发生各种联系。这些与系统发生联系的周围事物的全体，就是系统的环境，环境也是一个更高级的大系统。如果系统与环境进行物质、能量和信息的交流，能够保持最佳适应状态，则说明这是一个有活力的理想系统。否则，一个不能适应环境的系统则是无生命力的。

系统对环境的适应并不都是被动的，也有能动的，那就是改善环境。环境可以施加作用和影响于系统，系统也可施加作用和影响于环境。如构成社会系统的人类具有改造环境的能力，没有条件可以创造条件，没有良好的环境可以改造环境。这种能动地适应和改造环境的可能性，受到一定时期人类掌握科学技术（包括组织管理）知识与经济力量的限制。作为管理者，既要有勇气看到能动地改变环境的可能，又要冷静地看到自己的局限，才能实事求是地做出科学的决策。

（五）综合性原理

所谓综合性就是把系统的各部分各方面和各种因素联系起来，考察其中的共同性和规律性。任何一个系统都可以看作是由许多要素为特定的目的而组成的综合体，社会、国家、企业、学校、医院以及大型工程项目几乎都是非常复杂的综合体。系统的综合性原理包含两方面的内容。

1. 系统目标的多样性与综合性

系统最优化目标的确定，是靠从各种复杂的甚至对立的因素中综合的结果。由于大系统涉及一系列的复杂因素，如果对这些因素在分析的基础上能够综合得好，系统目标确定得恰当，各种关系能够协调一致，就能大大发挥系统的效益。反之，如果综合得不好，不适当地忽略了其中的某一个目标或因素，有时会造成极为严重的后果。如环境污染，就是一个易被忽略的目标和因素，甚至会引起工程的报废。

2. 系统实施方案选择的多样性与综合性

同一问题，可以有不同的处理方案，为了达到同样一个目标，有各种各样的途径与方法。方案的多样性，要求必须进行综合研究，选出满意方案。系统的综合性原理的另一重要方面是由综合而创造。现在一切重大尖端科学技术，无不具有高度的综合性，世界上没有什么新的东西不是通过综合而得到的。例如，中国高铁研发起步虽晚，但整合了全国的科技资源、设备、资金、人才，仅用5年时间，就完成了世界发达国家30年所完成的高铁研发之路。目前中国不仅是世界上第4个系统掌握时速300公里高铁技术的国家，而且也是掌握系统技术最全的国家。量的综合导致质的飞跃，产生了新的事物，综合的对象越多，范围越广，所做的创造也就越大。

正因为任何复杂的系统都是由许多子系统和单元综合而成的，因此，任何复杂的系统又都是可以分解的。系统整体可能看上去十分复杂不可战胜，但如果将其分解到每个子系统和单元就可能变得简单而容易解决。所以管理者既要学会把许多普普通通的东西综合为新的构思、新的产品、创造出新的系统,又要善于把复杂的系统分解为最简单的单元去解决。

第二节 人本原理

社会的进步和发展离不开人,财富的创造离不开人,同时,人既是管理的主体也是管理的对象。在不同的社会发展阶段,对组织的资源观有着不同的认识。虽然这些观念不断在发展,但是人始终是组织资源中的一项重要资源。20世纪60年代,美国经济学家舒尔茨和贝克尔创立的人力资本理论,开辟了人类关于人的生产能力分析的新思路。人本原理就是以人为中心的管理思想。这是管理理论发展到20世纪末的主要特点。人本原理主要包括下述主要观点:员工是企业的主体;员工参与是有效管理的关键;使人性得到最完美的发展是现代管理的核心;服务于人是管理的根本目的。

一、员工是企业的主体

劳动是企业经营的基本要素之一。人们对提供劳动服务的劳动者在企业生产经营中的作用是逐步认识的,这个认识过程大体上经历了三个阶段。

(一)要素研究阶段

对劳动力在生产过程中的作用研究是随着以机器大生产为主要标志的现代企业的出现而开始的。但在早期,这种研究基本上局限于把劳动者视为生产过程中的一种不可缺少的要素。比如,管理科学的奠基人泰罗的全部管理理论和研究工作的目的,都是致力于挖掘作为机器附属物的劳动者的潜能。他仔细研究工人操作的每个动作,精心设计出最合理的操作程序,要求所有工人严格地执行,而不要自己再去创造和革新。他坚信,工人只要按照规范程序去作业,就能实现最高的劳动生产率,从而获得最多的劳动报酬。这样对工人和企业双方都是有利的。泰罗之后几十年中所有对劳动和劳动力的研究大多都未摆脱这种把人视作机器附属物的基本观点和方法。

(二)行为研究阶段

第二次世界大战前夕,特别是战后,有一部分管理学家和心理学家,开始认识到劳动者的行为决定了企业的生产效率、质量和成本。在此基础上,他们进行了大量的案例分析,研究劳动者行为的影响因素。通过这些研究他们发现,人的行为是由动机决定的,而动机又取决于需要。劳动者的需要是多方面的,经济需要只是其中的基本内容之一。所以他们强调,管理者要从多方面去激励劳动者的劳动热情,引导他们的行为,使其符合企业的要求。这一阶段的认识有其科学合理的一面,但其基本出发点仍然是把劳动者作为管理的客体。

(三)主体研究阶段

20世纪70年代以来,随着日本经济的崛起,人们通过对日本成功企业的经验剖析,进一步认识到职工在企业生产经营活动中的重要作用,逐渐形成了以人为中心的管理思想。中国管理学家蒋一苇在20世纪80年代末,发表了著名论文"职工主体论",明确提出"职工是社会主义企业的主体"的观点,从而把对职工在企业经营活动中的地位和作用的认识提到了一个新的高度。根据这种观点,职工是企业的主体,而非客体;企业管理既是对人的管理,也是为人的管理;企业经营的目的,绝不是单纯商品的生产,而是为包括企业职工在内的人的社会发展而服务的。

二、有效管理的关键是员工参与

实现有效管理有两条完全不同的途径。一是高度集权、从严治厂,依靠严格的管理和铁的纪律,重奖重罚,使得企业目标统一,行动一致,从而实现较高的工作效率。二是适度分权、民主治厂,依靠科学管理和员工参与,使个人利益与企业利益紧密结合,使企业全体员工为了共同的目标而自觉地努力奋斗,从而实现高度的工作效率。

两条途径的根本不同之处,在于前者把企业员工视作管理的客体,员工处在被动被管的地位;后者把企业员工视作管理的主体,使职工处于主动地参与管理的地位。当企业员工受到饥饿和失业的威胁时,或受到政治与社会的压力时,前一种管理方法可能是有效的;而当职工经济上已比较宽裕，基本生活已得到保障，就业和流动比较容易，政治和社会环境比较宽松时，后一种方法就必然更为合理、更为有效。另外，还要根据员工工作的性质来决定选择什么样的管理。在强调尊重人、发展人的今天，后一种管理成为人们提倡的主流。

影响企业发展的因素固然很多，但归纳起来无非是天时、地利、人和。其中人和最为宝贵。有了人和才能去争取和利用天时——客观环境和机遇，有了人和才有可能去逐步完善和充分发挥地利——本企业的资源优势。如果没有人和，经营者与劳动者纠纷不断，企业领导内部、上下级之间、各部门之间遇事互相扯皮、遇责互相推诿、遇权或利互相争夺，则再好的外部环境也将错过，再好的内部条件也将耗尽，失败将是必然结果。

人和的物质基础是经济利益的一致。真正人和的企业应当成为全体员工的命运共同体。员工们根据自身的感受来认识企业。他们从工资报酬分配、企业红利分配、管理者的工作态度和作风、管理者对劳动者权益的关心程度等，来判断是否应把自己的命运交付给企业。

正是由于企业全体员工的共同努力，才使包括劳动力本身的企业的各项资源得到最合理的利用，才使企业创造出了产品、利润和财富。所以，企业全体员工都有权参与企业的管理。企业员工中的经营者和管理人员的工作就是管理，因此要特别重视一线员工和技术人员这些非专职管理的员工参与企业管理的问题。

三、现代管理的核心是使人性得到最完美的发展

"人之初，性本善还是性本恶"这个问题已经争论了许多世纪。这个争论，不论在中外古典的伦理思想中，还是在现代管理学的研究中，都得到了不同程度的反映。这两种相互对立的观点都可在社会生活中找到支持或反对的论据与事例。这个事实本身就表明，世界上并不存在绝对善或恶的人性。人性是受后天环境影响而形成的，因此也是可以塑造和改变的。

中国具有几千年的文明历程，导致了各种思想并存，因此管理所面临的人性状况极为复杂。有专门利他的奉献精神，也有专门利己的个人主义；有自由平等的民主要求，也有官贵民贱的等级观念。这就是中国管理界所面临的挑战。成功的管理者要在应对这个挑战的过程中，引导和促进人性的发展。

任何一种管理都建立在一定的对人性假设的基础上。比如认为人的本性是懒惰的，是贪图利益的，就必须要用报酬来刺激劳动者的工作热情，必须用强制的手段，才能使员工工作。任何管理都会对管理对象产生影响。管理活动是管理者人性的反映，管理者首先要提高自身的修养，使自己达到比较完美的境界，才能使员工的人性朝着好的方向发展。员工队伍的状况恰恰是企业成功的关键。企业的制度、措施等不仅要看到经济效益，还要考虑其对员工精神状态等方面的影响。要分析它们是促使员工的精神状态更加健康，人性更加完美，还是起相反的作用。要使制度、措施为企业、为企业中的人服务，而不是把它们当做一个笼子，把员工困在其中。另外，管理者还要创造条件使每位员工的知识、技能等都能得到发展。

四、管理是为人服务的

人本原理就是指管理要以人为中心，为人服务，实现人的发展和价值。这个"人"不仅包括企业内部参与企业生产经营活动的人——员工，也包括存在于企业外部的、企业通过提供产品为之服务的人——用户。也就是说，企业不仅要关注自身的经济利益，关注员工的需求，还要考虑到社会效益。

企业的生存和发展离不开员工的共同努力。管理者要以人为中心进行管理，首先必须了解员工的个性专长，让他们在适合自己的岗位为企业作出贡献；其次管理者要知道员工的需要，并且尽可能地满足他们的需求；再次要让员工明白企业的意义，从中感觉到自身的价值；最后还要为员工提供发展的机会和空间，也就是关注员工的未来发展。

市场经济条件下，为社会生产和提供某种产品或服务，是企业存在的社会土壤，是企业利润的来源。"服务用户""服务市场"成为企业以及企业管理必须依循的基本宗旨。作为商品生产者，企业生产的目的，是为了通过这些产品的销售，获得销售收入，旨在补偿了生产过程中的各

种消耗后实现利润。只有实现销售收入和销售利润，企业才能获得继续生存的权力或发展的条件。销售收入与利润的实现是以市场用户愿意接受和购买企业产品为前提的，而用户是否愿意接受和购买企业的产品，则取决于这些产品的消费和使用能否满足他们希望得到满足的需要。因此，关注用户的需要，从产品的设计、质量、售后服务等方面体现以人为本。只有这样，企业才会有无限的发展前途；否则，就会被顾客抛弃，被市场驱逐。

第三节 权 变 原 理

20世纪70年代，西方各国社会动荡，发生持续的经济危机。复杂剧变的社会经济环境，导致以前的管理理论在实践中经常碰壁，使人们不再相信管理会有一种最好的行事方式，而是必须随机制宜地处理管理问题，于是形成一种管理取决于所处环境状况的理论，即权变理论，"权变"的意思就是权宜应变。

一、权变原理的要点

美国学者卢桑斯在1976年出版的《管理导论：一种权变学》一书中系统地概括了权变管理理论。他指出权变关系是两个或两个以上的变量所对应的一种"IF-THEN"函数关系。在具体的管理实践中，环境是自变量，如组织外部的社会经济条件、内部环境等，对应"IF"；而管理的模式、手段、技术，则是相应环境下的因变量，即"THEN"。菲德勒、豪斯等人进一步发展了该理论。

权变理论认为，特定的管理情境对应不同的管理方法，并且后者的有效性随前者的不同而变化。由于企业所处外部和内部环境的差异，不存在唯一的或适合任何情况的计划、组织结构和领导方式；同时由于环境的不断发展变化，也不存在一个适应所有情况的管理模式。该学派是从系统观点来考察问题的，它的理论核心就是通过组织的各子系统内部和各子系统之间的相互联系，以及组织和它所处的环境之间的联系，来确定各种变数的关系类型和结构类型。它强调在管理中要根据组织所处的内外部条件随机应变，针对不同的具体条件寻求不同的最合适的管理模式、方案或方法。

权变理论学派同经验主义学派有密切的关系，但又有所不同。经验主义学派的研究重点是各个企业的实际管理经验，是个别事例的具体解决办法，然后才在比较研究的基础上做些概括；而权变理论学派的重点则在通过对大量事例的研究和概括，把各种各样的情况归纳为几个基本类型，并给每一类型找出一种模型。所以，它强调权变关系是两个或更多可变因数之间的函数关系，权变管理是一种依据环境自变数和管理思想及管理技术因变数之间的函数关系，来确定的对当时当地最有效的管理方法。权变理论首先提出管理的动态性，人们开始意识到管理的职能并不是一成不变的，以往人们对管理行为的认识大多从静态的角度来认识，权变学派使人们对管理的动态性有了新的认识。

二、权变原理中管理优化的四步骤

虽然权变理论对于管理科学的基础理论并无显著的贡献，但对管理方法的实际应用却有巨大影响。权变理论认为管理的优化，应经过以下四个步骤：

第一步，了解各管理观念、工具和技巧；
第二步，考虑各种方法的优劣、适用范围、各种预测方法的实施；
第三步，认清自己面对的环境，了解自己组织的特性、问题的背景及症结所在；
第四步，对"情势"进行分析，然后选择与症结相适应的方法。

管理问题不存在一个最好的解决方法，相反地，每项管理职能如计划、组织、领导、控制等，均具有许多有效方法。因此，管理人员的职责在于选择与具体情况相适应的方法。该理论可表明为什么详细的方案、独裁的领导、精心设计的正规组织结构和全面的控制会在某些情况下导致一个极有效率的组织以及职工的极大满足；而在另一种情况下，一般的方案、民主的领导、松散的组织与控制也会形成有效的领导并亦使职工满足。如在工业化初期，工厂独立的个人领导与决策方式颇为流行并富有效率。后来随着人们的文化水平、思维结构、满足层次的巨大变化，工厂规模扩大，生产流程、决策过程越来越复杂，集体决策、民主管理、重视人性的管理方式便替代个人决策、独裁管理，成为更有效率的管理方式。

权变理论为人们分析和处理各种管理问题提供了一种十分有用的方法。它要求管理者根据组织的具体条件及其面临的外部环境，采取相应的组织结构、领导和管理方式，灵活地处理各项具体管理业务。这样，就使管理者把精力转移到对现实情况的研究上来，并根据对于具体情况的具体分析，提出相应的管理对策，从而有可能使其管理活动更加符合实际情况，更加有效。

三、权变原理的应用

权变理论要求管理者不能拘泥于经验，必须依据外在情况的变化，根据自身的条件，选择适应企业发展的管理方法。具体来讲主要表现在以下四个方面。

（一）避免管理方式的简单化和一般化

组织是一个开放系统，由于各种因素之间相互关系的动态性，实际上不可能存在一种能适应一切组织、一切环境的管理方法和管理模式。因此，管理要随组织所处的内外环境、条件和形式的变化而随机应变，应选择有效的管理方式。没有任何一种管理方式是万能的。所以，管理者应该学习各种管理理论，掌握多种管理方式，了解权变因素，学会在各种方式之间游移、变换，根据企业特点做到在不同情况下采取不同的管理方式。

一般说来，影响管理者选择管理方式主要有组织、人和环境三个层面。

1. 组织层面

管理者采取的管理方式应与组织的性质和规模相适应。不同组织中管理者的权力基础是有差异的，因此在不同组织中所选择的管理方式是不同的。针对不同的组织规模，管理方式应做一定调整。当组织规模较大时，管理者不可能事必躬亲，应更多地关心人，充分调动下属积极性；当组织规模较小时，管理者则有精力也有时间更多地过问具体的管理事宜。

2. 人的层面

管理者所采取的管理方式，应当与领导的自身境况、下属的成熟度以及企业文化的情况相适应。管理者的威望和非权力因素不同，所采取的管理方式也不同。随着被领导者成熟度的逐步提高，管理方式也要做相应改变。所谓成熟度，是指下属对业务、工作的熟练程度和自我控制能力。企业性质和员工素质对企业文化有较大影响，独裁的领导与民主的管理在不同的情况下会同样有效。随着我国经济发展水平的提高，人们的素质日益增强，"以人为本"已成为趋势。因此企业的领导者应意识到企业员工与企业生产决策和经营管理的密切联系及作用，要根据企业职工的不同需求层次，采取针对性的激励手段，激发员工的创造性潜力和主人翁责任感。

3. 环境层面

任何组织都是在一定环境下存在的，脱离环境孤立存在的组织是没有的。因此，管理方式应与组织所处的环境相适应，必须随着组织所处环境的变化而变化。在动态的管理活动过程中，任何一个组织所处的环境的内外条件都是变化的。管理者必须有意识地训练和提高权变控制能力，增强权变意识，尽可能考虑到各种有关的变动因素，并以此来决定采取什么样管理方式。

在管理现实中很难看见一种单纯的、典型的管理方式。在现实生活中，管理者也极少有人完全采用一种方式管理，较多的情况下是几种方式兼而有之。

（二）使组织形式与社会经济文化变革相适应

从西方的经验看，第二次世界大战前大多采取"资本—董事会—经理—工人"这样的运行机制，产权、经营权和利润分配权隶属于资本，为股东所控制，工人在企业中没有自主权，在分配利润中也不分享利润，这种以资本股份为权益标准的所有制，挫伤了工人的劳动积极性，影响了社会生产的健康发展。20世纪70年代开始出现了"员工股份制"企业，采用"本公司员工—管理委员会—经理—工人"的运行机制，使产权与工人及生产经营的利益目标差距大为减小，极大地增强了员工的主人翁意识，调动了工人的积极性。改革以来，我国先后探索过"厂长、经理负责制""承包制""股份制"等多种企业经营制度，以及内部职工集资参股等形式。对于增强职工参与意识、发挥职工的创造精神，这些组织形式曾产生过良好的效果，但今后如何发展仍要与社会、经济环境的变化相适应。

（三）根据不同状况、不同发展阶段设置组织结构

权变理论认为：组织机构的设置要适应生产特点、企业规模、市场情况等方面的需要，并且应根据环境条件的变化不断加以完善和发展。杜邦公司在发展过程中就采取了"单人决策"—集团式经营—多分部体制—"三套马车"式体制等不同的组织决策结构，使企业始终适应市场竞争的变化，处于高效率地运行之中。目前我国一部分企业，决策效率不高，面对竞争变化激烈的市场，反应迟缓，急需采用更灵活的组织形式以适应市场竞争的需要。

（四）采取有计划的渐进变革方式

以组织形式的急剧变化、组织结构的完全调整、大规模人事变动等为代表的"爆破式"的变革方式，往往因仓促而考虑不周，使职工容易丧失安全感，造成士气低落，甚至会引起对变革的激烈反抗。以企业的人事变动为例，它对企业的正常经营和发展有着重大影响。"一官上任，从上到下换新"的方式由于大量撤换中层干部，造成工作的脱节和漏洞，影响工作的连续性和质量，越来越得不到认可。权变理论要求企业对其管理方式进行不断的变革，以适应环境需要。即首先应对环境进行彻底了解，根据环境特点，对组织进行系统研究，制定最理想的变革方案，然后再有计划、有步骤、渐进地加以实施。因此权变的方法更有利于解决企业的根本问题，适应企业长期发展的要求。

第四节 责任原理

管理是追求效率和效益的过程。在这个过程中，要挖掘人的潜能，就必须在合理分工的基础上明确规定部门和个人必须完成的工作任务和必须承担的与此相应的责任。责任原理包含以下三个方面的内容。

一、明确每个人的职责

挖掘人的潜能的最好办法是明确每个人的职责。分工是生产力发展的必然要求。在合理分工的基础上确定每个人的职位，明确规定各职位应担负的任务，这就是职责。所以，职责是整体赋予个体的任务，也是维护整体正常秩序的一种约束力。它是以行政性规定来体现的客观规律的要求，绝不是随心所欲的产物。职责不是抽象的概念，而是在数量、质量、时间、效益等方面有严格规定的行为规范。表达职责的形式主要有各种规程、条例、范围、目标、计划等。

一般说来，分工明确，职责也会明确。但是实际上两者的对应关系并不这样简单。因为分工一般只是对工作范围做了形式上的划分，至于工作的数量、质量、完成时间、效益等要求，分工本身还不能完全体现出来。所以，必须在分工的基础上，通过适当方式对每个人的职责，作出明确规定。

（一）职责界限要清楚

在实际工作中，工作职位离实体成果越近，职责越容易明确；工作职位离实体成果越远，职责越容易模糊。应按照与实体成果联系的密切程度，划分出直接责任与间接责任，实时责任和事后责任。例如，在生产第一线的，应负直接责任和实时责任，而在后方部门和管理部门的，主要负间接责任和事后责任。

（二）职责内容要具体

具体明确的职责内容可以提高组织效益和管理效率。职责内容要用明确的书面方式明文规定，只有这样才便于工作任务的全面执行、检查和考核，才能正确评价组织的工作绩效。

（三）职责中要包括横向联系内容

在规定某个岗位工作职责的同时，必须规定这个岗位同其他单位、个人协同配合的要求，只

有这样，才能提高组织整体的效率。

（四）职责一定要落实到人

职责落实到人了，才能做到事事有人负责。没有分工的共同负责，实际上是职责不清、无人负责，其结果必然导致管理的混乱和效率的低下。

二、职位设计和权限委授要合理

在合理分工的基础上明确每个人的职责，是一定的人对某项工作完全负责，是职位设计和权限委授所要达到的结果。如何达到这样理想的状态基本上取决于以下三个因素。

（一）权限

明确了职责，就要授予相应的权力，实行任何管理都要借助于一定的权力。管理总是离不开人、财、物的使用。如果没有一定的人权、物权、财权，任何人都不可能对任何工作实行真正的管理。职责和权限虽然很难从数量上画等号，但有责无权、责大权小，许多事情都得请示上级，由上级决策、上级批准，当上级过多地对下级分内的工作发指示、作批示的时候，实际上等于宣告此事下级不必完全负责。所以，明智的上级必须克制自己的权力欲，要把下级完成职责所必需的权限全部委授给下级，由他去独立决策，自己只在必要时给予适当的帮助和支持。只有这样，下级才可能具备履行职务责任的条件，才可能较好地完成工作任务。

（二）利益

权限的合理委授，只是完全负责所需的必要条件之一。完全负责就意味着责任者要承担全部风险。而任何管理者在承担风险时，都自觉不自觉地要对风险与收益进行权衡，然后才决定是否值得去承担这种风险。为什么有时上级放权，下级反而不要？原因就是在于风险与收益不对称，没有足够的利益可图。当然，这种利益，不仅仅是物质利益，也包括精神上的满足感。

（三）能力

这是完全负责的关键因素。管理是一门科学，也是一门艺术。管理者既要有生产、技术、经济、社会、管理、心理等各方面的科学知识，又需要处理人际关系的组织才能，还要有一定的实践经验。科学知识、组织才能和实践经验这三者构成了管理能力。在一定时期，每个人的时间和精力有限，管理能力也是有限的，并且每个人的能力各不相同。因此，每个人所能承担的职责也是不一样的。有的人能挑一百斤，有的人只能挑五十斤。只能挑五十斤的人硬要他挑一百斤，其结果只能是依靠上级，遇事多多请示，多多汇报；或者主要依赖助手，遇事就商量和研究；或者凑合应付，遇事上推下卸，让别人去干。这样，也不可能做到完全负责。

职责、权限、利益和能力之间的关系遵守等边三角形定理，如图 3-2 所示。职责、权限、利益是三角形的三个边，它们是相等的，能力是等边三角形的高，根据具体情况，它可以略小于职责。这样，就使得工作富有挑战性，从而能促使管理者自觉地学习新知识，注意发挥智囊的作用，使用权限也会慎重些，获得利益时还会产生更大的动力，努力把自己的工作做得更好。但是，能力也不可过小，以免形成"挑不起"职责的后果。

图 3-2 责权利三角定理

三、奖惩要分明、公正而及时

在实际管理过程中，奖惩是经常使用的手段。奖惩的公正性和合理性直接影响人的情绪和工作态度。人无完人，但人总是向上的。对每个人的工作表现及绩效给予公正而及时的奖惩，有助于提高人的积极性，挖掘每个人的潜力，从而不断提高管理成效。

公正合理的奖惩有助于员工正确认识自己的工作情况，激励员工的工作积极性，引导员工的行为朝着组织需要的方向发展。要做到对员工奖惩的公正性、合理性，可以从以下几个方面努力。

第一，对员工的奖惩一定要以准确的考核为前提。如果考核的内容不细致，不准确，难以保证公正、合理，奖惩就难以做到恰如其分，甚至会产生负面作用。因此，首先要使考核标准科学、公正、合理。

第二，对于表现好的员工，要及时给予肯定和奖励。这样促使他们的良好行为坚持下去，并且激励其他人向这个方向努力。奖励可以分为物质奖励和精神奖励，二者都是不可或缺的。奖励不能无限期地拖延，拖延会淡化员工对已经取得成绩的满足感。如果长期埋没人们的工作成果，就会严重挫伤员工的积极性。不及时的奖赏会失去它的价值。

第三，及时而公正的惩罚必不可少。惩罚是利用令人不喜欢的东西或取消某些令人喜爱的东西，改变人的行为。惩罚会导致挫折感，在一定程度上会影响员工的工作热情。人都有害怕惩罚的心理，利用这个心理能起到杀一儆百的作用。通过发挥惩罚的威慑作用来教育多数人，这样也能强化管理的权威。惩罚可以及时制止某些不良行为，以免给组织造成巨大的损失。要实现惩罚的教育意义和作用，必须做到及时和公正。不公正的惩罚不仅会挫伤被惩罚者的工作热情，还会影响其他人的积极性，不及时的惩罚不会起到有效纠正不良行为的作用。

为了做到严格奖惩，要建立健全组织的奖惩制度，使奖惩制度化、规范化，是实现奖惩及时和公正的可靠保证。这样可以使每个人都积极而有效地工作。"胡萝卜加大棒"是有效实施管理责任原理的必需的工具。

第五节 效益原理

效益是管理的永恒主题。效益的高低直接影响到组织的生存和发展。任何组织的管理工作都是为了获得某种效益。例如，在经济组织中，效益原理体现在以尽量少的劳动和资源消耗，生产出尽可能多的产品。

一、效益的含义

效益是与效果和效率既相互联系、又相互区别的概念。

（一）效果

效果，是指由投入经过转换而产出的成果，其中有的是有效益的，有的是无效益的。例如，有的企业生产的产品虽然质量合格，但不符合社会需要，在市场上销售不出去，积压在仓库里，最后甚至会变成需处理的废弃物资，这些产品就是不具有效益的。所以，只有那些为社会所接受的效果，才是有效益的。

（二）效率

效率是指单位时间内所取得的效果的数量，反映了劳动时间的利用状况，与效益有一定的联系。但在实践中，效益与效率并不一定一致。例如，企业花费巨额投资增添技术设备来提高生产效率，如果实际结果使单位产品生产的物化劳动消耗的增量超过了活劳动的减量，从而导致生产成本增加，就会出现效率提高而效益降低的现象。也就是说，增加技术设备的投入可以提高生产效率，同时也增加了企业的物质投入，如果没有相应的对劳动力投入的减少，那么这个企业就会出现投入大幅度增加的现象，从而影响企业的效益。

（三）效益

效益是有效产出与投入之间的一种比例关系，可从社会和经济这两个不同的角度去考察，即社会效益和经济效益。社会效益是人们的各种活动对社会发展所产生的积极作用或有益的效果。经济效益是人们在经济活动中所获得的收益性成果，它是通过提高经济活动的效果而得到的实际经济利益。经济效益包含两层含义：一是要求经济活动产生效果；二是要求造成这一效果的人和社会都能从这个效果中获得利益。

经济效益和社会效益之间既有联系，又有区别。二者的联系是：经济效益是讲求社会效益的基础，而社会效益是促进经济效益提高的重要条件。二者的区别主要表现在：经济效益比社会效益直接、明显；经济效益可用若干经济指标来计算和考核，而社会效益难以计算，必须借助于其他间接的形式来考核。管理的目的就是寻求二者的最优组合，以期取得最好的效益组合。管理者要正确处理经济效益和社会效益的关系，统筹兼顾，最大限度地追求经济效益与社会效益同步增长，既反对单纯追求经济效益而不顾社会效益，也反对片面讲求社会效益而不讲经济效益。

二、效益的评价

有效的管理首先要求对效益的评价尽可能公正和客观，因为评价的结果直接影响组织对效益的追求和获得，结果越是公正和客观，组织对效益追求的积极性就越高，动力也越大，客观上产生的效益也就越多。

社会效益评价是指对社会经济、自然资源利用、生态环境、社会环境等方面产生的影响的分析。世界银行、亚洲开发银行的社会效益评价不仅用于项目的可行性研究，还用于部分重要项目的后期评价，主要以一些案例的经验作为依据，集中在人类环境的人文分析方面，分析政策、项目和方案的实施对所在社区的人口、收入分配、人民生活、健康、安全、教育、文化娱乐和风俗习惯等方面的影响。经济效益评价主要是通过计算一些劳动收益类指标和劳动消耗类指标，对涉及的主要经济因素进行评价。

效益的评价，可由不同的主体去进行。领导评价有一定的权威性，全局性掌握得较好，其结果对组织的影响也较大，但可能不够细致和具体。群众评价一般比较公正和客观，但可能要花费较多的时间和费用，才能获得最后的评价结果。专家评价一般比较细致，技术性强，但可能只注重直接效益而忽视间接效益。市场评价结果与市场发育程度有很大的关系，越是成熟、规范的市场，其评价结果就越客观公正，越是发育不成熟或行为扭曲的市场，其评价结果就越不客观、不公正，甚至具有很强的欺骗性。

不同的评价标准和方法，都有它自身的长处和不足，得出的结论可能会不同。一个组织要获得客观公正的效益评价，就要充分利用不同评价的优长，把各种评价结合起来，才能更加客观准确地认识组织自身的效益状况。

三、效益的根据

有人认为，只要有管理就能提高效益，事实并非如此。管理的效益取决于以下四个因素。

（一）管理者

管理者在管理活动中起主导作用。管理者的思想观念在管理活动中会支配管理行动，使之表现为特定的行为方式。所以，管理者的思想观念、行为方式对管理效益有着明显的影响。一般情况下，管理者的思想观念、行为方式对管理效益的影响是通过决策、计划、组织、指导、协调和控制等职能和环节体现出来的。

（二）管理对象

管理的效益指标要通过管理对象才能实现。管理对象一般包括人、财、物、时间、空间、信息等。其中人是诸多要素中最重要的，人的素质水平、工作的责任心、主观能动性的发挥等往往决定着其他管理对象作用的发挥程度。

（三）管理环境

管理活动要在一定的环境中进行，管理环境是影响管理效益的重要因素。影响管理效益的环境因素有政治环境、经济环境、科学技术环境和社会心理环境等。政治环境，是指一个国家的政治形势、法律制度、路线方针政策及其他的国际局势。经济环境，是指组织以外的经济发展状况，如市场、资本等。这些因素通过价值规律等方式的作用影响管理效益。科技环境，是指组织外部的科学技术状况、科技信息等因素通过影响劳动生产率来影响管理效益。社会心理环境，是指组织外部的各种社会心理现象，如社会规范、舆论、从众心理等影响管理效益。

（四）生产方式

生产方式是管理效益的根本决定因素。管理活动是生产方式的外在表现，有什么样的生产方式就会有什么样的管理活动。生产方式决定着管理的性质和方式，并且直接决定着管理效益。先进的生产方式决定着管理方式的先进性。在信息社会中，管理不仅仅要有实体的管理机构，还可以通过网络来实现管理,它可以缩短传统管理职能的周期,大大地提高管理效益。

四、效益的追求

效益是管理的永恒主题,管理就是对效益的不断追求。管理者必须树立正确的效益观念,掌握追求效益的规律。

(一)管理效益的直接形态通过经济效益体现

在实际工作中,管理效益的直接形态是通过经济效益而得到体现的。这是因为由于管理系统是一个人造系统,它基本是通过管理主体的劳动所形成的按一定顺序排列的多方面多层次的有机系统。尽管其中有纷繁复杂的因素相交织,但每一种因素均通过管理主体的劳动而活化,并对整个管理运动产生影响。综合评价管理效益,当然必须首先从管理主体的劳动效益及所创造的价值来考虑。

(二)主体管理思想是影响管理效益的重要因素

影响管理效益的因素很多,其中主体管理思想正确与否占有相当重要的地位。在现代化管理中,采用先进的科学方法和手段,建立合理的管理机构和规章制度无疑是必要的,但更重要的是一个管理系统中高级主管所采取的战略。这是更具有全局性的问题。实际上,管理只解决"如何正确地做事",战略才告诉我们"怎样做正确的事"。一个企业不管基础多好,不管采取多少好的管理方法,但如果经营战略错了,到头来产品适销不对路,质量再好、价格再低也毫无意义。实际上,管理效益总是与管理主体的战略联系在一起的。

(三)追求局部效益与追求全局效益协调一致

全局效益是一个比局部效益更为重要的问题。如果全局效益很差,局部效益提高就难以持久。当然,局部效益也是全局效益的基础,没有局部效益的提高,全局效益的提高是难以实现的。局部效益与全局效益是统一的,有时又是矛盾的。因此,当局部效益与整体效益发生冲突时,管理必须把整体效益放在首位,做到局部服从整体。比如企业随意提高产品价格或降低服务质量来谋取利益,短期内可能降低了成本,获得了较高的收入,侥幸提高了局部效益。但时间稍长,消费者就会发现其中的问题,弃用该企业的产品,致使整个企业产品滞销,引发一系列问题,甚至破产倒闭,从而严重影响了全局效益。

(四)管理应追求长期稳定的高效益

企业每时每刻都处于激烈的竞争中,如果只满足于眼前的经济效益水平,而不以新品种、高质量、低成本迎接新的挑战,就随时会有落伍甚至被淘汰的危险。所以,企业经营者必须要有远见卓识和创新精神,不能只追求当前的经济效益。竭泽而渔,寅吃卯粮,不保持必要的储备,不及时地维护修理设备,不进行必要的技术升级,不爱护劳动力,必然损害今后的经济效益。只有不断增强企业发展的后劲,积极进行企业的技术改造、技术创新、产品开发和人才开发,才能保证企业有长期稳定的较高经济效益。

(五)确立管理活动的效益观

管理活动要以提高效益为核心。追求效益的不断提高,应该成为管理活动的中心和一切管理工作的出发点。要克服传统体制下以生产为中心的管理思想。因为这种管理思想必然导致片面追求产值、盲目增加产量的倾向,从而可能造成产品大量积压、效益普遍低下。

追求效益除了要运用以上的一些规律外,还要学会自觉地运用经济规律。例如,价值规律可以帮助管理者掌握市场情况,制定灵活正确的经营方针,灵敏地适应复杂而多变的环境,满足社会的需求。

第六节 创 新 原 理

一、创新的基本内容

人类的思维和双手所创造出来的所有东西都会老化、僵化,因此,我们要不断地创新,从而使我们的组织和社会能够得以持续生存。彼得·德鲁克认为,创新是企业家持有的工具,是一种赋予资源以新的创造财富的行为。约瑟夫·熊彼德在其名著《经济发展理论》中说，"生产意味着把我们所能支配的原材料和力量组合起来，而创新就是建立一种新的生产函数，实现生产要素和生产手段的'新组合'"。国内也有学者提出，创新是新的经营管理方式或方法在企业中的引入，是组织创新在企业经营层次上的辐射。

毫无疑问，社会发展到今天，以上提到的这些创新已不再是创新内涵的全部。以企业组织为例，创新至少有两层含义：一是指作为企业科技进步的创新活动过程与结果，包括前面所提到的产品开发、工艺改进等内容；二是指企业为适应环境的变化，将科技和管理紧密结合，以更有效的方式整合组织内外资源去达成组织目标的管理活动。

一般来说，创新包含以下四个方面的基本内容。

（一）产品创新

产品创新是指将新产品、新工艺、新的服务成功地引入市场，以实现商业价值。如果企业推出的新产品不能为企业带来利润，带来商业价值，那就算不上真正的创新。产品的创新通常包括技术创新，但是产品创新不限于技术创新，因为新材料、新工艺、现有技术的组合和新应用都可以实现产品创新。在产品创新中，不仅要了解顾客需要，还要在研究行业内现有产品以及可能出现的替代产品，采取不同的创新策略，如差异型、组合型、技术型或复合型产品创新策略。

（二）市场创新

市场创新是指在产品推向市场阶段，基于现有的核心产品，针对市场定位、整体产品、渠道策略、营销传播沟通（品牌、广告、公关和促销等），为取得最大化的市场效果或突破销售困境所进行的创新活动。市场定位创新就是选择新的市场或者挖掘新的产品利益点。所谓整体产品的创新指企业基于现有的核心产品，或改变包装设计，或变换产品外观设计，或组合外围配件或互补的产品，或提供个性化服务。整体产品、渠道策略、营销传播和客户服务的创新必须要在重新调整后的市场定位策略的指导下开展，以取得整体最佳市场效果。

（三）商业模式创新

商业模式，是指企业价值创造的基本逻辑，即企业在一定的价值链或价值网络中如何向客户提供产品和服务，并获取利润。商业模式概念的核心是价值创造。商业模式创新是指企业价值创造提供基本逻辑的变化，即把新的商业模式引入社会的生产体系，并为客户和自身创造价值。通俗地说，商业模式创新就是指企业以新的有效方式赚钱。新引入的商业模式，既可能在构成要素方面不同于已有商业模式，也可能在要素间关系或者动力机制方面不同于已有商业模式。人们认识到，在全球化浪潮冲击、技术变革加快及商业环境变得更加不确定的时代，决定企业成败最重要的因素不是技术，而是它的商业模式。2003年前后，创新并设计出好的商业模式，成了商业界关注的新焦点，商业模式创新开始引起人们普遍重视，商业模式创新被认为能带来战略性的竞争优势，是新时期企业应该具备的关键能力。

（四）管理模式创新

管理模式创新是指基于新的管理思想、管理原则和管理方法，改变企业的管理流程、业务运作流程和组织形式。企业的管理流程主要包括战略规划、资本预算、项目管理、绩效评估、内部沟通、知识管理。企业的业务运作流程有产品开发、生产、后勤、采购和客户服务等。通过管理模式创新，企业可以解决主要的管理问题，降低成本和费用，提高效率，增加客户满意度和忠诚度。挖掘管理模式创新的机会可通过：与本行业以外的企业进行标杆对比；挑战行业或本企业内普遍接受的陈规定式，重新思考目前的工作方式，寻找新的方式方法，突破"不可能""行不通"的思维约束；关注日常运作中出现的问题事件，思考如何把这些问题变成管理模式创新的机会；反思现有工作的相关尺度，如应该做什么、什么时间完成和在哪里完成等。持续的管理模式创新可以使企业自身成为有生命、能适应环境变化的学习型组织。

二、创新的必然性

（一）创新是知识经济的召唤

20世纪90年代以来，世界经济向知识经济转移，科研系统在知识经济中起到了知识生产、传播和转移等关键作用。注重知识创新和技术创新的欧美发达国家，其相对完善的国家创新体系为欧美经济的发展注入了活力。因此，创新是知识经济的灵魂。那么，以竞争作为命脉的管理更是不能例外。世界经济发展的历史和国外管理理论的研究表明，当代经济发展取决于竞争优势，决定竞争优势的主导因素是人才和科技的管理优势，而决定人才、科技管理优势的是创新。所以，创新已成为现代管理的时代趋势。

（二）创新是市场竞争的要求

随着经济的发展和全球化趋势的到来，市场竞争日益激烈，知识和信息已成为经济市场化和国际化的生产力基础。国际互联网使产品在生产和销售方面的空间概念和时间概念日趋淡化，商品流通和技术贸易变得相对简单和频繁，导致市场上的商品愈来愈趋于同质化。某种新产品在市场上走俏，一星期后来自不同企业的同类产品就会大量涌现，功能相似而且造型更美观、价格更便宜。企业要想占有更多的市场份额，只有凭借自身的经济实力和独创特色，才有可能在竞争中取胜。

（三）创新是社会文化发展的需要

从文化背景的积淀来看，由于处在转型时期，我国现阶段既区别于传统的东方类型，又不完全等同于西方类型，处于东西方文化的交叉影响之下。在中国这个特殊的文化时期，管理也要做些相应的调整。从一些外资企业的经验来看，一些在西方国家行之有效的管理经验和管理模式，被照搬到我国，由于中西文化融合得不够成功，往往效果不佳，甚至引起副作用。而这些复杂的社会人文、社会心理问题又往往是传统管理无法解决的。此时，就需要进行管理创新，借助新思维，想出新办法，找到新路子。

三、创新的原则

创新要遵循如下原则才能是科学、有效的创新。

（一）独创性原则

所谓独创性原则，指创新活动选题应是前人没有进行过的，或者别人未解决的，这样才能保证创新对组织的发展有一定的应用价值，这是创新的首要原则。1992年，英国通用电气公司总裁约翰·韦尔奇力排众议，按网络组织结构对公司管理机构进行的"GE"变革正验证了此点。韦尔奇在立足于日本企业成功管理经验的基础上做了两点重要创新：一是以削减管理过程中制造成本与销售单价之间的间接费用为降低成本的突破口，不同于日本企业主要降低制造成本的一般做法；二是在业务结构战略上强调业务领域的专业化，不同于日本企业的业务结构多元化。最终，前人未曾涉及的这两个独特的创新思路帮助韦尔奇获得了巨大成功，他和通用电气公司成为世界各大公司效仿的榜样。可见，独创性原则集中体现了创新的价值所在，是创新的核心。

（二）价值原则

价值原则又称需要性原则，指在创新科研选题中必须着眼于社会实践的需要和科学科技自身逻辑发展的需要。当前处于知识经济和信息化时代，"知识爆炸""信息爆炸"有着极其深刻的社会影响。这个时代的主要理念，知识就是力量。在资源配置上无论以智力、无形资产、软产品等资源为第一要素，还是对自然资源等经济要素进行科学合理、优化和集约的配置，其目的都是为了实现知识的价值。当今时代的管理创新就是以实现知识的价值为任务。

（三）理性原则

所谓理性原则，是指根据辩证唯物主义的科学世界观和事物发展的客观规律性来评估、选择创新活动的一种方法论原则。理性原则对创新活动有着重要的指导意义，正确的哲学信念有助于指导创新者去发现事物发展的规律。当然，尽管理性原则对创新活动有规范、选择和指导作用，但同时，理性原则自身又是辩证的，它时时处于发展之中，不应视为僵死的教条。经济全球化是当今时代的一大特征：商品全球化使世界贸易飞速发展；资本全球化使跨国公司蓬勃发展，跨国企业已遍布世界的每一个角落，成为"国中之国"；技术和经济全球化，并已无国界之分。管理者在吸纳和改造资本、技术等方面时，只有用理性的眼光去看待、分析和接纳，才能得到健康的发展。

（四）动态原则

科学管理把对象视为系统，管理目的是为了使系统实现最佳效益。但任何系统的正常运转，不仅受系统内各个因素的制约，同时也受到有关外部系统的约束，并随着时间、环境以及人们主观能动性的变化而发生变化。在信息高速发展的今天，社会系统之间的信息、能量、物质方面的交换和联系日益密切，技术的飞速发展，市场的瞬息万变，需求的多样化，使经济环境处于一个动态的环境之中，创新必须遵循动态性原则。

（五）发挥优势原则

所谓发挥优势原则，是指在进行创新的选题和活动过程中，注重依靠自己的长处和已有的优势条件，扬长避短，量力而行，从而形成有特色的创新活动。在知识经济时代，经济走向全球化，企业间的竞争日益激烈，要想在经济全球化竞争中获胜，就必须发挥自身的优势，形成自身特有的企业文化。同时，创新不是全盘的否定，而是在原有特色的基础上再创新意。

四、创新的策略

（一）首创型创新策略

首创型创新，是创新度最高的一种创新活动，其基本特征在于首创性。例如，率先推出全新的产品，率先开辟新的市场销售渠道，率先采用新的广告媒介，率先改变销售价格，如此等所有这些行为都是首创型创新。首创型创新具有十分重要的意义，若没有首创，就不会有改仿或仿创。每一项重大的首创型创新，都会先后在不同地区引起一系列相应的改仿型创新和仿创型创新活动，从而引起广泛而又深远的创新效应。

从另外一个角度来说，首创型创新活动风险较大，成本较高，相应的利润也较高，但由于生产、技术、市场等方面的不确定性，使首创型创新活动具有较大的风险性。因此，在采用首创策略时，创新者应根据实际情况，充分考虑各种创新条件的影响，选择适当的创新时机和方式，及时进行创新。

（二）改仿型创新策略

改仿型创新的目标是对已有的首创进行改造和再创造。改创性是改仿型创新战略的基本特征。在现有首创的基础上，充分利用自己的实力和创新条件，对他人首创进行再创新，从而提高首创的市场适应性，推动新市场的不断发展。这是一种具有中等创新度的创新活动，改仿型策略，是介于首创型创新策略与仿创型创新策略之间的一种中间性创新策略。

改创者不必率先创新，而只需对首创者的创造进行改良或改选，因此，改创者所承担的创新成本和风险比较小，而所获创新收益却不一定比首创者少。首创是重要的，改创也是重要的，如果没有首创，便没有改创的前提和基础。然而，如果没有改创，许多首创也难以具有广阔的市场发展前景。例如，飞机、汽车、计算机等首创产品，如果没有后来的不断改进和再创新，也就不会有今天这样的市场大发展。

（三）仿创型创新策略

仿创型创新是创新度最低的一种创新活动，其基本特征在于模仿性。模仿者既不必率先创造全新的市场，也不必对首创进行改造。仿创者既可以模仿首创者，又可以模仿改创者。其创新之处表现为自己原有市场的变化和发展。一些缺乏首创和改创能力的中小型企业，往往采用模仿策略，进行仿创型创新。

一般来说，仿创者所承担的市场风险和市场开发成本都很小。虽然仿创者不能取得市场领先地位，却可以通过自己某些独占的市场发展条件来获取较大的收益和竞争优势。仿创有利于推动创新的扩散，因而也具有十分重要的意义。任何一个首创型或改创型企业，无论它拥有多大的实力，也无法在一个比较短的时期内占领所有的市场，因此，一旦首创或改创获得成功，一大批仿创者的出现就成为必然。

总之，在制定创新策略时，不同的企业应该选择一个适当的创新度，进行适度创新。所谓适度创新,就是既要适应市场需求的发展状况,又要考虑本企业的创新条件。只有这样,创新者才能充分利用和发挥本企业的创新优势,尽量减少或避免创新的风险,提高创新的效果,促进企业的发展。

知识拓展

创业精神

德鲁克在《创新与创业精神》一书中指出:"创业精神是一个创新的过程,在这个过程中、新产品或新服务的机会被确认、被创造,最后被开发来产生新的财富。"也就是说,创业精神的本质在于创新,在于最终为社会创造出新的价值。

创业精神的主要含义为创新。也就是创业者通过创新的手段,将资源更有效地利用,为市场创造出新的价值。对企业家来说,创新是其最困难的任务。不仅要具有创新思维的能力,而且要具有把握经济环境的各种力量的能力。在企业层面,还必须具有建立新的组织结构来生产新产品、销售新产品的能力。在一定意义上,这种组织上的创新与传统的技术创新一样,具有相当大的难度,而组织创新对企业家来说则是一种更为基本的职能。

创业本身是一种无中生有的历程,只要创业家具备求新、求变、求发展的心态,以创造新价值的方式为新企业创造利润,那么就可以说这一过程中充满了创业精神。创业精神类似一种能够持续创新成长的生命力,一般可区分为个体的创业精神及组织的创业精神。所谓个体的创业精神,指的是以个人力量,在个人愿景引导下,从事创新活动,并进而创造一个新企业;而组织的创业精神则指在已存在的一个组织内部,以群众力量追求共同愿景,从事组织创新活动,进而创造组织的新面貌。综上所述,创业精神是指组织上下同心协力,积极发挥创造力,不畏艰险,努力使创新设想付诸实践,最终为社会创造出新的价值的过程。

创业精神和创业活动在方方面面影响着我们的社会。

首先,创业精神和创业活动的兴起将"人"推向了整个社会发展的中心。由于创业和创业活动更依赖于人的创造性和主动性,使得整个社会更加关注人的发展。在以创新为主导的经济发展模式下,一方面,外部环境的巨大不确定性、技术的高速变迁、决策速度要求越来越快等因素,使得"老板决策、员工执行"的企业管理方式不能适应外部环境的发展;另一方面,整个社会知识工作者的增加以及蓝领工人的减少,使得社会主流就业人群的价值观发生了改变。人们对企业的忠诚度表现出对生活质量的高度渴望。所以,无论是新创企业还是公司创业,都不可能在原有的分工与管理体系下获得成功。创业活动使得企业工作的重点必须从对人的管理,转移到对人类潜质的开发;从强调企业文化对人的影响,转移到帮助人类获得心智的模式转变。从这个意义上说,创业和创业活动首先承认人的天赋和能力,社会和企业需要做的就是发掘和充分利用人的这种能力和天赋。

其次,创业精神和创业活动使人们能够逐渐从工作本身获得满足感和成就感。大多数的人们,是为了生存而工作,任何福利和工资都作为一种额外的补偿,即使是企业提供的培训,也成为企业提高劳动生产率,强化员工忠诚度的一种手段。在这种工作压力下,人们更多表现出的是压抑和疲惫。大多数人的需求被满足的层次总是停留在类似生理、安全的低水平上,而成就感、自我实现只是少数成功者的专利。与此相反,人们无论是在自己创业的过程中,还是在参与大公司内部创业活动的过程中,都表现出对工作更多的热情,表现出对新事物更浓厚的兴趣。创业活动往往能够将工作过程与工作成果之间的联系体现得更加清晰。创业过程的每个参与者,都会从工作中得到实现自我价值的满足感。创业活动增加工作者满意度的另外一个原因,是工作内容的多样化。不同的工作与不同的任务,要求工作者经常变化工作的技能与方法。创业过程中遇到更多的是没有既定答案的问题。人们必须主动积极地探寻问题的解决方法。团队中没有教官,只有相互帮助的合作伙伴。这一过程充分满足了人类固有的好奇心,激发了员工的创造性,学习成为满足人们好奇心和解决问题的手段。

最后，创业精神和创业活动充分保障了社会良好的流动性。流动性是社会活力的源泉，同时也是公平效率的保证。人们能够在不同阶层中垂直流动，任何一个阶层中的成员，都不能够依赖继承的身份或财产终其一生，任何出身的年轻人都可以凭借自身的努力获得成功，这是一个开发性社会的特征，也是人类对社会的期望。一些有着聪明才智和经营能力的人，由于缺乏与资本结合的机会而成为领取固定薪水的企业经营者和管理者。在打破身份对社会流动的阻滞之后，资本对知识的雇佣成为阻碍人们进一步纵向流动的要素，"富不过三代"可视作对这种阻碍作用后果的脚注，也是人们对社会流动新机制的期盼。

社会总体创新精神和创业活动的增强，无疑为清除这种障碍提供了有效途径。创新精神和活动总量的增加会给现存的企业和机构更大的外部压力。企业希望永驻成功的可能性微乎其微。企业必须不断地保持创业精神，不断创新，完成第一次、第二次甚至更多次的创业，在此过程中获得基业的长青。而创业个人，有可能通过创业和创新登上财富的榜首。这种依靠个人奋斗，最终坐拥财富的成功故事，激励着更多的人加入到创业活动中。

本章小结

管理原理是对管理工作的实质内容进行科学分析总结而形成的基本真理，它是现实管理现象的抽象，是对各项管理制度和管理方法的高度综合与概括，因而对一切管理活动具有普遍的指导意义。

系统是由若干相互联系、相互作用的要素在一定的环境中所构成的具有特定功能的有机整体。它具有集合性、层次性、相关性的特征。系统原理可从整体性、动态性、开放性、环境适应性和综合性这五个要点去理解。

人本原理就是以人为中心的管理思想，主要包括下述主要观点：员工是企业的主体；员工参与是有效管理的关键；使人性得到最完美的发展是现代管理的核心；服务于人是管理的根本目的。

"权变"的意思就是权宜应变。权变理论认为，特定的管理情境对应不同的管理方法，并且后者的有效性随前者的不同而变化。权变理论的应用可以从企业的管理方式、组织形式、组织结构、变革方式中体现出来。管理过程中要挖掘人的潜能，就必须在合理分工的基础上明确责任。责任原理的内容为：明确每个人的职责；职位设计和权限委授要合理；奖惩要分明、公正而及时。

效益是有效产出与投入之间的一种比例关系。效益原理认为，效益是管理的永恒主题，管理就是对效益的不断追求。它可从社会效益和经济效益两个角度去考察，可由领导、群众、专家、市场等主体去评价，取决于管理者、管理对象、管理环境、生产方式四个因素。

创新包括产品创新、市场创新、商业模式创新和管理模式创新这四个方面的基本内容。创新具有独创性原则、价值原则、理性原则、动态原则和发挥优势原则，可采取首创型、改仿型和仿创型三种策略。

案例分析

人本管理　创新成长

谷歌公司（以下简称谷歌）成立于1998年，是一家美国跨国科技企业，致力于互联网搜索、云计算、广告技术等领域，开发并提供大量基于互联网的产品与服务，包括谷歌地图、谷歌邮箱、安卓系统、谷歌翻译、谷歌桌面等，其主要利润来自于AdWords等广告服务。公司连续获得了"2016年度风能杰出贡献奖""2016年BrandZ全球最具价值品牌百强榜第一""2017年度全球500强品牌第一"等荣誉。

谷歌的诞生是一个传奇，是由两个年轻人缔造的传奇。1998年，美国的网络高速发展，信息呈爆炸式增长。斯坦福大学计算机专业的两个研究生拉里·佩奇（Larry Page）和塞吉·布林（Sergey Brin）发现当时各大网站都没有提供搜索信息的服务，于是一个伟大的创业梦想在两人头脑中萌生，何不做一个提供网站搜索信息服务的平台呢？两人在斯坦福的宿舍里开始了通宵达旦的搜索引擎开发研究工作。可是，当他们把自己的产品 BackRub-Google 的原型拿给各大网站准备出售时，没有一家公司愿意接受这个在当时看来过于冒险的设计。遭遇多次拒绝后，两个合作伙伴并没有放弃梦想，而是决定自己成立一家公司，就做搜索引擎，就这样，在一间简陋的车库里诞生了谷歌——日后全球最大的搜索引擎公司。

一、人本管理

谷歌是以研发人员为中心的公司，人本管理一直以来是其特色管理方式之一。在一次采访中，谷歌联合创始人兼CEO拉里·佩奇表示，公司要像家一样，让员工觉得自己是公司的一部分。如果公司能这样对待员工，员工的生产效率就会得到提高。公司创立之初，就规定管理层不可以限制员工在公司内部自由流动，员工可以根据自己的喜好流动到新的部门工作。其工作环境非常人性化，办公大楼内配置了健身设施以及按摩椅、台球桌、帐篷等设施，同时每名新员工还可获赠100美元用于装饰自己的办公室。好的办公环境不仅可以让人感到舒适，还可以激发人的工作效能。此外，还倡导员工间自由的交流想法和观点。这就意味着每个员工都是功不可没的贡献者，而且每个人都要在公司身兼数职。这也是谷歌一直以来得以创新的源头。工作之余，还成立了谷歌文化委员会，在督导文化推广的同时，也倡导一些活动主题，由员工来组织社区活动、环保活动和资助残疾人活动等。如此宽松而又开放的工作氛围，为它的蓬勃发展打下了坚实的基础。

二、技术创新

回顾谷歌从诞生到壮大的历史，每一步都是一次伟大的创新。可以说，谷歌的创立就是一个根本性的创新，尽管搜索引擎在20世纪初就已经出现，但没有任何一家门户网站把搜索引擎作为主打业务之一，谷歌的诞生开启了全民网络搜索时代。谷歌对搜索引擎的功能进行了全面提高和完善，使用PageRank技术以确定哪些网页与正在执行的特定搜索相关，进而可以将最相关最可靠的搜索结果放在首位。这个重要的创新举动应该是谷歌今天在互联网市场占有举足轻重地位的一个关键原因。

搜索引擎的成功并没有让谷歌故步自封，渐进式的创新在其内部一直在继续。2003年谷歌接管Pyra公司的Blogger服务，从用户需求出发简化了发布博客的程序；2004年推出Gmail，大大提升了网络信箱的存储量和文本编辑功能，为广大用户带来更好的服务和便利；2008年发布Android 1.0，起初业界并不看好Android操作系统并声称最多1年时间，谷歌就会关闭Android服务，但事实正相反，2016年Android在全球智能手机市场的份额已经达到85%。2016年谷歌推出AlphaGo围棋人工智能程序并战胜了世界围棋冠军，这一赛事让全世界惊叹。AlphaGo的出现揭开了人工智能时代的序幕，2017年12月13日，谷歌正式宣布谷歌人工智能中国中心在北京成立。谷歌的每一次技术创新都能够帮助其在全球市场中占据优势并不断发展。

三、商业模式创新

谷歌以无比强大的"免费"魅力征服全球，那么它是如何在为全球用户提供免费服务的同时找到自己的利润来源呢？第一，在线广告商业模式。当用户免费使用谷歌搜索、邮箱、地图等服务时，所有的痕迹都会被反馈到它的数据中心；然后，谷歌在你享受这些免费服务的同时，将一些适合你或是你想了解的广告推送到你的界面。对于广告商来说，这种广告更加精准，效果更好，自然乐意掏钱。目前，谷歌已经成为全球最大的"互联网在线广告商"之一，2016年，谷歌广告营收在全球排第一，广告收入高达794亿美元。第二，"纯云"商业模式。"云计算"概念正是由网络巨头谷歌提出，是一次伟大的创新之举，不仅可以方便用户查询信息、使用办公软件、进行信息存储等，同时也为谷歌带来巨大的收益。因为用户使用什么服务，就要为该服务支付相应的费用。第三，开源名义下的商业新探索。所谓开源就是开放源代码，Android的手机操作系统就是一个开放的平台，任何人或者公司都可以在源代码基础上丰富或是开发新程序，一方面开源对于Android手机操作系统来说具有免费的推广功能；另一方面，开源使Android手机操作系统不断完善。从任何方面来看，开源都为谷歌带来了巨大的无形或是有形的利润。

  谷歌创立至今，一直秉承创新精神和以人为本的管理方式。通过依靠自身的不懈努力，不仅实现了公司的全面快速发展，更让全世界有了巨大的改变。今天的谷歌，在技术、管理、销售等多方面相当完善的基础之上，必将因势而上，乘风扬帆，拥有更加灿烂的前景。

讨论题：
1. 拉里·佩奇和塞吉·布林身上体现了哪些值得借鉴的创业精神？
2. 谷歌公司的管理过程中体现了哪些管理的基本原理？
3. 你认为谷歌公司未来的发展方向是什么？

  资料来源：https://wenku.baidu.com/view/c883e3326bec0975f565e26c.html，作者略有删改。

复习思考题

1. 研究管理原理有何意义？
2. 什么是系统原理？它对管理实践有何启示？
3. 人本原理的基本观点是什么？在管理实践中应如何运用人本原理？
4. 权变理论应该在实际管理过程中如何运用？
5. 怎样合理设计职位，怎样有效委授权限，怎样合理运用奖惩手段？
6. 影响管理效益的因素有哪些？管理者应该怎样追求管理效益？
7. 创新的意义何在？结合一个具体的企业谈一谈。

第四章 社会责任与管理伦理

本章学习目的

- 掌握企业社会责任的内涵
- 了解企业社会责任的思想渊源和发展历程
- 理解 SA 8000 的性质和主要内容
- 理解企业社会责任管理体系的内容
- 理解管理伦理的概念和特征
- 了解管理伦理的基本原则和主要规范
- 理解提高管理伦理水平的主要途径

导入案例 ▶▶▶

王老吉：将社会责任化为企业发展原动力

雅安地震、兰州水污染事件、云南鲁甸地震、"威尔逊"台风、"尤特"强台风……每一场灾害发生后，救援赈灾的身影里，王老吉积极响应国家号召，及时组织人力物力为灾区提供援助。每一次的及时反应和迅速援助，都反映了王老吉对待社会、环境和人的关心。

回溯到 2013 年雅安 4.20 地震，王老吉更有远见。不仅第一时间进行捐助，更明白身处灾区的人们需要的并不仅仅是一时的捐款，而需要更长远的、能持续继以为生的援助。因此王老吉积极于当地投建生产线，拉动当地就业和经济，走出了一条可持续发展的公益之路，不仅及时"输血"，更帮助"造血"，行善有道方能够源远流长，方体现健康吉祥。

不仅聚焦于社会议题，王老吉同样看重未来和成长。2012～2015 年期间，王老吉与校园相关的资助项目从不停歇，为无数学子提供帮助。

2012 年成立"1.828 亿爱心基金"，2013 年打造"王老吉四季彩虹公益行动"，再到 2014 年年底斥资 3000 万成立的中华老字号——王老吉校园公益基金，以及 2015 年与国内知名大学深度合作的王老吉校园基金项目。至今，王老吉已与清华大学、复旦大学等 7 家知名高校达成合作。2017 年下半年，王老吉将陆续与其他国内知名大学开展深度合作，致力于培养更多优秀学子。王老吉展示了一个民族老字号品牌的公益决心，助力"中国梦"的实现。

资料来源：http：//finance.huanqiu.com/cjrd/2017-08/11135304.html，作者略有删改。

在全球化责任浪潮深入下，企业社会责任的发展必将带来管理理念新的变革。本章主要介绍企业的社会责任和管理伦理两个问题。

第一节 社 会 责 任

一、企业社会责任的内涵和作用

（一）企业社会责任的内涵

企业社会责任，自美国学者谢尔顿于 1924 年提出这一概念起，理论界对其有着不同的阐述，迄今尚无统一的定义。但大体上都指企业在追求利润最大化的同时，对社会应承担责任，对社会应尽义务，并在这过程中实现企业的可持续发展。人们在讨论和评价一个企业发展所具备良好的品质、社会影响力时都用到"企业社会责任"一词，大体上是从企业行为来讲的，或者从企业追求的最终目的上讲的。企业的社会责任，大概包括以下三个层次。

1. 利润

即经济责任。这是企业社会责任的核心内容。利润是企业存在的基础，是社会对企业家劳动的奖励。一方面，作为一组合约的中心签约人，企业家获得剩余收入，具有很大的不确定性，承担了绝大多数的市场风险。企业面临社会对企业生产产品和服务的苛刻要求，即企业家必须对企业产品承担最终责任，因此，利润也可看作是一种责任，反映出企业产品（服务）的有效性。另一方面，利润来源于资源组合以后的创造，是超过要素价值以后的剩余。经济学家认为，要素的稀缺性决定它的机会成本的大小，并在市场上形成可控的成本，但如果人人都可以驾驭市场、控制成本，那么没有利润产生。企业家的作用是从平时确定性因素里寻找出不确定性利润，这一过程就是创新。因此，利润来自企业家创新，利润的多少与企业家创新能力的大小有关。当企业不断扩张时，社会要素就不断被消耗和整合，这样，利润就反映另外一个责任即经济性。利润的有效性、经济性反映出企业的社会责任，即企业的盈利活动必然带来优化资源配置的社会功能，促进经济发展和社会生产力提高。所以，判断一个企业社会责任大小，贡献多少，首先看其利润多少，如果利润多，说明其更加有效地利用了社会资源，如果这个企业不断壮大，说明其承担了越来越多的社会责任。

2. 法定的社会责任

现代市场经济是法制经济，和传统的自由竞争的市场经济相比有很大进步。这种进步表现为企业行为必须符合法制化的社会和市场制度框架，依法经营，讲究诚信。企业法定的社会责任既是政府干涉市场的产物，是政府社会责任的产物，也是在发展到今天的社会里普遍诉求经济法制化的产物。企业是社会生产力的承载体，企业家是社会精英，其行为具有先导性，所以企业应该承担起法定的社会责任。尽管这些社会责任是在相当范围内与企业追求的利润相矛盾的。企业法定的社会责任包括：对政府的责任，如纳税，遵守政令；对环境的责任，如节能减排，治理污染；对员工的责任，如不歧视、不虐待员工，合理安排工作，并促使员工成长；对顾客的责任，如尊重消费者权益，质量要求，珍惜自己的品牌，诚信经营等。

3. 道德责任

例如积极参与社区公益活动，济困求助、扶贫助学等慈善事业。许多富有爱心的企业家，每当参与慈善活动如义卖、捐助时，常常讲到企业利润来源于社会，要回报社会。这很能反映出企业家对企业活动的深刻理解。企业是在产生以后并能不断强化的社会组织，企业组织在有效运行过程中不断创造出有序的社会组织，在不断创造经济效应的同时推动社会繁荣和国家进步。因此，国家进步、社会繁荣和企业效益是内在统一的，企业天然负有服务国家和社会的重任，而国家的认可和社会的赞许为企业发展营造出无限的发展空间。随着企业家不断地获得成功，其思想和追求会从单纯地追求企业效应而走向追求社会效应。

利润、法定的社会责任和道义的社会责任三方面并不是矛盾的，利润是核心，法定的社会责任是基础，道义的社会责任是反映企业社会责任的重要领域。

（二）企业社会责任的作用

1. 企业履行社会责任有助于解决就业问题

企业除通过增加投资，新增项目，扩大就业外，最重要的是提倡各企业科学安排劳动力，扩大就业门路，创造不减员而能增效的经验，尽量减少把人员推向社会而加大就业压力。过去只有 ISO 9000 和 ISO 140000 国际认证，现在对企业社会责任也有了一个旨在解决劳动力问题，保证工人工作条件和工作环境的国际认证标准体系。这一标准明确规定了企业需保证工人工作的环境干净卫生，消除工作安全隐患，不得使用童工等，切实保障了工人的切身利益。现在众多企业积极履行社会责任，努力获得 SA 8000 国际认证，不仅可以吸引劳动力资源，激励他们创造更多的价值，更重要的是通过这种管理可以树立良好的企业形象，获得美誉度和信任度从而实现企业长远的经营目标。从这个意义上说，企业履行社会责任，有助于解决就业问题。

2. 企业履行社会责任有助于保护资源和环境，实现可持续发展

企业作为社会公民对资源和环境的可持续发展负有不可推卸的责任，而企业履行社会责任，通过技术革新可首先减少生产活动各个环节对环境可能造成的污染，同时也可以降低能耗，节约资源，降低企业生产成本，从而使产品价格更具竞争力。企业还可通过公益事业与社区共同建设环保设施，以净化环境，保护社区及其他公民的利益。这将有助于缓解城市尤其是工业企业集中的城市经济发展与环境污染严重，人居环境恶化间的矛盾。

3. 企业履行社会责任有助于缓解贫富差距，消除社会不安定的隐患

一方面，大中型企业可集中资本优势、管理优势和人力资源优势对贫困地区的资源进行开发，既可扩展自己的生产和经营，获得新的增长点，又可弥补贫困地区资金的不足，解决当地劳动力和资源闲置的问题，帮助当地脱贫致富。另一方面，企业也可通过慈善公益行为帮助落后地区的人民发展教育、社会保障和医疗卫生事业，既解决当地政府因资金困难而无力投资的问题，帮助落后地区逐步发展社会事业，又通过公益事业达到无与伦比的广告效应，提升企业的形象和消费者的认可程度，提高市场占有率。

二、企业社会责任的思想渊源和发展历程

（一）企业社会责任的思想渊源

早在 18 世纪中后期英国完成第一次工业革命后，现代意义上的企业就有了充分的发展，但企业社会责任的观念还未出现，实践中的企业社会责任局限于业主个人的道德行为之内。企业社会责任思想的起点是亚当·斯密（Adam Smith）的"看不见的手"。古典经济学理论认为，一个社会通过市场能够最好地确定其需要，如果企业尽可能高效率地使用资源以提供社会需要的产品和服务，并以消费者愿意支付的价格销售它们，企业就尽到了自己的社会责任。

到了 18 世纪末期，西方企业的社会责任观开始发生了微妙的变化，表现为小企业的业主们经常捐助学校、教堂和穷人。

进入 19 世纪以后，两次工业革命的成果带来了社会生产力的飞跃，企业在数量和规模上得到较大程度的发展。这个时期受"社会达尔文主义"思潮的影响，人们对企业的社会责任观是持消极态度的，许多企业不是主动承担社会责任，而是对与企业有密切关系的供应商和员工等极尽盘剥，以求尽快变成社会竞争的强者，这种理念随着工业的大力发展产生了许多负面的影响。

与此同时，19 世纪中后期企业制度逐渐完善，劳动阶层维护自身权益的要求不断高涨加之美国政府接连出台《反托拉斯法》和《消费者保护法》以抑制企业不良行为，客观上对企业履行社会责任提出了新的要求，企业社会责任观念的出现成为历史必然。

（二）企业社会责任的发展历程

1. 20 世纪 50 年代～70 年代——赢利至上

1970 年 9 月 13 日，诺贝尔奖获得者、经济学家米尔顿·弗里德曼在《纽约时报》刊登题为《商业的社会责任是增加利润》的文章，指出"企业的一项、也是唯一的社会责任是在比赛规则范围内增加利润。"社会经济观认为，利润最大化是企业的第二目标，企业的第一目标是保证自己的生存。为了实现这一点，他们必须承担社会义务以及由此产生的社会成本。他们必须以不污染、不歧视、不从事欺骗性的广告宣传等方式来保护社会福利，他们必须融入自己所在的社区及资助慈善组织，从而在改善社会中扮演积极的角色。

1976 年经济合作与发展组织（OECD）制定了《跨国公司行为准则》，这是迄今为止唯一由政府签署并承诺执行的多边、综合性跨国公司行为准则。这些准则虽然对任何国家或公司没有约束力，但要求更加保护利害相关人士和股东的权利，提高透明度，并加强问责制。2000 年该准

则重新修订,更加强调了签署国政府在促进和执行准则方面的责任。

2. 20世纪80年代~90年代——关注环境

20世纪80年代,企业社会责任运动开始在欧美发达国家逐渐兴起,它包括环保、劳工和人权等方面的内容,由此导致消费者的关注点由单一关心产品质量,转向关心产品质量、环境、职业健康和劳动保障等多个方面。一些涉及绿色和平、环保、社会责任和人权等的非政府组织以及舆论也不断呼吁,要求社会责任与贸易挂钩。迫于日益增大的压力和自身的发展需要,很多欧美跨国公司纷纷制定对社会作出必要承诺的责任守则(包括社会责任),或通过环境、职业健康、社会责任认证应对不同利益团体的需要。

3. 20世纪90年代至今——社会责任运动兴起

20世纪90年代初期,美国劳工及人权组织针对成衣业和制鞋业所发动"反血汗工厂运动"。因利用"血汗工厂"制度生产产品的美国服装制造商Levi-Strauss被新闻媒体曝光后,为挽救其公众形象,制定了第一份公司生产守则。在非政府组织和消费者的压力下,许多知名品牌公司也都相继建立了自己的生产守则,后演变为"企业生产守则运动",又称"企业行动规范运动"或"工厂守则运动",企业生产守则运动的直接目的是促使企业履行自己的社会责任。

但这种跨国公司自己制定的生产守则有着明显的商业目的,而且其实施状况也无法得到社会的监督。在非政府组织的推动下,生产守则运动由跨国公司"自我约束"的"内部生产守则"逐步转变为"社会约束"的"外部生产守则"。

到2000年,全球共有246个生产守则,其中除118个是由跨国公司自己制定的外,其余皆是由商贸协会或多边组织或国际机构制定的所谓"社会约束"的生产守则。这些生产守则主要分布于美国、英国、澳大利亚、加拿大、德国等。

2000年7月,《全球契约》论坛第一次高级别会议召开,参加会议的50多家著名跨国公司的代表承诺,在建立全球化市场的同时,要以《全球契约》为框架,改善工人工作环境、提高环保水平。《全球契约》行动计划已经包括中国在内的30多个国家的代表、200多家著名大公司参与。

2001年2月,全球工人社会联盟公布了一份长达106页的由耐克公司资助完成的报告。报告的内容是关于印尼9家耐克合约工厂的劳工调查。这份报告的新意在于它是由耐克出钱完成并公布的,而耐克又不能拒绝公布。耐克对这些问题的反应将会为服装公司设立新的基准提供依据。

2002年2月,在纽约召开世界经济峰会上,三十六位首席执行官呼吁公司履行其社会责任,其理论根据是,公司社会责任"并非多此一举",而是核心业务运作至关重要的一部分。

2002年,联合国正式推出《联合国全球协约》(UN Global Compact)。协约共有九条原则,联合国恳请公司对待其员工和供货商时都要尊重其规定的九条原则。

2003年,布什政府制定了旨在加强企业社会责任感的政策计划,美国参议院设立了新的会计准则委员会,专门对那些不履行社会责任的企业进行严厉制裁,有些州还修订了公司法,把履行社会责任作为其中的重要内容,如宾夕法尼亚州立法授权企业的董事在考虑企业的最佳利益时,顾及股东以外的其他人的利益。

2004年,中国企业联合会可持续发展工商委员会成立,成立后的工商委员会着力关注以下几个方面的工作:第一,在企业层面推动国家制定的可持续发展战略的实施。通过中外企业的典型示范,将使更多的企业积极参与到可持续发展工作当中,配合政府自觉地履行可持续发展义务,制定行动计划,并带动越来越多的企业为可持续发展事业做贡献;第二,建立中外企业在可持续发展问题方面的交流与合作平台,共同探讨当今重大的全球性问题,制定共同的或协同的活动计划和实施步骤,从管理和技术层面推动企业的可持续发展工作,为扩大中外企业的各方面交流与合作奠定基础;第三,组织中国企业更多地参与可持续发展方面的国际活动,与世界可持续发展工商委员会共同向联合国及其他国际组织提出可持续发展战略的建议，配合中国政府加强中国在国际领域的对话，提高中国企业可持续发展方面的国际影响力，为加快中国的改革开放步伐服务，使更多的中国企业走向国际舞台，并在国际竞争中发展壮大。

在企业社会责任蓬勃兴起的同时，一些国家和地区的公共组织也积极投身于这一运动，许多国家出现了专门推动企业社会责任的组织，如中国企业联合会全球契约推进办公室、美国社会责任商会、日本的良好企业公民委员会、加拿大社会责任商会、英国的道德贸易促进委员会等。这些组织的宗旨大同小异，通常是追求以尊重道德、人类、社会和环境的方式获得商业成功。

三、SA 8000

（一）SA 8000 的产生背景和发展

制定 SA 8000 标准的想法源自瑞士通用公证行国际认证部（SGS Yarsley ICS）和国际商业机构社会审核部主管人之间的一次谈话。双方共同认为：企业社会责任在全球范围内正在不断扩展，有必要对社会责任进行审核，在工商界也应确立与公众相同的价值观和道德准则，为此，需要制定社会道德责任标准或规范，并开展审核活动。

1996 年 6 月欧美的商业组织及相关组织召开了制定规范的初次会议。该会议在商业（包括大西洋两岸的领先的商业公司）和非政府组织中引起了强烈反响。商界和非政府组织对新标准规范的制定极为关注。会议拟订了制定新标准的备忘录。基地设在纽约的美国非政府组织——经济优先领域理事会（CEP）积极参加了制定新标准的最初几次会议，并被指定为维护新标准的组织。随后 CEP 设立了标准和认可咨询委员会（CEPAA），任务是跟踪、监督、审查新标准制定的进展情况。美国等国家的很多公司对应用新标准反应非常积极。在纽约召开的第一次会议上产生了该标准的草案。

1997 年，总部设在美国的"社会责任国际"发起并联合欧美跨国公司和其他国际组织，制定了 SA 8000 社会责任国际标准，建立了 SA 8000 社会责任标准认证制，2001 年 12 月，"社会责任国际"又发布了 SA 8000 标准的 2001 年修订版。SA 8000 标准作为全球第一个可用于第三方认证的社会责任管理体系标准，任何企业或组织可以通过 SA 8000 认证，向客户、消费者和公众展示其良好的社会责任表现和承诺。专家们希望，SA 8000 能成为继 ISO 9000、ISO 14000 之后的又一个重要的国际性标准。

有远见的企业家应未雨绸缪，及早检查本组织是否履行了公认的社会责任，在组织运行过程中是否有违背社会公德的行为，是否切实保障了职工的正当权益，以把握先机，迎接新一轮的世界性的挑战。组织年度报告和公司宣传册中关于道德责任的陈述逐年增多，这一现象表明，管理与社会责任相结合的需求日益增大。尽管许多组织在运营中行为可能比较道德，但却无从评判。而今天，组织行为是否符合社会公德可以根据该组织与 SA 8000 要求的符合性予以确认和声明。

SA 8000 是世界上第一个用于第三方认证的社会责任标准。SA 8000 认证是依据该标准的要求审查、评价组织是否与保护员工基本权益的要求相符，在全球所有的工商领域均可应用和实施 SA 8000。

（二）SA 8000 的主要内容

1. 童工

没有 15 岁以下的工人；在国际劳工组织公约 138 个发展中国家中极少国家工作的年龄低于 14 岁；在工作中发现童工会被纠正。

2. 强迫劳动

公司不得使用或支持使用强迫性劳动，也不得要求员工在受雇起始时交纳"押金"或寄存身份证件。

3. 健康和安全

提供安全和健康的工作环境；采取措施防止伤害；经常对工人进行健康和安全训练；对健康

和安全造成威胁的人或事的检测制度化,有权使用浴室和饮用水。

4. 结社自由和集体谈判的权利

尊重加入工会和集体谈判的权利形式;在法律明令禁止结社自由和集体谈判权的地方,要给予工人一定的便利,方便工人们以相应的其他方式进行联系和议价。

5. 歧视

没有基于种族,等级制度,出身,宗教,伤残与否,性别,同性恋与否,加入工会或加入某政治团体与否或年龄的歧视差别,无性骚扰。

6. 纪律

无体罚,在精神上身体上不能对工人施以强制,不能辱骂工人。

7. 工作时间

除了遵守适用法律,每周工作时间不多于48小时,每七天一个周期至少有一天休息,自愿加班要付给较高的加班工资而且每周在规定时间的基础上不得超过12个小时,作为集体谈判协定的一部分可以规定加班。

8. 工资报酬

每个标准工作周支付的工资必须满足法律和行业标准,还要充分满足工人和他们的家庭必需的生活所需,没有惩戒性的扣除。

9. 管理系统

在力争获得和保持合格认证的同时,不仅仅需要把标准整合到经营管理和具体的管理实践中去,而且要在此基础上更进一步。

(三) SA 8000 的认证流程

同 ISO 9000 质量体系、ISO 14000 环境体系及 OHSAS 18000 安全体系认证一样,SA 8000 社会责任管理体系认证过程大致包括以下几个步骤。

1. 公司提交申请书

当公司完成准备工作,基本具备认证条件时,可向认证机构递交申请书,也可提前提交申请,在认证机构的指导下进行准备。

2. 评审和受理

认证机构对公司递交的申请书进行评审,审核其内容是否符合认证的基本条件,如符合则受理,不符合则通知公司不予以受理。

3. 初访

社会责任管理体系十分注重现场表现,审核前对被审核方的访问是必要的。初访的目的是确定审核范围,了解公司现状,收集有关资料和确定审核工作量。

4. 签订合同

认证机构和委托方可就审核范围、审核准则、审核报告内容、审核时间、审核工作量签订合同,确定正式合作关系,缴纳申请费。

5. 提交文件

合同签订后,被审核方应向认证机构提供社会责任管理手册、程序文件及相关背景材料,供认证机构进行文件预审。

6. 组成审核组

在签订合同后,认证机构应指定审核组长,组成审核组,开始准备工作。

7. 文件预审

由审核组长组织审核组成员进行文件预审,如果社会责任管理文件存有重大问题,则通知被审核方或委托方,由被审核方进行修改并重新递交文件。如文件无重大问题,则开始准备正式审核。

8. 审核准备

审核组长组织审核组成员制定审核计划,确定审核范围和日程,编制现场审核检查表。

9. 预审

委托方认为有必要,可以要求认证机构在正式认证审核前进行预审,以便及时采取纠正措施,确保正式审核一次通过。

10. 认证审核

由认证机构按审核计划对被审核方进行认证审核。

11. 提交审核报告和结论

根据审核结果可能有三种结论,即推荐注册、推迟注册及暂缓注册。

12. 技术委员会审定

对审核组推荐注册的公司,认证机构技术委员会审定是否批准注册,如未获批准则需重新审核。

13. 批准注册

认证机构对审定通过的公司批准注册。

14. 颁发认证证书

认证机构向已批准注册的公司颁发 SA 8000 认证证书。

15. 获证公司公告

认证机构将获证公司向 SAI 备案,由 SAI 在其网站公布。

16. 监督审核

认证机构对获证公司进行监督审核,监督审核每半年一次,认证证书有效期为三年,三年后需进行复评。

四、企业社会责任管理体系

(一)企业社会责任管理体系的概念

企业社会责任管理体系是指确保企业履行相应社会责任,实现良性发展的相关制度安排与组织建设,建立企业社会责任管理体系是一项涉及企业的远景与使命、企业文化和企业发展战略,事关企业长远发展的重大任务。

(二)企业社会责任管理体系的内容

1. 企业社会责任组织管理体系

企业社会责任组织管理体系,是指为服务和促进企业全方位履行社会责任而建立的组织机构与运行程序,其组织结构通常包括组织机构、人员的职责、权限和相互关系的安排。

2. 企业社会责任日常管理体系

企业社会责任日常管理体系,是指把履行社会责任的要求融入企业运营全过程和日常管理,完善公司各部门、各单位、各岗位的工作职责、管理要求与行为守则。其职能管理支持体系包括人力资源管理、财务资源管理、科技资源管理、信息资源管理、企业文化建设和风险控制体系等。企业社会责任日常管理体系是对企业现有的日常管理体系的改进、丰富和完善。企业各部门、各单位、各岗位的日常管理要全面落实履行社会责任的要求,在制度、资源和人员上保障企业运营满足安全、高效、绿色、和谐的要求,确保企业全面、全过程履行社会责任,将企业利益相关方的期望和需求的满足融入企业的日常管理和运营工作中。

3. 企业社会责任指标体系

企业社会责任的指标体系,是指通过一系列指标来对企业履行社会责任的过程和结果目标进行分解和细化,用以反映和评价组织与员工实现目标的过程与效果。它是企业社会责任管理体系的重要组成部分,是由相互联系、相互独立、相互补充的一些社会责任指标所组成,主要是用于推进企业社会责任管理,加强与利益相关方的沟通,对企业社会责任的绩效来进行评价而提供的一套完善、系统的工具和标准。企业社会责任的指标体系可以依据不同维度而构建,比如,按照利益相关方维度,将企业社会责任指标划分为投资者责任、客户责任、员工责任、商业伙伴责任等;按照责任内容维度,将企业社会责任指标划分为经济、社会、环境、法律、慈善等责任。对于某一具体企业而言，企业社会责任指标维度的选择并没有统一的要求，应该根据企业建立社会责任指标的目标予以确定，同时还要考虑与企业管理信息系统、统计体系等已有管理体系的兼容和匹配。

4. 企业社会责任业绩考核体系

企业社会责任业绩考核，是指对公司整体、各部门、各单位以及员工个人履行社会责任的行为和结果符合职责要求和考核目标的程度进行具体评价与奖惩安排，旨在建立促进公司履行社会责任的激励与约束机制，由公司社会责任业绩考核制度和业绩考核程序等组成，是公司业绩考核体系和全员绩效管理的重要组成部分。其中，建立企业社会责任业绩考核制度，是公司全面履行社会责任的机制保障。企业没有建立一个有效的社会责任业绩考核体系，企业履行社会责任的效果就难以衡量，企业也难以有进一步履行社会责任的目标和方向，企业履行社会责任也难以持续。企业应坚持效果导向，循序渐进，持续改进，完善企业社会责任考核内容、标准与方法，不断提升企业社会责任管理能力。

5. 企业社会责任信息披露体系

企业社会责任信息披露体系是指建立企业社会责任信息披露的程序，健全企业社会责任信息披露的渠道，向利益相关方提供必要的信息，并且接受利益相关方监督和管理的运作体系。通过建立多层次、多角度、多渠道的信息披露渠道，向利益相关方完整、准确、及时地提供企业在履行社会责任方面的信息，有助于各方形成共识，赢得信任，建设和谐的与利益相关方的关系。

企业社会责任的信息披露包括两种形式：一是定期全面披露形式，即企业社会责任报告。在企业社会责任报告披露过程中，要把企业社会责任内部学习培训、外部对话，包括议题讨论，企业社会责任的优化方案贯穿在整个企业社会责任报告的编制和发布过程之中，将企业社会责任报告机制建设为学习机制、对话机制和改进机制。二是临时披露形式，即企业社会责任危机处理。危机处理是指企业在履行社会责任的过程当中，由于各种不确定的因素，特别是企业跟利益相关方之间引发了某种冲突而造成对企业声誉的潜在威胁或者说是一种实际的危害时，企业采取的信息披露形式。主要包括预警阶段、应对阶段、善后阶段的几个阶段的信息披露工作。

6. 企业社会责任能力建设体系

企业社会责任能力，是指企业实现履行社会责任的目标或职责所具有的知识、技能和意愿。每个员工在自己的岗位上明确自己对社会责任管理应尽的义务和应承担的责任，并积极地做好它，整个组织管理体系方可有效运行，这就需要在明确职责的基础上不断提高员工的社会责任整体能力。

值得一提的是，建立一个好的职责体系通常应考虑四个重要因素：第一，应建立职工社会责任培训体系，将社会责任因素融入所有员工的职责中；第二，建立职责结构定位图，使职员对整个职责系统有一个基本的了解；第三，对职责范围、工作程序、行为指标进行详细描述；第四，还应向承担职责的员工提供必要的权力和保证条件。

第二节　管理伦理

一、管理伦理的概述

（一）管理伦理问题的提出

管理伦理的诞生并不是理论界或企业界自觉的产物，而是管理界出现了一系列的伦理问题。

20世纪50年代末60年代初，西方企业界出现了一系列的管理丑闻，引起了企业界和社会公众的极为不满。管理丑闻大多涉及伦理道德，所以被称为管理伦理问题。这些管理伦理问题突出表现在以下四个方面：第一，行贿受贿。如1975年美国公布的洛克希德公司猖狂的境外行贿中，金额竟达2.5亿美元，受贿人员有荷兰女王朱丽安娜的丈夫伯恩哈特亲王、日本首相田中角荣及其政府官员；第二，弄虚作假。有的公司为了达到融资目的，在上市股票的报表中虚报或瞒报；有的企业为了获取利益，做虚假广告，欺骗客户等；第三，价格垄断。石油输出国组织（OPEC）下的国际七大跨国石油公司（被称作"七姐妹"）合谋限制石油产量，人为造成石油供不应求，从而抬高油价；第四，环境污染。由于工业废气的排放使得伦敦上空浓雾积年不散，并且产生硫酸泡沫，致使在那里生活的人呼吸道系统发病率非常高，仅1952年12月5日至8日的4天时间内，因呼吸硫酸泡沫死亡的人数达4000多。对于管理伦理问题，学术界的学者反应尤为强烈，他们积极进行企业调查，讨论企业究竟应该遵循什么样的道德问题，并呼吁建立一种企业伦理行为学科，规范企业行为。

（二）管理伦理的概念

所谓管理伦理是指在管理活动中形成的各种伦理关系以及协调处理这些关系的伦理道德原则规范和行为活动的总和。其本质在于管理伦理的作用与管理实践有机结合起来，以伦理推动管理合乎伦理地发展。管理伦理的定义包含以下3个方面的意思。

(1) 管理伦理是调节管理活动中的伦理关系的原则和规范。人类的管理活动中会形成各种各样的管理关系。如经济管理关系、政治管理关系和社会意识管理关系等。管理伦理作为一种价值观，作用于各种管理关系之中，形成一种原则和规范，从而影响管理活动。这种原则和规范是通过善与恶、公正与偏私、正当与不正当、应该与不应该等范畴表现出来的。

(2) 管理伦理借助于制度、社会舆论、道德榜样、管理主体和作为管理客体的人的内心信念等手段得以实现。管理伦理相对于管理规范而言调节管理活动和管理关系方式是柔性的，它不是借助强制手段来为自己开辟道路，而主要依靠道德榜样和管理主体及作为管理客体的人的内心信念得以实现的。人们对此往往是真心诚意地接受，并转化为人的情感、意志和信念，内化为人的管理良心和荣誉等观念，使其对管理活动和管理关系产生影响。

(3) 管理伦理是一般社会伦理在管理活动中的特殊反映。从本质上讲，管理伦理与一般的社会伦理一样，属于道德范畴和行为意识范畴的交叉。但管理伦理又不是一般社会伦理在管理活动中的简单一致或推广，管理伦理是以特殊的方式和特殊的内容来反映社会道德的一般原则的。管理伦理与一般社会伦理是个别与一般的关系。管理伦理的形成主要依据一定的管理活动过程，它反映着管理活动中人与人之间的利益关系和协调要求，受制于管理活动的内在一般规律，因而被深深地打上了管理的烙印，具有不同于一般社会道德的特殊性。

（三）管理伦理的特征

1. 管理伦理视遵守伦理规范是组织的一项责任

遵守伦理规范会带来利益或不遵守伦理规范会带来损失的情况时，当然会选择遵守伦理规范。在遵守伦理规范会带来损失或不遵守伦理规范会带来利益的情况下，仍然会选择遵守伦理规范，这就是责任。

把遵守伦理规范看成是责任还是手段，是合乎伦理的管理与非伦理管理的本质差异。当然，遵守伦理规范视作责任并不排斥追求正当的利益。事实上，应尽量从事既有较高伦理价值又能带来较高利益的行为，既承担了道德责任又获得了利益。

2. 管理伦理从社会整体角度看问题

对于合乎伦理的管理而言，衡量组织行为的对与错、好与坏，既从组织角度又要从社会整体角度看。为了社会整体的利益，甚至不惜在短期内牺牲组织自身的利益。"道德的发展史表明，道德一开始就是一种调整个人利益与社会集体利益的行为规范。道德原本的用意在于维护社会共同利益的尊严。实际上，道德的崇高和价值就在于它是共同利益的维护者。"

3. 管理伦理注重各相关关系

管理伦理是处理组织活动中存在"人"与"己"关系的规范，其重点在于关系。合乎伦理的管理尊重各利益相关者的利益，善于处理组织与利益相关者的关系，也善于处理管理者与一般员工及一般员工之间的关系。合乎伦理的管理者知道，无论是哪一种关系，对组织的成败都有重大的影响。

4. 管理伦理把人看作目的

管理中对人的认识从"机器人""经济人""社会人""复杂人"到"自我实现人",取得了明显的进步。人是一种最宝贵、最有潜力可挖的资源。如果满足员工的合理需要,关心并尊重他们,就有可能激发其工作热情,提高工作效率。合乎伦理的管理把人看作既是手段,又是目的。

德国著名伦理学家弗里德里希·包尔生说:"所有的技艺根本上都服务于一个共同的目的——人生的完善"。"人生的完善"包括物质和精神两个方面。

康德指出,人应该永远把他人看作目的,而永远不要把他人只看作实现目的的手段。他把"人是目的而不是手段"视为"绝对命令",应无条件地遵守。

尊重人、视人为目的的思想正逐渐进入管理领域。肯尼斯·E. 古佩斯特和小约翰·B. 马瑟斯认为,"尊重人、把人看作目的,而不仅仅是实现目的的手段,是企业社会责任概念的核心"。R. 爱德华·弗里曼和小丹尼尔·R. 吉尔伯特认为,"在许多情况下,顾客服务和质量本身就是目标,利润只是副产品,尽管是重要的副产品……这场卓越革命(指托马斯·J. 彼德斯和小罗伯特·H. 沃特曼《追求卓越》一书所揭示的革命)的基本伦理是对个人的尊重"。

5. 管理伦理超越了法律的要求

法律是所有社会成员必须共同遵守的最起码的行为规范。一个组织如果奉行"只要守法就行了"的原则,就不大可能去积极从事那些"应该的""鼓励的"行为,实际上也就等于放弃了对卓越的追求。哈佛大学的琳·夏普·佩尼说得好:"法律不能激发人们追求卓越,它不是榜样行为的准则,甚至不是良好行为的准则。那些把伦理定义为遵守法律的管理者隐含着用平庸的伦理规范来指导企业"。仅仅遵守法律不大可能激发员工的责任感、使命感,不大可能赢得顾客、供应者、公众的信赖和支持。因而,也就不大可能取得非凡的成就。

相反,合乎伦理的管理虽不把组织自身利益放在第一位,但常常能取得卓越的业绩。美国著名企业默克(Merck)公司创始人的儿子、企业家乔治·W. 默克说过这样一段话:"我们努力记住药品是为人的,而不是为了利润。如果我们记住了这一点,利润也就来了,而且总是会来。我们记得越牢,利润就越大"。詹姆斯·C. 柯林斯和杰里·I. 波拉斯指出:"只有当公司不把利润看得高于一切的时候,才有可能采取具有远见卓识的行动"。R. 爱德华·弗里曼和小丹尼尔·R. 吉尔伯特在谈到惠普、IBM、麦当劳等优秀企业时指出:"这些优秀企业的秘诀在于懂得人的价值观和伦理,懂得如何把它们融合到公司战略中。追求卓越实质上就是追求伦理"。

6. 管理伦理具有自律的特征

道德的约束通常是通过社会舆论和内心信念等手段,唤醒人们的良知和羞耻感、内疚感,从而对其行为进行自我调节。不做某件事,不是因为害怕受到惩罚,而是由于感到那样做是不道德的;做某件事,不是因为能得到奖赏,而是由于那样做是道德的。

7. 管理伦理以组织的价值观为行为导向

组织的价值观不是个人价值观的简单汇总,而是组织所推崇的并为全体(或大多数)成员所认同的价值观。组织的价值观有时可以替代法律来对组织内的某种行为作"对错""应该不应该"的判断。

追求伦理的管理者通常为组织确立起较为崇高的价值观,以此来引导组织及其成员的一切行为。这种价值观一般能够激发起成员去做出不平凡的贡献,从而给组织带来生机和活力。

二、管理伦理的基本原则和主要规范

(一)管理伦理的基本原则

1. 以人为本的原则

所谓以人为本的原则,简称人本原则,是指在管理中突出人的主体地位,实现以人为中心的管理精神和要求。人本原则作为现代管理的基本伦理原则之一,其主要内容包括三个方面:第一,尊重人重视人的价值和尊严。被管理者同管理者一样,有自己作为人的价值人格和权利。尤其是在组织中,被管理者为组织发展做出了重大贡献,创造了重要价值,其付出与获得应该是对等的，权利和义务应该是统一的。第二，尊重人、重视人的需要和利益。这包括三个方面，即促进人的需要的生成、认识人的需要和满足人的需要。第三，把人的全面发展作为管理的根本目标。现代管理学的观点认为：人是最根本价值，也是最深层次的价值，人的发展在价值等级序列中居于最高地位。另外，组织的发展也是以人的发展为前提，它依赖于人的工作积极性、能动性和创造性的提高，而这又是以人的发展为条件和依托的。

2. 义利统一原则

管理伦理作为管理活动中的伦理道德，也涉及利益与道义的关系问题，即义利关系问题。从一定意义上说，一切管理伦理问题都只不过是从不同层次、方面对义利关系的解答。现代管理伦理强调的是义利的统一。作为管理伦理的基本原则，义利统一原则的基本要求有以下几点：第一，义利统一就是要求管理者在追求管理效益时，其行为合乎管理制度、规章和道德要求。第二，义利统一就是要求管理者，在管理活动中要把本组织利益与其他组织利益、社会公共利益结合起来。第三，义利统一就是要求管理者在管理活动中把物质利益的获取与道德精神的追求有机结合起来。总之，义利统一原则是管理伦理的基本原则之一。在现代管理活动中，提倡和弘扬义利统一的伦理价值观具有非常重要的意义。

3. 公平与效率相结合的原则

公平是正义、公正等属类性质的范畴，也是一个含义极为复杂的范畴。它往往表现为一个过程。作为一个过程的公平包括三个方面的内涵：第一，权力平等，即起点公平。管理伦理学中的权力平等，是指组织成员应该拥有平等的获取和享受组织财富的权力，人人都拥有参与管理的机会，就是说被管理者在起点上要一致；第二，规则公正，即过程公平。管理伦理学中的规则公正，主要是指管理标准要统一，管理决策程序要民主；第三，结果均衡，即结果公平。管理伦理学中的结果均衡，主要是指组织的分配要按照贡献进行，建立保障机制，为无法参加平等竞争或分配过程中处于不利地位的弱者提供生活保障。

效率也具有深厚的伦理意蕴。因为效率不仅仅反映物与物或人与物的关系，还反映着人与人的关系。这就涉及对效率实现的目的与手段的道德价值判断的问题。效率的伦理意蕴主要体现在以下两个方面：第一，从效率实现的目的上看，效率是一定资源投入形成的、能满足一定社会需要的产出；第二，从效率的实现手段来看，效率实现的手段是多种多样的，这些不同的手段就存在一个是否合乎伦理的问题。

公平与效率相结合的原则要求管理活动既有效率，又讲公平，要坚持公平与效率的统一。在管理伦理中，坚持公平与效率相结合的原则具有以下重要意义：有利于激发管理者的管理行为；有利于管理对象的合理组合；能为管理创造良好的环境。

（二）管理伦理的主要规范

1. 重视和谐

作为一种道德价值，和谐包括有三个层面的含义：人与自然环境的和谐；人与社会关系的和谐；个人的身与心的关系和谐。和谐是管理伦理的主要规范之一。现代管理应以和谐为伦理要求，已成为许多管理学家的共识。这种和谐主要指的是指人际和谐。

2. 锐意创新

从伦理学上看，创新实质上是主体的自觉能动性的确认和表现，是主体伦理精神或气质的表现。创新是现代管理伦理的重要规范之一。创新也是管理伦理的要求，特别是现代管理的重要规范。创新具有深厚的伦理底蕴主要表现在以下方面：首先，创新表现了主体自强不息、积极进取的人生态度；其次，创新表现了主体孜孜不倦、勤奋刻苦的伦理意识；再次，创新表现了主体批判质疑、勇担风险的道德勇气；最后，创新表现了主体责任担当的道德境界。

3. 坚持民主

从伦理上分析，伦理不仅是一种政治原则，而且是一种伦理要求，属于伦理学的范畴。民主的伦理蕴含集中表现在：它是人本原则的展开和体现。民主是管理伦理的主要规范之一，其含义表现在如下方面：其一，民主意味着管理者要有公正的品性；其二，民主意味着管理者要讲求平等；其三，民主意味着支配管理者思想和行为的出发点是公共理性。

4. 环境保护

保护环境是一种自然道德。是人们同自然界交往过程中应该遵守的行为规范。这种行为规范，实际上是调节人与人的关系、人与集体和社会关系的行为规范在自然方面的延伸。保护环境也是现代管理伦理的主要规范之一。任何管理都是在一定的环境中展开的。环境是组织管理活动的前提和基础，它不仅决定着组织管理的运动方向及方式方法，而且决定着管理效果，只有那些适合环境性质和特点的管理方式方法，才能使组织活动顺利进行；否则就要被环境制约条件所干扰。

三、提高企业管理伦理水平的主要途径

（一）聘用高伦理素质的员工

人们在伦理素质方面的个体差异性，需要组织通过严格的聘用过程来获得高伦理素质的员工。聘用过程通常包括仔细审查申请材料，组织笔试和面试以及试用等阶段。当然仅仅通过"聘用"这一控制措施，是很难把伦理素质低的求职者挡在门槛之外的。所以还应该辅之以其他控制措施。比如考察拟聘用员工以前的表现、运用合同防范伦理风险等。

（二）对员工进行伦理培训

社会心理学研究表明，当人们公开宣扬某一种观点的时候，他们就倾向于在行动上与这种观点保持一致，即使他们以前不信奉这种观点。因此，为了使员工树立组织提倡的伦理观念，有必要对其进行伦理培训。

越来越多的组织意识到对员工进行适当的伦理培训的重要性。许多优秀企业的经验表明，在培训时，首先向员工说明讲伦理是势在必行，讲伦理对组织、社会、员工本身等都能带来好处。然后再进行培训，其效果较好。伦理培训要以伦理守则为依据。在培训时，改革单纯说教、灌输等教育方式，可积极采取生动形象、喜闻乐见、身临其境的一些方式，如参观访问、开设研修班、组织专题讨论会、演讲、辩论、案例分析等，提升员工的伦理素质。

（三）建立伦理守则和决策规则

在一些组织中，员工对"伦理是什么"认识不清，这显然于组织不利。建立伦理守则可以缓解这一问题。伦理守则是表明组织的基本价值观和组织期望员工遵守的伦理规则的正式文件。伦理守则既要相当具体，以便让员工明白以什么样的精神来从事工作、以什么样的态度来对待工作，也要相当宽泛以便让员工有判断的自由。荣事达集团这方面做得很好。表4-1是中国第一部企业自律宣言——荣事达企业自律宣言的部分内容。

表4-1 中国第一部企业自律宣言——荣事达企业自律宣言

全心全意地为顾客和用户服务，做到顾客满意，用户满意。
对竞争对手，强调共存"双赢"，共同发展。
对供应商，以诚相待，愿与供应商结成质量效益命运共同体，共同努力为社会提供优质的产品。
对分销商，热情相待，真心相处，相互协作，共同维护消费者权益。
对国外合作伙伴，坚持相互尊重、平等互利、风险共担、利益共享。
自觉承担社会责任，关心支持社会公益事业，在产品开发、生产经营等环节严格实施环境保护措施，促进社会的可持续发展。
尊重消费者的意愿，维护消费者的利益，向消费者真实地提供产品性能、价格、规格、等级、生产日期、使用寿命、售后服务、服务内容等有关情况，确保消费者的各项权益得以落实。
向消费者提供热情周到的售前、售中、售后服务（包括安装、调试、维修等）。
欢迎消费者的批评和建议，根据消费者的意见不断改进产品和服务。

管理者对伦理守则的态度（是支持还是反对）以及对违反者的处理办法对伦理守则的效果有重要影响。如果管理者认为这些守则很重要，经常宣讲其内容，并当众训斥违反者，那么伦理守则就能为伦理计划提供坚实的基础。

劳拉·纳什（1981）提出了使用正式文件来指导行为的另一种方法。她提出12个问题，见

表 4-2，这些问题作为决策规则，在管理者处理决策中的伦理问题时，可以指导他们。

表 4-2 作为决策规则的 12 个问题

你准确地确定了问题吗？
如果你站在对方的立场上，你将如何确定问题？
这种情形原本是如何发生的？
作为一个人和公司的一员，你忠于什么人和什么事？
在决策时你的意图何在？
这一意图与可能的结果有何差距？
你的决定或行动可能伤害谁？
你能在决策前与有关各方讨论这一问题吗？
你有信心认为你的立场不仅现在看起来正确，即使长期也正确吗？
你能问心无愧地把你的决定或行动透露给你的上司、你的首席执行官、董事会、你的家庭以及整个社会吗？
你的行动在被人理解的情况下有什么可能的后果？在不被人理解的情况下又如何？
在什么情况下你将容忍反对意见？

（四）在伦理方面领导员工

高层管理人员在伦理方面的领导作用主要体现在以下两方面：一是高层管理人员在言行方面是员工的表率，所以他们作为组织的领导者要在伦理方面起模范带头作用。如果高层管理人员把公司资源据为己有、虚报支出项目或优待好友，那么这无疑向员工暗示，这些行为都是可接受的。二是高层管理人员可以通过奖惩机制来影响员工的伦理行为。选择什么人和什么事作为提薪和晋升的对象，会向员工传递强有力的信息。管理者通过不符合伦理的手段让人感到其成果惊人，从而获得晋升，这种行为本身向所有人表明，采取不符合伦理的手段是可接受的。鉴于此，管理人员在发现错误行为时，不仅要严惩当事人，而且要把事实公布于众，让组织中所有人都认清后果。这就传递了这样的信息："做错事要付出代价，行为不符合伦理不是你的利益所在"。

（五）设定工作目标

员工应该有明确和现实的目标。如果目标对员工的要求不切实际，即使目标是明确的，也会产生伦理问题。在不现实的目标的压力下，即使道德素质较高的员工也会感到迷惑，很难在伦理和目标之间作出选择，有时为了达到目标而不得不牺牲伦理。而明确和现实的目标可以减少员工的迷惑，并能激励员工而不是惩罚他们。

（六）对绩效进行全面评价

如果仅以经济成果来衡量绩效，人们为了取得结果，就会不择手段，从而有可能产生不符合伦理的行为。如果组织想让其管理者坚持高的伦理标准，它在评价过程中就必须把伦理方面的要求包括进去。在对管理者的评价中，不仅要考察其决策带来的经济成果，还要考察其决策带来的伦理后果。

（七）进行独立的社会审计

有不符合伦理行为的人都有害怕被抓住的心理，被抓住的可能性越大，产生不符合伦理行为的可能性越小。根据组织的伦理守则来对决策和管理行为进行评价的独立审计，会使不符合伦理行为被发现的可能性大大提高。

审计可以是例行的，如同财务审计；也可以是随机的，并不事先通知。有效的伦理计划应该同时包括这两种形式的审计。审计员应该对公司的董事会负责，并把审计结果直接交给董事会，这样做是为了确保客观、公正。

（八）提供正式的保护机制

正式的保护机制可以使那些面临伦理困境的员工在不用担心受到斥责的情况下自主行事。例如，组织可以任命伦理顾问，当员工面临伦理困境时，可以从这些伦理顾问那里得到指导。伦理顾问首先要成为那些遇到伦理问题的人的诉说对象，倾听他们陈述伦理问题本身、产生这一问题的原因以及自己的解决方法。在各种解决方法变得清晰之后，伦理顾问应该积极引导员工选择正确的方法。另外，组织也可以建立专门的渠道，使员工能放心地举报伦理问题或告发践踏伦理守则的人。

知识拓展

公 益 创 业

　　社会公益创业是最近十多年来应社会需要而产生的新兴事业，是区别于商业创业的事业，并在国外许多国家得到不断发展，公益创业的概念也迅速出现在人们的视野中。

　　一、公益创业的产生

　　"公益创业（Social Entrepreneurship）"一词是由美国人比尔·德雷顿（Bill Drayton）首创。他在1980年成立了一个全球性的非赢利组织阿苏迦（Ashoka：Innovators for the public），该组织致力于在全球范围内推广公益创业，专门物色和培养公益创业人才，为以社会使命为目标的人提供种子基金，使他们有机会能运用自己的创新的想法，对社会产生大规模而持久的改进。主要涉及领域为社会公正、社区发展、环境保护以及满足弱势群体如少数民族、妇女、老人、残疾人和孩子的需求等。阿苏迦的宗旨是激发人们采用并传播他们的创新想法，并向所有的公民表明他们都有潜力成为强大的变革者，使社会产生好的变化。2005年10月25日，比尔·德雷顿被美国新闻与世界报道评为2005年度"美国最杰出的领袖"。

　　公益创业在西方国家的产生主要是因为随着政府减少对经济的干预，投入社会服务的资源急剧减少，数目越来越多的非赢利组织陷入对有限的资源的争夺之中。同时，因为缺乏商业运作和不符合市场规律，许多非赢利性组织无法有规模、有效率地运作，对社会问题解决不力，资助者要求非赢利组织合并或缩小规模的呼声越来越高。在这样的背景下，人们开始怀疑解决各种社会问题是否完全要依靠政府，甚至是非赢利组织，慢慢地开始有赢利企业进入传统上由非赢利企业经营的领域，这时公益创业应运而生，它的前提就是一个自给自足的赢利性组织，在社会的背景下对管理和商业知识加以运用，将经济价值的创造和社会价值的创造结合起来。实践证明，公益创业是解决社会问题的一个行之有效的方式。

　　二、公益创业的概念

　　各国学者对公益创业所下的定义不尽相同，但都有一个共同特点，即公益创业既强调社会价值，同时又兼顾经济效益。总的说来，公益创业有广义和狭义之分。

　　广义的公益创业是指采用创新的方法解决社会主要问题，采用传统的商业手段创造社会价值而非个人价值。它既包括创办非营利组织或者兼顾社会利益的营利组织，也包括一些营利组织充分利用资源解决社会问题，还包括非营利组织支持个体去创立自己的小型公司或者企业等。而狭义的公益创业主要是指非营利组织应用商业机制和市场竞争来营利，或者创办非营利组织。我们一般情况下都是指广义的公益创业。

　　三、中国开展公益创业的目的

　　中国开展公益创业的目的主要有以下三个方面。

　　第一，中国社会面临现在的改革，政府的职能不断调整，将来需要NGO（非政府机构）来承担更多责任。小政府，大社会将是未来趋势。有很多政府想去做，没有办法和没有能力达到的就可以靠NGO、NPO（非营利组织）去完成。

　　第二，中国公益组织的发展相对也比较晚，除了目前的政策支持不够之外，还存在着缺少优秀的管理人员、团队建设民主程度低、缺少优秀项目等问题。社会在不断发展，NGO也将承担更多的责任，社会需要其不断完善和健康发展。

　　第三，随着公民社会建设口号的提出，已经有越来越多的从温饱中走出来的人期望参与公益慈善，去实现个人、组织的社会责任，去满足在其他领域得不到的心灵慰藉。公益，正在逐渐成为一种时尚。同时在另外一方面，需要通过公益来帮助人们树立健全的人格，这不仅仅是和政府提倡的建立和谐社会相吻合,而且也是推动社会进步的需要。

四、推进公益创业

目前要推动公益创业的顺利进行,需要从下列三个方面去考虑。

第一,政府应完善相关法律政策,为企业和公民积极参与公益创业活动提供法律政策保障;同时积极营造有利于公益创业的舆论氛围,激发企业和公民参与公益创业的热情。

第二,高校在实施创业教育中,应把公益创业教育作为一个重要内容来考虑。创业实质是开创新事业的过程,这个过程不仅包括营利性企业的创建,也包括公益性企业的创建。创业教育不仅鼓励学生具有创新精神和开拓精神去参与商业创业活动,更要鼓励他们具有社会责任感和公德心,积极参与社会问题的解决。

第三,企业应该积极通过提供资金资源和组织支持来引导全社会参与公益创业。与其他群体相比,青年学生对公益创业更有热情,因而企业引导青年学生参与公益创业,既有利于推动中国公益创业活动的开展,更能密切企业与青年学生的关系,提升企业在这些未来客户心目中的地位和社会形象。

本章小结

企业社会责任,理论界对其有着不同的阐述,迄今尚无统一的定义。企业的社会责任,大体上包括经济责任、法定的社会责任和道德责任三个层次。

企业社会责任的发展大体上经历三个阶段,即20世纪50年代~70年代的赢利至上、20世纪80年代~90年代的关注环境和20世纪90年代至今的社会责任运动兴起。

1997年,美国的"社会责任国际"发起并联合欧美跨国公司和其他国际组织,制定了SA 8000社会责任国际标准。该标准内容主要包括童工、强迫劳动、健康和安全、结社自由和集体谈判的权利、歧视、纪律、工作时间、工资报酬和管理系统,SA 8000的认证流程包括公司提交申请书、评审和受理、初访、签订合同、提交文件等方面。

企业社会责任管理体系是指确保企业履行相应社会责任,实现良性发展的相关制度安排与组织建设,建立企业社会责任管理体系是一项涉及企业的远景与使命、企业文化和企业发展战略,事关企业长远发展的重大任务。主要包括企业社会责任组织管理体系、企业社会责任日常管理体系、企业社会责任指标体系、企业社会责任业绩考核体系、企业社会责任信息披露体系和企业社会责任能力建设体系。

管理伦理是指在管理活动中形成的各种伦理关系以及协调处理这些关系的伦理道德原则规范和行为活动的总和。管理伦理的基本原则包括以人为本、义利统一和公平与效率相结合。主要规范包括重视和谐、锐意创新、坚持民主和环境保护。

提高企业管理伦理水平的主要途径有聘用高伦理素质的员工、对员工进行伦理培训、建立伦理守则和决策规则、在伦理方面领导员工、设定工作目标、对绩效进行全面评价、进行独立的社会审计和提供正式的保护机制。

案例分析

三鹿集团奶制品污染事件

2008年三鹿集团奶制品污染事件是发生在中国的一起食品安全事故,事故起因是很多食用三鹿集团生产的奶粉的婴儿被发现患有肾结石,随后在其奶粉中被发现化工原料三聚氰胺。

一、事件背景

2000年后,因为中国经济的迅速发展,乳制品市场转变成一个很大市场,且因巨大消费群体,更可划分为高、中、低三个消费层次。为了调节大陆市场供应与需求,除了从海外的日本、新西兰等国进口将近 30 万吨乳制品以应付高中消费层次外，中国绝大多数消费群体，包括婴幼儿，还是以国内自主生产的产品为主。

在此因素下，知名三鹿牌顺势推出以一袋 18 元人民币（约 3 美金），不到进口奶粉价格一半的婴幼儿配方奶粉以应付大规模的奶业市场，之后它成为中国重要且知名婴幼儿奶粉品牌，多年蝉联中国自制乳品市场的首位。不过因为需求甚殷，价格竞争等因素，公司漠视生产流程及质量控管，终于爆发此弊端漏洞。

二、爆发前序

早在 2004 年的阜阳劣质奶粉事故中，公布的不合格奶粉企业和伪劣奶粉中，三鹿奶粉亦在列，但随后证实为疾控中心工作人员失误所致，把三鹿撤出"黑名单"，多个国家机关联合发文，要求各地允许三鹿奶粉正常销售。

不过据新浪从有关方面获得的"三鹿内部邮件"显示"2008 年 3 月以来，三鹿集团先后接到消费者反映：婴幼儿食用三鹿婴幼儿奶粉后，出现尿液变色或尿液中有颗粒现象"。后在法院审判中，公司管理人员证实公司最早接收投诉是在 2007 年年底。

三、揭发受阻

2008 年 5 月 20 日和 21 日，一位网民揭露他在 2007 年 11 月在浙江泰顺县城一家超市里买的三鹿奶粉的质量问题，该奶粉令他女儿小便异常，后来他向三鹿集团交涉未果。为此，该网民以网上发文自力救济，并以"这种奶粉能用来救灾吗?!"为题提出控诉，不过该控诉遭三鹿集团地区经理以价值 2476.8 元的四箱新奶粉为代价，取得该网民的账户密码以请求删除网上有关帖子。事后该网民则表示说，他因为相信了三鹿集团的解释，他买到的是假货，因此同意接受赔偿并删除帖子。

据"三鹿内部邮件"显示：2008 年 8 月 1 日下午 6 时，三鹿取得检测结果：送检的 16 个婴幼儿奶粉样品，15 个样品中检出了三聚氰胺的成分。2008 年 8 月 2 日下午，开始回收市场上的三鹿婴幼儿奶粉。2008 年 8 月 4~9 日，三鹿对送达的原料乳 200 份样品进行了检测，确认"人为向原料乳中掺入三聚氰胺是引入到婴幼儿奶粉中的最主要途径"。

确认因自己集团生产的奶粉导致众多婴儿患有肾结石后，三鹿集团开始进行危机公关工作。三鹿公关公司北京涛澜通略国际广告有限公司被指在 2008 年 8 月 11 日向三鹿集团建议与中国最大的互联网搜索引擎公司百度合作，屏蔽有关新闻的公关解决方案建议，但百度公司针对此种说法声明，表示从未接受这种要求。

四、事件曝光

2008 年 9 月 8 日甘肃岷县 14 名婴儿同时患有肾结石病症，引起外界关注。至 2008 年 9 月 11 日甘肃全省共发现 59 例肾结石患儿，部分患儿已发展为肾功能不全，同时已死亡 1 人，这些婴儿均食用了三鹿 18 元左右价位的奶粉。而且人们发现两个月来，中国多省已相继有类似事件发生。

2008 年 9 月 11 日上午 10 点 40 分，新民网连线三鹿集团传媒部，该部负责人表示，无证据显示这些婴儿是因为吃了三鹿奶粉而致病。据称三鹿集团委托甘肃省质量技术监督局对三鹿奶粉进行了检验，结果显示各项标准符合国家的质量标准。不过事后甘肃省质量技术监督局召开新闻发布会，声明该局从未接受过三鹿集团的委托检验。很快在同一天的晚上，三鹿集团承认经公司自检发现 2008 年 8 月 6 日前出厂的部分批次三鹿婴幼儿奶粉曾受到三聚氰胺的污染，市场上大约有 700 吨，同时发布产品召回声明，不过三鹿亦指出其公司无 18 元价位奶粉。

五、调查惩处

根据《中华人民共和国食品卫生法》和《中华人民共和国产品质量法》，三鹿集团最高将被罚两亿元人民币。新华社报道，三鹿毒奶粉事件事态扩大的主要原因是三鹿集团公司在获悉三鹿奶粉造成婴幼儿患病情况后隐瞒实情、不及时上报所致。2009 年 1 月 22 日，河北省石家庄市中级人民法院一审宣判，三鹿前董事长田文华被判处无期徒刑，三鹿集团高层管理人员王玉良、杭志奇、吴聚生则分别被判处有期徒刑 15 年、8 年及 5 年。三鹿集团作为单位被告，犯了生产、销售伪劣产品罪，被判处罚款人民币 4937 余万元。涉嫌制造和销售含三聚氰胺的奶农张玉军、高俊杰及耿金平三人被判处死刑，薛建忠被判处无期徒刑，张彦军被判处有期徒刑 15 年，耿金珠被判处有期徒刑 8 年，萧玉被判处有期徒刑 5 年。2014 年，72 岁高龄的田文华被改判为有期徒刑 18 年。

讨论题：
1. 你对三鹿集团奶制品污染事件有何看法？
2. 经济利益和社会责任冲突时，企业应该怎么做？

资料来源：http://he.xinhuanet.com/zhuanti/slwtn/，作者略有删改。

复习思考题

1. 结合实际谈谈你对企业社会责任内涵的认识。
2. SA 8000 的主要内容包括哪些？它的实施对中国企业管理有何影响？
3. 什么是企业社会责任管理体系？它主要包括哪些内容？
4. 结合实际谈谈你对管理伦理的认识。
5. 什么是管理伦理？它有哪些特征？
6. 组织可以采取哪些办法来提高管理伦理水平？
7. 简述管理伦理的基本原则和主要规范。

第五章　创业管理基础

本章学习目的

- 理解创业的含义和类型
- 了解创业者的特质和能力
- 理解创业机会的概念和分类
- 掌握创业机会识别的常见方法
- 了解创业机会价值评价的基本框架和方法
- 了解创业融资的渠道和过程
- 理解互联网创业的概念和特点
- 掌握促进互联网创业的对策

导入案例 ▶▶▶

皇朝漆从网络中发掘商机

皇朝漆老板何伟，一个偶然的机会，在阿里巴巴网与慧聪网上都发布了产品信息。突然有一天，有人打电话询问皇朝漆的相关事宜，并说在阿里巴巴网看到了皇朝漆，但不全面，希望能深入了解。何伟脑子灵光一闪：既然有人能在网络发现自己，那么为什么不充分展现呢？商业如同战场，在战场上充分暴露自己就会引来密集的子弹，在商场上充分展示自我，就会让更多的人认识自己。于是，他注册了"皇朝帝国"，公司其他的所有员工，分别注册了"皇朝至尊""皇朝水晶"等很多笔名，开始进行网络推广，同时加入了诚信通，将阿里巴巴网一个大型的"免费平台"当做了推广品牌的第一战场。随着一篇篇货真价实的好文章渐渐在网络上传播，结识了生意上的伙伴，提升了公司的知名度，财富迅速增加，2007年皇朝漆的财富值单税收就排了阿里巴巴网的第三。

资料来源：胡桂兰，毛翠云．决胜网络——创业管理案例［M］．
镇江：江苏大学出版社，2008，作者略作删改。

创业活动由来已久，自有人类之时，创业活动就开始了。但对创业管理的系统研究只是最近几十年的事情，在中国则是近10年的事情。创业管理与一般的组织管理既有联系也有区别。本章将讨论创业管理的一些基本概念、创业管理的进展、创业机会的识别、开发利用和价值创造。以期对创业管理有一个较系统的基本认识。

第一节　创业管理概述

一、创业的概念和意义

（一）创业的概念

从美国百森商学院率先开展创业研究开始，尽管经过了近30年的发展，创业的概念至今为止还没有形成统一的认识。纵观创业学术研究史，不难发现创业充斥到社会的各个领域，对创业的定义也是多样化的。以蒂蒙斯（Jeffry A. Timmons）为代表的百森商学院派认为，创业是一种思考、推理和行为方式，它为机会所驱动，需要在方法上全盘考虑并拥有和谐的领导能力。以斯蒂文森（Howard H. Stevenson）为代表的哈佛商学院派认为，创业是不拘于当前资源条件的限制而探寻机会，将不同的资源组合以利用和开发机会并创造价值的过程。前者强调机会对于创业的重要性，同时又强调创业不是一时的冲动，而是一种理性的行为，而且需要掌握正确的方法和拥有较强的能力才能抓住机会、实现创业。后者也强调机会对于创业的重要性，并且认为不要等所谓的资源条件成熟了再去追寻机会，而是要积极地发掘机会，一旦有了机会，就要充分利用它实现价值创造。

综合而言，创业是创业者积极地发掘机会，运用资源充分利用机会并实现价值创造的过程。

（二）创业的意义

1. 创业是国家发展战略的需要

就业是民生之本，创业是富民之源。李克强总理在2015年政府工作报告中指出：打造大众创业、万众创新和增加公共产品、公共服务成为推动中国经济发展调速不减势、量增质更优，实现中国经济提质增效升级"双引擎"。

人是创业创新最关键的因素，创业创新关键是要发挥千千万万中国人的智慧，把人的积极性更加充分地调动起来。必须充分尊重人才、保障人才权益、最大限度激发人的创造活力，吸引和激励更多人投身创新创业，让人们在创业创新中不仅创造物质财富，而且也实现精神追求和人生价值。

2. 创业是经济增长的推动力

无论是在发达国家，还是发展中国家，创业成为一个国家经济发展中最具活力的部分，是经济发展的原动力。在西方发达国家，新一代的创业者创造了全新成长型企业，对经济产生了巨大的影响。在过去的30年里，美国出现了创业革命，高新技术与创业精神相结合是美国保持世界经济"火车头"地位的"秘密武器"。在20世纪70年代，美国每年只有5000万至1亿美元的风险资本投资，如今这个数字大幅度地增长，2017年，美国的风险投资总额达到了840亿美元。当今美国95%以上的财富是在1980年后创造出来的。创业对经济增长的促进作用也推动了政府创业政策的改变。

3. 创业是促进就业的必然要求

创业是就业的基础和前提，就业离不开创业。任何一个社会，其创业者越多，其生产要素组合就越丰富、活跃，就业也就越容易。美国著名管理学家彼得·德鲁克在研究美国经济与就业关系时发现，创业型就业是美国经济发展的主要动力之一，也是美国就业政策成功的核心。在《创新与创业精神》一书中，德鲁克开宗明义，分析了1965~1985年间美国的就业结构，发现美国年龄16~65岁间的人口从1.29亿增加到1.8亿多，增长了38%，同期就业人数从7100万增加到1.06亿，增加了约50%。德鲁克指出，所有这些就业岗位，基本上都是由中小企业所提供，而这些企业中的大部分是新创立的企业，创业至今还不足20年，而这还没有包括传统雇用机构常设性工作的减少——至少有500万个。

中国个体私营经济持续快速健康发展，创造了大量就业岗位。根据国家工商总局的相关统计数据，截至2017年8月月底，全国实有个体工商户6267万户，资金数额5.1万亿元，平均每户个体工商户可带动2.9人来就业。各级政府把鼓励个体私营经济发展与引导创业带动就业结合起来，以停止征收"两费"为契机，加大宣传引导力度，鼓励、引导下岗失业人员、复员退伍军人、高校毕业生、残疾人、返乡农民工自主创业。

4. 创业是富民的需要

古往今来，创业不仅是个人的成功之道，是家庭的致富之源，更是一个国家和地区加快发展、实现崛起的必由之路。要全面建设小康社会，实现富民强国，跨越发展，后发先至的目标，关键是要加快发展，着力提高国家经济综合实力和城乡居民收入水平，让人民群众过上幸福生活。要加快发展，实现富民强国，需要顶天立地，更需要铺天盖地，也就是说，需要新上大项目大企业，更需要致富千家万户的各种经济增长点，需要广大群众、全社会行动起来，投身于创办实业、创造财富的伟大实践之中，形成人人参与创业、个个谋做实事的发展局面。需要更加有效地开展招商引资、聚合外来发展要素，也需要挖掘内部潜在优势，激发蕴藏在人民群众之中的内在发展能量。发达地区经济起飞的实践证明，只有全民创业，才能激发各类生产要素的活力；只有全民创业，才能带来全民富裕。民富的关键措施在于全民创业。

二、创业的类型

（一）生存型创业和机会型创业

按照对机会追逐的程度，可将创业分为生存型和机会型两类。一般来说，机会型创业者出于个人抓住现有机会的强烈愿望，创业来自更好的机会选择。而生存型创业者把创业作为其不得不做出的选择，因为所有的其他选择不是没有就是不满意，创业者必须依靠创业为自己的生存与发展谋求出路。根据全球创业观察报告，全球的创业活动以机会型创业为主，占三分之二，生存型创业为辅，占三分之一。

（二）复制型创业、模仿型创业、演进型创业和创新型创业

按照创意来源，可将创业分为复制型创业、模仿型创业、演进型创业和创新型创业四类。

1. 复制型创业

复制型创业模式是复制创业者熟悉或工作过的某公司经营模式。创业者或团队通过发现自身的技能适合于开发创业机会，并已基本掌握了原公司的经营模式，同时相信自身的经营模式不比原公司差的情况下会从事复制型创业，复制型创业的风险小、成功概率高。但这类创业的创新贡献太低，缺乏创业精神。

2. 模仿型创业

模仿型创业模式是创业者或团队模仿已取得创业成功的企业，通过了解打算模仿企业的经营模式、专业技术，发现潜在市场和创业机会而进行创业。模仿型创业与复制型创业不同之处在于，创业过程对于创业者而言还是具有很大的冒险成分。这种创业者如果具有适合的创业人格特质，经由有系统的创业管理培训，掌握正确的市场进入时机，还是有很大机会可以获得成功的。但是，由于创业者或团队缺乏相关经验，存在较多的不确定性，创业风险较大，学习成本高，往往不能创造新的市场价值。

3. 演进型创业

演进型创业模式是以创业者或团队拥有的专业特长或已有技术成果为核心竞争力进行的创业活动。由于具备某一专业（技术）特长，或研制成功一项新产品、新工艺，同时发现潜在市场或利润空间，由此希望将拥有的专长或技术发明发展成新创企业，并成功推向市场。演进型创业虽然为市场创造了新的价值，但对创业者而言，本身并没有遭遇太大的改变，做的也都是比较熟悉的工作。这种创业类型强调的是创业精神的实现，也就是创新的活动，而不是新组织的创造。

4. 创新型创业

创新型创业模式是根据一些创新构想所进行的创业活动模式。创新型创业模式需要具有独特的个性特征和旺盛的创业欲望，创业者或团队要善于洞察创业机会并敢于冒险。创新型创业除了对创业者本身的转变大、不确定性因素高以外，对新事业的产品创新而言，也将面临很高的市场不确定风险。创新型创业是一种难度很高的创业类型，有很高的失败率，但成功所得的报酬也很惊人。

（三）个体创业和公司创业

按照创业活动的主体差异，可将创业分为个体创业和公司创业。个体创业主要指与原有组织实体不相关的个体或团队的创业行为，而公司创业主要指被已有组织发起的组织的创造、更新与创新活动。虽然公司创业与个人创业的核心都是创新与冒险，但是，两者存在着明显的区别，如表5-1所示。

表 5-1 公司创业与个体创业的区别

创业类别	公司创业	个体创业
范围	在已有的组织环境下的创新,要考虑组织的物质、人力资源以及其他的约束条件	通常并无此限制
获得的支持	可以从现有组织的制度、管理、资源等诸多方面汲取养分	一般能得到的最多是风险资本的投资
风险	在公司内部有限范围内的激进式变革,哪怕失败,也不会影响整个组织的生存	风险大
规划	更关注如何将短期与长期利益协调发展,并制定详细的计划、预算、规划	以追求短期利益为主,以抓住时机为手段,避免制定详细的计划
障碍	最大挑战来自于官僚组织体制和既定的企业文化	可能来自于资金的短缺和管理层面、操作层面的技巧

三、创业者

(一)创业者的内涵

创业的主体是创业者(entrepreneur),对创业者的关注很早以前就开始了。创业者一词源于 16 世纪法语的"entreprendre",当时主要是指领导军事远征所需要承担风险的人。18 世纪初,法国人又将该词用于从事探险活动的人。一般认为,企业家概念最早是由法国经济学家理查德·埃蒂隆(Richard Cantillon),在其 1755 年的著作《商业概论》中提出的,他分析了经济发展过程中企业家的角色。但在很长一段时期,源于亚当·斯密的古典经济理论在经济科学中占据着主导地位,这种理论并不强调经济体系中的企业家功能。直至 20 世纪初,人类步入工业社会,熊彼特的理论才大放光彩,他在历史上第一次明确了创业者就是通过创新和提前行动制造变化与不均衡的人。

随着社会和经济的发展,创业者的内涵和外延都在不断扩大。在当前,国内外学者将创业者的定义分为狭义和广义两种。狭义的创业者是指参与创业活动的核心人员。该定义避免采用领导者或组织者的概念。因为在当今的创业活动中,技术的含量越来越大,离开了核心的技术专家,很多创业都无法进行,核心的技术专家理应成为创业者。事实上,很多创业活动最早都是由拥有某项特定成果的技术专家发起的。广义的创业者是指参与创业活动的全部人员。在创业过程中,狭义的创业者将比广义的创业者承担更多的风险,也会获得更多的收益。

(二)创业者的特质与能力

1. 创业者心理特质

(1)强烈欲望。"欲",实际就是一种生活目标,一种人生理想。创业者的欲望与普通人欲望的不同之处在于,他们的欲望往往超出他们的现实,往往需要打破他们现在的立足点,打破眼前的樊笼,才能够实现。所以,创业者的欲望往往伴随着行动力和牺牲精神。这不是普通人能够做得到的。因为想得到,而凭自己现在的身份、地位、财富得不到,所以要去创业,要靠创业改变身份,提高地位,积累财富,这构成了许多创业者的人生"三部曲"。因为欲望,而不甘心,而创业,而行动,而成功,这是大多数白手起家的创业者走过的共同道路。我们套用一句伟人的话:"欲望是创业的最大推动力。"这种强烈欲望,能比较好地解释创业者为什么舍弃安定的工作,不辞辛苦去创建自己企业的原因,也解释了许多亿万富翁,诸如比尔·盖茨、迈克尔·戴尔等人为什么有了财务保障后还在不断创业的原因。

(2)敢于冒险。虽然对于创业者而言,具有创业欲望很重要,但理解并敢于承担创业风险也很重要。很多创业者在创业的道路上,都有过"惊险一跳"的经历。这一跳成功了,功成名就,白日飞升;要是跳不成,就只好凤凰涅了。放眼看世界,当今的商人,他们可以没有很高的学历,也可以没有专业的技术,但不能没有"大胆"。在创业过程中,很多创业活动和环境变化是自己以前没有经历过或者没有完全经历过的,风险是不可避免的。冒险精神是创业家精神的一个重要组成部分,但创业者并非赌徒,他们是有计划地冒风险,在决定冒风险时,创业者会认真地估算风险的大小，并且尽一切可能让各种事件朝着有利的方向发展。只有敢于承担风险，创业者才能大胆创新，实现自己的创业梦想。

（3）机会导向。创业者关注的是机会而不是资源、结构或战略，成功的创业者都会为商机而殚精竭虑，因为他们总是在区分自己所产生的各种想法的价值。他们了解和熟悉行业、客户和面临的竞争，并在这种机会导向下抓住商机。创业者一般都是从一个机会起步，并通过对机会的理解指导企业的发展。而且，创业者往往以比较现实的目标为导向，从而帮助他们认清自己的行为，同时也适当地具有判别业绩优劣的能力。

（4）坚忍不拔。对一般人来说，忍耐是一种美德，对创业者来说，忍耐却是必须具备的品格。老话说"吃得菜根，百事可做"。一个成功的创业者必须要有坚忍不拔的心理特质，因为创业者总会面临很多不确定性和变化无常产生的模糊性，这种不确定性会存在于创业过程的每个环节，是不可避免的，创业者必须具备克服困难、挫折的心理和能力，坚忍不拔是创业者快速成长不可或缺的一个重要的组成部分。

（5）诚实可信。俗话说"诚信招财"，对于创业者而言，诚实可靠是保证个人成功和良好商业关系的一种黏合剂，并可以使这种关系弥久常新。创业者的利益相关者（投资者、合伙人、顾客及债权人等）非常在意创业者这方面的历史记录，尤其是风险投资者几乎不可能向出现诚信问题的创业者投资。诚实可信还有助于建立和维持商业信任与信用的关系，而这对新创企业的创业者来说非常关键。

2. 创业者个人技能

（1）执行智能。这是指将思想、创意和想象力转化为行动与可测量结果的能力。正如亚马逊网站的创始人杰夫·贝索斯所说："创意很容易，难的是执行"。一位失败的创业者在谈到自己最深刻的教训时说，"我的兴趣总是在于'新事物'，没能关注细节，我对日常事务正常运转缺乏兴趣的结果就是，我们从来没能获得应该得到的回报。"

（2）平衡领导。优秀的创业者应该具备将混乱、含糊和不确定的事物清晰化的技能，能够合理定义各层级人员应该具有什么责任和权力，另外，他们还能够以恰当的方式激励大家完成企业目标，而不仅仅是顾及各自部门的利益。创业者的领导不应被其他团队成员看成是扩张或保护个人利益的特权，而应被看作是一项要真正明确角色、任务和责任的行动。

（3）营销技巧。对创业者来说，行之有效的营销非常关键。新创企业往往做不起广告，多数只能通过创业者亲自拜访目标顾客获得订单。例如，在美国成长性企业500强的调查中，只有12%的创业者是通过中介机构取得早期收入的，另外88%的创业者则是向终端用户直接销售，而且，在几乎所有案例中，创业者都是负责销售的中坚力量。

（4）产品/顾客聚焦。苹果电脑公司的创建者之一史蒂文·乔布斯曾说："计算机是我们曾经制造过的最为非凡的工具……但最重要的事情却是将计算机送到尽可能多的顾客手中"。这个观点强调了在任何企业中对两个最重要部分——产品和顾客的认识理解。尽管考虑管理、营销、融资及其他这类事情很重要，但如果企业缺乏用好产品满足顾客的能力，那这些职能都是没有意义的。

（5）善于学习。成功的创业者一般都具有很强的学习能力，他们不仅能够快速学习和掌握所需的各种背景知识，还能够从其他团队成员、顾问、员工、投资者甚至是竞争对手那里学习到各种经验和策略。他们在坚持己见的同时，还能够积极地向外寻求反馈并利用这些反馈，作为克服困难、避免挫折并取得成功的重要途径。

第二节 创业机会识别与评价

一、创业机会概述

（一）创业机会的含义和特征

1. 创业机会的含义

目前对于创业机会定义的研究，学者有多种看法，观点并不一致。研究者一般是从机会的价值和来源两个角度给创业机会进行定义。

(1) 从价值角度定义。最早系统研究创新问题的奥地利学派经济学家约瑟夫·熊彼得认为创业机会是指通过把资源创造性地结合起来，迎合市场需求，创造价值的一种可能性。另一位奥地利学派经济学家伊斯雷尔·柯兹纳（Israel Kirzner）认为创业机会的产生是由于信息不完全致使市场上的某些人产生失误，而这些失误恰好被有能力的企业家发掘，从而获得利差机会。因此他对机会的定义是"未精确定义的市场需求或未得到利用或者未充分利用的资源和能力。"杰弗里·蒂蒙斯则着重从为顾客增值的角度出发，认为创业机会是具有吸引力、持久性和适时性，并且可以伴随着可以为购买者或者使用者创造或者增加使用价值的产品或服务。

(2) 从来源角度定义。从来源角度定义比较权威。认为创业机会实际上是新产品、新服务、新材料，甚至是一种新的组织形式，它能够被引入生产并且以高于成本的方式实现销售。特别指出，创业机会与一般的盈利机会不同，尤其是那些通过改变原来的组合和流程而提高现有产品及服务、原材料和组织方式运营效率的创业机会。

2. 创业机会的特征

(1) 隐蔽性。在我们的经济生活中的，不是任何人都能觉察到，一眼就能发现的。但这种隐蔽性又不同于从石油隐藏于地下几千米的深度，难于企及，而是像每天戴着的眼镜，当你不用心去观察时，你只会透过玻璃镜片无视其存在，一旦具备了一定的能力素质的创业者或是企业家仔细观察用心体会，就能够发现。

(2) 创新性。创业机会本身必定蕴含了创新性。因为它是原有的经济模式中所不存在的，或者即便是存在，也需要企业家发挥他的聪明才智，运用不一般的方式将其重新组合。至于创新的手段，熊彼得的五种创新途径学说已经是很好的解释。

(3) 经济价值性。创业机会必定是具有潜在的经济价值的，只有如此才能够激励企业家们争先恐后地去发掘，才能回报人们为之付出的努力。

（二）创业机会的分类

比较典型的是阿迪奇维利（Ardichvili）等人的研究，如图5-1所示。阿迪奇维利等根据创业机会的来源和发展情况将创业机会分为两个维度构成矩阵：横轴以探寻到的价值为坐标，这一维度代表着创业机会的潜在价值；纵轴以创业者的创造价值能力为坐标，代表着创业者是否能够有效开发和利用这一创业机会。按照这两个维度将其划分成4类。第一象限，机会的价值并不确定，创业者能力也不确定，这种机会为"梦想"，表现的艺术家、梦想家、一些设计师和发明家的创造性。他们感兴趣的是将知识的发展推向一个新的方向和使技术突破现有限制；第二象限，机会的价值已经较为明确，但如何实现这种价值的能力尚未确定，这种机会是一种"尚待解决的问题"，在这种情况下，机会开发的目标往往是设计一个具体的产品/服务以适应市场需求；第三象限，机会的价值尚未明确，而创造价值的能力已经较为确定，称这样的机会为"技术转移"，这里的机会开发更多强调的是寻找应用的领域而不是产品/服务的开发；第四象限中，机会的价值和创造价值的能力都已确定，这一机会可称为"业务或者说是企业形成"，这里机会的开发就是将市场需求与现有的资源匹配起来，形成可以创造并传递价值的新企业。

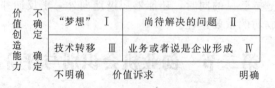

图 5-1 阿迪奇维利的创业机会类型划分

（三）创业机会的来源

1. 技术变革

技术变革使人们可以从事新的事业或者以更有效率的方式从事以前的事业，新技术的出现改变了企业之间的竞争模式，使得创业机会大大增加。比如，万里电话协议技术使得传统的资本密集型的电话业务，转化成为一种只需要少量资金就可行的业务，为那些缺乏资本的新企业提供了新的机会。

2. 政府政策变化

随着科技变革、经济社会发展等，政府就要不断调整自身的政策，而政府政策的变化，可能给创业者带来新的创业机会。比如，环境保护和治理政策的出台，会将那些对环境破坏大、污染严重的企业的资源，转移到能保护环境的创业机会上来。

3. 社会和人口因素的变化

社会和人口因素的变化同样会创造出创业机会。市场需求是不断变化的，不同阶段的社会和人口因素变化会产生相应不同的市场需求。随着当前社会和经济发展的加快，这种社会和人口因素变化带来的市场需求更加明显。比如，人的寿命延长导致的老龄化问题，产生了老年人用品市场方面的创业机会。

4. 产业结构的变革

产业结构的变革也是创业机会的来源之一，因为产业结构发生了变化，那么行业中的竞争状态就会发生改变，从而形成或终止了创业机会。

二、创业机会的识别

（一）影响创业机会识别的因素

1. 机会的自然属性

机会的特征是影响人们是否对之进行评价的基本因素。创业者选择这项机会是因为相信其能够产生足够的价值来弥补投入的成本，创业机会的自然属性很大程度上决定了创业者对其未来价值的预期，因而对创业者的机会评价产生重大影响。蒂蒙斯（1999年）提供了几个用于筛选商机的指标，包括市场需求、市场结构和规模以及市场利润指标，每一指标下还各设若干分指标用于机会评价。

2. 创业者的个人特征

（1）创业者基本素质。创业者基本素质包括创业者的背景（如性别、年龄、受教育程度、民族、家庭成长环境等）及潜质方面的特征（如创造性，风险感知能力等）。唐纳（Donna）等学者研究发现，无论是内在激励型还是外在激励型创业者，乐观主义、创造力和幻觉控制对于机会识别都呈现显著正相关性。

（2）先验知识。夏恩（Shane）等学者通过对创业者的特质研究，认为个人的先验知识和对信息的处理能力对其识别机会能力具有重要作用。夏恩还将先验知识分为三种类型：对于市场的先验知识、对于服务市场方式的先验知识，以及对于顾客问题的先验知识，这三者对于机会发现皆有重要影响。

（3）认知学习能力。机会识别是一个动态的过程，而机会认知是机会识别的首个步骤，机会认知就是感知和认识到机会。社会认知理论学派认为，人类不仅从直接经验中学习，也能通过模仿他人来学习，通过学习他人的创业行为更有益于个人进行创业活动。依此我们可以看出，机会的认知学习能力对机会的识别的重要作用，创业者可以从导师（或创业模范）中学习相关创业行为。大多数的创业者还属于初次创业，因此如何间接地学习创业能力，尤其机会识别的能力显得尤为重要。

（4）创业动机。目前学术界较为公认的创业动机分类，即机会型创业和生存型创业。在不同的创业动机下，机会识别的方式可能有所不同，如拉动式还是推动式识别。

（5）资源禀赋。资源禀赋指创业者在创业时期所拥有的资源。学术界将创业者的资源禀赋一般分为人力资本、物质资本、技术资本、金融资本、社会资本等方面。其中，人力资本指创业者个体所拥有的知识、智慧、判断力、洞察力、理解力、价值观和信念。物质资本指创业者所拥有的有形资产。技术资本指创业者所拥有的生产经验和各种工艺、操作方法与技能。金融资本指创业者所能够利用的所有不同来源的货币。社会资本指创业者的社会网络联系以及网络中流动着的资源。

(6) 社会网络

希尔 (Hill) 指出创业者的网络对机会识别相当重要,而且通过实证检验,他发现拥有大量社会网络的创业者与单独行动的创业者在机会识别上有显著的差异。

(二) 创业机会识别的常见方法

1. "新眼光"调查

当阅读某人的发现和出版的作品时,实际上就是在进行二级调查。利用互联网搜索数据,寻找包含你所需要信息的报纸文章等都是二级调查的形式。进行全面的二级调查将为进行初级调查做好准备,同时通过不断获取信息,你将开始建立自己的直觉,"新眼光"也将不断发展。上网了解世界各地的实时动态情况能够了解进出口的产品,可以在所在社区取得成功的服务业务,可以进入的新市场。"新眼光"调查可以提供很多看问题的新方法,训练自己的大脑。接受新的想法、新的信息、新的统计数据、新的人和这个日益变化的世界。

2. 通过系统分析发现机会

实际上,绝大多数的机会都可以通过系统分析得到发现。人们可以从企业的宏观环境(政治、经济、技术等)和微观环境(顾客、竞争对手、供应商等)的变化中发现机会。借助市场调研,从环境变化中发现机会,是机会发现的一般规律。20世纪60年代初,日本汽车公司通过市场调研发现,美国人将汽车作为身份地位的传统观念正在削弱,更重视汽车的实用性、舒适性、经济性和便利性;美国家庭规模正在变小,核心家庭大量出现;美国汽车制造商无视这些变化,继续大批量生产大型豪华车,于是,日本汽车制造商设计外形小巧、购买经济、舒适平稳、耗油量低、驾驶灵活、维修方便等优势的汽车敲开了美国汽车市场的大门。

3. 通过问题分析和顾客建议发现机会

问题分析从一开始就要找出个人或组织的需要以及面临的问题。这些需要和问题可能很明确,也可能很含蓄;创业者可能识别它们,也可能忽略它们。问题分析可以首先问"什么是最好的?"一个有效并有回报的解决方法对创业者来说是识别机会的基础。这个分析需要全面了解顾客的需求以及可能用来满足这些需求的手段。一个新的机会可能会由顾客识别出来,因为他们知道自己究竟需要什么,然后顾客就会为创业者提供机会。顾客的建议多种多样,最简单的,他们会提出一些诸如"如果那样的话不是会很棒吗"这样的非正式建议。无论使用什么样的手段,一个讲究实效的创业者总是渴望从顾客那里征求想法。

4. 通过创造获得机会

这种方法在新技术行业中最为常见,它可能始于明确拟满足的市场需求,从而积极探索相应的新技术和新知识,也可能始于一项新技术发明,进而积极探索新技术的商业价值。通过创造获得机会比其他任何方式的难度都大,风险也更高,但如果能够成功,其回报也更大。这种情况下产生的创新在人类所具有重大影响的创新中,居于压倒性的主导地位。阿里巴巴集团开发的支付宝就是一个很好的例子,支付宝为人们提供简单、安全、快速的支付方式。

三、创业机会价值的评价

(一) 创业机会价值评价的基本框架

著名的创业学家蒂蒙斯总结概括了一个评价创业机会的框架体系,其中涉及八大类53项指标,八大类分别是行业与市场、经济因素、收获条件、竞争优势、管理团队、致命缺陷、创业家的个人标准、理想与现实的战略差异。而中国台湾地区的创业学者刘常勇则提出了一种更为简单的评价体系,认为创业机会评价主要围绕市场和回报两个层面展开,见表5-2。

表5-2 刘常勇的创业机会评价指标框架

市场评价	①是否具有市场定位,专注于具体顾客需求,能为顾客带来新的价值 ②依据波特的五力模型进行创业机会的市场结构评价 ③分析创业机会所面临的市场规模大小 ④评价创业机会的市场渗透力 ⑤预测可能取得的市场占有率 ⑥分析产品成本结构

回报评价	⑦税后利润至少高于5% ⑧达到盈亏平衡点的时间应该低于2年 ⑨投资回报率应高于25% ⑩资本需求量较低 ⑪毛利率应该高于40% ⑫能否创造新企业在市场上的战略价值 ⑬资本市场的活跃程度 ⑭退出和收获回报的难易程度

(二)创业机会价值评价的方法

1. 标准打分矩阵

标准打分矩阵通过选择对创业机会成功有重要影响的因素,并由专家小组对每一个因素进行最好(3分)、好(2分)、一般(1分)三个等级的打分,最后求出对于每个因素在各个创业机会下的加权平均分,从而可以对不同的创业机会进行比较。表5-3列出了一项技术型机会的十项主要的评价因素,在实际使用时,可以在参照上述机会评价基本框架的前提下,根据具体情况选择其中的全部或者部分因素来进行评估。

表5-3 标准打分矩阵示例:技术型机会

标准	专家评分			
	最好	好	一般	加权平均分
易操作性				
质量和易维护性				
市场接受度				
增加资本的能力				
投资回报				
专利权状况				
市场大小				
制造的简单性				
广告潜力				
成长潜力				

2. Westinghouse法

Westinghouse法实际上计算和比较各个机会的优先级,见公式5-1。

技术成功概率×商业成功概率×年均销售数×(价格-成本)×投资生命周期÷总成本=机会优先级

(5-1)

在公式(5-1)中,技术和商业成功的概率是以百分比表示(0%~100%),成本是以单位产品成本计算,投资生命周期是指可以预期的年均销售量保持不变的年限,总成本是指预期的所有投入,包括研究、设计、制造和营销费用。将不同的创业机会的具体数值代入计算,特定机会的优先级越高,该机会越有可能成功。这种方法在从多个机会中选择最优的机会时较为有效。例如,假设一个创业机会的技术成功概率为80%,市场上的商业成功概率为60%,在9年的投资生命周期中年均销售数量预计为2万个,净销售价格为120元,对于每个产品来说其全部成本为87元,研发费用50万元,设计费用14万元,制造费用23万元,营销费用5万元,把这些数字代入公式(5-1)之中,可以计算得出机会优先级约等于6。

3. Hanan Potentionmeter法

Hanan Potentionmeter法可以通过让创业者来填写针对不同因素的不同情况,预先设定好权值的选项式问卷的方法,来快捷地得到特定创业机会的成功潜力指标。对于每个因素来说,不同选项的得分可以从-2分~+2分,通过对所有因素得分的加总得到最后的总分,总分越高说明特定创业机会成功的潜力越高,只有那些最后得分高于15分的创业机会才值得创业者进行下一步的策划，低于 15 分的都应被淘汰。Hanan Potentionmeter 法的评价指标如表 5-4 所示。

表 5-4　Hanan Potentionmeter 法的评价指标

因素	分值（-2～+2）
对于税前投资回报率的贡献	
预期的年销售额	
生命周期中预期的成长阶段	
从创业到销售额高速增长的预期时间	
投资回收期	
占有领先者地位的能力	
商业周期的影响	
为产品制定高价的潜力	
进入市场的容易程度	
市场试验的时间范围	
销售人员的要求	

4. Baty 的选择因素法

Baty 的选择因素法是通过 11 个选择因素的设定来对创业机会进行判断，Baty 的选择因素如表 5-5 所示。如果某个创业机会只符合其中的六个或更少的因素，这个创业机会就很可能不可取；相反，如果某个创业机会符合其中的七个或者七个以上的因素，那么这个创业机会将大有希望。

表 5-5　Baty 的选择因素

因素	因素
这个创业机会在现阶段是否只有你一个人发现	产品是否是一个高速成长的产品家族中的第一个成员
初始的产品生产成本是否可以接受	你是否拥有一些现存的初始用户
产品是否具有高利润回报的潜力	是否可以预期产品的开发成本和开发周期
是否可以预期产品投放市场和达到盈亏平衡点的时间	是否处于一个成长中的行业
潜在的市场是否巨大	金融界是否能够理解你的产品和顾客对它的需求

第三节　创业机会开发及价值实现

一、组建优秀的创业团队

（一）创业团队的内涵

目前学术界对创业团队的界定还没有形成统一的概念，一般认为创业团队是指由两个或两个以上具有一定利益关系的，彼此间通过分享认知和合作行动以共同承担创建新企业责任的，处在新创企业高层主管位置的人共同组建形成的有效工作群体。狭义的创业团队是指有着共同目的、共享创业收益、共担创业风险的一群创建新企业的人。广义的创业团队则不仅仅包括狭义创业团队，还包括与创业过程有关的各种利益相关者，如风险投资者、专家顾问等。总体上，对创业团队的内涵把握可以从以下四点入手。

（1）创业团队是一种特殊的群体。创业团队成员在创业初期把创建新企业作为共同努力的目标。他们在集体创新、分享认知、共担风险、协作进取的过程中，形成了特殊的情感，创造出了高效的工作流程。

（2）创业团队工作绩效大于所有个体成员独立工作时的绩效之和。虽然创业团队个体成员可能具有不同的特质，但他们相互配合、相互帮助，通过沟通形成了团队协作的行为风格，能够共同对拟创建的新企业负责，具有一定的凝聚力。

（3）创业团队对创业成功具有重要的价值。蒂蒙斯在其所提出的创业理论经典框架中，将创业团队、资源和机会一起视为三大核心要素，其中任一要素的弱化都会破坏三者之间的平衡，而创业团队在这种不平衡到平衡的状态变化过程中发挥着重要的作用。

(4)创业团队是高层管理团队的基础和最初组织形式。创业团队处在创建新企业的初期或小企业成长早期，现实中往往被人们称为"元老"。而高层管理团队则是创业团队组织形式的继续。虽然在高层管理团队中既可能存在部分创业时期的元老，也可能所有的创业元老都不再存在，但高层管理团队的管理风格在很长一个时期内是难以彻底改变的。

（二）创业团队的形成原因

1. 环境的不确定性

创业活动存在着环境的不确定性，创业者将自己的资源和精力投入到创业活动中，但他们并不知道，投入能获得市场怎样的反应，不清楚努力到底能给自己带来怎样的回报。所以，有着共同目标的创业者们倾向于形成一个团队，以期能够更少地犯错。

2. 共同的兴趣和目标

两个或多个人形成一个创业团队，共同的兴趣必不可少，共同的兴趣使得创业团队有着共同的目标。当然，共同兴趣并不指创业团队的成员平时拥有一样的兴趣爱好，而是他们拥有共同的创业目标，愿意为这个共同的创业目标而付出自己的资源和精力。

3. 核心创业者

核心创业者的认知水平、创业技能、创业能力和思想意识从根本上决定了是否要组建创业团队，以及团队组建的时间表和由哪些成员组成团队。核心创业者只有在意识到组建团队可以弥补自身知识、技能与创业目标之间存在的差距，才有可能考虑组建创业团队。

4. 外部资源的需要

核心创业者在组建创业团队前，还需要分析自己能利用的外部资源有哪些，哪些业务可以利用外部资源来完成，哪些一定要创建创业团队来完成。比如，技术或生产能否找到合作者，市场是自己开拓还是寻找外部合作者来共同开拓，如果能找到合作者，就可以充分利用外部资源，而不需要由团队来完成。相反，就需要创建创业团队，来弥补外部资源的缺乏。

5. 机会成本

影响一个人是否加入团队参与创业活动的一个很重要的因素就是对机会成本的评价。在决定进行创业之前，所有参与创业的成员都需要仔细思考创业所要付出的机会成本，必须通过对机会成本的客观判断，才能得知创业机会是否真的对个人生涯发展具有吸引力，得失如何。创业团队成员的家人、亲戚、朋友是否支持这种创业，也是在组建团队时需要考虑的。如果能得到支持，创业成功的可能性会更大，否则也会遇到许多困难和阻力。

（三）创业团队的开发

1. 优秀创业团队的理念

优秀的创业团队善于根据独特的创业理念来发展愿景，这种重要理念的作用在以后成功的企业实践中将得到充分的体现和发挥。根据对全球500家成功创业企业的调查，成功的创业都有令人神往的创业远见并坚持信念、付诸行动、力求成功，最后梦想成真。优秀创业团队的杰出理念虽各有不同，却基本上都具有一些共同点，包括凝聚力、合作精神、完整性、长远目标、收获的观念、追求价值创造、平等中的不平等、公正性和共同分享收获等。

2. 创业团队的激励机制

如何对创业团队进行激励，至今还没有现成的模式可以套用，但是，如何更合理地激励创业团队是一个极为重要的课题，毕竟取得合理的收益是创业收获的表征，能否解决好激励问题直接关系到创业企业的存亡。创业团队的激励机制包括授权、工作设计、反馈机制和薪酬机制等内容。其中，授权是指给团队成员授予相应的权力、自由和责任去管理自己的工作，去做决策以及采取行动实现企业目标。工作设计则包括简化工作、扩大工作范围、岗位轮换、丰富工作内容以及弹性设计工作时间地点等。反馈机制是为了使业绩不偏离预定的轨道，通过将实际业绩与标准进行对比采取行动纠正偏差以提高业绩。薪酬机制应该能够激发和促进创业团队的积极性，使他们更好地把握企业的商机。薪酬机制一要有目标导向，即要有助于促进创业团队积极把握追求创业机会，有助于创业团队形成、加强创业氛围和构建有效团队；二要因人而异、有实有虚，即要依据每个员工的需求和特点来进行设计，不仅包括经济薪酬，还应该包括个人成长和目标的实施等；三要因时而异，薪酬机制应该随着企业的发展而变化，根据企业生命周期设计薪酬体系；四要内外兼顾，因为外部因素同样会对新创企业的薪酬体系产生影响。

3. 创业团队的绩效评估

为了实现对创业团队的有效激励并制定合理的报酬，需要对团队成员的贡献大小进行衡量，而各成员的贡献在性质、程度和时机上都会有差异，在进行绩效评价时，可以重点考虑以下几个方面：一是创业思维。绩效评估应充分考虑创业思路提出者的贡献，尤其是提供对原型产品或服务极为重要的商业机密、特定技术，或者对产品、市场进行了调研的当事者。二是商业计划准备。制定一份优秀的商业计划往往需要花费很多时间、资金和精力，因此商业计划书制定者的贡献也应该适当被考虑。三是敬业精神和风貌。一个把大部分资产投入到企业的团队成员，不仅要在企业失败时承担巨大的风险，还将牺牲一定的个人利益，投入大量的时间和精力并接受较低的报酬，因此应充分考虑员工的敬业精神和所承担的风险。四是工作技能、经验、业绩记录或社会关系。团队成员可能为企业带来工作技能、经验、良好的工作记录或是在营销、金融和技术等方面的社会关系。如果这些对于新创企业而言是至关重要而且是来之不易的，那么就必须予以考虑。五是岗位职责。团队成员在不同的岗位上为企业作出贡献，而岗位所需技能和工作强度各不相同，应该考虑为不同的岗位分配不同的权重。

二、创业融资

（一）创业融资的概念

创业融资是创业者根据其创业计划，通过不同的融资渠道，并运用一定的融资方式，经济有效地筹集所需资金的财务活动。它既包括创业者为了创建企业进行的融资，也包括企业持续经营和成长过程中的融资，这两个方面的融资都非常重要。一方面，创业者要创建企业并能够走向正常经营，必须要融到足够的资金，否则企业不能成立；另一方面，要使新创企业获得成长，也需要持续的资金注入，如购买设备、引进技术、开发新技术和新产品等。

（二）创业融资的原则

1. 效益性原则

新创企业进行融资的目的是为了进行投资从而获得更大的经济效益，而通过融资吸纳进来的资金是要支付一定成本的。不同融资方式筹集的资金，其支付的成本也是不尽相同的。企业在进行融资活动时，应当考虑资金的成本，综合平衡资金的效益性。效益性原则一方面要保证企业能通过融资获得自己所需的资金；另一方面也要用最低的成本来获取资金，以期将来能产生更大的经济效益。

2. 合理性原则

考虑到资金的使用成本和企业的风险承受能力，新创企业在融资时要合理地确定融资的金额和期限，并确定合理的融资结构。融资规模过大，不仅会导致资金闲置浪费，而且会导致融资成本增加，加大企业财务风险；由于银行信贷额度减少导致融资规模过小，则导致企业资金供应紧张，影响企业正常运营和业务发展。总之，合理性原则要求企业既能合理地确定融资金额和期限，又要考虑企业的偿还能力，合理确定融资结构，降低和控制新创企业的财务风险。

3. 及时性原则

在市场经济条件下，创业机会往往稍纵即逝，如果企业不能及时获得所需要的资金进行投资而致使新产品不能及时开发，不仅有可能导致新产品过时而丧失市场机会，还有可能使竞争对手提前进入而使竞争对手获得时间优势和"先入者优势"，导致自身产品丧失竞争力。及时性原则要求企业需要资金时能顺利地、及时地筹集到符合企业所要求的资金，尽快生产出产品或提供服务，快速抢占市场。

4. 合法性原则

合法性原则要求新创企业在融资时，融资目的和采用的融资方式要符合国家的法律、法规规定,通过合法的渠道来筹集企业所需要的资金,不能非法集资。

(三)创业融资选择的主要影响因素分析

1. 企业的经营时间和发展阶段

一般情况下,自主创业由于规模小、风险大、资产少,大多都是通过私募的方式来获得创业的初始资本金。因市场需求的不确定性和生产规模有限,难以承担高额负债成本,因而一定要高度重视企业的内部积累,避免过度地负债经营。当企业生产经营规模逐步扩大时,内源融资可能无法满足企业生产经营的需要,此时,外源融资将成为保障企业扩张的主要融资手段。如果企业的管理尚不够规范、透明度还不高,则间接融资将是创业企业的主要外源融资方式。

2. 企业所涉足的行业情况与技术水平

由于不同行业的企业所面临的竞争环境、行业集中度及经营战略等的不同,因此不同行业的企业其最佳资本结构是不同的,不同的资本结构产生了不同的融资要求。对于从事高科技产业、技术水平要求高的企业,经营风险较大,预期收益也较高,可考虑直接融资的方式;对于从事传统产业类、技术水平要求相对较低的企业,经营风险较小,预期收益也较低,可主要考虑间接融资的方式。

3. 企业的潜在增长能力和发展前景

企业的潜在增长能力的高低和发展前景的好坏也会影响融资渠道的选择。对于潜在增长能力高、发展前景看好的高成长性企业来说,其对资金的需求也大,对外部资金的需求相当迫切,但短期内融资成本可能大于企业的收益,而从长期看,企业的利润会快速增长,企业会得到健康发展。因而创业者在考虑融资时,不应仅仅考虑当年的盈利情况,而是要考虑到长期的盈利可能,做出对企业生存和发展有利的选择。

4. 融资成本和风险

在债务融资中,纯粹的债务在一定时期内的收益是固定的;而在权益融资中,投资者的潜在收益是不受限制的。因此,在大多数情况下,权益融资的成本要比债务融资的成本高。就内源融资和外源融资相比较而言,内源融资的成本相对更低、风险相对更小,而外源融资的成本相对更高、风险相对更大。所以,创业者在融资时,应充分考虑到各种融资方式的成本和风险等特点,从中选择到适合自身需要的融资渠道。

5. 融资环境的状况

融资环境是由影响融资的一系列因素构成的,包括市场利率及期限结构、股市的水平和走势、政府的财政和货币政策、各类金融机构的状况等。创业者对融资环境的状况和变化应保持足够的敏感,要善于抓住其中的机遇和规避其中的威胁,合理分析和预测企业融资的各种有利和不利条件,以便把握住最佳的融资机会,从而选择出最有利的融资方式。

(四)创业融资过程

1. 融资前的准备

机会总是眷顾有准备的人,创业融资不仅是一个技术问题,也是一个社会问题。我们认为在创业前或融资前应该注重建立个人信用,积累人脉资源,这会有助于创业融资的成功。

2. 测算资本需求量

资本需求量的测算是融资的基础,对于创业者来说,首先需要清楚创业所需资本的用途。从资本的形式看,可以分为固定资本和营运资本,固定资本包括用于购买设备、建造厂房等固定资产的资本,这些资本被长期占用,不能在短期内收回,因此,在筹集这类资本时,要考虑资本的长期性,不能依靠短期资金来解决,以免日后陷入拆东墙补西墙的境地。营运资本包括用于购买原材料、支付工资等资本,这些资本在一个营运周期内就能收回,可以通过短期资金解决。此外,创业企业还面临着成长的问题,在成长阶段,单靠初始的启动资本和企业盈利无法满足成长的需要,还要从外部筹集用于扩大再生产的资本。

3. 编写创业计划书

很多人认为,创业者面对转瞬即逝的机会,应该赶紧投入到创业活动中去,而不是坐在桌子旁勾画创业计划，显然，他们忽视了创业计划的作用。创业计划有两方面的主要作用：首先，创业计划通过设计未来的经营路线和战略来引导企业的经营活动；其次，创业计划可用于吸引借款人和投资者。创业计划书既然如此重要，就应该认真编写，一般而言，创业计划书应包括企业简介、产品或服务、技术和研发、管理团队和组织、市场分析、营销计划、生产计划、财务计划、风险分析和退出策略。

4. 确定融资来源

创业者需要对自己的人脉关系进行一次详尽的排查，初步确定可以成为资金来源的各种关系。同时，需要收集各方面的信息，以获得包括银行、政府、担保机构等各种能够提供资金支持的资料。政府已经出台了很多政策，很多创业者不了解，失去了获得有关支持的机会。另外，创业者也应对企业股权和债权的比例安排进行考虑。

5. 融资谈判

无论创业计划书写得有多好，但如果创业者在与资金提供者谈判时表现糟糕就很难完成交易。因此要做好充分准备，事先想想对方可能提到的问题；要自信；陈述时抓住重点，条理清晰；记住资金提供者关心的是让他们投资有什么好处。这些原则对融资至关重要。

三、创建新企业

（一）新企业创建的相关法律和伦理问题

在创建期，新企业必须处理好一些重要的法律和伦理问题，与创业有关的法律主要包括知识产权、竞争、质量和劳动等方面的法规。伦理问题主要包括：创业者与原雇主之间的伦理问题、创业团队成员之间的伦理问题、创业者与其他利益相关者之间的伦理问题。创业涉及的法律和伦理问题相当复杂，对创业者而言，最重要的是认识到这些问题，以免由于早期处理法律和伦理问题的失误而给新企业带来沉重的代价，甚至使其夭折。创业者一般不会有意触犯法律，但往往高估他们所掌握的与创建和经营新企业相关的法律知识，或者缺乏伦理意识。

（二）新企业的选址和注册

1. 新企业的选址

新企业地址的选择，是创业者的一项长期投资，关系着创业者未来的经济效益和发展前景。不同类型的企业选址时影响因素不尽相同，但通常影响选址的因素主要有五个方面，即经济因素、技术因素、政治因素、社会因素和自然因素。

2. 新企业的注册

新企业需要通过设立登记的法定程序获得正式的经营资格，即创业者向国家工商行政管理部门提出创立企业的申请，登记机关依照国家有关法律、行政法规规定，对设立企业的申请进行审查，确立企业经营主体资格。这也是企业经营者获得法律保护的必要程序，即如果准备合法经营自己的企业，就完全有必要去获取所在城市或地区颁发的营业执照或经营许可证。获取营业执照或许可证的程序很简单，首先到企业选址所在地工商行政管理机构提出申请，填写申请表，交纳注册费和提供所需的资料（如企业名称、法人名称、企业地址、经营类型等），在较短的时间内就会收到申请是否被核准的通知。

四、创业价值的实现

（一）为顾客创造价值

1. 努力获取顾客

具有成功特质的创业者，必然了解市场、重视与顾客的关系，并且能提出有效提升顾客价值的方案。管理大师德鲁克建议要经常思考这样一些问题：谁是我们的顾客？顾客在哪里？顾客买些什么？顾客考虑的价值是什么？顾客尚未满足的需求是什么？事实上，由于存在典型的"新进入缺陷"，顾客对新企业存在一定的偏见，这就更需要创业者站在顾客的角度，寻找更能使顾客满意的方法，比如，向顾客提供特别的激励，以克服其不愿迈出第一步的心理障碍等，努力赢得顾客的心。

2. 创造顾客价值

顾客价值的核心是顾客感知利得与感知利失之间的权衡。若要创造真正的顾客价值，创业者必须正确地了解顾客对于产品服务的需求，拟出一个产品服务与顾客满意关系的属性对照表，找出可以改进的地方，并参考目前顾客偏好与市场竞争态势，决定新企业的最终目标市场，进而开发可满足目标市场需求的创新产品或创新服务。根据目标市场和提供产品的类型，可以将新企业创造顾客价值的方法分为四种，见表5-6。

表5-6 新企业创造顾客价值的方法

顾客 \ 产品	现有产品	新产品
现有顾客	模仿	新产品开发
新顾客	新市场开发	新经营领域开发

3. 传递顾客价值

在创造了顾客价值之后，创业者还需要通过各种方式有效地把这种价值传递到顾客那里。其中，营销战略中的产品战略、价格战略、分销战略和沟通战略是比较常见的传递方式。

（二）管理新企业

1. 创立初期企业的管理

对创立初期企业的营销、人力资源等职能管理而言，没有规范化的管理方式，只有经过大量的实践后，结合企业实践情况，才能形成符合自身特点的管理风格。需要人来定制度，然后再用制度来管理人，因此企业秩序的实现主要靠人员的主动性和自觉性，即以"人治"为主。

2. 新企业成长的管理

成长期的新企业与创立初期的新企业相比，管理重点相应发生了变化，主要表现在六个方面：一是注重整合外部资源，追求外部成长；二是管理好保持企业持续成长的人力资本；三是从创造资源到管好、用好资源；四是形成比较固定的企业价值观和文化氛围；五是注重用成长的方式解决成长过程中出现的问题；六是从过分追求速度转到突出企业的价值增值。总之，重视创新、合作、质量、速度、服务和管理规范化等是促使企业持续快速成长的主要动力。

（三）新企业的持续发展

1. 公司内部创业

公司内部创业是由一些有创业意向的公司内部员工发起，在公司的支持下承担公司内部某些业务内容或工作项目，进行创业并与公司分享成果的创业模式。可以采取以下措施营造良好的公司内部创业环境：明确企业家角色，培养创业精神；建立有利于内部创业的人力资源管理制度；提供创业资源；构建适合的组织结构；制定支持公司创业的政策；运用现代化管理技术；创建公司创业型文化。

2. 企业传承

不管企业经营得多么成功，创业者终究会从所创建和经营的事业中退出，而由他人来继承和发展。企业传承的主要方式可选择子女（或家人）继承、管理层收购、员工持股计划等。

第四节 互联网创业

一、互联网创业的概念

互联网和移动互联网技术的快速发展，给创业活动提供了强大的技术支持，带动了相关产品服务、管理模式的更新，也形成了广阔的消费市场，创造了更多的创业机会。

所谓互联网创业是一种以互联网作为载体的创业，在互联网环境中积极地发掘机会，运用资源、利用机会实现价值创造的过程。

二、互联网创业的特点

由于互联网独特的技术特点与互联网企业的特殊经营模式等,互联网创业具有一些与传统行业创业的不同之处。主要有以下特点。

(1) 创新性要求高。互联网创业与最新科技联系紧密,创业者只有通过树立创新意识,培养新的思维,生产创新产品去打动消费者,才能享受高收益和高回报,才能在竞争激烈的市场中获取一席之地。互联网创业创新是用户导向的,不是生产导向的。因此,互联网创业要发掘消费者习惯,以此重组核心技术。

(2) 互联网新经济使创业与创新、创投形成"铁三角"。创业过程具有创新难度高、资金投入高、市场风险高等特征,这与股权投资的风险偏好特点相匹配。

(3) 互联网创业主体多元。随着社交网络扁平化,知识和技术的传播更加迅速。创业主体逐渐多元化——由技术精英逐步拓展到"草根"大众。互联网新经济正在进入"人人互联网、物物互联网、业业互联网"的新阶段。

(4) 互联网创业成本低。创业者只要有创新性的项目就可以通过互联网去寻找人才、资金等,通过组建专业化的团队大幅降低创业的成本。互联网缩短了创业者和用户的距离,也加快了创新的步伐。

(5) 互联网创业产业衍生性强。"互联网+"时代的创业产业链长,衍生性强,与传统产业有广阔的合作空间。"互联网+"创业可为产业升级提供技术上的支持和思维上的革新。

(6) 互联网创业与多样化的商业模式相联系。通过网络,创业者的奇思妙想可以和使用者、用户进行直接的接触,满足了用户的体验。

(7) 互联网创业环境相对透明公平,以能力为导向,行业竞争更加良性。互联网赋予每个人获取信息、交流沟通、言论表达、交易同等的能力和机会。这种普惠的赋能功能,极大地助推了中国的创业精神和创新精神,是典型的市场起决定性作用。

三、促进互联网创业的对策

当前,中国已经进入"互联网+"时代,新一轮互联网创业浪潮正在形成。然而,大量初创企业的存活能力不强,"快生"也伴随着"快死"。为此,推动互联网创业的健康可持续发展,需要多措并举,营造良好的发展环境。

(1) 营造低成本、低门槛的公平有序的互联网创业环境,强化法治保障和政策支持,让草根创业者热情竞相迸发,让精英创业者的初创企业快速成长。目前。中国互联网创业环境有待完善。一是关于互联网企业的法律不健全,尤其是针对互联网企业经营发展的法律规范仍存在空白。二是互联网创业相关扶持政策缺乏顶层设计,扶持对象有限。为此,一方面,要完善和细化互联网创业的相关法律制度,为互联网创业提供法律支持和保障。在现有法律基础上。起草和颁布针对电子商务税收、虚拟财产保护、电子商务合同、互联网金融等方面的法律。另一方面,要培育非正式的规则与惯例,充分发挥职业规范、网络文明等自治规则的重要作用,促进互联网有序发展。同时。政府要做好互联网创业的服务工作。

(2) 实现创业与创新联动,形成以应用示范带动技术创新,以技术创新促进应用示范的良性发展机制。创新与创业是一对孪生兄弟。然而从互联网企业分布来看,大量企业以淘宝店铺、微商等形式集中在电商领域,缺乏模式和技术上的创新。同时,大量技术成果难以转化为产品,停留在高校和技术研究中心里,难以创造经济价值。为了实现创业与创新联动,形成创业与创新的良性发展机制,要进一步放松市场管制,允许不同商业模式和运营机制先行先试。支持互联网创业者用新的商业模式、产品及服务开展应用示范,鼓励带动更多技术创新和商业模式创新。要促进企业与高校、科研机构的产学研合作,促进科技成果转化,加快高校及科研院所科技成果处置"三权"改革进程,鼓励各类科技人员以技术转让、技术入股等形式转化科技创新成果,让更多高校及科研院所的最新科技成果转化为互联网创业的应用示范项目。

(3) 营造良好的创客空间,打造绿色的创业生态,发挥互联网平台企业的龙头带动作用,形成依托互联网平台创新创业的新模式、新潮流。随着全球化进程的加速、创业人群的年轻化和创业环境的不断优化，创业过程中对于商业智慧的依赖性越来越强，由此也出现了一些新的创业模式。中国的创业生态体系不仅需要政策、资本、人才的支撑，还需要创业服务业的支撑，为创业活动提供必要的指导、咨询等服务，降低创业风险。

（4）发展服务创业创新的天使投资、风险投资等股权投资，发展互联网金融，拓宽融资渠道，解决创业所需要的"钱"的问题。要营造宽松的发展环境，大力发展天使投资、风险投资、私募股权投资，扩大股权融资比重，促进科技成果产业化，使有潜力的科技型初创企业加速成长。

（5）构建针对互联网创业者的教育培训体系，大力发展互联网创业的技能教育和创业教育，解决创业所需要的"人"的问题，化解人才瓶颈。当前适应互联网创业的相关专业人才非常短缺，人才结构不尽合理。因而迫切需要改变人才培养模式，培养与市场需求对接的互联网人才。同时，本轮互联网创业浪潮中以大学生人数最多，"有激情，无经验""有想法，无实践""有技术，无资金"是大部分大学生的现状，创业成功率很低。创业培训在激发创业激情、提高创业能力等方面具有积极的促进作用。一方面，要通过财政补贴等形式鼓励建设互联网人才培训基地，为互联网创业者提供全方位培训和辅导，全面提高创业者素质。互联网创业者既要提高专业技术能力，也要努力提升管理能力。另一方面，要探索建立需求导向的学科专业结构和创业就业导向的人才培养类型结构调整新机制，促进人才培养与经济社会发展、创业就业需求紧密对接。把创业教育作为大学生和研究生教育的一个重要环节，注重培养创新创业意识。

（6）要构建支持互联网创业创新的多层次资本市场，让创业企业能活得更长，长得更大，走得更远。良好的企业生态不仅要有铺天盖地的小微企业，还要有顶天立地的大企业。而大企业的成长离不开成熟的资本市场的支持。要通过技术创新和金融创新双轮驱动，大力发展支持创业者创新的金融市场，努力营造促进创新创业的良好投融资环境。

知识拓展

大数据时代的创业机遇

一、大数据的含义和特征

大数据是指无法在一定时间内用常规软件工具对其内容进行抓取、管理和处理的数据集合。业界通常用4个V（即Volume、Variety、Value、Velocity）来概括大数据的特征。

一是数据体量巨大（Volume）。大数据相较于传统数据最大的区别就是海量的数据规模，这种规模大到"在获取、存储、管理、分析方面大大超出了传统数据库软件工具能力范围的数据集合"。

二是数据类型繁多（Variety）。即信息类型多样，既包括结构化信息，更包括大量非结构化的信息。

三是价值密度低（Value）。大数据虽然拥有海量的信息，但是真正可用的数据可能只有很小一部分，从海量的数据中挑出一小部分数据本身就是个巨大的工作。

四是处理速度快（Velocity）。数据处理需要通过高速运算迅速得到分析结果，以满足大数据时代对于时效性的要求。

二、大数据时代对创业的意义

大数据是以容量大、类型多、存取速度快、应用价值高为主要特征的数据集合，正快速发展为对数量巨大、来源分散、格式多样的数据进行采集、存储和关联分析，从中发现新知识、创造新价值、提升新能力的新一代信息技术和服务业态。

1. 大数据的特征

大数据之所以对于创业具有不同寻常的意义或价值，是因为大数据拥有以下特征。

(1) 大数据分析模式可激发创造力。传统研究方法是先提出假设，然后收集和分析数据来验证这种假设，即用一系列的因果关系来验证各种猜想。大数据时代探索世界的方法，不再始于假设，而是始于数据，根据数据发现以前不曾发现的联系。这种大数据分析模式不受限于传统的思维模式，因而能为人们提供更广阔的视野以及更新的角度。

(2) 大数据分析技术能预测和满足个性化需求。大数据的核心是预测，预测建立在对海量结构性和非结构性数据进行相关性分析的基础上。大数据技术可以对人的需求进行分析预测，有了个性化数据作为支撑，大数据服务将变得更为精准有效，每个人都可以通过大数据实现个人的喜好。电子商务推荐我们想要的商品，搜索引擎提供个性化排序，教育机构根据个人需求有针对性地提供教育培训，金融机构帮助用户进行有效的理财管理或提供贷款服务，企业通过技术支持实时获得客户的在线记录，并及时为他们提供定制化服务。以前创业者可能在生产产品后再寻找潜在消费人群，而在大数据时代，创业者可能基于需求倒推到产品生产环节。

(3) 云计算可使数据存储和数据分析成为一种公共服务。云计算将数据存储和数据分析转变为一种服务，这是一个重大的变革。云服务包括基础架构、平台和软件3个层次。服务器、数据和软件都将保存在私营公司的平台上，创业者可以在平台上开发、部署、运行自己的应用程序，服务的收费取决于存储量、计算量、访问量等指标。借助"云"可实现公共资源的"按需配置"，不仅可节约资金，还可提高公共服务的质量。

2. 大数据时代的创业趋势的特征

(1) 大数据服务走向订阅式定价模式，创业服务更个性，创业人群更普遍。订阅式定价模式是未来大数据服务的方向。这种模式使创业服务更个性化，从而扩大创业人群。目前，国内已形成平台型企业孵化器、创业咖啡、创业媒体、创业社区等孵化形态，共同构成市场化、专业化、集成化、网络化的"众创空间"。

(2) 开放数据和开源技术使创业门槛降低，创业机会大大增加。大数据时代，人们寻找创业机遇，最重要的是数据收集和分析能力，从数据中找到好点子。首先，大数据技术在萌芽阶段就是开源技术，这会给基础架构硬件、应用程序开发工具、应用、服务等各个方面的相关领域带来更多的机会。其次，创业者不需要是统计学家、工程师或者数据分析师也可以轻松获取数据，然后凭借分析和洞察力开发可行的产品。此外，将众多数据聚合，或者将公共数据和个人数据源相结合，新数据组合能开辟出产品开发的新机遇。

(3) 大数据技术本身的发展，带来全新的创业方向。大数据时代，创新带动创业发展。大数据相关技术的发展，将会创造出一些新的细分市场。比如，数据技术产业，包括硬件方面的智能管道、物联网、服务器、存储、传输、智能移动设备等，软件方面的语言、数据平台、工具、结构与非结构数据库、应用软件等，服务方面的IDC、云计算、WEB应用等；数据采集业，包括定位、支付、SNS、邮件等行业；数据加工业，包括数据挖掘、数据分析、数据咨询等产业。这些都为创业者们提供了新的机遇。

三、大数据时代的创业方向和机会

现有的大数据工具有着技术门槛高、上手成本高和实际业务结合较差以及部署成本高，小公司用不起等特点。那么新创企业就可以根据以往这些产品的缺陷，来做更适合市场和客户的大数据分析工具和服务。另外，将大数据工具完整化和产品化也是一个方向。大数据创业的2B方向，更多的是做工具和服务，如数据可视化、商务智能、CRM等。而在2C方向，大数据一个很大的作用就是为决策做依据，以前做决定是"拍脑袋"决定，现在，做决定是根据数据结果。个人理财（我的钱花哪去了，哪些可以省下来）、家庭决策（孩子报考哪所大学）、职业发展/自我量化（该不该跳槽，现在薪水到底合适不合适）以及个人健康都可以用到大数据。

大数据在各个行业的垂直特色化应用其实会更有想象空间，包括金融、电信、健康、媒体广告、零售、交通、政府、智慧城市、房地产和家居家电等行业都会有很多应用机会。

(1) 金融——大数据公司专门聚焦在通过大数据进行客户信用评级，并为银行、保险公司或者P2P平台服务；或者基于大数据挖掘帮助银行进行客户细分、精准营销服务。

(2) 电信——这个方向已经有专门为电信企业提供客户生命周期管理解决方案、客户关系管理、精细化运营分析和营销的数据公司;或者基于大数据提供网络层的运维管理和网络优化服务的大数据公司。

(3) 健康——未来两三年将会出现一批基于各种可穿戴设备形成的健康云数据,进行深度的数据数据分析和挖掘的企业,帮助人们进行健康预测和预警;未来还可以服务公共卫生部门,打通全国的患者电子病历数据库,快速检测传染病,进行全面的疫情监测,并通过集成疾病监测和响应程序,快速进行响应等。

(4) 媒体广告——可以通过大数据实现更科学的媒介选择;或者基于大数据的精准广告投放系统、基于大数据的广告效果监测评估服务、基于大数据的网站分析优化服务以及基于大数据 DMP 数据平台并为 DSP 平台提供精准营销服务等。

(5) 零售——大数据公司可以帮助零售企业进行店面选址服务;利用关联规则进行客户购物篮分析,从而给客户推荐相应的促销活动;基于天气的分析和预期来判断畅销产品以及相应的进货和运营策略,或者把天气数据加入物流预测模型,确保在天气模式没有改变之前,商品能够顺利运送到各商店。

(6) 房地产——通过互联网平台的大数据进行购房潜在客户挖掘;或者通过互联网大数据进行潜在装修客户挖掘;通过大数据提供精准的社区 O2O 服务;商业地产通过大数据对商场消费人群进行分析,掌握顾客活动轨迹、消费习惯等,提供定制服务、精准营销服务。

本章小结

创业是创业者积极地发掘机会,运用资源充分利用机会并实现价值创造的过程。创业可以分别从对机会追逐的程度、创意来源、创业活动的主体差异进行分类。创业者心理特质主要有:强烈欲望、敢于冒险、机会导向、坚忍不拔和诚实可信;创业者个人技能主要有:执行智能、平衡领导、营销技巧、产品/顾客聚焦和善于学习。

可从机会的价值和来源两个角度给创业机会进行定义。创业机会具有隐蔽性、创新性和经济价值性。根据来源和发展情况可将创业机会分为"梦想""尚待解决的问题""技术转移"和"业务或者说是企业形成"四类。创业机会识别常见的方法有:"新眼光"调查、通过系统分析发现机会、通过问题分析和顾客建议发现机会和通过创造获得机会。创业机会价值评价的方法主要有:标准打分矩阵、Westinghouse 法、Hanan Potentionmeter 法和 Baty 的选择因素法。

创业机会的开发主要包括创业团队的构建、创业融资和创建新企业。创业团队是指由两个或两个以上具有一定利益关系的,彼此间通过分享认知和合作行动以共同承担创建新企业责任的,处在新创企业高层主管位置的人共同组建形成的有效工作群体。创业融资应遵循效益性、合理性、及时性和合法性原则,创业融资的流程包括:融资前的准备、测算资本需求量、编写创业计划书、确定融资来源、融资谈判。创业价值的实现主要包括为顾客创造价值、管理新企业和新企业的持续发展三个方面的内容。

互联网创业及对策主要包括互联网创业的概念及特点、引领互联网创业浪潮的对策。

案例分析

海归 MPA 的淘宝创业历程

近几年,随着中国电子商务的发展,越来越多企业进入这个行业,也有很多中小企业和品牌通过电子商务发展、壮大,BAMAYANA(芭玛雅娜)是其中一个典型代表。

2006 年,留学美国的周洁琳决定回国创业。经过一年的市场调查,她决定做母婴产品。这是个新兴的朝阳行业,前景非常可观。但选择做什么产品是个难题。一个偶然的机会,她在商场发现一对父母推着童车，带着宝宝。爸爸手上拎着一堆的大包小包，妈妈也是拿着好多的宝宝用品，非常杂乱，给宝宝喂奶都腾不出手来。这触动了周洁琳，她发现美国有非常专业的妈咪包，可以专门挂在推车上，能分门别类地放置宝宝用品，实用功能强大，非常安全时尚。而当时在国内，国人没有妈咪包概念，市场上很少有这一类产品，蕴含着巨大商机。周洁琳决定从妈咪包切入。

很快，周洁琳和朋友一起创立了上海隽恒服饰设计有限公司。在美国的朋友考察妈咪包行业和产品，国内工厂开始设计开发和打样。不久，第一批妈咪包产品就诞生，取名为"BAMAY-ANA 芭玛雅娜妈咪包"。

生产出来就要销售，而在当时，母婴产品的销售平台还主要集中在大卖场、商场和母婴连锁店。而要进入这些店铺和商场，都要不菲的费用，要有进场费，新品费，上架费等，还要招募销售人员，培训员工，而且还有账期，现金不能马上回流。这对于当时的她来说，绝对不是一个很好的选择。有没有其他的销售平台呢？她瞄准了淘宝网。当时，国内的电子商务还刚刚起步，最大的电子商务平台淘宝网也刚刚进入正轨。而在美国，电子商务已经是非常发达和完善的一个体系，周洁琳在美国接触到了非常先进的电子商务文化。在淘宝网这个平台上，你根本不需要很大的成本，就可以马上销售自己的产品，打开市场。对比自己所接触的，周洁琳知道这其中蕴含中巨大的机遇，于是 2008 年 1 月，她在淘宝开了一家店铺，取名"翩翩妈咪网"。留学归国的 MPA，开起了淘宝店。

2008 年初的淘宝，以企业形式操作的网店还非常少，国内的一些生产厂家，只取了妈咪包其表，丢弃了内在最重要的东西：安全性与实用性，防止交叉污染。国内的妈咪包，产品类型单一，功能性不足，安全方面存在着重大隐患。于是，功能强大，安全实用，简约大方的"芭玛雅娜妈咪包"，一经投放市场，虽然价格比同类产品的价格高了一倍多，但立即受到了市场追捧，反响热烈，销售业绩出乎意料的好。一个刚刚开业的 1 心小店，平均每天卖 10 多个妈咪包，这是完全没有意料到的，给了周洁琳很大信心。

为进一步扩大销售，周洁琳开始吸收代理加入。由于互联网的独特性，如果完全按照实体模式建立代理体系，是完全不现实的。因此，经过详细的调查和分析，她建立一套适合在网络实行的分销体系。这个体系主要由 2 大块组成，一块是类似传统渠道的代理商，批发进货；另一块就是一件代发制度，完全不需要代理的投入资金和压货。这在当时是一个很大的创新，代发制度降低了代理的门槛，使得芭玛雅娜妈咪包迅速普遍了整个淘宝网络，几乎大半的母婴店铺都铺上了芭玛雅娜妈咪包。一方面，迅速扩大了品牌的知名度，另外一方面也极大地提高了销售，根本不需要多少成本，这在实体渠道是无法想象的。这就是淘宝的魅力，电子商务的魅力，互联网的魅力。

至此，经过不断的努力和经营，"芭玛雅娜妈咪包"的销售得到了稳定，一套网络代理体系也逐步建立，企业稳步发展，前景一片光明。同时最重要的，周洁琳加大了产品开发力度，提高产品的质量，推出最新的消费概念。让"芭玛雅娜"——最安心，最放心的婴童产品深入人心。

由于国内的婴童产品，那时还没有明确、详细的安全生产标准，因此周洁琳把最严格的欧盟 ROHS 标准定位为生产标准，推出了"芭玛雅娜环保妈咪包""芭玛雅娜抗菌妈咪包"。投放市场一段时间后，再加上对产品安全的宣传，市场销量逐渐地恢复。而在"三鹿奶粉事件"后，国人对婴童产品安全开始更加重视，让他们的努力得到了越来越多的消费者认可。最艰苦的时间过去了，产品市场又开始欣欣向荣。

随着企业发展，为进一步扩大市场和品牌知名度，周洁琳开始开拓实体渠道，特别是一些新兴渠道。一方面，和国内很多的母婴产品目录商合作，通过在目录与门店销售，形成互联网、门店和目录三位一体的销售体系。另一方面，更加完善网络销售体系，建立了自己的独立亲子购物网站"翩翩妈咪网"，作为销售旗舰店和形象。同时，周洁琳挑选出优秀的代理，建立"芭玛雅娜"专卖店，每个地区设立一家网络专卖店，店铺的产品和装修完全和旗舰店一致。一种特有的网络专卖形式自此诞生，这种形式一方面让品牌形象更加的突出、专业，另外一方面，可以更有效地提高客户的发货时间和物流成本。在媒体方面，通过与《妈咪宝贝》《孕妈咪》《聪明宝宝》等杂志的合作，2年多时间，都不断地给予芭玛雅娜品牌报道，良好的口碑，加上媒体宣传，知名度越来越广泛，中高端母婴用品的品牌形象开始树立。

在企业发展方面，公司一直坚持专业的人做专业的事情这个原则，因此至今，团队成员都是十分精悍，团队成员不多，但是每个人都分工明确，十分专业。周洁琳将物流外包给专业公司操作，自己的企业团队则集中精力从事产品的研发，销售和企划推广，做最核心的业务。极大提高了效率，形成了专业的现代企业制度。另外，在芭玛雅娜品牌的运作中，周洁琳和她的团队积累了丰富的品牌运营和推广经验，形成了一套特有的品牌推广方式。因此，很多国内企业，有心开拓自己品牌的，都纷纷找上门，希望由周洁琳的公司为他们做品牌的推广。在这种形势下，又成立了品牌策划部，专门负责为其他品牌做策划推广。公司先后成为多家品牌的网络总代，成功推广了许多品牌，通过这一系列的操作，周洁琳和她的团队不断地成长，企业也在行业内有了非常好的口碑，成为专业的品牌策划和运营公司。

进入2010年以后，企业进入一个新篇章。现在芭玛雅娜品牌已不仅是高端妈咪包品牌，也成了中高端服装品牌。通过与中国台湾设计师的合作，开发出了独有的孕妇装和哺乳衣两用的时尚女装。芭玛雅娜品牌和产品都进一步延伸和扩大。

从淘宝诞生，自淘宝发展，芭玛雅娜走过了一条不同寻常路，创造了中国特色的由电子商务发展传统行业品牌的特有案例。周洁琳一直深信，企业，盈利不应当是唯一的追求，盈利应当在履行责任、造福社会的过程中自然实现。我们所生产销售的不仅仅是一件产品，而是一份关怀和爱护。以最大的社会责任感，做最负责的产品，企业才能长兴不衰。

讨论题：
1. 如何看待周洁琳作为海归在淘宝创业？
2. 谈谈您对网络创业的理解和认识？
3. 如何寻找和发现网络创业的机会？
4. 如何通过网络打造和建设网络品牌？

资料来源：梅强主编．创业管理．北京：经济科学出版社，2011．

复习思考题

1. 结合实际谈谈你对创业、创业机会含义的认识？
2. 创业者应具备什么特质与能力？
3. 创业机会识别的有哪些常见方法？
4. 如何组建优秀的创业团队？
5. 创业融资应遵循哪些原则？
6. 简述创业融资的过程。
7. 促进互联网创业的策略有哪些？

第二篇　计划职能

第六章 环境分析

本章学习目的

- 了解全球化背景下企业所处的国际国内环境的差异
- 分析企业宏观环境的主要方面
- 运用波特的"五力竞争模型"分析企业的行业环境及竞争强度
- 了解无形资源的重要作用
- 掌握企业核心竞争力的组成因素及重要性
- 将SWOT分析法、波士顿矩阵分析法灵活运用到具体企业的环境中

导入案例 ▶▶▶

老干妈的成长

老干妈系列调味酱创始人陶华碧,没上过一天学,只会写自己的名字,但她却在短短的6年时间内,创办出一家资产达13亿元的企业。陶华碧自身艰苦朴素的作风,亲情式的管理以及对国际、国内市场环境的准确把握造就了老干妈的成功。

陶华碧最开始用捡来的砖头和省吃俭用积攒的一点钱,开了一家简陋的"实惠饭店",专卖凉粉和冷面,并特地按平时家中做法制作了麻辣酱、风味豆豉等做调料,生意十分兴隆。有一天她因身体不适没有制作调味酱,结果许多顾客一听说没有调味酱,转身就走,她敏锐地觉察到是调味酱帮她留住了大量顾客,当即决定生产调味酱。

公司规模越来越大,怎么管理便成为难题。陶华碧采用的亲情式管理为其带来了较强的凝聚力。公司建立后,每当员工的生日到了,都能收到她送的礼物和一碗加了荷包蛋的长寿面;有员工出差,她就为员工煮上几个鸡蛋,一直送出厂坐上车才回头。

由于"香辣结合",老干妈的产品已经覆盖全国各地,并远销欧盟、美国、澳大利亚、新西兰、日本、南非、韩国等20多个国家和地区。此时,对于国际、国内市场环境的分析与掌握便对老干妈提出了更高的要求。国际上,老干妈按照销售国际标准严控质量,制定了严格的月度考核制度、市场拓展月报制度和质量跟踪制度,以加强对海外市场各个环节信息的全面了解。与此同时,老干妈完善了欧美发达国家的市场准入备案,并于2001年通过了美国FDA备案、韩国卫生部门产品检测。2009年,在对东南亚市场进行深度分析后决定拓宽东南亚市场并随即打开非洲市场。对于销售中发现的问题及时跟进和整改,保证了出口产品在各国通关、销售方面的顺畅性和安全性。在国内,香、辣、咸是中国消费者的普适性口味,老干妈察觉到中国消费者这种独特的口味偏好,对产品进行结构性调整:一方面同时拥有这三个口味,另一方面对这三个口味进行了调整,突出香味,以微辣和适口咸为辅助,构建起老干妈的口味地位,并成为行业的标准性口味。

2009年,老干妈进一步实现了自动化改造和大型辣椒出口种植基地的建立,并在当年的前9个月就实现了海外销售1500万元,创外汇约40万元的骄人成绩。2011年,老干妈全年销售额超过了60亿元人民币的既定目标,延续了多年以来在香辣酱领域的领导

地位。

资料来源：https://max.book118.com/html/2015/0723/21754766.shtm，作者略有删改。

任何组织都存在于一定的环境之中，环境一方面为组织活动提供了必要的条件，另一方面又对组织活动起制约作用。环境分析就是要通过研究组织活动的内外影响因素，揭示活动条件的变化，把握住环境的现状并预测其将来，利用有利于组织发展的机会，避开不利于组织发展的威胁，谋求组织的生存与发展。本章将以大量存在的从事经济活动的企业组织为例，对环境分析的内容进行介绍。

第一节　全球化背景下环境分析的意义

一、外部环境分析是企业活动的立足点

企业经营所需的一切资源，包括能源、原材料、资金、劳动力等，都要从环境中获取，离开这些外部环境，企业的经营便会没有依靠，无异于无源之水。同时，企业转换上述各种资源生产出来的产品也要通过外部市场销售出去，企业的经济效益和社会效益才能实现，企业也才能维持和扩大生产经营活动。

因此，企业只能立足于外部所能提供的资源种类、数量和质量以及国家的政治、经济政策，进行环境分析，从而决定经营活动的具体内容和方向；同时，企业为了让产品被市场接受，受市场欢迎，在生产之前也要根据环境分析来找准市场定位。

对企业活动有着如此重要作用的环境是在不断变化的，比如执政党在更替，经济在发展，科技在进步等。种种变化，可能给企业带来两种不同程度的影响：一是为企业的生存和发展提供新的机会，比如新资源的利用有助于企业开发新产品，执政党的变化可能导致有利于企业政策的制定；二是为企业生存造成某种不利的威胁，比如新科技的开发可能使企业产品不再受欢迎。企业要想继续生存，要想在生存的基础上不断发展，就必须及时采取措施，积极地利用外部环境在变化中提供的有利机会，同时也要积极采取对策，努力避开这种变化可能带来的威胁。

从这个意义上讲，进行环境分析，就是不仅要认识环境今天的特点，也要认识环境如何从昨天演变到今天，揭示环境变化的一般规律，并据此预测它在未来的发展变化趋势，从而能动地适应环境，开展组织的活动。

全球化背景下，企业面临的外部环境包括国际环境、国内环境和行业环境。全球化是指随着社会生产力的不断发展，世界各国、各地区经济，包括生产、流通和消费等领域相互联系，相互依赖，相互渗透。以前那些由于民族、国家、地域等因素所造成的阻碍日益减少，世界经济越来越成为一个不可分割的有机整体。其内容主要包括以下方面：生产全球化、贸易全球化、金融全球化、投资全球化。

全球化带来的机遇，主要体现为：第一，有利于促进资本、技术、知识等生产要素在全球范围内的优化配置，给发展中国家提供了新的发展机遇。如市场的扩大使比较优势拥有更多的实现机会，要素的流入使闲置资源得以利用，直接投资有利于加速发展中国家先进产业的形成。第二，有利于促进世界和平与稳定。经济全球化使各国经济的发展越来越紧密地联系在一起，这就有利于克服封闭、保守、狭隘的观念，促进各国、各民族之间物质、文化和人员的交流，增进彼此之间的理解、沟通、合作和友谊。

全球化背景下，一个管理者不能仅仅局限于思考国内管理工作中的挑战，也要考虑国外环境对企业的影响，所以个人的学习和成长就显得极为重要。能够在文化上灵活应对，对全球化大背景下不同国家、民族的做事方式和相处习惯深谙其道者，将会成为当代最成功的管理者。研究发现，那些最优秀的全球管理者，多半来自于那些重视了解不同文化背景才能一同工作的国家。例如，新加坡就一直贯彻中文和英语的双语听说教育。一个荷兰人除学习荷兰语之外，还要学习法语、英语和德语，以便与周边的经济强国进行贸易往来。说英语的加拿大人不仅要通晓美国的文

化和政治，还需要学会按照说法语的加拿大人的思维方式考虑问题。那些没有这种多元化经历的人，在赴国外工作时通常会遇到更大的困难。但是无论管理者来自任何国家，他们都可以通过学习来打破种种偏见，并且学会尊重别人的看法。尽管他们或许永远无法像一个本地人一样了解当地的文化，但是他们可以学会如何来体会这种文化差异，并且知道，其他的思维和做事方式也是有效的。

二、内部条件分析是企业活动的指南针

内部条件包括企业内部的物质条件和文化条件。

（一）物质条件研究的意义

企业内部的资源拥有情况和利用情况就是企业内部的物质条件。任何企业的活动都需要利用一定的资源，然而在特定时期，企业能够利用的资源是有限的。这种有限性由两个方面的因素决定。首先，资源的稀缺性决定了人类可利用资源的有限性。任何资源，其数量都是有限的，但人类利用这些资源希望满足的欲求是无限的。人类一切经济活动的目的和要求就是要以尽可能少的资源消耗去获得尽可能多的满足。其次，企业的财力有限，决定了它们能够获取、利用的资源是有限的。为了促进和保证对有限资源的充分利用，人类创造并发展了用商品生产和交换的方式来组织经济活动的模式。在商品经济中，任何资源的获取和转让都不是无偿的，都必须通过支付一定数量的货币媒介来实现。

企业不仅在客观上拥有的资源数量有限，在主观上对这些资源的利用能力也有限。同样的资源在不同的企业，或在同一企业的不同时期的利用情况和效果也不尽相同。在企业的能力总是有限的前提下，用有限的财力在稀缺背景下获取的有限资源，就必须倍加珍惜，合理利用。内部物质条件分析可以帮助企业明确自己的资源状况和利用能力，在此基础上根据自己的优势和劣势制定出既符合环境要求，又能为企业成员接受的正确决策。

（二）文化条件研究的意义

文化条件即指企业文化。所谓企业文化是指企业及其成员的行为方式以及这种方式所反映的被企业成员共同接受的信仰、价值观念及行为准则。不管人们是否有意识地去建立，任何企业在自己的活动中都会逐渐形成一整套独特的行为方式和行为准则。任何企业都会存在与自己的历史、自己的活动特点、自己的创始人及其后继者的个性有关的文化。

无论是"支离破碎"的企业文化，还是富于凝聚力的企业文化，它们对企业成员及其活动都会产生重要影响。这种影响主要表现在以下三个方面。

第一，从企业成员个人来看，企业文化影响企业成员某些心理需要（如社会交往、归属感）的满足，从而可能影响他们的士气和积极性的高低，进而影响个人及整个企业的活动效率。

第二，从企业成员群体来讲，企业文化影响成员间的信息沟通、集体意识的形成，从而影响企业对成员的吸引力，成员对企业的向心力。

第三，从企业整体来看，企业文化作为企业的整体特征，影响企业的外部形象，影响着外界对企业的态度，从而有利或妨碍社会外界对企业的承认或对企业活动的态度。

进行内部文化条件分析，也就是在研究企业文化特点的基础上，分析现有企业文化对个人的行为倾向，对决策的方案选择，对决策活动的组织实施可能产生的影响，以利于企业正确地选择和调整活动的方向和内容。

参与全球工作的管理者需要考虑到各国员工对权力看重程度的差异，从而了解不同的决策模式和执行模式。激励措施必须要符合所处文化中的激励要素。发达国家的企业更鼓励员工勇敢地展示自己，谈出自己的看法，争取上司的赏识。在美国和英国这些国家，内在的激励因素如挑战、得到承认和工作本身对员工的激励作用很大。日本是个极其重视集体主义的地方，鼓励员工为公司争光。了解什么因素会真正起到激励作用，是内在还是外在因素，这对于全球化背景下的管理者来说至关重要。

系统地分析企业的内部条件，已成为将企业的资源和能力最有效地运用于外部环境提供机会

的关键。只有这样，企业才能抓住机会，规避威胁，以有力的措施迎接市场挑战，做到在竞争中求生存，在变化中求发展，朝着正确的方向前进。

第二节　宏观环境分析

宏观环境是一定时空内存在于社会中的各类组织均会面对的环境，内容庞大，大致可以归纳为以下七个方面：政治环境、法律环境、经济环境、科技环境、人口环境、社会文化环境和自然环境。

一、政治环境

政治环境是指影响和制约企业活动的外部政治因素的总和，包括政治制度、政治局势、政治关系、政治权力、政治冲突这几大方面。

1. 政治制度

政治制度是指一个国家或地区所奉行的根本性的社会政治制度，包括一个国家的社会制度，政治体制，执政党的性质、方针、政策等。企业必须了解国家的对外开放程度和政府职能，了解国家政策，从而使企业活动符合社会利益，把握有利时机，赢得政府的保护和支持。

2. 政治局势

政治局势是指一个国家或地区的政治形势和政局状况，以及它们的变化情况和发展趋势。政治局势的变动往往导致该国或该地区对内一系列经济政策的相应变化，进而影响该国或该地区内企业的活动。因此，企业应密切关注相关国家政权更迭、政策变化等情况，以便及时调整的战略和目标，避免盲目性。

3. 政治关系

政治关系主要指一国与其他国家或地区之间的外交关系以及与世界单项组织之间的关系。政治关系常常决定着组织目标的选择和组织活动的利益。

4. 政治权力

政治权力通常指一国政府通过正式手段对外来企业的权利予以约束，包括关税政策、进口控制、外汇控制、国有化政策和价格控制等。对于国有化政策，比如普京领导的俄罗斯政府加强了对石油天然气工业的控制，资源再重新国有化并取得了明显进展；对于进口控制，则包括进口许可证、进口配额、复杂的海关手续、特定的包装装潢条例等。

5. 政治冲突

政治冲突是指国际上相关国家之间，相关国以外国家之间，以及相关国与其他国家之间发生的重大事件或突发事件，主要有局部战争、恐怖活动、罢工、动乱等形式，它们给企业活动带来的是重大的甚至是毁灭性的打击。从 2011 年年初持续至今的叙利亚政府与叙利亚反对派组织、ISIS 之间的冲突造成的叙利亚内战，是欧洲难民危机的重要原因。

二、法律环境

法律环境是指与组织相关的社会法制系统及其运行状态，包括国家法律规范、国家司法执法机关、社会组织的法律意识这三大要素。一般来说，政府主要是通过制定一些法律和法规来间接地影响企业的活动。

从国内来看，法律规范包括宪法、基本法律、行政法规、地方性法规等。近年来，我国政府为适应改革开放的需要，在健全法制，加强法治方面取得了明显进步，先后制定和颁布了一大批经济法律法规。国家司法执法机关主要有法院、检察院、公安机关等，与企业关系密切的还有工商行政管理部门、税务部门等。

从国际来看，法律因素主要涉及各国的国内法以及国际公约条约的有关规定等。美国等发达国家的经济立法，有些是为保护竞争，有些是为保护消费者利益，有些是为保护环境。我国企业若要与某个国家进行交易，必须首先了解该国的政治和法律。

法律环境对企业的影响方式是由法律的强制性决定的，对企业的影响具有刚性约束的特征。随着我国社会主义法律体系的日益完善，与企业有关的法律会越来越多。企业要加强法律观念，及时了解、熟悉有关法律，保证在法律许可的范围内以法律许可的方式从事活动。

三、经济环境

经济环境是指构成组织生存和发展的社会经济状况及国家经济政策。经济环境是一个多元的动态的系统，主要由社会经济结构、经济发展水平、经济体制和宏观经济政策四个要素构成。

1. 社会经济结构

社会经济结构又称国民经济结构，包括产业结构、分配结构、交换结构、消费结构和技术结构，其中最重要的是产业结构。

2. 经济发展水平

经济发展水平是指一个国家经济发展的规模、速度及所达到的水准。反映一个国家经济发展水平的常用主要指标，有国内生产总值、人均国民收入、经济增长速度、就业率、固定资产投资额等。近年来，中国成为欧美国家竞相投资的热点，也是因为中国经济持续、稳定的高速增长所揭示的巨大潜在市场的吸引力。

3. 经济体制

经济体制是指国家组织经济的形式，它规定了国家与企业、企业与企业、企业与各经济部门的关系，并通过一定的管理手段和方法调控或影响社会经济活动的范围、内容和方式等。

4. 经济政策

经济政策是国家或执政党制定的实现一定时期国家经济发展目标的战略与策略，包括综合性的全国经济发展战略和产业政策、国民收入分配政策、价格政策、金融货币政策、劳动工资政策、对外贸易政策等。就产业政策来说，国家确定的重点产业总是处于一种大发展的趋势。目前我国金融、房地产、旅游等行业发展迅猛，与国家的产业政策倾斜极为相关。

随着全球化的不断深入，各国之间经济相互依赖程度不断加剧。例如位于美国康涅狄格州哈特福特的联合技术公司，它的业务包括飞机发动机、空调和取暖系统，以及电梯等。随着像中国、俄罗斯和越南这样一些国家开放了市场，新的建筑物需要大批的电梯，以及空调和取暖系统，而开辟偏远地区的商业活动则需要更多的飞机发动机和直升机，所以这家公司在国际市场获得了丰厚的利润。手机制造公司也在发展中国家发现了巨大的机会，因为这些国家的固定电话线路十分有限，中国的手机在非洲国家就特别受欢迎。世界上相互关联的经济体出现任何不稳定，都会影响到该经济体内各行业的企业，同时还会通过国际贸易波及经济体外的企业。而互联网的加速效应将使这种传递性更加迅速，影响也更加深刻。

四、科技环境

科技环境大体包括四个基本要素，即社会科技水平、社会科技力量、国家科技体制以及国家科技政策和科技立法。具有变化快、变化大、影响面大（超出国界）等特点。

1. 社会科技水平

社会科技水平是构成科技环境的首要因素。它包括科技研究的领域、科技研究成果门类分布及先进程度和科技成果的推广应用三个方面。

2. 社会科技力量

社会科技力量是指一个国家或地区的科技研究与开发的实力。一个国家经济增长速度的高低与它的科技研发实力密切相关，一个企业的盈利状况也与它的研发费用呈正相关关系。在世界汽车行业和电子通信行业中，奔驰、西门子、爱立信等公司以科技立业，每年的研发费用占销售额的10%及以上且不断增长，这个比例对于我国的绝大多数企业来说是无法想象的。

3. 国家科技体制

国家科技体制是一个国家社会科技系统的结构、运行方式及其与国民经济其他部门的关系状态的总称，主要包括科技事业与科技人员的社会地位、科技机构的设置原则和运行方式、科技管理制度、科技成果推广渠道等。

4. 国家科技政策和科技立法

国家的科技政策和科技立法是国家凭借行政权力和立法权力对科技事业履行管理、指导职能的途径。企业应该及时了解国家对科技开发的投资和支持重点、技术转移和技术商品化速度、知识产权、专利及其保护情况等。

科学技术的发展，极大地推动了社会历史的进步，能够引发社会性技术革命，创造出一批新产业，同时推动现有产业的变迁。计算机及其软件的开发，改变了教育、娱乐和家用电子等诸多行业。互联网使企业可获得的信息量大大增加，而交易成本大大降低。它已经改变了人们的工作、生活方式，在可以预见的将来，必将产生更大的影响。

随着世界科技进步的进一步加快，产品更新、产业演变的速度也将越来越快，这在给企业提供机会的同时也带来了威胁。企业应该善于在科技革命的浪潮中辨别方向，预测未来，不断地组织研究开发人员创造出与科技发展环境相适应的新产品和新方法。

五、人口环境

人口环境是企业宏观环境的重要内容之一，包括人口数量、分布、性别结构、年龄结构、婚姻状况、出生率、流动状况等。人口越多，市场规模、市场容量就越大，企业的市场机会就越多。这往往也会使需求结构、消费水平和消费习惯等产生显著差异，进而影响企业活动。

一国总人口数量往往决定了一国许多行业的市场潜力，如食品、制衣、交通工具等。我国人口基数非常庞大，伴随着经济的高速增长，显示了巨大的市场潜力和机会，成为吸引外商投资的根本动因。大多数国际化企业的总部都设在经济比较富裕、发达的国家里。但是，一些非常精明的公司正在对亚洲和拉丁美洲进行大量的投资。所以说，人口是"潜在的购买者"，企业必须时刻关注人口因素的动向。目前世界上人口变动的主要趋势如下。

(1) 人口迅速增长。截至2016年，全世界人口总数为72亿6291万，中国是世界第一人口大国。专家预计：2025年世界人口将突破80亿，2050年世界人口将突破94亿，亚洲再增13亿人，非洲的人口也可能增加一倍，达到21亿。世界人口的快速增长意味着消费将继续增长，市场潜力和机会将继续扩大。但是快速增长的人口也正在大量消耗自然资源和能源，加重粮食和能源供应的负担。这是21世纪的主要挑战和商机。

(2) 发达国家出现人口出生率下降、儿童减少以及人口老龄化的趋势，我国也逐步出现这种现象。这种趋势对以儿童为目标市场的企业来说是一种环境威胁，但是老年人、年轻夫妇有更多闲暇时间和收入用于旅游和文化活动等，因此可能会为相应的企业带来更多的市场机会。

(3) 国家的家庭状况正发生变化。一些东方国家的家庭规模趋向于小型化，西方国家的非家庭住户也在迅速增加。这使房地产、日用品等行业都要作出相应的调整。

(4) 许多国家女性就业人数不断增加，职位也逐步上升，并在一些知名企业中担任要职，这给职业女性用品行业带来了广阔的市场前景。

六、社会文化环境

社会文化环境包括一个国家或地区的社会阶层的形成和变动，居民教育程度和文化水平、宗教信仰和风俗习惯、审美观念、价值观念和道德风尚等。企业的成员都来自于社会，企业的活动离不开社会。社会文化环境主要就是通过作用于企业成员以及其他社会成员而对企业产生影响。

文化通常特指人类创造的精神财富，它包括文学、艺术、教育和科学等，是人们的价值观、思想、态度等的综合体。文化因素强烈地影响着人们的购买决策和企业的经营行为，影响着一个国家的经济和法律政策环境。如果企业能够充分了解某个国家的文化对它的社会特征的作用，那么它就能提供更符合要求的产品和服务，提高顾客满意度。

不同的国家有着不同的文化传统，因而也有着不同的亚文化群。亚文化群通常是指在一个社会中存在着的相对持久的和类似的人的组合。在一个亚文化群中，人们具有大致相同的价值观、生活方式、兴趣和行为规范。划分亚文化群可以更准确地判断和测定消费者的购买意向和购买行为。此外,生活方式的演变、消费者保护运动的开展等也是构成社会文化环境要素的重要组成部分。

随着企业变得越来越全球化,越来越多的企业管理者意识到,若想在国际经营中取得成功,就必须考虑文化差异。对于企业的国际化经营来说,只有更多地关注文化差异,求同存异,才能对业绩的提高起到真正有益的作用。

七、自然环境

自然环境主要包括影响和制约企业活动的地理位置、气候条件以及资源状况等自然因素。古语"天时、地利、人和"中的"地利"指的就是自然环境。

1. 地理位置

地理位置是制约企业经营的一个重要因素。当国家在经济发展的某个时期对某些地区采取倾斜政策时尤其如此。2013年以来,长江经济带、丝绸之路经济带及环渤海经济带发展受到重视。这三大经济带为全国主体功能区规划确定的全国经济发展主轴线,正是在地理位置的基础上凭借开放政策吸引了大批投资,促进了投资环境的改善,给区域内的各类组织提供了充分发展的机会。

2. 气候条件及其变化

气候冷暖变化会对企业的生产、销售等活动产生直接影响。炎热的夏季会使空调销售量居高不下,大雪纷飞的寒冬会让羽绒服卖得更快;四季如春、秋高气爽则会为旅游及相关服务业提供更多机会。

3. 资源状况

资源,特别是稀缺资源的蕴藏不仅是国家或地区发展的基础,而且为所在地区经济组织的发展提供了机会。许多中东国家地下蕴藏了丰富的石油资源,有力促进了国民经济的发展,人民生活也比较富裕。资源的分布通常影响着工业的布局,从而可能决定了不同地区不同产业经营的企业的命运。

随着人类工业化、城市化步伐的加快,人类赖以生存的地球已很难找到一方净土,对石油、天然气等的疯狂开采和利用,使可供利用的能源行将枯竭,环境保护的重要性已被大众接受,绿色环保产品因而受到公众的喜爱。企业活动应该顺应环保大趋势,在给社会造福的同时,也给自己创造效益。

第三节 行业环境分析

行业环境是指介于宏观环境与微观环境之间企业所在行业的环境。行业是指按企业生产的产品(或劳务)性质、特点以及它们在国民经济中的不同作用而形成的工业类别。行业是影响企业生产经营活动最直接的外部因素,是企业赖以生存和发展的空间。进行企业行业环境分析的目的就在于解企业所在行业的总体状况,进行行业选择,寻找所在行业中存在的威胁和机会,把握竞争态势,确定自己在行业中的地位。

一、行业基础分析

行业状况是企业最直接、最重要的环境。企业要判断自己所在的行业是否存在发展机会,就要对行业所处的发展阶段和行业在社会经济中的地位及作用进行分析。

1. 行业所处的发展阶段

确定行业所处的发展阶段,最基本的有两种方法。

(1)第一种方法,根据行业的寿命周期来确定。行业也像其他许多事物一样有其寿命周期,行业的寿命周期是一个行业从出现直至完全退出社会经济领域所经历的时间,由产生期、成长期、成熟期、衰退期等阶段构成。行业的寿命周期是在忽略产品型号、质量、规格等差异的基础上对行业整体发展水平予以考察和分析得出的,长则数百年,短则几十年。它是由社会对该行业的产品需求状况决定的。

所以,行业是随着社会的某种需求的产生而产生,又随着社会的这种需求的发展而发展;当这种需求消失时,行业也随之消失,行业的寿命即告终止。因此,我们可通过对社会需求状况的分析,来确定行业所处的发展阶段。判断行业处于寿命周期的哪个阶段,可以用市场增长率、需求增长率、产品品种、竞争者数量、进入(或退出)行业的障碍、技术变革和用户购买行为等作为标准。

(2)第二种方法,根据行业的产品在国内、国际的循环过程来确定。发展中国家有些行业的产品是在进口基础上产生的,其发展大致经过以下几个阶段:

① 一种产品进入发展中国家,其市场不断扩大。

② 在市场不断扩大的基础上,引进国外技术,建立自己的生产厂家,并使生产规模逐步扩大。

③ 随着某种产品生产规模的扩大、成本的降低,具有了在国际市场上竞争的能力,便开始出口这种产品,并逐步扩大其规模和数量。

④ 随着出口量增加和实力的增强,逐步有了在国外办厂的条件,转为在国外建立生产基地。

这种产品的循环过程是由行业的生产经营能力、竞争能力决定的。我们可以通过分析行业的这种能力来确定行业所处的发展阶段。

2. 行业在社会经济中的地位和作用

行业在社会经济中的地位和作用,主要表现在以下三个方面:

① 行业的产值(净产值和总产值)、利税额及吸收劳动力的数量,在工业总产值、财政收入和就业总量中的比重。

② 行业的现状和未来对整个社会经济及其他行业发生影响的程度。

③ 行业在国际市场上竞争、创汇的能力。

在分析行业的社会经济地位和作用时,确定行业是否是社会经济发展的主导行业是非常重要的。一般国家社会经济的发展,都有一个重工业化的过程。在重工业化过程中,又有一个高加工度的过程,即轻重工业都会由以原料工业为重心转向以加工、组装工业为重心。由于在不同的社会经济发展阶段,有不同的发展重心,因此,也就会产生不同的起带头作用的主导行业。例如,第二次世界大战后,日本工业的发展就出现过三组带头的主导工业:第一组是电力工业;第二组是石油、石油化工、钢铁、造船等工业;第三组是汽车、家电工业。

二、行业竞争强度分析

按照迈可尔·波特教授的观点,一个行业存在着五种基本竞争力量,即潜在的行业新加入者、代用品的生产者、讨价还价的供应者、讨价还价的购买者以及行业内现有的竞争对手。企业的竞争环境就源于企业在行业内同这五种竞争作用力之间的相互关系,如图6-1所示。

图 6-1 波特的五力竞争模型

这五种基本竞争力量的状况以及它们的综合强度,决定着行业的竞争激烈程度,决定着行业中利润的最终潜力。在竞争激烈的行业中,不会有一家企业获得惊人的收益。在竞争相对缓和的行业中,各企业都能获得较高的收益。由于行业间竞争的不断进行,导致投资收益率下降。若投资收益率长期处于较低水平,投资者会把资本投入其他行业,甚至还会引起现有企业停止经营。相反,就会刺激资本流入该行业。这一切将最终决定企业保持高收益的能力。行业的竞争强度,虽然是由五种竞争力量决定的,但五种竞争力量中常常是最强的力量起决定性作用。比如,远洋油轮行业,由于它的产品专用性很强,竞争的关键力量可能是购买者(主要的石油公司);而在钢铁行业中,竞争的关键力量可能是可代替的材料和国外的加入者。

1. 行业新加入者的威胁

新加入者是行业最重要的竞争力量,它会对本行业带来很大威胁。这种威胁称为进入威胁。进入威胁的状况取决于进入障碍和原有企业的反击强度。如果进入障碍高,原有企业激烈反击,进入者难以进入本行业,进入威胁就会小。

决定进入障碍大小的主要因素有以下几方面。

(1) 规模经济。规模经济迫使新加入者必须以大的生产规模进入,并冒着现有企业强烈反击的风险;或者以小的规模进入,但要长期忍受产品成本高的劣势。这两种情况都可能会使进入者却步不前。

(2) 产品差异优势。即原有企业所具有的商标信誉和用户的忠诚度等。它是通过以往的广告、用户服务、产品差异、行业悠久历史等形成的差异优势。它所形成的进入障碍,迫使新加入者要用很大代价来树立自己的信誉和克服现有用户对原有产品的忠诚。这种投资具有特殊的风险,不但难以成功,而且如果失败了,要丢失全部投资。在保健品和化妆品行业,产品差异优势是最重要的进入障碍。

(3) 资金需求。资金需求所形成的进入障碍,是指进入者要在握有大量资金,冒很大风险的情况下才敢进入这个行业。形成需要大量资金的原因是多方面的,如购买生产设备需要资金,用户信贷、存货经营、弥补投资亏损等业务,也会扩大资金的需要量。美国有个静电复印机公司,采取了不直接销售复印机,而是出租复印机的经营方式,增大了对新加入者流动资金的要求,形成了很大的进入障碍。

(4) 转换成本。这里说的转换成本是指购买者变换供应者所支付的一次性成本。它包括重新训练业务人员、增加新设备、调整检测工具等引起的成本,甚至还包括中断原供应关系的心理成本等。这一切会造成购买者对变换供应者的抵制。进入者要进入,就必须用非常多的时间和特殊的服务等来消除这种抵制。

(5) 销售渠道。一个行业的正常销售渠道,已经为原有企业服务,新加入者要进入该行业,必须通过广告合作、广告津贴等办法,使原销售渠道接受自己的产品。这样就形成了进入障碍。那种与原企业建立专营关系的销售渠道所形成的进入障碍更高,新进入者很难利用这种销售渠道。有研究表明,和早期进入者相比,新进入者在广告促销费用上要多支出销售收入的2.12%。

(6) 其他因素。决定进入障碍的因素除上述五方面外,还有专利权、最优惠货源的独占、占据市场的有利地位、政府补贴、独有的生产经验,以及政府的某些限制政策等。例如,施乐公司的复印机生产是由2000多项专利保护的。当然,如果入侵者有财务资源和技能,有专家和品牌形象,采用独特的战略等也是可以有效克服入侵障碍的,例如宝洁(P&G)公司利用其产品开发和市场营销能力就成功进入了卫生保健品市场。

2. 现有竞争者的抗衡

行业内现有企业之间总是存在着竞争,但是,不同行业现有企业间的竞争激烈程度是不同的。有的比较缓和,有的十分激烈。激烈的抗衡是由互相作用的结构性因素产生的,这些因素有以下几个方面。

(1) 众多的或势力均敌的竞争者。当一个行业的企业为数众多时,必然会有一定数量的企业,为了占有更大的市场份额和取得更高的利润,而突破本行业规定,独立行事,采取竞争行动。这势必在现有竞争者之间形成激烈的抗衡。即使在企业为数不多的行业,如若各企业的实力均衡,由于它们都有支持竞争和进行强烈反击的资源,也会使现有竞争者之间的抗衡激烈化。

(2) 行业增长缓慢。在行业快速增长时,由于各企业可以在未来发展自己,因而竞争比较缓和。当行业处于缓慢增长时,有限的发展势必使各企业为了寻求自己的出路,把力量放在争夺现有市场的占有率上,从而使现有竞争者的竞争激化。

（3）高固定成本或库存成本。当一个行业固定成本较高时，企业为降低单位产品的固定成本，势必采用增加产量的措施。企业的这种发展趋势，会使生产能力急剧膨胀，直至过剩，而且还会导致产品价格竞争，使现有竞争者的竞争激化。

（4）产品统一性高和转换成本低。一个行业的产品，若差异性高，购买者必然是按照对某些特定销售品的偏好和忠诚度来购买，生产企业间的竞争就会缓和。反之，产品统一性高，购买者所选择的是价格和服务，这就会使生产者在价格和服务上展开竞争，使现有竞争者之间的抗衡激化。同样，转换成本低时，购买者有很大的选择自由，也会产生相同的作用。

（5）规模经济的要求。在规模经济要求大量增加企业生产能力的行业，新的生产能力不断增加，就必然会经常打破行业的供需平衡，使行业产品供过于求，迫使企业不断降价销售，强化了现有竞争者间的抗衡。

（6）竞争者的性质不同。竞争者的性质不同，采取的竞争方式和手段也不同。企业如果把市场当作解决生产能力过剩的出路，它就会采取倾销过剩产品的办法。多种经营的企业，若把某行业经营的产品，视为厚利产品，就会采取扩大或巩固销售量的策略，尽力促使该行业的稳定；如果视为正在成长的产品，它就会以整个公司作为后盾采取扩大市场的措施。小型企业，为了保持自主经营，可能情愿取得低于正常水平的收益，来扩大自己的销路，使大企业的获利水平受到限制，引起竞争的激化。

（7）退出障碍。即经营困难的企业在退出行业时所遇到的困难。主要来源有：专业化的固定资产，其清算价值低或转换成本高；退出的高费用，如劳动合同费、安置费、设备费等；政府和社会的限制，如因失业问题、地区经济影响问题。当退出障碍高时，经营不好的企业只得继续经营下去。这样就使现有竞争者的竞争激化。

（8）进入障碍和退出障碍的组合状况。每个行业的进入障碍和退出障碍的高低是不同的，这样就会形成不同的组合。从获利情况看，最好的组合是进入障碍高而退出障碍低。若两者都高，由于新加入者虽然被阻，但不成功的企业很难退出，这就使本行业利润高而风险大。两者都低时，行业经营状况好时会有不少企业进入，经营状况不好时会有许多企业退出，因此，虽然利润较低但风险也较少。最坏的情况是进入障碍低而退出障碍高，新加入者可以很容易地进入，经营非常困难的企业仍要留在行业内部参加竞争，这就使本行业不仅利润低而且风险大。

3. 来自代用品的压力

代用品是指那些与本行业的产品具有同样功能的其他产品。如果代用品的价格比较低或性能比较优，它投入市场，会使本行业产品价格的上限只能处在较低的水平，这就限制了本行业的收益。代用品的价格或性能越是有吸引力，这种限制作用也就越牢固，对本行业构成的压力也就越大。正因为如此，本行业与生产代用品的其他行业进行的对抗常常是本行业所有企业采取共同措施、集体行动。在进行这种竞争中应注意下述情况：当出现的代用品是一种顺应潮流的产品并且具有强大成本优势时，或者代用品是那些实力雄厚、获利水平高的行业生产的，在这种情况下，完全采取排斥的竞争战略不如采取引进的战略更为有利。

在下列情况下，代用品有很大的威胁：第一，代用品在产品功能、质量、理念以及服务等方面都与本行业的产品存在极大的相似性，可以满足相同顾客的需要时，这将严重威胁本行业的产品。第二，购买者从购买本行业的产品转向购买代用品时，只需承担很小的转换成本，因为如果转换成本高，购买者将固定在原有产品上，而不会去购买代用品；第三，代用品的价格越低，而购买者对价格又比较敏感，所带来的威胁就越大。

4. 购买者讨价还价的能力

企业总是寻求投资回报的最大化，而购买者则希望用最低的价格购买商品。这个价格将会是供应行业获得可接受的最低的投资回报率。为了降低成本，购买者通常都会讨价还价，要求更高质量的产品，更优质的服务以及更低的价格，其结果是行业内企业之间的竞争加剧，导致行业利润下降。

购买者的讨价还价能力主要取决于产品的供求状况，若产品供不应求，购买者的讨价还价能力就弱，反之就强。下面再介绍几个影响购买者讨价还价能力的其他重要因素。

（1）购买者相对集中并且大量购买。如果购买者们集中程度高，由几家大公司控制，这就会提高购买者的重要地位。如果生产行业急需补充生产能力，那么大宗的购买者就更加处于特别有利的竞争地位。

（2）购买的产品占购买者全部费用或全部购买量中很大的比重。这时，购买者愿意花费必要的资金购买，购买者讨价还价的能力就大。反之，只占购买者全部费用的一小部分，那么购买者通常对价格不很敏感，讨价还价意义不大。

（3）从该行业购买的产品属于标准化或差异性小的产品。购买者在这种情况下确信自己总是可以找到可挑选的供应者，可使供应者之间互相倾轧。

（4）购买者的行业转换成本低。高的转换成本将把购买者固定在特定的供应者身上。相反，如果转换成本低，购买者讨价还价能力就大。

（5）购买者的利润很低。这样，他们会千方百计地压低购买费用。高盈利的购买者通常对价格不太敏感，同时他们还可能从长计议考虑维护与供应者的关系和利益。

（6）购买者有采用后向一体化对供应者构成威胁的倾向，他们宁愿自己生产而不去购买。比如奶制品企业自己建立养牛场，而不再依赖于向养牛农户收购，将对农户产生极大的震慑。

（7）供应者的产品对购买者期望的产品质量或服务无关紧要。如果供应者的产品对购买者期望的产品质量影响很大时，购买者一般在价格上不太敏感。

（8）购买者充分掌握供应者的信息。这样，购买者便会在交易中享有优惠价格，而且在受到供应者威胁时进行有力的反击。

5. 供应者讨价还价的能力

供应者的讨价还价能力主要取决于原料的供求状况，若原料供不应求，供应者的讨价还价能力就强，反之就弱。供应者的威胁手段：一是提高供应价格；二是降低供应产品或服务的质量，从而使下游行业利润下降，使自己获得更多的收益。如果企业无法通过价格结构调整消化增长的成本，它的利润就会由供应者的行为而降低。

下面这些情况对供应者讨价还价的能力也产生很大影响。

（1）供应者行业由几家公司控制，其集中化程度高于购买者行业的集中程度。这就提高了供应者自己的地位，它能够在价格、质量等条件上对购买者施加相当大的影响，迫使购买者不得不接受自己的成交条件。

（2）替代品，尤其是功能和服务极其相似的替代品会给供应者带来极大压力。即使供应者力量强大，其竞争能力也会受到牵制，与购买者的讨价还价能力下降。

（3）对供应者来说，如果某个下游行业在其销售额中所占比例较小时，供应者讨价还价的能力较强。反之，如果某行业是供应者的重要购买者，那么供应者就会出于自身长远发展的角度，来保护购买商的权益。

（4）供应者们的产品相互存在差别，并且形成购买者较高的转换成本。这样，购买者就无法轻易地转换供应者，供应者讨价还价的能力自然就高。

（5）供应者前向一体化将对购买者行业构成很大威胁。这样，购买者行业若想在购买条件上讨价还价，就会遇到困难。例如矿石公司想要自己用铁矿石炼铁，则对炼铁公司来说构成很大的威胁。

（6）供应者掌握充分的供求信息。这样，供应者便会在交易中占据主动，面对购买者威胁时进行有力的反击。

第四节 内部条件分析

20世纪70年代，企业的发展战略大多强调需要调整企业内部资源、组织结构和机制，甚至是企业本身的目标来适应外部环境的变化。但是到了20世纪80年代以后，以外部环境为导向的战略面临着如何在长期水平上保持连续的挑战。同时，人们也意识到，相对于外部环境的急剧变化，企业本身，特别是企业的内部条件往往更具有相对的稳定性。而内部条件则在很大程度在受制于企业所拥有的资源和能力，所以对企业资源和能力的充分认识，为制定更为长远的企业经营战略提供了可能性。

一、企业资源

被投入到企业生产和运营中去的都是企业的资源。资金、设备、员工技能、品牌、组织结构、市场关系、专利以及管理者的才能都是企业的资源。所以，单单靠企业的财务报表或者库存记录是不能完全反映企业资源的。一种较为经典的分类方法是将企业的资源分为有形资源和无形资源。有形资源是那些能够被量化、能被看见的资源。无形资源则是不易被看见和察觉的，同时也不容易被竞争对手发现和模仿，但对企业的价值增加有重要意义的资源。在有形资源越来越近似的竞争环境下，企业最终要靠无形资源来进行差异化的竞争，员工之间的信任关系和自身才能等都对竞争优势有着不可忽视的影响。

（一）有形资源

企业的有形资源包括企业的财务资源、实物资源和组织资源。

1. 财务资源

财务资源主要是企业自有资金和融资的能力，它在总体上决定了企业的投资能力和资金使用的弹性。主要指标有资产负债率、资金周转率、各项开支及使用制度。

2. 实物资源

实物资源主要是企业工厂和设备的规模，位置以及灵活度；企业固定资产的现值；土地和建筑的地理位置和用途；企业拥有的原材料（决定着企业可能的成本、质量以及生产能力和水准）。主要指标有固定资产的现值、工程的规模、固定资产的多种用途及固定资产折旧率。

3. 组织资源

组织资源主要指企业的报告系统以及它正式的计划、控制和协调系统。主要指标就是运用公司流程的运行效率。

有形资源可以被较为容易地识别出来和评估，并在企业的各项财务报表中得以反映。有形资源的价值和其他的许多因素有关，比如卡车作为有形资源，需要和适当的物流调度以及卡车司机的人力资源管理结合起来才能发挥这个有形资源的价值。对有形资源的战略评估包括两大问题。

（1）有什么机会可以更经济地使用企业的库存和固定资产，即是否可以用更小规模的有形资产去完成一个相同的任务。成功的企业往往可以通过有形资产重组来达到提高效率的目的。

（2）有没有可能使现有有形资源在更高利润的地方被利用。通过自己对有形资源的挖掘以及与他人组成联盟，甚至出售一部分有形资产，能更好利用有形资产的公司可以使资产利润率得以提高。

（二）无形资源

因为无形资源（产）更难以被竞争对手了解、购买、模仿和替代，企业更愿意将无形资产作为它们能力和核心竞争力的基础和来源。实际上，一种资源越是不可见，就越是能让建立在它的基础上的竞争优势更具有持久性。而且，无形资源可以被更深地挖掘。很多企业的知识管理就是如此。不同的员工有不同的知识，当企业建立起共享知识库时，所有的员工都可以分享其他人的知识，而同时自己的知识不会减少。这样的无形知识网络越大，网络内的每个人获得的利益就越大。企业的无形资源主要有三大类，即技术资源、声誉资源和人力资源。

1. 技术资源

技术资源指专利、商标、版权和商业机密等，企业技术资源离不开研究设备和科学技术人员。

2. 声誉资源

声誉资源指客户声誉品牌对产品质量、耐久性和可靠性的理解，往往由企业产品的市场地位、形象、对顾客的服务及对员工的公正性所构成。随着产品和技术之间的差异不断缩小，企业声誉及企业形象在市场竞争中正扮演着越来越重要的角色。

3. 人力资源

人力资源是非常重要的无形资源，它包括企业员工的知识结构、技能和决策能力，可以从知识、信任、管理能力、组织惯例四个方面评价描述。当代企业除帮助每位员工提高技能之外，越来越强调如何使企业作为一个团队工作的效率得以提高。在此过程中人们体会到，组织能力的提高必须依靠将各项资源有机地加以结合。企业人力资源是否得以充分有效地利用还有赖于企业内部的文化氛围，以及建立人与人之间的良好关系和创造不懈追求的企业信念。

企业的创新能力是人力资源、企业文化、技术资源、声誉资源等共同作用的结果。企业的创新能力直接关系到新产品发布的时间以及领先对手的优势，这在技术主导的行业中显得格外重要。微软（Microsoft）公司丰富的创新资源使得它具有更多的专利。更多的资源被整合或者组合就需要将独特的有形资源和无形资源做独特的组合，以产生能力。

二、企业能力

（一）基本能力

单独一种企业资源并不能独自产生实际的生产力，真正的生产力来自于各种资源的组合，而具有有效资源组合构成的企业才具备采取某些行动的能力，这些企业的能力在战略制定和执行以及市场竞争中起到重要的作用。尽管企业的能力是多样化和多层次的，但是市场竞争的经验使得人们更多地重视企业的"核心能力"或者"特殊能力"，因为只有这种能力的充分发挥才能在与竞争对手的较量中获得优势。

在识别企业的核心能力或特殊能力之前，首先要弄清楚一个企业基本上有多少种能力。这里有两种最基本的方法：一是功能性分类分析法，二是价值链分析法。

1. 功能性分类分析法

该方法主要是根据每个企业生产经营所必需的各项功能来分析其能力，具体见表 6-1。

表 6-1　企业能力的功能性分类

功能区域	企业能力
管理功能	多元化公司的战略控制的专门经验 强有力的领导 公司各部门或各业务部的协调能力 公司价值观的定位 有效的激励 综合有效的管理信息系统
研发功能	基础研究能力 新产品开发和创新发展的能力 新产品开发的速度
营销功能	品牌管理和品牌促进能力 对市场变化的反应能力 促进和利用企业高质量的声誉的能力 快速和有效的分销能力 有效的促销和人员推销能力 高质、有效的客户服务能力
生产功能	有效的生产系统规模 生产过程的不断改善能力 灵活和快速的反应能力
采购功能	稳定地采购到原料、配件的能力 采购价格合理和性能符合要求 选择最佳供应商的能力 采购量与库存相协调的能力
理财功能	有效的财务控制系统 筹措资金的能力 运用资金的能力

2. 价值链分析法

该方法是由迈可尔·波特教授提出的。他认为企业的生产是一个创造价值的过程，企业的价值链就是企业从事的各种活动——设计、生产、销售、发运以及支持性活动的集合体。一条价值链显示了对于消费者来说产品产生的整体价值，由价值活动和边际利润两部分组成。

价值链中的价值活动可分成两大类，即基本活动和支持性活动。基本活动涉及生产实体的产品、销售产品给购买者以及提供售后服务等活动。而支持性活动是以提供生产要素投入、技术、人力资源以及公司范围内的各种职能等，来支持企业的基本活动。如图 6-2 所示。

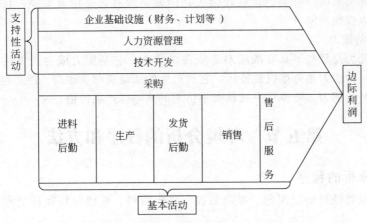

图 6-2　企业价值链

一个企业的价值链通常是由图 6-2 中所示各种活动所组成。企业内部条件分析，一方面可以对每种价值活动进行逐项分析，以发现企业存在的优势和弱点；另一方面也可以分析这个价值链中各项活动的内部联系及这种联系以整体活动最优化和协同这两种方式给企业带来的优势。这正是因为价值链所表示的不是一些相互独立的活动，而是一个由相互依存的活动所组成的系统。

因此，通过价值链分析就可以发现，企业的优势既来自于构成价值链的单项活动本身，也来自于各项活动之间的联系。而且从更广泛的角度讲，企业的价值链蕴藏于范围更广的价值系统之中。供应商具有创造和发送用于企业价值链中投入外购的价值链，而企业的产品最终又会成为买方价值链的一部分。因而企业的优势既可来源于价值活动所涉及的市场范围调整，也可来源于企业间合用价值链所带来的最优化效益。

（二）核心竞争力

核心竞争力是指能为企业带来相对于竞争对手的竞争优势的资源和能力。核心竞争力来源于企业的资源和能力，帮助企业从激烈的竞争中脱颖而出，同时反映出企业的特性。作为一种行动的能力，核心竞争力使得企业能超越竞争对手，使自己的产品和服务为顾客创造出更多的价值。

核心竞争力有四个标准，也称作四种战略力量，即有价值的能力、稀有的能力、难于模仿的能力和不可替代的能力。要成为核心竞争力，必须满足：从顾客的角度出发，是有价值并不可替代的；从竞争者的角度出发，是稀有并不可模仿的。是否符合这四个条件以及符合的程度怎样将直接决定企业在竞争中的表现和竞争的结果。

1. 有价值的能力

有价值的能力指那些能为企业在外部环境中利用机会、降低威胁而创造价值的能力。有价值的能力让企业在特定的竞争环境下形成战略优势，并为客户创造价值。

2. 稀有的能力

稀有的能力指那些极少数现有或潜在竞争对手能拥有的能力。评估这项能力应该清楚到底有多少竞争对手拥有这种能力，或者有多少潜在的竞争对手会获得这种能力。有价值的能力如果容易得到，那么这种能力就不能成为企业的战略资产。同样，获得这种能力的对手会立即削弱这种能力给企业带来的价值。美国西南航空公司快速的运营模式和短途飞行效率比竞争对手更胜一筹，这种能力虽然有价值却难以模仿，因为这个能力很稀有。

3. 难以模仿的能力

难以模仿的能力是其他企业不能轻易建立起来的。在企业创立的时候就开始形成的价值观和信仰能形成独特的企业文化，这些因素的不可见性就让其他企业很难模仿，因为这是隐藏在员工自愿的行为和思想中的。企业内部的社会关系包括企业员工之间的相互信任、融洽的关系、友谊和默契的配合；外部的社会关系包括广泛而有价值的客户网络、与供应商之间的相互信任和支持以及企业处理外部关系的声誉等。这些社会关系的复杂性对企业相当重要，且不易被察觉和复制，因此成为难以模仿的能力。

4. 不可替代的能力

不可替代的能力是那些不具有战略对等资源的能力。它是能力成为竞争优势的最后一个条件。总的来说，一种能力越是难以被替代，它所产生的战略资源就越高。能力越是不可见，企业就越难找到它的替代能力，竞争对手就越难模仿它的战略以产生价值。

第五节　环境分析的程序和方法

一、环境分析的程序

环境分析一般要经过确定课题、提出假设、收集资料、整理资料和环境预测等五个阶段的工作。

（一）确定课题

确定课题是环境分析的前提，只有明确了课题，环境分析的各项工作才有明确的方向和中心。

环境分析的课题要围绕着企业活动中存在的问题来确定，可能涉及整个企业活动，也可能只涉及企业活动的某个方面。课题的确定是一项看似简单，实际上做起来复杂的工作。由于环境分析要为企业活动的决策服务，因此研究课题往往由企业决策者下达，而决策者下达研究任务时，对任务的描述不一定非常详细精确，因而课题可能不是很明确。

（二）提出假设

在确定课题的基础上，环境分析人员还要利用企业现有的资料，根据自己的经验、知识和判断力，进行初步分析，提出关于企业活动中所遇问题的初步假设，即：判断企业问题可能是由哪些因素造成的，在众多可能因素中，哪些是最主要的。

（三）收集资料

提出了关于问题原因的假设后，还要对这些假设进行验证。如果假设能成立，那么企业就需要采取相应的措施去消除原因，解决问题。验证假设需要占有能够反映企业内外环境的资料。企业内外现有的各种资料由于不是为特定的研究而存在的，因此在适用性和时间性上可能有一定局限。为了进行正确的验证，充分进行环境分析，企业还应进行专门的环境调查，以收集所需资料。

（四）整理资料

环境调查收集的原始资料经过加工整理才有意义，才可能比较正确地反映客观环境的情况。整理资料一般包括以下两方面的工作。

（1）审核资料的准确性、真实性，以求去伪存真、去粗取精，消除资料的错误或含糊不清。在审查资料时，如果发现资料不清楚、不完整、不协调，就应采取措施予以澄清、补充和纠正。

（2）利用经过整理的资料，分析影响企业活动的各种因素之间的相互关系。验证目前提出的有关问题原因的假设是否正确。如果正确，就可利用资料来进行针对原采取措施后可能收到效果的预测。

（五）环境预测

环境预测是指利用一定的科学方法和环境调查取得的资料，对环境的发展趋势和企业未来的发展进行评估。因此，预测的内容主要包括两个方面：首先是利用对有关资料的分析，找出环境变化的趋势，然后根据这个趋势预测环境在未来可能呈现的状况；其次是根据对假设原因的验证，根据对企业活动影响因素之间关系的分析，研究采取了相应措施后，企业存在的问题是否可以解决，预测企业未来的活动条件能否得到改善。

二、环境分析的方法

在分析企业所面临的环境时，一定要将企业的外部环境和内部条件结合起来分析，以便了解它们的基本情况和基本竞争力量，对环境和资源做整体的理解和透视，从而确定本企业对各种竞争力量采取的态度，才能制定出有效的发展战略。下面介绍两种重要的综合环境分析方法。

（一）SWOT 分析法

SWOT 分析法是一种最常用的企业内外环境条件战略因素综合分析方法。该方法是将企业外部环境的机会（opportunity）与威胁（threat），内部条件的优势（strength）与劣势（weak）进行综合分析，据此对备选的战略方案做出系统的评价，最终选出适宜的战略。一般将四者同列在一张十字形图表（图6-3）中加以对照，既一目了然，又可以从它们的相互联系中进行更深入的分析。

	潜在威胁(T)	潜在机会(O)
外部环境	·强大的竞争对手 ·代用品抢占公司份额 ·市场增长率下降 ·受到通货膨胀等萧条因素冲击 ·客户或供应商谈判能力提高 ·购买者需求和品位逐步转变 ·不利的人口特征变动	·客户群扩大 ·业务进入新的地域和市场 ·可以利用新技术 ·纵向一体化 ·有吸引力的市场进入障碍降低 ·市场需求扩大 ·从竞争对手处获得市场份额
	潜在优势(S)	潜在劣势(W)
内部条件	·高素质的管理人员 ·适应力强的经营战略 ·良好的财务资源 ·品牌知名度高 ·公司声誉好 ·具有规模经济和经验曲线效应 ·产权技术和重要专利 ·成本优势 ·强大的广告和促销能力 ·产品质量优于竞争对手 ·良好的地域覆盖能力和分销能力 ·有战略同盟和合作伙伴	·管理存在问题 ·战略方向不明 ·生产设备老化 ·资产负债率较高 ·相对于竞争对手的高成本 ·盈利水平低于行业平均水平 ·研发方面落后 ·公司声誉和品牌知名度低 ·销售网络比竞争对手弱 ·经营活动受制于资金 ·生产能力利用不足 ·产品质量落伍

图 6-3 SWOT 矩阵图

SWOT 矩阵图能帮助企业识别和制定四种战略：SO 战略（优势－机会战略）、WO 战略（劣势－机会战略）、ST 战略（优势－威胁战略）和 WT 战略（弱势－威胁战略）。

SO 战略是用一个企业的内部优势去利用外部机会。所有的企业都希望能运用内部资源优势来充分利用外部机会和其他环境要素。奔驰汽车公司就利用自己技术先进和质量上乘的声誉扩大家庭豪华型汽车的生产，抓住了市场对豪华型汽车需求增长的机会。WO 战略意在利用外部机会来改善内部劣势。有时存在关键的外部机会，企业的内部劣势却妨碍它去利用这些机会。这时企业就会竭力克服弱点，以抓住外部机会。ST 战略是运用企业的优势来规避或者减少外部威胁的冲击。英特尔（Intel）公司就常常利用其优秀的法律部门和律师团队对盗版问题进行诉讼，以保护自己在芯片设计上的领先地位。WT 战略是一种防御性战略，用来规避外部威胁和内部劣势带来的不利影响。一个企业若面临很多的外部威胁和内部劣势，它就处于一个极不稳定的状态，要竭力求生存，并很可能遭遇兼并、破产、清算等。

SWOT分析法是重要的战略分析工具，也是一种战略性思维方法。它的正确实施来源于知识、经验、充分的信息、商业自觉以及领导能力等的综合运用。对于企业领导人不断审视内外环境变量，制定战略和保持长期的战略优势具有重大的现实意义。

（二）波士顿矩阵分析法

波士顿矩阵是美国波士顿咨询公司在1960年开发出来的。其基本思想是将企业生产经营的全部产品或者业务的组合作为一个整体进行分析。该方法常被用来分析企业相关业务之间现金流量的平衡问题。通过该方法，企业可以找到使其内部条件和外部环境结合的适当业务战略。图6-4为波士顿矩阵的基本示例。

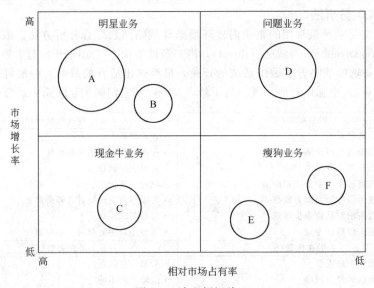

图6-4 波士顿矩阵

其中，矩阵的横轴表示企业在行业中的相对市场份额地位，即企业某项业务的市场份额与这个市场中最大的竞争对手的市场占有率（份额）之比。纵轴表示市场增长率，及企业的某项业务前后两年行业市场销售额增长的百分比，这一增长率表示每项经营业务所在市场的相对吸引力。图中每个圆圈都表示企业的一项独立业务，其面积代表了该项业务或者产品的收益与企业全部收益的比例。所以，在这个图上，能非常清晰地发现企业各项业务或者产品的收益、市场份额和收益增长情况，从而为制定企业战略提供信息基础。

根据有关业务或者产品的行业市场增长率和企业相对市场份额标准，波士顿矩阵可以把企业的经营业务定位在四个象限中。

1. 问题业务

这类业务通常处于最差的现金流量状态。一方面，其所在行业的市场增长率高，企业需要大量的投资支持其生产经营活动；另一方面，其相对市场地位低，能够产生的现金流很小。因此，企业在对于问题业务的进一步投资上需要进行分析，判断使其转移到明星业务所需要的投资量，分析其未来盈利潜力，研究是否值得投资等问题。

2. 明星业务

这类业务处于迅速增长的市场，具有很大的市场份额。在企业的全部业务当中，明星业务在增长和获利上有着极好的长期机会，但它们是企业资源的主要消费者，需要大量资金投入。为了保护或者巩固并扩张明星业务在增长的市场中的主导地位，企业应该在短期内优先给这类企业提供所需的资源，引导这类业务的发展并使其转化为现金牛业务。

3. 现金牛业务

这类业务处于成熟的低速增长的市场之中,市场地位有利,盈利率高,本身不需要增加投资,反而能为企业提供大量的资金,用以支持其他业务的发展。

4. 瘦狗业务

这类业务处于饱和的市场中,竞争激烈,可以获得的利润很低,不能为企业提供资金,而且还可能由于竞争激烈需要企业投入更多的资金。如果这类业务还能自我维持,则应该缩小其经营范围;如果失败或难以经营,应该及早采取措施,清理业务,退出经营。

波士顿矩阵通过明确各项业务的环境和绩效表现,帮助企业明确各项业务的现状和前景,判断各项业务的机会和威胁,优势和劣势,采取相应的策略,比如保持现金牛业务的地位,帮助明星类业务快速成长,或者果断终止瘦狗业务。当企业进行多元化经营时,就非常需要用该方法来辅助战略思维。

知识拓展

创 业 环 境

一个国家或地区的创业活动的数量和质量,很大程度上取决于创业者所处的创业环境。虽然民族特质和地理环境可能在某种程度上对创新和创业活动有一定的影响,但创业者身处其中的经济、制度、技术和教育环境对其创业的动机、方向以及效果起着更为决定性的作用。全球创业观察(Global Entrepreneurship Monitor,GEM)研究项目认为,创业环境包括九个方面:金融支持、政府政策、政府项目支持、教育和培训、研究和开发效率、商业与专业基础设施、进入壁垒、有形基础设施、文化和社会规范。

在创业环境的诸多因素中,被关注最多的是政府在增加创业活动和效率方面的作用。政府制定的公共政策能否起到鼓励创业活动的作用,是政府和学界共同关注的重要问题。因为这一问题涉及政府是否应该和如何制定相应的公共政策以增加国家创业活动的数量和质量。支持者认为,国家关于税收、政府采购、国家科研投入等公共政策可以改善创业环境,提高国家创业活动的数量和质量;反对者则认为,公共政策的大多数都没有发挥应有的作用,有的甚至不发挥任何作用。从2003年GEM参与国家和地区的创业调查情况来看,在绝大多数国家和地区(25个)中受访的专家和创业者认为,政府针对新办企业和成长型企业的政策是无效的,只有6个国家和地区例外。在这项调查评分中,中国处于GEM参与国和地区的第3位,仅次于爱尔兰和美国。说明中国政府的政策对于创业活动的作用在一定程度上是有效的。

政府在鼓励创业活动的公共投入方面通常会偏爱高科技产业,这与国家特定的产业政策结合在一起。各种科技园区、高新园区、孵化器都成为高科技企业的摇篮。高科技产业能为国家竞争力带来更为持久和深远的影响,能使参与国际竞争的企业在全球的产业价值链分工中得到更有价值的部分。

有三个环境因素将会在未来十年中高度影响中国创业活动的数量和质量。

(1) 政策法规环境。十九大报告提出,着力构建市场机制有效、微观主体有活力、宏观调控有度的经济体制,不断增强我国经济创新力和竞争力。创业投资对高科技企业的推动作用已经引起我国政府的重视。政府正加快有关政策建设,力争尽快建立起创业投资的政策支持系统,加强政府采购政策、税收优惠政策、财政投入政策的支持力度等。这一系列举措结合法律文件的支持都将会起到引导和扶持创业投资、繁荣创业活动的积极作用。

(2) 完善的资本市场。创业板的出台促进创业投资在我国的更快发展,为中国的创业投资带来历史性的发展机遇。同时,我国主板市场,尤其是中小企业板块的发展和壮大,促进真正意义上的多层次资本市场体系的完善和成熟。党的十九大提出,深化金融体制改革,增强金融服务实体经济能力,提高直接融资比重,促进多层次资本市场健康发展。全国金融工作会议强调要把发展直接融资放在更加突出的位置。这为我们建设资本市场指明了方向,也标志着我国资本市场的改革发展迈入了新时代。愈加完善的资本市场将成为创业活动的积聚"源头活水"。

（3）专业型人才的涌现。创业投资人才的培养既包括创业投资家的培养，也包括创业企业家的培养。企业家既是市场经济的主体，也是创业的主体。只有更多的创业主体不断参与到市场竞争中，市场经济才有活力，市场机制的功能才能充分发挥。实践表明，大量创业主体的涌现，为社会主体市场经济体制的建立和繁荣带来了活力。科学发展时代呼吁着高素质企业家的出现。我国已经建立起具有吸引力的激励机制，激发创业投资人才队伍的快速发展并积极与国外创业投资机构合作、交流，引进先进的管理理念和管理技术，使我国的创业投资人员在与国外富有经验的创业投资人员进行合作和交流中逐渐成长和成熟起来，将为我国创业的繁荣注入活力。

本章小结

任何组织都存在于一定的环境之中，企业的生存和发展与环境分析息息相关，因此首先要了解全球化背景下环境分析的意义。企业环境分析分为宏观环境分析、行业环境分析和内部条件分析。

宏观环境分析主要是从政治环境、法律环境、经济环境、科技环境、人口环境、社会文化环境和自然环境这七个方面进行归纳。

行业环境分析分为行业基础分析和行业竞争强度分析。行业环境分析既要进行行业基础分析，了解行业所处的阶段及其在社会经济中的地位和作用，还要运用波特教授的"五力模型"对行业竞争强度进行详细分析。

内部条件分析包括对企业资源和企业能力的分析。进行企业资源分析要从有形资源、无形资源两方面着手。企业能力分析对企业的基本能力和核心竞争力都要兼顾，但核心竞争力无疑是企业取得竞争优势的最终来源。

环境分析一般要经过确定课题、提出假设、收集资料、整理资料和环境预测等五个阶段的工作。在分析企业所面临的环境时，一定要将企业的外部环境和内部条件结合起来分析，SWOT分析法和波士顿矩阵分析法是两种常用且重要的综合环境分析方法。

案例分析

聚美优品的起家

聚美优品是一家化妆品限时特卖商城，其前身为团美网，由陈欧、戴雨森等创立于2010年3月。聚美优品首创"化妆品团购"模式：每天在网站推荐十几款热门化妆品。2014年5月16日晚间，聚美优品在纽交所正式挂牌上市，股票代码为"JMEI"。2014年6月，聚美优品低调上线海淘网站海外购，9月，聚美全面发力海外购，并在首页开通独立频道。聚美优品拥有5000万注册用户，占女性化妆品团购市场份额的80%以上。

一、创业第一步

创始人陈欧十几岁时留学新加坡，26岁获得美国斯坦福大学MBA学位。2009年7月，在从斯坦福商学院毕业的第三天，他就回到了国内，希望在自家门口创业。应该说，他的第一次创业就颇具"海归"气质。在美国求学期间，陈欧曾目睹一家小游戏广告公司在很短时间里创造两亿美元的惊人业绩。回国后，他选择了这种商业模式创业。第一笔资金来自新东方徐小平的18万美元。但很快，这家游戏广告公司陷入了窘境。在美国，一个有效的点击可以卖到几十美元，而在国内几乎是白菜价，连几毛钱都卖不到。最困难时，他的公司只剩下了几个人。他在分析国内电子商务市场环境的基础上，迅速调整了公司的业务方向。

二、转做团购网

当时，中国电子商务市场的"百团大战"狼烟四起，大约平均每天新增4个团购网站，从前期比拼用户数、交易额，到后期比拼收入和利润，"百团大战"的厮杀越来越激烈。团购无疑是当前风险投资的新宠，不仅"新出生"的互联网企业将宝押在了团购，而且老牌互联网如搜狐也加入了这支队伍。近 400 家团购网站相互厮杀。

陈鸥很快把目光锁定在当时尚属冷门的垂直领域——化妆品的团购上。"做游戏广告时，我们和一些化妆品公司有过合作。"陈鸥解释道，化妆品的平均利润在 20%～30%，属于高利润的行业。而且传统渠道成本高，这也是造成化妆品价格虚高的主要原因。"有利润空间，企业愿意做，有价格优势，用户也愿意买。"

2010 年 3 月，陈鸥创立团美网。跟团购市场上踌躇满志的创业者不同，经历过一次失败之后的陈欧心里也没底，不确定团购这个模式在美妆领域能否做得通，比如那些单价很高的大品牌化妆品是不是真的能卖出去。成立之初，团美网主要选择一些像化妆棉这样，单价较低又不涉及真假问题的美妆周边产品。陈欧和团队在这段时间主要是在验证商业模式，比如会统计 100 个流量过来多少会转化为购买力。

第一次尝试大品牌化妆品团购，陈欧选择了倩碧的黄油，直接从专柜买货，五折出售。那一单他赔了很多钱，甚至自己贴差价，但好消息是知道单价很高的商品也是可以团购出去的。"消费者有这个需求，我们要做的就是把阻挡他们购买的顾虑因素都消除。"一个多月的试运营后，他们上次创业的天使投资人徐小平又给了他们 200 万的投资，陈欧开始全力投入。

化妆品的特点是毛利高、货源杂、高仿假货多。创业不久的公司很难跟大品牌直接建立合作，只能先通过代理等渠道扫货。但陈欧非常明白要想让公司获得更好的发展，一定要能给消费者 100% 的正品保证。一方面陈欧组织起十几人的团队，一瓶一瓶验货，另一方面他向用户承诺 30 天无条件退款，到 2011 年 6 月又推出拆封 30 天无条件退货——只要消费者有疑虑，即使已经拆封试用的化妆品也可以由基层客服直接为消费者办理退货，直到现在也没有第二家公司跟进这项服务。不过到目前为止，他们的退货率还保持在 1% 左右。"你要相信绝大多数人都是有购物需求的用户，而个别不正常的退货则是提供好服务所必须付出的成本。"

2011 年 6 月，聚美优品推出聚美商城，商城与品牌商直接合作，品类更多、不限时，全部以 8～9 折出售。现在，聚美优品正在谋划更多的品类扩张，已经开始出现鞋类限时团购。陈欧希望不久能建立起化妆品、鞋类等多个频道，"跟女人和美丽相关的产品都可以卖。"

如今的聚美优品，已经成为中国正品化妆品的最大的团购市场，而聚美优品线下店上线却成为瞩目的焦点。北京各大地铁站，广告语都是"对不起，我知道，你在等"。

资料来源：武博扬，孙永波. 垂直型 B2C 电商战略转型研究——以聚美优品为例 [J].
企业经济 . 2017 (1).

讨论题：
1. 聚美优品是如何整合外部环境和内部条件而获得发展的？
2. 公司发展过程中遇到什么困难，如何突破并取得成功的？
3. 聚美优品的成功来源于哪里？它与其他化妆品团购平台有什么不同？

复习思考题

1. 全球化背景下环境分析对于企业的意义？
2. 为什么研究和了解企业外部环境很重要？
3. 企业战略分析的宏观环境包含哪七个方面？
4. 行业环境的五种基本竞争力量是什么？结合一个具体的企业谈一谈。
5. 企业有哪些主要的资源？其主要特征是什么？
6. 你怎样理解"核心竞争力是企业竞争优势的最终来源"这句话。
7. 选择一个特定行业中的企业，用 SWOT 分析法帮助企业识别和制定四种竞争战略。

第七章 计 划

本章学习目的

- 掌握计划的概念、作用、特点及其类型；
- 熟悉计划编制的过程及有效性；
- 掌握计划编制的原则及方法；
- 了解目标管理的产生背景、概念与特点；
- 掌握目标管理的基本过程及其优缺点；
- 了解有效实施目标管理的方法。

导入案例 ▶▶▶

某电子厂的计划

2016年10月，某电子厂受外部环境的影响，产品销售不好，资金十分紧张，销售旺季的11~12月份将会"旺季不旺"。面对这一形势，张厂长压力很大。该怎样做才好？张厂长认为应该把工作的重点放在营销上。他想出以下几个计划。

第一个计划，正当国内电子产品价格居高不下，并且继续酝酿上调之时，降低产品价格，分品种下降5%~8%，个别品种下降10%以上，使产品价格处于较低水平。用这种方法可以减少产品积压带来的贷款利息和罚息损失。这样做，预计第一季度可收回货款2088万元，其中3月份可回收1200万元，但这种方式降价，经计算将会减少销售收入800万元。

第二个计划，企业过去基本上是做大宗买卖的，现在要改变经营战略，重点改为向中小城市、农村、国家重点工矿组织推销产品，这样大宗和小笔生意都不放过，双管齐下。预计年底销售、回收货款可达1086万元，约占同期贷款回收额的42%，2017年上半年预计销售实现回收货款1250万元，占同期贷款回收额的39%。但是，这样做又存在销售人员（商品推销员和售货员）严重缺乏问题。

第三个计划，为提高市场占有率，还可以组成由产品设计人员、经销人员参加的调研队伍，深入市场，走访用户和销售网点，研究消费者习惯及心理变化，筛选和处理产品需求，及时开发和生产适销对路的产品，提高市场占有率。另外，还可以在生产中从原料到产品及售后服务道道工序把住质量关，做到不合格的半成品不流入下道工序，不合格产品不出厂。这样做可以提高产品在市场上的信誉，从而扩大市场占有率，多售产品，回收货款。但是，由于重点技术力量薄弱，迅速开发新产品还存在一定难度。另外，新产品开发到投放市场还需要一个过程。恐怕采取这种方法明年年底才能产生效果，远水解不了近渴。因此，这种做法的资金回收效果并不明显，仍不能很好解决资金紧张这一问题。

上述三种方案各有利弊，究竟怎样做才好呢？当务之急，要张厂长审时度势、权衡利弊做出决策。

资料来源：http://aiwen.yxad.com/question/1431840677615837，作者略有删改。

组织要想成功，首先必须制定切实可行的行动计划，并集中全部精力去实现。本章将从计划的概念与类型、计划的编制和目标管理等方面做详细阐述。

第一节 计 划 概 述

一、计划的概念

"计划"一词通常有两种意义。一种意义强调了计划的结果性,是指用文字和指标等形式所表述的组织目标及方案。计划既是组织在未来一定时期内的行动目标和方式在时间和空间的进一步展开,又是组织、领导、控制等管理活动的基础。另一种意义则强调了计划的过程性,是指确定组织目标及实现该目标的行动方案。在管理中更加强调计划的过程性,有时也用"计划工作"一词来表示。通过计划工作,可以保证组织活动有条不紊地进行。

无论是计划的结果性还是过程性内涵,计划内容都包括"5W1H",即:

What——做什么?要明确计划的具体任务和要求、每一个时期的中心任务和工作重点。如企业生产计划就要明确所生产产品的品种、数量、进度、费用等,以保证充分利用企业的生产能力,按质、按量、按期完成生产计划,并为考核提供依据。

Why——为什么做?要明确计划的宗旨、目标和战略,并论证可行性。实践表明,计划工作人员对组织和企业的宗旨、目标和战略了解得越清楚,就越有助于他们在计划工作中发挥主动性和创造性。

Who——谁去做?要明确具体的计划执行者,做到职责明晰。计划不仅要明确规定目标、任务、地点和进度,还应规定由哪个主管部门负责,哪些部门协助,在计划执行的各阶段,由哪些部门或人员参与鉴定和审核等。

When——何时做?要规定计划中各项工作的开始和完成的进度,以便进行有效控制、对能力及资源进行平衡。

Where——何地做?要规定计划的实施地点或场所,了解计划实施的环境条件和限制,以合理安排计划实施的空间组织和布局。

How——怎样做?要制定实现计划的措施,以及相应的政策和规则,对资源进行合理分配和集中使用,对人力、财力、物力进行平衡,对各种派生计划进行综合平衡等,同时要预估可能出现的各种情况以做好防范应对等。

值得注意的是,计划主要与未来有关,计划工作本身的目的就是力图使组织在未来获得最大成效。虽然计划应该尽可能地稳定,这将有助于计划执行者富有成效地开展工作,但是计划也不是一成不变的,在计划期内,与计划目标相关的一些因素可能发生了巨大变化,这足以使计划本身失去效用。因此,要不误时机地对计划进行修订,使计划保持有效性。

二、计划的特点

(一)目的性

目标是计划工作的核心,组织制定的任何一个计划都是为实现组织目标服务的。计划工作要使今后的行动集中于目标,需要预测并确定组织的目标和实现目标的行动路径,从而指导今后的行动朝着目标的方向迈进。同时,通过制定计划,有助于组织中的每一位员工能够了解并理解组织的目标以及实现目标的具体行动安排,以使组织上下保持行动的同一性,促进组织目标的实现。因此,可以说目的性既是计划的出发点,也是计划的归宿点。

(二)首位性

在管理活动中,计划是其他管理职能的基础。只有通过计划工作确定了组织目标之后,组织、领导、控制等其他管理职能才能进行。此外,计划工作影响和贯穿于其他管理职能活动之中,起到对组织管理的指导作用。此外,计划工作与控制工作密不可分,如果没有计划明确控制活动的目标,管理者就无法实施有效的控制。因此,计划工作在管理活动中,处于首要地位。

(三)普遍性

任何管理者,无论是高层管理者还是基层管理者都要制定计划,从事计划工作。只是在不同层级的管理者由于职权和管理范围的不同，所从事的计划工作的重点和内容有所不同。高层管理者主要负责制定组织的战略计划，中层管理者要负责战术计划，基层管理者侧重于具体的作业计划。总之，不同层次的计划是相辅相成的，以此来促进各层级管理活动的相互协作，保证实现组织的总目标。

（四）效率性

任何计划工作都要讲求效率，从效率出发，制定出合理配置资源的方案。计划的效率是指以实现组织目标所获得的利益与制定和执行计划过程中所耗费的损失的比率。如果一个计划能够达到目标，但是在计划制定和执行过程中将付出较高的代价或不必要的代价，那么这个计划的效率就很低，因此，不是一份好的计划。当然，在衡量计划的代价时，不仅要考虑经济方面的利益和耗损，还要考虑非经济方面的利益和耗损，如组织成员和集体的满意程度。例如，某公司试图通过裁员削减日常经营开支，来缓解未来发展的压力，反而带来员工的不满与士气的低落，致使生产效率的大幅度下降，最终导致计划的失败。

（五）创造性

计划作为一切管理活动的出发点，总是针对企业外部环境出现的新变化和企业内部经营存在的新问题而做出的。因此，它是一个创造性的管理过程。这就要求管理人员在制定计划时，要充分发挥主动性和能动性，敢于打破常规，根据本企业现状，提出一些新想法、新思路、新方法。总言之，计划工作是一项具有创造性的管理工作。

三、计划的作用

（一）为组织成员指明方向，协调组织活动

计划为组织的管理活动提供指导。有效的计划工作不仅可以明确组织目标、开发组织各个层级的计划体系，还可以让组织的各级管理者及其员工了解组织的目标，以及为达到目标自己必须承担的职责和应做的贡献。为此，管理者将进一步根据计划进行指挥和指导，层层确定下级的权力和职责，促使各部门之间、员工之间能够彼此协调工作，相互合作，将组织内所有员工的力量凝聚成一股朝向同一目标方向的合力，以保证实现计划所设定的目标。

（二）为组织的未来预测变化，减少冲击

企业正处于一个社会不断变革、技术不断革新的时代，也面临着日益激烈的市场竞争。组织未来的生存环境具有很大的不确定性，这就要求企业通过计划工作充分分析未来环境的变化的规律和变化趋势，把握组织未来可能出现的机会和面临的挑战，将不确定性降低到最低限度。正如"凡事预则立，不预则废"，这就要求管理者进行周密的预测，科学地做好计划工作。

（三）为组织的经营活动减少浪费，提高效益

良好的计划工作需要对各种方案进行可行性分析，选择最适合的方案以实现组织目标。通过该过程的认真分析，能够减少在未来活动中的浪费和冗余。同时，计划可以促进各部门及其员工之间在工作中的协调一致，合理配置资源，保证人、财、物得到最佳配置，减少重叠性和浪费性的活动。因此，计划工作能够有效地组织经营活动，提高组织的经济效益。

（四）为组织控制提供控制标准，纠正偏差

在组织管理中，计划与控制是相辅相成的。如果计划是根，那控制就是果。计划预先指出了组织所期望的行为和目标，控制则是按计划指导实施的行为和目标。未经计划的活动是无法控制的。如果没有计划明确目标，管理者就无法检查组织目标的实现情况，无法进行有效控制。控制活动就是通过纠正计划的偏差使活动保持既定的方向，正是由于计划工作确定了目标，才使得控制职能能够将实际的业绩与计划目标进行对照，一旦出现重大偏差，可以及时纠正偏差。

计划是连接现在与将来的桥梁。计划能使不确定的未来变得可以预测，也能使可能发生的不利后果得以减轻或避免。"谋定而后动"，计划是对未来的预测，是对未来行动的具体化，可以帮助管理者有效开展管理活动，提高经济和社会效益，实现组织的目标。

在现实中人们对计划的作用有下列不同看法。

首先，计划赶不上变化。有人认为：计划赶不上变化，因此制定计划是没有用的，计划工作会导致僵化。确实，未来是不确定的，变化无时不在，提前制定的计划不可能应对后来所有的变化。如果环境发生了变化，坚持执行原来的计划也可能导致目标不能完成。

其次，长期计划的指导意义可能会减弱。组织在制定长期计划时，通常以过去的成功为基础，对组织能力、发展机遇和目前的竞争态势等进行调查以分析后，极其乐观地描绘发展蓝图。但由于前期信息的不完整和未来信息的不可得，对现有或潜在风险估计不足等，都会导致长期计划的指导意义变弱。

最后，详细的计划工作会阻碍创新。详细的计划工作会导致组织成员按部就班工作，完成目标的压力也可能使管理者不愿意冒险进行新的探索，时间长了人们会养成依赖计划的习惯，从而损害组织的创造性和开拓精神。

上述对计划工作的不同意见并不是要管理者放弃计划工作，但计划确实存在局限性。在进行计划工作时，要理解内外部环境的不确定性，提高计划的应变能力。好的计划要考虑未来环境的变化，要有备用的应变计划。另外，计划是在特定环境假设下制定的，如果环境发生重大变化，计划就应该及时调整修改。总之，既不能因为未来的变化而否认计划工作的作用，又不能死守计划而忽视变化带来的影响。

四、计划的类型

由于组织活动的复杂性和多样性，对计划的类型划分也有多种。表 7-1 列出了不同的分类方法。

表 7-1　计划的类型

分类方法	计划类型
按计划的表现形式划分	宗旨、目标、战略、政策、程序、规则、规划、预算
按计划制定的层次划分	战略计划、战术计划、作业计划
按计划的时间长短划分	长期计划、中期计划、短期计划
按计划的明确性划分	指导性计划、指令性计划
按计划的职能划分	生产计划、营销计划、财务计划等

（一）按计划的表现形式划分

按照不同的表现形式，可以将计划分为宗旨、目标、战略、政策、程序、规则、规划、预算几种类型。

1. 宗旨

宗旨就是组织的最基本的目标，它表明了组织在社会上应起的作用和所处的地位，决定了组织的性质，决定一个组织区别于其他组织的标志。简言之，宗旨明确了一个组织是干什么的，应该干什么。例如，沃尔玛提出"我们存在的目的是提供顾客物有所值的东西；用比较低的价格和比较多的选择，改善他们的生活，其他一切都属次要"。

2. 目标

组织宗旨往往比较抽象化、原则化。因此，需要进一步具体化为组织和各部门的目标。一定时期的目标是在宗旨指导下提出来的，它规定了组织及其各部门在一定时期经营管理活动要达到的最终成果。同时，组织目标往往需要分层设立。目标层次越高，越为抽象、概括，但它将支配着低层次的目标。低层次的目标较为具体，这些目标的达成将有助于高层次目标的实现。

3. 战略

战略是为了实现组织总目标而确定的行动方针及其资源分配方案的一个总计划。战略并不确切描述组织怎样完成目标，而是为组织提供指导思想和行动框架，指导组织的全局和长远发展，指明组织未来发展方向、发展重点以及资源分配的优先次序。

4. 政策

政策是指导组织决策、沟通思想和行动方针的明文规定，它指明了组织活动范围和方向，并表明组织鼓励什么和限制什么。政策的实质在于自主性，鼓励下级在规定的范围内自主处理问题，主动承担责任。它具有连续性、稳定性、统一性等特征，为组织的经营活动建立了一般性指南，保证行动同目标一致，促进目标的实现。

5. 程序

程序规定了如何处理那些重复发生的例行问题的解决方法。它具体规定了未来解决这些例行问题的行动顺序。例如，公司的财务预算管理程序、员工招聘程序等均是由一个个步骤构成。管理的程序化水平是管理水平的重要标志，制定和贯彻各项管理程序是组织的一项基础工作。

6. 规则

规则是一种最简单的计划，是在具体场合和具体情况下，允不允许采取某种活动的规定。它为组织的具体工作做出一系列的限制和规定，没有酌情处理的余地。规则不同于程序，规则是指导行动但不说明时间顺序，但是也可以把程序看作是一系列的规则。规则也不同于政策，政策在于指导行动，执行者留有酌情处理的余地，但运用规则时，执行者没有自行处理的权利。

7. 规划

规划是为了实现既定方针所必需的目标、政策、程序、规则、任务分配、步骤执行、资源配置等而制定的综合性计划。它是粗线条的、纲要性的。一项规划可能很大，也可能很小。通常情况下，一个主要规划可能需要很多支持计划。所有的这些计划都必须加以协调和统筹安排。

8. 预算

预算是一种数字化的计划，是一份用数字表示预期结果的报表。预算是一种基本的计划工作手段，常常为规划服务。同时，预算也是一种控制手段，用于考核管理工作的成效和对预算目标的偏离情况，从而实现控制的目的。

（二）按计划制定的层次划分

按计划制定者在组织中的层次可以将计划划分为战略计划、战术计划和作业计划。

战略计划是由高层管理者制定的，主要围绕企业的总体战略目标，并且根据目标制定企业的战略方案，依托该方案配置企业的各项资源，从而保证战略的顺利进行。战略计划决定了在相当长的时间内组织资源的配置方向，涉及组织的各个方面，并在较长时间内发挥指导作用。同时，战略计划的覆盖面广，具有较大的弹性，计划内容不具体。

战术计划是由中层管理者制定，它是战略计划的实施计划。战术计划将战略计划中具有广泛性的目标转化为确定的目标，并规定了达到各种目标的确切时间，重在明确落实战略计划的各种措施和方法。它往往是局部性的、阶段性的计划，多用于指导组织内具体部门或职能在未来较短时期内的行动。

作业计划是由基层管理者制定。它规定了总体目标如何实现的细节计划，是根据战略计划和战术计划而制定的执行性计划。它为生产、销售、研发、维护等各种作业活动制定详细具体的说明与规定。作业计划往往具有个体性、短期性、可重复性和指令性。

总之，战略计划、战术计划和作业计划体现了不同管理层次目标制定的差异性以及相互间的协调性。前者对后者起到指导作用，而后者的实施将确保前者的有效实施。

（三）按计划的时间长短划分

根据时间长短的不同，可以将计划分为长期计划、中期计划和短期计划。

长期计划是为实现组织的长期目标服务的具有战略性、纲领性指导意义的综合发展规划，是组织长期发展的蓝图。长期计划的期限一般在五年以上。

中期计划是根据长期计划的内容并结合计划期内的具体条件变化进行的编制，它比长期计划更为详细和具体，但同时，也对制定短期计划起到指导作用。中期计划期限通常为一至五年。

短期计划则是对中长期计划的具体安排和落实，它具体规定了组织各部门在未来较短的时期内的活动计划，为组织提供了短期内行动的依据与准则。短期计划期限通常为一年以下。

（四）按计划的明确性划分

根据计划内容的明确性，可以将计划分为指导性计划和指令性计划。

指导性计划只规定了一般性的指导原则，为组织的经营活动提供了具有指导性的方针政策，而并不对管理者具体如何执行加以约束和限定。因此，它具有较大的灵活性。例如，一个企业计划在未来增加利润，其指导性计划或许只提出在未来6个月中利润增加5%~10%。

指令性计划则明确规定了目标，并提供了具体的可操作性的行动步骤和执行方案，比指导性计划更为具体。例如，一个企业要增加利润，其指令性计划可能会具体规定在未来6个月中，成本要降低4%，销售额要增加6%。

总之，指令性计划的可操作性较强，但是，它要求的具体明确的可预见性不一定能够满足。当不确定性很高时，具有灵活性和可控制的指导性计划显得更为可取。因此在制定计划时，组织管理者应根据所处的内外部环境和拟完成任务的特殊性，认真权衡指令性计划与指导性计划。

（五）按计划的职能划分

任何一个组织都存在不同的职能分工。每种职能都需要制定相应的计划以保证组织总目标的实现。例如，企业要从事生产、营销、财务、人力资源等方面的活动，就要相应地制定生产计划、营销计划、财务计划、人力资源计划等。

五、影响计划的权变因素

制定什么类型的计划主要取决于三个因素：组织的层次、组织的生命周期和环境的不确定性程度。

（一）组织的层次

在大多数情况下，基层管理者的计划活动主要是制定作业计划，当管理者在组织中的等级上升时，管理者制定的计划角色就更具战略导向。在小企业中，创业者的计划角色兼有这两方面的性质。

（二）组织的生命周期

组织都有生命周期。在组织的初创期，这一阶段要求组织具有很高的灵活性，管理者应当更多地依赖指导性计划。在成长阶段，随着目标更确定、资源更容易获取和顾客的忠诚度的提高，计划也更具有明确性。当组织进入成熟期时，可预见性最大，从而也最适用于具体计划。当组织从成熟期进入衰退期时，计划也从具体性转入指导性，这时应重新考虑目标，重新分配资源。在组织生命周期的各个阶段，计划的时间长度和明确性应当在不同的阶段上做相应调整。

（三）环境的不确定性程度

环境的不确定性越大，则计划越应当是指导性的，计划期限也应越短。如果正在发生着迅速的和重要的技术、社会、经济、法律或其他变化，精确规定的计划实施路线反而会成为组织取得绩效的障碍。此时应当采用带有指导性的计划，而且变化越大，计划就越不需要精确，管理就越应当具有灵活性。

第二节　计划的编制

一、计划编制的原则

计划编制应当遵循一定的原则，以保证计划的编制工作做到合理、科学，促进计划目标的组织落实。计划工作的主要原则有：弹性原则、限定因素原则、许诺原则和过程应变原则。

（一）弹性原则

不管计划制定得如何完美，总会有意外的事件发生，而这些往往是管理者预先所不能控制的。因此，计划必须具有一定的弹性，在编制计划时要留有余地。计划中体现的弹性越大，由未来不确定的意外事件所引致的损失或代价就越小。但是计划编制工作的弹性是有限度的。计划编制在确保一定的弹性的同时，还要兼顾计划的效率性。总之，在计划编制时，应量力而行，不留缺口，但要留有余地，以适应未来组织内外部环境的变化。

（二）限定因素原则

限定因素是指妨碍组织目标实现的因素。限定因素原则可以表述如下：主管人员越是能够了解对达到目标起主要限制作用的因素，就越能够有针对性地、有效地拟定各种行动方案。换句话说，在其他因素不变的情况下，仅仅改变这些因素，就可以影响组织目标的实现程度。限定因素原则就是要求管理者在制定计划时必须全力探寻和深入了解对组织目标实现起关键限制作用的因素，以有针对性地采取有力措施。这一原则又被形象地称为"木桶原理"。

（三）许诺原则

许诺原则可以表述为：任何一项计划都是对完成各项工作所做出的许诺。合理计划工作要确定一个未来的时期，这个时期的长短取决于实现决策中所许诺的任务需要的时间。按照许诺原则，首先，计划必须有期限要求，完成期限往往是对计划的最严厉的要求。其次，合理地确定计划期限。最后，每项计划的许诺不能太多，因为许诺（任务）越多，则计划时间越长。

（四）过程应变原则

俗话说"计划赶不上变化"，总会有一些情况是无法预见的。即使在制定计划时，竭尽全力做到周全和缜密，也不可能完全预测到未来可能发生的所有情况。因此，管理者需要根据实际情况定期检查计划。当意外情况发生时，计划的总目标不变，但实现目标的进程可以因情况的变化随时改变，管理者要及时调整计划或重新制定计划，以此达到预期目标。

值得注意的是，弹性原则和过程应变原则虽然都是为了增加计划在未来的适应性。但弹性原则是使计划本身具有适应性和灵活性，而过程应变原则是则使计划在执行过程中具有应变能力。为此，计划工作者就必须经常地检查计划、重新调整、修订计划，以此达到预期的目标。

二、计划编制的过程

虽然计划的类型和表现形式多种多样，但在编制任何计划所遵循的程序大体是相同的。以下将讲述编制一项完整的计划所需要遵循的过程，为编制各类计划提供参考。

（一）分析组织现状

在计划编制开始之前，管理者应该进行 SWOT 分析，首先全面了解组织内部的经营现状，充分认识到组织自身的优势和劣势，并对组织外部环境进行分析，探讨组织在未来可能的发展机会和面临的威胁。通过分析，明确自身所处的位置及组织在未来发展的方向以及战略重点。对一些较低管理层次的计划工作大多需要对内部的资源和外部关系做出基本的判断。例如，在制定生产计划时，需要分析组织内部生产管理体系的优势和存在的问题，如生产技术、生产装备、生产流程等方向。还需要分析相关的国家政策、外部市场的需求、竞争对手等外部环境。

（二）确定目标

在组织现状分析的基础上，为整个计划确立目标，即明确组织在一定的时间内期望取得的成果。它不仅要为整个组织及全体员工指明了未来发展方向，而且还需要将组织的总目标进行分解，以将计划目标落实到各个部门乃至各个活动环节，最终形成组织的目标结构。在目标结构中将显示出各处层次目标之间的协作关系。在一定时间和条件下，应当确定多重目标下的优先顺序。不同目标的优先顺序将会导致不同的行动内容和资源分配的先后顺序。位于优先顺序的目标的行动将受到特别关注，并优先取得相应资源。此外，制定的目标应当有一定的时间限定，并且应该是具体的、在实践中可以衡量的、并为组织员工所接受的目标。

（三）确定前提条件

计划编制的第三步是确定计划的前提条件，前提条件是实现计划的环境假设条件，是计划实施必须具备的关键条件。只有充分认识组织未来的内外部环境和所具备的条件，才能保证计划的协调和落实。一般来说，计划的前提条件包括可控的内部前提条件和不可控的外部前提条件。组织内部前提条件包括组织结构、人员、资金、设备、技术等方面；外部前提条件包括产品市场条件和生产要素市场条件。当不可控的因素较多时，更应对前提条件进行认真分析和预测，尽可能降低这些因素对组织目标实现的影响。

（四）拟订备选方案

在明确了计划的前提条件之后，就要着手寻找实现目标的方案。为了提出高质量的方案，管理者从不同的途径、视角和解决方法提出多种备选方案。但并不是拟订的方案越多越好，需要对可供选择的方案的数量加以限制，把主要精力集中在少数较好的方案的分析方面。

（五）评价备选方案

评价备选方案就是根据评价标准分析每个备选方案，从而选择中优选方案。在评价备选方案时，要发现每一个方案的制约因素或隐患；对制约因素认识得越深刻，选择方案时的效率就越高；既要考虑到许多有形的可以定量表示的因素，还要考虑到许多无形的无法定量加以表示的因素，如企业形象、国家的政策支持等因素；用总体的效益观点来衡量方案；由于管理者对可行性方案及其结果的认识，受到个体认知加工能力和认知偏差的限制，也受到时间和资金等资源的限制，任何方案都不可能做到最优，只能做到有局限性下的最合理。

（六）选择可行方案

选择方案是整个计划编制过程中的关键一步。为保持计划的弹性，管理者往往选择 2～3 个方案，然后决定首先采用的方案，并将其余的方案在修订和完善的基础上作为后备方案。

（七）制定派生计划

当计划方案选择确定后，还需要为各个部门制定支持总计划的派生计划，以支持和保证总体计划方案的贯彻落实。例如，一个企业制定出"未来五年销售收入要增长 100%"的发展计划，还需要制定相关的投资计划、研发计划、人力资源计划、生产计划、营销计划等派生计划。

（八）编制预算

计划工作的最后一步是编制预算，将计划数字化。通过编制预算，进一步明确计划的指标体系，加强对计划的执行和控制，保证计划目标实现。编制计划预算实质是资源的分配计划。

三、计划编制的有效性

计划对于组织活动和组织目标的实现非常重要，但前提条件是计划必须是有效的计划，为了制定一个有效的计划，需要关注以下几个方面。

（一）业务的背景

从业务背景中提炼来的思想和观点将能够促进管理者深刻理解业务的发展特征和趋势，从而制定一份真正可行的计划。业务背景的了解需要依托详尽的调查工作，而不是凭借管理者的经验或想象。一般来说，较低管理层级的计划，不确定性往往较小，有经验的管理者能够依靠自身判断和简单的调查获得相关的业务背景。当计划涉及层级较高时，尤其是在制定面向企业外部市场环境和消费人群特征的工作计划时，管理者一般无法掌握与业务相关的所有知识，同时市场也是无法准确预测，此时更需要实施广泛而深入的调查，以保证计划的客观性和可行性。

（二）业务的目标

目标设定是计划工作的重要内容。计划所涉及的其他行动都从属于这一目标。目标是关于行动的未来的实施效果，目标的合理性是计划合理性的必要条件。具体而言，目标合理性反映在以下几个方面：用于指导企业的经营行动的目标必须清晰；目标必须是关于当前经营活动的最主要环节；目标必须兼具挑战性和可行性，具有一定的超前性，必须超越已有的经营水平，激励员工探求既有经营模式的改进方案。同时，目标不能太高，不能大大超出现实的可行性，否则后果只能使组织的凝聚力变弱。

（三）业务的执行方案

业务的执行方案对于组织实践的指导作用是最为直接的。管理者所设定的各项目标，总是要转化为具体的执行方案才能用于管理活动。不同管理层级的业务执行方案的要求有所不同。在较高层级上，业务的执行方案更侧重整体上的指导性。管理层级越接近基层，执行方案越具体，越注重细节，越要强调计划方案可为员工直接采纳。

（四）业务的监督和检查

这一环节实际上已经涉及管理的控制职能。在计划中，为将来的监督和检查留有余地是必要的。计划并非一经推出就是固定不变的，需要根据执行环节出现的问题反复调整，因此计划的有效性还取决于是否拥有一整套完整的监督和检查体系。有效的监督和检查体系能够帮助管理者分析管理活动中的偏差来源，并能对计划进行适度调整，以满足业务推进的要求。

四、计划编制的方法

计划工作的效率高低和质量好坏，在很大程度上取决于计划编制采用的方法。传统计划方法已难以适应组织所面对的复杂多变的外部环境。现代计划方法则为制定切实可行的计划提供了手段，不仅提高了计划工作的质量，而且大大加快了计划工作的进度，并使管理者从繁杂的计划工作中解脱出来，集中精力考虑更重要的问题。下面介绍三种主要方法。

（一）滚动计划法

滚动计划法是一种动态编制计划的方法。这种方法是根据计划的执行情况和内外部环境变化情况定期修订未来计划，并逐期向前推移。它不像静态分析那样，等计划全部执行完成之后再重新编制下一个时期的计划，而是在每次编制计划时，均将计划按时间顺序向前推进一个计划期，即向前滚动一次，使短期、中期、长期计划有机地结合起来。由于在计划工作中很难准确地预测未来影响企业经营的各项因素（包括政治、经济、技术、产业、市场等），而且随着计划期的延长，这种不确定性将越来越大。因此，如果机械地、静态地执行计划，将可能导致巨大的损失。滚动计划法则可以避免这种不确定性可能带来的不良后果。具体做法是，遵循远粗近细的原则制定计划。即，对于较远时期的计划编制得较粗，只是概括性的，以便以后根据组织内外部环境的变化和计划执行情况调整和修正，对较近时期的计划则要求制定得较为详细和具体。在一个滚动时期终了时，分析计划的执行结果，找出差距，了解存在的问题；根据组织内外部条件的变化及上一个滚动期计划的执行情况，对原订的计划进行必要的调整和修订；根据修改和调整的结果，按照近细远粗的原则，将计划期向后滚动一个时期，制定出第二个计划期的计划。滚动计划的编制就是上述过程的不断重复。五年期滚动计划的编制方法如图 7-1 所示。

图 7-1　五年期滚动计划示意图

从图 7-1 可以看出，在计划期的第一阶段结束时，要根据第一个执行期的计划与实际之间的差距、组织外部环境的变化以及组织经营方针的调整，计划与实际的差异，即将计划的执行结果与原订的计划进行对比分析，找出两者的差距，分析出现差距的原因，以此作为调整计划的依据；客观条件的变化，这种客观条件包括企业的内部条件（劳动力构成、技术水平、自动化程度等）和企业的外部条件（市场情况、政治环境、经济政策、法律因素等）；组织经营方针的调整，是企业制定计划的最根本的依据和生产经营活动的行动纲领，因此，企业经营方针的调整必然会影响企业计划的制定。对原计划进行修订，并根据同样的远粗近细原则逐期滚动。每次修订都使整个计划向前滚动一个阶段。

滚动计划法具有以下的优点：一是将计划工作看成是一种动态的运动，使整个计划处于适时的变化和发展之中，使计划更富有弹性，有助于提高组织的应变能力。二是推迟了对远期计划的决策，增加了计划的准确性，提高了计划工作的质量。三是这种计划方法使短期、中期、长期计划能够相互衔接，从而保证了长期计划的指导作用。但是，滚动计划法工作量比较大，需要花费大量的人力和时间。同时，也弱化了计划的严肃性。

（二）甘特图法

甘特图（Gantt chart）是在1917年由亨利·甘特提出的。它是一种线条图，横轴表示时间，纵轴表示要安排的工作。线条表示在整个期间内计划和实际任务完成情况。甘特图直观地表明了计划任务的起始时间、实际进度与计划要求的对比。管理者可以通过甘特图随时看到计划及其进展情况，对其计划工作做出正确评估，及时采取相应措施及时纠正，保证项目和目标的按时完成。简言之，甘特图的实质是为了表明如何通过各种活动来恰当安排工作的程序和时间，以完成该项工作。甘特图适用于项目周期短、项目任务比较简单的计划工作。它的绘制过程如下：

第一，明确项目所涉及的各项活动及其各项活动的开展顺序和相互之间的关系。

第二，由专家评估完成每项活动所需的时间。

第三，按照各项活动的先后顺序、相互关系、完成所需的时间等安排时间进度表；

第四，确定完成项目中每项活动所需的条件资源；

第五，确定完成整个项目所需要的工期，各项活动在资源配置和分工上的协调运作，将计划贯彻实施；

第六，在实施过程中，对项目计划的实施进行监督与反馈。

图7-2绘出了一个某工程施工计划甘特图。从图中可以发现，空白线框表示计划活动顺序，涂色的线条表示实际的进度。整个项目何时开始，何时完成一目了然，并能帮助管理人员及时发现实际进度偏离计划的情况，采取措施及时纠正。

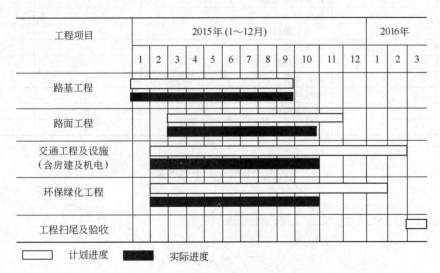

图7-2 某工程施工计划甘特图

甘特图的优点在于简单方便，能够将时间、计划与完成情况在一张图表中表示出来。因此，它适用于项目周期短、项目任务比较简单的计划工作。甘特图的绘制使管理者对计划任务的完成情况一目了然，以便对其计划工作进行正确评估。

（三）网络计划技术

网络计划技术是20世纪50年代后期在美国发展起来的一种计划编制方法。它包括各种以网络为基础制定计划的方法，如关键路径法（CPM）、计划评审技术（PERT）、组织网络法（CNT）等。1956年，美国的一些工程师和数学家组成了一个专门小组首先开始了这方面的研究。1958年，美国海军武器计划处采用了计划评审技术，使北极星导弹工程的工期由原计划的10年缩短为8年。1961年美国国防部和国家航空太空总署规定，凡承制军用品必须用计划评审技术制定计划上报。从那时起，网络计划技术开始在组织管理活动中日益得到广泛应用。

网络计划技术的基本原理是：把一项工作或项目分成各种作业，然后根据作业顺序进行排列，通过网络图对整个工作或项目进行统筹规划和控制，以使用最少的人力、物力和财力资源，用最快的速度完成工作。

网络计划技术的基本步骤是：确定目标，并提出对工程项目和有关技术经济指标的具体要求。分解工程项目，列出作业明细表。根据作业时间明细表，可绘制网络图，进行结点编号。计算网络时间，确定关键路线。找出关键路径，进行网络计划方案的优化。编制网络计划仅仅是计划工作的开始，更重要的是组织计划的实施。网络计划的贯彻执行，加强生产管理工作，采取切实有效的措施，保证计划任务的完成。

网络图是网络计划技术的基础。任一项任务都可分解成许多步骤的工作，根据这些工作在时间上的衔接关系，用箭线表示它们的先后顺序，画出一个由各项工作相互联系并注明所需时间的箭线图，即网络图。例如，表7-2是某医院建立直视外科的作业分析表。表7-2中，紧前作业是指该项作业开始之前必须完成的相邻作业。完成作业所需时间可采用一定的方法进行估算，估算时要同时考虑人力、设备等影响因素。根据表7-2的数据，即可绘制出网络图（图7-3）。

表7-2　某医院建立直视心外科的作业分析表

序号	作业代号	作业名称	完成作业时间	紧前作业
1	A	决定建立直视心外科	7	—
2	B	设计、规划完毕	3	A
3	C	组建科室领导班子	3	A
4	D	手术室设计	2	A
5	E	订购设备仪器	3	B
6	F	招聘科室人员	3	C
7	G	手术室整修完毕	12	D
8	H	设备到货	5	E
9	I	专用人员的培训	4	F
10	J	设备安装	4	G
11	K	考核科室人员	2	H
12	L	测试实验设备	2	I、J
13	M	开始对外工作	2	K、L

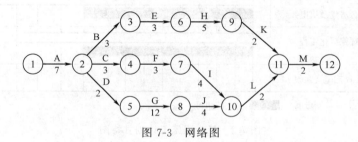

图7-3　网络图

根据网络图7-3，就可以找出一条或几条最长的路线。这种路线被称为关键路线。关键路线上的作业被称为关键作业，即必须按时开工与完工的作业，否则将影响整个工期。确定关键路线，据此合理地安排各种资源，对各工序的作业活动进行进度控制，是利用网络计划技术的主要目的。通过计算得出，该医院建立直视心外科的关键线路为A—D—G—J—L—M，由此可以计算出，如果每一项作业都按计划进行，建立直视心外科项目将需要29周时间。而沿此线路的任何事件完成时间的延迟，都将延迟整个项目的完成时间。如果打算缩短原计划29周的完成时间，就必须分析那些处于关键线路上的活动，看看哪些活动的时间能够缩短。

这是一个相当简单的例子。一个大的工程项目可能含有几万项作业，需要上千家不同的单位或部门协调配合。在这种情况下，采用网络技术进行统筹规划将显出它的巨大优越性。网络技术特点适用于各种工程项目，甚至是航天工程都可以运用网络分析技术进行科学计划，并能够收到良好的效果。

与甘特图相比，网络计划技术具有以下四个特点。

第一，系统性。网络图通过箭线关系表示计划中各项工作之间的内在联系和制约关系，使管理者对它们各自在计划中所处的地位和作用都能一目了然，这就易于对一项复杂的任务有条不紊地进行全面考虑与安排，处理好局部和整体之间的关系，从而实现系统整体效益的最优化。

第二，动态性。利用网络技术编制的计划是一种灵活性很强的弹性计划，它把计划执行过程看成是一个动态过程，并不断根据有关实际执行情况的信息反馈，进行调整和滚动，确保预定目标的最终实现。

第三，可控性。网络图提供了明确的活动分工以及相应的期限要求，这就为管理人员提供了现实的控制标准；网络图通过对每一道工序或作业的计算与分析，指明了计划中的关键工序和关键路线，这就给管理人员指明了控制的重点，从而有助于提高控制效果。

第四，易掌握。由于网络计划技术把图示和数学方法结合起来，计算简便，直观性强，容易掌握运用，有利于普及推广。而且，由于网络图可以通过计算机进行运算，所以采用网络计划技术还有利于实行计算机管理，从而提高管理效率。

通过网络图可以了解计划全貌，了解各项活动之间的依存制约关系，从而掌握关键路线进行有效的控制，但网络图也不是万能的。它推动了计划工作，但并不等于计划工作；它建立了一种正确理解和使用合理控制原则的工作环境，但不会使控制自动进行。虽然网络计划方法需要大量而烦琐的计算，绘制劳动力和资源需要量曲线比较困难。但是计算机已广泛得到运用，这些计算已大都程序化了，因此，这种技术得到广泛运用。

第三节　目　标　管　理

任何一个组织要生存和发展，都要有一定目标。目标是一个组织根据其任务和目的确定在未来一定时期内所要达到的最终结果。目标是组织经营管理的出发点，是组织各项管理活动的依据；同时，目标又是管理行动的归宿，是判断一个组织管理有效性和合理性的标准。但是，组织目标的实现不会自发实现，只有通过采取有效的管理措施，积极调动组织成员的积极性、加强管理过程的控制才可能实现。因此，目标管理作为一种新型管理模式，在管理实践中日益得到广泛应用。

一、目标管理的产生背景

目标管理（简称 MBO）于 20 世纪 50 年代中期出现于美国。1954 年，美国管理学家彼得·德鲁克（Peter F. Drucker）在《管理实践》一书中首先提出了"目标管理"的概念。他认为，并不是有了工作才有目标，而是有了目标才能确定每个人的工作。因此，企业的目的和任务必须转化为目标，企业的各级主管必须对目标进行有效分解，转变为各部门以及各个人的分目标，通过这些目标对下级进行领导，以此达到企业的总目标；如果一个领域没有特定的目标，这个领域必然会被忽视；如果没有方向一致的分目标来指导各级主管人员的工作，则企业规模越大、人员越多时，发生冲突和浪费的可能性就越大；组织中每个成员的分目标就是组织总目标对他的要求，同时也是他对组织总目标的贡献，也是管理者对下级进行考核、评价和奖励的依据。德鲁克的主张在企业界和管理界产生了极大的影响，并为目标管理的推广起了巨大的推动作用。

自目标管理提出后，就被美国企业界视为一种起死回生的有效手段，迅速普及于工业、金融、公用事业等大中小企业。随后，目标管理方法迅速推广到西欧和日本等地，被公认为是一种加强计划管理的先进科学管理方法。早在 1957 年，日本玻璃公司引进了这种方法，随后东京芝浦电气股份有限公司等许多企业也相继采用，到 1965 年已经风靡整个日本产业界。我国在 20 世纪80年代引入目标管理，并在很多企业得到了很好的应用。例如蒙牛乳业集团、联想、海尔、TCL以及邯郸钢铁集团公司等众多大型国有企业。目标管理已经在全世界为数众多的公司中得到了成功的应用。美国总统布什于2002年将"总统自由勋章"授予彼得·德鲁克，并指出，目标管理是他做出的三大贡献之一。

二、目标管理的概念、特点和基本思想

（一）目标管理的概念

目标管理是以目标为导向，以人为中心，以成果为标准，在组织全体员工积极参与下，自上而下地确定工作目标，并在工作中实行"自我控制"，自下而上地保证目标实现的一种管理办法。它是一种程序或过程，它使组织中的上下级一起协商，根据组织的使命确定一定时期内组织的总目标，由此决定上下级的责任和分目标，并把这些目标作为组织经营、评估和奖惩的标准。

（二）目标管理的特点

作为任务分配、自我管理、业绩考核和奖惩实施的目标管理具有如下几个特点。

1. 目标的层次性

组织目标形成一个有层次的体系，范围从广泛的组织战略性目标到特定的个人目标。这个体系的顶层包含组织的远景和使命陈述。第二层次是组织的任务。在任何情况下，组织的使命和任务必须要转化为组织总目标和战略，为组织的未来提供行动框架。这些行动框架必须要进一步地细化为更多的具体的行动目标和行动方案。因此在目标管理体系的基层，有各部门、单位和个人目标等。在组织的层次体系中的不同层次的主管人员参与不同类型目标的建立。

2. 目标的网络性

目标网络是从某一具体目标的实施规划的整体协调方面来进行工作。目标网络的内涵表现为：目标和计划很少是线性的，即并非一个目标实现后接着去实现另一个目标，目标和规划形成一个互相联系着的网络；主管人员必须确保目标网络中的每个组成部分要相互协调；组织中的各个部门在制定自己部门的目标时，必须要与其他部门相协调；组织制定各种目标时，要注意各目标之间的互相协调，还要注意与制约各个目标的其他因素的协调。

3. 目标的多样性

企业任务的目标，通常是多种多样的，但一定有一个关系全局的主要目标。同样，在目标层次体系中的每个层次的具体目标，也可能是多种多样的。一般而言，一位主管人员不可能有效地追求更多的目标，以2~5个为宜，过多的目标会使主管人员应接不暇从而顾此失彼，甚至能会使主管人员过多注重于小目标而有损于主要目标的实现。如果目标的数目过多，其中无论哪一个都没有得到足够的重视，则计划工作是无效的。因此，在考虑追求多个目标同时，必须对各目标的相对重要程度进行区分。

4. 目标的可考核性

目标考核的途径是将目标量化。目标量化往往也会损失组织运行的一些效率，但是对组织活动的控制、成员的奖惩会带来很多方便。例如，获取合理利润的目标，可以最好地指出公司是赢利的还是亏损的。但它并不能说明应该取得多少利润。在目标管理过程中，只要有可能，我们就规定明确的、可考核的量化目标。

5. 目标的可接受性

一个目标对完成者如果要产生激发作用，那么这个目标必须是可接受的，可以完成的。对一个完成者来说，如果目标是超过其能力所及的范围，则该目标对其是没有激励作用的。

6. 目标的挑战性

如果一项工作完成所达到的目的对接受者没有多大意义的话，接受者也是没有动力去完成该项工作的；如果一项工作很容易完成，对接受者来说是件轻而易举的事件，那么接受者也没有动力去完成该项工作。目标的可接受性和挑战性是对立统一的关系，但在实际工作中，我们必须把它们统一起来。

7. 目标的反馈性

信息反馈是把目标管理过程中，目标的设置、目标实施情况不断反馈给目标设置和实施的参与者，让人员时时知道组织对自己的要求、自己的贡献情况。如果建立了目标再加上反馈，就能更进一步加强员工自我激励和自我控制。

（三）目标管理的基本思想

组织要实施有效的目标管理，必须遵循以下几项基本思想。

1. 强调以目标网络为基础的系统管理

目标管理是一个全面的管理系统，它运用系统论的思想，用系统的方法，通过组织总目标自上而下层层分解，构建起具有相互内在联系的纵横交错的目标网络体系，使组织中众多的管理活动通过目标网络形成了有机整体，从而将企业的全部管理活动纳入到一个完整的系统之中。在这一目标管理系统中，各层级的目标环环相扣，协调一致。在目标的制定上是从组织、部门、到个人层层向下分解的，在目标的实现上则是从个人、部门到组织逐级往上实现的。由此可见，通过目标网络体系的管理，可以促进员工个人目标与组织整体目标的实现。

2. 强调以人为中心的民主管理

目标管理既重视科学管理，又重视人的因素，是一种以人为中心的民主管理，强调员工在目标管理过程中的自我控制、自我管理。在制定目标时，将尽可能让员工广泛参与，由上下级一起共同协商确定目标，在相互尊重中实现沟通与交流，依次确定各种目标，把个人目标与组织目标的统一。同时，目标管理强调在目标执行过程中对员工的授权，允许员工在组织政策范围内自行制定具体行动方案。

3. 强调以结果为导向的绩效管理

目标管理以制定目标为起点，以目标实现的程度进行管理成果的考核，从而将组织的绩效提高与员工的个人利益密切联系起来。它强调绩效的提高，注重成果的取得，不只看资历、工龄等，将目标完成程度的标准作为评价管理工作绩效的唯一标准，也作为人事考核和奖惩的重要依据，克服了以往凭印象、主观判断等传统方式带来的不足，使目标管理成为一种务实的以结果为导向的管理。

三、目标管理的实施过程

目标管理是一个反复循环、螺旋上升的管理方法。因此，它的基本内容具有一定的周期性，每个周期的实施步骤虽有差异性但大体是类似的。对于目标管理的每个周期而言，其基本的实施过程包括制定目标体系、执行目标和评价目标三个环节。

（一）建立目标体系

在目标管理中，建立目标体系是一项重要的工作，它要求建立以组织总目标为中心的从上至下相互联结的目标体系。首先，目标体系的建立对组织内外部环境进行充分分析，探讨组织自己的优劣势以及组织可把握的新机遇和面临的新挑战。并通过上下级之间的充分沟通，反复商讨和修订，最终达成一致，形成组织的总目标。然后，将组织的总目标从上至下逐层分解，落实到组织的各部门及员工个人。上级管理者从组织全局的角度，以尊重下级的心态，与下级员工共同讨论他们提出的目标，制定出各层级的子目标。由此，最终将组织总目标分解成一个目标网络体系。在这一目标网络体系中，目标与目标之间相互关联、彼此呼应、融为一体。

（二）执行目标

目标体系建立之后，各层次管理者就要紧紧围绕确定的目标，制定工作计划，确保目标的顺利达成。在这一执行目标阶段，一方面，应当适当授权。组织中各层级、各部门的成员必须从事一定的活动来努力达成子目标，活动的执行与完成是以必要的资源利用为前提的。因此，目标及达成目标的基本方针一经制定，上级就应授予下级员工相应的权力，使之在一定范围内拥有调动和利用必要的资源、自主处理问题的余地，以保证他们有条件组织开展目标活动。另一方面，应当进行过程检查。对员工的适当授权并不等于完全放权，上级管理者仍要承担终极责任。同时，由于目标管理已形成了彼此联结的目标网络系统，任何一个结点出现问题，都会影响到总目标的达成。因此，上级要主动与下级进行工作沟通和交流，对下级员工的各项工作进行定期检查和指导，及时把握员工工作进展的情况。对于下级无法处理需要给予帮助的问题提供必要的指导和支持，营造出良好的工作氛围。但是，需要注意的是，上级的检查应尽量不干扰下级的自我控制和自我管理。

（三）评价成果

对目标成果的评价是目标管理的最后一个阶段。在进行成果评价时，要根据目标的完成程度、目标的复杂程度，以及工作的努力程度将结果分为若干等级；如达到预期目标以上的为 A 级；正好完成预期目标的为 B 级；没有达到预期目标的为 C 级；结果与目标相反的为 D 级。这个阶段主要是检查目标完成情况，把评价结果及时反馈给执行者，并给予绩效辅导，帮助下级总结经验和教训，分析工作中存在的问题，找出解决问题的方法，指出未来努力的方向，鼓励其在未来努力提升自己的绩效水平。同时，通过对实际取得的成果的评价，要及时给予下级相应的奖励与惩罚。

成果评价工作结束后，目标管理的一个循环周期即告结束，但是目标管理是一个不间断的、反复出现的循环过程。在这一周期工作实践的基础上，管理者将重新制定组织的总目标及各层级、各部门及员工的子目标，并付诸实施，展开目标管理的新一周期的循环。

四、对目标管理的评价

目标管理在企业管理实践中得到了广泛应用，但实施中还容易出现许多问题。因此，必须对目标管理做出客观评价，只有这样，才能扬长避短，收到良好的效果。

（一）目标管理的优点

1. 提高管理效率

通过目标管理构建起相互联结的目标体系，其中，组织总目标指导子目标的制定，子目标则是总目标的分解。当组织各层级、各部门及每位员工的目标完成时，也就实现了组织总目标。因此，使得目标管理不仅仅是一种计划编制的工作活动，而且是一种结果式管理。它迫使组织的每一层级、每个部门及每位员工把自己的工作精力放在影响子目标实现的关键行动和问题上，以尽力达到目标。同时，一个明确的目标体系将为整个组织的管理指明了方向，将促使各层级员工有的放矢地为达到组织的整体目标而协调相互间的活动，从而大大提高了组织管理的效率。

2. 帮助组织体系改造

目标管理还可以使组织各层级管理人员及员工都明确组织的总目标、组织的结构体系、组织的分工合作以及各自的职责。由此，管理人员也懂得，为了达到目标，必须给予下级相应的权力，明确职责，不能大权独揽。另外，组织在目标管理实施过程中，通过监督、控制和反馈往往会发现组织体系存在的问题和缺陷及其产生原因，帮助组织对自己的体系进行改造。

3. 调动员工积极性

目标管理可以有效调动员工的工作积极性。在目标管理中，广大员工亲自参与各个层级、各部门的目标的制定，充分体现了组织员工的需要，并将员工的个人利益转化为成员的共同利益和共同追求，促进组织的凝聚力。同时，广大员工还将自我控制和自我管理如何达到这些目标，使他们勇于承担责任。再者，在目标管理的最后阶段，将会把员工目标完成的结果与绩效考核相挂钩，保证权、责、利的有效统一，大大激发组织员工的工作热情。

4. 促进有效控制

目标管理本身就是一种有效的控制方式。一个组织如果构建了一套清晰、明确的目标体系，就能成为进行监督控制的依据。通过对总目标的逐层分解可以明确各层级的目标乃至员工个人的目标及其相应的责任。目标管理的实施则能够围绕这些目标及责任展开检查和及时纠偏。因此，目标管理以目标作为组织一切活动的指导方向，明确的目标体系有效地促进了组织控制。

（二）目标管理的缺点

1. 目标难以制定

在目标管理中,目标难以制定,主要体现在三个方面。一是组织外部环境的多变性及组织内部活动的复杂性,使组织活动的不确定性增加,使制定的目标难以适应环境变化;二是组织内的许多目标难以定量化和具体化,有些目标只能做出定性的描述;三是目标的实现是组织员工共同努力与合作的成果。由于合作努力的存在,很难确定个体的目标,即究竟个体应该对组织或所在部门做大的贡献。

2. 增加管理成本

目标管理要取得成效,就必须保持目标的明确性和稳定性。在目标的制定上,需要管理者花费大量的时间和精力,深思熟虑和周密计划,与各级员工共同协商探讨,最终建立相互联系、错综复杂的目标体系。一些企业实施目标管理,每年先后历经3～4个月时间在目标制定上。但当未来出现难以预见的对组织影响重要的情况时,如果仍然按照原有的目标执行,将会给组织的经营带来巨大损失,因此,必须对原有的目标进行修正。而修正该目标体系与制定一个新的目标体系所花费的精力相差无几。在这种情况下,可能迫使管理者不得不终止目标管理。

3. 容易引发短期行为

在目标管理的实施过程中,强调了目标体系的构建以及组织对总目标逐层分解的子目标的落实与执行,并最终将各级目标完成情况与各部门及员工的绩效考核相挂钩。正是这样,管理人员及其员工更倾向于关注那些短期子目标的实现,对长期目标考虑不够,从而导致基于短期利益的短期行为,对组织的长期健康发展带来消极影响。例如,在实施目标管理的保险企业中,营销部门为确保完成销售任务,在培训、宣传上夸大保险利益;业务员为业绩、晋升对客户进行误导。部门及员工的这种短期行为极大地影响到公司长期稳定的经营,损害了企业的诚信形象。

4. 缺乏弹性

目标管理要想取得成效,就必须保持目标的明确性和连续性。如果目标经常改变,就会导致组织日常经营的紊乱。因此,目标一旦确定,一般不能轻易改变,也正是如此使得组织运作缺乏弹性,无法通过权变来适应复杂而动态的内外部环境。

5. 目标管理的哲学假设不一定存在

目标管理以Y理论为基础对人类的动机做出了过于乐观的假设。它认为,员工都是乐于发挥潜力、承担责任、愿意自我管理、体验工作成就感的"自我实现人",把工作中取得的成就看得比金钱更重要。但是在实践中并非完全如此,在监督不力的情况下,目标自我管理的气氛难以形成。因此,目标管理的应用要以组织员工具备一定的思想基础和素质水平为前提,而不一定都能取得良好的成效。

五、目标管理的实施

20世纪50年代中期,管理大师彼得·德鲁克提出目标管理后,风靡全球。自从20世纪80年代引入我国以来,也得到了广泛的应用,在企业实践过程中取得了显著的效果。

(一)了解目标成果评价的要素

目标成果评价一般应综合掌握以下四个要素。

1. 目标完成程度

即实际工作成果与目标计划值之比。如果是表示目标成果完成程度,可按目标的完成率分为A、B、C、D等若干等级进行评定。

2. 目标复杂程度

在制定目标时,上下级事先商定和认可的要达到目标的困难程度。如开辟新市场与原来市场在实现销售目标上的难度不同,故在成果评价时需要重新认定。考虑目标复杂程度这一因素能更客观地衡量组织成员的工作成绩。

3. 外部因素变化的影响程度

当初目标是在外部因素变化假设的基础上制定的。例如,假设市场需求保持平稳增长(增长率假设10%左右),制定的企业销售目标是增长15%。但实际结果可能是市场需求大幅下降(如实际增长率为-30%),即使销售员都十二分努力,销售增长15%的目标也没有完成的可能性。

显然在进行成果评价时要将外部因素的实际情况与当初的假设进行比较，区别不同的变化情况，根据外部因素变化的影响程度进行评价。

4. 工作努力程度

这个要素主要评定责任者在完成目标时发挥主观能动性的情况。为了客观、公正地评价成果，有必要对责任者的主观努力程度进行评价。

（二）目标管理要与企业文化相结合

德鲁克曾说过，在组织管理中"每一项工作必须为达到总目标而展开。"也就是说，目标管理需要让每一位员工明确地知道他的目标是什么，企业的总体目标是什么。否则，就会指错方向，浪费资源，使组织遭受损失。企业文化则是被组织多数成员所共同遵循的最高目标、价值观念和行为规范，它是企业在长期的生存和发展中所形成的。在共同价值观的指导下，通过企业文化的目标导向和企业凝聚作用可以使全体员工认同组织愿景，这是发自内心的高度认同，从而使组织利益与个人利益保持一致，使组织目标与个人目标得到有机结合。因此，在推行目标管理时，要加强与企业文化相融合。

例如，中国平安保险股份有限公司（以下简称平安）较为成功的企业文化建设为目标管理奠定了坚实的基础。从平安成立以来，就开始了长期的企业文化建设，逐步形成了一套新价值管理文化体系。这样一个企业文化体系与目标管理进行的有机结合，主要体现在理念文化与管理文化两个方面。

一是理念文化层次上。它所倡导的核心理念是价值最大化，并树立了要将平安打造成"国际一流的综合金融服务集团"的远景抱负；为实现这一远景目标，它提出了一个经营理念——"人无我有，人有我专，人专我新，人新我恒"。这样一套新价值文化理念为企业总体战略目标的制定提供了哲学思考并指明了方向。

二是在管理文化层次上。一方面，制定并能严格执行各项规章制度，形成了"有令必行，令行禁止"的执行文化。通过运用心理强化机制，使员工知道应该做什么，而不应该做什么，促进了目标管理的制度化和规范化建设。从目标的制定、追踪、落实与反馈辅导、目标绩效的考核与评估都建立了较为完善的管理机制，并能够有效地执行。在另一方面，建立了"竞争、激励、淘汰"的三大竞争机制，通过严格考核，员工能上能下，能进能出，优胜劣汰。这样的一种竞争氛围促进平安上上下下的员工人人关心业绩，人人关心指标。可以说，平安从上到下每一位员工都知道本部门的目标是什么，目前的达成情况如何，下一步如何去改善行动方案，自己在部门目标的实现中应该做些什么等。

因此，通过上述理念文化及管理文化两个层次的建设，使公司的战略目标与各层目标紧密地联系起来，形成了一条明晰的目标链。从而目标管理得以成功实施。

（三）目标管理要有明确的战略

有些企业，在制定目标时没有把年度总目标与企业战略联系起来，导致目标与战略"两张皮"，这样就容易扰乱部门和员工对目标的理解和认可，使他们无所适从。另外，还有一些企业实行目标管理只注重结果，导致出现员工的短期行为。因此，目标管理作为一种综合性的管理技术和管理方法，在引入之前要做大量准备工作，包括重新审视或修订企业的发展战略，以使目标管理能够从企业发展战略的整体高度，充分了解各个目标在企业发展中的轻重缓急。再者，目标管理强调的不是短期目标，应当注重与企业的长期发展战略相结合的长期目标，构建起以实现企业战略规划为导向的、逐层落实的目标分解机制，从而克服短期行为倾向。

（四）目标管理要科学制定目标

目标管理的效果在很大程度上取决于目标的科学合理性。目标制定方面需要注意以下几点。

（1）目标的一致性。目标管理的最终目的是通过对个体目标的引导实现组织总体目标，各部门、员工的绩效目标都应支持组织总体目标的实现。因此，在制定目标时，一定要注意检查目标与组织或部门目标的一致性。同时，通过建立和明晰个人及部门目标与组织总体目标的联系，可以增强员工对每项工作目标价值和意义的理解与认同。

（2）目标的多样性。即组织目标可以通过多指标来具体化。例如，一个企业的总目标是在未来五年提高某产品的市场竞争力，这一目标可以通过多个方面来反映，如该产品的市场占有率、增加利润率、逐步开辟国际市场、高素质的营销队伍、客户关系管理质量等。在尽可能反映目标全面性的同时，力求做到目标越少越好，这样可以集中精力，做好促进组织目标实现的关键行动。

（3）目标的适应性。对于不同工作性质的部门或岗位，设置目标时要注意适应性。对于工作性质相对明确简单且重复性、程序化比较强的，比如财务、行政类工作，目标设置上最好不要简单罗列工作事项，而要体现对工作效率、质量的不断改进的要求，如财务报表处理的准确性、行政类工作的效率或员工满意度等指标。对于相对独立的业务单元，建议借鉴平衡计分卡（BSC）的思想。

（4）目标要遵循 SMART 原则。其中，S（Specific）是规定一个具体的目标；M（Measurable）是可衡量的，可以用数量、质量和影响等标准来衡量；A（Accepted）即目标是可接受的，应该被管理人员和员工双方接受；R（Relevant）是指设定的目标应是与企业经营目标密切相关；T（Time）则是设定目标中应当包含一个合理完成期限。

（五）目标管理要坚持员工参与管理

在目标制定上，一些企业仅仅注重了逐层目标分解，而没有给予员工充分参与的机会，没有经过双方的共同协商和意见交流，一般是老板说了算。这样的做法影响到具体执行目标者——员工的积极性。因此，从目标的制定开始，员工就应该能够参与到目标管理的全过程中去。

首先，员工同他们的上级管理者一起建立目标；然后在如何达成目标方面，管理者应给予员工一定的自由度；在最后的绩效反馈阶段，管理者要与员工共同确定下一步改进措施和下一周期的绩效目标。同时，在目标管理的过程中，员工与管理者之间也应该有较为畅通的沟通渠道。这样，通过员工全程的民主参与，将会使员工产生和强化对目标的心理承诺，激发出员工责任感和事业意识，从中获得个人的成就感和自豪感，从而在绩效提升上有更好的表现。

（六）目标管理要建立动态的反馈机制

经常有一些管理人员认为"目标管理，只要盯准目标就行了。"他们只是关注最后的目标绩效结果而忽视了员工应该怎样去实现目标。事实上，目标管理是一项系统的管理工程，目标管理并不是只盯"目标"而没忽视过程的管理，它需要在实施过程中加强追踪与指导，形成动态的过程反馈。具体而言，应该做好以下几个方面的工作。

（1）制度化管理。无论哪个部门哪个岗位，考评周期有多长，都需要目标管理定期化和制度化，加强平时考核追踪的力度，关注绩效水平的持续提升。

（2）日常工作中经常性的反馈辅导。这就需要上下级之间就目标完成的情况随时进行沟通，及时掌握员工完成工作所遇到的困难并提供可能的支持。对于员工进行正面反馈时要表现出真诚、具体，比如要具体说明员工在表现上的细节，这些行为反映了员工哪些方面的品质，并指出这些表现所带来的好的结果和影响。对员工进行负面反馈时，要描述员工的行为所带来的消极后果，表述时要用词客观、准确，并多倾听员工的意见，最后，提出改进建议。同时，上级领导要对员工进行有效的辅导。通过辅导，提高员工实现目标的工作技能，促进员工职业生涯的发展。

（3）做好员工激励工作。在激励方面，要多采用非正式激励方法，要与员工的成就需要相吻合，激励应及时和具体。实行目标管理后，由于制定了一套完善的目标考核体系，从而能够按员工的实际贡献大小如实地进行评价。管理者应根据员工实现目标的程度对他们进行奖励，以增强员工在工作中的满足感，这将进一步调动员工的积极性，增强组织的凝聚力。此外，还要注意解决好团队合作与个人竞争的关系问题。

知识拓展

创 业 计 划

创业是为把握感知到的创新机遇，通过个人或一个群体投资组建并经营一家营利型企业，提供新产品或服务,有意识地创造价值的过程,在这一过程中,需要承担相应的金融、心理和社会风险。因此,要想取得创业的成功,就必须事先对创业进行周密的计划。创业计划就是通过结合拟创办企业相关的内外部环境条件和要素特点而进行的商业可行性分析及未来企业发展的行动目标和方向。

创业计划的主要内容及具体步骤如下。

一、创业企业概述

这部分重点是进行企业定位,明确创业企业的未来发展战略及方向,提出一个清晰的远景,能够明确回答以下问题:①创业组织的业务是什么?想进入或开辟一个怎样的市场和产品/服务领域?②创业组织成立的背景如何?新生的公司将是一个什么性质的合法实体?③公司的第一步(下一步)要做的工作是什么?

二、产品与服务

在产品(服务)方面,要对产品(服务)做出详细的说明,说明要准确。产品介绍应包括如下内容:产品的概念、性能及特性;主要产品介绍;产品的市场竞争力;产品的研究和开发过程;发展新产品的计划和成本分析;产品的市场前景预测;产品的品牌和专利等。

三、行业分析

对企业未来价值增长的潜力进行评估,就必须对要进入的行业进行分析。该部分需要明确回答以下问题:①该行业发展程度如何?现在的发展动态如何?②创新和技术进步在该行业扮演着一个怎样的角色?③宏观经济发展对该行业的影响程度如何?宏观经济政策又是如何影响该行业的?④该行业的总销售额有多少?总收入为多少?发展趋势怎样?⑤进入该行业的障碍是什么?你将如何克服?该行业典型的回报率有多少?

四、市场分析

该部分主要是对市场进行预测,主要内容包括:需求预测;市场现状综述;竞争厂商分析;目标顾客和目标市场;本企业产品的市场地位等。

五、经营策略

经营策略主要包括竞争策略、销售策略、生产与开发策略等。

(一)竞争策略

企业要在市场竞争中处于不败之地,必须根据企业的具体情况制定适合的竞争策略。首先,必须明确企业的竞争环境和竞争形势。企业的竞争策略从总体上可以分为三种类型:低成本策略、产品差异化策略、专营化策略,它们分别与企业的产品生产、产品开发和产品销售相关联。

(二)营销策略

选择目标市场;制定产品决策(调整和计划合理的产品数量以适应各个市场的现实和潜在需求,调整和改进产品的式样、品质、功能、包装,开发新产品,优化产品组合,确定产品的品牌和商标、包装策略);制定价格决策(确定企业的定价目标、定价方法、定价策略,制定产品的价格和价格调整方法);制定销售渠道策略,选择适当的销售渠道;制定销售促进决策(人员推销、广告、宣传、公共关系、营业推广、组织售前售中售后服务等)。

(三)生产与开发策略

创业计划中的生产制造计划应包括以下内容:①产品制造和技术设备现状;②技术提升和设备更新的要求;③新产品研发;④新产品投产计划;⑤质量控制和质量改进计划。

六、组织结构及人员管理分析

在创业计划中,必须对企业的管理者、关键岗位人员等核心员工的能力、职责进行分析。在这部分,还应对公司结构做一介绍和分析,包括:公司的组织机构图;各部门的功能与责任;各部门的负责人及主要成员;公司的报酬体系;公司的股东名单(包括认股权、比例和特权);公司的董事会成员。

七、财务分析

这部分重点是对企业的资金预算、收入预测和资产负债表三个方面进行分析。①资金预算。

流动资金是企业的生命线,因此企业在初创或扩张时,对流动资金需要预先有周详的计划和进行过程中的严格控制。②收入预测。计算每一年的总收入和总支出从而得到净利润和损失,以每年的实际交付为基础制作收益表。③资产负债表。资产负债表则反映在某一时刻的企业状况,用资产负债表中的数据得到的比率指标可以用来衡量企业的经营状况以及可能的投资回报率。

八、风险管理

机会与风险总是相伴而生的。对于一个新创的企业,其未来所面临的情况总是未知的,这也正是创业的魅力所在。这主要需要回答以下几个方面:①公司在市场、竞争和技术方面都有哪些基本的风险?②公司准备怎样应付这些风险?③公司还有一些什么样的附加机会?④如何在资本基础上进行扩展?⑤在最好和最坏情形下,公司未来5年计划表现如何?⑥如果可能的话,对公司一些关键性参数作最好和最坏的设定,估计出最好的机会和最大的风险,以便风险投资家更容易估计公司的可行性和他相应的投资安全性,这样获得风险投资的可能性就更大些。

本章小结

计划通常有两种意义:一是强调计划的结果性;二是强调计划的过程性。计划的特点主要体现在目的性、首位性、普遍性、效率性和创造性五个方面。计划有多种分类方法,按计划的表现形式可以分为宗旨、目标、战略、政策、程序、规则、规划、预算;按计划制定的层次可以分为战略计划、战术计划和作业计划;按计划的时间长短可以分为长期计划、中期计划和短期计划;按计划的明确性可以分为指导性计划和指令性计划;按计划的职能可以分为生产计划、营销计划、财务计划等。影响计划的权变因素包括:组织的层次、组织的生命周期和环境的不确定性程度。

计划编制应遵循弹性原则、限定因素原则、许诺原则和过程应变原则。计划的编制过程包括分析组织现状、确定目标、确定前提条件、拟订备选方案、评价备选方案、选择可行方案、制定派生计划、编制预算。计划编制的有效性需要关注业务的背景、业务的目标、业务的执行方案和业务的监督和检查。计划编制的方法主要有滚动计划法、甘特图法、网络计划技术等。与甘特图相比,网络计划技术具有不同的特点。

目标管理是一种程序或过程,它强调以目标网络为基础的系统管理、以人为中心的民主管理、以结果为导向的绩效管理。目标管理的特点表现为:层次性、网络性、多样性、可考核性、可接受性、挑战性和反馈性。目标管理的基本思想包括三个方面。目标管理的过程包括制定目标体系、执行目标和评价成果三个环节。目标管理具有优缺点。在实施目标管理中应当注意以下几个方面:了解目标成果评价的要素、要与企业文化相结合、要有明确的战略、要科学制定目标、要坚持员工参与管理、要建立动态的反馈机制。

案例分析

蒙牛的目标管理

蒙牛乳业(集团)股份有限公司是我国乳制品行业龙头企业之一。蒙牛对各个经营实体实行承包式的目标管理,分配给各经营实体的任务指标能够体现全面业绩,同时,目标的实现情况与绩效完全挂钩。在目标和规则既定的情况下,蒙牛还对下层经营实体采取较为灵活的授权策略,给员工较大的个人发挥空间去完成目标。

一、设定目标体系

目标管理从目标的设定开始。蒙牛公司会系统地设定目标,从各个事业部开始往下层层分解,整个企业的经营活动都围绕着目标进行。蒙牛在设定目标体系时,目标控制涵盖的内容非常广。如液态奶事业部总经理受领的任务指标包括:销量、销售收入、生产成本、管理费用、财务费用、营业费用、利润和固定资产投入产出比。

液态奶事业部再将相应指标承包给下属相对独立的经营机构，如蒙牛某外协加工厂的任务指标为：产量、质量、出成率、生产成本（指蒙牛的投入）、费用（指蒙牛的投入）和安全。

各经营单位的负责人又将本人承担的任务指标分解分配给各部门，各部门分给各职务。

二、灵活授权

当目标设定后，管理人员对下属如何达成目标并不进行严格的管控，这也是实施目标管理非常关键的一环。他们深知，应该给目标实施者一定的空间去完成目标。毕竟目标的实施者比目标的分派者更了解目标任务，他们往往是这方面的专家，给他们更多的自主权有利于目标的完成，也有利于节省管理成本。例如，蒙牛将营销费用拨到各个产品部门后，就由各个部门自行安排。一般来说，推广一个新产品，其广告支出费用不会超过销售额的10%。任何没有超出10%的预算，营销部门都没必要报告给牛根生。

对于蒙牛的加工厂，蒙牛也给予其较大的灵活度。例如，蒙牛的外协加工厂绿乐尔除遵守总部下达的统一性制度文件外，其他制度、规定则可因时制宜，各个部门一旦发现问题便会立即改变、增删现有的制度、规定。

除此外，蒙牛还给予相关人员相应的权力，其中最明显的是人事权。除财务部门之外，允许和授权承包人自己组建管理班子和员工队伍。例如绿乐尔管理班子除财务受到总部的控制之外，其他各部门人员均为承包人的同学、朋友。而同时，各经营单位也会将用人权授予各部门。在绿乐尔，处罚、开除、奖励和任命下级的权力在各部门，人事部在人员管理上基本上只有服务的义务而无控制的权力。另外鼓励各部门在管理权限和范围内，从本部门的立场出发，起草规章制度。

三、考核与激励

蒙牛采取的计酬方式即使对于管理高层也类似于计件工资制，只是控制一些关键性指标，并规定各关键性指标的价格。其中值得注意的是奖罚的幅度在数量形式上是一致的。这种方式直接将人员报酬与目标联系起来了。对于其他岗位，根据岗位职责的不同有相应的考核标准。蒙牛各部门设立专职的考核员，他们为每个员工建立考核明细账，并负责检查、记录、汇总员工业绩和行为表现。如考核员每天4次检查卫生和整洁情况，对不合要求者记录在案；品控部门每日将各生产线班组和工序的质量情况抄送考核员，由考核员记录在案；质检员每日将生产操作员违规操作的记录移送考核员；各部门及时将奖惩决定通知考核员等。每一个考核项目都对应相应的扣分和罚款，月末考核员统计出每人的总分，有的得到奖励、大部分不奖不罚、低于月总分合格标准者则需转入试用。同时，考核员负有起草新职务考核标准的责任。部门主管负责对考核员的考核。

蒙牛通过层层分解的目标管理，有效地将员工个人的目标与企业的总体目标统一起来，两者目标的统一有利于实现企业和员工的"双赢"。

资料来源：单凤儒，金彦龙. 管理学：互联网思维与价值链视角［M］. 北京：高等教育出版社，2015. 作者略有删改。

讨论题：
1. 蒙牛实行目标管理有哪几个阶段或步骤？各自包括哪些内容？
2. 蒙牛在目标执行过程中是怎样授权的？你认为在达成目标过程中授权有何作用？
3. 通过这个故事，你对实施目标管理有哪些新的认识？

复习思考题

1. 什么是计划？计划具有哪些特点？
2. 计划有哪些类型？影响计划的权变因素有哪些？
3. 有人说："计划计划，写在纸上，贴在墙上，风一吹落到地上。"这反映了什么问题？如何解决？
4. 简述计划编制的过程及计划编制的有效性需要关注的内容。
5. 什么叫滚动计划法，它具有哪些特点？
6. 什么是目标管理？目标管理具有哪些特点？
7. 简述目标管理的过程。
8. 试对目标管理进行评价。
9. 实施目标管理应注意哪些问题？

第八章 战略的类型与选择

本章学习目的

- 了解战略的层次与类型
- 理解企业国际化经营的内涵、动机及国际化经营战略
- 比较红海与蓝海战略及各自适用情境

导入案例 ▶▶▶

顺丰跨界电商：豪赌还是机遇？

顺丰速运成立于1993年，初期只进行广东与中国香港间的快递业务，1996年才开始涉足内地快递市场。以顺德为起点，顺丰将自己的网络扩展到广东省外，先是在珠三角站稳脚跟，随后开始向长三角发展，进入华东、华中、华北地区。以质取胜，最重要的就是速度，顺丰深知这一点，自成立开始就把"速度第一"作为经营理念。为提高运送速度，自行组建了运输网络，并通过高科技的业务系统全程跟踪货物在各个运输环节的安全情况。

然而，进入2008年，顺丰营业额增长速度减慢，其利润率伴随着行业利润率的降低而降低，快递业所处的内外部环境在不断变化。除了宏观经济下行的影响，顺丰同行们也在步步紧逼。"四通一达"迎合了大众低价需求，抢占了市场份额，还在逐步逼近高端市场。联邦快递、UPS两家外资巨头也不容小觑。"前有狼后有虎"，王卫不得不思量下步棋如何布局。

在快递行业激烈竞争的背景下，王卫感觉压力很大。但与此同时，他注意到电商的发展速度很快，网购人群呈现爆发式的增长，而快递物流的发展却跟不上电商的发展。因此，他要求各区部探索跨界，涉足电商，尝试网上销售与快递融合的跨界战略。2009年，浙江嘉兴顺丰区部进行了尝试，在端午节前，通过网站销售"五芳斋粽子"。通过一段时间的销售，共卖掉了100多万元的粽子，获得了一个意外的收获。这次销售尝试让顺丰敞开了思路，之后便用相同的方法，在中秋节卖月饼，在春节卖年货，就连大闸蟹也如此推销，都取得了不错的成绩。顺丰并没有承担太多风险，只是借助自身配送的优势，建立同客户的信任关系，推销显得自然而妥帖。

成功推销粽子以后，顺丰顺势继续完善跨界电子商务领域，推出了"E商圈"计划，并于2010年8月投入运营，主打健康生活网上购物，销售食品及少量其他产品。同时，顺丰率先在深圳布局便利店业务，试图尝试O2O模式，即网上下单后可到门店自提，也可到门店体验产品后再回到网上下单，实现双向互通。然而，"E商圈"在内地的运营并不理想，运营不久就收缩战线至中国香港。2012年3月，顺丰上线了高端礼品平台"尊礼会"，销售各类消费卡、保健品、工艺品等，主要面向中高端商务人士，然而上线不久便停止了运营。

2013年2月26日，顺丰优选正式推出，全称为"全球美食优选网购商城"，主营产品为高端食品类。首期开通上、广、深三地配送业务，但仅限于常温商品，初战告捷。2013年3月26日，顺丰优选新增天津、杭州、苏州、南京、武汉五大常温商品配送区。在顺丰

进行电子商务和快递融合的过程中,进行了多次战略调整,主要包括:第一,重新定位优选,扩充品类、继续增加最小存货单位,满足消费者的多样化需求。第二,深化整合物流和配送服务,共享顺丰航空、干线等资源,强化配送队伍的"作战力量"。自顺丰跨入电子商务领域以来,几乎每一个季度都会有相应的战略调整,但面临1号店、天猫、京东等大牌电商的强劲势头,顺丰的电商之路还有很长一段路要走。

资料来源:[1]李建颖.顺丰速运跨界发展电子商务战略分析[J].中小企业管理与科技:上旬刊,2012(12):19-20.[2]张俭.顺丰跨界经营:豪赌还是机遇[J].中国商贸,2012(19):18-20.作者略有删改。

导入案例表明,一个企业的生存和发展很大程度上依赖于能否选择和实施一个好战略,能否审时度势并时刻做好战略调整准备。《孙子兵法·形篇》有云:"故善战者,立于不败之地,而不失敌之败也。是故,胜兵先胜而后求战,败兵先战而后求胜。"企业求胜何尝不是如此?企业战略就是企业的发展蓝图,无战略的组织好比无舵的船,将原地打转或偏离航向。本章将从战略的层次与类型、企业的国际化经营及战略选择、企业战略创新等方面展开。

第一节 战略的层次与类型

一、战略的层次

如果公司只生产单一产品或提供单一服务,那么,管理层只需制定单一的战略计划就可以了。但事实上许多公司是多元化的,这些公司往往还拥有多种职能部门。因此,有必要区分战略层次。一般来说,一个现代化企业的战略可以划分为公司层战略、业务(事业)层战略和职能层战略3个层次。

1. 公司层战略

如果公司拥有一种以上的业务就需要公司层战略(corporate-level strategy),其关心的问题是:公司的事业(业务)是什么?公司应拥有什么样的事业(业务)组合?其战略行为一般涉及拓展新的业务,如事业单元、产品系列的增加(或剥离),以及在新领域与其他企业组建合资企业等。公司层战略应当决定每一种事业在组织中的地位。

2. 事业层战略

当一个组织从事多种不同事业时,建立战略事业单元更便于计划和控制。战略事业单元代表一种单一的事业或相关的业务组合,每一个事业单元应当有自己独特的使命和竞争对手。这使得每一个战略事业单元应该有自己独立于公司其他事业单元的战略。

因此,公司的经营可以看作是一种事业组合,每一个事业单元都有其明确定义的产品和细分市场,并具有明确定义的战略。事业组合中的每一个事业单元按照自身能力和竞争的需要开发自己的战略,同时还必须与整体的组织能力和竞争需要保持一致。

事业层战略(business-level strategy)关心的问题是:在我们的事业领域里如何进行竞争?事业层战略规定该事业单元提供的产品或服务,以及向哪些顾客提供产品或服务。其战略行为包括广告宣传、研究与开发(研究是指通过发明新技术来创造一种新产品或新工艺,或改进现有产品;开发则是将已有发明推广于生产过程或其他产品)、设备条件的改善以及产品系列拓展、收缩的方向和程度。公司的各事业单元必须符合公司整体的利益,在可接受和控制的风险水平下,使销售、收益和资产结构获得均衡发展。

3. 职能层战略

为了支持事业层战略的实现,组织必须制定职能层战略(functional-level strategy)。职能部门如研发、制造、市场营销、人力资源和财务部门,其战略应当与事业层战略保持一致。职能层战略描述了在执行公司层战略和事业层战略的过程中,企业中的每一职能部门所采用的方法和手段。职能层战略在三个方面不同于公司层战略和事业层战略。首先,职能层战略的时间跨度比公司层战略短得多。其次,职能层战略比公司层战略更具体和专门化,且具有行动导向性。公司层战略只是给出公司发展的一般方向,而职能层战略必须指明比较具体的方向。最后,职能层战略的制定需要较低层管理人员的积极参与。

公司层战略、事业层战略与职能层战略一起构成了企业战略体系。在一个企业内部,企业战略的各个层次之间是相互联系、相互配合的。企业每一层次的战略都构成下一层次的战略环境,同时,低一级的战略又为上一级战略目标的实现提供保障和支持。所以,一个企业要想实现其总体战略目标,必须把这三层次的战略结合起来。

二、各层次战略类型

(一) 公司层战略的制定

战略环境分析使企业认识到自己所面临的机遇与威胁,了解自身的实力与不足以及能为何种顾客进行服务。战略选择的实质是企业选择恰当的战略,从而扬长避短、趋利避害和满足顾客需求。以下结合 SWOT 分析,列举可供选择的公司层战略。

1. 公司增长战略

当公司拥有宝贵的优势,又面临大量的环境机会时,可以采取增长战略。增长战略是指提高公司的经营层次的战略,包括更高的销售额、更多的员工和市场份额等。增长战略包括一体化成长战略、多元化成长战略、加强型成长战略和外部扩展战略等。

(1) 一体化成长战略。一体化成长战略是指以企业当前业务活动为核心,通过新建、合并或兼并等方式,取得规模经济增长的战略,主要包括前向一体化、后向一体化和横向一体化。

前向一体化是指企业获得分销商或零售商(产业链下游企业)的所有权或加强对他们的控制。当企业产品或服务的经销商具有很大利润空间时,或企业面临库存积压和生产下降的局面,企业往往采用前向一体化的战略。

后向一体化是指企业获得供应商(产业链上游企业)的所有权或加强对他们的控制。如果企业的供应商具有很大利润空间时,企业通过后向一体化战略可以将成本转化为利润。

横向一体化是指企业获得生产同类产品的竞争对手的所有权或加强对他们的控制。如果通过减少竞争对手的方式可以实现规模经济的效果,企业便可以实施横向一体化战略。

(2) 多元化成长战略。多元化成长战略又称多角化战略,是指企业同时经营两种以上基本经济用途不同的产品或服务的一种发展战略。多元化成长战略主要包括同心多元化、横向多元化和混合多元化。

同心多元化是指企业增加新的但与原有业务相关的产品或服务。企业通过开展同心多元化战略,进入技术、生产、职能活动或销售渠道能共享的经营领域,可以实现范围经济所带来的益处而使成本降低。

横向多元化是指企业向现有顾客提供新的、与原本业务不相关的产品或服务。企业增加与原有业务不相关的新业务,但是与企业现有顾客有着直接或间接的联系,企业便可能实施横向多元化战略。

混合多元化是指企业增加新的、与原本业务不相关的产品或服务。企业增加与原有业务不相关的新业务,而且与企业现有顾客没有直接或间接的联系,企业便可以实施混合多元化战略。

(3) 加强型成长战略。加强型成长战略是指企业在原有生产领域内充分利用产品或市场方面的潜力,获得成长发展的战略。加强型成长战略又称密集性成长战略或专业化成长战略,主要包括市场渗透、市场开发和产品开发等方式。

市场渗透是指企业通过加强市场营销,提高现有产品或服务在现有市场上的份额。市场渗透是在市场对本企业的产品或服务的需求日益增大时最常用的,也是最容易成功的一种加强型战略。

市场开发是指企业将现有产品或服务打入新的区域市场。当老产品在市场上已无进一步渗透余地时,就要设法开辟新市场,以求得企业进一步的成长空间。

产品开发是指企业通过改进或改变产品和服务来提高销售收入。当老产品逐步退出市场时,企业要根据消费者的需求变化及时提供效应更大的新产品。

（4）外部扩展战略。外部扩展战略是指企业立足自身的核心资源，开展与行业内相关企业的合作，拓展其核心能力的战略。外部扩展战略主要包括战略联盟、虚拟运作等。

战略联盟指的是由两个或两个以上具有共同战略利益和对等经营实力的企业，为达到共同拥有市场、共同使用资源等战略目标，通过各种协议、契约而结成的优势互补或优势相长、风险共担、生产要素水平式双向或多向流动的一种松散的合作模式。由于产品特点、行业性质、竞争程度、企业目标和自身优势等因素的差异，企业间采取的战略联盟形式自然也呈现出多样性。

虚拟运作是指企业通过合同、参少量股权、信贷帮助、技术支持等方式与其他企业建立较为稳定的关系，从而将企业价值活动集中于自己优势方面，将非专长方面外包出去从而增加企业的核心竞争力。

2. 公司稳定战略

当公司拥有宝贵的优势，却面临关键的环境威胁时，或者当公司处于关键的劣势，却面临大量的环境机会时，公司可以采取稳定战略。稳定性战略的特征是很少发生重大变化，这是指在充分分析企业内部和外部环境基础上，在一定时期内对企业内部资源配置和经营风格并不做出重大调整的战略。稳定战略主要包括无变化战略、暂停战略和谨慎战略等。

（1）无变化战略。无变化战略是指在现行战略仍行之有效的情况下，无需加以改变的战略。无变化战略主要是基于不希望承担因较大幅度地改变现行战略而导致可能带来的风险来考虑的。

（2）暂停战略。暂停战略是指对企业过快的发展战略进行调整，以降低其发展速度的战略。实施暂停战略考虑的主要是过快的发展速度可能导致公司的经营超出其可能拥有的规模。

（3）谨慎战略。谨慎战略是指在企业能力跟不上市场变化情形下追求稳定发展的战略。实施谨慎战略，主要是由于企业的资源总量不足或资源配置模式不合理而又调整不到位。

3. 公司收缩战略

当公司处于关键的劣势，而又面临关键的环境威胁时，公司可以采取收缩战略。收缩战略是指减少经营规模或降低多元化经营范围的战略。收缩战略包括收缩、剥离和清算等战略。

（1）收缩。收缩是指通过减少成本和资产对企业进行重组，以加强企业基本的独特的竞争能力。当企业需要减少在某一领域的投资或者企图扭转财务状况欠佳的局面以使企业渡过难关时，往往采用收缩战略。

（2）剥离。剥离是指企业出售分部、分公司或任一部分，以使企业摆脱那些不盈利、需要太多资金或与公司其他活动不相宜的业务。当收缩战略失效时，企业往往会采用剥离战略。

（3）清算。清算是指企业为实现其有形资产价值而将公司资产全部或分块出售。清算战略是企业不得已而为之的战略。然而，及早地进行清算，对企业来说可能是一次丢下包袱、轻装上阵的机会。

（二）事业层战略的制定

事业层战略决定经营者应该提供什么产品和服务，以及向哪些客户提供产品和服务等。事业层战略主要包括成本领先战略、特色优势战略和目标聚集战略。

1. 成本领先战略

成本领先战略的企业强调以低单位成本价格为用户提供标准化产品，其目标是成为其产业中的低成本生产厂商。实施成本领先战略的企业能够通过大规模高效的运作、技术创新、廉价劳动力或低价取得的供应商的产品来获得竞争优势。

2. 特色优势战略

特色优势战略又称差异化战略，是企业力求使顾客广泛重视的一些方面在产业内独树一帜，它选择许多客户重视的一种或多种特质，并赋予其独特的地位以满足顾客的要求。特色的选择必须有别于竞争对手，并且由此增加的收益要超过追求特色带来的成本。

3. 目标聚集战略

目标聚集战略又称重点集中战略，企业选择产业内一种或一组细分市场，进行量体裁衣，为他们服务而不是为其他细分市场服务。目标聚集战略可以是低成本的，也可以是追求特色优势的，其成功的关键在于细分市场的规模，以及该细分市场能否弥补追求特色优势的附加成本。

以上三种战略的关系如表 8-1 所示。

表 8-1 三种事业层战略的关系

竞争优势 目标市场	被顾客察觉的独特性	低成本地位
全产业范围	特色优势战略	成本领先战略
特定细分市场	目标聚集战略	

（三）职能层战略的制定

企业职能战略一般可分为：市场营销战略、财务战略、生产战略、研究与开发战略、人力资源战略等。

1. 市场营销战略

市场营销战略是涉及市场营销活动过程整体（市场调研、预测、分析市场需求、确定目标市场、制定营销战略、实施和控制具体营销战略）的方案或谋划，它决定市场营销的主要活动和主要方向。市场营销战略是一个完整的体系，其基本内容包括市场细分战略、市场选择战略、市场进入战略、市场营销竞争战略和市场营销组合战略。

2. 财务战略

（1）财务战略及其任务。财务战略就是根据公司战略、业务战略和其他职能战略的要求，对企业进行筹集、运用、分配资金以取得最大经济效益的战略。财务战略基本目的，就是最有效地利用企业各种资金，在企业内、外部各种条件制约下，确保实现企业战略计划所规定的战略目标。财务战略的任务包括：①以企业战略目标为基础，利用最佳方式筹集企业所需资金，实现资金筹集的合理化。②根据企业战略计划的要求，有效分配和调度资金，确定合理的资金结构，确保资金调度的合理化和财务结构的健全化。③在企业战略经营过程中，采取各种必要措施，利用适当的财务计划和控制方法，配合各个职能部门，充分有效地利用各种资金，加速资金周转，注重资金运用的效率化，促进企业的成长。④制定和实施财务战略计划，确定长期和短期财务目标，在合理筹集、分配和运用资金的同时，力求实现资金收益的最大化。

（2）资金筹集战略。资金筹集战略是关于企业从什么渠道、以什么方式获取企业所需资金，如何以较低代价、较低风险筹集较多资金，支持企业经济发展的战略。

（3）资金运用战略。资金运用战略是决定企业资金投放方向、投放规模，以提高资金运用效果的战略。资金运用是指投入财力以期在未来时期内获得收益的行为。

3. 生产战略

生产战略就是企业在生产的成本、质量流程等方面建立和发展相对竞争优势的基本途径，它规定了企业在生产制造和采购部门的工作方向，为实现企业总体战略服务。企业生产战略不能仅根据企业内部生产条件来确定，还应考虑市场需求和企业整体战略的要求。

（1）生产战略在企业战略中的地位。生产是将各种投入要素（原材料、零部件、人、机器设备等）结合起来，转化为一定产出的经济活动过程。从生产与企业整体发展方面看，生产战略是企业取得战略成功的关键因素。从生产与其他职能部门关系看，生产战略必须协调与其他职能层战略之间的关系。

（2）生产战略的制定过程。在制定生产战略时，必须遵照企业制定的总体战略和市场营销战略，采取以下步骤：

① 分析市场竞争地位，了解竞争者生产产品的特性、技术及采用的战略。

② 评估企业自身的资源、设备、人力、技术及产品战略。

③ 确定企业市场营销战略目标及销售计划。

④ 决定企业应发挥的生产功能，如生产能力、产品数量、质量、投资收益等。

⑤ 考虑产业的经济限制和技术限制。经济限制包括成本结构、产品组合、产业结构、产业政策及其未来发展趋势等；技术限制包括技术水平、技术开发、技术进步、机械化与自动化度等，使企业了解自身生产地位和技术突破的可能性。

⑥ 制定生产战略及相关的计划与制度，如品种策略、采购策略、存货策略、生产计划、设备计划、技术计划、生产控制制度等。

⑦ 执行生产战略，控制生产过程，衡量生产业绩和成效，并进行信息反馈，修改或调整生产战略内容。

4. 研究与开发战略

（1）研究与开发战略的意义。一般来说，研究是指用科学方法，探求未知事物的本质和规律，而开发则是指充分利用现有科学技术成果，把生产、技术或经营方面的某种可能性变为现实的一系列活动。研究与开发是企业科技进步的原动力，强化研究开发工作，对促进企业科技进步，加快产品更新换代，增强市场竞争能力，提高经济效益都有重要的推动作用。比如，有利于企业加快产品更新换代；有利于保持企业竞争优势；有利于企业降低成本，提高经济效益。

（2）研究与开发战略的类型。研究与开发包括科学技术基础研究和应用研究，以及新产品、新工艺的设计和开发。对于企业来讲，研究与开发涉及市场、技术、产品、生产、组织等各方面，其中主要是技术、产品和生产方面的研究与开发。

（3）研究与开发战略的选择。研究与开发战略的选择经常受企业总体战略和经营战略的影响。处于不同的环境条件下，企业可采用3种不同的研究与开发战略。第一种是在进攻与防守之间进行选择的基本型研究与开发战略；第二种是以新技术作为进入新市场主要手段的渗透型研究与开发战略；第三种是竞争对手和技术自身产生技术威胁时的反应型研究与开发战略。

企业基本型研究与开发战略有3种形式：一是为市场扩张和多元化经营而采用的进攻型研究与开发战略；二是为保持和支撑企业现有技术在其主要市场优势地位的防御型研究与开发战略；三是互换型研究与开发战略。

当新技术已经开发出来，或者技术成为实施公司向新市场渗透战略的关键时，企业可以制定渗透型研究与开发战略，以满足各种战略上的需要。渗透战略主要有高档战略、空隙战略、升级战略3种表现形式。

在新技术革命时代，各行各业中经常会出现新技术、新工艺，对企业造成新的威胁，某些行业遇到的威胁更为严重。根据新技术威胁的性质和紧迫程度，企业可以选择消极和积极进取的反应型研究与开发战略。

5. 人力资源战略

人力资源战略是指根据企业总体战略的要求，为适应企业生存和发展的需要，对企业人力资源进行开发，提高职工队伍的整体素质，从中发现和培养出大批优秀人才，进行长远性的谋划和方略。必须以企业总体战略的要求来确定人力资源战略的目标。为实现人力资源战略的目标，企业人力资源战略可分为人力资源开发战略、人才结构优化战略、人才使用战略3个方面。人力资源开发战略就是指有效发掘企业和社会上的人力资源，积极地提高员工的智慧和能力，所进行的长远性的谋划和方略。可供选择的人力资源开发战略方案有引进人才战略、借用人才战略、招聘人才战略、自主培养人才战略、定向培养人才战略和鼓励自学成才战略。

第二节 企业国际化经营及战略选择

一、企业国际化经营概述

(一) 企业国际化经营的内涵

企业国际化是世界经济一体化的必然结果,也是中国经济和企业争取更大发展的必由之路。21世纪以来,国内、国际经济的发展促使越来越多的中国企业走出国门,进行国际投资或贸易等活动。

企业国际化就是指一个企业的生产经营活动不局限于一个国家,而是面向世界市场的一种客观现象和发展过程。其主要目的是通过国际市场,组合生产要素,实现产品销售,以获取最大利润。企业国际化包括管理国际化、生产国际化、销售国际化、融资国际化、服务国际化和人才国际化六个方面。国际市场上,蕴藏着大量诱人的机会,但机遇和挑战并存,我国企业要想在国际化浪潮中脱颖而出,就需要思考如何开展国际化经营。

企业国际化经营是指企业从国内经营走向跨国经营,从国内市场进入国外市场,在国外设立多种形式的组织,对国内外的生产要素进行配置,在一个或若干个经济领域进行经营的活动。从事国际化经营的企业通过系统评价自身资源和经营使命,确定企业战略任务和目标,并根据国际环境变化拟定行动方针,以求在国际环境中长期生存和发展。企业国际化经营的内涵不仅包括向国际市场出口产品和服务,更重要的是企业的经营理念、经营范围以及相应的企业管理水平也超越了国界限制,与国际市场接轨。

一般来说,如果一个企业的资源转化活动超越了一国国界,即进行商品、劳务、资本、技术等形式的经济资源的跨国传递和转化,那么这个企业就是在开展国际化经营。企业国际化经营的一个主要原因是国际市场存在新的潜在机会。

(二) 企业国际化经营特征

相对国内经营,企业国际化经营有其独特的特点。

(1) 国际化经营游离于各国政府之外,并且母子公司以共同的所有权为纽带而相互联结。跨国公司以母国为基地,将母国市场、东道国市场以及跨国公司的下属单位之间的国际交换体系结合为一体,通过超国度的多样化经营,实现了游离于各国政府之外的经济垄断。国际化经营涉及母国及东道国的社会、政府、文化等各个领域,甚至超越了经济的范畴,对各国社会、经济和文化生活产生着直接影响。

(2) 国际化经营需要极强的计划运筹能力。跨国公司需要在全球范围内经营,就要追求资源在全球范围内的优化配置。从原材料的采购到产品的销售、从技术开发到产品试制、从资本运作到合理避税、从人力资源开发到合理使用,无一不需要公司总部进行全面计划和运筹。跨国公司把分散在世界各地的子公司组成一个整体、形成内部一体化的独特经济体系,以便于协调、控制,从而达到跨国公司的整体效益最佳。

(3) 国际化经营必须运用战略管理,并具有"全球战略"目标。当跨国公司面临重大业务决策时,不仅要考虑一家子公司局部的得失,还必须考虑全球性机遇,更要预测未来的发展,即考虑整个公司的全局最大利益,才能做出决策。所有这一切较之在一个国家经营的公司要复杂得多,在分散风险的同时要承担更大的风险,只有采用战略管理,将公司的全球战略与公司的内部计划结合起来,才能获得经营的成功。

(4) 国际化经营方式多样。一般国际化经营方式大致分为横向型多种经营、垂直型多种经营以及混合型多种经营。横向型多种经营的跨国公司主要生产经营单一产品,母子公司间很少有专业化分工,但公司内部转移生产技术、销售技术和商标专利等无形资产的数额较大。垂直型多种经营的跨国公司根据其经营内容又可分为两种:一种是母子公司生产和经营不同行业却相互有关的产品;另一种是母子公司生产和经营同一行业不同加工程度或工艺阶段的产品。混合型多种经营的跨国公司经营多种产品，母子公司生产不同的产品，经营不同的业务，且彼此之间互不衔接，没有必然联系。

（三）企业国际化经营的动机

世界经济的全球化和国际化不仅影响多国公司的经营活动，而且也与地方市场上的企业有关，使这些企业有更多发展机会的同时面临着丧失本国和本地市场的巨大威胁。因此，增强企业在国际市场上的竞争力，不仅是开展国际业务的前提，同时也是保护本国市场的客观要求。当一个企业意识到有国际化经营的必要时，它决定向外扩张国际市场可能基于以下几个主要动机。

1. 扩大市场规模

在国外市场销售产品和服务，开辟新的市场，能提高收益，特别对那些在本国市场上处于有限增长的公司来说，国际市场有更大的吸引力。改变消费者与本地文化传统紧密相连的口味和爱好并非易事，对于处在有限增长的本国市场的竞争者来说，国际化经营是一个更有吸引力的选择，但庞大的市场规模和市场影响力并不是成功的保证。

2. 充分利用技术领先优势

同一产品在不同市场上的生命周期不同。在一国市场上已进入成熟期或衰退期的产品，在另一国家的市场上很可能刚进入成长期，而在其他欠发达国家的市场上则可能处于投入期。因此，将产品扩散到不同市场，可保持该产品在新市场上的技术领先地位。新产品的开发具有明显的竞争优势，但随着产品的逐渐传播和成长，在国内市场上逐渐失去独特性和竞争优势，这时企业通常会将这种产品投向国外市场。由于开发新技术的能力不断上升和国家之间专利法的差异，竞争对手的产品模仿速度越来越快，导致新产品淘汰周期（产品的生命周期）也越来越短。因此，企业需要进行国际化经营以充分利用技术领先的优势，从而更快地回收研发投资。

3. 规模效应和学习效应

企业可以通过国际化经营取得生产运营中的规模经济。在某种程度上，企业可将不同国家的产品标准化，采用相同或相似的生产设备，整合重要的资源，这有助于企业取得最优化的规模效应。同时，通过不同国家企业之间的资源与知识共享，企业也可以在国际化市场中发掘其核心竞争力。进而，资源、知识的共享产生了协同效应，将有助于公司以较低成本生产出高质量的产品或服务。另外，在国际化市场中进行业务的运作，可以为企业提供许多新的学习机会。

4. 获取区域经济效益

在交易成本与贸易壁垒允许的情况下，企业将其创造价值的活动放在最适合的地点，跨国公司在全球范围内搜寻此地点的过程，实际就是企业资源在全球范围内优化配置的过程。这样做一方面可降低创造价值的成本，有利于企业达到成本领先；另一方面可使企业形成差别化，获得超过平均水平的利润。

5. 促进核心竞争力的转移

核心竞争力是由企业的创新、效率、质量以及顾客的忠诚度组成的，是构成企业竞争优势的基础。采用国际化经营方式的跨国公司可以在更大的市场范围内利用公司的核心竞争力创新产品，从而在国际市场上取得竞争优势，获得更大的利润。

6. 分散商业风险

企业通过在不同国家经营可分散经营风险。企业通过在不同的国外市场上经营建立了广泛的市场基础，从而与完全依靠本国市场相比，分散了风险。当国内市场需求发生变化，企业如果只依靠国内市场，往往会承受很大的损失。企业开发国外市场，可以形成广泛的市场基础，分散集中经营的风险。

虽然各企业国际化经营的动机不尽相同，但在经济日益国际化的背景下，企业管理人员均面临着两项关键任务：保护本国的市场；进军海外市场。而无论完成哪项任务，都必须加强企业在国际市场上的竞争力。为此，很多企业正在重新确定市场战略和拓宽经营领域。

二、企业国际化经营环境

一个企业未来在全球市场上竞争的成败，取决于其认识国际市场环境和确定市场进入方式的能力。因此，必须创造性地选择国际市场进入方式和介入水平。而企业在选择国际市场进入方式时，首先要分析自身所处外部环境，包括东道国环境和母国环境。

（一）东道国环境

选择适宜的国际市场进入方式，首先要分析影响国外市场优势和劣势的主要因素，包括经济、政治、社会文化、教育、法律和宗教等，其中经济和政治条件具有特别重要的作用，由它们决定的经济机会和政治风险及相互作用可以用来判断不同目标市场进入方式的适应性。

1. 经济机会

经济机会是指在国外市场上出现了进行某种商业活动要求的条件或公司能够通过自身的努力创造这些条件；或者存在着适当的有效需求并且满足公司的主要目标，因而经济机会的多少是由有利于企业生产和销售的因素之多寡决定的。事实上，影响产品生产和销售的因素及其重要性随着行业的性质而变化。因此，评价国际市场经济机会的首要步骤就是确定它的主要影响因素，包括基础设施、竞争对手、财政金融环境和人口等。另外，文化、语言、价值观念、宗教、法律和其他因素在决定经济机会时也起着重要的作用。例如，在沙特阿拉伯和其他一些伊斯兰国家，公司不应生产和销售酒类和猪肉产品，因为在这些信奉伊斯兰教的国家禁止穆斯林喝酒和吃猪肉。同样，还有其他一些文化和社会因素通过对个人态度和选择偏好的影响而阻碍某些产品和服务的销售。

确定国际市场上的经济机会是一项复杂的工作。由于各种产品或服务要求的生产和销售条件不同，因而同一国家或地区在对一种产品表现出较多经济机会的同时，却可能对另一种产品表现出较少的经济机会。因此，应针对每种产品来评价国际市场的经济机会，在尽可能宽的范围内寻找新的经济机会，仅仅局限于评价某一国家市场的环境无疑会减少发现最好经济机会的可能性。

2. 政治风险

在国际市场上从事生产和销售的公司通常同时在几个国家和地区开展自己的业务活动，这些国家的政治现实是公司无法回避和控制的因素。当东道国政府或某些社会团体采取不利于公司生产和投资的行动时，政治风险也就随之产生。

与经济机会不同，政治风险并不是伴随某一国家、某一产品或某一公司的特有现象。它不仅出现在欠发达国家和发展中国家，还会出现在一些发达的工业化国家和地区。无论一个国家的政治和经济制度如何，都可能使跨国公司面临一定的政治风险。对于一个试图维持和发展竞争优势的公司来说，如果不充分了解可能存在的政治风险并采取相应的对策，即使所做的国际市场计划再完善，最终也难免随着政治风险的出现而失败。因此，确定和分析影响政治风险的变量及其影响程度至关重要。政府的作用、政府的类型、内部和外部冲突以及宗教联盟、政治自由化和民族主义等都是值得考虑的因素。例如，在民族主义倾向严重的国家，人们可能拒绝或抵制某些外国产品和服务，这无疑增加了一些公司进入该国市场的障碍。

3. 经济机会和政治风险矩阵及其分析

为评价各种国际市场进入方式在某一特定国际市场上的适应性，Akbter 提出了一个类似于波士顿矩阵的分析框图，如图 8-1 所示。该图分为四个象限，对于各种经济机会和政治风险的不同组合，公司可以根据自己的目标、资源条件和经验选择一种最适合的方式。下面结合 Akbter 模型来探讨我国公司进入国际市场的模式。

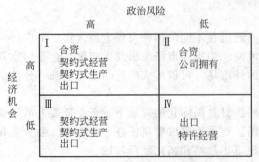

图 8-1 Akbter 的国际市场进入模型

当政治风险和经济机会都比较高时（第Ⅰ象限），管理人员面临着两难选择，即如何在捕捉市场机会的同时减少所冒的政治风险。这种情况下，有合资、契约式经营、契约式生产和出口四种战略可供选择，应主要考虑如何减少政治风险。与其他三种模式相比，合资投入的资源最多，因而表面上看风险也最大。但是由于合资时东道国人民平等地参与企业的经营和管理,因而经营成败与他们有切身的利害关系。所以,通过合资公司不仅可以建立一个现实的市场,而且可以减少因政府干预而引起的政治风险。因此,此种情况下,合资可能是一种明智的选择。

如果政治风险低而经济机会大(第Ⅱ象限),公司应该重点考虑合资或公司拥有两种模式。由于在这类市场上经济机会大,所以竞争者试图加速进入这些市场,因此,通过公司拥有不仅可以比竞争者优先进入市场,而且可以通过对市场的深入了解来改善竞争行为。

如果政治风险高而经济机会少(第Ⅲ象限),公司应减少在财政方面的过多承诺,最好采取契约式经营、契约式生产和出口模式。

当政治风险低、经济机会比较少(第Ⅳ象限)时,公司应该首先选择出口或特许经营方式,以便在这些市场上占有一席之地和积累必要的经验,为将来商业环境改善时参与更高水平的进入做准备。

可供进入某一国际市场的方式往往不止一个,在某一市场上的战略组合取决于多种因素的综合作用。由政治风险和经济机会相互作用所导出的 Akbter 矩阵可以作为选择市场进入方式的粗略向导,公司可以按照出口到公司拥有这一范围来选择适合自己资源条件和经验的进入方式。从出口到公司拥有,公司承担的责任、风险、收入、挑战和复杂性,由低到高逐步上升,而其方便性、决策过程的一致性和运营过程的类似性则逐步降低。

(二)母国环境

仅仅分析东道国的经济和政治环境对企业国际市场进入方式的影响是不够的,它并不能完全说明国际市场和跨国公司全球竞争及其结果的复杂现实。一个企业的竞争优势和应采取怎样的国际化战略,不仅取决于自身的资源、能力及东道国的经济环境和政治条件,而且与其母国整个国家的经济发展水平和由此决定的竞争结构有密切的联系。根据波特的国家竞争优势理论,一个跨国公司的竞争优势与以下几个方面有关。

1. 因素条件

因素条件是指企业在生产经营过程中所需要的基本资源要素的供应状况,如原材料、劳动力和基础设施等。例如,美国的气候和土壤条件非常适合生产小麦,而澳大利亚的自然资源有益于铀的开采。分析因素条件在决定跨国公司竞争优势中的作用时,波特还将注意力从自然资源移向高度专门化的资源上。例如,在解释为什么日本公司会在照相机、印制和录像机行业获得巨大成功时,波特认为这是因为日本公司具有将电子和光学技术一体化的能力。波特还认为,资源条件的限制可能促进替代品的开发,如意大利劳动法律的限制加速了其工业自动化进程。

2. 相关支持性行业

研究发现,对某些行业来说,最重要的国家资源之一是相关的支持性行业。一个国家的竞争优势往往来源于若干行业的"集合"效应。在美国,半导体、计算机和软件行业互为重要的资源和相关支持性行业;而在德国,这种相互支持发生在化学、合成染料、纺织和纺织机械行业。与此相关的是,在一个国家具有竞争力的产业或产业集群中竞争者往往集中在某个城市或地区。

3. 需求条件

一个跨国公司本国市场的需求状况及其对产品改进和革新的推动作用会对其竞争优势产生重要的影响。一般说来,成熟的消费者将迫使企业生产技术先进、高质量而价格合理的产品以保证它们在本国市场上的成功,能够满足顾客这些要求的公司在其他国际市场上与没有类似经历的跨国公司竞争时将有明显的优势。例如,瑞士和比利时巧克力制造商之所以在国际市场上具有突出优势,是因为其本国市场的消费者对该类产品特别挑剔。

4. 竞争结构

波特认为,跨国公司与本国其他公司在本土市场的竞争状况对其竞争优势的形成有显著的影响。一般说来,本国公司之间的竞争比来自不同国家的公司之间的竞争更直接和激烈,因此,这种竞争很可能强烈刺激各公司进行技术革新和提高工作效率。

正是由于母国经济结构和特点对企业竞争力的形成具有十分重要的影响,因此,如果一个企业想要在某一国际性竞争行业建立自己的竞争优势，那么就必须保持其竞争战略与母国比较优势的一致性，并根据东道国的经济环境选择合适的生产布局。在考虑生产布局时，跨国公司需要将其本身的竞争优势、母国的比较优势和东道国资源的适用性综合起来考虑。还要注意到产品生产过程中垂直价值链及输入要素的变化，即要考虑不同国家和地区在价值链的不同阶段可能具有不同的优势。

三、企业国际化经营战略选择

企业国际化经营战略的选择包括两部分的内容：一是企业的国际化战略；二是选择适当的国际市场进入方式。

（一）企业的国际化战略类型

企业可以选择的国际化经营战略有三种类型：多国化战略、跨国战略和全球化战略。每种战略的适用性取决于降低成本压力（全球整合需求）和对当地需求进行响应压力（本土迅速反应需求）的程度大小，如图8-2所示。

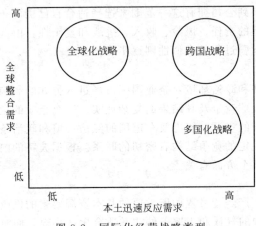

图8-2 国际化经营战略类型

1. 多国化战略

多国化战略是指企业将战略和业务决策权分配到各个国家的战略业务单元，由这些单元向本地市场提供本土化的产品。采用多国化战略的企业以获取最大的当地需求响应为方向。该战略显著特征是：不断根据客户要求调整产品和销售，以适合各国不同的条件；常常在每国各建一套完整的价值创造系统。

多国化战略注重每个国家或地区之间的竞争，认为各个国家市场情况不同，于是以国家界线来划分市场区域。多国化战略采用高度分权的方式，允许每个部门集中关注一个地区或国家。多国化战略让各国子公司的管理者有权将企业产品个性化来满足本地消费者的特殊需求和爱好，因此该战略能让企业面对各个市场的异质需求时的反应最优化。

2. 跨国战略

跨国战略是使企业实现全球化的效率和本土化的敏捷反应的一种国际化战略。为达到这一目标，企业一方面需要各部门全球范围的协调和紧密合作；另一方面需要本土化反应的灵活性。因此，实施跨国战略企业需要"弹性协调"，通过建立一体化的网络使各部门协作。

跨国战略适用于业务经营多样化和国家市场具有多样性的企业。实施跨国战略的公司管理者们不仅要制定和执行大量的战略，还要根据各国市场的需求进行调整变化，更重要的是寻找好的方法来协调公司跨行业和跨国家的战略行动，从而获得持续且更强的竞争优势。

实施跨国化战略的优势是：可以实现规模经济，适应当地市场，实现全球学习的利益。该战略的劣势主要体现在跨国战略的可行程度，由于同时追求全球协调和满足当地弹性需求这两个目标间存在冲突，跨国战略的实施具有一定难度。

3. 全球化战略

全球化战略指在不同国家的市场销售标准化产品并由总部确定竞争战略。为达到有效率的运营，全球化战略需要跨国分享资源以及协调合作，这又需要集权与总部控制。

实施全球化战略的企业往往采用低成本战略进行扩张。企业一般不会根据当地需求调整产品和销售策略，反而更愿在全球范围内销售标准化产品，并把生产、研发和销售活动集中在几个最有利的地方进行，以获得区位经济和规模经济的最大好处。此外，实施全球化战略的企业还倾向于利用自身成本优势来支持其世界市场上的价格竞争力。

采取全球化战略有助于企业实现规模经济，并使企业有更多机会在公司层进行创新或将一国的创新应用于别国市场。另外，全球化战略还能使企业获取资源优势，进而建立可持续的低成本或差异化竞争优势。然而，全球化战略也会带来一些负面效应，如因为市场难以辨识、市场要求产品进行本土化而放弃一些发展机遇。此外，全球化战略对本地市场的反应相对迟钝，并且由于企业需要制定跨越国家的协调战略和业务决策，在管理上有一定难度。

（二）国际市场进入方式

根据公司的发展目标、资源条件和对国际市场的了解程度，公司可以选择不同层次和介入水平的国际市场进入方式，其中包括出口、特许经营、契约式生产、契约式经营、合资和公司拥有等。

1. 出口

作为最早的国际化经营模式，出口具有操作方便、决策相对简单、运营过程类似性高和风险易于判断等特点，尽管国际化经营模式越来越多，但由于出口的上述特点和贸易壁垒的逐步降低乃至消失，出口仍然是一种非常重要的国际市场进入方式。

根据出口市场的特点和企业自身资源情况，企业可选择两种出口模式，一种是直接出口，企业参与在国外市场销售产品等必要活动，可以决定是否打开其在国外市场的销售网及控制市场营销组合决策；另一种模式是间接出口，企业并不直接参与国外市场上的营销活动，间接出口主要通过中间商来进行，因而企业在各方面并没有更多的选择。

无论采用哪种出口模式，也无论具体出口哪种产品，企业管理人员都必须清醒地认识到出口贸易要远比在国内市场做生意更为复杂和困难。

2. 特许经营

特许经营是由特许经营者向转让者支付一定的转让费而获得专利、商标、产品配方或其他任何有价值方法的使用权。转让者不控制战略与生产决策，也不参与特许经营者的利润分配。

尽管特许经营一定程度上限制了企业在决策上的参与和控制程度，而且要承担领先优势随业务增多和授权范围扩大而逐渐丧失的风险，以及在特许经营者不能保证产品所要求的标准和质量水平时可能会损害企业在国际上的声誉，但由于它不需要企业承担开发一个国外市场所需的开发费用和遭遇的风险，当所进入的外国市场发生各种意想不到的问题，甚至政局动荡时也不致承担过大的资金风险或颗粒无收，所以成为一种重要的国际市场进入方式。

尤其是在企业对国外市场缺乏足够的了解，希望用最小的代价来获得额外利润；或者企业想在采取更高层次战略介入国外市场前作一些尝试；或者企业要介入的国外市场规模过小，不宜进行更大的投资；或者东道国政府限制进口，也不宜采取其他进入模式的情况下，特许经营不失为一种明智的选择。

3. 契约式生产

契约式生产是指企业允许东道国的合作厂商按特定的要求组织生产，但市场方面的任务仍由企业负责。它的优点是东道国的合作伙伴可用较低的投资风险进入国外市场，而企业则可以利用对方制造成本低廉和掌握市场销售的优势来降低成本和增加利润。目前契约式生产正在成为进入国际市场的一种重要模式，其主要特点是在减少管理摩擦的情况下利用了双方的优势。

4. 契约式经营

企业向提供资金的东道国合作伙伴派出管理专家和提供专有技术，而东道国的合作企业则提供一定的费用作为补偿。与其他进入模式相比，契约式经营是一种更灵活的方式，由于派出的管理专家起着合作公司顾问的作用，可以参与企业日常管理，因而可以要求获得某些信息或专门报告，这对了解市场情况和随后的商业介入非常有用。

5. 合资

合资双方分享所有权、风险和对企业的控制权。在特殊情况下，合资一方也可以通过协议完全控制市场活动。与上述几种进入模式相比，合资是一种更高水平上的进入模式。

企业之所以到国外市场开展合资经营有各种各样的动机，如通过合资生产达到规模经济，利用合资双方各自的技术优势进行研究和开发、获取行业的关键技术或核心技能，将现有产品打入国外市场以获取更多利润，以及利用合资的力量实现业务扩张等。

合资企业能否成功的关键在于合资双方能否处理好母公司和合资企业的关系，如合资企业的战略自由度是否合适，每个母公司的管理角色是否合适，更重要的是能否保证合资双方在合作过程中实现"双赢"等。尽管成功地管理合资企业并非易事，涉及更多管理问题和文化冲突等，但随着国际化程度的提高，合资正在成为一种相比前几种进入模式更重要和更广泛使用的方式。

6. 公司拥有（独资）

与上述几种进入方式相比，此种模式下，企业可以更严密地控制战略和生产决策，以实现其在东道国市场上获得更大经济利益和发展潜力的目标。无论是从投资水平还是面临的风险上，公司拥有都是最大的。一般说来，企业会按照先易后难的步骤对国际市场实现进入和渗透，因此，选择公司拥有往往是在比较了解国外市场以后，甚至是尝试过其他几种模式以后才做出的选择。

为了选择合适的国际市场进入方式，企业首先应该合理评价企业内部条件，并明确以下问题：企业将承担多大的风险？设计的回收期是多长？在作有关生产和销售决策时，企业希望进行何种程度的控制？公司的短期、长期目标是什么？在对内部条件作适当评价以后，企业就可以进一步评价国外市场的条件。

第三节　企业战略创新——从红海到蓝海

一、红海与蓝海战略概述

蓝海战略是由欧洲工商管理学院的 W. 钱·金（W. Chan Kim）和莫博涅（Mauborgne）在研究 1880~2000 年三十多个产业 150 次战略行动的基础上提出的。他们将企业目前使用的战略分为"红海战略"和"蓝海战略"，"红海"代表已知的饱和市场，利润前景暗淡，恶性竞争此起彼伏；"蓝海"代表未知的新兴市场，蕴含巨大的利润高速增长的机会。

红海战略是指在现有市场空间中竞争，在价格中或者在推销中开展降价竞争，是在争取效率，然而增加了销售成本或是减少了利润。以波特竞争理论为基础的"红海战略"假定产业结构是既定的，产业界限与竞争规则已经固化，企业被迫为有限的市场份额展开你死我活的血腥竞争。

蓝海战略是指超越竞争的思想范围，开创新的市场需求和无人争抢的市场空间，经由价值创新来获得新的空间。在技术创新不断升级、消费选择快速变化的时代，每个行业都可能从快速发展转入增长停滞，或者是只有量的增加而没有利润增长的空心市场状态，这时就需要通过差异化创新战略从关注竞争对手身上转向未开垦的市场空间、需求的创造以及利润高速增长的机会，即蓝海战略。以价值创新理论为基础的"蓝海战略"，认为市场边界和产业结构并非既定，企业可以通过重塑产业边界来超越现有需求，大胆改变了原有的市场游戏规则，开辟没有竞争对手的蓝海，是一种全新的多赢模式。

将"蓝海战略"的理论与竞争战略理论相比较，可以发现两者在诸多方面存在差别，如表 8-2 所示。

表 8-2　蓝海战略与红海战略的比较

项目	蓝海战略	红海战略
战略观	源于内部增长理论的重建主义	源于产业组织经济学的结构主义
分析单位	战略行动	企业的活动
战略假设	创造还没有竞争的市场空间	在现有市场空间竞争
战略思路	不以竞争为基准，以价值领先主导市场发展	培养竞争优势以打败竞争对手
战略选择	打破价值与成本的权衡取舍，获取价值创新优势	在价值与成本之间权衡取舍，获取低成本优势或差异化优势
战略行为逻辑	同时追求差异化与低成本，把企业行为整合为一个体系	根据差异化或低成本的战略选择，把企业行为整合为一个体系
结果	公司获得高速增长	公司发展不太成功

蓝海战略之所以可以创造无竞争的空间，关键在于它通过规则再造使原有红海市场之中的边际效用递减和边际成本递增两大规律转化为了"边际效用（MU）递增与边际成本（MC）递减"的特殊规律，如图 8-3 所示。

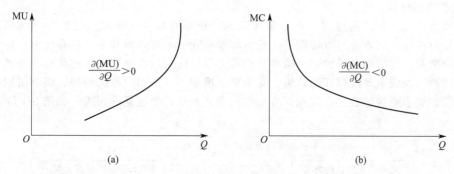

图 8-3　价值创新中的边际效用（MU）递增与边际成本（MC）递减规律

通过价值创新使产品或服务同时具有了成本领先和差异化两个战略优势，重新创造供需关系。从经济学上看，蓝海战略使边际效用递增是基于以下原因：第一，蓝海战略超越了传统红海的战略边界，它推出的新产品往往处于价值链上层，蕴含着很高的知识成分，经济附加值高。通过价值创新不断地创造新的需求，避免了传统红海中的重复性消费，使消费者难以拒绝。第二，蓝海战略注重购买者的心理体验和社会需求，这种需求不易达到饱和。第三，蓝海战略往往提供给购买者一揽子解决方案，便于购买者实现范围经济。第四，蓝海战略使各个购买者的效用函数相互叠加，实现购买者规模经济。而蓝海战略使边际成本递减则是因为：第一，提供既降低成本又提高价值的一揽子解决方案，具体来说是通过剔除不重要的商业要素，压缩部分对未来新业务不重要的竞争要素，以低成本实现增加、创造新的价值；第二，蓝海战略超越了传统的市场边界，通过价值创新吸引越来越多的购买群体，进一步创造出更多的需求，实现供给的规模效应；第三，蓝海战略通过价值创新研发出能够同时满足消费者多种效用需求的新产品或服务，比原有红海市场之中提供多种产品或服务满足消费者多种效用需求具有范围经济；第四，蓝海战略通过迈入新的无竞争空间催生新的产业出现，伴随着知识的积累，蓝海空间下的产业可以实现内生式可持续增长。

二、蓝海战略的主要内容与分析工具

（一）蓝海战略的主要内容

1. 蓝海战略的价值创新

企业要在红海中求生存发展，就必须有超过竞争对手的资源（包括人、财、物）和实力（合适的发展战略），以攫取已知需求下的更大市场份额。随着市场竞争日益激烈，市场空间变得越来越拥挤，利润增长的前景也变得越来越困难。在蓝海中则与之相反，未开发的市场空间和需求的创造，意味着可以对利润高速增长的预期，是企业发展的良好机会。一般蓝海是通过扩展已经存在的产业边界而形成的,也有一些是在现有的红海领域之外创造出来的。蓝海战略的价值创新是以开创更广阔的新市场来保持企业的获利性增长,而不是挑战竞争对手所创造的新纪录,通过瓜分现有本已日趋萎缩的市场需求来扩大企业的市场份额。蓝海战略理论的出发点是高利润增长,战略业务创新则是其主要思路。蓝海战略需要企业突破原有思维局限,开发出增长型业务,将战略创新纳入科学严谨的战略管理系统,以保证创新的成功概率,使创新行为获得系统支撑。

2. 蓝海战略的管理方法

蓝海战略提供了一套结构化的分析框架,首先聚焦于客户价值,再通过一系列规定动作完成对客户价值的排列组合,最终形成全新的业务战略。蓝海战略体系的"四步操作框架""战略布局图"等工具和六项原则,构成了一个比较完整的战略制定与实施系统。因此,蓝海战略体系容易被人理解。这有利于管理者将企业战略更广泛地同更低层次的员工交流,赢得他们的认同和拥护,以提高实施的效率和效果。

(二)蓝海战略的分析工具

1. 四步操作框架

以价值曲线为工具,通过对产业竞争要素的"剔除—减少—增加—创造",重构买方价值,塑造新的价值曲线,创造新的市场需求。竞争要素剔除——剔除所有不再具有价值,甚至还减少价值的竞争要素;竞争要素减少——减少在功能上设计过头的竞争要素,这些竞争要素超过顾客的需要,徒然增加成本却没有好的效果;竞争要素增加——增加顾客需要的、能够增加产业价值的竞争要素;竞争要素创造——发现买方价值的全新源泉,创造新的需求。如图 8-4 所示。

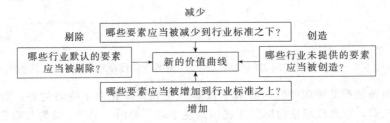

图 8-4 四步动作框架

"剔除—减少—增加—创造"坐标格是开创蓝海的关键,通常作为"四步动作框架"的辅助分析工具出现,这个工具敦促企业不仅仅提出四步动作框架所规定的四个问题,而且要在四个方面都采取行动,创造新的价值曲线。通过敦促企业在坐标格中填入这四方面所要采取的行动,这个工具给予企业四种好处。

① 促使企业同时追求差异化和低成本,以打破价值与成本的权衡取舍关系。

② 它可以及时提醒企业,不要只顾增加和创造两方面,而抬高了成本结构,把产品和服务设计得过了头。

③ 它易于理解,让各级经理都能明白,从而在战略实施中能在企业上下获得高度的参与和支持。

④ 由于填妥坐标格绝非易事,这就促使企业去严格考量产业中每一个竞争元素,从而去发现那些产业中隐含的假设,竞争中的企业往往无意间就把这些假设看成想当然的了。

2. 战略布局图

(1)战略布局图内涵及意义。战略布局图既是诊断框架也是分析框架,用以建立强有力的蓝海战略。使用它的原因是,它能捕捉住已知市场的竞争现状。战略布局图的意义在于:能够明白竞争对手正把资金投入何处,在产品、服务、配送等方面产业竞争正集中在哪些元素上,以及顾客从市场现有的相互竞争的商品选择中得到了些什么,如图 8-5 所示。

战略布局图中的横轴代表的是产业竞争和投资所注重的各项元素。纵轴则反映了在所有这些竞争元素上买方各得到了多少。

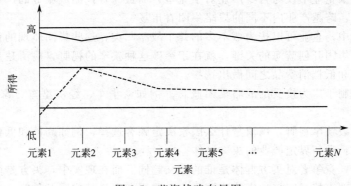

图 8-5 蓝海战略布局图

（2）战略布局图绘制步骤。一要清楚地描绘竞争因素。一般的战略布局图的要素，主要包括价格（产品和服务价值的货币表现）、品牌（代表一切有形和无形的企业外在形象）、资金（代表能满足扩张的资源需要）、策划体系（代表策划元素）、销售体系（代表销售元素）、信息（代表各类有价值的案例资讯和专业知识）、人才（代表使企业增值的人）、客户（代表一切企业可能与之合作的单位）、文化（代表企业内在经营哲学）等方面。

二要显示现有的和潜在的竞争者的战略轮廓。

三要显示本公司的战略轮廓或价值曲线。

三、蓝海战略的制定与执行

蓝海战略提出六项原则，其中四项为战略制定原则：重建市场边界、注重全局而非数字、超越现有需求、遵循合理的战略顺序。两项为战略执行原则：克服关键组织障碍和将战略执行建成战略的一部分。

（一）蓝海战略制定原则

1. 重建市场边界

重新构筑市场的边界，打破现有竞争局面，从而开创蓝海。这条原则解决了令很多企业感到棘手的找寻的风险问题。企业面临的挑战就是如何从纷繁复杂的可能性中找出商业上有信服力的蓝海机会。如何应对这个挑战十分关键，从硬碰硬的竞争到开创蓝海，可以用六个基本方法重新构筑市场边界，称之为"六方式分析框架"，如表 8-3 所示。

表 8-3 六方式分析框架

项目	硬碰硬的竞争	开创蓝海
产业	专注于产业内的对手	跨越他择产业看市场
战略集团	专注于战略集团内部的竞争地位	跨越产业内不同的战略集团看市场
买方群体	专注于更好地为买方群体服务	重新界定产业的买方群体
产品或服务范围	专注于在产业边界内将产品或服务的价值最大化	跨越互补性产品和服务看市场
功能-情感导向	专注于产业既定功能-情感导向下性价比的改善	重设产业的功能与情感导向
时间	专注于适应外部发生的潮流	跨越时间与塑造外部潮流

（1）产业：跨越他择产业看市场。

在最为广泛的意义上，一家企业不仅仅与自身所在产业中的对手企业竞争，还与那些其他产业中生产他择性产品或服务的企业竞争。他择品的概念比替代品更广，包括功能与形式都不同而目的相同的产品和服务。

红海思维：人云亦云为产业定界，并一心成为其中最优。

蓝海观点：一家企业不仅与自身产业对手竞争，而且与替代品或服务的产业对手竞争。

（2）战略集团：跨越产业内不同的战略集团看市场。

在大多数产业中，企业可以按为数不多的几个战略归类，这些集团体现的是战略上的根本差别。跨越现有战略集团开创蓝海的关键，就在于突破这种狭窄的视野，搞清楚是什么因素决定着顾客在高档消费品和低档消费品之间做出选择。

红海思维：受制于广为接受的战略集团概念（例如豪华车、经济型车、家庭），并努力在集团中技压群雄。

蓝海观点：突破狭窄视野，搞清楚什么因素决定顾客选择，例如高档和低档消费品的选择。

（3）买方群体：重新界定产业的买方群体。

在很多产业中，竞争者对买方群体是谁的定义趋同。而在现实中，买方是由不同环节组成的一条链，每个环节都直接或间接地影响购买决定。购买者为产品或服务付账，但却不一定是实际的使用者。有时候，买方链中还包括施加影响者。尽管这三组群体有可能相互重合，但常常是不同的。

红海思维：只关注单一买方，不关注最终用户。

蓝海观点：买方是由购买者、使用者和施加影响者共同组成的买方链条。

（4）产品或服务范围：跨越互补性产品和服务看市场。

产品和服务很少会再单独使用。多数情况下，它们的价值也受到其他产品和服务的影响。但是在多数产品相互竞争的企业都不约而同地局限于产业自身的产品和服务项目。

红海思维：雷同方式为产品服务的范围定界。

蓝海观点：互补性产品或服务蕴含着未经发掘的需求，简单方法是分析顾客在使用产品之前、之中、之后都有哪些需要。

（5）功能-情感导向：重设产业的功能与情感导向。

当企业愿意挑战产业现有的功能与情感导向时，它们往往能发现新的市场空间。我们观察到两种常见模式：以情感为导向的产业可能为产品或服务添枝加叶，抬高了价格，却并不提升功能。去掉这些枝枝蔓蔓，就有可能创造一个从根本上来说更简单、价格更低、成本更低的商业模式，并受到顾客欢迎。反之，以功能为导向的产业可以通过添加合适的感性成分，为货品的产品化的产品注入新生命，并由此刺激新的需求。

红海思维：接受现有产业固化的功能-情感导向。

蓝海观点：市场调查反馈的往往是产业教育的结果，企业挑战现有功能与情感导向能发现新空间，如果在情感层竞争，可去除哪些元素使之功能化？反之亦然。

（6）时间：跨越时间与塑造外部潮流。

启发"蓝海战略"的关键灵感很少来自预测潮流本身，而是源于从商业角度洞悉这样的潮流将如何改变顾客所获得的价值，如何影响企业的商业模式。通过跨越时间看市场——将今天市场所提供的价值转移到明天的市场可能提供的价值——经理们就能主动塑造未来，开创新的蓝海。

红海思维：制定战略只关注现阶段的竞争威胁。

蓝海观点：从商业角度洞悉技术与政策潮流如何改变顾客获取价值，如何影响商业模式。

跨越常规竞争界限看市场，能使管理者明白该如何采取改变常规的战略行动，来重建已有市场的边界而开创蓝海。

2. 注重全局而非数字

一个企业永远不应将其眼睛外包给别人，伟大的战略洞察力是走入基层、挑战竞争边界的结果。蓝海战略建议绘制战略布局图将一家企业在市场中现有战略定位以视觉形式表现出来，持续地制定和调整战略，使更多的员工提高创造性，拓展企业的蓝海视野。战略布局图更易理解、便于沟通，从而使得执行更加有效，如表8-4所示。

在绘制战略布局图和围绕战略布局构筑企业的战略规划过程中，企业和其管理者们就能把主要精力集中在大局上,而不是沉没在数字和术语中,对一些企业运营上的细节纠缠不清。

表 8-4　战略视觉化的四个步骤

视觉唤醒	视觉探索	视觉战略展览会	视觉沟通
绘制现时战略布局图,将业务项目与对手比较; 看看哪些战略需要哪些改变	走入基层实地探索开创蓝海的六条途径; 观察他择产品和服务优势; 需要剔除、创造和改变哪些元素	绘制新的战略布局图; 听取顾客(包含竞争对手的顾客)以及非顾客的反馈意见; 吸取反馈意见并修改	将战略转变前后的战略轮廓印在同一张纸上,并分发给员工; 支持那些实现新战略迈进的项目和措施

3. 超越现有需求

为使蓝海规模最大化,企业需要与传统战略思维背道而驰:一是不只把视线集中于现有客户,还需关注非顾客;二是并不一味通过个性化和细分市场来满足顾客差异,而是积极寻找买方共同点,将非顾客置于顾客之前,将共同点置于差异点之前,将合并细分市场置于多层次细分市场之前。这样就能让公司超越现有需求,开辟未曾有过的庞大客户群。有三个层次的非顾客可以转化为顾客,他们与你所在市场的相对距离不同,如图 8-6 所示。这三个层次的顾客分别为准非顾客(第一层次)、拒绝型非顾客(第二层次)和未探知型非顾客(第三层次)。

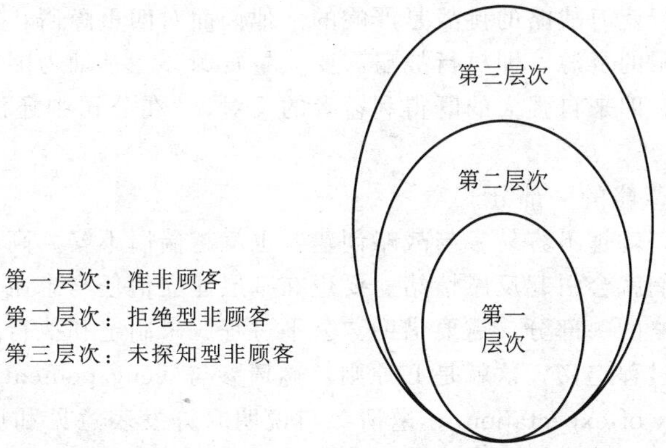

第一层次:准非顾客
第二层次:拒绝型非顾客
第三层次:未探知型非顾客

图 8-6　非顾客三个层次

第一层次的顾客离你的市场最近,他们就是徘徊在市场的边界上,随时准备换船而走的"准非顾客"。他们是出于必需,最低限度地购买产品和服务的买方,但从思想上来说却是产业的非顾客,只要一有机会,他们随时准备"跳上另一只船"离开这个产业。然而,如果产业能提供价值的飞跃,他们不仅会留下来,还会更频繁地购买,从而使巨大的潜在需求得以开启。第二层次的非顾客是那些有意回避你的市场的"拒绝型非顾客"。这种类型的买方明白你的产业所提供的产品和服务可以作为满足他们需求的选择之一,却拒绝使用它们。第三个层次的非顾客离你的市场最远。这些人从未把你所在产业的产品和服务考虑在选择的范围内。

通过着眼于非顾客和现有顾客的关键共同点,企业就能悟出如何把他们纳入新市场。

4. 遵循合理的战略顺序

遵循合理的战略顺序,建立强劲的商业模式,以确保将蓝海创意变为战略执行,从而获得蓝海利润。企业需按照购买者的效用、价格、成本、接受性四步战略顺序来构建蓝海战略,如图 8-7 所示。

(二)蓝海战略执行原则

企业制定了具有获利型商业模式的蓝海战略以后,就必须执行这个战略。蓝海战略的执行有两项原则:克服关键组织障碍和将战略执行建成战略的一部分。

1. 克服关键组织障碍

当然,对任何战略来说,都存在执行上的挑战。无论是在"红海",还是在"蓝海",企业就如同个人一样,将想法转变为行动都很困难。然而与红海战略相比,蓝海战略代表着对现状的重大变更，它取决于企业能否以更低的成本将与人雷同的价值曲线转变为另辟蹊径，这就加大了执行难度。

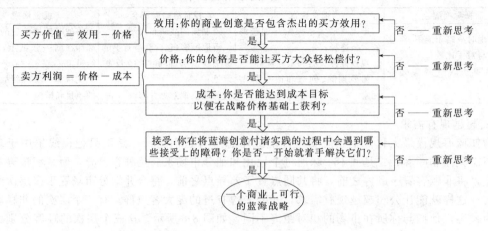

图 8-7　构建"蓝海战略"战略顺序

企业经理们证明执行蓝海战略的挑战是严峻的。他们面对四重障碍：一是认知障碍，即沉迷于现状的组织；二是有限的资源，即执行战略需要大量资源；三是动力障碍，即缺乏有干劲的员工；四是组织政治障碍，即来自强大的既得利益者的反对，"在公司中还没有站起来就被人撂倒了"。

2. 将战略执行建成战略的一部分

员工距离高层越远，就越不容易参与战略创建，也就越惴惴不安。高层不考虑基层思想和感受，将新战略硬塞给他们就会引起反感情绪。要想在基层建立信任与忠诚，鼓舞资源合作，企业需要将战略执行建成战略的一部分，需要借助"公平过程"来制定和执行战略。

有三个因素为公平过程定义，这就是E原则：邀请参与（engagement）、解释原委（explanation）、明确期望（clarity of expectation）。邀请参与说明允许发表意见和反驳，表达管理层的尊重；解释原委让所有的相关人等了解最终的战略决策为何如此制定；明确期望是清晰讲述新的游戏规则，如何评价业绩和惩罚不佳。

实现公平过程的关键不在于新的目标、期望和责任，而在于人们是否清楚地理解了它们。围绕公平过程的原则，组织"蓝海战略"的制定，一开始就将战略执行建成战略创建的一部分，就能够将政治游说和偏袒减少到最低，使人们集中精力执行战略。

蓝海战略的基本目标就是要进行价值创新；其理论核心是以没有竞争为基点。蓝海战略整合了客户价值、客户导向、项目管理、新业务开发、竞争战略、价值链、核心竞争能力、企业增长理论等多个理论内核，突破了传统战略思维框架，为企业形成了一个突破性业务增长和战略性新业务开发的战略管理系统。但蓝海战略的缺陷同样也是显而易见的，即它所面对的新市场，不论从其消费群体的确定和消费需求的把握都具有很大的不确定性，风险性极大。因此进入这个美好的、没有竞争的市场领域对企业来说具有很大的冒险性。

随着中国近四十年的高速发展，各个行业已逐渐成熟，竞争激烈、产能过剩、企业利润不断下滑，甚至出现了行业相对拥挤的现象，在这种形势下，"蓝海战略"对当前中国企业界尤其是那些竞争相对激烈的行业的领导者们有着特别的现实意义。人们处于激烈竞争的困境时，需要找到出路，但是也不能因此而回避正面竞争。经营企业需要勇气与智慧的结合，对大多数企业而言，逃避产业内的竞争无异于自杀，构建企业竞争能力与竞争优势才是理性选择。另外，经济博弈论也告诉我们，先行者可能得益，同时，先行者也承担巨大的先行风险，先驱可能成为先烈。因此，选择何种战略，企业需要谨慎对待，需要根据外部环境与内部资源做充分的论证与准备，准确定位和科学规划，这样才能实现目标，达到目的，完成企业使命。

知识拓展

企业创新创业战略选择

一、通过合作战略进行创新

在动态的环境中,大部分企业缺少内部资源和知识的深度和广度,从而无法进行为了维持竞争优势所需要的持续性创新。随着联盟的不断出现,它已经成为获取创新及创新管理所需要资源的手段。通过合作,各方可以共享彼此的知识、技能和其他资源,从而促进企业的创新。例如,英特尔与美光公司通过合资的方式整合了它们的资源,从而生产出 NAND 型闪存芯片,这个新成立的合资公司 IM Flash 由美光持有 51% 的股份,英特尔持有 49% 的股份。将它们的生产技术和经验相结合,它们可以通过在爱达荷、弗吉尼亚和犹他的生产设备很快地生产出芯片。事实上,不到一年就有新产品问世了。2006 年,该公司宣告它们开始在新加坡制造 NAND 型闪存。

无论是创业型企业还是成熟企业,都可以利用合作战略进行创新,如战略联盟和合资。例如,一家创业型企业可以将其投资资本与一家成熟企业的分销能力相结合,从而可以促进企业将它们的产品成功地推向市场。与此相对应,一家更加成熟的企业可能更加需要新的技术知识,它可以通过和新的创业型企业联盟来获取技术。同样,一家大型的制药企业和一家大型的应用生物企业之间的联盟,已经成为整合知识与资源的一般方式,通过这种知识和资源的整合,可以发展新产品并将其推向市场。

一些企业专门致力于寻找具有匹配性的大型企业和小型研究机构与投资者,然后整合它们的产品。例如,被称为"技术匹配制造者"的 UTEK 给一些小型研究机构或研究者提供了思想的出口,也为大型企业提供了创新的源泉。

由于联盟的重要作用,特别是对于新技术的开发和创新的商业化过程,很多企业开始建立联盟的网络,该网络成为企业的社会资本。与其他企业建立关系所形成的社会网络,可以帮助企业获取进行创新所需的知识和其他资源。来自于联盟的知识可以帮助企业开发新的资本。一些联盟甚至允许外部企业参与联盟内部的新产品开发过程。允许供应商代表进入企业的跨职能创新团队的做法已经变得很常见了,因为供应商的投入对于保证开发新产品时所需要材料的质量是十分重要的。

尽管如此,以创新为目的的联盟并不是没有风险的。除了当企业共同努力实现共同目标时发生的冲突外,由于合作各方都想利用合适的技术与知识提高自己的竞争能力,因此参与合作的活动必然会产生一定的风险。为了阻止这种风险或者将这种风险最小化,企业,特别是创业型企业,必须谨慎选择合作伙伴。理想的合作是合作各方拥有互补的技能和彼此兼容的战略目标。然而,由于企业是在复杂的企业网络中进行经营,因此一家企业可能同时参与了多个联盟,从而它们面临着管理联盟的挑战。研究表明,企业可以建立很多的联盟,然而过多的联盟非但没有提升,反而阻碍了企业的创新能力。因此,对合作关系的有效管理是进行创新的关键。

二、通过收购进行创新

企业有时通过收购的方式获取其他企业的创新成果或者创新能力。采取这种方式的原因之一是追求资本市场价值的增长。收购提供了一种快速延伸产品线从而增加企业收益的方式。尽管如此,采用收购的方式还有一些战略动机。当网络服务供应商 Cognos 收购另一家网络企业 Celequest 时,Cognos 公司的首席战略官鲍勃·罗斯就如何为 Cognos 进行"互补性"的收购发表观点:"Celequest 公司自助服务仪表板和实时信息监测技术扩展了我们的操作型商业智能的视野,并且加强了市场主导型绩效管理的能力。Celequest 公司仪表板和 Cognos 商业智能的共同操作,传递了企业更加完整的信息,从而可以更好地进行绩效管理。"

与企业内部风险活动和战略联盟相似,将收购作为创新的途径也是存在风险的。一个关键的风险就是企业通过收购创新与内部创新存在一定的替代性。研究表明,参与收购的企业可能较少向市场推出新产品。这种替代性存在的原因在于,当企业收购后对原来的经营部门与被收购的经营部门不再采取战略控制,而是采取财务控制。例如,当罗技公司宣告它正在收购 Slim Deviees 公司时,罗技公司 CEO 表示,Slim Deviees 公司带给了罗技公司"网络音乐传输以及高清晰音乐的经验与技能,而且促进了公司的进一步开发"。那些强调创新的企业,经过仔细挑选并收购那些同样强调创新的企业后,可能会继续保持创新能力。

三、通过战略性创业创造价值

创业型企业通常比大型企业识别机会的效率更高。因此,与大型企业相比,创业型企业更有可能进行突破性创新。战略柔性和创业意愿可能解释了创业型企业识别机会并通过突破性创新对机会把握的能力。

一家较为成熟的大型企业通常拥有更多的资源与能力去开发与识别机会,而一家创业型企业与一家成熟的企业相比,通常更加具有寻求机会的意愿。在 21 世纪竞争环境中,"能够"与"意愿"都是维持竞争优势的基本条件。因此,创业型企业必须学会如何获取竞争优势,而成熟的老企业必须重新学会如何识别创业机会。战略性创业的概念就是表明,无论企业的规模与年龄是什么样的,它的行为要同时具备创业性与战略性。

企业必须在它的管理者和员工间培养创业思维模式。管理者必须重视企业资源,特别是人力资本和社会资本的开发。知识对于识别与开发机会以及获取与维持竞争优势的重要性,意味着企业必须具备充足的人力资本。社会资本对于从合作伙伴中获取互补性资源,从而在国内与国际市场上进行有效的竞争是非常关键的,企业可以从外部利益相关者那里获取知识以支持创新。

很多创业机会在国际市场上持续出现,这一背景促使企业更加愿意拥有创业精神。全球市场对于很多企业来说是一个全新的领域,通过进入这个市场,企业可以学习新的技术和管理实践,并可以将这些知识在整个企业传播。此外,企业获得的这些知识有助于企业的创新活动。

创业型企业和大型企业现在正在向国际市场进军,这两种类型的企业都需要通过创新进行有效的竞争。因此,通过开发资源(人力资本和社会资本)、利用国内外的机会、使用国内外市场提供的资源和机会去进行创新,企业可以获取竞争优势。只有这样做,企业才可以为它的顾客和股东创造价值。

那些具备战略性创业精神的企业,对于一个国家的经济发展是有贡献的。例如,一些国家(如爱尔兰)为了有利于国内与国际创业的发展,改变了企业经营的法规,并建立了一些国家机构,最终取得了显著的经济发展。这些行为可能是制度性创业的组成部分。同样,企业试图将它的技术作为一种标准的行为,也代表了制度性创业,这一过程也是战略性创业,因为创造标准会使企业获取持续性的竞争优势。

研究表明,由于创业活动的经济效应以及个人的动机,创业活动正在全球范围内增加。由于创业提供的机会以及创业赋予个人的独立性,越来越多的女性成为创业者。例如,在美国,女性创业者是成长最快的。在未来,创业行为会增加那些富裕程度较低国家的财富,并且会继续对那些较为富裕国家的经济产生做出贡献。无论如何,具有战略性创业精神的企业会成为 21 世纪的胜利者。

本章小结

一般而言,一个企业的战略可以划分为公司层战略、业务(事业)层战略和职能层战略 3 个层次。在一个企业内部,企业战略的各层次之间是相互联系、相互配合的。企业每一层次的战略都构成下一层次的战略环境,低一级的战略又为上一级战略目标的实现提供保障和支持。

国际化经营通常是为了实现扩大市场规模、充分利用技术领先的优势、规模效应和学习效应、获取区域经济效益、促进核心竞争力转移、分散商业风险等目标。一个企业应采取怎样的国际化战略和国际市场进入方式,不仅取决于自身的资源和能力及东道国的经济环境和政治条件,而且与其母国整个国家的经济发展水平和由此决定的竞争结构有密切的联系。国际化战略有三种：多国化战略、全球化战略和跨国化战略。公司可以选择不同层次和介入水平的国际市场进入方式，其中包括出口、特许经营、契约式生产、契约式经营、合资和公司拥有等。

与"红海战略"以波特竞争理论为基础不同，"蓝海战略"是以价值创新理论为基础，它认为市场边界和产业结构并非既定，企业可通过重塑产业边界来超越现有需求，可以改变原有市场游戏规则，开辟无竞争对手的蓝海。"战略布局图"、"四步操作框架"及"四象限战略视觉图"三个分析工具和六项原则（四项战略制定原则：重建市场边界、注重全局而非数字、超越现有需求、遵循合理的战略顺序；两项战略执行原则：克服关键组织障碍、将战略执行建成战略的一部分）构成了一个比较完整的战略制定与实施系统。

案例分析

格力电器的多元化战略

2015年3月18日，格力手机的曝光印证了董事长董明珠之前关于"格力可能做手机"的言论，引发了公众舆论的关注；而之后诸如格力手机销售目标是卖1亿台等市场消息更是引爆了公众舆论，网络上充斥着对格力手机的各种调侃，一时间格力做手机这件事从产业新闻变成了一件娱乐事件。在此之前，格力也曾进行多次公关活动，推广宣传旗下多款产品，如晶弘冰箱、大松小家电等。这一系列高调公关活动的背后，其实是这家一度以"专业化"自我标榜的空调行业巨头为谋求增长、适应市场环境变化而做的多元化转型的努力。

格力电器目前是全球最大的家用空调生产商，2015年进入"《福布斯》全球500强"，排在第385名，是家用电器类全球第一名。在过去相当长的时期内，格力电器的主营业务集中于空调产品的设计、生产和制造，并且多次强调自身是一家"专业化的家电企业"，明确表示会像业内竞争对手海尔和美的那样开展多元化经营。在专业化的十多年里，格力取得了非凡的成就。国务院前总理温家宝曾视察并勉励格力："你们创造了那么多国际领先、世界第一，说明确实把技术进步摆在了企业的第一位。我祝愿你们在空调领域永远保持领先地位，不仅在中国而且在世界永远保持领先地位！"

然而近年来，家用空调市场经过多年持续增长后，市场需求开始放缓。一方面，国内空调市场存量巨大，市场饱和，需求不足，行业内的各家企业库存较高。据艾肯家电网统计，过去10年间，不包括2014年的销售量，国内市场的出货总量高达3.8亿台左右，而从2010年度开始，每年度的出货量都在4300万台以上。这种庞大的历史存量，使得空调市场短期内难以出现井喷式的换代需求。房地产市场难以消化的库存压力也为空调行业的发展蒙上了一层阴影。根据国泰君安的报告显示：2015年，我国商品房施工面积高达73.6亿平方米，待售面积为7.2亿平方米。这两部分之和就是所谓广义商品房库存——80.8亿平方米，排除掉地域差异之后，如果按照2015年商品房的销售速度，这批库存的去化周期为6.3年。此外，从产业政策层面来看，2012年家电下乡补贴政策完全终止，2013年6月节能补贴政策终止，一系列扩内需政策支持的终止使得近乎饱和的空调家电市场需求骤降。面对市场需求的下滑，格力电器作为国内家用空调行业的老大，首先感受到市场变化所带来的严寒，开始探索自身的多元化道路，以期突破主业单一带来的行业"天花板"效应，维持企业的增长。

格力的多元化路线始于其经营目标的调整。2012年，坚持单一家电品类20余年的格力年营收突破1000亿元，董明珠为格力提出了"五年再造1000亿元"的经营目标。当时业内人士就曾分析，格力仅靠单一品类家电销售很难实现其每年200亿元的营收增长目标，必须要依靠产品多元化来扩大营收。此后数年内，格力迅速完成了一系列多元化战略布局。2012年，格力电器同晶弘冰箱达成战略合作，正式在其销售渠道推出晶弘冰箱；同年，格力开始布局自动化装备的研发和制造，为自动化设备投入巨资，逐步掌握了工业自动化核心技术，并正式进军机器人产业；2013年年底，格力重新启动已经搁置十多年的小家电业务，推出全新小家电品牌大松（TO-

SOT），标志着格力正式布局小家电市场；2014年，格力发布智能环保家居系统，积极布局智能家居产业；2015年1月，格力正式宣布进入手机行业，推出格力手机。

通过实施一系列积极果断的多元化战略，格力在短时间内快速地实现了多元化经营，然而多元化的道路并非一帆风顺，格力的多元化也出现了种种问题。被格力寄予厚望的晶弘冰箱在完成了从0到100万台的跨越式发展，借助格力空调全国数万家专营店突破了年销售规模100万台之后，从100万台到200万台、500万台的跨越过程中却遭遇了阶段性的增长瓶颈，原有的格力空调渠道和营销体系，只能解决晶弘冰箱快速切入市场的问题，却无法帮助晶弘冰箱在市场上更上一层楼。大松小家电缺乏品牌美誉度和核心竞争力，很难同美的、海尔等小家电巨头竞争，年营收仅30亿元左右，对格力电器的营收及利润贡献率偏低。格力手机从1代到2代，产量目标从1亿台到5000万台，至今仍未推向市场，反倒是各类花边新闻不断，引发网友吐槽，极大地伤害了品牌美誉度。格力重金布局的新能源和智能家居领域尽管发展势头良好，但由于这些产业仍处于商业开发和探索阶段，短期内很难收到回报。更为严重的是，2015年，格力营收977.45亿元，同比下滑29.04%；净利润125.32亿元，同比下滑11.46%，下滑的经营状况也使得格力的多元化转型受到了大量的质疑和批评。

市场对于格力的多元化战略议论纷纷，有人认为格力的多元化战略分散了单一经营的市场风险，把握住了智能家居和清洁能源两大热点业务；也有人认为格力的多元化战略跨度过大、范围过宽、速度过快，在消耗其积累多年的专业化的品牌价值的同时没有创造相应的价值，很难取得成功。

资料来源：[1] 朱蕊. 格力电器：股价与营收双飞 布局小家电或发力多元化 [J]. 股市动态分析, 2013, (52): 61-62; [2] 邹锡兰. 格力再续"董明珠时代"，能否无风险步入多元化格局？[J]. 中国经济周刊, 2015, (23): 68-69; [3] 贾丽. 两个月欲进五大领域 格力电器玩极速多元化 [N]. 证券日报, 2015-05-05. 作者略有删改。

讨论题：
1. 格力为何实施多元化战略？这种多元化是基于何种背景下实施的？
2. 格力是如何开展多元化经营的？
3. 格力的多元化发展模式对我国企业发展有何启示？
4. 如何评价格力的多元化战略成果？

复习思考题

1. 什么是战略？它包括哪些层次？
2. 简述公司层战略的分类及不同战略的含义。
3. 简述事业层战略的分类及不同战略的含义。
4. 试论述企业进行国际化经营的必要性和动机。
5. 分析东道国的经济机会和政治风险对企业国际市场进入战略的影响。
6. 简述母国经济环境和竞争结构对企业竞争力和国际化战略的影响。
7. 企业可选择的国际化战略类型有哪些？
8. 企业进入国际市场的方式有哪些？
9. 什么是蓝海战略？蓝海战略与红海战略相比有何优势？
10. 制定蓝海战略须遵循的原则有哪些？在执行蓝海战略时，要注意什么问题？

第九章 决 策

本章学习目的

- 解释决策的概念
- 了解决策的特点和不同的决策类型
- 分析决策的程序
- 阐述影响决策的主客观因素
- 掌握不同的决策方法及其适用的不同情况环境

导入案例 ▶▶▶

刘强东的决策

京东是中国的综合网络零售商,是中国电子商务领域受消费者欢迎和具有影响力的电子商务网站之一,在线销售家电、数码通信、电脑、家居百货、服装服饰、母婴、图书、食品、在线旅游等12大类数万个品牌百万种优质商品。

刘强东于2004年创办京东商城,2008年决定自建货品物流配送体系,这是决定京东未来发展命运的重大决策。但在当年的京东战略会议上,当刘强东信心满满地宣布京东自己将投入巨资建立物流配送体系时,却遭到了众多高管的反对。

其中一名高管的反对理由非常充分,因为这意味着京东在很长一段时间内将负债经营,一直不盈利,尤其是京东作为互联网公司不能做物流这样的重资产的观点,得到了参会不少人的点头赞同,甚至有些人开会觉得刘强东这是在"玩火"。

他讲完以后,会场上出现骚动!

刘强东却平静地说,京东自建物流配送体系是我的决定,我今天不是和大家商量,是通知大家,请大家依照执行。随后,他看着那名高管说:"这位先生,我请你来不是证明我的决策是错误的,我请你来是把我的决策落实到位、执行到位!如果有困难,你要想办法去完成。"一星期后京东再开会的时候,大家发现这名高管的位置已经换成了其他人。

如今京东已经建立华北、华东、华南、西南、华中、东北六大物流中心,同时在全国超过360座城市建立核心城市配送站,成为唯一一个可以与马云的阿里巴巴抗衡的企业,凭借的就是每天晚上11点前下单,第二天上午货品就能送到你手中的物流配送体系!如果当初刘强东没有坚持自己的决策,也许京东已经不存在了。

资料来源:http://www.360doc.com/content/17/0809/23/29234429_678032124.shtml,作者略有删改。

管理活动是由一系列的决策组成的。管理大师彼得·德鲁克认为"制定有效决策是管理者首先需要具备的管理技能",诺贝尔经济学奖得主西蒙强调"决策是管理的心脏;管理是由一系列决策组成的;管理就是决策",由此可见,决策对于组织的重要性不言而喻。决策的正确与否,决定着组织行为的成败。正确的决策,能指导组织沿着正确的方向、合理的路线前进;错误的决策,就会使组织走上错误的道路,可能导致组织的失败、消亡。

第一节 决策的概念与类型

一、决策的概念

(一)含义

决策的概念,不同的专家学者有着不同的认识。一个简单的概念是"从两个以上的备选方案中选择一个的过程就是决策"。一个较为具体的定义是"所谓决策,是指组织或个人为了实现某种目标而对未来一定时期内有关活动的方向、内容及方式的选择或调整的过程"。

对于这个概念,可有如下理解:第一,决策的主体是管理者,既可以是单个的管理者,也可以是多个管理者组成的集体或小组;第二,决策的本质是一个过程,这个过程由多个步骤组成;第三,决策的目的是解决问题或利用机会。

决策是为了达到一个预定的目标,是在某种条件下寻求优化目标和优化达到目标的手段,是在若干个有价值的方案中选择一个作为行动方案,准备实施的决策方案可能出现的几种后果是可以预测或估计的。

(二)特点

选择或调整组织在未来一定时间内活动方向、内容或方式的组织决策具有下述主要特点。

1. 目标性

任何一个决策都是以组织所要达到的目标为依据的。在决策之前,必须首先确定组织的目标。目标是组织在未来特定时限内完成任务程度的标志。如果没有确定决策目标,那么决策活动的各阶段就会失去依据和准则,对未来活动的检查也就无据可依了。

2. 可行性

决策是对组织未来活动的设计、安排、选择和决定,因此必须确保所选择的方案在现有的条件下是可以得到圆满实施的。不管是人力、财力、物力还是技术等资源,只要有一个得不到满足,那么再好的决策也是空的,因为他是不可能自动实现的。因此决策方案的拟定和选择,不仅要考察采取某种行动的必要性,而且要注意实施条件的限制。

3. 选择性

决策的实质是选择,没有选择就没有决策。而要能有所选择,就必须提供可以替代的多种方案。事实上,为了实现相同的目标,组织总是可以从事多种不同的活动。这些活动在资源要求、可能结果以及风险程度等方面均有所不同。因此,不仅有选择的可能,而且有选择的必要。

4. 满意性

选择活动方案的原则是满意原则。最优决策往往在理论上可行,但在实际上却有诸多条件难以具备。因为它要求决策者了解与组织活动有关的全部信息;能够正确地辨识全部信息的有用性,了解其价值,并能据此制定出没有疏漏的行动方案;能够准确地计算每个方案在未来的执行结果。因此,根据目前的认识确定未来的行动总是有一定风险的,也就是说,各行动方案在未来的实施结果通常是不确定的。在方案的数量有限、执行结果不确定的条件下,人们难以做出最优选择,只能根据已知的全部条件,加上人们的主观判断,做出相对满意的选择。

5. 过程性

决策是一个过程,而非瞬间行动。组织决策不是一项决策,而是一系列决策的综合。只有当这一系列的具体决策已经制定,相互协调,并与组织目标相一致时,才能认为组织的决策已经形成。决策是包括诊断活动、设计活动、评价活动、选择活动和执行活动的一个完整的过程,因此,决策实际上是"决策—实施—再决策—再实施"的连续不断的循环过程。为了研究的方便,在理论上把这些工作划分成不同阶段,但在具体实践中,这些工作往往相互联系、交错重叠,难以截然分开。

6. 动态性

决策是包括诊断活动、设计活动、评价活动、选择活动和执行活动的一个完整的过程，但实际上，经过执行活动的反馈又进入了下一轮的决策。因此，从这个意义上来说，决策是一个不断循环的过程，它没有起点，也没有终点，具有明显的动态性。另外，在决策的过程中，对决策有影响的因素的变化，必然要求在一定程度上修正决策，甚至重新决策以适应变化了的决策条件。所以，决策必须要有动态性，以便随时调整以适应外界条件的变化，实现组织与环境的动态平衡。

二、决策的类型

（一）按决策的重要性划分

1. 战略决策

战略决策对组织而言是最重要的，通常包括组织目标和方针的确定、组织机构的调整、企业产品的更新换代、技术改造等，这些决策牵扯组织中的方方面面，具有长期性和方向性。

2. 战术决策

战术决策是在组织内部贯彻的决策，属于战略决策执行过程中的具体决策，是为了实现组织中各环节的高度协调和资源的合理利用。如企业生产计划和营销计划的制定、设备的更新、新产品的定价以及资金的筹措等，都属于战术决策的范畴。

3. 业务决策

业务决策是日常工作中为提高生产效率、工作效率而作出的决策，牵涉范围比较窄，只对组织产生局部影响。属于业务决策范畴的主要有工作任务的日常分配和检查、工作进度的安排和监督、岗位责任制的制定和执行等。

（二）按决策需要解决的问题划分

1. 程序化决策

程序化决策是一种例行决策，涉及的是例行问题。其特点是，有一定反复性和结构，在决策方法上已经定型化了。决策者可以凭借经验按照例行规章和程序做出决定，不必每次都做新的决策。例如一个企业的原材料的采购批量和时间规定，按时按量进货即可，不必每次都重新决策。设备维修也是一样，到一定周期就应按规定去执行。

2. 非程序化决策

非程序化决策涉及的是例外问题，是指以前未曾发生过的问题，或者问题的本质与结构十分复杂而难以确切地了解，因此用以往解决问题的一些方法和步骤难以处理的一类决策问题。例如创业目标的制定、重要的人事任免、新产品开发的决策问题、多样化经营的决策问题、企业经营方针的制定等。

（三）按对决策系统所处状态的认识程度划分

1. 确定型决策

确定型决策是指决策问题的未来环境是一种完全确定的状态，从而决策方案的选择也是确定的。决策者确切知道自然状态的发生，每个方案只有一个确定的结果，最终选择哪个方案取决于对各个方案结果的直接比较。

2. 风险型决策

风险型决策是指决策者面对的环境不是完全确定的，事件存在着两种或两种以上的状态，但某事件的某一状态的发生概率是知道的，所以方案的执行可能会存在一定的风险的决策。这种决策又被称为随机型决策或统计型决策。

3. 不确定型决策

不确定型决策是指决策者对决策环境知之甚少，无法确定事件到底有多少种状态，并且每一状态的发生概率也无从得知，因此，决策者只能根据少数已知情况，凭自己的主观倾向来做出决策。

（四）按决策的主体划分

1. 个人决策

个人决策是指决策过程中，最终方案的选择仅仅由一人决定，即决策的主体是一个人，也称作是独裁决策。在个人决策中，常常要运用直觉决策，即从经验中提取精华的无意识过程。需要管理者运用专业知识和过去已习得的与情境相关的经验，在信息非常有限的条件下迅速做出选择。

2. 群体决策

群体决策是指决策的诊断活动、设计活动、选择活动由两个或两个以上的群体来完成。其优点是能更大范围地汇总信息，能拟定更多的备选方案，能得到更多的认同，能更好地沟通，能作出更好的决策等；缺点是要花费较多的时间和金钱，可能产生相互推诿、责任不明等问题。

（五）按决策的起点划分

1. 初始决策

初始决策是指组织对从事某种活动或从事该种活动的方案所进行的初次选择。它是在有关活动尚未进行，环境未受到影响的情况下进行的，是零起点决策。

2. 追踪决策

追踪决策则是在初始决策的基础上对组织活动方向、内容或方式的重新调整。如果说初次决策是在对内外环境某种认识的基础上做出的，追踪决策则是由于这种环境发生了变化，或者是由于组织对环境特点的认识发生了变化而引起的。显然，组织中的大部分决策当属追踪型决策。

第二节　决策过程

一、决策过程

作为过程的决策包括了许多阶段的工作：决策的核心是在分析、评价、比较的基础上，对活动方案进行选择；选择的前提是拟订多种可行方案；要拟订备选方案，首先要判断调整组织活动、改变原先决策的必要性，制定调整后应达到的目标。所以，决策过程包括了识别机会或诊断问题、确定目标、拟订方案、分析方案、选择方案、实施方案、监督和评估等阶段的工作内容，如图9-1所示。

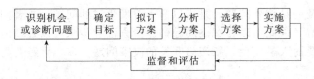

图 9-1　决策过程示意图

（一）识别机会或诊断问题

管理者通常密切关注与其责任范围有关的信息，实际状况与期望状况的偏差提醒管理者潜在的机会或问题的存在。管理者必须特别注意要尽可能精确地识别机会和问题。问题识别是主观的，同一个问题在一个管理者看来是问题，而另一个管理者却认为是满意的。问题识别的精确程度有赖于信息的精确程度，管理者要尽力获取精确的、可信赖的信息。低质量的或不精确的信息会使时间白白浪费掉，并使管理者无从发现某种情况出现的潜在原因。

（二）确定目标

发现问题后，接着就要确定目标。目标体现的是组织想要获得的结果，想要结果的数量和质量都要明确下来，这两方面最终指导决策者选择合适的行动路线。确定目标是决策中的重要环节，目标一错，失之毫厘，谬以千里。要注意这样几个问题：目标要有层次结构，是由总目标、子目标、二级子目标从总到分、从上到下组成的一个有层次的目标体系，是一个动态的复杂系统；目标是可计量其成果、规定其时间、确定其责任的；要规定目标的约束条件；目标的确定，要经过专家与领导的集体论证。

（三）拟订方案

一旦机会或问题被正确地识别出来，管理者就要提出达到目标和解决问题的各种方案，这一步骤需要创造力和想象力。在提出备选方案时，管理者必须把试图达到的目标牢记在心，而且要提出尽可能多的方案，没有选择就没有决策。为了提出更多、更好的方案，需要从多种角度审视问题，因此管理者要善于征询他人的意见。制定决策方案要求做到：必须制定多种可供选择的方案，方案之间具有原则区别，便于权衡比较；每一种方案以确切的定量数据反映其成果；要说明本方案的特点、弱点及实践条件；各种方案的表达方式必须做到条理化和直观化。

（四）分析方案

决策过程的第四步是确定所拟订的各种方案的价值是否恰当，即确定最好的方案。为此，管理者起码要具备评价每种方案的价值或相对优（劣）势的能力。在评估过程中，要使用预定的决策标准以及每种方案的预期成本、收益、不确定性和风险，最后对各种方案进行排序。关于这一问题，管理学家提出了三种有代表性的观点。

1. 最优标准观点

这种观点是科学管理的创始人泰罗首先提出的，他认为，任何一项管理工作，都存在一种最佳的工作方式。体现在决策上，任何一个决策问题，都可以用一个规范的数学模型来表示，从而可以求出最优解。因此在这种观点的支持下，应该选择最优方案。

2. 满意标准观点

这种观点是管理学家、诺贝尔经济学奖获得者西蒙提出的。他认为所谓最优解仅仅局限于数学模型得出来的，模型上求出的最优解在实际应用中不一定能产生最佳的效果。因此西蒙针对最优标准存在的缺陷，提出了满意标准的观点。他认为这种满意解优于单靠常识得出的最优结果，虽然精确性从科学的角度不如最优解，但往往容易达到。这给实际决策的一个启示是：针对实际问题，当达不到最优决策时，寻求满意决策不失为一种好的选择。

3. 合理性标准观点

这是美国管理学家哈罗德·孔茨提出的。他强调决策过程中各个阶段的工作质量最终决定了决策的正确性和有效性，而不仅仅在于方案选择时是采用"最优"还是"满意"的标准。由于决策的未来环境包含许多不确定的因素，做到完全合理是很难的。因此孔茨认为，主管人员必须确定的是有一定限度的合理性，即有限合理性。这个观点是很有指导意义的。绝大多数管理者确实努力凭借他们的能力，在合理性限度之内，根据风险的规模和性质，制定最好的决策。

（五）选择方案

在决策过程中，管理者通常要作出最后选择。但作出决定仅是决策过程中的一个步骤。尽管选择一个方案看起来很简单——只需要考虑全部可行方案并从中选择一个能最好解决问题的方案，但实际上，作出选择是最困难的。由于最好的决定通常建立在仔细判断的基础上，所以管理者要想做出一个好的决定，必须仔细考察全部事实、确定是否可以获取足够的信息并最终选择最好方案。

（六）实施方案

方案实施是决策过程中至关重要的一步。在方案选定后，管理者就要制定实施方案的具体步骤和措施。实施过程中通常需要做好以下工作：制定相应的具体措施，保证方案的正确实施；确保与方案有关的各种指令能被所有有关人员充分接受和彻底了解；应用目标管理方法把决策目标层次分解，落实到每一个执行单位和个人；建立重要的工作报告制度，以便及时了解方案进展情况，及时进行调整。

（七）监督和评估

一个方案可能涉及较长的时间，在这段时间，组织外部环境和内部条件不断变化，因此管理者要不断对方案进行修订和完善，来减少或消除不确定性因素，定义新的情况，建立新的分析程序，以适应变化了的形势。具体来说，职能部门应对各层各岗履行职责的情况进行监督，掌握执行进度，及时将信息反馈给决策者。决策者则据此及时追踪方案实施情况，对于既定目标发生部分偏离的,采取有效措施确保目标的顺利实现;对于客观情况发生重大变化的,则要重新寻找机会或问题,确定新目标,重新拟定可行方案,并进行评估、选择和实施。

二、决策的影响因素

在上述过程中,组织的决策受到多种因素的影响,主要有主观因素和客观因素两个方面。

(一)主观因素

主观因素是决策者的个人因素,任何决策都是人作出的,管理者的个人素质直接影响着决策质量。只有在决策过程中发挥人的主观能动性、积极性和创造性,才能使决策方案具有时代性、超前性和可行性。管理者的个人素质主要表现在以下五个方面。

1. 思想素质

思想素质主要表现为一个人的世界观、人生观和价值观。管理者的思想素质体现在工作上则表现为事业心、责任感和创业精神。管理者应有良好的勇于承担责任的精神、献身精神,能牢固树立市场经济意识、市场竞争意识、效率效益意识、开拓创新意识、风险意识、服务意识、诚信意识和法制意识。

2. 专业素质

专业素质主要表现为一个人的受教育程度,掌握知识尤其是专业知识的水平和能力。专业素质决定了管理者认识和接受新事物、新知识的敏感性和能力;决定了管理者对决策方案的熟悉和把握的程度;决定了管理者搜集、筛选、传递专业信息或业务信息的能力;决定了管理者决策的效能和效率。

3. 管理素质

管理素质主要指管理者对决策的驾驭能力和组织能力。一方面表现为管理者对管理知识的掌握和运用程度,现代管理科学知识对决策起着直接的指导作用;另一方面表现为管理经验的积累程度,丰富的直接或间接的管理经验都可以帮助决策取得成功,避免或少走弯路。

4. 心理素质

心理素质主要表现为一个人的个性心理特征以及在决策中的心理活动过程。个性心理特征反映了管理者的气质、性格、能力等方面。心理活动过程是指管理者在决策的过程中所表现出来的认识、情感、意志。决策过程就是管理者通过感知觉、记忆、思维和想象等一系列心理活动,完成方案的制定过程。心理素质还与管理者的需要和动机有着密切的联系。

5. 身体素质

身体素质主要表现为一个人的年龄、性别、体质和机体反应能力等。管理者负责指挥、协调组织活动的进行,是一项不仅需要足够的心智,而且消耗大量体力的工作。身体强健,精力充沛的管理者,往往能更好地作出决策;相反,身体羸弱,精力不足的管理者,往往不能胜任决策的工作,有时甚至会因自身的不适或病痛,作出不利于组织发展的错误决策。

(二)客观因素

1. 环境

环境对组织决策的影响是不言而喻的。这种影响是双重的。首先,环境的特点影响着组织的活动选择。比如,就企业而言,市场稳定,今天的决策主要是昨天决策的延续,而市场急剧变化,则需对经营方向和内容经常进行调整;位于垄断市场上的企业,通常将经营重点致力于内部生产条件的改善、生产规模的扩大以及生产成本的降低;而处在竞争市场上的企业,则需密切注视竞争对手的动向,不断努力推出新产品,努力改善营销宣传,建立健全销售网络。其次,对环境的习惯反应模式也影响着组织的活动选择。即使在相同的环境背景下,不同的组织也可能做出不同的反应。而这种调整组织与环境之间关系的模式一旦形成,就会趋向固定,限制着人们对行动方案的选择。

2. 过去的决策

今天是昨天的继续,明天是今天的延伸。历史总是要以这种或那种方式影响着未来。在大多数情况下，组织决策不是在一张白纸上进行初始决策，而是对初始决策的完善、调整或改革。组织过去的决策是目前决策过程的起点；过去选择的方案的实施，不仅伴随着人力、物力、财力等资源的消耗，而且伴随着内部状况的改变，带来了对外部环境的影响。"非零起点"的目前决策不能不受到过去决策的影响。

过去的决策对目前决策的制约程度受到它们与现任决策者的关系的影响。如果过去的决策是由现在的决策者制定的，而决策者通常要对自己的选择及其后果负管理上的责任，因此会不愿对组织活动进行重大调整，而倾向于仍把大部分资源投入到过去方案的执行中，以证明自己的一贯正确。相反，如果现在的主要决策者与组织过去的重要决策没有很深的渊源关系，则会易于接受重大改变。

3. 决策者对待风险的态度

风险是指失败的可能性。由于决策是人们确定未来活动的方向、内容和目标的行动，而人们对未来的认识能力有限，目前预测的未来状况与未来的实际状况不可能完全相符，因此在决策指导下进行活动，既有成功的可能，也有失败的危险。任何决策都必须冒一定程度的风险。

组织及其决策者对待风险的不同态度会影响决策方案的选择。愿意承担风险的组织，通常会在被迫对环境作出反应以前就已采取进攻性的行动；而不愿承担风险的组织，通常只对环境做出被动的反应。愿冒风险的组织经常进行新的探索，而不愿承担风险的组织，其活动则要受到过去决策的严重限制。

4. 组织文化

组织文化制约组织成员的行为以及行为方式。在决策层次上，组织文化通过影响人们对改变的态度而发生作用。

任何决策的制定，都是对过去在某种程度上的否定；任何决策的实施，都会给组织带来某种程度的变化。组织成员对这种可能产生的变化会怀有抵御或欢迎两种截然不同的态度。在偏向保守、怀旧、维持的组织中，人们总是根据过去的标准来判断现在的决策，总是担心变化中会失去什么，从而对将要发生的变化产生怀疑、害怕和抗御的心理与行为；相反，在具有开拓、创新气氛的组织中，人们总是以发展的眼光来分析决策的合理性，总是希望在可能产生的变化中得到什么，因此渴望变化，欢迎变化，支持变化。显然，欢迎变化的组织有利于新决策的实施，而抵御变化的组织文化则可能给任何新决策的实施带来灾难性的影响。在后一种情况下，为了有效实施新的决策，必须首先通过大量工作改变组织成员的态度，建立一种有利于变化的组织文化。因此，决策方案的选择不能不考虑到为改变现有组织文化而必须付出的时间和费用的代价。

5. 时间

时间本身就是决策的重要组成部分，同时又是限制决策的重要因素。美国学者威廉·R. 金和大卫·I. 克里兰把决策类型划分为时间敏感决策和知识敏感决策。时间敏感决策是指那些必须迅速而尽量准确的决策，战争中军事指挥官的决策多属于此类，这种决策对速度的要求远甚于质量。例如，当一个人站在马路当中，一辆疾驶的汽车向他冲来时，关键是要迅速跑开，至于跑向马路的左边近些、还是右边近些，相对于及时行动来说则显得比较次要。相反，知识敏感决策，对时间的要求不是非常严格，这类决策的执行效果取决于其质量，而非速度。制定这类决策时，要求人们充分利用知识，做出尽可能正确的选择。

组织关于活动方向与内容的决策，即第一节中提到的战略决策，基本属于知识敏感决策，这类决策着重于运用机会，而不是避开威胁，着重于未来，而不是现在，所以选择方案时，在时间上相对宽裕。但是，在外部环境突然发生难以预料和控制的重大变化，对组织造成重大威胁时，组织如不迅速做出反应，进行重要改变，则可能引起生存危机。这种时间压力可能限制人们能够考虑的方案数量，也可能使人们得不到评价方案所需的足够信息，同时，还会诱使人们偏重消极因素，忽视积极因素，仓促决策。

三、决策中常见的错误及其纠正

（一）决策中常见的错误

1. 决策权力过度集中

决策权力过度集中是指一个组织的决策权完全集中在少数高层决策者手中，甚至是一个人手中。这种决策方式的失误概率很高，对组织的生产经营危害极大。中国的民营企业家大多集创造者、所有者、决策者和执行者于一身，董事会形同虚设，下级也只能俯首帖耳。这些条件与权力的结合，必然使我们的企业家拥有了极高的经营失误机会和决策错误机会。

发达国家CEO们的决策权力比中国企业家小，受到的约束比中国企业家大，因而犯错误的概率就小。即使他们的决策失误了，也不会给企业带来灭顶之灾。但他们依然要被解雇，原因很简单，因为他们是职业经理人，他们受雇于董事会，只是董事会的成员之一，责权清晰、目标明确，一旦承诺无法实现，他们就只能下台。

2. 决策讲究形式主义

有些管理者在制定决策或选择决策时，只讲流行与跟风，而不注意与实际情况的结合，只要业内流行什么，就不惜耗费巨资加以引进或采用。一些企业不管自己是否需要，盲目引进各式新的管理技术，或引进一批高学历的管理人员，甚至成立各种研究中心、决策咨询中心，聘请大批名人做顾问等，结果造成很多机构形同虚设，人才浪费。

某报纸曾有这么一则招聘启事，大致内容是：招聘总经理顾问。要求：经管类专业博士学历，在核心刊物上多次发表论文，在行业内有名气。待遇：月薪2万元起，以名气大小论。……后有热心人继续跟踪这则启事，发现该企业和外商经常有业务往来，而企业内高学历的员工很少，公司在介绍时感觉没有底气，担心影响与外商的合作，于是想了这么一招。但是在招进高学历人才后，虽然把他们组成了一个顾问团，却不采纳他们的意见。后来，该顾问团的人陆续离开了这家公司。

3. 盲目决策

建设节约型社会，就是要力避浪费，而公认的最大浪费就是盲目决策造成的浪费。因为，决策浪费动辄就耗费成百上千万，甚至上亿的决策浪费也时有发生。盲目决策在企业多元化经营中体现得最为明显。一些企业为了追求更多的利润，盲目拓展新领域，扩大企业规模，结果，使企业面临的风险和不确定性更大，最终迫使企业破产倒闭。

管理学上有个兰德定律，由美国兰德公司提出，指世界上每100家破产倒闭的大企业中，85%是因为企业管理者的决策不慎造成的。

（二）决策中常见错误的纠正

个人的知识、能力有限，决策环境和因素又复杂多变，这些客观存在的事实，对组织决策的影响也是必然的。人们无法完全克服这种影响，但决策者应该尽可能地采取措施，努力减少消极影响，设法使组织的决策尽可能地靠近"合理"的标准。

1. 决策权力下放

决策权力下放，就是把决策权力合理地分配，避免独断专行，在组织内建立一套完善的制约和监督机制，把适当的决策任务交给适当的人去完成。为了有效地组合和协调不同成员的劳动，任何组织都必须根据一定的标准进行劳动分工。组织内部的不同成员，在不同的层次和岗位上，从事着不同的活动。要使不同成员能够为组织作出有用的贡献，组织要在"下放"任务的同时，授予不同程度的必要的决策权力。这些不同活动中的决策，要求掌握与之有关的大量信息，只有让直接从事这些活动的人去制定与他们直接有关的决策，才可能促进这些决策尽可能地合理。

2. 组织民主决策

组织民主决策，让较多的人来参与决策过程，可以在一定程度上克服少数决策的理性局限。组织更多的人参与决策过程，还将在客观上加强组织内部的思想交流和信息沟通，有利于和谐人际关系，并促进决策的实施活动有条不紊地协调进行。民主决策的途径和方式很多，这里主要介绍组织专家参与和组织下属参与两种。

组织专家参与，建立决策"智囊团"或"思想库"，这是目前国内外许多企业以及政府机构普遍采用的方法。集中一大批掌握与组织活动有关的各方面知识的专家，利用他们的知识帮助组织分析问题，拟定和评价方案，为决策提供依据，可以克服决策者知识不完备的局限，使组织在决策时对环境特点、行动可能性以及各行动方案在未来实施的效果考虑得尽可能全面，从而有利于提高决策的科学性和正确性。

组织下属参与，让尽可能多的组织成员参与决策，不仅可以利用他们对组织内部不同部门和环节的活动条件和能力的充分了解来弥补决策者信息的不足，使组织未来行动的设想更加丰富、备选方案数量更多（实际上，较低层次的组织成员在参与决策过程中提出的各种建议并非全部切实可行，有些建议甚至会显得荒诞、幼稚，但这些建议可能启发决策者的思路，开拓决策者的视野。开发部下建议的价值是决策者应该具备的一项重要能力）；而且有利于组织成员对组织决策的认同，从而在决策实施过程中，自觉地为自己参与制定的决策及其目标的实现贡献自己的努力。

第三节 决 策 方 法

按照决策的标准是否量化，决策方法可以分为定性决策方法和定量决策方法。

一、定性决策方法

定性决策方法，又称软方法。是决策者根据所掌握的信息，通过对事物运动规律的分析，在把握事物内在本质联系基础上进行决策的方法。这种方法适用于受社会经济因素影响较大的、因素错综复杂的以及涉及社会心理因素较多的综合性的决策问题，是企业界决策时采用的主要方法。进行定性决策时应注意以下几个问题：明确决策对象的性质；了解决策应遵循的规范；寻求有效的决策策略；使决策变为行为；及时收集反馈信息。

（一）德尔菲法

德尔菲法是由美国著名的兰德公司首创并用于预测和决策的方法，其目标是通过综合专家的意见来对方案作出评估和选择。专家可以是第一线的管理人员，可以是高层经理或学者，但要避免专家在一起讨论。这种决策方法的大体过程有以下五步。

第一步，拟订决策提纲。就是首先确定决策目标，如设计出专家们应回答的调查表，对判断的依据和判断的影响程度做出说明等。

第二步，选择专家。这是这种方法成功的关键。所选择的专家一般是指有名望的或从事该工作数十年的有关方面的专家。专家的人数一般以 10～50 人为宜。

第三步，提出预测和决策。以发函和个别谈话的形式，要求每位专家提出自己决策的意见和依据，并说明是否需要补充资料。

第四步，修改决策。决策的组织者将第一次决策的结果及资料进行综合整理、归纳，使其条理化，再反馈给每一个专家，据此提出修改意见和新的要求。这一过程一般可进行 3～5 轮，以 3 轮为宜。

第五步，确定决策结果。经过专家们几次反复修改，根据全部资料，确定出专家趋于一致的意见。

这种方法的优点是决策的质量和效果比较好。但也存在一些不足：比如受专家组的主观制约；专家的评价主要依靠直观判断、缺乏严格论证；耗时、费用成本高等。

（二）头脑风暴法

头脑风暴法也叫思维共振法，指思维高度活跃，打破常规的思维方式而产生大量创造性设想的状况。因此这种方法便于发表创造性意见，所以主要用于收集新设想。通常是将对某一问题有兴趣的人集合在一起，敞开思路、畅所欲言。这种方法力图通过一定的讨论程序与规则来保证创造性讨论的有效性，由此讨论程序构成了头脑风暴法能否有效实施的关键因素。组织头脑风暴法关键在于以下几个环节。

第一，确定议题。一个好的头脑风暴法从对问题的准确阐述开始。因此，必须在会前确定一个目标，使与会者明确通过这次会议需要解决什么问题，同时不要限制可能的解决方案的范围。一般而言，比较具体的议题能使与会者较快产生设想，主持人也较容易掌握；比较抽象和宏观的议题引发设想的时间较长，但设想的创造性也可能较强。

第二，会前准备。为了使头脑风暴畅谈会的效率较高、效果较好，可在会前做一些准备工作。如收集一些资料预先给大家参考，以便与会者了解与议题有关的背景材料和外界动态。就参与者而言，在开会之前，对于要解决的问题一定要有所了解。会场可作适当布置，座位排成圆环形的环境往往比教室式的环境更为有利。此外，在头脑风暴会正式开始前还可以出一些创造力测验题供大家思考，以便活跃气氛、促进思维。

第三，确定人选。一般以8～12人为宜，也可略有增减（5～15人）。与会人数太少不利于交流信息，激发思维；而人数太多则不容易掌握，并且每个人发言的机会相对减少，也会影响会场气氛。

第四，明确分工。要推定一名主持人，1～2名记录员（秘书）。主持人的作用是在头脑风暴畅谈会开始时重申讨论的议题和纪律，在会议进程中启发引导，掌握进程。如通报会议进展情况，归纳某些发言的核心内容，提出自己的设想，活跃会场气氛，或者让大家静下来认真思索片刻再组织下一个发言高潮等。记录员应将与会者的所有设想都及时编号，简要记录。

第五，规定纪律。根据头脑风暴法的原则，可规定几条纪律要求与会者遵守，如要集中注意力积极投入，不消极旁观；不要私下议论，以免影响他人的思考；与会者之间相互尊重，平等相待，切勿相互褒贬等。

第六，掌握时间。会议时间由主持人掌握，不宜在会前定死。一般来说，以1小时左右为宜。时间太短与会者难以畅所欲言，时间太长则容易产生疲劳感，影响会议效果。经验表明，创造性较强的设想一般要在会议开始10～15分钟后逐渐产生。美国创造学家帕内斯认为，会议时间最好安排在30～45分钟之间，倘若需要更长时间，就应把议题分解成几个小问题分别进行专题讨论。

（三）名义小组法

名义小组法是指在集体决策中，如对问题的性质不完全了解且意见分歧严重时采用的方法。在这种方法中，小组成员互不通气，也不在一起讨论、协商，所以小组只是名义上的。这种名义上的小组可以有效地激发个人的创造力和想象力。像召开传统会议一样，小组成员都出席会议，但他们首先要进行个体决策。名义小组法可采取以下几个步骤：

第一步，成员集合成一个小组，但在进行任何讨论之前，每个成员独立地写下他对问题的看法；

第二步，经过一段沉默后，每个成员将自己的想法提交给小组，然后一个接一个地向大家说明自己的想法，直到每个人的想法都表达完并记录下来为止（通常记在一张活动挂图或黑板上）。所有的想法都记录下来之前不进行讨论；

第三步，小组开始讨论，以便把每个想法弄清楚，并做出评价；

第四步，每一个小组成员独立地把各种想法排出次序，最后的决策是综合排序最高的想法。

这种方法的主要优点在于，小组成员正式开会但并不限制每个人的独立思考，不像互动群体那样限制个体的思维，而传统的会议方式往往做不到这一点。

二、定量决策方法

定量决策方法是运用数学工具，建立反映各种因素及其关系的数学模型，并通过对这种数学模型的计算和求解，选择出最佳决策方案的方法。决策中所要解决的问题，普遍存在着量的关系。对决策对象不仅要进行定性分析，而且要掌握数量关系，这样，才能使决策真正建立在严密的科学论证的基础上。

根据数学模型涉及问题的性质（或者说根据所选方案结果的可靠性），定量决策方法一般分为确定型决策、风险型决策和不确定型决策三种方法。

（一）确定型决策方法

在比较和选择备选方案时，如果未来情况只有一种并为管理者所知，则需采用确定型决策方法。确定型决策的评价方法很多，如量本利分析法、内部投资回收率法、价值分析法等。这里主要介绍量本利分析法。

量本利分析，也叫保本分析或盈亏平衡分析，是通过分析生产成本、销售利润和产品数量这三者的关系，掌握盈亏变化的规律，指导企业选择能够以最小的成本生产出最多产品并可使企业获得最大利润的经营方案。

企业利润是销售收入扣除生产成本以后的剩余。其中销售收入是产品销售数量及其销售价格的函数，总成本可分成固定成本和变动成本。变动成本是随着产量的增加或减少而提高或降低的费用，而固定成本则在一定时期、一定范围内不随产量而变化。当然，"固定"与"变动"只是相对的概念：从长期来说，由于企业的经营能力和规模是在不断变化的，因此一切费用都是变动的；从短期来看，就单位产品来说，"变动费用"是固定的，而"固定费用"则随产品数量的增加而减小。

企业获得利润的前提是生产过程中的各种消耗均能够得到补偿，即销售收入至少等于生产成本。为此，必须确定企业的保本产量和保本收入；在价格、固定费用和单位变动费用已定的条件下，企业至少应生产多少数量的产品才能使总收入、总成本平衡。

确定保本收入与保本产量可用图上作业或公式计算两种方法。

1. 图上作业法

图上作业法是根据已知的成本和价格资料，做出如图9-2的量本利关系图。

图中总销售收入线与总成本线的相交点即表示企业经营的盈亏平衡点，其相对应的产量即为盈亏平衡产量（保本产量），与盈亏平衡点相对应的销售收入即为盈亏平衡收入（保本收入）。如果实际产量大于盈亏平衡产量时，企业经营处在盈利状态，对应的区域即为盈利区；如果实际产量小于盈亏平衡产量时，企业经营处在亏损状态，对应的区域即为亏损区。

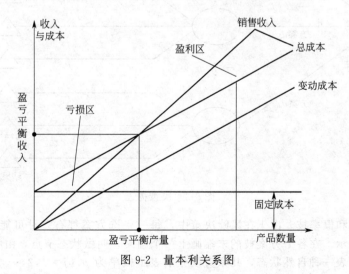

图 9-2　量本利关系图

2. 公式计算法

公式计算法是利用公式来计算保本产量和保本销售收入。根据上面分析的量本利之间的关系，则有：

$$\text{销售收入} = \text{产量} \times \text{单价} \tag{9-1}$$

$$\text{总成本} = \text{固定费用} + \text{变动费用} = \text{固定费用} + \text{产量} \times \text{单位变动费用} \tag{9-2}$$

盈亏平衡时有： 销售收入＝总成本 (9-3)

将式(9-1)和式(9-2)代入式(9-3)，可得到：

盈亏平衡产量＝固定费用/(单价－单位变动费用) (9-4)

【**例 9-1**】 某电器企业生产一种家用电器，需投入固定成本 1200 万元，单位产品可变成本为 750 元，产品销售价格为 1350 元/件，试用盈亏平衡分析方法确定盈亏平衡产量。

解：盈亏平衡产量＝固定费用/（单价－单位变动费用）

＝12000000/（1350－750）＝20000（件）

（二）风险型决策方法

在比较和选择备选方案时，如果未来情况不止一种，管理者不知道到底哪种情况会发生，但知道每种情况发生的概率，则需采用风险型决策方法。风险型决策的评价方法也很多，常见的是决策树法。决策树法是一种用树型图来描述各方案在未来收益的计算、比较以及选择的方法。

1.决策树的结构

决策树又叫决策图。它是以方框和圆圈为节点，由直线连接而成的一种树枝形状的结构，如图 9-3 所示。具体包括以下几个部分。

（1）决策点和方案枝。任何风险决策，都是决策者从许多备选行动方案中选择出合理程度最佳的方案。将这一过程用图表示，可绘如图 9-3 所示形状的决策点和方案枝。在图形中，方框节点叫决策点，表示在该处必须对各行动方案作出选择。由决策点引出若干条直线，每一条直线代表一个备选行动方案，m 条直线分别表示备选方案 $d_1, d_2, \cdots, d_m$，称为方案枝。

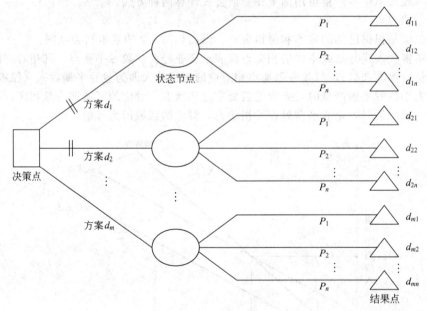

图 9-3 决策树

（2）状态节点和概率枝。由于在风险决策中，每一备选方案都有多种可能不同的自然状态，所以也要在图中表示。在各个方案枝的末端画上一个圆圈，叫做状态节点，由状态节点引出若干条直线，每一条代表一种自然状态，几条直线分别表示概率为 $p_j(j=1, 2, \cdots, n)$ 的几种自然状态，成为概率枝。

（3）结果点。每一概率枝事实上又代表了方案在该状态下的一个结果 d_{ij}。在概率枝末端画个三角，叫结果点。在结果点旁边列出不同状态下的收益值或损失值，n 条直线末端分别表示方案在 n 种状态下的损益值，以供决策之用。

2.决策树法的步骤

用决策树法比较和评价不同方案的经济效果，需要进行以下几个步骤的工作。

① 绘出决策树形图；
② 自右向左计算各方案的期望值，将计算结果标在方案分枝右端状态节点旁；
③ 根据各方案的损益期望值大小进行决策，在收益期望值小的方案上画"//"符号，表示应删去。

【例 9-2】 某厂进行技术改造，有两个备选方案：方案一，从国外全套引进技术，需要投资 2000 万元；方案二，引进部分国外关键技术其余由企业自行解决，需要投资 1400 万元。两方案投产后的使用期限均为 8 年。未来市场需求的情况以及两方案在各种需求情况下的收益值如表 9-1 所示。试用决策树法进行决策。

表 9-1　两种方案对应的收益值　　　　　　　　　　　　　单位：万元

方案	投资	畅销概率0.3	一般概率0.5	滞销概率0.2
全套引进方案	2000	1500	900	300
部分引进方案	1400	1200	700	400

解：
（1）绘制决策树

将决策树的构成部分：决策点、方案枝、状态节点、概率枝、结果点等从左至右依次绘出，并将已知数据标注在相应位置，如图 9-4 所示。

（2）计算期望值

全套引进方案收益=(1500×0.3+900×0.5+300×0.2)×8－2000=5680（万元）
部分引进方案收益=(1200×0.3+700×0.5+400×0.2)×8－1400=4920（万元）

将两套方案各自的收益金额在状态节点中标出。

（3）根据各方案损益期望值大小进行决策

由上面计算结果可以看出，全套引进方案收益为 5680 万元，部分引进方案收益为 4920 万元，全套引进方案收益高于部分引进方案收益，应选择全套引进国外技术这一方案。

所以，在部分引进国外关键技术其余由企业自行解决这一方案枝画上"//"符号，表示应删去。如图 9-4 所示。

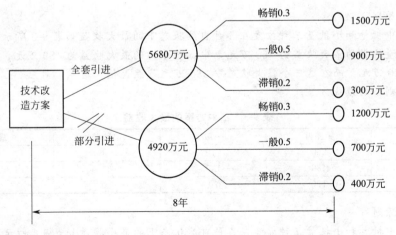

图 9-4　某厂技术改造备选方案决策树

（三）不确定型决策方法

在比较和选择备选方案时，如果管理者不知道未来情况有多少种，或虽然知道有多少种，但不知道每种情况发生的概率，则需采用不确定型决策方法。在不确定型决策问题中，决策者只能根据主观选择一些原则来进行。这些原则主要包括乐观原则、悲观原则、折衷原则、后悔值原则。

1. 乐观原则

乐观原则又叫"好中求好"原则，这种原则的基本思想是：先计算出各种方案在各种自然状态下可能有的最好结果，然后再从这些最好结果中选择一个最佳值，将其所对应的方案作为最优方案。

2. 悲观原则

悲观原则又叫"坏中求好"原则，这种原则的基本思想是：先计算出各种方案在各种自然状态下可能有的最坏结果，然后再从这些最坏结果中选择一个最好值，将其所对应的方案作为最优方案。

3. 折衷原则

折衷原则是对"好中求好"和"坏中求好"进行折衷的一种决策原则。依据决策者的乐观和悲观程度，确定乐观系数和悲观系数，两者之和为1，然后用各方案的最好结果与乐观系数相乘所得的积，加上各方案的最差结果与悲观系数的乘积，得出各方案的期望值，然后再从这些期望值中选择一个最好值，将其所对应的方案作为最优方案。

4. 后悔值原则

决策者在选定方案并组织实施后，如果遇到的自然状态表明采用另外的方案会取得更好的结果，企业在无形中遭受了机会损失，那么决策者将为此而感到后悔。后悔值原则就是一种力求使后悔值尽量小的原则。根据这个原则，决策时应先算出各方案在各自然状态下的后悔值（方案在某自然状态下的结果与该自然状态下的最好结果相比较的差），然后找出每一种方案的最大后悔值，最后从这些最大后悔值中选择最小值，将其所对应的方案作为最优方案。

下面就不确定型决策方法的四个原则来举例说明。

【例 9-3】 某贸易公司拟购进一批针织品，大批量、中批量或小批量购进时各种可能出现的销售情况对应的损益值，如表9-2所列。请分别运用乐观原则、悲观原则、折衷原则、后悔值原则进行决策。

表 9-2 损益值　　　　　　　　　　　　　　　　　　　　　　单位：万元

批量	销路好	一般	销路差
大批量	260	110	−40
中批量	180	130	20
小批量	120	70	50

解：

（1）乐观原则

大批量、中批量和小批量三种方案在各种自然状态下的最大收益如表9-3所示。

其中大批量方案的最大收益为260万元，中批量方案的最大收益为180万元，小批量方案的最大收益为120万元，而在这三个最大收益中260万元是最大值。所以，对应260万元的大批量方案为乐观原则下的最优方案。

表 9-3 三种方案的最大收益　　　　　　　　　　　　　　　　单位：万元

批量	销路好	一般	销路差	最大收益
大批量	260	110	−40	260
中批量	180	130	20	180
小批量	120	70	50	120

（2）悲观原则

大批量、中批量和小批量三种方案在各种自然状态下的最小收益如表9-4所示。

表 9-4 三种方案的最小收益　　　　　　　　　　　　　　　　单位：万元

批量	销路好	一般	销路差	最小收益
大批量	260	110	−40	−40
中批量	180	130	20	20
小批量	120	70	50	50

其中大批量方案的最小收益为-40万元,中批量方案的最小收益为20万元,小批量方案的最小收益为50万元,而在这三个最小收益中50万元是最大值。所以,对应50万元的小批量方案为悲观原则下的最优方案。

(3) 折衷原则

若选取乐观系数为0.6,则悲观系数为0.4。先计算每个方案的期望收益值(最大值和最小值的加权平均值):

大批量方案的期望收益值=260×0.6+(-40)×0.4=140(万元)
中批量方案的期望收益值=180×0.6+20×0.4=116(万元)
小批量方案的期望收益值=120×0.6+50×0.4=92(万元)

上述三个方案期望收益值的最大值:

Max{140,116,92}=140(万元)

它对应的大批量方案就是最佳方案。

若选取乐观系数为0.3,则悲观系数为0.7。此时每个方案的期望收益值(最大值和最小值的加权平均值)为:

大批量方案的期望收益值=260×0.3+(-40)×0.7=50(万元)
中批量方案的期望收益值=180×0.3+20×0.7=68(万元)
小批量方案的期望收益值=120×0.3+50×0.7=71(万元)

上述三个方案期望收益值的最大值是:

Max{50,68,71}=71(万元)

它对应的小批量方案就是最佳方案。

由此可见,随着乐观系数和悲观系数的变化,最佳方案也可能发生改变。

(4) 后悔值原则

大批量、中批量和小批量三种方案在各种自然状态下的后悔值如表9-5所示。

表9-5 三种方案的后悔值　　　　　　　　　　　　　　单位:万元

批量	销路好	一般	销路差
大批量	0	20	90
中批量	80	0	30
小批量	140	60	0

从表五可以看出,大批量、中批量和小批量三种方案的最大后悔值是:

大批量方案的最大后悔值=Max{0,20,90}=90(万元)
中批量方案的最大后悔值=Max{80,0,30}=80(万元)
小批量方案的最大后悔值=Max{140,60,0}=140(万元)

大批量、中批量和小批量三种方案最大后悔值中的最小后悔值是:

Min{90,80,140}=80(万元)

它对应的中批量方案就是最佳方案。

知识拓展

创业决策

创业决策是一种风险条件下的决策行为,不仅仅是经济最大化的结果,也是行为因素的函数。创业者作为创业行为的主体,不仅构思出新的创意,识别到创业机会,还承担着一定的创业风险,最终创建企业。

环境、创业者拥有的内外部资源共同影响创业者的决策行为。市场中需求和供给来源的存在情况决定着外部环境的不确定程度,而外部环境影响创业者的机会认知和决策行为。与创业者自身有关的内在资源和能力同样也会对创业决策行为起到制约作用，其中内在资源包括创业者的经验、知识、社会关系网络和自身的物质财富四个方面的资源，创业者能力包括经营管理的综合能力、创造力和学习能力等特殊的专家能力。

创业者所处的环境是在不断变化的，创业者不会也不可能固定不变地采用一种创业决策行为。因此，创业者不能静态地看待创业过程，而要动态地思考。当外部环境和创业者自身能力发生变化时，创业者的创业决策行为要进行相应调整。基于不同的环境采取不同的方法去识别、发现和创造机会，选用合理的决策行为方式，创业战略也要做出相应的调整。

一、创业机会的发掘方式

创业难，发掘创业机会、做出创业决策更难。虽然大量的创业机会可以经由系统的研究来发掘，但是，最好的创业机会还是来自于创业者长期的知识积累、观察以及工作生活的经历和体验。

发掘创业机会，一般可以借鉴以下七种方式。

第一，通过分析特殊事件来发掘创业机会。例如，携程旅行网的创始人梁建章，有一次和友人去原始森林旅行，因为没有向导（当时国内自助游还是空白）迷失了方向，花了一个晚上时间才找到出路。正是这次历险，使他发现了国内旅行网站的商机。

第二，通过分析矛盾现象来发掘创业机会。例如，金融机构提供的服务与产品大多只针对专业投资大户，但占有市场七成资金的一般投资大众未受到应有的重视。这样的矛盾，显示提供一般大众投资服务的产品市场必将极具潜力。

第三，通过分析作业流程来发掘创业机会。例如，在全球生产与物流体系中，就可以发掘出极多的信息服务与软件开发的创业机会。

第四，通过分析产业与市场结构变迁的趋势来发掘创业机会。例如，在国有经济民营化与垄断性行业开放市场自由竞争的趋势中，我们可以在交通、电信、能源产业中发掘许多创业机会。

第五，通过分析人口统计资料的变化趋势来发掘创业机会。例如，单亲家庭快速增加、老年化社会的现象、教育程度的变化、青少年国际观的扩展等，必然提供许多新的市场机会。

第六，通过价值观与认知的变化来发掘创业机会。例如，人们对于饮食需求认知的改变，造就绿色健康食品、养生食品等新兴行业。

第七，通过新知识的产生来发掘创业机会。例如，当人类基因图像获得完全解决，可以预期必然在生物科技与医疗服务等领域带来极多的创业机会。

尽管发现机会是创业的必要条件，但它还不是充分条件。发现机会以后，潜在的创业者必须决定如何开发利用机会。现实中，并不是所有被发现的机会最后都得到了开发。不过，更应认识到的是，创业机会的识别、评价和利用是创业者个人的个性、能力、资源等情况与创业机会本身相互作用的过程。为什么某些人而不是另外一些人会开发他们发现的机会？他们什么时候、以什么方式来开发这些机会？问题的答案是一个涉及机会的特点和个人的本质特征的函数。

二、创业者组织资源的能力

在任何时点上都只有少数人能发现某个特定的机会。两大类影响特定人发现特定机会的可能性的因素：拥有对识别机会很重要的信息，具备评估机会所必需的认识能力。而对机会的开发利用，有影响的除了个人特征外，最重要的因素是创业者个人组织配置资源的能力，有如下三个方面。

第一，个人的人力资本。个人知识水平的提高不仅是正式教育（如大学教育）的结果，也是非正式教育（如工作经验和职业教育）的结果。研究显示，正式教育对于创业活动的影响，不如非正式教育的影响大。而创业者的工作经验、管理经验和以前的创业经验与创业活动显著相关。

第二，机会识别能力。人们将现有概念和信息整合成为新概念的能力是因人而异的。成功的创业者在其他人看到风险的情况下看到机会。创业者比其他人更可能发现机会是因为他们更少进行反事实的思考，更少对失去的机会表示遗憾，很少受无作为的惯性影响。创业者进行决策的过程有异于常人，他们更多地进行探索性的决策，决策中有显然的偏向性。而这种具有非理性特征的决策模式有助于创业者在信息有限、资源有限、风险不确定的情况下迅速做出决策。

第三，社会资本。社会资本涉及主体从社会结构、网络和成员关系中获取利益的能力。社会资本能成为有用的创业资源，原因之一在于，其可以将主体结合在一起增强组织内部的信任，并为了提供资源而对外部网络产生支持作用。原因之二在于，社会资本能为创业提供诸如信息等资源的联系，这是一种支持性的润滑剂。从创业者的角度来说，社会资本提供的是便于发现创业机会以及识别、收集和配置资源的网络。社会资本也通过提供和扩散关键信息以及其他一些重要资源对创业机会利用过程产生积极影响。尤其在我国，社会网络作为一种特殊的创业资源，常常对创业机会获取和开发有重要影响。

本章小结

所谓决策，是指组织或个人为了实现某种目标而对未来一定时期内有关活动的方向、内容及方式的选择或调整的过程。它具有目标性、可行性、选择性、满意性、过程性、动态性等特点。决策可以按照决策问题的重要性、决策需要解决的问题、对决策系统所处状态的认识程度、决策主体的不同、决策的起点不同进行分类。

决策不是瞬间行动，而是由一系列工作构成的一个不断循环的过程，大致可分为识别机会或诊断问题、确定目标、拟订方案、分析方案、选择方案、实施方案、监督和评估七个步骤。决策者进行决策时受到主观因素和客观因素的影响。主观因素是决策者的个人因素，有思想素质、专业素质、管理素质、心理素质、身体素质等方面；客观因素为环境、过去的决策、决策者对待风险的态度、组织文化以及时间等因素的影响。由于一些主客观原因，致使决策中易出现决策权力过度集中、决策讲究形式主义、盲目决策等错误，可采用决策权力下放、组织民主决策等方法予以纠正。

决策者需要采用定性和定量决策方法作出合理的选择。定性决策方法主要有德尔菲法、头脑风暴法、名义小组法。根据决策系统所处状态的认识程度，分别采用量本利分析、决策树和一些主观原则来计算或比较不同方案的经济效果。

案例分析

百度 CEO 李彦宏的创业决策

百度网络技术有限公司创办于 1999 年，现在是全球最大的中文搜索引擎和中文网站。"百度"二字，来自于八百年前南宋词人辛弃疾的一句词：众里寻他千百度。这句话描述了对理想的执着追求。百度公司拥有数万名研发工程师，这是中国乃至全球最为优秀的技术团队之一。这支队伍掌握着世界上最为先进的搜索引擎技术，使百度成为中国掌握世界尖端科学核心技术的中国高科技企业，也使中国成为美国、俄罗斯和韩国之外，全球仅有的 4 个拥有搜索引擎核心技术的国家之一。

1987 年，19 岁的李彦宏背上行李离开山西阳泉到梦想中的北大读书。1991 年远渡重洋赴美国布法罗纽约州立大学主攻计算机。1999 年年底，身在美国硅谷的 31 岁李彦宏看到了中国互联网及中文搜索引擎服务的巨大发展潜力，抱着技术改变世界的梦想，他毅然辞掉硅谷的高薪工作，放弃花园洋房的安逸生活，携搜索引擎专利技术，于 2000 年 1 月 1 日在中关村创建了百度公司。

北大的信息管理专业让李彦宏深谙搜索内涵，美国的计算机学业让他掌握计算机工具，互联网让喜欢新事物的李彦宏激动不已，原来还有个世界如此美妙。美国 8 年人生历程，西方文明改变了李彦宏的人生观，影响了他的决策。李彦宏亲身感受了硅谷的腾起：他先后担任了道·琼斯公司高级顾问、《华尔街日报》网络版实时金融信息系统设计者以及在国际知名的互联网企业 Infoseek 的资深工程师。他为道·琼斯公司设计的实时金融系统，迄今仍被广泛地应用于华尔街各大公司的网站，他最先创建了 ESP 技术，并将它成功地应用于 Infoseek/GO. COM 的搜索引擎中。硅谷文化深深影响了李彦宏："完全投入模式"和从零开始，一切为了股票上市的风格，失败是允许的……当时身在美国硅谷，每天看到商战无数，李彦宏问自己：再去加入这场商战是不是已经太晚了？可是按照信息经济现在的发展速度，谁又能够负得起不参战的责任呢？

他要参战！当时美国一批搜索引擎公司已崛起，他选择了回国创业。他回忆这段人生抉择时说，"我小时候有很强的不服输心理，越是大家不看好的事，我越是要做成。"1999 年年底，李彦宏携 120 万美金的风险投资回国与好友徐勇共同创建百度网络技术有限公司，并在短短 6 个月的时间内完成目前中国最大、最好的中文搜索引擎的开发工作。

他的合作伙伴谈及对李彦宏的最大印象时，不约而同都说了"睿智"二字。李彦宏不仅有技术背景还对商战有敏锐的直觉和出色的判断、决策能力。2002 年 5 月从用友到百度担任副总裁的朱宏波对李彦宏评价是："虽然以前从事技术工作，但他的商业思维和市场眼光非常独到，对搜索产业方向的把握和商业竞争的规律和规则理解得非常到位。"也许这与李彦宏在硅谷的耳濡目染有关，也许与在美国股市小试牛刀，关注股市起伏与公司战略间的关系有关。

"管理者的决策是这样形成的：听大数人的意见，和少数人商量，自己做决定，李彦宏就做到了。"朱宏波这样评价道。

资料来源：https://www.wenjiwu.com/lizhi/lxvtnni.html，作者略有删改。

讨论题：

1. 李彦宏发现了搜索引擎的商机，但并不是每个人都可以识别出有价值的创业机会。结合案例材料，运用决策过程的知识，分析如何识别创业机会并进行价值评价？

2. 李彦宏的创业历程给了我们什么样的经验和启示？

3. 你认为百度网络技术有限公司的未来发展战略应考虑哪些方面？

复习思考题

1. 什么叫决策？它有何特点？
2. 依据不同的分类标准，可将决策分为哪些类型？
3. 描述决策的产生过程。
4. 决策过程会受到哪些因素的影响？若你是一名决策者，假定一种决策情况，这些因素中哪些因素对你的影响最大？说明理由。
5. 决策的方法有哪些？它们分别适用于哪些不同的情况环境？

第三篇 组织职能

第十章 组织基础

本章学习目的

- 清楚组织工作应包含哪些内容
- 掌握管理幅度、集权、分权、直线、参谋、正式组织、非正式组织的概念
- 解释如何处理集权与分权、直线与参谋的关系及正确的授权

导入案例 ▶▶▶▶

直线权与参谋权

　　王明近来感到十分沮丧，3年前，他获得某名牌大学MBA后，在毕业生人才招聘会上，凭借其扎实的理论功底和出众的口才，他力挫群芳荣幸地成为某知名大公司的管理人员，由于其卓越的管理才能，2年后他被公司委以重任，出任该公司下属一家管理混乱产品滞销面临困境的企业的厂长，当时公司总经理及董事长希望王明能重振企业使其扭亏为盈，并保证王明拥有完成工作所需的权力。考虑到王明年轻且肩负重任，公司还为他配备了一名高级顾问陈高工（原厂主管生产的副厂长）。

　　然而，在王明担任厂长半年后，他开始怀疑自己能否使企业扭亏为盈。他向总公司办公室高主任抱怨道"当我制定管理改革方案时，我要求各部门制定明确的工作目标、职责、工作程序，而陈高工却认为管理固然重要，但眼下第一位的还是抓生产，更糟糕的是他原来手下的主管人员居然也持有类似的想法，结果是管理改革受阻，倒是那些生产方面的事推行得较顺利。有时候我感到在厂里发布的一些命令，就如同石头掉进水里，只看见了波纹，过不了多久又恢复原样。"

　　半年过去了，企业的盈利状况不见改善，王明感到无能为力准备辞职不干了。

资料来源：http：//www.doc88.com/p-7174318667230.html，作者略有删改。

　　组织是人类社会最常见最普遍的现象，组织理论是管理科学的重要组成部分。计划和组织是密不可分的，计划需要通过组织去实施，计划决定着组织。本章将介绍组织职能的基础知识。

第一节　组织概述

　　人类要生存、发展，就始终不能离开彼此间的相互协作，为了能有效地协作，人们必须了解各自的任务目标、责任与权限，由此也就形成了一个个具有确定的关系、共同的目标、明确的责任的组织机构。同时为了使组织具有效率，充分调动组织员工的积极性和创造性，就需要进行组织管理。

　　可见组织有两个基本含义，其一是名词性组织；第二个含义是动词性组织即管理的一项基本职能：组织工作。

一、组织的含义

　　从现代管理的角度来研究组织，可以从静态和动态两个方面去考察。

（一）静态的组织

从静态看，组织是一个社会实体。它具有明确的目标导向和精心设计的结构与有意识协调的活动系统，同时又同外部环境保持密切的联系。

组织的关键要素并不是一幢建筑或者一套政策和程序，组织是由人及其相互之间的关系构成的，当人们之间相互作用以完成实现目标的基本活动时，组织就存在了。著名管理学家孔茨认为："建立组织结构的目的就是要建立起一种能使人们为实现组织目标而在一起最佳地工作，履行职责的正式体制。"作为一个组织应具有以下共同特征。

第一，组织必须具有目标。任何组织都是为了实现某些特定的目标而存在的，目标是组织存在的前提和基础。组织的基本目标是有效地配置资源满足市场需要从而获取赢利。

第二，组织必须有分工与协作。一个组织为了达到目标，需要有很多部门和人员，各个部门和人员既有专门工作又要相互配合，这就是分工协作，只有分工协作才能提高效率。

第三，组织要赋予不同层次不同部门权力和责任。权力和责任是完成组织目标的必要条件。

第四，组织需与外部环境保持密切的联系。不与顾客、供应商、竞争者及其他外部环境因素相互作用的组织，是很难生存下去的。现在一些公司甚至与他们的竞争对手合作，就是为了相互的利益而共享信息和技术。

（二）动态的组织

从动态看，组织是一个过程。即管理的基本职能之一，是指设计、建立并保持一种组织机构，使组织能高效运行。

具体说，组织职能包括以下内容：设计和建立一套组织机构和职位系统；确立职权关系和职责范围；配备相应的人员；建立有效的信息沟通渠道；建立组织文化；根据组织内外环境的变化，进行组织变革和创新。

二、组织的结构形式

虽然组织有着一定的共性，但不同组织之间还是存在着不同的结构变量，组织结构描述组织的框架体系，就像人由骨骼确定体形一样，组织也是由结构来决定其形状的，结构变量提供了描述组织内部特征的标尺，从而为测量和比较组织奠定了基础。

组织结构形式通常被分解为复杂性、正规化和集权化三个方面。

（一）复杂性

复杂性是指组织细分化的程度。一个组织越是进行细致的劳动分工，具有越多的纵向等级层次，组织的地理分布越是广泛，则协调人员及其活动就越困难。此时，用组织结构的复杂性来描述。

（二）正规化

有些组织以很少的规范、准则运作；而另一些组织，尽管规模小，却具有各种规定，指示员工可以做什么和不可以做什么，一个组织使用的规章条例越多，其组织结构就越正规化。

（三）集权化

集权化是决策权的集中程度。在一些组织中，决策高度集中，问题自下而上传递给高层管理人员，由他们制定合适的方案；而另外一些组织，其决策制定权力则授予下层人员，这被称为分权化。

以上所研究的组织是传统意义上的实体组织，但也应看到：随着时代的发展，组织的存在形态及运作方式都发生了很大的变化，这些变化直接挑战着原有的名词解释，如虚拟组织。不过，在大多数情况下所称的组织，还是传统意义上的实体组织。尽管如此，又不能对新现象、新发展视而不见，所以，有必要对相关性的组织做一定深度和广度的分析和了解。

三、组织的类型

（一）实体组织与虚拟组织

组织的最初形态就是实体组织。虚拟组织，只是社会及组织发展到一定阶段才出现的产物。

特别是从网络出现之后,虚拟组织更是成为一般的学术名词及操作术语,为大众所认同和接收。虚拟组织虽然不是因为互联网的出现才产生,但只有在互联网出现之后才得以全方位的发展。

虚拟组织不同于实体组织,主要体现在这样几个方面。

(1) 组织结构的虚拟性。从企业组织的法人地位来看,实体组织具有经济法人资格,虚拟组织则一般不具有法人资格。从企业组织的结构特征来看,传统意义上的实体组织呈金字塔型,管理幅度由于受人自身能力的限制而不可能过大。20世纪早中期一般为4~6人甚至更窄,随着人的能力的加强及素质的提高,中晚期一般为8~12人。现代意义上的实体组织借助数字化技术超越于人自身力量的限制,将传统实体组织中的中间层次的功能逐渐由计算机处理所替代,管理幅度大大加宽,整个组织结构由金字塔型转型为扁平型。虚拟组织则更超越于现代意义上的实体组织,并与其同时存在和共同发展。虚拟组织结构的典型特征是网络型,管理幅度将更大限度地加大,而且富有弹性。

(2) 构成人员的虚拟性。实体组织的构成人员,主要归属于该组织;虚拟组织的构成人员则主要不归属于该组织。大学的教师,主要归属于某大学,但有可能以个人的身份在校外兼职。与此相反的是,实施虚拟经营的某管理顾问公司的咨询人员,大多不归属于该公司,而是归属于其他实体组织(如某大学)。人员的虚拟性,优点在于人力资源成本较小,流动性较好;缺点在于人员不稳定,真正高层次的人员或者能够给企业带来重大收益的人员很难尽全力为企业服务,人员短期行为严重等。

(3) 办公场所的虚拟性。实体组织,一般都有较为固定的集中的办公场所,员工也大都在统一的办公场所上下班。相反,虚拟组织基本上没有集中的办公场所,员工的办公场所依员工自己的需要自行安排。在虚拟组织中,员工有可能在自己家里办公,也有可能在旅行途中办公。虚拟组织注重绩效,至于办公场所则由员工根据自己的需要做出合理的选择。显然,办公场所的虚拟化,既增加了组织设置的弹性,又节省了配置办公设施的费用。当然,虚拟组织办公场所的虚拟化,也带来了一系列的问题,最突出的就是员工之间的沟通难于有效地进行。

(4) 核心能力的虚拟性。企业核心能力是获得竞争优势的决定因素。企业核心能力的培植及强化,传统的思路及做法基本上是依靠内部发展,这样必然因速度、资本、技术等约束而制约着企业很难大幅度、全方位地提高核心能力。其实,培植及强化企业核心能力还可以走另一条路,即依靠外部能力。这就是说,企业可以借助现代电子信息技术,利用其他企业的核心能力,以自身核心能力为核心,形成基于自身核心能力之上的虚拟核心能力。虚拟核心能力具有相对于实体核心能力的易重组、高速度、低成本等特性。

(二) 机械式组织与有机式组织

按照著名管理学家罗宾斯教授的分析,机械式组织与有机式组织是组织设计的两种模式。

机械式组织是综合使用传统设计原则的产物,机械式组织是指设有严格的等级层次、决策高度程序化、权力高度集中化和操作高度标准化的组织。机械式组织又被称为官僚行政组织。主要优点在于,通过标准化运作往往能够提高工作效率。主要缺点是,可能由于过于非人格化而出现组织僵化。

有机式组织(也称适应性组织)则是综合使用现代设计原则的产物。有机式组织是指一种权力相对分散、具有灵活性和适应性的组织。这种组织又被称为灵活性组织或者适应性组织。有机式组织的优点是以人为本,灵活应变;缺点是,稳定性和可预见性较差。

第二节 正式组织与非正式组织

在企业、学校或是在政府行政机关,总能发现这样的现象:一方面存在着等级严明的组织结构,人员按照一定的程序被安排到一个一个的部门,这部分人除非经主管部门或主管人员按照一定的程序批准同意外,一般不能随意调换部门,这种组织有明确的目标、结构、职能以及由此而决定的成员间的责权关系,对个人具有某种程度的强制性;另一方面也存在着这样一种现象,并非根据一定程序而由一定人数组成的或是紧密或是松散的群体。如经常一起乘交通车的乘客、老乡、一起打球的篮球队员及咖啡室的经常座上客等。

也就是说，组织在组织体中一般有两种存在形式：前一种被称之为正式组织，后一种被称之为非正式组织。

一、正式组织

正式组织是组织设计工作的结果，是由管理者通过正式的筹划，并借助组织图和职务说明书等文件予以明确规定的。它具有严密的组织结构，要求组织全体成员能和谐一致地进行有目的的工作的组织。正式组织具有三个基本特征。

（1）目的性。正式组织是为了实现组织目标而有意识建立的，因此，正式组织要采取什么样的结构形态，从本质上说应该服从于实现组织目标、落实战略计划的需要，这种目的性决定了组织工作通常是在计划工作之后进行的。

（2）正规性。正式组织中所有成员的职责范围和相互关系通常都在书面文件中加以正式的规定，以确保行为的合法性和可靠性。

（3）稳定性。正式组织一经建立，通常会维持一段时间相对不变，只有在内外环境条件发生了较大变化而使原有组织形式显露出不适应时，才提出进行组织重组和变革的要求。

二、非正式组织

非正式组织是伴随着正式组织的运转而形成的。正式组织中的某些成员，由于工作性质相近、社会地位相当、对一些具体问题的看法基本一致，或者在性格、业余爱好及感情相投的基础上，形成了一些被其成员所共同接受并遵守的行为规则，从而使原来松散、随机形成的群体渐渐成为趋向固定的非正式组织。

非正式组织是组织成员间通过习惯性接触、经常性交流及相似的做事方式逐步发展起来的。非正式组织是在满足员工需要的心理推动下，比较自然地形成的心理团体，其中蕴藏着深厚的友谊和感情的因素。这种组织的产生，是基于人们之间彼此"合得来"，大家在一起觉得言语、服装、行动等，都非常随便而没有不自然的拘束，于是乐在其中。当然非正式组织的存在，可能尚有其他因素。例如：年龄、地位、能力、工作地点、志趣、嗜好以及利害相关等。管理学家发现其中有一个定则：即人们有互相结合的需要，倘若不能从正式组织或领导措施上获得需要的满足，则非正式的结合就越为增多。

非正式组织是客观存在的事实，但只是到著名的霍桑试验，人们才意识到非正式组织的存在。随之，引发了许多经营者和研究者等对正式组织与非正式组织的探索。

非正式组织具有以下特征：

① 组织的建立以人们之间具有共同的思想，相互喜爱，相互依赖为基础，是自发形成的。

② 组织最主要的作用是满足个人不同的需要。

③ 组织一经形成，会产生各种行为规范，约束个人的行为，这种规范可能与正式组织目标一致，也可能不一致，甚至发生抵触。

④ 正式组织与非正式组织的区别，突出表现在是否程序化上，即是否程序化设立、是否程序化解散、是否程序化运作等方面。显然，正式组织更多地体现为程序化特征，非正式组织更多地体现非程序化特征。

三、非正式组织对正式组织的影响

非正式组织对正式组织来讲，具有正反两方面的功能。

（一）非正式组织的正面功能

1. 可以满足职工的需要

非正式组织是自愿性质的，其成员甚至是无意识地加入进来。他们之所以愿意成为非正式组织的成员，是因为这类组织可以给他们带来某些需要的满足。比如，工作中或工作之余的频繁接触以及在此基础上产生的友谊，可以帮助他们消除孤独的感觉，满足他们"被爱"以及"施爱之心于他人"的需要；基于共同的认识或兴趣，对一些共同关心的问题进行谈论，甚至争论，可以帮助他们满足"自我表现"的需要；从属于某个非正式群体这个事实本身，可以满足他的"归属""安全"的需要等。组织成员的许多心理需要是在非正式组织中得到满足的。这类需要能否得到满足，对人们在工作中的情绪、工作的效率有非常重要的影响。

2. 非正式组织混合在正式组织中容易促进工作的完成

人们在非正式组织中的频繁接触会使相互之间的关系更加和谐、融洽，从而易于产生和加强合作的精神，这种非正式的协作关系和精神如能带到正式组织中来，则无疑有利于促进正式组织的活动协调地进行。同时非正式组织虽然主要是发展一种业余的、非工作性的关系，但是它们对其成员在正式组织的工作情况也往往是非常重视的。对于那些工作中的困难者、技术不熟练者，非正式组织中的伙伴往往会给予自觉的指导和帮助。非正式组织中的伙伴的这种自觉的、善意的帮助，可以促进他们技术水平的提高，从而可以帮助正式组织起到一定的培养作用。

3. 加强沟通提高组织成员的士气

非正式组织可使员工在受到挫折或遭遇困难时，有一个发泄的通道，这样可以运用非正式组织作为正式组织的沟通工具，可以通过非正式组织的关系与气氛获得组织的稳定，提高组织成员的士气等。

（二）非正式组织可能对正式组织造成的危害

1. 抵制变革

非正式组织往往变成一种力量，刺激人们产生抵制革新的心理。

2. 滋生谣言

谣言在非正式组织中，极易牵强附会，以讹传讹信以为真。

3. 阻碍努力

工作人员在其工作上特别尽力，可能会受到非正式组织中其他成员的嘲笑和排挤，从而使人不敢过分努力。

4. 操纵群众

非正式组织中存在着大家所公认的领袖，该领袖常利用其地位，对群众施以压力从中操纵。

非正式组织的双刃剑作用，如松下幸之助认为：正式组织应该重视和充分利用非正式组织，使非正式组织目标转移到与正式组织目标保持很大程度上的一致性，而原通用汽车总裁斯隆则认为，在正式组织之内，对非正式组织应该禁止，使之不影响正式组织目标的实现。应该说，时至今日，尽管有多种不同观点，但在对非正式组织的态度上，至少在允许及承认其存在的方面，基本上达成一致性的认识，结合中国传统文化的特点，对非正式组织更多的是应该采取在坚持一定原则的基础上容忍并支持其存在和发展，这样将更大可能地提高正式组织运作的绩效和确保正式组织目标的实现。

四、有效利用非正式组织

非正式组织的存在，有弊有利，在于如何运用，正式组织目标的实现，要求积极利用非正式组织的贡献，努力克服和消除它的不利影响。

（一）为非正式组织的形成提供条件并努力使之与正式组织吻合

正式组织在进行人员配备工作时，可以考虑把性格相投、有共同语言和兴趣的人安排在同一部门或相邻的工作岗位上，使他们有频繁接触的机会，这样就容易使两种组织的成员基本吻合。又如，在正式组织开始运转以后，注意开展一些必要的联欢、茶话、旅游等旨在促进组织成员间感情交流的非工作活动，为他们提供业余活动的场所，在客观上为非正式组织的形成创造条件。

（二）建立和宣传正确组织文化来影响非正式组织的行为规范

非正式组织形成以后，正式组织既不能利用行政方法或其他强硬措施来干涉其活动，又不能任其自流，因为这样有产生消极影响的危险。因此，对非正式组织的活动应该加以引导。这种引导可以通过借助组织文化的力量，组织通过有意识地培养、树立和宣传某种文化，来影响成员的工作态度，使他们的个人目标与组织的共同目标尽量吻合，从而可利于产生符合正式组织要求的非正式组织的行为规范。

（三）设法找寻那些具有影响力的非正式领袖

重点做好非正式组织领袖的工作，与之交朋友，尊重其地位，使其与正式组织的目标相结合。

第三节　管理幅度与管理层次

一、管理幅度与管理层次的概念

一个小的组织，管理者可以进行直接管理。当面对一个庞大的组织机构时，因为一个人受精力、体力、时间和知识的限制，我们所能直接管理的对象是有限的。我们必须授权给他人，必须划分一定的管理层次，并确定每一个管理层次的管理幅度。这就产生了管理幅度和管理层次的问题。

（一）管理幅度的概念

管理幅度又称管理宽度，是指在一个组织机构中，管理人员所能直接管理或控制的下属数目。任何一个组织在构建组织体系以及实际运行时都必须解决一个管理人员能够有效管理多少下属人员的问题，因而明确管理幅度的有关问题具有普遍的现实意义。

那么管理幅度应为多大呢？古典学派在探讨管理幅度问题时，倾向于确定一个普遍适用的管理幅度，他们得出的经验数据一般为3～8名下属人员。英国管理学家林达尔·厄威克认为"对于所有上级来说，理想的下属人数是4个"，而"在基层组织，由于那里的职责是执行具体任务而不是管理别人，这个数目可以是8个人或者12个人"。然而，现代经营管理学派的理论家们却认为管理所依据的可变因素太多，因此不能得出结论，认为一名主管人员能够有效管理的下属有固定的具体人数。他们认为，只能认为一名主管人员能够有效管理的人数是有限的，但确切的人数则取决于那些管理工作的难易和所需时间的多少等因素。根据实践的验证，现代经营管理学派的随机制宜的观点得到了大多数人的承认。实际上，任何一种僵化的所谓最佳管理幅度是不存在的。在被认为管理得法的一些企业中，关于管理幅度的具体做法也是千差万别的。因此，基于这样的看法，我们研究管理幅度的着眼点应不是去假设一种普遍适用的数量界限，而是要找出影响管理幅度的各种因素，从而在各种具体情况下有助于最优管理幅度的决定。

（二）管理层次的概念

管理层次是指一个组织设立的行政等级的数目。它是组织中最高主管到具体工作人员之间的不同管理层次，是在管理活动中形成的一个组织结构的等级层次。

组织设计必然关联到管理层次及管理幅度，管理层级与管理幅度密切相关。一般来说，管理层级与管理幅度呈反比例关系，即幅度宽对应层级少，幅度窄对应层级多。可以说，管理层次是由于管理幅度的限制而形成的。那么，管理幅度宽窄受到哪些因素影响呢？

二、影响管理幅度的因素

管理幅度的宽窄取决于很多因素。一般而言，高层管理人员由于要处理大量复杂问题，管理幅度应小一些，低层管理人员的管理幅度则可以大一些。随着计算机技术的日益成熟和广为应用，有关组织结构管理幅度与管理层级的理论也发生着革命性的变化，最突出的体现就是组织中的中层功能正逐渐由计算机来处理完成，使得管理幅度变宽和管理层级变少。确定管理幅度需考虑以下四个方面的影响因素。

（一）管理者和被管理者的素质

当管理人员的自身素质较强，管理经验丰富，在不降低效率的前提下，可适当增加其工作量，加大管理幅度；同样，下属人员训练有素，工作自觉性高，也可采用较大的管理幅度，让他们在更大程度上实行自主管理，发挥创造性。

（二）管理的内容

管理内容包括管理层次、业务性质、计划状况及非管理事务的多少。就管理层次而言，越处在管理高层，用于组织重大决策所占的比重大，用于指导和协调下级的时间少，管理幅度就趋小；就业务性质而言，性质相近或相似，则对下属的指导也基本相同，管理幅度就可宽些；就计划完善程度而言，事先有良好、完整的计划，工作人员都明确各自的目标和任务，清楚自己应从事的业务活动，则主管人员就不必花费过多的精力和时间从事指导和纠正偏差，那么主管人员的管辖幅度就可以大一些；就非管理事务数量而言，管理幅度基本上与之呈反比例。

（三）管理条件

管理条件大致可分为助手的配备情况、信息处理设备的先进程度等。显然，助手配备得好，可以使管理者不必亲自去处理许多事务，就可以节省管理者的大量时间及精力，从而扩大管理幅度。当企业沟通渠道畅通，通信手段先进，信息传递及时，可加大管理幅度。

（四）管理环境

组织环境稳定与否会影响组织活动内容和政策的调整频率与幅度。环境变化越快，变化程度越大，组织中遇到的新问题越多，下属向上级的请示就越有必要、越经常，相反，上级能用于指导下属工作的时间和精力就越少，因为他必须花更多的时间去关注环境的变化，考虑应变的措施。因此，环境越不稳定，各层主管人员的管理幅度越受到限制。

上面列举的远不是影响管理幅度的全部因素。但对这些有限因素的考察已足以表明，必须根据组织自身的特点来确定适当的管理幅度，从而决定管理层次。

三、两种基本的管理组织结构形态：锥型结构形态和扁平结构形态

管理层次与管理幅度的反比关系决定了两种基本的管理组织结构形态：锥型结构形态和扁平结构形态。

（一）锥形结构

锥形结构是管理幅度小，管理层次较多的高、尖、细的金字塔形态。其优点是：管理严密，便于严格监督和控制；分工明确；上下级易于协调。其缺点是：管理层次多，增加了费用开支；浪费精力和时间；信息沟通时间长，决策传达的时效性和准确性差；由于管理严密，容易影响下级人员的满意感和创造性。

（二）扁平结构

扁平结构是管理幅度较大、管理层次较少的一种组织结构形态。它是被普遍采用的促进组织管理变革的方法。这种形态的优点是：一方面由于管理层次少而使管理费用降低；另一方面通过减少那些批准和复查的人员，使信息交流速度快，加快了决策的速度；同时由于管理层次减少而管理幅度增大，使员工有较多的自主性和创造性，故满意感强。其缺点是：不能严密监督下级工作；管理者对下层存在失去控制的危险；上下级协调较差。

从以上的比较可见，企业在设计组织机构时，必须慎重决定管理幅度的大小和管理层次的多少，要尽可能地综合两种基本组织结构形态的优势，克服它们的局限性。

需要注意的是随着计算机及通信技术的应用，使得许多程序化工作能大部分甚至全部由计算机完成，导致组织中主要从事信息收集、整理、传输等非决策性事务的员工基本上被计算机所替代，同时又引致许多繁杂的控制事务转型为简单的计算机程序控制，使得监控的范围加宽，所以，在信息化组织中，管理者管理幅度加宽，组织层次减少，也即扁平结构是组织机构变革的趋势。

但也要注意实施扁平结构并不一定能增强组织的灵活性、适应性。组织的灵活性、适应性与组织的管理层次并不必然相关，与组织灵活性有必然关联的是组织结构里的"决策点"。例某企业A是一个比较传统的组织，它的管理层次比较多，而某企业B则是一个比较新型的扁平化的组织，然而这并不代表后者比前者更富有组织灵活性。A组织的决策权已经下放，除了重要的事宜之外，其他的日常运营决策的"决策点"都在第二层，所以虽然A组织的管理层次比较多，

但它依然具有很高的灵活性。B组织虽然是一个扁平化的组织结构，但"决策点"却在最顶层，外界的信息要穿越更多的管理层次才能达到"决策点"，自然它对外界信息的反应速度就远远不如A组织。由此可见，组织的灵活性与扁平化之间没有必然关系，组织灵活性的高低取决于"决策点"离信息源的远近。

因此可以得到一个清晰的结论：改善组织灵活性、适应性的有效手段并不是组织结构扁平化，而是充分的授权，尽量去缩短"决策点"与信息源之间的距离。

第四节 集权与分权

一、权力与职权

（一）权力

"权力"是指处在某个管理岗位上的人对整个组织或所管辖单位与人员的一种影响力，或简称管理者影响别人的能力。

权力来源于几方面，其中一方面是这个人所处的职位，这就是职权。例如，某公司的总裁，他的职务级别高于副总裁，因此他比副总裁要有更多的权力。在公司里，股东选择董事会成员并且授权董事们选择首席执行官。董事会接着选择首席执行官并授权他运作公司。但权力也可能来源于其他途径。一些人因为个人区别于他人的特征而形成权威，像智慧或超凡的魅力，这就是个人影响力（这种权力基于个人具有的品质、社会背景等因素，使别人对他产生倾慕、认同、尊重与服从的能力）。还有一些人是某个领域内公认的专家或者拥有某些技能让其他人必须依靠他们，如该公司的总裁可能在某些高技术含量的问题上也不得不依靠研发部经理，这就是专家权（来自专长、特殊技能或者知识而拥有的影响力）。

（二）职权

职权是一种在组织中所居职位的合法权力，也就是说，是指一个人在组织中与所居职位相联系的正式的权力。与个人的品质、社会背景、知识、技能有关的影响力显然不会成为集中或分散的对象，因此，本节所讲的集权与分权是对职权而言。

职权是由职位产生的权力，它与职位相关，与占居该职位的人无关。

职权是一种合理合法的权力，是由企业制度所给予的正式权力；职权要充分行使，这是组织正常有效运行的必要条件；职权只局限在一定的范围内，只允许具有向直接下属指挥命令的权力；职权与职责应对等，当一个人被授予一定的职权，他也应承担相应的职责，只授予职权而不授予职责会造成职权的滥用，职责重大而职权过小也会使员工无法开展工作；职权能下放，但责任不能下放，经理可以给下属委派责任，但是经理仍然对工作负有最终责任并且要确保工作顺利完成，因为主管负有最终责任，因此向下授权的主管总是担负责任。

职责是指为完成一项确定的任务所必须履行的义务。职责分为最终职责与执行职责。执行职责是指管理人员下授的与所授职权相等的职责。执行职责是可以下放的，但是管理者应对他所授予执行职责的下属人员的行为负最终责任，这就是最终职责。最终职责不可以下放。例如：采购部经理授予二名采购员按某一规格要求采购某种原材料的任务，结果该采购员未能按要求采购，对此采购经理要负最终职责（采购员负与职权对等的执行职责）。

二、集权与分权的特点

在现代组织管理中，已经没有绝对意义上的集权与分权了，他们是相对而言的。如果一个人大权独揽（绝对的集权），意味着他不需要下属管理人员，也就无组织结构而言；倘若管理人员把所有权力都分散下放，那么他们的管理职位也就失去存在的意义，当然也就不存在组织。

集权是指组织结构中把决策的权力集中在较高层次的管理部门；分权则是将决策的权力分散到较低层次的各部门。这里所讲的集权和分权只是两种倾向。

（一）集权的优点

在组织中权力集中的好处主要在于可以加强统一指挥，提高工作效率。它的优点具体表现为：使政策和行动保持一致性；减少因信息传递失误所造成的损失；充分利用总部有特殊技能的专家；便于控制。

（二）过分集权的缺点

集权的缺点主要有：限制了下属单位及人员的主动性、创造性和责任感；对变化多端的市场情况不能及时反应；容易使下属管理人员把服从命令作为工作的唯一目标。

（三）分权的优点

分权的优点主要有：下属人员遇到问题不必事事请示，有利于快速的决策和行动；使决策更符合所在地的实际情况；更有利于激发下属员工的工作热情；使高层管理人员有时间集中精力研究本组织的基本目标与总体战略；有利于培养优秀管理人才。

（四）过分分权的缺点

过分的分权不利于统一领导；会使各部门各单位的协调困难；易导致失控。

集权与分权是一个相对的概念，各有利弊。在现实社会中，大企业一般安排如下：计划——目标集中决定而实现目标的具体途径由各部门决定；生产——权力分散，因为一般日常生产发生的问题，基层了解得最清楚；销售——权力分散，一般只有市场调研和广告等权力集中；财务——财务一般都集中，它被认为是最少下放的；统计——收集统计资料分散，但汇总、分析工作集中；人事——劳资谈判合同及其实施是高度集中的，人事政策、骨干人员的任免、选拔关键管理人员等集中，而招工、升级、开除、调职和实施劳动纪律则分散进行；采购——集中的情况为多，占成本很大比例的主要材料的采购几乎总是集中办理的，但是各分厂地区分布较远，或按不同产品系列划分的部门可分散采购；法律工作——一般是集中的。

三、影响集权与分权的因素

集权与分权的程度是相对的，不存在完全的集权，也不存在完全的分权，集权、分权程度一般受下列因素的影响。

（一）企业自身状况

1. 企业形成的历史

若企业是自身发展起来的，则集权的程度就高，若是由联合或合并而来，则分权的程度就高。

2. 企业规模

企业规模大决策数目多，协调沟通困难，宜于分权；相反，企业规模小，决策数目少，宜于集权。

3. 企业的动态特征

正处于迅速发展中的企业，一般要求分权，而发展稳定的企业，一般趋向集权。

（二）企业的管理特点

1. 领导人的特点

领导人的管理哲学、主管人员的个性和所持的管理态度，均影响权力分散的程度。

2. 主管人员的数量和管理水平

主管人员数量多，管理能力强，阅历丰富，则可较多地分权，反之则趋向集权。

3. 方针政策的连贯性要求

企业内部长期保持执行同一种政策或相似的政策，则集权程度较高，反之宜于分权。

4. 控制技术和手段的运用

通信技术的发展，统计方法、会计技术及其他技术的改进，有助于趋向分权，而计算机的运用也有助于趋向分权。

（三）企业外部环境

包括政治、经济、科技、文教、社会等因素。如经济困难和竞争加剧，可助长集权制。

四、分权的主要途径

权力的分散可以通过两个途径来实现：组织设计中的权力分配（制度分权）与主管人员在工作中的授权。

（一）制度分权

制度分权是在组织设计中考虑到组织规模和组织活动的特征，在工作分析、职务和部门设计的基础上根据各岗位工作任务的要求，明文规定各职位的职责和权限，是一种有较大稳定性的分权方式。

（二）授权

授权是担任一定管理职务的领导者在实际工作中，为充分利用专门人才的知识和技能，或出现新增业务的情况下，将部分解决问题、处理新增业务的权力委托给某个或某些下属，是有较大灵活性的分权方式。授权者承担最终责任，实施有效监督，及时检查工作绩效，可扩大也可收回。例如，丰田装配线上的工人不是只有解决生产线上问题的权力，他们还会接受培训，获得工具，并得到管理者的支持，以使他们能解决更多生产问题，丰田的工人通过这种方式被授权。

制度分权与授权的结果虽然相同，都是使较低层管理人员行使较多的决策权，即权力的分散化，但实际上这两者是有重要区别的。

第一，制度分权是在详细分析、认真论证的基础上进行的，具有一定必然性；而工作中的授权则往往与管理者个人的能力、精力、下属的特点、业务发展情况相联系，因此具有很大的随机性。

第二，制度分权是将权力分配给某个职位，因此，权力的性质、应用范围和程度的确定，需要根据整个结构的要求；而授权是将权力委任给某个下层，因此，制度分权或授权，不仅要考虑工作的要求，而且要依据下属的工作能力。

第三，分配给某个管理职位的权力，如果调整的话，不仅影响该职位或部门，而且会影响与组织其他部分的关系。因此，制度分权是相对稳定的。除非整个组织结构重新调整，否则制度分权不会收回。相反，由于授权是某个主管将自己担任的职务所拥有的权限，因某项具体工作的需要而委任给某个下属，这种委任可以是长期的，也可以是临时的。长期的授权虽然可能制度化，在组织结构调整时成为制度分权，但授权不意味着放弃权力，在组织再设计之前，不管是长期或是临时授予的权力，授权者都可以收回，使之重新集中在自己手中。

第四，制度分权主要是一条组织工作的原则，以及在此原则指导下的组织设计中的纵向分工；而授权则主要是领导者在管理工作中的一种领导艺术，一种调动下属积极性、充分发挥下属作用的方法。

另外，必须指出，作为分权的两种途径，制度分权和授权是交织在一起的，分权与授权是互相补充的。组织设计中难以预料每个管理岗位上的工作人员的能力，同时也难以预测每个管理部门可能出现的新问题，因此，需要各层次领导者在工作中的授权来补充。

第五节 直线权和参谋权

组织中管理者的职权分为两种：直线职权和参谋职权。总裁、生产经理、销售经理都是直线经理（line managers），负责基本的职能活动（如销售活动），他们得到授权向下属发布命令。而参谋经理（staff managers）一般不能沿指挥链发布命令（除非在自己部门内部），他们只能向直线经理提供帮助和建议。一个人力资源部经理，即使已经达到高级副总裁级别，可以建议产品主管在招募时选择何种测试方法，但是，如果人力资源部经理命令生产主管去雇用一个特殊员工就是不正常的事。

一、直线与参谋

随着组织的成长和发展，劳动分工与专业分工越加细化，组织规模也日益庞大。管理人员，特别是上层管理人员普遍感到力不从心，同时由于专业分工的结果，广大管理人员无法通晓所有的专业技能和知识。因此，必须在组织中建立咨询部门与辅助机构以形成直线指挥与辅助参谋相结合的体制。

（一）直线的概念

举一个例子。假设某制造企业有生产、营销两大部门。如图10-1所示。

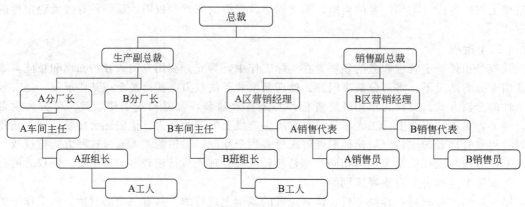

图10-1 某制造企业组织结构图

生产部门自上而下分别为：总裁—负责生产制造的副总裁—厂长—车间主任—班组长—工人；销售部门自上而下分别为：总裁—销售副总裁—负责某地区、某产品系列的营销经理—销售代表—销售员。

在这个指挥系统中，存在着等级原则：一个组织中管理部门由上到下各级职权越明确，则决策的职责越明确，组织的沟通越有效。生产和营销两大部门各自形成自己的指挥链，在指挥链上的各层人员被称为直线人员，他们之间的关系就是直线关系。所谓直线关系就是命令与服从的关系。例如，总裁与副总裁，厂长与车间主任之间的关系就是直线关系。

直线管理人员所拥有的指挥直属下级的权利称为直线职权。从图10-1中可以看出，各直线人员都拥有自己相应的直线职权。

（二）参谋的概念

随着组织规模的扩张，管理工作日益复杂。处于一条直线上的管理人员（特别是高层管理人员）无法胜任繁重的工作，需要建立一个部门为他提供咨询和服务支持，以减轻压力。这些辅助直线部门的工作就被称为"参谋"。著名管理学家孔茨认为：纯粹参谋身份人员的职能是进行调查、研究并向直线管理人员提出建议。

参谋具体可分为4类：①顾问性质，如企业聘用的法律、税务咨询专家；②服务性质，如采购部门；③协调性质，如计划部门；④控制性质，如财务部门。

参谋人员所拥有的为直线人员提供支持、协助，提出建议的权力称为参谋职权。参谋职权仅限于一种顾问的性质，可以把其观点、意见"推销"给其服务对象，而不能像直线人员那样具有行使命令的权力。

（三）直线与参谋的关系

有些管理人员把直线与参谋看做部门的类型，把那些对完成企业目标有直接影响的部门职能（如制造部门）称为直线职能，其他起协助作用的部门职能（如财务部门、采购部门）称为参谋职能，这种分法会引起混乱。究竟什么样的职能对企业目标有直接影响呢？像采购部门、质量控制部门，你能说他们对于达到企业目标真的不太重要吗？

管理学家孔茨认为：虽然某一部门相对于其他部门来说，确实主要是处于直线职位或参谋职位上，不过区别直线与参谋是用职权关系而非人们干什么的办法。例如，人们可以把采购部门看成参谋部门，因为管理人员认为采购部门是起支持作用的。但是采购部门内部仍有直线关系（采购部经理对于其下属来说仍然是命令与服从的关系）。与此相反，我们可以看出，生产部副总裁与总裁是直线关系，但当总裁向副总裁咨询有关生产方面的问题，副总裁向总裁提出一系列建议和方案时，这种关系就成为参谋关系了。事实上，一个部门在不同企业有不同作用，可以是直线性质，也可以是参谋性质；即使在同一部门，它可以主要起直线作用，但有时，它也可以就某一问题提出建议，起参谋作用。

当然在通常情况下，为了方便起见，人们习惯于根据部门主要活动的性质将其定为直线部门和参谋部门。图 10-2 是某大学的直线部门与参谋部门组织图。

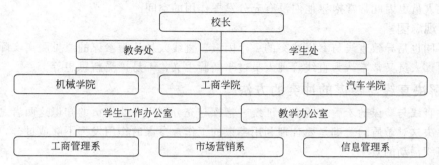

图 10-2　某大学的直线与参谋部门组织图

二、职能职权

参谋经理（比如人力资源部经理）可以有职能权力。职能权力是指参谋人员被授予的原属于直线管理人员的那部分权力，参谋人员在不超过他的职权范围内可以沿指挥链向下发布命令。例如，总裁指示没有人力资源经理的推荐就没有参加各部门筛选测试的机会。一般来说，职能权力较多的由参谋部门负责人来行使，因为这些部门通常是专业人员组成，它们具有获得这项职权的能力。

参谋部门的职权通常是有范围限制的。权力一般限于"如何办"的方法问题，很少规定何时办或由谁办等具体问题。例如，人事部经理参加其他部门关于工资与薪金方案的改革；技术部门修改工艺规程等。

职能职权在一定范围内使用确实能发挥专业化管理的作用，但广泛采用会使直线及参谋职权关系变得复杂。例如某产品分公司经理除了有一个直线上级之外，可能还有好几个职能主管（销售副总裁、财务副总裁等）。当他收到来自不同方向职能职权的约束时（特别是这些指令相互矛盾时），他将感到无所适从，或者按照管理的"分贝制"方法来办，即只注意制造噪声最大的那些人。解决这个问题的办法便是维护一定程度的统一指挥，即职能职权仅可用于该职权原始拥有者的下一级管理人员行使。例如财务副总裁的职能职权不能超出产品分公司经理这一层次，以利于直线主管人员的统一指挥。

三、直线与参谋的冲突

直线与参谋冲突，指的是直线经理和给他提供建议的参谋经理之间的分歧。例如，产品经理可能想使用一项特殊的人格测验，但人力资源经理可能坚持认为这个测试没必要。冲突通常有两种，一是直线经理认为参谋经理超越了他们的权限范围，或者参谋经理感觉直线经理拒绝好的建议，参谋的作用被忽视。直线与参谋的冲突主要表现在以下几个方面。

（一）年龄、教育等因素

与直线人员比较，参谋人员一般都直接来自学校，年龄较轻，受教育程度高，并对自己的专业过分关注，这些因素常常是产生冲突的可能来源。

（二）知识、经验等因素

直线主管人员往往年事较高而学历并不高，他们依靠的是长期工作所积累的丰富经验；而参谋人员一般都接受过系统教育，知识丰富，但缺乏经验。当两者在知识、经验差距很大时，双方都会彼此产生怀疑，或者不满。直线人员认为参谋人员缺乏经验，只会纸上谈兵，或者觉得在知识上与他们的差距太大，听不懂他们的建议，因而产生怀疑；参谋人员则认为直线人员缺乏时代创新精神，老是凭一贯的经验办事，过于经验主义。

（三）职权因素

通常直线人员把参谋管理人员看成是对自身权力的威胁。当组织聘用各类专家时，直线管理人员会觉得他们丧失了某种职能权力，虽然他们也承认专业参谋有知识和专长，但他们不愿让这些专家来告诉自己"做什么"和"如何做"，所以直线管理人员可能决定不去利用参谋人员的专长，而参谋人员也因此常常抱怨他们没有充分发挥作用的空间。

（四）观念因素

观念不同也是导致直线与参谋冲突的一个因素。直线人员认为参谋的意见脱离实际，太理想主义；而参谋人员又常常认为直线管理人员过于经验主义，不易接受新思想等。

四、解决直线与参谋的冲突的方法

要解决直线与参谋的矛盾，要在保证统一指挥与充分利用专业人员的知识这两者之间实现某种平衡。解决这对矛盾的关键是要合理利用参谋的工作，参谋的作用发挥不够或过分，都有可能影响整个组织活动的效率。

（一）明确职权关系

直线与参谋人员应该明白各自的职责，避免互相干扰与冲突。直线人员可以作出最后的决定，对基本目标负责；而参谋人员则提供建议与服务。直线人员在作出决定之前应该听从参谋人员的建议，但是如果有适当的理由，可以拒绝采纳；同样，参谋人员不必等待直线人员的咨询请求，可以主动地从旁协助。

直线与参谋只有明确了各自工作的性质与职权关系的特点，才有可能防止相互之间矛盾的产生或以积极的态度去解决已产生的矛盾。

（二）授予必要的职能权力

为了确保参谋人员作用的合理发挥，授予他们必要的职能权力往往是必需的。

授予职能权力是指直线主管把原本属于自己的指挥和命令直线下属的某些权力授给有关的参谋部门或参谋人员行使，从而使这些参谋部门不仅具有研究、咨询和服务的责任，而且在某种职能范围内（比如人事、财务等）具有一定的决策、监督和控制权。

参谋部门职能权力的增加虽然可以保证参谋人员专业知识和作用的发挥，但也有带来多头领导、破坏部令统一性的危险。因此，组织中要谨慎地授予职能权力。

谨慎地使用职能权力，包括两个方面的含义，首先要认真地分析授予职能权力的必要性，只在必要的领域中使用它，以避免削弱直线经理的地位；其次要明确职能权力的性质，限制职能权力的应用范围，规定职能权力主要用来指导组织中较低层次的直线经理怎么干，而不是用于决定干什么的，主要用于解决"如何""何时"等问题，而不能用于解决"什么""何地""何人"等问题。

（三）向参谋人员提供必要的条件

虽然直线与参谋的矛盾往往主要是由于参谋人员的过分热心所造成的，因此缓和他们之间的关系首先要求参谋人员经常提醒自己"不要越权""不要篡权"，但同时直线经理也应认识到，参谋人员拥有的专业知识正是自己所缺乏的，因此必须自觉地利用他们的工作。要取得参谋人员的帮助，必须首先帮助参谋人员的工作，向参谋人员提供必要的工作条件，特别是有关的信息情报，使他们能及时地了解直线部门的活动进展情况，从而能够提出有用的建议。一方面埋怨参谋部门不了解直线活动的复杂性，提出的建议不切实际，同时又不愿为参谋人员研究情况，获得信息提供必要的方便，这显然是直线经理们应该注意避免的态度。

知识拓展

公司内部创业

近年来许多大公司面临着优秀人才流失的困扰，他们放弃大公司中待遇优厚的职位，走向了风险投资家和其他投资者。大公司要摆脱前述危机，必须建立鼓励创新的管理体制，推进内部创业，使资源能自由地流向创业项目，并使之趋向于公司的整体战略。

公司内部创业并非新事物，在20世纪80年代，美国的一些大企业就开展内部创业。大公司允许其员工在公司范围内办小企业，开发新产品。大公司拥有制造设施、供货网络、成熟的管理技术、丰富的人力资源和市场营销方面的能力，这些为内部创业提供了良好的资源环境。内部创业使得大公司在保持规模优势的同时，具有小公司行动迅速，反应敏捷的特点。

公司内部创业通常是由一个公司内的、具有创业愿望和理想的员工发起，在组织支持下，由员工与企业共担风险，共享成果的激励形式。这种激励方式不仅可以满足员工的创业欲望，同时也能激发企业内部活力，改善内部分配机制，是一种员工和企业双赢的管理制度。

大型公司推动内部创业，主要有以下两方面的原因：第一，阻止人才流失，挖掘人才潜能；第二，合理安置老员工，保持企业的新鲜血液。例如，2000年，深圳华为公司推出了"内部创业"计划，将华为非核心业务与服务业务以内部创业方式社会化。公司在具体实施上制定了可行性措施，如规定：员工出去创办企业，华为可免费提供一批产品供员工所创公司销售，但同时，华为也规定，当员工"内部创业"的时候，如要拿到完整的与股权价值相匹配的现金，就必须接受华为的考察，其条件包括创业公司的产品与华为不构成同业竞争、没有从华为内部挖过墙角等。

公司创业要获得双赢的效果需考虑以下问题。

第一，在政策上要能够支持与鼓励创新。推动内部创业的企业在政策上要能够支持与鼓励创新行为，并向员工明确传达下述政策："只要是符合企业的发展策略，有助于实现企业的远景目标，由员工主动发起的创新活动将被容许，并且可获得资源上的支持"。企业管理层应给予其充分的决策和行动自主权，并指定高层领导与其保持联系，随时调配企业内部资源，帮助其排除创业过程中的内部阻力。

第二，采取措施减少员工对创业风险的顾虑。对于企业员工来说实施创业计划的最主要顾虑就是创业风险，在风险较大的情况下，如果企业对于创业者给予的薪酬太低，而一旦创业失败又将面临过重的惩罚，那么他们宁愿选择保守消沉，所以企业管理层在制定内部创业政策时要能够容忍创业者犯错。在制定创业员工的奖励制度时要注重红利分配与股份持有相结合，使员工真正有一种做"主人"的感觉，坚定其创业信心和决心。

公司创业需遵循以下原则。

第一，清楚陈述公司未来的远景与目标，使内部创业者从事创新活动时有一个遵循的方向，并能与公司的经营策略相结合。

第二，发掘企业内部具有创业潜力的人才，并加以鼓励支持。企业内创业家追求的不只是金钱的报酬，还包括成就感、地位、实现理想的机会、拥有自主性以及自由使用资源的权力。一般内部创业家大都具有远视力，是一个行动导向的人，有献身的精神，能为追求成功，而不计眼前的牺牲代价。但创业行为也不能只凭一股热诚，创业家必须要有创意，并能提出具体可行的方案。

第三，建立内部创业团队、寻找组织内保护人。内部创业家除了具有创意以外，也必须是一位好的领导人，能够在组织内部吸引所需要的专业人才，共同组成创业团队。同时新事业开创过程中，还需要一位具有影响力的高层支持者作为保护人，协助获得所需资源，并排除创业过程中的企业内部阻力，使创业团队能够安然度过最艰辛的创业初始期。

第四，赋予创业团队更多的自主权，但同时要求明确责任。企业对于内部创业团队的创新与创业活动，应给予很大程度的行动与决策自主，在一定额度范围内，创业团队可拥有自由支配资源的权力。但同时也要明确责任设定查核点，在未完成成果以前，创业团队必须放弃分享其他部门为企业所创造的利益。

第五，采用红利分配与内部资本的双重奖励制度来激励内部创业行为，并能容忍犯错。激励制度对于企业创新活动有极为重要的影响，一般员工对于企业奖惩的认知是，冒险创新成功的报酬太低，而失败时的惩罚太重，因此宁愿保守应对。所以重视公司内部创业的企业大都能够容忍创新时的犯错，对于创业成功的奖励，除给予升迁选择外，还设计分享成果红利，以及给予可供自由支配的内部资本作为额外的奖赏。

本章小结

组织有两个基本含义，其一名词性组织，其二动词性组织即管理的一项基本职能：组织工作，本章重点是组织工作。组织工作包括以下内容：设计和建立一套组织机构和职位系统；确立职权关系和职责范围；配备相应的人员；建立有效的信息沟通渠道；建立组织文化；根据组织内外环境的变化，进行组织变革和创新。

在组织工作中要正确处理好正式组织与非正式组织、管理幅度与管理层次、集权与分权、直线与参谋的关系。

组织有两种存在形式：正式组织和非正式组织。非正式组织对正式组织具有正反两方面的功能，一个有效的正式组织要求积极利用非正式组织的优势，努力克服和消除它的不利影响。

组织必须根据自身的特点来确定适当的管理幅度和管理层次。

集权与分权、直线与参谋的关系一直是组织工作中的重点和难点，如果处理不当就会导致组织纵向的上下级、横向部门间矛盾，影响组织目标的有效实现。

要正确处理好直线与参谋的关系必须分清职责，即直线管理人员拥有指挥直属下级的权利，参谋人员所拥有的为直线人员提供支持、协助，提出建议的权力；建立各自责任并把直线与参谋的活动结合起来，双方共同工作组成具有良好协调能力的团队。

授权是一门艺术，管理人员要根据任务预期的结果来确定目标、职责；要根据所完成的任务选择合适的人选进行授权。

案例分析

A集团的管理机构调整

南方某省A集团近几年，通过资本运作的手段，实现了公司跨越式发展，一举进入50亿规模的大型企业集团行列，在发展过程中，A集团选择了走多元化的道路，由最初的化工行业，先后成功地跨入了农业、物流两大领域，业务组合由最初的制造业，逐步涉及服务业。目前形成了化工、物流、农业和投资的"3+1"事业格局。在企业集团化运作架构逐步成型的过程中，A集团确定了"两级架构"的运作思路，即集团总部直接管控各下属公司，其中下属公司负责具体的业务运营，是集团企业最基本的运营单位。在产业整合过程中，A集团采取了较为集权的战略操作型管控模式，集团总部扮演着运营管理者和战略控制者的双重角色，形成了以集团总部为核心"3+1"事业格局的组织架构，并构建了庞大的集团总部、下属公司管理架构，其中，集团总部的组织架构如下（见图10-3）：

A集团构建了约1500人规模的两级管理机构，对于年营业收入50亿、集团职工总人数约2.5万的A集团来说，规模可谓不小。但是A集团的整体经营效率很低，全集团平均劳动生产率约20万人民币/人年，运营效率低下时刻困扰着集团高层领导，以下几方面的问题尤为突出。

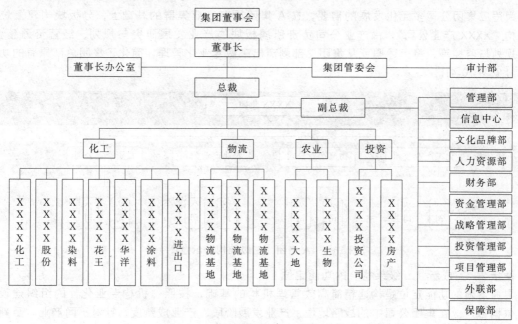

图 10-3 A 集团现有组织结构示意图

1. 组织机构臃肿，运转效率低下

A 集团在构建企业运作体系过程中，受文化与传统认知等多重因素的影响，集团高层热衷于构建完美的组织架构，期望通过完美的组织功能建设，实现完美的集团驾驭，进而采取了"大而全"的组织架构建设思路，组建了由 13 个部门构成的集团总部，并匹配大量的职能人员以期实现组织完备的功能。在 A 集团总部，动则是四五十人左右的部门配置，更甚者出现 70 人以上的"超大规模"部门。但由于体系构建盲目，系统设计粗放，"重视形式而忽视实质"，在"人到位"的背景下，A 集团并未出现"事到位"的良好局面，在"组织规模"扩大的过程中，"组织功能"并未等比例增强，反而出现了"组织规模"与"组织功能"倒挂，最终导致集团总部"身大反而力亏"，什么都想管但什么都没管好。另外，"体量庞大的总部"和"体量庞大的部门"催生了管理层级的纵向放大，在 A 集团总部和下属公司，管理层级都非常多，如：集团总部设有总裁、副总裁、总经理助理、总监、副总监、部长、副部长、助理、高级主管、主管、职能岗等，管理层级的纵向放大产生了多重的委托—代理关系，增加了指令传达、信息沟通的环节，导致管控流程加长，降低了组织运营效率，增加了部门间的协作成本。

2. 集团总部与下属公司的机构功能急需重新定位，以适应集团发展的需要

在组建之初，A 集团采取集权型的管控模式，并构建了集权型的集团总部，为实现对下属公司的有效管控，总部各部门配备了大量的人力，庞大的组织机构已经形成。如今，A 集团处于多元化发展、跨地域经营的转变过程中，集团总部与下属公司的角色转变尚未完成，体系惯性导致集团高层仍倾向于维持集权型的集团总部，但运营效率低下使高层困惑，使基层迷茫，机构功能重新定位已成为当下急需破解的系统问题。

3. 集团治理机制形同虚设，潜在经营风险巨大

集团董事会的职能发挥不完善，实际决策职能不是靠一个组织而是由董事长个人完成，在董事长之下设管委会，管委会代行了董事会部分职能，形成了董事长领导下的集体预决策和执行机制，这种情况对集团的长期、多元化、跨越式发展非常不利，存在较大决策风险。集团尚未设置监事会，现存的监督机制是设置于集团管委会之下的审计部，作为附属机构存在，地位低下，起不到风险管控的作用。近几年，A 集团发生多起集团高管和下属公司高管的违法违纪事件，但都是事后才发现，监督职能薄弱的问题已非常突出。

为了改变这种状况，A 集团实施了以下变革措施。

举措 1：构建产业公司，变"两级架构"运作为"三级架构"运作

为适应集团公司多元化发展的需要,在 A 集团原有产业集群的基础上,分板块构建上位管理机构"XXXX 产业公司",由产业公司负责所属板块的产业发展研究与规划、经营资源整合、运营规划与监控等,将上述职能从集团总部剥离出来做专业化管理,简化了集团总部原有的功能定位(见图 10-4)。

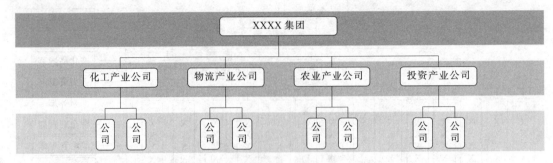

图 10-4 A 集团"三级架构"示意图

举措 2:完成新"三级架构"的功能定位

界面清晰的功能定位是构建精简高效管理机构的基础,按照"机构专业化"的组织建设思路,依据各产业在集团公司中的战略地位、产业发展阶段、产业成熟度,针对不同产业,重新规划集团总部、产业公司、下属公司的功能定位,最终确定如下(见图 10-5)。

集团总部的主体功能定位是:资产价值管理中心、投融资管理中心、战略管理中心;

产业公司的主体功能定位是:产业发展中心、运营监控中心、产业资源整合中心;

下属公司的主体功能定位是:利润中心、运营中心。

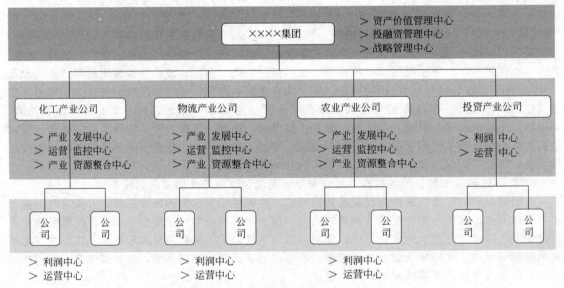

图 10-5 A 集团"三级架构"功能定位示意图

依据新的组织功能定位,未来的集团总部将扮演"出资人"的角色,对资产价值负责,对集团的投资业务负责,并以资本运作、财务规则为行事逻辑,以资产为纽带实现对各产业公司的"价值管理",而将产业经营的决策权下移,将产业管理的核心人员下移。"产业公司"依据新的组织功能定位,将扮演产业经营"当家人"的角色,指挥与协调下属公司的产业经营工作,在实务上力求实现产业经营"组织控制有效性"和"市场反应及时性"的有效统一。

举措 3:精简组织机构

根据 A 集团发展战略和"三级架构"的组织功能定位,按照"打造小机构,构建巧实力,实现集团企业高效运营"的改善基调,重新设计集团总部、产业公司、下属公司的组织机构,最终确定集团总部(见图10-6)"6部1室制"的组织机构框架;并按照机构建设标准化的思路,确定产业公司"6部制"的基本组织机构框架(各产业公司可以根据本单位的具体情况稍加调整,但必须报告集团总部批准),各下属公司可以根据本单位的具体情况稍加调整,但必须报告产业公司批准。

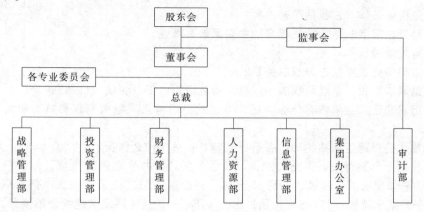

图10-6 A集团总部组织机构示意图

举措4:完善治理体系,构建强势"两会"(董事会与监事会),打造强势治理机制

A集团的治理机制,非但"监事会"无从谈起,就连董事会的功能发挥也非常不到位,其高度集中的股权结构,使A集团出现了公司大多数决策由董事长一人完成、而董事会则形同虚设的尴尬局面,另外,公司的风险监控由从属董事会、审计部来完成,其风险监控能力不言而喻。随着集团规模的扩大和多元化发展,A集团不但需要功能强大的"董事会",也需要功能强大的"监事会",如果说"董事会"是企业的"油门",那么"监事会"就是"刹车",两者对于规模庞大的企业集团的可持续发展同样重要。采取如下措施:

① 重新规划设计A集团的治理结构,明确"两会"的权威性,设计《股东大会议事规则》《董事会议事规则》《监事会议事规则》。

② 修改《企业章程》,确立"两会"的权威性,并规定集团监事会的人员构成必须包括第一大、第二大、第三大股东中的至少两人,并由持股比例较高的人出任监事长,选聘具有丰富企业管理、财务管理知识与经验的人员出任公司监事。

③ 调整审计部的职责归属,将审计监控、风险管理职能完全整合到监事会,并将审计部设置在监事会之下,作为常设机构。

④ 重新规划设计"董事会"、"监事会"、审计部的机构职能。

⑤ 完善"监事会"的财务监督手段。

A集团董事长(最大的控股股东)在经过上述治理机制和管理机构调整之后感慨道:"现在的集团总部可以轻车上路了,以前背负太重,总想'集团总部应该干什么?',结果干的事越来越多,现在该考虑'集团总部不该干什么?',只要总体效率不降,我们将按照专业化原则持续推动组织功能建设,并将秉承'最小集中化原则'持续打造精干高效之集团总部。作为董事长,以前的集团事务我一人决策的多,今后不一样了,现在第二大、第三大股东配置到监事会,不在董事会,他们的权力可要大增了!我认为董事会的决策应该是组织性的决策,应该群策群力!我想我们集团未来发展的道路应该会更加平稳。"

资料来源:李国军. 小机构驱动大组织巧实力实现高效运营. 中外企业家,2010,(8).

案例思考:

1. 从组织理论的角度来分析A集团为什么会组织机构臃肿,运转效率低下?

2. A集团原来的结构属于哪种基本组织结构形态？为什么没能发挥出其应有的优点？
3. A集团的新举措对组织的部门进行了调整，这样做有什么好处？

复习思考题

1. 什么是组织工作？它包括哪些内容？
2. 什么是管理幅度？影响管理幅度的主要因素有哪些？
3. 如何有效地授权？
4. 实践中如何处理集权与分权的关系？
5. 什么是职能职权？职能职权的出现是否违背组织内部命令统一性原则？
6. 正式组织非正式组织各有什么特征？非正式组织对正式组织有何影响？如何正确利用非正式组织？
7. 两种基本的管理组织结构形态各有什么特点？适用什么情况？
8. 刘教授到一个国有大型企业去咨询，该企业张总在办公室热情接待了刘教授，并向刘教授介绍企业的总体情况。张总讲了不到15分钟，办公室的门就开了一条缝，有人在外面叫张总出去一下。于是张总就说："对不起，我先出去一下。"10分钟后回来继续介绍情况。不到15分钟，办公室的门又开了，又有人叫张总出去一下，这回张总又去了10分钟。整个下午3小时，张总共出去了10次之多，使企业情况介绍时断时续，刘教授显得很不耐烦。这说明该公司管理中存在什么问题？
9. 某公司总经理安排其助手去洽谈一个重要的工程项目合同，结果由于助手工作中的考虑欠周全，致使合同最终被另一家公司截走。由于此合同对公司经营关系重大，董事会在讨论其中失误的责任时，存在不同说法，你认为是谁的责任？为什么？

第十一章　组织设计与组织变革

本章学习目的

- 掌握组织设计的内容及需遵循的基本原则
- 解释组织设计应考虑哪些因素
- 描述常见的组织结构形式
- 掌握如何正确利用委员会
- 定义组织变革,解释变革的力量
- 描述企业流程再造的意义

> **导入案例** ▶▶▶

华为的铁三角组织及其一线呼唤炮火的业务流程体系

随着企业的快速发展壮大,华为在全球电信市场所占的份额越来越多,客户需求愈发复杂和多样,同时伴随着全球经营以及业务增加,华为内部组织部门不断扩大,部门壁垒逐渐增厚,内部竞争加剧,这就需要企业以客户为中心来打通相关业务和部门间的流程,聚焦一线、简化管理、提高沟通效率、实现决策前移和风险可控。

面对企业发展遇到的新挑战,华为持续聚焦于以客户为中心,聘请 IBM 等世界知名咨询公司担任管理咨询顾问,全力推行全业务领域的流程变革实现精细化运作,提升组织效率,华为利用 2009 年开始的 LTC(从线索至回款)的流程变革之机,逐步完善和夯实"铁三角"运作模式,构建立体的铁三角运作体系,以支持市场的可持续发展,提升客户全生命周期体验,实现企业的高效运营以及可盈利的增长。

华为的铁三角组织及其一线呼唤炮火的变革,将支点建立在离客户最近的地方,向一线授权,在以客户为中心的思想指导之下,以客户经理、解决方案专家、交付专家组成的工作小组,形成面向客户的"铁三角"基层作战单元。基层作战单元在授权范围内,有权力直接呼唤炮火。

铁三角的核心组成成员包括 AR(Account Responsibility,客户经理/系统部部长)、SR(Solution Responsibility,产品/服务解决方案经理)、FR(Fulfill Responsibility,交付管理和订单履行经理)。

其中,AR 是相关客户/项目(群)铁三角运作、整体规划、客户平台建设、整体客户满意度、经营指标的达成、市场竞争的第一责任人。SR 是客户/项目(群)整体产品品牌和解决方案的第一责任人,从解决方案角度来帮助客户实现商业成功,对客户群解决方案的业务目标负责。FR 是客户/项目(群)整体交付与服务的第一责任人。

系统里的铁三角关系,并不是一个三权分立的制约体系,而是紧紧抱在一起生死与共、聚焦客户需求的共同作战单元。它们的目的只有一个:满足客户需求,成就客户的理想。

在一线呼唤炮火的业务流程体系中,企业后方变成系统支持力量,必须及时、有效地提供支持与服务及分析监控。

资料来源：http://www.sohu.com/a/145705912_465315，作者略有删改。

为了保证组织目标和计划的有效实现，管理者就必须设计合理的组织架构、制定运行制度，并且当环境因素发生变化时需要进行组织变革。本章主要介绍组织设计的原则、影响因素及常见的组织形式。

第一节 组 织 设 计

一、现代组织设计的内容

传统的组织设计内容单一，只包括框架设计。而现代组织设计的一个重要特点是内容全面，程序完整。从工作步骤上讲，现代组织设计的基本内容可以概括为两大方面内容。

（一）组织结构本身的设计

组织结构设计包括以下三项内容。

1. 职能设计

职能设计就是正确规定企业应具备的经营职能，以及保证经营顺利进行的管理职能。

2. 框架设计

框架设计是组织设计的主要内容，框架分为纵向结构和横向结构。纵向结构通常分为三个层次：高层是决策层、中层是管理层、基层是作业层。层次确定以后，一个层次里面分多少个部门，就是横向结构设计，即部门设计。

3. 协调方式的设计

简称协调设计，框架设计的实质是研究分工，即整个管理系统如何分工，纵向分层次，横向分部门，而有分工必然有协作，这就是协调方式的设计。

（二）运行制度的设计

通过有关的制度和条件来保证设计出来的组织结构能够正常运行。这里也包括三个主要的内容：一是管理规范设计，又称规章制度设计；二是人员设计，确定组织结构正常运行所必需的人员质量和数量；三是激励制度设计。

组织设计两个方面的有效结合才能满足企业经营战略对组织设计的基本要求。组织结构是组织运行的载体，而组织运行制度是企业实现经营目标的运行平台，因此组织设计的特点也就主要表现在运行方面，这就是为什么人们常常见到许多企业具有类似的组织结构，而在实际的企业运营中，却发挥出差异很大的组织效率。

二、组织设计的任务和程序

组织设计是执行组织职能的基础工作。

（一）组织设计的任务

组织设计的任务是提供组织机构系统图和编制职务说明书。组织机构系统图反映了一个组织横向划分的职能部门、纵向的组织层次，由此可以看出一个分工明确、责权利清晰、协作配合的组织。《职务说明书》要求能够简单而明确地指出：该管理职务的工作内容、职责与权力、与组织中其他部门和职务的关系，要求担任该职务者所必须拥有的基本素质、技术知识、工作经验、处理问题的能力等条件。

（二）组织设计的程序

为了提供上述两种组织设计的最终成果，组织设计者需完成以下几个步骤的工作。

1. 确定组织目标

任何组织都有明确的目标。因此，组织设计的第一步，就是在综合分析组织外部环境和内部条件的基础上，合理确定组织的总目标及各种具体目标。

2. 确定业务内容

根据组织的目标，确定为实现组织目标所必须进行的业务管理工作，并按其性质适当分类，明确各类活动的范围和大概工作量。如企业的研究与开发、产品设计与制造、市场开拓、顾客服务等。

3. 部门化

根据组织规模、技术特点、业务工作量的大小，确定需要设计哪些单位和部门，并把性质相同或相近的管理业务工作分归适当的部门和单位负责，形成部门化。

4. 选择组织机构设计模式

部门化的结果是形成了一个个相互独立的职能部门，如何将这些部门结合起来，明确各部门在组织机构中的地位以及它们之间的相互关系，就是组织机构设计模式的选择问题。

5. 规定职责权限

根据组织目标的要求，明确规定各单位和部门及其负责人对管理业务应负的责任以及评价工作业绩的标准。同时，也要根据业务工作的实际需要，授予各单位和部门及其负责人相应的权力。

6. 达成协作

明确规定各单位、各部门之间的相互关系，以及它们之间的信息沟通和相互协调方面的原则和方法，把各个组织实体上下左右连接起来，形成一个能够协调运作、有效地实现组织目标的管理组织系统。

7. 配备人员

根据各单位和部门所分管的业务工作和对人员素质的要求，挑选和配备称职的人员及其行政负责人，并明确其职务和职称。

三、组织设计的基本原则

组织设计的原则尽管体现为动态性，但还是存在着较为一般性的基本原则。这些基本原则，为企业设计既有效率又有效果的组织起到了强有力的指导作用。当然，任何原则性的条文，在发挥正向作用的同时，也不可避免地产生着负向作用。所以，在具体运用这些原则指导组织设计时，既要注意坚持，又要注意超越。一般来讲，组织设计主要应遵循以下几项原则。

（一）分工协作相结合原则

在实现组织目标的过程中，必然要划分许多活动和职能，为使管理工作有成效，就必须进行专业化分工和协作。

适当的专业化分工是组织机构设计中应遵循的基本原则。分工时要做到明晰。分工明晰，是指人员明白了解自己所承担工作的责任、权利以及由此带来多少利益。分工明晰，员工就可依据明晰的责权利关系来从事企业中程序化的工作，而不必处于盲目状态，事事都要请示。用经济学语言讲，分工明晰原则的制定和运作，有助于降低交易成本，提高组织效率。

有分工就必须有协作，要明确部门间和部门内的协作关系和配合方法。

（二）目标一致性原则

这一原则要求组织机构设计必须有利于企业目标的实现。任何一个企业成立，都有其宗旨和目标，因而，企业中的每一部分都应该与既定的宗旨和目标相关联。否则，就没有存在的意义。同时，每一机构根据总目标制定本部门的分目标，而这些分目标又成为该机构向其下属机构进行细分的基础。这样目标被层层分解，机构层层建立，直至每一个人都了解自己在总目标的实现中应完成的任务。这样建立起来的组织机构才是一个有机整体，为总目标的实现提供了保证。

（三）统一领导原则

统一领导是现代化大生产的客观要求，是指任何下级只能接受一个上级的领导，不得受到一个以上的上级的直接指挥。具体包括3个方面：上级不得越过直属下级进行指挥（但可越级检查工作）；下级也不得越过直属上级接受更高一级的指令（但可越级反映情况）；职能管理部门只能是直线指挥主管的参谋和助手，有权提出建议，提供信息，但无权向该级直线指挥系统的下属发号施令。

统一领导、统一命令是组织工作的一条重要原则，甚至是一项基本原则。组织内部的分工越细、越深入，统一领导原则对于保证组织目标实现的作用越重要。只有实行这条原则，才能防止政出多门，遇事相互扯皮、推诿，才能保证有效地统一和协调各方面的力量、各单位的活动。统一领导的优点在相对简单的组织结构中尤为明显，它可以使政策和行为一致，下属员工任务明确，责任清晰，减少信息传递失误造成的损失，有利于管理人员的控制。

（四）因事设职与人职相结合的原则

因事设职是使目标活动的每项内容都落实到具体的岗位和部门，使"事事有人做"，而非"人人有事做"。因此，组织设计中，首先要求考虑工作特点的需要，要求因事设职，因职用人。但这并不意味着组织设计中可以忽视人的因素，忽视人的特点和人的能力。组织设计过程中，必须重视人的因素。

人职结合原则其实是指人与职结合应遵循的原则。具体来说要尽可能地让职位的设置有利于人的满足和发展，同时，也要尽可能地让人的操作有利于职位的完善和组织的优化。

（五）责权利对等原则

责权是指职责和职权，利是指利益。

职权是指管理职位所具有的发布指令和希望指令得到执行的一种权力。每个管理职位都具有某种特定的、内存的权力。

职责是指对应职权应承担的相应责任。职责可分为执行职责与最终职责两类。执行职责是指管理人员下授的与所授职权相等的职责。执行职责是可以下放的，这一职责还有可能继续下授，但是管理者应对他所授予执行职责的下属人员的行为负最终责任，这就是最终职责。最终职责不可以下放。

利是指利益，是指完成相应职责后应获得的利益。

责权利对等原则，是指一定的职权应当与一定的职责及利益相一致，职权大于职责会导致滥用职权，而不或很少考虑职权运作绩效；职权小于职责会使员工无法开展工作，导致指挥失灵而难于发挥作用；只有职责而没有相应的利益，也会影响员工积极性的发挥。另外应注意的是在应用责权利对等原则时，应首先考虑的是完成职责。

（六）稳定性与适应性相结合原则

这一原则要求企业组织机构既要有相对的稳定性不能频繁变动，但又要随外部环境及自身需要作相应调整。一般来讲，一个企业有效活动的进行能维持一种相对稳定状态，企业成员对各自的职责和任务越熟悉，工作效率就越高。组织机构的经常变动会打破企业相对均衡的运动状态，接受和适应新的组织机构会影响工作效率，故企业组织机构应保持相对稳定。但是，任何企业都是动态、开放的系统，不但自身是在不断运动变化，而且外界环境也是在变化的，当相对僵化、低效率的组织机构已无法适应外部的变化甚至危及企业的生存时，组织机构的调整和变革不可避免，只有调整和变革，企业才会重新充满活力，提高效率。

同时组织设计中还应遵循管理幅度原则、集权与分权相结合的原则、协作原则，这在上一章内容中已涉及。

四、影响组织机构设计的四大要素

战略是影响组织设计的一个重要因素。然而最终的组织设计是多个权变因素共同作用的结果，组织是重视效率和控制、还是重视学习和灵活性，决定于战略、环境、规模与生命周期、技术以及组织文化等多方面的因素。组织设计必须适应这些权变因素。

（一）战略

组织结构是实现组织目标的手段，而目标产生于组织的总体战略。因此，组织结构与组织的总体战略是紧密联系在一起的，结构要服从于战略。如果最高管理层对组织的战略作出重大调整，那么就必须修改组织结构，以此来适应和支持战略的变革。划分企业的战略类型有多种，现就其中两种划分法来分析。

一般来说，企业通常起始于单一产品的生产，单一产品战略只要求一种简单、松散的结构形式来配合。这时决策可以集中在一个高层管理人员手中，组织的复杂化和正规化程度很低，企业可采用简单的组织结构。但当企业进一步成长以后，很可能进入多样化战略，这就要求组织结构进行调整来达到上述的要求。由此可见，随着企业战略从单一产品向多样化经营的转变，组织结构将发生变化。

另一方面根据迈克尔·E.波特提出的两种基本战略是成本领先战略和差异化战略，在差异化战略下，企业致力于创新、差异化和灵活性，在成本领先战略下，企业致力于成本、效率和稳定性，两种不同的战略要求不同的组织结构与之相适应。追求差异化战略的组织要以差异化、创新和灵活性求生存，因此有机式组织能更好地适应这一战略；相反，成本领先战略寻求成本领先、稳定性和效率性，因此它需要一种机械式的组织与它相配。

（二）规模

组织的规模对其结构具有明显的影响作用。大规模的组织要比规模小的组织更趋向于高程度的专业化和横向及纵向的分化，规则条例也更多。

就企业规模与组织设计而言，企业本身的阶段性发展与组织设计具有相关性。美国学者托马斯·卡农提出了企业组织发展五阶段的理论，认为企业的发展过程要经历"创业、职能发展、分权、参谋激增、再集权阶段"，这指出了发展的阶段不同，与之适应的组织结构也应有别。

1. 创业阶段

决策主要由创业者个人做出，组织结构相当不正规，对协调只有最低程度的要求，组织内部的信息沟通主要建立在非正式的基础上。

2. 职能发展阶段

这时决策越来越多地由其他管理者做出，最高管理者亲自决策的数量越来越少，组织机构建立在职能专业化的基础上，各职能间的协调需要增加，信息沟通变得更重要，也更困难。

3. 分权阶段

组织采用分权的方法来对付职能结构引起的各种问题，组织结构以产品或地区事业部为基础来建立，目的是在企业内部建立"小企业"，使后者按创业阶段的特点来管理。

4. 参谋激增阶段

为了加强对各"小企业"的控制，大企业一级的行政主管增加了许多参谋助手。而参谋的增加又会导致参谋职能与直线职能的矛盾，影响组织中的指挥统一。

5. 再集权阶段

分权与参谋激增阶段所产生的问题可能诱使高层主管再度集中决策权力。同时，信息处理的计算机化也使再集权成为可能。

（三）技术

技术包括组织将投入转变成产出所使用的知识、技术、技巧和活动。技术不仅影响组织活动的效果和效率，而且会作用于组织活动的内容划分、职务的设置和业务人员的素质要求，如信息处理的计算机化必将改变组织中的会计、文书、档案等部门的操作形式和性质。

（四）环境

任何组织作为社会的一个单位，都存在于一定的环境中。组织外部的环境必然对内部的结构形式产生一定程度的影响。当组织环境比较稳定时，与之相对应的设计为传统的机械式组织；当组织环境处于迅速变化时，机械式组织不适合对快速变化的环境作出反应，与之相对应的要一种弹性的结构即有机式组织。另外人文环境对组织设计的重要性也日益显示出来。

如今社会处于互联网经济时代，资源、能力在全球范围内实现了极大的互联、互通和共享，产业的边界越来越模糊、竞争环境变化越来越快。因此，以互联网为手段开始重构满足人类生活方式方法的新时代已悄然开启。互联网企业已从单纯的信息服务、交易服务、社交服务等，迅速涉及餐饮、旅游、家居、能源、金融等几乎所有传统行业。

在互联网时代,组织的稳态属性相对于个体来说是有冲突的,如今个体的能力发生了改变,以前个体离开组织做不了或做不成什么事情,现在的人离开组织仍然可以做事,因为可以通过互联网或相应平台做就可以了,互联网把机会变得更多,给人们更大的可能。互联网让个体能力、需求及价值观发生改变,使得个体与组织的依赖关系变得完全不同,互联网让普通人可以变成有用的人,变成可以创造价值的人,这是传统企业真正需要面对的冲击之一。

五、组建部门(部门化)

组织设计的实质是通过对管理劳动的分工,将不同的管理人员安排在不同的管理岗位和部门中,通过他们在特定环境、特定相互关系中的管理作业来使整个管理系统有机地运转起来。管理劳动的分工,包括横向和纵向两个方面。

横向的分工,是根据不同的标准,将管理劳动分解成不同岗位和部门的任务,横向分工的结果是部门的设置或"组织的部门化"。

纵向分工,是根据管理幅度的限制,确定管理系统的层次,并根据管理层次在管理系统中的位置规定管理人员的职责和权限,纵向分工的结果,是责任分配基础上的管理决策权限的相对集中或分散。

本小节主要讨论组织的横向分工即部门化问题。部门化的任务是将整个管理系统分解,并再分解成若干个相互依存的基本管理单位,它是在管理劳动横向分工的基础上进行的。分工的标准不同,所形成的管理部门以及各部门之间的相互关系也不同。组织横向设计中经常运用的部门划分的标准是按职能、产品、顾客以及地区划分部门。

(一)围绕职能组建部门(职能部门化)

围绕职能组建部门是一种传统的、普遍的组织形式。职能部门化是根据业务活动的相似性来设立管理部门。如制造性行业按生产、销售、财务和人事等业务职能建立部门。服务性行业也经常围绕业务职能建立部门。例如,旅行社围绕查寻航班表、预订酒店和城市观光等职能设立部门。银行按照营业、监控和信贷等业务职能设立部门。学校按照学术研究事务、教学事务及学生事务等业务职能设立部门。图11-1是一个典型的职能部门化的组织结构系统图。

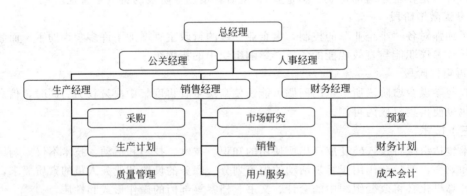

图 11-1　职能部门化组织结构系统图

1. 职能部门化的组织结构优势

围绕职能组织部门有多项优势,如下。

(1)结构简单直观,合乎逻辑。使围绕企业必须从事的基本职能设立部门变得切实可行。

(2)可以带来专业化分工的种种好处。职能型组织通常设立一些单独部门,如销售、生产和财务,以便为整个公司的产品服务,雇员在重复同样的工作中会变得越来越熟练,于是职能型组织因此经常与专业化、效率联系在一起。

(3)每个职能部门经理的职责更加专业化,会使企业的招募和培训工作变得简单易行。例如,一个经理也许专注于财务或生产领域,企业也因此需要较少的通才型管理者。

(4) 总经理易于对部门经理的工作进行控制。职能部门的经理倾向于只接受公司中部分重要信息,即他们只关心与自身专业化职能有关的信息,这使得总经理易于对部门经理的工作进行控制。

(5) 各部门只负责一种类型的业务活动,有利于工作人员的培训、相互交流和技术水平的提高。

2. 职能部门化的组织结构可能存在的劣势

(1) 对整个企业业绩负责的重任压在总经理一个人肩上。他是唯一关注各职能部门协调合作的人,每个职能部门都是为公司提供的产品或者服务而进行工作,它们只是公司所提供产品或服务的一个组成元素。当公司很小或产品种类很少时,这种方式不会成为突出的问题。但是当公司规模庞大或产品种类多样化后,对总经理来讲任务实在是太繁重了,企业也因此降低了反应速度。

(2) 容易产生专才型管理者,使培养经验丰富、负责全面管理工作的通用型人才增加了难度。

(3) 可能使各部门之间的活动不协调,影响组织整体目标的实现。由于活动和业务的性质不同,各职能部门可能只注重依据自己的准则来行动,因此可能使本来相互依存的部门之间的活动不协调,影响组织整体目标的实现。

(4) 不利于指导企业产品结构的调整。由于各种产品的原料采购、生产制造、产品销售都集中在相同的部门进行,各种产品给企业带来的贡献不易区别,因此不利于指导企业产品结构的调整。

(二)围绕产品、顾客组建部门

围绕产品、顾客组建部门是指依照公司的不同的产品或服务类别,或是依照顾客的类别而创建部门。

随着企业规模的扩大和品种、顾客的多样化,把制造工艺不同和用户特点不同的产品集中在同一生产或销售部门管理,会给部门主管带来日益增多的困难。因此如果主要产品的数量足够大,这些不同产品的用户或潜在用户足够多,那么组织的最高管理层除了保留公关、财务、人事这些必要的职能外,就应该考虑根据产品、顾客来设立管理部门、划分管理单位。图 11-2 是一个典型的产品部门化的组织结构图。

1. 产品部门化的优势

(1) 能使企业将多样化经营和专业化经营结合起来。整个企业向社会提供多种产品,而每一个部门只专门生产一种产品。因此,既可使企业因多样化经营减少市场风险,提高经营的稳定性,又可使企业的各部门因专业化经营而提高生产率,降低劳动成本。

(2) 有利于企业及时调整生产方向。按产品设立管理部门要比按职能设立部门更容易区分和摊派各种产品的收益与成本,从而更易考察和比较不同产品对企业的贡献,因此有利于

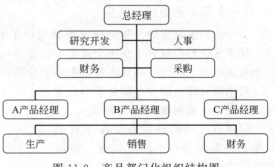

图 11-2 产品部门化组织结构图

企业及时限制、淘汰或扩大和发展某种产品的生产,使整个企业的产品结构更加合理。

(3) 有利于促进企业的内部竞争。由于各个产品部门对企业的贡献容易辨认,因此可能导致部门间的竞争。如加以正确引导,部门间的竞争则可以促进不同的产品部竞相改善本单位工作,从而有利于促进企业的成长。

(4) 有利于高层管理人才的培养。每个部门的经理都需独当一面,完成同一产品制造的各种职能活动,这类似于对一个完整企业的管理。因此,企业可以利用产品部来作为培养有前途的高

层管理人才的基地。

2. 产品部门化的局限性

（1）需要较多的具有像总经理那样能力的人去管理各个产品部。

（2）各个部门的主管也可能过分强调本单位利益，从而影响企业的统一指挥。

（3）各产品部某些职能管理机构与企业总部重叠会导致管理费用的增加，从而提高了待摊成本，影响企业竞争。

从职能部门化到产品部门化可能要经历一个发展过程。当企业规模还不足够大、各种产品的产量和社会需求量还不足够多的时候，组织中可能采取的变通方法是：职能部门内部，不同的工作人员按产品的类别划分工作任务，然后随着产品需求量和生产量的发展再采取产品部门化的形式。

（三）区域部门化

区域部门化是根据地理因素来设立管理部门，把不同地区的经营业务和职责划分给不同部门的经理。根据地理位置的不同设置管理部门，使不同区域的生产、经营单位成为相对自主的管理实体，可以更好地针对各地区劳动者和消费者的行为特点来组织生产和经营活动。在国际范围内从事经营业务的跨国公司尤其如此，它们不仅使分散在世界各地的附属公司成为独立的实体，而且对公司总部协调国际经营的高级管理人员的业务划分，也是根据区域标准来进行的。图11-3是典型的区域部门化组织结构图。

按区域划分管理部门的优点和弊端类似于产品部门化。

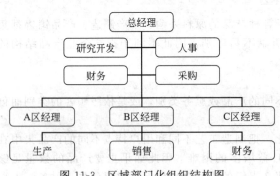

图11-3 区域部门化组织结构图

六、一般组织结构的设计

组织结构是一个组织的载体和支撑。一个组织要能够高效率地正常运转，必须有一个分工明确、责权利清晰，而且能协作配合的组织结构。

企业组织结构的类型是多种多样的，基本的有直线制、职能制、直线职能制、事业部制、矩阵制组织结构。较新型的组织结构有网络结构、集团控股型等。

（一）简单的直线制结构

一个由白手起家的民营企业家经营的电子公司、一家小型零售店，它们的特点就是低复杂性、低正规化和职权集中在一个人手中。它是一种"扁平"结构，通常只有两三个纵向层次，有一个松散的员工队伍，并且决策权集中于管理者自己手中。

简单的直线结构在小型企业中最常见，在这种组织中，经营者与所有者为同一个人。这种组织设计的一个范例如图11-4所示。

简单直线结构的优势就在于它的简单。它简便易行、反应敏捷、费用低廉、责任明确。其主要弱点一方面是风险大，一切都取决于一个人，事实上，企业家的一次心脏病发作就足以破坏整个组织的信息与决策中心；另外这种形式只适用于小型组织。

随着组织规模的扩大，这种组织形式由于正规化程度低，高度集权使它难以适应组织的扩展需要。

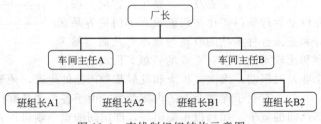

图11-4 直线制组织结构示意图

（二）职能制组织结构

职能制组织结构的特点是：通过职务专门化，制定非常正规的制度和规则；以职能部门划分工作任务。图 11-5 是职能制组织结构示意图。

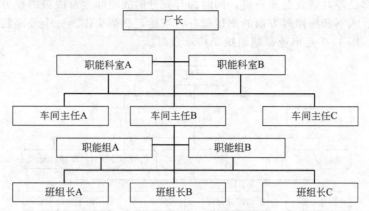

图 11-5 职能制组织结构示意图

职能型组织的主要优势在于：将同类专家配置在同一个职能部门，有利于发挥专业人才的作用，由此获得专业化的优势；可以弥补各级行政领导管理能力的不足；这种结构形式对中低层的管理人员要求较低，因此可以节约成本。

职能型结构的明显缺陷是：容易形成多头领导，削弱统一领导的原则；职能部门常常会因为追求职能目标而看不到全局的最佳利益，没有一项职能对最终结果负全部责任；由于不同职能间利益、视野和相互隔离，各自强调自己的重要性，导致各职能部门之间不断发生冲突；由于职能专门化，职能部门经理们看到的只是整个组织的一个狭窄的局部，它不能给管理者带来关于整个组织活动的广阔视野，不利于培养未来的高层经理。

（三）直线—职能制组织结构

直线—职能制组织结构也叫直线参谋制。它是在直线制和职能制的基础上，取长补短，吸取这两种形式的优点而建立起来的。目前，我国绝大多数中小型企业都采用这种组织结构形式。这种组织结构形式是把企业管理机构和人员分为两类，一类是直线领导机构和人员，按命令统一原则对下级组织行使指挥权；另一类是职能机构和人员，按专业化原则从事组织的各项职能管理工作。直线领导机构和人员在自己的职责范围内有一定的决定权和对所属下级的指挥权，并对自己部门的工作负全部责任。而职能机构和人员，则是直线指挥人员的参谋，不能对下属部门发号施令，只能进行业务指导。

直线—职能制组织结构优点：既保证了集中统一指挥，又能发挥各类专业人才的作用。

直线—职能制组织结构缺点：各职能单位自成体系，不重视信息的横向沟通；若授予职能部门过大权力，易干扰直线指挥命令系统；行政管理机构庞大，各部门之间的协调困难，造成体制僵化，管理成本上升。图 11-6 是直线—职能制组织结构示意图。

（四）事业部制组织结构

事业部制结构最早起源于美国的通用汽车公司。20 世纪 20 年代初，通用汽车公司合并收买了许多小

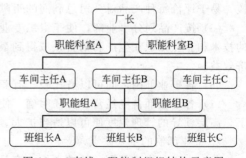

图 11-6 直线—职能制组织结构示意图

公司，企业规模急剧扩大，产品种类和经营项目增多，而内部管理却很难理顺。当时担任通用汽车公司常务副总经理的 P. 斯隆参考杜邦化学公司的经验，以事业部制的形式于 1924 年完成了对原有组织的改组，使通用汽车公司的整顿和发展获得了很大的成功，成为实行事业部制的典型，

因而事业部制又称"斯隆模型"。

事业部制组织结构形式是一个公司按地区或按产品类别分成若干个分事业部，其基本特点是："集中决策，分散经营"，是一种高度集权下的分权管理体制。每个分事业部单独核算，独立经营，各分事业部经理对绩效全面负责，同时拥有充分的战略和运营决策的权力，公司总部对各事业部提供财务、人事和法律等方面的支援服务，当然，总部也作为一个外部监管者，协调和控制事业部的活动。图11-7是事业部制组织结构示意图。

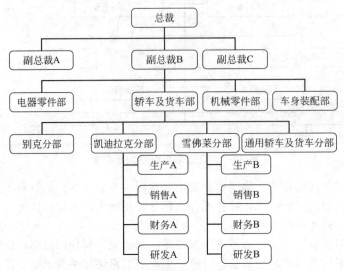

图11-7 事业部制组织结构示意图

1. 事业部制的主要优点

（1）每个事业部都有自己的产品和市场。因此能够规划其未来发展，也能灵活自主地适应市场出现的新情况迅速作出反应，所以，这种组织结构既有高度的稳定性，又有良好的适应性。

（2）有利于最高领导层摆脱日常行政事务和直接管理具体经营工作的繁杂事务。由于事业部采用分权的方式，这样能使各事业部发挥经营管理的积极性和创造性，从而提高企业的整体效益。

（3）有利于培养全面管理人才。事业部经理虽然只是负责领导一个比所属企业小得多的单位，但是由于事业部自成系统，独立经营，相当于一个完整的企业，所以他能经受企业高层管理者面临的各种考验。显然这有利于培养全面管理人才，为企业的未来发展储备干部。

（4）事业部作为利润中心，既便于建立衡量事业部及其经理工作效率的标准，进行严格的考核，易于评价每种产品对公司总利润的贡献大小，用以指导企业发展的战略决策。

（5）按产品划分事业部，便于组织专业化生产，形成经济规模。采用专用设备，并能使个人的技术和专业知识在生产和销售领域得到最大限度的发挥，因而有利于提高劳动生产率和企业经济效益。

（6）各事业部门之间可以有比较、有竞争。由此而增强企业活力，促进企业的全面发展。

（7）各事业部自主经营，责任明确，使得目标管理和自我控制能有效地进行。在这样的条件下，高层领导的管理幅度便可以适当扩大。

2. 事业部制的主要缺点

（1）由于各事业部利益的独立性，容易滋长本位主义。

（2）一定程度上增加了费用开支。

（3）对公司总部的管理工作要求较高，否则容易发生失控。

从企业管理实践看，事业部制结构主要适用于产业多元化、品种多样化、各有独立的市场，而且市场环境变化较快的大型企业。

(五)矩阵制组织结构

在大学、广告公司、管理咨询公司、娱乐服务公司、建筑公司、研究开发实验室都可以见到矩阵结构组织形式的存在。实质上,矩阵结构是对职能部门化和产品部门化的融合,是专业化和对产出结果的责任感的优势结合。

这是一种由纵横两套系统交叉形成的复合结构组织,纵向是职能系统,横向是为完成某项专门任务(如新产品开发)而组成的项目系统。项目系统没有固定的工作人员,而是随着任务的进度,根据工作需要,从各职能部门抽人参加,这些人员完成与自己有关的工作后,仍回到原来的职能部门。

矩阵型结构最明显的特点是突破了统一指挥的框框,创造了双重指挥链,这明显是对古典的统一指挥原则的违背。矩阵结构组织中的员工有两个上司——职能部门经理和产品项目经理,一名管理人员既与原职能部门保持组织业务上的联系,又参加项目小组的工作,职能部门是固定的组织,项目小组是临时组织,项目任务完成之后就解散了,其成员回原职能部门工作。图11-8是矩阵式组织结构示意图。

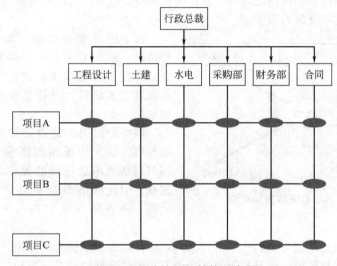

图11-8　矩阵式组织结构示意图

1. 矩阵制的优点

矩阵制具有很大的弹性和适应性,可以根据工作的需要,集中组织各种专门知识和技能的人,短期内迅速完成重要的任务,由于在项目小组中集中了各种人才,便于知识和意见的交流,能促进新的观点和设想的产生。

2. 矩阵制的缺点

矩阵制的缺点是项目组作为临时性的组织,容易使人员产生短期行为;小组成员的双重领导问题会造成工作中的矛盾,会带来混乱,使组织滋生争权夺利的倾向,并给员工带来较大的压力。统一指挥性消除后,模糊性就大大增强,这样就容易导致冲突。例如,谁向谁汇报工作常常不清楚,项目经理经常为得到出色的人才而展开争斗;职能部门主管和产品部门主管之间为夺取权力而钩心斗角,这种模糊性的工作环境,对渴望安全感的员工会产生很大的压力。

矩阵式组织的特点决定了它主要适用于那些工作内容变动频繁,每项工作的完成需要众多技术知识的组织,或者作为一般组织中安排临时性工作任务的补充结构形式。

(六)网络型组织结构

网络型组织结构或称虚拟组织结构是目前正在流行的一种新形式的组织设计,网络型组织结构产生的本质在于现代信息科学技术高度发达,Internet技术的广泛扩展和利用,使得企业与外界的联系极大增强,企业的经营地理范围不再局限于一个国家、一个地区,而是通过互联网与世界相连,世界成为名副其实的"地球村"。正是基于这一条件,企业可以重新审视自身机构的边界,不断缩小内部生产经营活动的范围,相应地扩大与外部单位之间的分工协作。这就产生了一种基于契约关系的新型组织结构形式,即网络型组织结构。

网络型组织结构是一种只有很小的精干的中心机构,以契约关系的建立和维持为基础,依靠外部机构进行制造、销售或其他重要业务经营活动的组织结构形式。被联结在这一结构中的各经营单位之间并没有正式的资本所有关系和行政隶属关系,只是通过相对松散的契约(正式的协议契约书)纽带,透过一种互惠互利、相互协作、相互信任和支持的机制来进行密切的合作。网络型组织结构可以利用社会上现有的资源使自己快速发展壮大,目前已成为国际上流行的一种组织结构。例如卡西欧是世界有名的制作手表和袖珍计算器的公司,却一直只是从事设计、装配和营销活动,在生产设施和销售渠道方面投资很少,同时该公司一直依靠微软公司提供软件,英特尔公司提供机芯。

图 11-9 就是一个典型的网络型组织结构示意图。在网络型组织结构中,组织的大部分职能从组织外"购买",公司的管理机构就只是一个精干的经理小组,负责监管公司内部开展的活动,同时协调和控制与外部协作机构之间的关系。因此网络型组织结构的管理者将大部分时间都花在创建、协调和控制这些外部关系上。

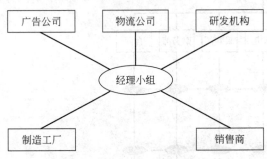

图 11-9 网络型组织结构示意图

由于网络型企业的大部分活动都是外包、外协的,实现了企业在全世界范围内的资源整合,降低了管理成本,提高效益,也使组织具有高度的灵活性,并使组织集中精力做它们最擅长的业务。

网络型组织的缺点是公司对各承包商的控制有限,缺乏传统组织所具备的紧密控制力,同时网络组织所进行的设计上的创新很容易被窃取。因此网络型企业对管理者的要求更高,处理、协调好各承包商的关系是组织成功的关键。

网络型组织结构是小型企业的一个可行选择,也可以为大型企业所采用。但网络型组织结构并不是对所有的企业都适用,玩具和服装制造企业比较适合网络型组织结构。它们需要相当大的灵活性,以对时尚的变化做出迅速反应。网络组织也适合于那些制造活动需要低廉劳动力的公司。

(七) 集团控股型组织结构

集团控股型组织结构,是一些大公司超越企业内部边界的范围在非相关领域开展多种经营所常用的一种组织结构形式。集团对各业务经营单位不进行直接管理和控制,只在资本参与的基础上进行持股控制和具有产权管理关系的结构形式。

集团控股型组织结构,通过企业之间控股、参股,形成由母公司、子公司和关联公司的企业集团。各个分部具有独立的法人资格,是总部下属的子公司,也是公司分权的一种组织形式。图 11-10 为集团控股型组织结构示意图。

母公司(或称集团公司)为集团核心企业。被母公司控制和影响的绝对和相对控股的企业为子公司,是集团紧密层。一般参股企业为关联公司,它是集团半紧密层。

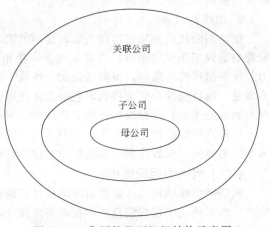

图 11-10 集团控股型组织结构示意图

在集团控股型组织结构中，母公司与它所持股份的企业之间不是上下级的行政管理关系，而是出资人对被持股企业的产权管理关系，母公司凭借持股权向子公司派遣产权代表和董事、监事，通过在股东会、董事会、监事会中发挥积极作用来影响子公司经营决策。

集团控股型组织结构的优点是：总公司对子公司具有有限的责任，风险得到控制。大大增加企业之间联合和参与竞争的实力。而其缺点是：战略协调、控制、监督困难，资源配置也较难。

以上介绍了几种常见的组织结构形式。应当说，单纯从各种形式的本身来看，并无先天的优劣之分。关键问题是管理者要根据自身情况和企业环境选择适用于本企业的组织形式。

第二节 委 员 会

一、委员会的含义

委员会是组织结构中的一种特殊类型，是指由集体来进行讨论、提出建议、做出决策的一种组织形式。1921年杜邦公司设立高层管理委员会以来，委员会组织得到了广泛的运用和发展。比如，董事会就是一种委员会组织。公司里的委员会组织，是一个由集体来进行讨论，提出建议，作出决策的组织形式。委员会组织的最大特点是集体活动。

根据委员会组织的工作任务的不同，公司可以设立各种各样的委员会组织。有的承担管理职能，有的不承担管理职能；有的需要决策问题，有的仅仅是讨论问题；有的是直线式的，有的是参谋式的；有的是正式的，有的是非正式的；有的是常设的，有的是临时的委员会组织。

公司设立委员会组织是作为公司经营管理的一种手段。委员会组织的根本目的是实现公司的经营管理目标，但每个具体的委员会组织都有其具体的目的。有的是为了获得集体讨论、集体判断、利用众人智慧的好处而设立；有的是为了反映和满足不同利益集团的要求而设立；有的是作为限制和制约某些个人权限过大的手段而设立；有的是为了协调计划及其执行情况而设立；有的是作为信息沟通的组织而设立等。

二、委员会的优点

委员会管理是民主管理的体现，具有鲜明的优越性，具体表现在以下几方面。

（一）集思广益

利用委员会的最重要的理由，是为了取得集思广益的好处。委员会由一组人组成，其知识、经验与判断力均比个人强。因此通过集体讨论、集体判断可以避免仅凭主管人员个人的知识和经验所造成的错误。

（二）协调作用

协调的方式有很多，委员会也是一种协调的方式。委员会一般要定期开会，委员们必须面对面接触，从而使他们可以交换信息，这不但能节省时间而且也加强了相互间的了解。因此委员会可以完成协调的职能。

（三）避免权力过于集中

委员会内部的权力制约适当地克服了职权过于集中于某个人的弊病。委员会作出的决策一般都是对组织有举足轻重影响的重大决策，通过委员会作出决策，一方面可得到集体判断的好处；另一方面也可避免个人的独断专行、以权谋私等弊端，委员之间有着互相制约的作用。

（四）激发主管人员的积极性

委员会可使下级主管人员和组织成员有可能参与决策与计划的制定过程。这样可以激发和调动下级人员的积极性，以更大的热情去接受和执行这些决策或计划。通过委员会，下级人员能够了解到其他主管人员及其整个组织所面临的问题，从而对整个组织活动有更多的了解。同时，还能有机会学习上层主观人员的管理经验。另外，上层主管人员也可以在委员会中考评下级人员的能力，以作为将来选拔的依据。

三、委员会组织的缺点

当然，如果委员会运用不当也会出现一些缺点，如果不对这些缺点有足够的认识，就很难有效地利用委员会这一组织。下面列举的就是有关委员会这一组织的缺点。

（一）做出决定往往需要很多的时间

一般来说，集体决策总比个人决策花费更长的时间，因而行动迟缓、效率低。委员会是一个论坛，所有委员都要发表自己的意见，这就需要花费更长的时间。委员们的发言往往并不是简明扼要的，特别是当委员会的讨论过于全面或离题太远，以及难以取得一致意见时，常常导致还没有采取行动就休会。

（二）导致问题的妥协解决

委员会的决策往往是折衷的结果。有时因为对其他委员的尊敬或是对他的畏惧而不敢坚持自己的正确意见，只好顺从别人的看法。有时因为委员们争执不下，只得放弃最好的解决方案，勉强通过一个不好不坏的中等水平的方案。

（三）责任难以明确

在委员会组织内，因为是集体决定的事情，不是某个委员负责决定的事，所以，往往不像个人决定那样认真负责。对于集体决定中的失误，也无法追查委员个人的责任，容易出现大家都负责，而又都不负责的现象。

四、如何正确发挥委员会组织的作用

正是由于委员会组织本身既有优点又有缺点，所以，问题不在于公司要不要设立委员会组织，而在于如何正确发挥委员会组织的作用。要想成功地运用委员会，发挥其长处，遏制其缺陷，那么，在运用委员会的过程中，必须注意下列问题。

（一）明确规定委员会的职权和范围

委员会的权限究竟是决策还是提供建议供直线主管参考，应该明确加以规定。公司的每个委员会组织，都要依据其具体目的来详细规定该委员会的权限及其职责范围，包括使每个委员都知道集体讨论的中心议题的准确范围，以免讨论时超出这一范围，造成各种浪费。

如果详细规定了各个委员会组织及其成员的权限和职责范围，就可以有效地衡量该委员会组织及其成员是否尽到了责任。在规定委员会组织的权限时，应当注意防止剥夺直线组织的权限，不要用委员会组织成员的集体权力去代替直线人员决定问题的权力。

（二）规模要适当

一般说来，委员会要有足够的规模以便集思广益，但是又不能过大，以免开会时浪费时间和助长优柔寡断。

委员会组织的规模究竟多大才是合理的，这不是由人们主观随意决定的，而是有着客观的依据。公司应当根据实际需要和可能条件来确定委员会组织的规模。如果因为某些人际关系而随意扩大委员会组织的规模，最终必定会给委员会组织带来不幸的后果。

在正常情况下，公司的小型委员会组织以5～6人为宜，大型委员会以15人左右较合适。当然这也不能一概而论笼统确定，而是通过分析具体情况来确定每一个委员会组织的具体规模。

（三）选择委员会成员

把符合条件的人选入委员会，担任委员会的工作，是使委员会组织成功的一个基本因素。委员会的成员应包括哪些人，这一问题与委员会目的的性质有密切的关系。要尽可能地选择具有与目的相等的专业人员作为委员会成员，同时，还要求其成员具有一定的集思广益的才能，成员的组织级别一般要相近，这样在委员会中才能真正做到广开言路，作出正确的结论。

每个委员都必须有足够的时间和充沛的精力参加委员会组织的工作。不宜由同一个人参加若干个委员会组织，不能用照顾关系或本人情绪而把没有才能的人塞进委员会组织，不要设置挂名的或名不符实的委员资格。

（四）主席的挑选

虽然委员会组织实行的是集体决策原则，但委员会主席对整个委员会组织的工作效果有着重要的作用。担任委员会主席的人必须慎重选择，因为他肩负着委员会能否有效地发挥作用的任务，一个好的会议主席，可以使委员会避免很多的浪费和缺点。这就要求委员会主席至少要做到：先计划好会议的内容；安排好会议的议事日程；检查提前向委员提供的研究材料；有效的主持会议，使委员会的讨论合成一体，从而做出正确的决议等。

对委员会主席的挑选，必须服从于完成委员会组织的任务。委员会主席要熟练地了解并把握委员会组织的优点与缺点，能够充分发挥每个委员的作用，善于启发委员们的辩论又能果断地结束这种辩论，不把个人观点强加于人但又不迁就狭隘的观点，使会议开得生动活泼但又不走题，并能够就实质性问题作出决定。

（五）选择议题

公司的工作是多种多样的，但并非一切工作都要通过委员会组织，有些问题必须交由委员会组织决定，而有些问题就不必经过委员会组织，因此，选择委员会组织的工作议题是很重要的。

委员会组织的工作议题必须是适合于集体讨论并能够作出集体决定的议题。一般情况下，公司的发展方向、长远规划、方针政策，以及主要计划的制定与控制这些问题，最适宜于成为委员会组织的工作议题。议题可由委员个人或几个人联合提出，也可由委员会主席提出。议题的选择应当符合所要审议和解决的问题，并需附有必要的资料，以供委员们做好准备讨论的意见。

（六）决议的执行

委员会组织作出决议并不是委员会工作的结束，而是检验委员会组织实际工作效果的起点。委员会组织工作的成败，关键要看委员会组织的决议执行之后所带来的工作效果。不能认为开完委员会组织的会议，作出了集体决议，就完成了委员会组织的任务。恰恰相反，为了保证决议的实施，还必须进一步确定相应的检查办法，检查决议的执行情况。这种检查，既要有利于保证这个决议本身的执行，又要为委员会组织以后作出新决议时提供改进措施。为此，委员会组织的每次会议应有记录，并写出会议所讨论的问题和决定的内容。委员会组织的决议必须简明、准确，便于执行与检查，有助于在执行过程中节省时间和减少费用的支出。

第三节　互联网环境下的组织变革

变革与创新是组织适应外部环境变化、进行自我调整的行为，也是组织保持动态平衡的要求。以不变应万变，陶醉于过去辉煌的组织将走向衰亡。在"快鱼吃慢鱼"的时代，充满活力、快速反应是企业取得竞争优势的武器。

如前所述，影响组织结构的因素主要是：组织的战略、环境、技术、规模。当这些因素发生变化时，组织结构也要进行相应的调整和变革。

组织变革是一种全方位的改变组织运作模式的系统工程。变革是指组织对管理理念、工作方式、组织结构、人员配备、运行机制、业务流程、组织文化等多方面进行的调整、改进和革新的过程。

任何变革都面临着动力和阻力问题。这是对待变革所表现出来的两种不同的态度及方向相反的作用力量。这两种力量的强弱对比，会从根本上决定了变革的进程、代价乃至成败。

一、推动组织变革的力量

推动组织变革的力量也即动力，就是赞成和支持变革并努力去实施变革的驱动力。变革的动力，总的说来，是来源于人们对变革的必要性及变革所能带来好处的认识。推动组织变革的力量主要有下面一些具体原因。

（一）股权变动

随着资本市场的不断完善，日益增加的企业并购促进了企业股权结构的变化。许多国有企业国有股权的退出也推动了中小型国有企业的民营化。外资企业的大量引入也部分性地促进了民营企业与国有企业股权多样化。

股权的变动意味着企业管理方式的改变，较大的股权变动也可能导致原有管理层的退出或调整。而客观上，为了体现新进股东的利益，组织结构的调整成为必然。如国际资本进入民营企业，在组织变革上就可能提出与国际化相适应的组织结构。

（二）制度变动

随着国际化程度的不断提高，企业在体制上大都也从计划控制模式走向了市场化运营模式。计划控制模式强调的是企业组织与政府相关部门的配合，即企业的组织结构必须满足政府职能部门工作的需要。而市场化运作模式更多的是按人力资源管理市场化统一管理模式，不会人为把干部与员工分成两套不同的管理体系。这种制度的变动推动了企业组织结构适应客户的需要，而不是适应上级单位或政府行政职能部门配套的需要。

（三）外部环境变动

市场是推动企业组织变革的重要力量之一。只有适应市场化的组织结构才能满足企业持续发展的需要。从我国大型国有上市公司的组织变革来看，更多地采用了适应市场化的组织变革模式，如独立董事制的产生，战略委员会作用的不断加强，审计委员会或投资委员会的尽责机制等，这些都推动了上市公司组织向市场化组织结构的转变。

（四）企业发展阶段改变

企业发展阶段的改变也是促进企业变革的一个主要方面。特别是民营企业，企业创业者的文化在某种程度上决定了其组织结构，很多民营企业家习惯于简化部门管理，只设计几个简单的市场需要的职能部门，这个方式在创业初期起到了精减人员的作用，也节省了大量成本。而一旦企业发展到一定规模后，按原来一套组织结构就可能造成创业者忙于处理细致性的事务，而对企业发展方向与发展定位没有时间进行深刻思索的现象。

二、组织变革的阻力

为了应对环境的变化，组织变革已呈不可逆之势，然而很多的组织变革却以失败为告终。首要原因并不是员工能力不够或企业资源不足，而是组织变革遭到抵制（或抗拒）。事实上，对组织变革的力量的抵制不可避免，如果管理得当，总是可以消除抵制变革的阻力，保证变革的成功。

（一）认清抵制变革的原因

组织变革时所遇到的阻力，其产生的原因大致可分为个人和组织原因。

1. 从员工个人角度看，导致抵制组织变革的可能因素

（1）变革导致个人对未来产生不安全感和恐惧感。组织变革是改变企业现状，以达到预期的未来状态的过程，这就意味着组织变革本身充满不确定性。人们一旦处在不确定的环境中，会对未来产生不安全感和恐惧感，进而产生抵制变革的情绪与行为。

（2）变革威胁到个人既得的利益。在变革中，一部分管理者或员工的地位、收入会降低或其他个人利益也会发生变化。自然，这部分员工更可能抵制变革，类似情形尤其在企业合并中更为常见。

（3）变革与个人的习惯、价值观发生冲突时，也会引起员工对组织变革的抵制。个人的习惯、价值观是长期积累、相对稳定的心理结构，改变起来相对困难。一旦在组织变革冲击到个人习惯和价值观，抵制变革的阻力便会随之产生。此种冲突通常在不同企业文化的公司合并过程中尤其常见。

（4）对变革的目的、意义了解不足。部分企业的管理层总是认为，变革是管理者的事，只要管理层（主要是高层管理者）清楚变革的目的、意义，将任务分配给下属去完成便足矣。其实，员工如果不清楚变革的目的与意义，他们便会失去参与变革的热情。

（5）员工性格使然。研究已经显示，倾向于安稳，不愿意冒险的员工更倾向于抱怨组织

变革。

(6) 能力或资源不足。变革往往伴随着新业务流程、新技术、新工作方法的导入。故此，对员工个人现有技术能力提出挑战。当员工能力不足以完成工作任务时，阻力便随之产生。

2. 从组织角度看，导致抵制组织变革的可能因素

(1) 管理层不积极参与。管理层对组织变革的积极参与是组织变革成功的关键。但管理者可能不重视组织变革，认为组织不需要变革，或者本身观念陈旧，不愿意轻易改革，或者对组织变革的前景没有信心时，会有意无意地阻碍变革。

(2) 没有与改革相适当的组织结构或管理制度。当组织结构、相应的管理制度不能配合变革所需时，也不利于变革的推进。组织流程再造、信息系统引入需要组织结构的变化配合。在变革中，为了鼓励利于变革的员工行为，人力资源管理体制（如薪酬、考核、员工发展）也应做相应的调整。

(3) 不注重文化的重塑。企业文化对组织中员工行为的影响已经被证实。但相当一部分企业在企业变革过程中还是未能充分发挥企业文化的作用。在变革过程中，注重企业文化的重塑，变革的阻力会少很多。

（二）管理抵制组织变革的阻力

抵制组织变革的阻力并不可怕，导致失败的结果是因为没有有效地管理变革的阻力。在消除变革的阻力时，做到下面几点是相当有效的。

1. 营造改革迫近的气氛

通过各种手段告诉员工改革迫在眉睫，使他们有充分的心理准备。

2. 要充分重视培训和沟通

通过培训和沟通使有关人员充分了解改革的重要性、目的、内容、执行方式与可能的结果，告诉他们改革能给他们带来的好处，以及企业采取什么样的方式弥补其损失，尽可能消除不必要的误解，降低员工对变革的抵制。

3. 促进员工积极参与

无论在什么时候，管理层都应积极要求员工参与到改革中来，员工由此会产生主人翁感，增强对变革的控制感，他们会更加积极地投身到变革中去。

4. 力场分析

库特·卢因（Kurt Lewin）提出了力场分析理论，他认为：变革是相反方向的各种力量作用的一种动态均衡状态。也即变革是动力和阻力较量的结果，动力大于阻力，就会促使组织变革，阻力大于动力，则会维持现状甚至倒退。所以管理层发动变革时，应充分分析变革的动力和阻力，通过有选择地排除阻碍变革的力量，就会加大变革的动力，使变革成为可能。

5. 培育企业的精神领袖

在企业变革过程中，如有一位强有力的领袖人物，相对而言，阻力要小些，因为强有力的领袖人物通常具有卓越的人格魅力和杰出的工作业绩，对员工有较大的影响力。

6. 避免持续不断的变革

持续不断地变革会令员工没有安定感。例某企业两年内换了四茬领导，每位领导上任都要拿组织结构、管理制度开刀，员工因此怨声载道。所以应尽量延长两次变革的时间间隔。

三、互联网时代企业组织结构变革的基本趋势

互联网时代，组织形式应是管理层使用的工具之一，一种永远恰当的组织形式是不存在的。组织形式是多种多样的，每个组织形式都有其独特的优势、局限性和特定的应用方式，不同性质的任务使得不同的组织结构之间存在着巨大的反差。一些现行企业的组织变革，使得在互联网时代，企业的组织结构出现了新的方向：极度扁平的组织结构、柔性化、网络化、平台化组织结构及项目小组制组织结构等，它们有着共同的互联网时代特点：以客户和市场为中心，组织灵活、快速、中层职能消失、个人自主权力扩大等。

（一）扁平化

传统的金字塔式组织结构模式是按照亚当·斯密的劳动分工理论建立起来的。层次多、信息

传递链就长,面对激烈市场竞争的应变能力弱。因此减少管理层次、扩大管理幅度,使组织结构扁平化是当今企业组织结构变革的一大趋势。

组织结构扁平化可以大幅度压缩中间管理层,使组织减少管理费用、提高运作效率、加快市场反应快速;扁平化伴随着分权的过程,通过对员工的授权,可激发员工工作动力、培养员工自主工作与协调能力,由此管理者也不再充当发号施令的角色,而是与基层管理者及基层员工之间建立起一种新型的关系。

实施组织结构扁平化主观上需要管理人员和员工有较高的素质,客观上要求办公自动化条件改善。现代信息技术的发展为组织结构扁平化提供了物质技术基础和手段,信息丰富、沟通渠道畅通,平等宽松的组织环境为压缩组织层次创造了条件。

在该类组织结构中,企业不再需要层层汇报从而采取行动,而是以用户为核心,拉近用户和企业间的距离,实现企业对用户需求的实时对接。极度扁平化的组织机构典型代表有小米。在组织架构上,小米摒弃了传统公司通过制度、流程来保持控制力的树状结构,小米的架构直面用户,是一种以人为核心的扁平化管理模式。雷军将权力下放给七位合伙人,类似于"地方自治",合伙人拥有较大自主权,且不互相干预。同时,业务部门内没有层级关系、职级名称、不考察KPI,所有人看上去都是平等的。小米的架构只有三层:联合创始人—部门负责人—员工。

(二)柔性化

"柔性"是指组织对意外变化能不断地反应,并适时根据可预期变化的意外结果迅速调整的能力。简单地说,柔性是指适应外界变化的能力。

一方面基于顾客需求日益多样化的特点,使得当今企业从追求规模经济为目的的一元化经营转变为向纵深和横向发展的以追求全球化经济为目的的多元化经营;同时企业生产方式也相应由依靠单一品种的大批量生产转变为以多品种中小批量生产为主的柔性化生产方式。企业组织结构必须加以调整才能适应上述经营思想和生产方式的变化。另外当今企业基层员工直接面向顾客的机会越来越多,为使他们充分了解和把握市场动态,对市场快速作出反应,授予基层员工合理的决策自主权是非常必要的,因此,建立能适应内外部环境变化的柔性化组织结构是现代企业组织结构调整的又一方向。

组织结构的柔性化主要是指职权结构的合理化,合理化的标志是其适应内外部环境变化的应变能力。主要体现为集权和分权的合理统一,即在进行分权化的同时要实行必要的权力集中,在实行集权化的同时,要给予最灵活的和最大限度的分权。通过职权结构的调整,适当下放中高层管理人员的权力,充分授予基层员工应付突发性事件的自主权,以提高决策的实效性。如起源于日本丰田的准时生产制,为确保产品质量,授予一线员工发现质量隐患有权自动停机的权力,这种权力的下放能够确保将质量隐患消灭在产品制造过程中。

(三)网络化与虚拟化

当今企业要想提高竞争力,必须要有快速而强大的研发能力,有随市场变化而变化的生产和制造能力,有广泛而完善的销售能力,有庞大的资金力量,有较强的质量保证能力和管理能力等,只有集上述各种功能优势于一体的企业才具有强大的市场竞争能力,事实上,大多数企业可能只拥有某一项或少数几项比较突出的竞争优势,而其他功能则并不具备竞争优势,甚至处于劣势,为使企业在有限资源条件下取得最大竞争优势,可以仅保留企业中最关键、最具竞争优势的功能,而其他功能可通过借助各种外力进行弥补,并迅速实现资源重组,以便在竞争中最有效地对市场变化作出快速反应。

通过网络化和虚拟化,可以改变企业与其他合作企业或竞争企业之间的关系,具体的形式有以下几种。

(1)虚拟运作。虚拟运作是企业根据市场的需求,将外部资源和内部资源整合在一起,以增强自身竞争优势、提高企业竞争力的一种管理模式。

(2)业务外包。业务外包是指企业把自己的非核心业务交给其他专业公司去做。其实质是企业重新定位,重新配置企业的各种资源,将资源集中于最能反映企业相对优势的领域,塑造和发挥企业自己独特的、难以被其他企业模仿或替代的核心业务，构筑自己竞争优势，获得使企业持续发展的能力。

（3）战略联盟。战略联盟是两个或两个以上的企业，为达到共同拥有市场、共同使用资源和增强竞争优势的目的，通过各种协议而结成的优势互补、风险共担的松散型组织。

（四）非正式化

随着互联网的广泛应用和信息技术的进一步发展，组织中的员工无须在固定时间、固定场所去完成固定的工作，也无须面对面去进行工作协商、汇报，只要能在规定的期限内完成规定的任务即可，上级对下级的进度和完成结果的监控完全可通过企业内部的互联网进行，这种工作方式的变化使得组织结构呈现出日益非正式化趋势。

作业小组或项目团队是非正式化的典型，团队内的所有成员均由不同专业的或不同部门的专家组成，完成产品或项目所需的全部或大多数工作任务，任务完成后作业小组或团队即告解散。团队成员之间没有长期的、稳定的协作关系，他们之间的结合是短期的、可变的，结合方式是松散型，正是这种临时的、可变的小组或团队，才具有随时适应市场变化的巨大应变能力。

（五）小前端＋大平台的组织架构模式

平台模式由来已久，但互联网时代之前的平台，无论在规模还是范围上，都无法与今天的互联网平台相比。平台型的组织模式，正成为新经济领域中的一种主流模式。

所谓平台化模式，就是去掉中间层，把整个组织变成根据业务需要成立的自由团队。传统的"公司＋雇员"的组织形态可以理解为是"火车模式"，靠领头者的能力，而平台化组织则是"动车模式"，靠每节车厢共同驱动。无论是美国资本市场排名靠前的互联网公司，还是中国的BATJ（百度、阿里巴巴、腾讯、京东），无一例外都是平台模式。

韩都衣舍是一家典型的平台型服装企业，创始人赵迎光运用了互联网思维，一定程度上解决了传统服装企业试错成本高的问题。韩都衣舍的组织架构非常扁平，目前拥有7大后台赋能平台，包括摄影、淘内运营、淘外运营、生产、储运、客服、其他职能，这7大平台共同为300个左右的"小前端"服务，最少的3人就能成为一个小前端。小前端是把产品的研发人员和整个页面制作的设计导购人员，货品供应链的管理人员，以及客服人员打包编成小组。这个小组在结构上是3～5个人，这些人成为一个利益共同体，集责、权、利于一身，共享成果，共担风险。产品小组的责任在于设定销售目标，对库存、毛利率和产品品质负责，他们同时拥有确定款式、尺码、库存深度、销售价格、是否参与营销活动，参与打折的节奏与深度等的权利，以往是企业中高层管理者才有的决策权，下放到了一线员工手中。

韩都衣舍的这种做法，一方面保持了前端团队规模的小型化和灵活性，更好地匹配市场需求并进行创新；另一方面也通过后台赋能平台有效地保证每一条业务线的高效运转，为试错和规模化提供可能。

通过这样的组织形式，韩都衣舍以较低成本实现了快速试错，实现了年上新品超过3万款，最大限度满足用户对服装的快速多变的需求。在韩都衣舍之前，业内领先公司的年上新品最高纪录是2.2万款。

第四节　企业业务流程再造

一、企业业务流程再造背景

20世纪六七十年代以来，信息技术革命使企业的经营环境和运作方式发生了很大的变化，而西方国家经济的长期低增长又使得市场竞争日益激烈，企业面临着严峻挑战。有些管理专家用3C理论阐述了这种全新的挑战：

顾客（customer）——买卖双方关系中的主导权转到了顾客一方。竞争使顾客对商品有了更大的选择余地；随着生活水平的不断提高，顾客对各种产品和服务也有了更高的要求。

竞争（competition）——技术进步使竞争的方式和手段不断发展，发生了根本性的变化。越来越多的跨国公司越出国界，在逐渐走向一体化的全球市场上展开各种形式的竞争，美国企业面临日本、欧洲企业的竞争威胁。

变化（change）——市场需求日趋多变，产品寿命周期的单位已由"年"趋于"月"，技术进步使企业的生产、服务系统经常变化，这种变化已经成为持续不断的事情。因此在大量生产、大量消费的环境下发展起来的企业经营管理模式已无法适应快速变化的市场。

面对这些挑战，企业只有在更高水平上进行一场根本性的改革与创新，才能在高速增长时代增强自身的竞争力。

在这种背景下，结合美国企业为挑战来自日本、欧洲的威胁而展开了实际探索，1993年哈默和钱皮出版了《再造企业》（Reengineering the Corporation）一书，书中认为："20年来，没有一个管理思潮能将美国的竞争力倒转过来，如目标管理、多样化、Z理论、零基预算、价值分析、分权、质量圈、追求卓越、结构重整、文件管理、走动式管理、矩阵管理、内部创新及一分钟决策等"。1995年，钱皮又出版了《再造管理》。

哈默与钱皮提出应在新的企业运行空间条件下，改造原来的工作流程，以使企业更适应未来的生存发展空间。这一全新的思想震动了管理学界，一时间"企业再造""流程再造"成为大家谈论的热门话题，哈默和钱皮的著作以极快的速度被大量翻译、传播。与此有关的各种刊物、演讲会也盛行一时，在短短的时间里该理论便成为全世界企业以及学术界研究的热点。IBM信用公司通过流程改造，实行一个通才信贷员代替过去多位专才并减少了九成作业时间的故事更是广为流传。

二、企业业务流程再造（BPR）含义

企业业务流程再造（business process reengineering，BPR）是借助信息技术对企业的业务流程作根本性的思考和彻底性重建，其目的是在成本、质量、服务和速度等方面取得显著性的改善，使得企业能最大限度地适应以顾客、竞争、变化为特征的现代企业经营环境。此定义包含以下四个要素。

（1）它是由彻底的、至少是重大的变革构成。换句话说，再造是重大的变革和对我们为什么要按现有方法做事的一个再思考，而不是修补或提升已有的东西。

（2）核心任务是从顾客需求出发，组织由"职能导向型"向"流程导向型"转变。业务流程再造强调面向业务流程的管理，改进的必然焦点是业务流程，它是创造对客户有价值的产出的活动或任务的集成，这些活动可以是对客户很重要的增值活动，或使任务穿过组织界限的传递活动。

（3）它试图实现主要目标的显著性改善。再造不是一个小的调整或是5%～10%的改进，而是由彻底的、至少是重大的变革构成。只有改进现有的流程，或是经常对他们进行全新再设计，才能在周期、质量、客户服务或成本等方面得到显著性改善

（4）信息技术是实现变革的核心因素。充分利用信息技术，注重信息技术和人的有机结合，重新设计业务流程。利用信息技术协调分散与集中的矛盾，将串行工作流程改造为并行工作流程，尽可能实现信息的一次处理与共享使用机制。

三、企业业务流程再造的主要作用

（一）市场反应快速

业务流程再造将业务的审核与决策点定位于业务流程执行的地方，缩短信息沟通的渠道和时间，从而提高对顾客和市场的反应速度。

（二）减少成本

业务流程再造要求从市场调研阶段开始就注意成本的投入，企业在改造过程当中需剔除无效作业，必然节省部分不必要的投入，改变了传统的管理模式，减少了管理层次，从而降低了成本的投入。

（三）全面提升产品质量

业务流程再造将全面的质量管理贯穿于整个过程，充分发挥每个人在整个业务流程中的作用，要求将决策点定位于业务流程执行的地方，以便全面同时提升产品质量。

（四）提高了服务质量和水平

流程再造理论的基本思想是从顾客需求出发，以业务流程为再造对象，对整个流程进行根本性思考和分析，实现了从职能管理到面向业务流程管理的转变，有利于提高服务质量和水平、增强顾客满意度。

四、企业业务流程再造程序

企业"再造"就是重新设计和安排企业的整个生产、服务和经营过程，使之合理化。通过对企业原来生产经营过程的每个环节进行全面的调查研究和细致分析，对其中不合理、不必要的环节进行彻底的变革。在具体实施过程中，可以按以下程序进行。

（一）对原有流程进行全面的功能和效率分析，发现其存在问题

根据企业现行的作业程序，绘制详细的作业流程图。一般来说，原来的作业程序是与过去的市场需求、技术条件相适应的，并由一定的组织结构、作业规范作为其保证的。当市场需求、技术条件发生变化使现有作业程序难以适应时，作业效率或组织结构的效能就会降低。因此，必须对原有流程进行全面的功能和效率分析，发现其存在的问题。

（二）设计新的流程改进方案，并进行评估

为了设计更加科学、合理的作业流程，必须群策群力、集思广益、鼓励创新。在设计新的流程改进方案时，可以考虑：将现在的数项业务或工作组合，合并为一；工作流程的各个步骤按其自然顺序进行；给予职工更多的决策权力；为同一种工作流程设置若干种进行方式；设置项目负责人；尽量减少检查、控制、调整等管理工作。

对于提出的多个流程改进方案，还要从成本、效益、技术条件和风险程度等方面进行评估，选择可行方案。

（三）制定与流程改进方案相配套的改进规划，形成系统的企业再造方案

企业业务流程的实施，是以组织结构、人力资源配置方式、业务规范、沟通渠道甚至企业文化作为保证的，所以，只有以流程改进为核心形成系统的企业再造方案，才能达到预期的目的。

（四）组织实施与持续改善

实施企业再造方案，必然会触及原有的利益格局，因此，必须精心组织，谨慎推进，既要态度坚定克服阻力，又要积极宣传形成共识，以保证企业再造的顺利进行。企业再造方案的实施并不意味着企业再造的终结，在社会发展日益加快的时代，企业总是不断面临新的挑战，这就需要对企业再造方案不断地进行持续改进，以适应新形势的需要。

知识拓展

创业型公司组织模式

随着社会经济的快速发展，"创业"已经成为生活中变得越来越有魅力的一个词语。与此同时，一些有思想、有创意、有成功的从业经验且自身素质较高的专业性人才逐渐不满于平稳的打工生活，梦想着拥有自己的一份事业，从而导致公司辛苦培养出来的有能力的人才逐渐流失，去开创自己的事业了，这种情形成为企业发展壮大的桎梏。因此，怎样理顺员工和老板的关系、打工和创业的关系是企业发展的一项重要命题。

创业型公司组织模式是针对这一问题而提出的尚处于探索期的公司运营形式。目前，在一些大型的集团化公司中已经出现了创业型组织形式的萌芽，但完全的创业型组织模式尚未出现。

创业型公司组织模式的特征是以公司现有的人力资本和资金实力为基础，实施以"公司投

资、员工创业"为发展方式的集团化扩张。具体特征表现在以下几方面。

一、创业型公司组织模式的特征

创业型公司组织模式具有以下特征。

(1) 公司每年根据年度盈利情况拿出部分利润作为"创业基金"，该基金由公司董事会管理。

(2) 根据基金额度和公司发展现状，在公司内部提出项目征选通告。

(3) 员工个人或由3～5人组成的团队提出创业项目，并提供完备的创业计划书。

(4) 公司组织对创意人和创业计划书进行考核和遴选。公司组成"项目遴选委员会"对被选人员和项目作出评价。只有那些具备创业素质的人员（或团队）所提出的有创意、有前景的项目才能获得支持。

(5) 公司投入一定的资金实施获选项目，项目创意人或团队占有少量股份并全权负责项目的开办和运营管理，公司占大股并对运营情况实施监督，公司可成立创业辅导体系来帮助初创企业的成立和成长，提高创业成功率。

(6) 投资方式以阶段投资为主，在新项目运行失败时可以撤销原有计划的投资，以减少损失。

(7) 获得成功的项目产生的利润注入创业基金，以选择新的创业项目，形成良性循环。

二、创业型企业组织形式与传统企业模式比较

在创业型企业组织形式中，公司主体兼具传统集团化发展模式和投资公司模式两大特点，但又与两种模式有较大差别。创业型企业组织形式与传统企业模式比较具有以下优势。

(1) 能够吸引更多的，有创造性的优秀人才加盟公司，并使优秀的管理人才在"创业"的前景激励下对公司发展竭尽全力，从而促使公司现有产业的快速发展。

(2) 提高全体员工的创新性意识，为公司发展提供更多、更有价值的发展方向。而传统公司模式的管理者和员工大多墨守成规，个人难以突破公司原有体系的束缚。

(3) 项目创意者与项目执行者为同一人或同一团队，避免了项目前期论证和项目具体实施出现偏差所造成的责任不清，互相推诿。

(4) 有利于构建"学习型组织"，促使全员进行学习，提高自身能力和素质，使每位员工（尤其是各级管理人员）都向创业型人才发展。而传统公司模式要求员工各司其职，不能越位，因而限制了他们的才干和潜能的发挥。

三、创业型企业组织模式与投资公司的差别

创业型企业组织模式与投资公司的差别在于以下几个方面。

(1) 对新成立的实体有更大的控制权。公司占据新项目的绝对控股权，并对项目的开展有指导和监督的权力，能够时时把握新项目发展趋势，出现情况及时做出决断，减少投资损失。而投资公司对新项目的控制能力较小，不能参与新项目的具体管理和运营，新项目一旦失败，所有投资将付之东流。

(2) 盈利途径多样，可以通过正常经营新的公司获得盈利，也可以通过出售、上市等途径获得收益。而投资公司的盈利途径相对比较单一，一般是期望新的实体能够上市，从而获得较大的投资收益率。

(3) 项目成功率较高。公司在新项目开办初期提供除资金以外的多种帮助，如创业辅导、提供必要的人员等，以提高新项目在"婴儿期"的存活率。

(4) 创业者与公司（投资方）有着较为紧密、融洽的合作关系。而投资公司与被投资方之间只是利益结合关系，合作过程中必然会出现多种矛盾。

传统型企业组织模式在向创业型企业组织模式转变过程中会遇到各种各样的难题，如缺乏科学的标准、方法、流程选择创业团队和创意项目，缺乏合适的创业项目，缺乏与新的模式相匹配的公司章程、制度等。因此，创业型企业在发展过程中一方面要积极学习投资公司的先进做法和经验，借鉴其成功之处，并把投资公司的经验与传统公司模式进行创新性融合，形成有独创性的、适合新模式发展的管理体系，另一方面是采取循序渐进的方法，从小资金、小项目、少立

项、创业型和传统型混合发展的阶段逐渐转到完全的创业型组织模式,在渐进过程中汲取经验、总结教训,建立机制,完善体系,最终实现成功转型。

本章小结

组织设计的任务包括确定组织结构图和编制职务说明书。

组织结构常见的形式有:直线制、职能制、直线—职能制、事业部制和矩阵制。这些类型都是从现实组织中抽象出来的组织结构单元,现实中的组织常常是非常复杂的混合体。

组织结构设计没有一个统一的模式,影响组织设计的因素有组织的战略、环境、技术、规模,当这些因素发生变化时,组织结构也要进行相应的调整和变革。

现代企业组织结构变革的基本趋势有扁平化、柔性化、网络化与虚拟化、非正式化及小前端+大平台的组织架构模式。

委员会是一个由集体来进行讨论,提出建议,作出决策的组织形式。委员会组织本身既有优点又有缺点,要想成功地运用委员会,发挥其长处,遏制其缺陷,那么,在运用委员会的过程中,必须注意下列问题:明确规定委员会的职权和范围;规模要适当;选择委员合适的成员;主席的挑选;选择议题;决议的执行。

企业业务流程再造(BPR)是对企业的业务流程作根本性的思考和彻底性重建,其目的是在成本、质量、服务和速度等方面取得显著性的改善,使得企业能最大限度地适应以顾客、竞争、变化为特征的现代企业经营环境。再造的焦点是业务流程,它是创造对客户有价值的产出的活动或任务的集成。

案例分析

餐饮创业企业的组织变革之争——记杨利平的糯米美食厂

杨利平本是一位普通农民,不过人们早就知道他有一种祖传手艺,烹制一种美味的糯米甜品——杨家八宝。据说他是这手艺的第五代传人,早在清朝道光年间,这种美食就远近闻名,而且代代在村里开有一家专卖此种八宝饭的小饭馆。他的父亲直到解放初期还经营着这祖传的小饭馆,那时才十来岁的杨利平已时常在店前店后帮忙干活了。后来合作化、公社化,接着他爸又病死,饭馆不开了,他成了一名普通的公社社员,人家似乎已不知道他居然还保留了那种祖传手艺。

20 世纪 80 年代,改革之风吹来,杨利平丢了锄头,又办起了"杨家店",而他做的八宝饭绝不亚于他的祖宗,由于生意兴隆,他很快就赚钱了。刚开始是到邻村去开分店,后来竟把分店开到了县城乃至省城去了。1987 年,不知是他自己想的还是别人给他提出的主意,他就在本村办起了利平糯米美食厂,开始生产"老杨"牌袋装和罐装系列糯米食品。由于其独特风味和优等质量,牌子很快打响。在该省非常畅销,出现了供不应求之势。杨利平厂长如今已在经管着这家 450 多名职工的美食厂和分布很广的甜品小食店网。

但是多年来杨厂长似乎并未利用这个大好形势去扩大纵深,外省市买不到这种美食,连本省也不是处处都有供应。原因是杨利平固执地要保持产品的独特风味与优等质量,小食品店服务达不到规定标准,职工的培训未达应有水平,宁可不设新点,不进入新地区,杨利平强调质量是生命,决不允许以任何方式危及产品质量。

杨利平糯米美食厂里的主要部门是质量检验科、生产科、销售科和设备维修科。当然还有一个财会科以及一个小小的开发科。其实该厂的产品很少有什么改变,品种也不多。杨利平坚持就凭杨家一绝这种传统产品,服务的对象也是"老"主顾们,彼此都很熟悉。杨家美食厂里质检科要检测进厂的所有原料,保证必须是最优质的。每批产品都一定要抽检,要化验构成成分、甜度、酸碱度。当然最重要的是检控产品的味道，厂里高薪聘有几位品尝师，他们唯一职责是品尝本厂生产的美食，他们经验丰富，可以尝出与要求的标准的微小偏差。所以杨家美食始终在努力保持着它固有的形象。

不久前，杨利平的表哥汤正龙回村探亲。他原在县城念中学，20 世纪 80 年代初便只身南下深圳闯天下。大家知道他聪明能干，有文化，敢冒险。他一去十年来，只听说他靠两头奶牛起家，如今已是千万元户了。汤正龙到表弟杨利平的美食厂，对美食厂的发展称赞一番，还表示想投资入伙，但他指出杨利平观点太迂腐保守，不敢开拓，认为牌子已创出，不必僵守原有标准，应当大力扩充品种与产量，向省外甚至海外扩展。他还指出美食厂目前这种直线—职能制结构太僵化，只适合于小规模生产，适应不了企业未来的变化与发展，各职能部门眼光只限在本领域内，看不到整体和长远，彼此沟通和协调不易。他建议杨利平彻底改革本厂组织结构，按不同产品系列来划分部门，建立事业部制组织结构以适应大发展的新形势，千万别坐失良机。但杨利平对表哥汤正龙发表的建议听不进去，甚至产生反感。他说他在基本原则上决不动摇。两人话不投机，结果不欢而散。

美食厂干部和职工对此反应不一，有人说杨厂长有原则性；有人则认为他认死理，顽固不化。

资料来源：http://wenku.baidu.com/view/d0bdae06eff9aef8941e068f.html，作者略有删改。

讨论题：
1. 本案例反映了组织工作中的哪些问题？
2. 假如你是该厂厂长，你如何选择？
3. 直线—职能制、事业部制各适用什么情况？

复习思考题

1. 试分析某公司的层次结构、管理幅度、部门化类型。
2. 部门化是什么？职能部门化、产品部门化、区域部门化各有什么特征？
3. 组织设计的任务和内容是什么？
4. 事业部制组织结构有何特点？优势、劣势是什么？适用什么情况？
5. 直线—职能制组织结构有和特点？优势、劣势是什么？适用什么情况？
6. 委员会工作方式有何优势及局限性？如何提高委员会的工作效率？
7. 为什么要进行组织变革？如何有效促进组织的变革？目前有哪些主要的组织变革举措？
8. 企业业务流程再造的含义？如何有效实施业务流程再造？
9. 你所熟悉的企业是什么组织结构形式？合适吗？说明理由。
10. 网络化组织结构有什么特点？优势、劣势是什么？适用什么情况？

第十二章 组织文化

本章学习目的

- 了解组织文化发展的历史
- 理解组织文化的含义
- 能分清组织文化的结构,并掌握精神层、制度层、行为层、物质层各自包括的内容
- 了解组织文化具有哪些功能,并知道为什么组织文化具有这些功能
- 了解塑造组织文化的途径,理解为什么要经历这样一个过程
- 理解学习型组织的含义、特点、发展趋势
- 掌握学习型组织的五项修炼及创建

导入案例 ▶▶▶

文心六艺馆,积极传承中华文化

文心六艺馆作为研学旅游的先行者,在国家推崇研学和旅游业发展的大潮中,将旅游和研学相结合,虽然敢为人先,但是在实际运营过程中,文心六艺馆的主创人员在启动之初就发现"研学旅游"这条路并不好走。经过半年的筹备,一年多的运营和努力,如今的文心六艺馆已经成为当地乃至附近城市研学旅游的首屈一指的去处,很多在校学生和老师们对文心六艺馆的研学旅游都给予了很高的评价,他们都希望能在文心六艺馆学习体验更多的内容。从开始时的举步维艰,到后来受到人们关注和喜爱,文心六艺馆到底是怎样成功的呢?

所有的答案可以总结为一句话:"为了中华文化伟大复兴"。这句话听起来像是一句口号,但是当你真正了解中华文明的过去,真正接触到文心六艺馆如何将传统文化、国学与旅游研学相结合,真正明白文心六艺馆主创团队的弘扬中华文化的历史宏愿,你就会觉得"上下五千年"究竟是怎样的一个存在。

文心六艺馆的研学旅游,以"文心中华文化旅游季"为核心,在花朝节、端午节、重阳节、中秋节等中华传统节日举行,让广大游客更好地去了解中华传统文化,用传统文化的方式去过节。在花朝节,文心六艺馆举行祭花神仪式,迎接春天的到来;在端午节,文心六艺馆替游人们系五彩丝带,祈盼健康平安;在重阳节,文心六艺馆带领游人登高远眺,宣扬孝心孝行;在中秋节,文心六艺馆举办祭月仪式,愿人们团圆、愿国家昌盛……

牢记初心,不忘使命。文心六艺馆策划之初就立下宏愿——"为了中华文化伟大复兴"。这不仅仅是一句简单的口号,它在文化观念、价值观念、企业精神、道德规范等方方面面影响着六艺馆团队。在这一过程中,六艺馆积极将当地历史文化名人与儒家教育体系"六艺"相结合,将六艺的"礼乐射御书数"运用至文心六艺馆的六幢建筑之上,每个馆都有着自己的历史馆主,每个馆都有着与之主题相适应的镇江历史名人。

在六艺馆当地去谈论儒家思想或者《周礼》中的六艺,其实并不具备优势,恰逢国家提出振兴传统文化,提出"研学"的概念,六艺馆的团队大胆地将"传统文化"与"研学旅游"相结合,这两个概念在六艺馆被组合在了一起,没有人知道会起到怎样的反应。但是,

六艺馆团队坚信，中华民族的伟大复兴必然也必须伴随着中华文化的复兴与传扬，他们坚定着目标，每个人都为这个目标而努力。"为了中华文化伟大复兴"成了他们的"勇气""毅力""信念"……在一年多的实际运营中，牢记初心，不忘使命。六艺馆团队一边运营，同时总结经验；一边锻炼团队，同时深化团队学习传统文化，他们用自己的努力让"传统文化＋研学旅游"取得了成功。

资料来源：宋联可，徐宇翔编写。

第一节 组织文化概述

一、组织文化发展简史

文化学兴起于19世纪末，人们对文化现象的认识大致经历了三个阶段：第一阶段（19世纪下半叶到20世纪初），主要从精神文化方面理解，把文化看成人类的精神现象，是对宗教、信仰、思维、心理、语言、艺术等的反映；第二阶段（20世纪上半叶），功能主义理论从社会结构、功能形态、社会文化等角度认识文化现象，从精神领域扩大到社会领域来研究文化；第三阶段（第二次世界大战后），从传统乡土社会和未开化社会研究转向现代都市社会研究，从传统农业文化研究转向现代工业文化研究。文化学的兴起为组织文化的繁荣奠定了基础，人们开始从文化等"软"因素来研究管理问题。

20世纪70年代以后，日本企业在国际市场上表现出惊人的竞争力，日本经济迅速崛起，对美国和西欧经济形成挑战。日本是一个资源贫瘠的国家，日本的企业管理又完全不同于欧美，这让当时称雄于世界的西方国家感到诧异。20世纪80年代初，以美国为首的西方学者开始研究日本企业的管理模式，发现组织文化等"软"因素起到了至关重要的作用，组织文化从此成为管理界的新宠。

随着组织文化热潮的到来，一些学者开始思索背后的原因。Krell（1988）认为组织文化的兴起源于美国对三种危机的直接反映：竞争危机，美国的一些产业在与日本竞争时失利；组织理论危机，传统的理论过于简化、僵化，需要寻找新的理论；社会危机，社会本身在纷乱的环境中失去导向功能，组织文化有可能成为抵御侵蚀的堡垒。Stephen R. Barley（1988）也分析了组织文化为何在20世纪80年代兴起，他更多的是从研究者的角度出发，认为原因是一批管理咨询顾问和应用型研究者写给管理者和实践者的文章得到了热烈响应，并且理论研究者也在积极地做相应研究。

威廉·大内的《Z理论》（1981）、特雷斯·迪尔和艾兰·肯尼迪的《企业文化》（1982）、阿索斯和沃特曼的《追求卓越》（1982）三本著作，掀起了组织文化研究的高潮。事实上，在20世纪80年代还涌现出相当一批研究文献，大多是以探讨基本理论为主，并且出现了两个学派：一个是以美国麻省理工学院的 Edgar H. Schein 为代表的定性化研究学派，另一个是以密西根大学工商管理学院的 Robert Quinn 为代表的定量化研究学派。20世纪90年代，在80年代理论探讨的基础上，对组织文化的研究出现了四个发展趋势：对组织文化理论深入研究；对组织文化与经营业绩的关系研究；组织文化测量研究；组织文化的诊断和评估。进入21世纪以来，对组织文化的研究更加丰富，无论是对组织文化本身的研究，还是与组织文化相关的研究，都更加的深入、细分和科学。

企业界的实践也起到了重大作用，巨型跨国公司都有着自己独特的组织文化，众多寻求发展的公司也在相继探索着创建自己的文化。如IBM遵守"必须尊重个人，必须尽可能给予顾客最好的服务，必须追求优异的工作表现"三条行为准则，A.O.史密斯坚持"追求更好的方式，敏锐和决不妥协的远见卓识，对员工信任"三个关键信念，松下信守"产业报国、光明正大、团结一致、奋斗向上、礼仪谦让、适应形势、感恩报德"七条精神……这些公司的探索，不但刺激了组织文化研究，更是为研究工作提供了生长的土壤。

二、组织文化含义

对组织文化定义的认同是理解组织文化的基础,"文化是什么"与"如何研究文化"这两个问题不可分割(Alexander,2000)。为了清晰地理解组织文化相关知识,非常有必要先来认识其定义。

"文化"一词在中国有着悠远的历史,翻阅古书可觅其踪影:汉代刘向《说苑·指武条》言:"凡武之兴,谓不服也,文化不改,然后加诛。"《易经》曰:"文明以止,人文也。观乎天文,以察时变;观乎人文,以化成天下。"南齐王融《曲承诗序》道:"设神理以景俗,敷文化以柔远。"晋代束皙《补亡》诗云:"文化内辑,武功外悠。"……以上文化的含义可用《辞源》的解释理解,文化是"文治和教化",这与今天对文化的定义有着相当区别。

Culture 一词来源于拉丁语的 Cultura,Cultura 又来源于 Colere 的过去分词 Cultus。Colere 的基本含义是"耕种、培育;修饰、打扮;景仰、崇拜、祭祀",而现代意义的 Culture 包含三层含义:物质生产实践和教养、从精神上享受物质生产实践和教养的成果、信仰。1871 年,英国"人类学之父"爱德华·泰勒在《原始文化》一书中将文化定义为"是一个复杂的总体,包括知识、信仰、艺术、法律、道德、风俗,以及人类所获得的才能和习惯",这个定义被认为是经典定义。

随着西方学者对日本企业的研究,在文化概念的基础上,提出组织文化一词。该词在学术界正式出现要追溯到 1979 年的《管理科学季刊》,Pettigrew 在"组织文化研究"一文中首次使用。虽然对组织文化的研究不到 30 年,但是很多学者都给出了不同的定义,Willem Verbeke(1998)就发现了 54 种组织文化定义,再加上一些不被重视或新发展的定义,可以说组织文化的定义相当丰富。组织文化(Organizational Culture)作为专业术语,来自于西方,在英文文献中还出现了 Corporate Culture、Enterprise Culture、Firm Culture、Company Culture、Business Culture 等词,描述的都是相近的概念。

Deal 和 Kennedy(1982)认为文化是一种集意义、信仰、价值观、核心价值观在内的存在,组织文化是一个企业所要信奉的主要价值观。Schein(1984)将组织文化定义为是由一些被认为理所当然的基本假设所构成的范式,这些假设是某个团体在探索解决对外部环境的适应和内部的结合问题的过程中而发现、创造和形成的。Hofstede(1980)将组织文化看作一种"企业心理"及组织潜意识,它一方面在组织成员的行为中产生,另一方面又作为"共同的心理程序"引导这些成员的行为。石伟(2004)的组织文化定义是,为组织在其内外环境中长期形成的以价值观为核心的行为规范、制度规范和外部形象的总和。还有很多的学者从不同的角度解释组织文化,如有的学者认为组织文化是组织的惯例、仪式和典礼(Trice and Beyer,1984),有的学者认为是控制和交易机制(Jones,1983;Wilkings and Ouchi,1983),有的学者认为是分享的、想当然的、固有的假设(Schein,1985),有的学者认为是分享价值和信仰的模式(Deshpande and Webster,1987),有的学者认为是组织习惯的做事方法(Burack,1991)等。

从广义上说,组织文化是指企业在建设和发展中形成的物质文明和精神文明的总和,包括组织管理中硬件和软件,外显文化和内隐文化两部分。

从狭义上说,组织文化是指组织在长期的生存和发展中所形成的为组织所特有的且为组织多数成员共同遵循的最高目标价值标准、基本信念和行为规范等的总和及其在组织中的反映。

根据众多学者的观点,本书定义为:组织文化是在社会大文化环境影响下,组织在适应外界环境和整合内部的过程中获取,由少数人倡导并得到全体成员认同和实践所形成的价值观、信仰追求、道德规范、行为准则、经营特色、管理风格、传统习惯等的总和。

三、组织文化的结构

组织文化的结构,是指各个要素如何结合起来,形成组织文化的整体模式。认清组织文化的结构,有利于我们进一步地理解组织文化。划分组织文化结构的方法有很多种,在此大致介绍几种主流的划分方法。

第一种，分为内化结构和外化结构。内化结构指组织成员的心理状态，包括对价值、目标、技能、市场活动等方面的基本看法。外化结构指组织管理行为习惯，包括管理方式和经营方式，如组织结构、规章制度、人际关系、公共关系、行为习惯等。

第二种，分为显性结构和隐性结构。显性结构是组织文化中以精神的物化产品为表现形式，能被人们直观感受到的内容，如厂房设施、企业形象、产品、经营方式等。隐性结构是存在于成员观念中的价值观、道德规范、企业精神、企业哲学等。

第三种，分为精神层、行为层和物质层。精神层包括价值观、道德规范、企业精神、企业哲学等；行为层包括企业目标、企业制度、企业民主、人际关系等；物质层包括企业环境、机器设备、企业产品、企业标识等。

第四种，是在第三种的基础上进一步划分，将组织文化分为精神层、制度层、行为层、物质层。这种划分方式更为清晰，受到广泛推崇，本节也将以此为基础，进一步说明组织文化的构成。

（一）精神层

精神层是在一定社会文化背景下，在生产经营过程中产生，长期形成的一种精神成果和文化观念，包括价值观、企业精神、企业思维、企业理念、企业哲学等，是企业意识形态的总和。这些概念在运用过程中常常混淆，在此，做一些说明。

价值观是组织的基本观念及信念，是组织文化的核心。价值观指导人们有意识、有目的地选择某种行为，是判断行为对错、价值大小的总的看法和根本观点。

企业精神是全体成员达成共识的内心态度、意志状况、思想境界和理想追求等意识形态的概括和总结。

企业思维是全体成员认同的思考问题的方式或思路。

企业理念是企业经营管理和服务活动中的指导性观念，包括产品理念、人才理念、生产理念、技术理念、营销理念、决策理念等。

企业哲学是企业在生产、经营、管理过程中表现出来的世界观和方法论，是企业进行各种活动、处理各种关系所遵循的总体观点和综合方法。

精神层中的各种要素相区别而又相联系，它们共同决定了企业的意识形态。

（二）制度层

制度层是组织文化的中间层次，把组织物质文化和组织精神文化有机地结合成一个整体。主要是指对组织和成员的行为产生规范性、约束性影响的部分，是具有组织特色的各种规章制度、道德规范和员工行为准则的总和。它集中体现了组织文化的物质层和精神层对成员和组织行为的要求。制度层规定了组织成员在共同的生产经营活动中应当遵守的行为准则，主要包括组织领导体制、组织机构和组织管理制度等三个方面。

（三）行为层

行为层即组织行为文化，它是组织员工在生产经营、学习娱乐中产生的活动文化。包括组织经营活动、公共关系活动、人际关系活动、文娱体育活动中产生的文化现象。组织行为文化是组织经营作风、精神风貌、人际关系的动态体现，也是组织精神、核心价值观的折射。

（四）物质层

物质层是组织文化的表层部分，它是组织创造的组织的物质文化，是一种以物质形态为主要研究对象的表层组织文化，是形成组织文化精神层和制度层的条件。优秀的组织文化是通过重视产品的开发、服务的质量、产品的信誉和组织生产环境、生活环境、文化设施等物质现象来体现的。

第二节　组织文化的功能

在认识组织文化的功能前，应先知道什么是功能。功能是指一系列影响、改变他系统以及抵抗、承受他系统的影响和作用的能力,是一系列从周围环境中取得物质、能量、信息而发展自身的功用。通过功能的定义可知,功能是指一种能力和功用,组织文化具体的功能和功用可以两方面认识:第一,组织文化可以影响其他事物,同时,可以对其他事物的影响产生反映;第二,组织文化可以从环境中获取物质、能量和信息,并且在这个过程中得到自我发展。这仅仅是从总体上认识,还应该更进一步地去了解,到底组织文化具有哪些特殊的功能。

组织文化越来越受到企业界的青睐,最根本的原因也正在于它具有一些非常重要的功能。为了尽可能地发挥组织文化的作用,学者们也相继探讨组织文化具有哪些功能。根据国内的主流思想,可以将组织文化的功能归纳为以下八个方面:导向功能、协调功能、凝聚功能、激励功能、约束功能、教化功能、增誉功能和辐射功能。

但是任何事物都有两面性,组织文化也不例外,它对于组织的功能可以分为正功能和负功能。组织文化的正功能在于提高组织承诺,影响组织成员和外部相关人群,有利于提高组织效能和组织形象。同时,不能忽视的是潜在的负效应,它对于组织是有害无益的,这也可以看作组织文化的负功能。组织文化的功能不能仅考虑组织内部成员,还要考虑组织外部相关群体,组织文化的根本是影响内部与外部相关群体。

一、组织文化的正功能

(一)导向功能

组织文化是一种价值取向,可以引导企业主体的态度和行为。企业的领导者和员工是企业的主体,因此,组织文化对领导和员工具有导向作用。组织文化主要从三个方面发挥导向功能。

(1)通过价值观发挥导向功能。组织文化的核心是价值观,组织文化的第一任务也即是影响和引导所有成员的价值观,让企业成员自觉自愿地与企业保持一致。成功的组织文化可以把组织的价值取向变成员工的价值取向,潜移默化地改变员工态度,从而引导员工行为。

(2)通过目标发挥导向功能。在特定的组织文化下,会形成特定的目标,这些目标既是为了符合外界环境的需要,更是为了符合组织内在的需要。由于员工认同组织的文化,也会认同与文化相一致的目标。当组织目标与员工目标相一致时,员工在实现组织目标的同时,也实现了个人目标,因而具有强烈的动机努力工作。

(3)通过行为规范发挥导向功能。为了落实价值观、实现目标,需要更为具体的行为规范。行为规范是组织文化的重要组成,它更加详细地引导员工应该如何行动,从具体层面,或者说从细节上体现组织特有的文化。行为规范可以帮助员工理解组织文化,更能让员工从行动上实现组织文化。

组织文化的导向功能具有自发性,也具有强制性。具体表现在以下两点。

(1)组织文化必然得到大多数成员的认同,使他们在很多方面达成共识。由于对事物的看法比较一致,员工的态度与行为自然而然地符合组织需要。内心的认同,驱使人们产生期望的行动,这是组织文化不同于其他管理手段的重要特点,因而它具有更加强烈的引导作用。

(2)组织文化的引导功能也具有强制性,这往往被多数人所忽视。文化不同于权威命令,不是必须执行、必须服从,相反,具有更多的弹性。但是,组织文化一旦形成,就会建立起一套价值体系和规范标准,可以从某种程度上引导成员行为。当成员的态度与行为与组织文化出现悖逆情况时,员工发现自己无形中与其他成员和组织对立,不得不承受巨大的心理压力,在这种压力的驱使下,员工不得不改变行为。此时,强制的导向功能发挥作用,也就是说,不管员工内心是否认同文化,但他会尽可能地表现出符合文化需要的行为,避免落入孤立的境地。

(二)协调功能

世界无处不充满矛盾,只有在矛盾中寻求和谐才能得以生存。文化是润滑剂,可以缓和各种人类社会矛盾,可以看到,具有同样文化的人群往往可以融洽相处。组织文化是一剂良方,不但可以协调组织内部关系,还能协调组织与外界的关系,从而为组织的发展创建和谐的环境。

塑造组织文化的一个主要目的是让所有成员形成共同的价值观,因而在同一组织中工作的人往往有很多共同语言。他们对事物的看法、对待事物的态度以及处理事物的方法都有很多共同点，人与人之间的沟通会更加容易。沟通是交流信息的手段，也是增进感情的方式。顺畅而愉快的沟通自然拉近了人们的距离，人们相互理解，相互支持，甚至相互关心，和谐的氛围非常有利于协调人际关系，而和谐的人际关系是组织顺利运转的重要前提。

在同一个组织，部门间的冲突时有发生，这是一个普遍存在的现实。部门之间的矛盾往往起因有二：一是因为各部门的利益不同；二是部门间相互不理解。事实上，这两点都可通过组织文化解决。首先，利益不同仅仅是部门间的局部利益不同，但是，大家的共同利益是一致的，也就是组织的整体利益。只有企业赢利，部门才能跟着获利，组织文化恰恰能让所有的部门认识到这一点。也就是说，当各部门具有相同的价值观，从更高的层面来认识企业时，才能舍小利保大利、舍近利求远利，相互协调，追求整体利益。其次，由于从事的具体工作不同，部门间往往互不理解，只想到对方不支持自己工作，而不考虑兄弟部门的困难。组织文化不但可以让大家在思想上更接近，还能培育一种相互理解的氛围，减少部门摩擦。

由于企业是追求利润的组织，经常因为追逐利益而破坏了与外界的关系。时常看到各类报道，如降低排污成本污染环境、争夺市场恶意诽谤同行竞争者、虚假合同骗取供应商材料、伪劣产品对顾客造成人身伤害、偷税漏税等，这些行为都是不道德的，但如果抛开一切谈企业，它本来就是一个利益追逐体，所以这些行为又都是可以解释的，说到底就是为了利益。因此，作为经济产物的企业更加迫切地需要组织文化，健康、持续的发展观才能让企业在关心利益的同时，也关心社会。只有这样，才能缓和矛盾，协调组织与外界的联系，实现持续发展。

（三）凝聚功能

组织是将一群人以某种方式结合在一起，因而组织本身就有凝聚作用。但是，这是表面的凝聚，人们为了某种利益而甘愿加入到组织中，而并不意味着人们是发自内心地视组织为自己的归宿。虽然在名义上归属某个组织，在行动上也是在为组织服务，然而是否是发自内心的全心全意服务，其绩效差异是非常巨大的。组织文化具有凝聚功能，可以产生强烈的向心力，使成员真正地融入组织中。

为何组织文化具有其他管理手段无法比拟的凝聚作用？通过分析发现，组织文化可以充分满足 Maslow（1943）需要层次理论中的两大需要，即交往需要和自我实现需要。

首先，人具有交往需要，希望得到友爱、融入某些集体。除了家庭以外，工作单位是人们最主要参与的组织，每天有相当一部分时间在单位工作，与身边的同事交往。从内在需要来讲，人们希望能成为组织的一员，得到组织的认可，与同事愉快地交往。组织有明确的目标，过于刚性，而组织文化恰恰能迎合人性需要。通过组织文化，可以加强人们的归属感，可以调和人际关系。

其次，人有追求自我实现的需要。自我实现需要是一种使自己成为理想的人、完成与自己最大能力相称的工作的需要，是人的最高追求。工作是实现自我价值的途径，可以在工作中发挥最大的能力，可以通过工作达到个人目的。然而当个人目标与组织目标不相符时，个人的发展就会受到局限，最终导致另谋高就。组织文化具有同化作用，可以让人们建立共同的价值观、共同的目标，在长期熏陶下，成员会将工作作为事业，把组织当成实现自己理想的地方。一旦被认为可以组织中得到自我实现，那将激发中员工最大的潜能。

罗长海等（1999）等学者认为，组织文化具有同化作用、规范作用和融合作用，这三种作用的综合效果就是组织文化的凝聚力。分析这三个作用发现，组织文化确实起到了其他管理方法不可替代的凝聚功能。

（四）激励功能

激励是指激发人的行为动机的心理过程，通过各种客观因素的刺激，引发和增强人的行为的内驱力，从而把外部的刺激内化为个人自觉的行动。几乎所有的书中都将激励功能和约束功能分开描述，事实上，约束功能可以归入激励功能。根据 Skinner（1938）的强化理论，人的行为是对外部环境刺激所做的反应，只要控制行为的后果，就可控制人的行为。Skinner 认为可以通过三种强化手段达到激励的作用,这三种手段是正强化、负强化和消退强化。正强化是肯定和奖赏以加强行为,负强化是否定和惩罚以消除行为,消退强化是不予理睬让其自动终止行为。因此,激励并非仅指积极的一面,还包括消极的一面,即不仅激发正确行为,还限制错误行动。所以,约束功能是激励功能的一部分,本书不再单独列出。

组织文化可以从正面激发员工。随着管理研究的深入,人的作用越来越受到重视。组织文化即是以人为中心,关心人、尊重人、理解人、重视人,因此文化本身就有激励作用。同时,很多激励手段都需要通过组织文化得以实现,比如信任激励、感情激励、宣泄激励、目标激励、参与激励、尊重激励、宽容激励、榜样激励等,这些激励方法必须通过组织文化才能得到充分的实施。绝大多数激励方法与组织文化结合后,可以显著地扩大激励效果。

组织文化可以从负面约束员工。约束功能也被称为规范功能,组织文化可以通过刚性约束和柔性约束达到规范人们行为的目的。首先,规章制度是组织文化的体现,它明确地告诉员工该做什么、怎么做、以什么为标准等,可以具体地规范员工行为。规章制度具有强制性,如果违反,将会受到批评、警告、扣薪、降职、解雇等处罚。其次,道德规范是组织文化的再现,它通过影响员工的思想来约束员工行为。道德规范没有强制性,但却更强烈地影响员工所为,因为如果行为不被组织认同,一方面因思与行不同而自责,一方面还要承受舆论压力。内心的折磨远甚于外在的惩罚,因此,组织文化可以通过有形无形的手段约束成员。

(五)辐射功能

组织文化是社会文化的重要组成部分,是不可或缺的子文化。社会文化是一个大系统,直接影响和决定着组织文化的主要方面;但是,组织文化也有反作用,也可以影响社会文化。有人戏言,抽着万宝路、喝着可口可乐就是美国人。可见,当一个公司的组织文化非常强大时,丝毫不能忽视它对社会文化的影响。

组织文化不仅可以影响组织内部,还可影响外部环境,当发挥后者作用时,就被称为组织文化的辐射功能,也被称为扩散功能和外部功能。组织文化主要通过三条途径向外部辐射,即通过产品、通过员工、通过宣传。

产品是提供给市场,用于满足人们某种欲望和需要的事物,它包含了实物、服务、场所、组织观念等内容。作为组织与社会联系的重要载体,产品凝聚了组织的各种理念,如生产观、资源观、技术观、品牌观、决策观、审美观、服务观、营销观等,几乎所有的企业理念都会最终体现在产品上。当客户接触和使用产品时,他能通过产品感受到公司的文化,并潜移默化地受其感染。

员工是组织的成员,他们更能理解和传递组织文化。员工是组织文化的创造者,也是组织文化的实施者,长期熏陶的结果,会使他们的一言一行打上特有文化的烙印。同样背景的两个人,当他们在不同的公司中工作一段时间后,能明显地感到他们的差异。员工在工作中待人接物,在生活中与人相处,都会不由自主地将这种文化气息带给身边的人。

宣传工作是企业的一项重要工作,它是企业与社会沟通的途径。通过宣传,企业可以树立形象,扩大影响。张裕集团的"爱国、敬业、优质、争雄"精神,同仁堂的"德、诚、信"理念、海尔的斜坡球体论……这些组织文化通过各种媒介向外宣传,目的是让社会理解企业,从而进一步接受产品。然而这些文化的传播不仅让公众理解企业,更是渗透进社会文化系统中。

二、组织文化的负功能

尽管组织文化存在上述种种正功能,但是组织文化也对组织存在潜在的负面作用。

(一)变革的障碍

如果组织的共同价值观与进一步提高组织效率的要求不相符合时,它就成了组织的束缚。这是在组织环境处于动态变化的情况下,最有可能出现的情况。当组织环境正在经历迅速的变革时,根深蒂固的组织文化可能就不合时宜了。因此,当组织面对稳定的环境时,行为的一致性对组织而言很有价值。但组织文化作为一种与制度相对的软约束时,深入人心,极易形成思维定势,这样,组织有可能难以应付变化莫测的环境。当问题积累到一定程度,这种障碍可能会变成组织的致命打击。

(二) 多样化的障碍

由于种族、性别、道德观等差异的存在,新聘员工与组织中大多数成员不一样,这就产生了矛盾。管理人员希望新成员能够接受组织的核心价值观,否则,这些新成员就难以适应或被组织接受。但是组织决策需要成员思维和方案的多样化,一个强势文化的组织要求成员和组织的价值观一致,这就必然导致决策的单调性,抹杀了多样化带来的优势,在这个方面组织文化成为组织多样化、成员一致化的障碍。

(三) 兼并和收购的障碍

以前,管理人员在进行兼并或收购决策时,所考虑的关键因素是融资优势或产品协同性。近几年,除了考虑产品线的协同性和融资方面的因素外,更多的则是考虑文化方面的兼容性。如果两个组织无法成功的整合,那么组织将出现大量的冲突、矛盾乃至对抗。所以,在决定兼并和收购时,很多经理人往往会分析双方文化的相容性,如果差异极大,为了降低风险则宁可放弃兼并和收购行动。

第三节 塑造组织文化的主要途径

一个成功企业的背后一定有优秀文化作支撑,一个优秀的组织文化也常常引领企业走向成功。众多的案例已证明,追求成功应先塑造适合组织发展的文化。然而,塑造组织文化并非一朝一夕的事情,需要长期积累,更需时时维护。一般而言,要经历积累、维系、变革和整合的过程。

一、组织文化积累

组织文化的积累分为无意识的积累和有意识的积累。在组织创建初期,没有固有的模式,组织完全根据生存需要自然地形成了一些特有的文化,这些文化有正面的也有负面的。随着组织的发展,各种文化会自然生长、消退、变异,这种变化是事先不被感知的。无意识积累的文化是组织文化最初的雏形,这类文化可能有利也可能有害,但是不加以引导,最终会成为限制组织发展的障碍。而有意识积累的文化是正面的文化,经过筛选、整理、倡导得以固化,因此,有意识的文化占据主导地位。

在积累阶段,要经历从无到有、从无意识到有意识渐渐发展的过程。最初,组织只是考虑如何生存,在这个特殊的环境中,自然而然地形成了相应的文化。随着组织的发展,渐渐意识到文化的作用,少数人提出文化主张,倡导全体认同和实践,并以身示范,这些人就是组织文化的先驱者。当倡导的文化显示促进组织发展时,文化会得到进一步强化,加强宣传、制度支持、不断实践,从而使文化得到固化。

二、组织文化维系

通过积累形成组织文化后,需要维系将文化变成文化现实,这是最为漫长的过程。维系不是简单地维持,而是根据实际情况不断改善,因而具有一定的创造性。这个过程复杂多变,可能会偏离最初目标,需要不断调整,因而维系还具有动态性。

维系文化首先要收集信息,经过整理,分析现在文化情况,做出调整后再进行传播。这个从收集信息到再传播信息的过程是周而复始的,起到不断调整的作用。为了方便信息沟通,要在内部建立多种渠道,引导员工认同文化,监督员工实践文化,便利员工反馈信息;在外部利用各种传播媒介,宣传组织文化,争取得到公众的认同。

组织文化维系分为对内和对外两个方面,它们采用的途径也各不相同。对组织内部,可以利用企业神话、企业英雄传奇、奇闻轶事等故事宣传文化,可以用标语、标记、口号等方式传达文化,可以借助领导者的行为、作风来示范文化,可以通过制度强化文化,可以透过风俗、仪式展示文化。在组织外部，可以通过产品、服务、员工、传播媒介和各种活动展现组织文化，其目的是让公众了解企业、认同企业。

三、组织文化变革

当组织发展到一定时期时，或是外界发生巨大变化，组织发展可能就此停滞。这类事例不胜枚举，众多中小企业无法继续壮大就是例证。最主要的原因，是过去的经营理念、管理风格、决策思路、行为准则等曾经令组织获得成功的要素，不再适合组织新的发展，而这些要素又正是组织文化的重要组成。换言之，旧的组织文化不再适合新的需要。

"旧的组织文化不再适合"，不是要完全抛弃原有文化，而是在其基础上发生飞跃。比如，"打仗还需父子兵"的理念可能会让几个人的家庭作坊成功，但肯定不适合上百人的企业经营，团结是企业成功的经验，此时可将此理念转变为"团队合作"，延续团结文化。

组织文化变革是指由组织文化特质改变所引起的组织文化的重大变化。一方面受到发展需要而产生强烈的推动力；另一方面固有模式的影响又会产生巨大的阻力，变革就在两股力量中进行，此过程比其他阶段都要困难。因而，坚定且有策略地计划和实施变革非常必要。首先，建立变革的指导机构，作为推进主体来实施具体任务。然后对内外环境进行调查，诊断现有文化，评估文化需求，再制定变革方案。最后，发挥领导和模范的作用引导变革，并通过培训改变员工观念。一场彻底的变革，会引起物质层、行为层、制度层和精神层的变化，因而变革需要足够的勇气和卓越的眼光。

四、组织文化整合

文化整合是一种文化变为整体的或完全的过程，或是，一种文化变为整体的或完全的一种形态。这种形态被理解为：在各种文化的意义中的一种逻辑的、情绪的或美感的协调；文化规范与行为的适合；不同成分的风俗和制度之间在功能上的相互依赖。组织文化是一个有机整体，具有一体化倾向，然而在现实中总是存在着各种各样的冲突，如不同利益群体间的冲突、新旧文化之间的冲突、不同民族文化间的冲突。随着全球化的发展，跨国公司日益增多，同一组织受到不同国家文化影响的情况非常普遍，如何正视和解决这一问题成为组织文化研究的新热点。

我国的公司，主要受到中国、日本、美国三国文化的影响。中国文化重"情"，重视感情、追求和谐、谦虚谨慎、爱家敬业、重义守信；日本文化重"理"，追求功利、讲求实效、生存为首、奋力竞争；美国文化重"法"，遵守法律、严守规则、重视契约、尊重个人、制度完善。三种文化迥然不同，当同一组织受到不同文化影响时，会相互抵触。可能通过文化整合，消除冲突，并吸引各种文化的优势，具体包括以下几方面。首先，要正确认识到不同文化的差异，尊重不同的文化，发现各自的优点。针对文化差异，进行跨文化培训，增进相互理解，促进沟通。最为重要的是，汲取不同文化的精华，整合文化，塑造全体成员共同认可的组织文化。最后，巩固整合成果，用新的文化去改造组织的生产经营管理活动。

第四节　学习型组织

一、学习型组织概述

管理大师杜拉克曾说："在竞争激烈而快速变迁的世界中，只有学习型的组织（learning organization），才能得到生存与发展"。持续不断的学习是企业经营的重点，企业唯有成为学习型组织才能够永续经营。企业面对外在环境急速变化、产品生命周期缩短的情况，纷纷投入组织学习、组织变革与创新之路，而推动学习型组织更因此受到推崇。

20世纪90年代初期，美国麻省理工大学斯隆管理学院的彼得·圣吉（Peter M. Senge）教授出版了《第五项修炼》一书，提出"应变的根本之道是学习，这乃是竞争求生存的基本法则"；在其后出版的《变革之舞》中，圣吉教授又强调"21世纪企业间的竞争，实质上是企业学习能力的竞争，而竞争唯一的优势是来自比竞争对手更快的学习能力"。学习型组织理论问世以后，立即风靡全球，引起了理论界和企业界的极大关注，成为企业组织模式的一大研究方向。

马恰德在他的组织学习系统理论中指出："系统地看，学习型组织是能够有力地进行集体学习，不断改善自身收集、管理与运用知识的能力，以获得成功的一种组织。"

鲍尔·沃尔纳对学习型组织所下的定义是："学习型组织就是把学习者与工作系统地、持续地结合起来，以支持组织个人、工作团队及整个组织系统这三个不同层次上的发展。"

国内学者对学习型组织这一概念进行定义时，郭咸纲的定义是比较典型的："学习型组织，是指通过培养弥漫于整个组织的学习气氛，充分发挥员工的创造性思维能力而建立起来的一种有机的、高度柔性的、扁平的、符合人性的、能持续发展的组织。"这种组织具有持续学习的能力，具有高于个人绩效总和的综合绩效。曹世潮的定义也比较有特色，他认为："所谓学习型组织，即组织是否具有学习的欲望、机制、环境和全体一致的自觉。"

综合以上观点认为，学习型组织是指在这种组织中，个人、团队和组织是学习的三个层次，他们在由组织共同愿景所统领的一系列不同层次的愿景所引导和激励下，不断学习新知识和新技能，并在学习的基础上持续创新，以实现组织的可持续发展和个人的全面发展。

学习型组织是通过培养整个组织的学习气氛，充分发挥员工的创造性思维能力而建立起来的一种有机的、扁平化的、符合人性的、能持续发展的组织。这种组织具有持续学习的能力，具有高于个人绩效总和的综合绩效。

二、学习型组织的五项修炼

彼得·圣吉教授在研究大量企业的兴衰史和参加大量企业的管理实践后总结出：企业要在快速变化的市场中迈向学习型组织，必须具备两个基本本领，即应变和适应的能力以及有远大理想、创造未来的能力。和人一样，企业不仅是为了生存而简单地适应世界，而且还要为更崇高的理想而奋斗，创造和改造世界。对企业而言，达到如此境界，必须具备五项修炼的技能。五项修炼指的是学习型组织的五项新技能的组合，被管理界称为圣吉模型。它包括：自我超越、心智模式、建立共同愿景、团队学习和系统思考。

（一）自我超越（personal mastery）

通过学习扩展自身的能力，从而获取最理想的结果，创造一种组织环境，激励组织成员发展自我，追求自己选择的目标。个人有意愿投入工作，专精工作技巧的专业，个人与愿景之间有种"创造性的张力"，正是自我超越的来源。自我超越是学习型组织的精神基础。不断"自我超越"的人，能够不断实现他们内心深处最想实现的愿望。此项修炼兼容并蓄了东方和西方的精神传统。

（二）心智模式（improve mental models）

心智模式是认知心理学上的概念，指那些深深固结于人们心中，影响人们认知周围世界，以及采取行动的许多假设、成见和印象，是思想的定势反映。心智模式不仅决定如何认知世界，也影响如何采取行动。心智模式是一种思维定势，这里所说的思维定势并非是一个贬义词，而是指认识事物的方法和习惯。不同的心智模式，导致不同的行为方式。当心智模式与认知事物发展的情况相符，就能有效地指导行动；反之，当心智模式与认知事物发展的情况不相符，就会使自己好的构想无法实现。所以，要保留心智模式中科学的部分，纠正不科学的部分，以取得好的成果。在组织中，心智模式具有多方面的体现，对心智模式的检视是学习型组织的重要工具。组织行为理论认为，组织中也存在拟人化的集体思维或组织心智模式。心智模式的特点在于：根深蒂固，深植于人们的心中；难以被发现，多数人自我感觉良好。

（三）建立共同愿景（building shared vision）

愿景可以凝聚公司上下的意志力，透过组织共识，大家努力的方向一致，个人乐于奉献，为了组织的目标而奋斗。共同愿景是集体成员共同勾勒出为之奋斗的将来，确定原则和指导方法，从而在集体中建立起一种奉献精神，是组织中全体成员的个人愿景的有机整合，是能成为员工心中愿望的远景，它遍及组织全面的活动，并使各种不同的活动融汇起来。建立共同愿景的核心工作,就是设计和发展出持续的工作流程,使组织中不同阶层岗位上的人们都可以由衷地说出他们最关心的事情,同时高级主管和其他人也都能听到他们所说的话,形成双方有机的互动。

（四）团队学习（team learning）

团队智慧应大于个人智慧的平均值,以做出正确的组织决策,透过集体思考和分析,找出个人弱点,强化团队向心力。

企业要在知识经济时代中赢得成功,不能仅靠几个英雄式的人物,而要引领整个团队通过不断的学习,增强企业的整体实力。团队学习的修炼,是指改变交谈和集体思考的技巧,从而发展出超出成员才能总和的集体智慧和能力。

学习是心灵的正向转换,企业如果能够顺利导入学习型组织,不仅能够达到更高的组织绩效,更能够激活组织的生命力。

（五）系统思考（system Shinking）

系统思考是五项修炼的核心,是指对影响系统行为的力量和相互关系进行思考的方式,也是用以描述和理解这种力量和关系的语言。应通过资料的搜集,掌握事件的全貌,培养宏观的思考能力,看清楚问题的本质,清楚了解事物的因果关系。

（六）五项修炼的整合

在实践中,必须以系统思考为核心,把这五种技能有机地融为一体,作为建立学习型组织的基石。在组织内设置共同的目标,并适时调整和更新,使组织内部始终充满活力氛围和积极的创造力。激励个人进取精神,充分发挥个人在组织中的作用,为实现共同前景而为之奋斗。建立合适的并能用好心智模式是建立学习型组织的关键。这不仅有助于高层决策人员制定正确的发展战略,做好战略管理工作,而且能使各层决策人员能针对多变的环境,快速、科学地做出应变和决策。这项修炼让我们知道如何更有效适时地改变系统,如何行动才能和世界的自然及经济发展的脚步保持一致。

三、学习型组织的特点

学习型组织是企业提升全员素质,进而增强竞争能力的有效武器。科学管理之父泰罗把管理学现代化的起点放在了生产基层,"学习型组织"也把基点放在生产和管理基层,通过基层学习组织的构建,使整个企业具备学习型特征。学习型组织主要有七大特征。

（一）团队性

现代企业竞争是合作博弈,是发展水平的共同提高。组织里有一两个优秀人才,如果不能把他们的优点传授给其他成员,这个团队就不能称为有竞争力的团队。团队应当秉承互助、共进的理念,使优势互动、互补,实现知识的有机整合。学习的过程是彼此帮助的过程。某种程度上讲,团队学习是学习型组织的核心,因为工作永远是团队机能的结果。团队就是"一群互相帮助去完成一项工作的人"。企业的成长必然来自团队工作的成长能力。

（二）共享性

基层组织内部要创造和谐、活泼的气氛,使员工产生归属感,开放自我,愿意分享自己的知识、经验与心得。内部讲习制度是活跃组织学习的气氛、增强知识共享的有效途径。参加学习的成员都要随时准备和他人分享自己学习到的知识。知识和技能的分享如能发生在实际工作中,发挥的效果将会更好。在成功地完成一项任务后,大家集体对过程展开热烈的讨论,并形成一致的共识,将会非常有利于知识的积累和提高。

（三）自我管理性

许多企业容易把基层组织工作视为常规性静态控制点,是宏大的企业目标的一环,忽视了基层组织工作的开展。作为企业的基础环节,应当把企业使命落实到基层,挖掘基层员工更高层次的自身需求。进步是团队的内生要求,因而,发掘团队内部的进步潜能,开展基层授权工作非常重要。

为了实现自我管理,团队成员要善于寻找"赞赏"和"质疑"间的平衡点,相互"赞赏"鼓励伙伴坦白、诚实地发表意见，通过"质疑"寻找不足，达到改进。不喜欢"赞赏"、更不愿意"质疑"别人是我们中国人的一大特点。我们要有一颗"赞赏"和"质疑"的心，这是自我管理团队的重要特征。

（四）非正式性

成熟的企业文化能够引发员工自发地为企业付出努力。企业中并非所有的问题都需要经过正式的程序、利用正式的时间去解决。日本企业创造了闻名于世的"质管圈"，就是各工种职工在业余时间组成的自发解决质量问题的小组。

企业可以大力鼓励非正式学习组织的建设。非正式的团队要发展轻松平等的沟通、交流和协商的文化，使员工积极开发自我的思想空间，乐于说出自己的想法，参与团队的行动。否则就可能引起员工自我设防，事不关己、高高挂起。

当然，在企业有意识地开展学习型组织建设的时候，往往会有意识地建立基础的学习型单元，这些单元的非正式性就难以保证。这种时候，我们要重视发掘其主动性和自发性，加强单元之间的交流互通。

（五）实用性

学习型组织的关键点不在"学"上，而在学后落实到行动上，学习后要有新的行为。学习型组织可以部分地解决思想问题，但不能停留在喊口号、背理念上。一定要与实际的工作紧密结合，"学以致用，学用相长"。工作改进是学习型组织的检验标准。增进实用性，必然通过反思。反思是《第五项修炼》的核心思想之一，使用学习到的新知识、新感悟去发现问题并解决问题。

信息爆炸的时代往往造成人在学习上的无所适从，如果没有明确指向的学习，将一无所成。因此，越来越多的企业强调"工作学习化、学习工作化"。学习的最终目标是解决实际问题。因此，在学习型组织内部，每个成员都要有明确的定位，围绕着中心和目标开展学习，大大提高学习的效率。

（六）系统性

基层组织是企业的一分子，必须发挥其在组织链条中应有的作用，与组织中的其他部分有机地联系起来，从企业全局的高度开展工作，发挥协同效应。例如，江淮汽车为了使技术工作面向客户，决定把对技术图纸的定期评审由原来部门领导来做，改为每个员工都可以对图纸进行评价，把由上至下的评审变为从下至上的学习过程。但是技术人员无法接受大家对自己的图纸指手画脚，员工们也不愿意得罪人。后来采取了"把绘图人的名字遮挡起来"的方法，能够在不失颜面的情况下听到来自各方面的意见。大量来自市场、生产的意见得以采纳，图纸的实用性大大提高。这种方式加强了不同部门之间的沟通，提高了部门工作的系统性。

（七）细分整合性

现代学习型组织建设已经以基层组织为基点，向下扩散到个人，向上扩展到整个企业。例如，陕鼓集团的很多班组建立了员工的个人愿景，与团队愿景和企业愿景结合起来，是很好的尝试。企业可以制定当年愿景和3~5年愿景，然后层层分解：为了达到这个共同的目标，每个部门要做什么，为了这个部门的目标每个班组要做什么……依次类推到个人，让每个人都有一个愿景，最终落实到个人。愿景成为服务企业、成就自我的原动力。当愿景分解到个人的时候，重要的一步是进行评估——这个愿景是否跟个人情况、本职工作相结合，随后跟踪考核。

学习型组织的这七个特征，彼此关联，密不可分。只有同时具备了这七个特征，才是现代化的学习型组织。但是正如彼得·圣吉所说，没有一个企业可以真正说是学习型组织，学习型组织是不断改进的组织。企业只会无限接近学习型组织，并且还需要付出更大的努力。

四、学习型组织的建设

（一）解决观念上的问题

美国哈佛大学教授彼得·圣吉开创了学习型组织建设理论——"五项修炼"理论，其核心是：学习型组织中的每一个成员可以通过补充新知，不断突破自己的能力上限；通过与人沟通、开放自我、共同学习，培养全新、前瞻而开阔的思考方式，进而全力实现共同的抱负。这个理论无疑是组织理论的伟大创新，但人们对其认知上的一知半解对运用这个理论造成了极大的妨碍。

误区之一：把创建学习型组织视为万能。尽管学习型组织的前景十分迷人，但如果把它视为万能，哪儿有问题就用学习型组织是十分危险的。事实上，学习型组织的缔造不应是最终目的，重要的是通过迈向学习型组织过程中的种种努力，引导出一种不断创新、不断进步的新观念，从而使企业充满创新的活力。

误区之二：期望立竿见影、一蹴而就。从经济和市场角度来看，越先进的东西，可能面临的风险就越大。学习型组织作为管理理论的前沿，在企业中的运用远远未达到成熟阶段，充满了风险和不确定性。同时，作为一种持续学习过程的发展性力量，它的作用是长期的、渐进式的，其效果是不可能立竿见影的。

误区之三：把学习型组织与学习、培训相混淆。构建学习型组织，核心是学习，但它又不是传统意义上的教育、读书、培训等学习性的活动，其真正意义在于改变固有的思维模式和行为方式，形成员工自我学习能力、思维能力、创新能力。

（二）建立开放的学习系统

要培养员工终生学习的理念，开创多种学习途径，运用各种方法引进知识，建立有多元回馈和开放的学习系统。

通常概念上所认为的"看看书、上上课"仅仅是学习的一小部分，真正的学习应是自我批评的学习、信息反馈的学习和交流共享的学习。要从观念上把组织安排员工学习、培训提高到维护员工权益的高度，拓展学习的内容，要涵盖理论、业务、新知识等各方面内容，设计个性化培训项目，创造性地开展学习、培训。

从组织学习角度出发，培训仅仅是员工适应性学习的一种途径，大量的"创造性学习"往往发生在日常的工作和交流过程中，它是一种目的性、指向性更明确的自觉学习。因此企业可以通过促进内部经验的积累传播、向兄弟单位学习、向竞争对手学习、向业外企业学习、向用户学习等模式建立多元回馈和开放的学习系统。

（三）形成共享互动的氛围

要促进探讨和对话，树立学习共享与互动学习的理念。学习型组织的学习必须在人人自觉学习的基础上强调团队学习，人人学会从他人那里学习知识，使学习成为一种全员经常化、普遍化、互动化的行为，并在此基础上学会共同合作的方法，学会与他人合作，进而提高完成共同目标的组织能力，整体强化组织的学习能力。

把个人学习和团队学习之间联结起来的是探讨的精神。对话，需要有开放的气氛和敞开的交流，提出问题，倾听解答，坦诚交流，就会产生新的更有价值的观点。上下级沟通交流要由管理者发起，管理者惯性思维的毛病，很可能扼杀员工创新的积极性。反之，能跟人交流、沟通，能尊重人、理解人的管理者才能与员工间产生亲密、友善、互助、信任的组织气氛，激发员工发挥积极性与创造力。

现代组织中仅有个人素质的提高是不够的，需要积极地提升组织整体的素质，提升整个组织的素质就要建立一种新型的组织——学习型组织。学习型组织的学习内容，就是圣吉提出的五项修炼，也是领导者必须掌握的五项技能。学习型组织的理念与中国传统文化有着至深的渊源与高度的相通之处，我国不同时期也曾开展过"企业文化""凝聚力工程"等声势不凡的活动，这对组织素质的提高有一定的作用，但要实现关于建设学习型社会的构想，中国的企事业组织还面临着一些亟待考虑和抉择的问题。

学习型组织理论的广泛应用，必将在世界范围内普遍地建立各种类型、层次和规模，最富创造力、生命力的学习型组织；必将为人类社会带来新的生产力和更高的社会经济效益；而这一理论本身也必将在广泛的实践中得到丰富、提高与发展。

知识拓展

创业文化

一、创业文化的概念

文化是经济发展的重要内源动力,创业文化是经济发展的重要推动力。建设创业文化,是日益引起人们关注的重大课题。创业在当今是十分重要的社会现象,它已成为这个时代经济增长的源动力。然而创业必须要有相应的文化来支撑。作为直接推动社会经济发展的创业文化,在中国经历了漫长的发展过程。人类的创业史大概可以分为三个阶段,一是生存创业阶段;二是理性创业阶段;三是文化创业阶段。

创业文化(entrepreneurial culture)是指与创业有关的社会意识形态、文化氛围,其中包括人们在追求财富、创造价值、促进生产力发展过程中形成的思想观念、价值体系和环境意识,主导着人们的思维方式和行为方式。创业文化作为整个社会文化体系中的一个文化丛,是依存于创业实践活动而表现出来的一个文化现象。它对社会经济的作用更直接,影响力也更大。

二、创业文化的八个准则

创业准则一:明确的目标

成功,就是对目标的实现。有了目标,才有成功。成功的督导者,首先为自己建立明确的人生目标,无论是事业目标,还是生活目标,或是信念目标。只有当一位督导者将个人的人生目标与公司的目标相结合时,人生目标才能得到完美实现。一位成功的管理者,是在实现公司目标的过程中,实现着自己的人生目标。

创业准则二:用正确的方法做正确的事

做事往往方向比方法更重要,然而把握正确的方向(即做正确的事)比运用正确的方法(即正确地做事)更难!

首先做正确地事,难在主动地做事上。做有助于公司目标或部门目标达成的事,这完全是一种主动的行为,只要认为正确,就去做;认为不正确,就不做。显然,如果被动地做事,奉命做事,即使错了,也有别人承担责任,而主动地做事,就要自己承担责任。做正确的事是要冒相当大的风险的。其次做正确的事,还难在与上司的关系上。有些事情,上司认为应当这么做,我们认为应当那么做,听谁的?做正确的事的规则就是谁有道理就听谁的。这就意味着我们从心态上将上司和我们放在了一个平等的位置了,并随时准备抵制上司的"瞎指挥"。显然,这是需要勇气的。

做正确的事,还难在个人的能力上。比起正确地做事来,做正确的事要有更高的能力和见识。一位销售经理,按照正确地做事的标准来衡量,他只要按照上司的意图提出销售目标和计划,经上司批准后执行就可以了。在计划实施的过程中,如有困难和麻烦,去请示上司,等待批示和命令就可以了。而按照做正确的事的标准来衡量,上司只要制定出销售目标就可以了,其他的事情都等着销售经理去完成。如有困难和麻烦,必须自己想办法,就是说,必须具有不依赖他人,独立地实现目标的能力。

创业准则三:合作制胜

当谈到合作制胜时,几乎没有人不赞同。但是,一旦工作起来,许多人就几乎忘记了这条准则。只想着自己的"一亩三分地"如何耕耘,哪里顾得上别人的收获。

合作制胜,是一个"双赢"的过程。如果一个合作仅仅关注自己的工作的完成情况,而不顾及别人工作耽误的情况,我得到了,别人失去了,这种合作是不会长久的。首先考虑到让别人赢,然后在考虑自己赢,才能在合作中长久地得到自己想得到的东西。

合作制胜,就是发挥团队力量。不善于发挥团队智慧的领导者,实际上是以个人能力为半径划了一个圆,整个团体的贡献不会超出这个圆。这样的团队怎么会有更大的成就呢?怎么更有力量呢？作为一名领导者，应当想到的是，如果他们都拥有较高的水平，都能发挥出来，一定会出现一个 1＋1＞2 的局面。这样，才能造就大事业。

创业准则四：积极的心态

"只剩下 5 发子弹了"，悲观的人会这样说。"还有 5 发子弹呢"，积极的人会这样说。积极的心态，就是相信"办法总比困难多"，"我一定能赢"。积极的人是不会只带着问题来的，他一定会同时带来了答案，即使这个答案很糟糕。

积极的心态，使人不断进取，永不满足。其实，永不满足，首先不是一种主观的愿望，而是一种市场状态。我们的客户不断产生新的需求，我们面对的市场需要新的、更好的产品和服务来满足，那么我们凭什么来满足一时一事的成功呢？因此，应该持有积极的心态，善于看到别人的进步、市场的进步、社会的进步，而不只是看到自己的进步。于是充满了危机感，充满了不断进取的压力。

创业准则五：沟通无极限

一个人的成功，20％靠专业知识，40％靠人际关系，另外 40％需要观察力的帮助，因此为了提升我们个人的竞争力，获得成功，就必须不断地运用有效的沟通方式和技巧，随时有效地与"人"接触沟通，只有这样，才有可能使得事业成功。

沟通是开放的，只有当我们开诚布公地、不计前嫌、不带偏见地使自己的心灵与别人沟通，才能赢得真诚、赢得信任，才能化解误解、偏见、矛盾、隔膜和冷漠。

一个善于沟通的人，会持之以恒，用坦诚的沟通去逐步赢得每一个人，会逐步将开放的沟通方式变成一种团队的工作语言，方便工作的进行。

创业准则六：以主人自居

一个成功的工作者，是以主人自居的。成功的工作者，知道自己的身份是"雇员"。但是，更多地，他把老板看成是客户，自己是供应商，自己向老板出售自己的能力，老板可以得到一件东西，那就是利润、市场占有率、新产品等，而自己却可以得到两件东西，那就是报酬和成功。而这两件东西对于工作者来说，比老板更加需要。

成功的工作者，不会将自己的工作局限在"职责"上，而是定位在"成功"上。围绕工作目标的达成，我需要做哪些事情，就全力以赴做哪些事情，这就是"主人"心态，成功者的心态。这样，才是一种积极的心态，才会主动地做事，才会努力去正确地做事，自己的能力才会全面地展现出来。

正是这样，你以主人自居，有朝一日才会成为主人。把自己"当成"是老板，才能成为老板。

创业准则七：在客户身边

一个成功的人是离客户最近的人！

道理十分简单：企业最高的目标就是利润。利润只能是客户给出。失去客户就失去了利润，失去了利润的公司就死路一条。所以，谁离客户最近，谁就离成功最近！

成功的工作者还把每一位为之服务的人都视为自己的客户，上司是自己的客户，下属是自己的客户，其他部门更是自己的客户。为客户服务的最高原则是让客户满意。让其他部门满意，让同事满意，形成的合力才会使外部客户满意，所以，所谓离客户近，所谓"在客户身边"并不是物理的距离，而是心灵的距离。把客户放在心上，客户才会把我们放在心上。一个客户忘不了的企业，是不会失败的。一个客户满意的工作者，是一定会成功的。

创业准则八：追求卓越

首先就是不小看自己。你想成为第一，才可能成为第一。如果你只想成为第二，也许你只能是第三、第四或者是最后。

追求卓越是残酷的。我们需要付出比常人更多的努力，才能取得比常人多一点点的进步。这并不是我们笨，而是卓越的代价。如果我们不愿意这些付出，只能平庸。

追求卓越，就是做最好的。成功既不是原因，也不是结果。追求是成功的原因，卓越是成功的结果。

三、中国创业文化的特征

（一）艰苦奋斗精神仍是创业文化的重要内容

21世纪创业者面临的不是生活物资匮乏和高强度体力劳作的艰难，而主要是必须面对竞争日益加剧，生活、工作节奏不断加快，脑力消耗强度明显增大的现实，不得不承受着高度的精神紧张和高负荷的心理压力。因此，要取得创业的成功，创业者仍需继承和发扬不畏艰辛、顽强拼搏、吃苦耐劳、艰苦奋斗的创业精神。

（二）知识和智能在创业中的价值地位日益凸现

在知识经济渐居主导地位的21世纪，人们对知识和智能的价值有更深刻的认识，资本不再是创业的绝对条件，不但技术、管理作为"知本"，更要与投资者共创大业，而且创业者对资本的依赖日益让位于"知本"，只要有一个好的技术设想，有一个好的经营计划，谁都可能拿到风险投资。几个掌握一定市场信息的智能"知本家"，在一起聊几次，若想法和思路相近，就可在创业园诞生出一个新公司，这在21世纪的中国也将是不足为奇的现象。

（三）高新技术产业成为创业的主要领域

在生活物资匮乏的年代，只要有资本，在哪个行业都有可能获得成功。随着生产力的发展，中国的短缺经济已经变成了"过剩经济"，人们的一般生活资料越来越富余，传统产业的商机日渐减少，而知识和技术的快速演进，创造出许多新市场，促进了高科技领域创业的风行，使不断产生的各类新兴产业充满活力。人们已经很清楚地意识到，高新技术领域将是21世纪创业者的乐园。

（四）民众在创业的过程中风险意识普遍提高

计划经济体制使人安于现状，顺从依赖，与世无争；市场经济体系则使人不知满足，冒险求变，勇于竞争。它在给人们提供大量机遇的同时，也告知其中伴随着诸多风险。经过改革开放的中国，不论是社会运行机制，还是人们的思想观念，都使创业者在创业成功的诱惑面前不再求稳怕变，他们的风险意识也普遍提高，不再指望国家送个铁饭碗，面对顷刻间的成功或失败都会坦然面对，继续前进。

（五）创业者的视野开阔，理想远大

中国WTO组织一个成员国，在高度信息化的世界"地球村"中，对经济的全球化、一体化必然会有深刻的感受。因此，21世纪的中国创业者与20世纪八九十年代的创业者相比，他们眼中的市场不再是省内、国内，而是整个国际大市场；他们知道自己的竞争对手不再是身边的同行，而是世界各国的大公司、大企业。他们的创业虽然始于足下，但不少人已不再满足于眼前的"一亩三分地"，而有参与国际竞争，组建跨国公司的勇气和抱负。

（六）社会尊重创业者，崇尚创业的努力。

"创业将成为21世纪中国十分重要的一个社会现象，将是中国经济增长的强大推动力"。因此，自主创业会成为一项令人尊敬的工作，无论成功与失败，创业者都会受到人们的广泛尊重。人们对创业的"失败者"将给予更多的包涵和理解，而且他们"受聘的机遇可能更多，失败意味着多了许多经验"。政府也将不断推出各种支持与鼓励创业的配套政策。总之，整个社会都会从不同的方面来营造一个有利于创业的环境和氛围。

本章小结

所谓组织文化，又称企业文化或管理文化，组织文化含义分为广义和狭义。从广义上来说组织文化是指企业在建设和发展中形成的物质文明和精神文明的总和，包括组织管理中硬件和软件，外显文化和内隐文化两部分。从狭义上来说，组织文化是指组织在长期的生存和发展中所形成的为组织所特有的且为组织多数成员共同遵循的最高目标价值标准、基本信念和行为规范等的总和及其在组织中的反映。

组织文化的结构是指各个要素如何结合起来，形成组织文化的整体模式。第一种，分为内化结构和外化结构。第二种，分为显性结构和隐性结构。第三种，分为精神层、行为层和物质层。第四种，是在第三种的基础上进一步划分，将组织文化分为精神层、制度层、行为层和物质层。

组织文化对于组织的功能可以分为正功能和负功能。组织文化的正功能分为导向功能、协调功能、凝聚功能、激励功能、辐射功能；组织文化的负功能分为对变革的障碍、多样化的障碍、兼并和收购的障碍。

塑造组织文化的主要途径有：组织文化积累、组织文化维系、组织文化变革、组织文化整合。

学习型组织是指：在这种组织中，个人、团队和组织是学习的三个层次，他们在由组织共同愿景所统领的一系列不同层次的愿景所引导和激励下，不断学习新知识和新技能，并在学习的基础上持续创新，以实现组织的可持续发展和个人的全面发展。

学习型组织的五项修炼：自我超越、心智模式、建立共同愿景、团队学习、系统思考，以及对该五项修炼的整合。

学习型组织主要有七大特征：团队性、共享性、自我管理性、非正式性、实用性、系统性、细分整合性。

学习型组织的建设：解决观念上的问题；建立开放的学习系统、形成共享互动的氛围。

案例分析

为什么喜欢萌可可

随着时代的发展、社会的进步，孩子的培养，越来越被家庭所重视。于是，一大批少儿培训行业机构涌现了出来，它们有的专注于孩子的课程教育，立足于校外辅导和成绩的提高，有的专注孩子的能力培养，立足于兴趣班和培训班。

萌可可作为一个新生的少儿成长品牌，成立的时间并不长，拥有的知名度也不及一线少儿品牌，却能够在客户群和家长之间赢得好的口碑，形成一定的影响力，受到人们的好评，乃至和家长成为朋友。这一切，都离不开萌可可的企业文化和品牌塑造的理念。

一、萌可可的企业文化

企业文化是组织文化中的一种，企业文化是指在企业的长期经营发展过程中逐步形成的、具有本企业特色、能够长期推动企业发展壮大的群体意识和行为规范，以及与之相适应的规章制度和组织机构的总和。萌可可作为关注少儿成长的机构，从创立之初，就确立了企业文化，从此秉持着"用心创造、实力证明、勇为先驱"的组织文化。

"用心"这个词，看上去很普通，也很平常，但是在萌可可的组织文化中，这个词发挥着非常积极的导向作用，是对所有相信和支持萌可可的朋友们的保证。萌可可的团队，每天都和庞大的家长群保持着良好的沟通和交流，询问孩子们的日常情况，制定符合孩子兴趣的成长策略。在家长们心目中，萌可可更像是孩子的"朋友"，带着孩子游玩、带着孩子成长，而不是简单的少儿成长机构。

"实力"，一直是萌可可全力打造的关键核心，"实力"就像"产品质量"，它是客户对一个企业是否满意的关键。萌可可非常注重组织精神层的建立，独创出6Q培养体系，注重孩子的全方位能力培养，希望孩子掌握更多的技能，成为一名"十八般武艺精通"的新时代少年。要想达成这样的培养目标，萌可可的自身能力建设就显得尤为重要。萌可可结合历史人文，将传统与现代相结合，在传统方面，萌可可努力挖掘传统文化与地方文化特色，汲取汉服、礼仪、茶艺、香艺等传统文化精粹，在游玩中培养孩子的兴趣，在现代方面，萌可可采用拥有美国版权的Q培养体系，用科学的方法评估孩子的成长。萌可可的专业性，在实践中得到了家长们的认可，萌可可老师们的高水平和对孩子们的细心耐心都让家长们感到放心。

单单的"用心"与"实力"也并非萌可可组织文化的全部,"勇为先驱"更是萌可可成功的重要保证。萌可可老师们的高水平保证了他们在行业内的专业性,他们根据不同年龄层孩子的特点,对培养体系进行新的革新,在游玩中去培养孩子的能力、提高孩子的水平。这种"勇为先驱",不是盲目为了区别"同性化",而是在新的培养模式即能力培养为先下的大胆变革。

二、萌可可的品牌塑造

企业文化包含对外文化,要对外部人员产生影响、树立形象。萌可可在品牌塑造中,结合萌可可的品牌诞生地,打造萌可可品牌故事,用当地的历史人物和故事,将萌可可的历史人文主线串联起来,并出版萌可可品牌故事图书——《隐藏南山的时光隧道》。

图 12-1　萌可可的品牌

萌可可的品牌 logo,利用英文的"mcoco"和中文的"萌可可"相结合,生动形象,便于识别,贴近少儿,有着高识别度,体现了萌可可作为少儿品牌的特征。见图 12-1。

除了品牌 logo,萌可可还将品牌形象化,打造了"萌可可"和"萌可"两位品牌 IP 人物形象(见图 12-2),结合品牌故事书,将品牌、IP、历史、人文巧妙地结合在一起,使萌可可的品牌塑造更加完整,更加具象,更能被少儿市场所接纳。

在孩子的培养与成长中,萌可可结合其企业文化特点,大胆地提出了"在玩乐中体验学习,在自由中体现创意"的理念。相比于传统的教育,萌可可更强调孩子能力和兴趣的培养,萌可可相信兴趣是在玩乐中产生的,体验式的学习要比强加给孩子必须学什么来得更有效率。在学习的过程中,萌可可也区别于一定要让孩子学会的传统观念,而是让孩子自己去发现、甚至去创造。在

萌可(小金山)　　萌可可(小京江)

图 12-2　萌可可品牌形象化

不涉及一门学问的核心问题的时候,萌可可大胆地"放任"孩子自由发挥;在触及可能"犯错"的边缘时,萌可可的老师们会慢慢地引导并纠正,而不是"粗暴"地吓止。

三、萌可可的服务理念

萌可可的服务理念是"用心承诺,用爱负责",萌可可的老师们不仅仅是做一个老师那么容易。他们要全面了解自己所培养的孩子的各个方面能力和水平,根据孩子的情况制定不同的最优的培养计划,这些"班主任老师"被家长们亲切地称为"成长顾问"。萌可可还关注孩子们的日常生活和学习,但绝不是关心孩子的学习成绩,而是了解孩子的学习习惯和方法,了解孩子们平时都做些什么。萌可可始终秉持着在游玩中培养,在体验中成长的理念,这种无微不至的呵护,不仅可以让萌可可和孩子们成了好朋友,还能更好地了解孩子的情况,给予更好的指导和教育。

四、萌可可对员工的要求

从另一种角度来看,萌可可组织文化更表现在于她强大的学习能力。在萌可可团队中,个人、团队和企业是学习的三个层次,他们在由组织共同愿景所统领的一系列不同层次的愿景所引导和激励下,不断学习新知识和新技能,并在学习的基础上持续创新,以实现组织的可持续发展和个人的全面发展。萌可可的"成长顾问"要关心每一个孩子的生活情况、兴趣点和基础能力,从而给专业的萌可可老师提供可靠的资料;而萌可可老师会结合孩子的上课情况,对课程的兴趣程度给出反馈意见,以供"成长顾问"对孩子的情况进行及时的更新和掌握。这些工作,对萌可可员工提出的要求就是——专业、耐心和细心。这种最基本的要求适用于每一个萌可可的员工。

五、萌可可对员工的培养

萌可可不仅关心员工的素质,更希望员工在自己的岗位上不断提升。萌可可会组织员工进行一些专业性的学习,员工也会在不同的岗位上接受锻炼。员工能力的提升,带来的是整体水平的

提升。同时，萌可可还对员工开放课程培训，进入职场的员工想要重新再学书法、绘画、乐器在萌可可都能实现。

六、萌可可贯彻企业文化的机制

萌可可在打造团队的能力的同时，也注重企业文化的贯彻。萌可可的每一个部门和岗位都有着十分具体的管理手册，这种手册不但可以让新员工快速熟悉工作，也起到监督和核对员工工作状态的作用。这种管理机制，从上而下，从公司高层到一线员工，让每一个人都有着良好的面貌和敬业精神，全身心地投入到工作中去。这种企业文化在萌可可已经形成一种氛围。

资料来源：宋联可、徐宇翔编写。

讨论题：

1. 尝试论述萌可可企业文化的特点。
2. 分析创建萌可可企业文化有哪些有效的措施？
3. 如果你是家长，你会如何去认识一个少儿品牌？又如何去信任一个少儿品牌？

复习思考题

1. 组织文化的兴起还不到 30 年，为什么得到众多企业的追捧？
2. 中国古代"文化"一词的含义与今天的理解相同吗？你是怎么理解组织文化含义的？
3. 组织文化可以划分成精神层、制度层、行为层和物质层，请将以下内容分别归入这四个层次：职工篮球赛、企业哲学、产品、生产操作规范、企业精神、员工接听电话、薪酬制度、企业内刊、价值观、企业理念、工作服、劳动纪律、工作标准、处理客户投诉、办公大楼、帮助同事。
4. 组织文化具有哪些功能？为什么这些功能是组织文化所特有的？
5. 塑造组织文化要经历哪些过程？这些过程间有什么样的联系？
6. 如何创造学习型组织？
7. fotile 方太厨房专家（简称"方太"）成立于 1996 年，专门从事厨房电器、集成厨房技术与产品的研究、开发、生产与销售，已成为中国厨房领域最著名的品牌。"让家的感觉更好"这句广告词已是家喻户晓，也是方太文化中的方太使命。"让家的感觉更好"已成为方太每个员工恪守的文化，体现在多个方面，然而由于方太是家族企业，这个理念又多了一层含义。方太的第一代领导人茅理翔先生在接受记者采访时说："在中国的家族企业中，家族必须绝对控股，家族企业的股权安全系数在 70%～90% 之间。"绝大多数学者认为家庭企业弊大于利，而茅理翔的观点却与主流思想相背。但是，谁也无法否认，方太的成功确实证明了家庭企业具有诸多优势。

(1) 您认为方太文化中的"让家的感觉更好"对这家家庭企业的成功起到了什么样的作用？

(2) "家"文化是否只适用于家族企业？请说明原因。

第十三章 人力资源管理

本章学习目的

- 理解并能阐述人力资源、人力资源管理的含义
- 理解人力资源规划的含义与基本程序,了解人力资源供求预测的方法
- 理解并能够阐述员工招聘的程序与技术,以及员工培训的程序与方法
- 了解人力资源评价的含义与内容,掌握绩效评价的含义、原则与方法
- 了解人力资源激励的概念,并能够阐述薪酬设计的基本程序
- 了解职业生涯管理的内容与方法

导入案例 ▶▶▶

跳　　槽

A 对 B 说:"我要离开这个公司。我恨这个公司!"

B 建议道:"我举双手赞成你报复!破公司一定要给它点颜色看看。不过你现在离开,还不是最好的时机。"

A 问:???

B 说:"如果你现在走,公司的损失并不大。你应该趁着在公司的机会,拼命去为自己拉一些客户,成为公司独当一面的人物,然后带着这些客户突然离开公司,公司才会受到重大损失,非常被动。"

A 觉得 B 说得非常在理。于是努力工作,事遂所愿,半年多的努力工作后,他有了许多的忠实客户。

再见面时 B 问 A:"现在是时机了,要跳赶快行动哦!"

A 淡然笑道:"老总跟我长谈过,准备升我做总经理助理,我暂时没有离开的打算了。"

其实这也正是 B 的初衷。

资料来源: http://bjmsg.focus.cn/msgview/2827/1/47188367.html。

第一节　人力资源管理概述

一、人力资源及其基本特性

资源是指为了创造物质财富而投入生产过程的一切要素的总称,主要分为四类:自然资源、资本资源、信息资源和人力资源。人力资源与其他资源对应,是以人的生命机体为载体的社会资源,是指在一定区域内人口所拥有的劳动能力,即处在劳动年龄的已直接投入生产和尚未投入生产的人口所拥有的劳动能力。宏观意义上的人力资源概念以国家或地区为单位进行划分和计量,微观意义上的人力资源以部门、企业、事业等用人单位进行划分和计量。

人力资源是生产活动中最活跃的因素,与其他资源相比较有着自己独特的特征。一般说来,人力资源具有如下基本特性。

（一）能动性

这是人力资源有别于其他资源的根本特征。人力资源以人为载体，而人是具有思想、感情的，能够有目的地进行活动，能动地改造世界。人具有意识，而这种意识不同于低水平的动物意识，而是能够觉知自己和周围的环境并能够利用这种觉知调节自己行为的社会意识。这种社会意识不是消极被动的，而是主观能动的，具有创造性、目的性和反应性。

（二）时效性

时效性有两层含义。首先，人作为生物体，其生命周期是有限的，而能够从事劳动的时间又只占生命周期的一段，并且，在不同的阶段，比如青年、中年、老年，人的能力是不同的；其次，人不能一年365天每天24小时劳动，能够劳动的时间只是这其中的一部分。人力资源的时效性特征要求管理者在工作中充分考虑到人员的年龄结构、作息时间的安排等方面，在招聘人员时要考虑其有效劳动时间等。

（三）社会性

人都是生活在一定的社会关系中，具有社会性。同样的，人力资源也具有社会性。人力资源的形成、发展和发生作用都离不开一定的社会环境和社会实践。人类的劳动是群体性劳动，不同的劳动者一般都是分别处于各个劳动集体之中，构成了人力资源社会性的微观基础。从宏观上看，人力资源总是与一定的社会环境相联系，它的形成、开发与使用都是一种社会活动。从本质上说，人力资源是一种社会资源，应该归整个社会所有，而不应该仅仅归属于某一个具体的社会经济单位。

二、人力资源管理的含义

宏观意义上的人力资源管理，是指政府对社会人力资源的开发和管理的过程。通常所说的人力资源管理是微观的、企业内部的人力资源管理，是指以从事社会劳动的人和有关的事为对象，通过组织、协调、控制、监督等手段，谋求人与事以及人与人之间的相互适应，实现充分发挥人的潜能，更好地完成组织任务所进行的管理活动。

人力资源管理的主要任务涉及人力资源的规划、获取、开发、评价和激励，工作主要涉及职务分析、人员招聘、培训、绩效考核、薪酬设计和职业生涯管理等。人力资源管理的六项工作相辅相成、彼此互动，构成一个完整的人力资源管理的体系，如图13-1所示。其中，职务分析为各项人力资源管理工作提供支撑，是其他各项工作展开的依据。

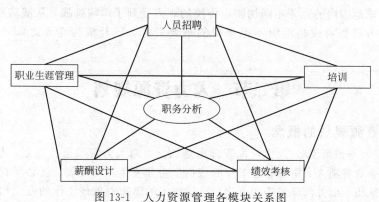

图13-1 人力资源管理各模块关系图

三、人力资源管理的产生和演变

现代人力资源管理是从传统的人事管理发展演变而来的。传统的人事管理就是以人与事的关系为核心，以组织、协调、控制、监督人与事的关系为职责，以谋求人与事相宜为目标的一种管理活动。

现代人力资源管理基本上是西方社会的产物，通过考察其成长的过程，可以加深对其功能的认识，从而有助于管理者合理地开发和利用人力资源。西方的人力资源管理基本上经历了六个阶段。

（一）工业革命时代： 19世纪末～20世纪初

这是人力资源管理思想的萌芽阶段，由于没有完全脱离君主统治的观念和工业革命的冲击，人力资源管理还处于传统的窠臼之中，一切以工作为主，忽视人性的存在。

（二）科学管理时代： 20世纪初～20世纪30年代

这个时期由于关心在降低成本的同时增加生产，所以开始重视新的管理方法，将科学原理应用于管理中，与科学管理同时发展起来的科学的人事管理在传统的经验积累中建立起来。

（三）人际关系时代： 20世纪30～40年代

霍桑实验表明了人际关系在提高劳动生产率中的重要性，揭示了对人性的尊重、人需要的满足、人与人之间的相互作用以及归属意识等对工作绩效的影响，揭开了人力资源管理的新契机。加上美国国家劳工关系法案的颁布，确立了工会的法律地位，使得雇主不能不把员工的利益和合法权益作为重要因素来考虑。这个阶段可以看成是人力资源管理的反省时期。

（四）行为科学时代： 20世纪40～70年代

霍桑实验的结论在实行很多年后，仍然受到很多批评，从而导致人们对行为科学的进一步研究和重视。行为科学主张运用科学事实来研究人的行为、社会现象及心理现象等。从人际关系时代到行为科学时代，人力资源管理从监督制裁到人性激发，从消极惩罚到积极激励，从专制领导到民主领导，从唯我独尊到意见沟通，从权力控制到感情投资，并努力寻求人与工作的配合，是人力资源管理发展的新时期。

（五）权变理论时代： 20世纪70～80年代

企业运作的环境不应只考虑人性因素，还必须考虑到整体系统的影响因素。权变理论从整体角度出发，认为人力资源管理的运作，必须以权变理论为依据，在不同情景下，应采取不同作法，以适应不同情况。

不难看出，这个时期已经把人力资源管理作为整个企业管理不可分割的一部分了，并开始从整个组织经营管理的角度来看待人力资源管理问题。这就为20世纪80年代后期强调战略性人力资源管理时代奠定了基础。

（六）战略管理时代： 20世纪80年代以后

传统的企业管理把人力资源管理看成是行政管理，把人力资源看成是非业务性的成本。由于环境的变化和全球范围内的竞争不断加剧，传统的观点受到了严峻挑战，从战略的角度思考人力资源问题，把人力资源看成是组织不可多得的重要资源，已经成为企业之间竞争的主要手段之一。

第二节　人力资源规划

一、人力资源规划的概念

"凡事预则立，不预则废"，人力资源管理更是如此。对人力资源进行规划，是企业战略的重要组成部分，是企业各项人力资源管理工作的依据。企业要生存与发展，就必须有一支规模适当、素质较高的员工队伍。而外部环境千变万化，科学技术的迅速发展使工作的方式和内容不断变化，并对企业的人员素质提出了更高的要求。企业及时得到需要的各种人才，是增强其竞争力、实现其战略目标的关键。为此，必须对企业当前和未来的人力资源供求进行科学的预测和规划。

不难看出，人力资源规划其实就是一个企业或组织科学地预测、分析自己在环境变化中的人力资源供给和需求状况，制定必要的政策和措施以确保自身在需要的时候及时获取各种人才（包括数量和质量两个方面），并使组织和个人得到长期利益。人力资源规划具体有以下三层含义。

（1）一个组织之所以要进行人力资源规划，主要因为环境是变化的。没有变化就不需要规划。企业的内部环境、外部环境都在不断变化，这导致了组织对人力资源供求的动态变化。例如，企业规模的扩大需要招募更多的员工，新技术的应用要求员工的素质有相应的提高，国家经济的迅速发展导致企业对人才需求的增加。人才资源规划就是要对这些动态变化进行科学的预测和分析，以确保组织在短期、中期和长期对人力资源的需求。

（2）人力资源规划的主要工作是制定必要的人力资源政策和措施。对人力资源供求的预测也是人力资源规划的工作，它是为制定人力资源政策和措施服务的。预测是分析问题和条件的过程，制定政策和措施才是解决问题的过程。只有制定出正确、清晰、有效的人力资源政策和措施，才能确保组织对人力资源需求的如期实现。

（3）人力资源规划的最终目标是要使组织和个人都得到长期的利益。人力资源管理是为实现组织目标服务的，人力资源规划自然也要服从和服务于组织目标，这是人力资源管理工作的根本。人力资源规划要着眼于充分发挥组织中每个人的主动性、积极性和创造性，提高每个人的工作效率，使组织的目标得以实现。与此同时，也要切实关心组织中每个人在物质、精神和职业发展等方面的需求，并帮助他们在实现组织目标的同时实现个人目标。这两者必须兼顾，否则就无法吸引和招聘到组织所需要的人才，也难以留住本组织内已有的人才。

二、人力资源规划的程序

企业的人力资源规划一般要经过如下几个阶段。

1. 准备阶段

准备阶段的主要任务是搜集有关的各种信息资料，为后续的人力资源规划奠定基础。在准备阶段所搜集信息资料是制定人力资源规划的依据，其数量和质量直接决定整个人力资源规划工作的成败，对整个人力资源管理都会产生重要影响。与人力资源规划有关的信息资料包括两类：外在环境信息和内在组织信息。外在环境信息主要有当地的经济状况、法律环境、人口结构、教育水平以及政府政策、劳动力职业价值观等。内在组织信息主要有企业的经营战略和目标、组织结构、管理机制、企业文化以及企业现有人员情况等。

2. 预测阶段

预测阶段是人力资源规划中技术性较强的一个阶段，主要是根据企业的战略目标和企业的内外环境，以准备阶段搜集的信息为依据，选择合适的方法对人力资源供求的结构和数量进行预测。

人员供求预测完成后，就可以将本企业人力资源需求的预测数与在同期内企业本身可供给的人力资源数进行对比分析。从比较分析中可测算出各类人员的净需求数。这个净需求数如果是正的，则表明企业需要招聘新的员工或对现有的员工进行有针对性的培训；这个需求数如果是负的，则表明企业这方面的人员是过剩的，应该精简或对员工进行调配。

3. 规划阶段

在预测的基础上，可以摸清组织的人力资源净需求，并可以据此制定组织的人力资源目标和人力资源管理的总体规划。最后，按照人力资源目标的要求和总体规划的线路制定出具体规划，包括晋升规划、补充规划、培训开发规划、配备规划等。规划中既要有指导性、原则性的政策，又要有可操作的具体措施。供求预测的结果不同，决定了应采取的政策和措施也不同。

4. 实施阶段

这是人力资源规划的实操阶段，是将人力资源规划的各项具体措施落实到行动中去。通过各项具体的人力资源管理活动实现人力资源规划的各项目标。

5. 反馈阶段

将人力资源规划落实到行动中，人力资源规划工作还没有结束。最后，还要对人力资源规划所涉及的各个方面及其所带来的效益进行综合地审查与评价，也是对人力资源规划所涉及的有关政策、措施以及招聘、培训发展和报酬福利等方面进行审核与控制。及时将审核与评价的结果进行反馈，不断对人力资源规划进行修正。

三、人力资源供求预测

人力资源预测是人力资源规划的关键部分，是企业人力资源规划的前提和基础，具有很强的技术性,它包括需求预测和供给预测两个方面。人力资源供给预测须同时考虑外部影响因素与内部影响因素,通过对人力资源供给与需求状况的分析与预测,为其他的人力资源管理工作提供支持与保障。详见图 13-2 所示。

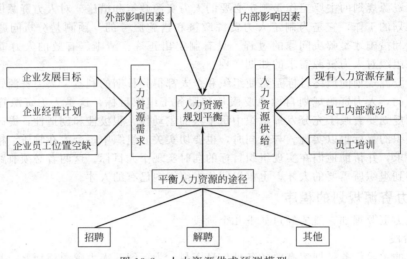

图 13-2 人力资源供求预测模型

(一) 人力资源需求预测

人力资源需求预测是对企业在未来某个时点需要的人员数量、质量和类型进行的预先估计。它主要是由企业发展目标、经营计划和企业内员工的位置空缺三个方面决定的。企业的短期发展目标决定企业人力资源的即时需求,企业长期的发展目标决定企业的潜在人力资源需求;企业的经营计划决定人力资源需求的结构;企业内员工的位置空缺直接造成企业人力资源的净需求。

人力资源预测的方法主要有统计分析法和主观判断法。统计分析法就是应用统计学的方法,预测企业未来所需的人才队伍大小的方法。常用的统计分析法有趋势分析、比率分析、回归分析等。统计分析法都是根据过去的数据寻找一定的规律,然后按照这个规律来预测未来的变化。所以,统计分析法只适用于平稳变化的情况,对于突发性的变化,利用统计分析法是无法预测的。

1. 趋势分析

趋势分析是在过去某个商业因素(比如销售量)的发展趋势的基础上加以预测的。例如,某企业最近 4 年的销售额分别为 1020 万元、800 万元、700 万元、900 万元,雇员人数分别为 200 人、160 人、140 人、180 人,假定明年的销售额预计为 1010 万元,那么,按照以往的趋势来预测,雇员人数应达到 200 人左右,与 1020 万元销售额时的雇员人数相当。

2. 比率分析

比率分析是通过计算某一商业因素与其所需的雇员数目之间的比率来预测未来人力资源的需求量。大学的师生比率、销售额与销售人员的比率,便是经常采用的比率。

3. 回归分析

回归分析与趋势分析、比率分析具有相似性,都是以某种商业要素与劳动力规模之间的关系为基础。不过,在趋势分析与比率分析中都是以某一个商业因素为基础,如果采用多元回归分析法,可以同时考虑几个商业因素共同的预测作用。

4. 主观判断法

前面三种方法都是常用的定量分析方法,在许多情形下无法进行定量分析,而要采用主观分析的方法进行预测。主观判断法是指邀请有经验的专家或者管理者对企业人力资源的需求状况进行直觉判断的一种方法。它使用简单,多用于规模较小的组织。由于其精度受到所邀请专家水平的限制,当组织的规模较大,而且环境比较复杂时,其信度和效度难免受到人们的质疑。为了克服这一缺点,人们常常邀请多位专家进行综合判断,以达到集思广益的效果。

在实践中常用的方法是德尔菲法。它是一种使专家们对影响组织某一领域的发展的看法达成一致意见的结构化方法。这里所说的专家,既可以是来自第一线的管理人员,也可以是高层经理;既可以是组织内的,也可以是外请的。专家的选择基于他们对影响组织的内部因素的了解程度。例如,在估计将来公司对劳动力的需求时,公司可以选择在规划、人事、市场、生产和销售部门任职的经理作为专家。

(二)人力资源供给预测

确定了人力资源的需求后,应该对人力资源的供给进行预测。人力资源的供给分为两个方面,一是内部供给,二是外部供给。所谓内部供给,就是企业内部能够满足所需的人力资源的情况。一般来说,企业在考虑人力资源的供给问题时,中层及以上管理人员的空缺,偏向于从企业内部寻求供给。所谓外部供给,是指从企业现有的员工之外寻求供给,一般采取招聘的办法。对外部供给的预测比较复杂,需要对未来各专业的大学中专院校的毕业生数量、其他企业的人力资源状况、人口变化趋势、就业倾向等多方面的因素进行分析,因此很难对外部供给进行定量的预测。所以,在此主要介绍人力资源内部供给预测的三种方法。

1. 管理人员接续规划

管理人员接续规划是预测管理人员内部供给的最简单的方法。制定这一规划的过程是:第一,确定规划范围,即确定需要制定接续规划的管理职位;第二,确定每个管理职位上的接替人选,所有可能的接替人选都应该考虑到;第三,评价接替人选,主要是判断其目前的工作状况是否达到提升标准;第四,确定职业发展需要以及将个人的职业目标与组织目标相结合。

2. 马尔可夫分析

马尔可夫分析在理论上很复杂,但其应用方法却比较简单。这种方法的基本思想是以过去人事变动的规律来推测未来的人事变动的趋势,其基本假定是:组织内部的员工流动模式与流动比率会保持基本稳定,所以可以就此进行预测。

例如,在某会计事务所共有四类人:合伙人、经理、高级会计师和会计员,其初始人数与员工流动概率如表13-1所示。在合伙人中80%的留在原职,20%的离职;在经理中,70%留在原职,20%离职,还有10%成为合伙人;在高级会计师中,80%留在原职,5%升为经理,5%降为会计员,还有10%离职;在会计员中,65%的留在原职,20%离职,还有15%升为高级会计师。假定在下一年该会计事务所的人员结构不变,那么,该会计事务所四类员工流动人数,只要用每类人员初始人数乘表13-1中相应的概率,然后纵向相加就可得出未来该类人员的供给量,如表13-2所示,从表13-2很容易看出,合伙人与高级会计师正好供需平衡,而经理少18人,会计员少50人。

表 13-1 某会计事务所四类员工流动概率矩阵

职位	初始人数/人	员工流动概率/%				
		合伙人	经理	高级会计师	会计员	离职
合伙人	40	0.8	—	—	—	0.2
经理	80	0.1	0.7	—	—	0.2
高级会计师	120	—	0.05	0.8	0.05	0.1
会计员	160	—	—	0.15	0.65	0.2

表 13-2 某会计事务所四类员工流动人数预测

职位	初始人数/人	员工流动的预估/人				
		合伙人	经理	高级会计师	会计员	离职
合伙人	40	32	0	0	0	8
经理	80	8	56	0	0	16
高级会计师	120	0	6	96	6	12
会计员	160	0	0	24	104	32
预计人员供给量	—	40	62	120	110	68

3. 档案资料分析

通过对组织内人员的档案资料进行分析，也可以预测组织内人力资源的供给情况。现在，越来越多的企业开始借助计算机手段管理人员档案，这就为组织利用人员档案预测组织内部人力资源供给提供了更有利的条件。

第三节 人力资源的招聘与配置

一、人力资源招聘的概念

在人力资源规划中，对人力资源的供求状况进行了预测，并最终确定了人力资源的净需求。当净需求为正，也就是企业人力资源需求大于内部人力资源供给的时候，企业就需要通过各种方式和途径获取人力资源，以满足自身需求，保证目标的实现。招聘就是组织根据人力资源规划所确定的人才需求的数量和质量，获取人力资源的过程。

招聘对组织来说意义重大，在现代社会中更是如此。现代社会，企业之间的竞争归根到底是人才的竞争，"企业"没有了人，那只能是"止业"了。招聘正是企业吸引人才，及时补给人力资源的重要方式。通过招聘，企业可以从外部吸收人力资源，为组织输入新的血液，一方面保证了企业的正常运行和战略目标的实现，另一方面可以为企业储备人力资源，为以后的发展保驾护航。在现代社会中，招聘还有一个重要的作用，就是扩大企业影响，树立企业形象。招聘实现了企业与外部社会的近距离接触。招聘人员的精神风貌、言谈举止，招聘程序的公平公正、合理有序无不体现着企业的用人机制、组织文化和管理水平。在"自主择业，双向选择"的今天，用人单位必须先过招聘这一关，然后才能吸引更多优秀的人才来加盟。

二、人力资源招聘的程序

招聘的方式有很多，大的可以分为内部招聘和外部招聘，内部招聘是指面向本企业员工的招聘，外部招聘是指面向企业员工以外的人员进行的招聘。内部招聘又有调用、升迁、岗位轮换等方式，外部招聘又可以分为校园招聘、劳动力市场招聘、猎头公司招聘、人才租赁等。但是，无论哪种招聘，其程序大致可以分为以下六个步骤。

（一）拟定招聘计划

招聘计划是对整个招聘工作的规划，它的好坏直接决定后面的招聘工作的成败。制定一个全面可行的招聘计划需要考虑到以下几个问题。

首先，需要确定招聘对象。通过人力资源规划，确定了人力资源需求的数量和质量，也就是什么岗位缺什么样的人，缺多少。不过，还需要选择招聘对象，即招谁的问题，是本企业员工、应届毕业生、还是社会人员？是面向本地区、某个地区、还是全国范围？这决定着招聘方式的选择，以及招聘费用的多少等。

其次，需要确定谁参与招聘。不但要解决招聘对象的问题，还要解决谁来招的问题。是人力资源部的主管，还是技术部门的主管，抑或共同参与？要不要邀请外部专家？一般要设定一个招聘小组，确定出该小组的人选以及负责人。

再次，需要确定招聘方式。确定了招聘的对象和主体，就是怎么办的问题了。要对招聘的一些具体工作——作出计划，例如招聘信息发布方式、地点，招聘的时间、地点，应聘者的考核方式等。

最后，需要确定招聘成本。招聘成本也是招聘工作要考虑一个重要因素。招聘成本包括广告费用、招聘者或候选人的旅途费用、支付给代理或猎头公司的费用、招聘者的工资和津贴以及人事经理的时间成本等。企业应该把降低招聘费用作为招聘工作的一项重要内容。当然，降低招聘费不能影响合格人员的选拔。

（二）发布招聘信息

当拟定好招聘计划以后，就需要将人才需求的数量和质量予以公布，也就是向社会发布招聘信息。发布招聘信息的方式很多，要根据招聘对象的特点、招聘费用的预算等因素来确定招聘信息发布的方式。一般来说，常用的发布方式有以下五种。

1. 网上发布

随着信息时代的到来，网络成了人们获取信息重要渠道。所以，可以选择在公司网站、专门的人才市场网站、BBS论坛等网络媒体上发布招聘信息。网上发布的方式具有费用低、速度快的优点，但是要求招聘的对象文化水平较高，而且经常上网。

2. 张贴发布

通过在招聘区域内张贴招聘简章的方式发布招聘信息。这种方式首先应该注意招聘海报的设计要鲜艳、醒目、吸引人，其次还要注意张贴的地点要选择在人员流动大的商场或者文化中心，以便有更多的人得到招聘信息。

3. 电视和广播发布

我国电视和广播已经得到普及，利用它们可以将招聘信息迅速向社会发布。

4. 报纸和杂志发布

通过报纸和杂志发布招聘信息也是用人单位常用的方法。很多用人单位常常将自己的招聘简章与某一发行量大的报纸绑在一起，这样就可以省下不少广告费用。

5. 中介组织发布

随着我国市场经济制度不断完善，劳动力市场日趋火爆，不少人才中介机构应运而生。选择通过中介机构发布招聘信息不失一种好的方法，但是应该注意，当招聘高级人才选择中介机构尤其需要慎重。

（三）审核应聘信息

在招聘信息发布以后，求职者的个人简历就会纷至沓来。为了审核方便，一般情况下，用人单位都要求应聘者填写统一的应聘人员登记表，包括应聘者个人信息、联系方式、应聘职位、对用人单位的期望或者要求等。也有的用人单位在招聘信息发布的时候就要求应聘者填写或者在网上按照统一的格式注册个人简历。如果是通过人才供需见面会现场收取的简历，一般还进行一个简单的面谈和对应聘者的证件进行初步的审核，对应聘者进行初步的筛选。对应聘者的个人简历或者应聘人员登记表进行审核时要注意将应聘者的个人信息与所应聘职位的岗位要求进行对照，删除不合适的人选，确定进入下一轮筛选的名单。

（四）人员甄选

人员甄选是整个招聘工作关键的一环，也是招聘工程中专业性和技术性最强的一项工作。很多企业都是通过多轮甄选，层层把关才最终确定录用者。因此，人员甄选的方法和技术也是多种多样，最为常用的有如下四种方式。

1. 面试

面试是招聘中最常用的一种人员甄选方法，同时也是受争议最多的一种方法。因为，面试要受到面试官个人因素的影响，主观性较强，有时候效果很好，有时候效果很差。由此而发展出了非结构化面试、结构化面试和情境面试的方法。

非结构化面试是一种缺乏预先计划的面试，提问的问题以及提问的形式均有面试官自己决定，可见非结构化面试难免受到面试官主观偏见的影响。结构化面试是相对于非结构化面试而言的，它是采用一系列预先设置好的问题去问每一个应聘特定工作的人。这种面试在面试之前有一个严格的框架，面试官必须严格按照这个框架控制面试的进行，因此它有力地控制了面试官的主观随意性。情境面试其实是结构化面试的一种，它是为了满足特定的工作需要而产生的。情境面试的问题一般不涉及一般工作经验或者个人特征和能力，它关注的是成功执行某一项工作所需要的特定行为。情境面试首先确定区分成功员工与失败员工的关键行为，然后将这些关键行为转化成面试中的问题，再根据面试者的回答对面试者进行评定。

2. 笔试

笔试是人员甄选的最古老的技术之一，在我国有着悠久的历史。早在西周时期（公元前

1100~公元前771年),我国就出现了笔试的形式。笔试发展到今天,仍然对人员的甄选发挥着重要的作用。笔试具有公平性和客观性的优点,可以进行大面积、大规模的施测,效率很高。但是笔试多用于对应聘者知识的考察,对应聘者的能力,尤其是操作能力考察不够,对以后工作绩效的预测力不强。

3. 心理测验

对应聘者的甄选不但要考虑应聘者的知识结构和能力水平,应聘者的心理素质也是应该考虑的一个重要内容。而且随着现代社会的发展,心理素质的作用越来越受到人们的关注。心理测验逐渐成为人才甄选的必不可少的一个手段。心理测验的内容很多,常用于人员甄选的有智力测验、人格测验、一般能力倾向测验、特殊能力倾向测验以及职业兴趣测验等。而且随着心理测量理论和技术的不但发展,心理学家研制出了很多可以直接利用的具有较高信度和效度的心理测量工具,这为人才甄选工作提供了便利。

4. 评价中心

评价中心是一种广泛使用的人员甄选方法,有着自己独特的形式与功用,是人力资源管理领域较为独特的一种技术。评价中心是一种程序而不是一种具体的方法,它是以测评人员的素质为核心的一组经过标准化了的测评活动。它以情境模拟性、标准化、综合性和行为性为主要特征。它常见的形式有文件筐技术、无领导小组讨论、管理游戏、角色扮演等。

(五)确定录用名单

在对应聘者进行了多轮的测评以后,就需要将测评的结果予以综合,确定最终的录用名单。"择优录取"几乎是每个用人单位进行选择的根本原则,而忽视了"最优的不一定是最好的"这一道理。人才也是优质优价,最优的人才肯定也有最优的价格和最高的期望,结合本单位的实际,就会知道小庙未必能留得住大佛。最优的人才肯定也有最多的机会,要提防这类人才可能存在"脚踩几只船"的现象。所以,在确定最终录用名单以前一定要和拟录用人员进行有效沟通,最后才确定最终录用名单,通过一定的方式公布出来,并通知录用者。

(六)招聘评估

招聘评估也是招聘程序不可缺少的一个环节,招聘工作并没有因为确定了录用名单后就此结束。随着企业内外部环境的不断变化,又会出现新的人力资源供求状况,新的人力资源获取工作又会开始。因此我们需要对招聘的结果进行成效评估,一方面对招聘成本效益进行评估,区分出必要支出和非必要支出,计算出招聘成本——收益比,为以后招聘费用的节约创造条件;另一方面,对新录用的人员进行评估,看他们的工作绩效是否达到了组织的要求,从而检验人员甄选方法的有效性,这有利于招聘方式的改进。

三、人力资源的配置

员工招聘结束之后,就要将他们配置到相应的工作岗位上去;有些缺员的岗位还可以通过内部调剂,即员工岗位的再配置;另外,企业实行战略转移或结构调整时,也会要求内部员工大批量地重新配置等。

(一)员工与岗位的动态化匹配

员工与岗位的动态化匹配,是指员工选择企业和岗位,企业按岗位选择员工的双向选择过程。在这个过程中,双方的权利应该是相等的。如果有一方的权利受到限制或者获得的满意度太低,那么这种匹配就会被打破,另一方就会被"炒鱿鱼"。进一步而言,员工和岗位之间的匹配是一个动态的长期的过程。过去是匹配的并不说明现在就匹配,现在匹配的,也不意味着将来就一定匹配。因此,在这个变动过程中,员工需要进行一定的自身调整,企业需要进行一定的人力资源管理工作,才能谋求双方在共同发展过程中形成长期的动态的匹配。

员工和企业以及岗位之间的匹配过程始于员工招聘。员工招聘就是员工和企业双向选择的第一个回合。员工录用上岗,就意味着最初匹配的成功。除了员工招聘之外,员工和企业岗位之间的动态匹配还体现在企业运转的以下过程中。

1. 员工轮岗

员工轮岗是企业为了更合适地配置员工，同时也为了企业更有效地利用内部人力资源而采用的一种员工动态配置方法。员工轮岗通常针对新招聘的员工，也可能为了某种特殊需要而对老员工实行。对新员工来说，通过一段时间的轮岗，可以全面熟悉企业的总体情况，企业也可以对他们作出较为全面的观察，发掘新员工的特长，了解新员工的个性和意向。轮岗后，企业和员工再经过协商和磨合，完成员工的定岗匹配。这对企业、对员工来说都是双向选择之后的一个很好的适应与调整过程。同时，在轮岗中员工对其他岗位也有了一定的了解，这又为以后的企业内部人力资源流动和人员余缺调剂打下基础。

2. 企业岗位调整

由于一些内部的或外部的原因，企业经常会对内部的岗位作出调整。任何一次岗位调整，都会引发员工的再配置，即员工和岗位之间的重新匹配。企业在作出岗位调整的决策时，应当充分考虑如何借助于岗位的调整，来带动员工知识技能的调整和提高，更好地实现员工的再配置，进一步提高员工的满意度和企业的效率。

3. 员工再配置

出于企业的需要，或者由于员工情况的改变，都可能要求对企业的某些员工重新配置。例如晋升、降职和员工的内部流动。晋升是员工与岗位在高一层次上的重新匹配，容易达到双方满意的结果；降职一般是由于员工不能胜任本岗位的工作，将其重新配置到与他相匹配的较低层次的岗位上去。员工与岗位在低一层次上的重新匹配，不容易处理得好。因此企业在人力资源管理中，应该重视员工的日常培训，不断地提高员工的知识与能力，尽量避免对员工实行降职使用；员工的内部调动从职位等级来说是不升也不降，但是对员工的愿望和需求可能影响很大。例如有些员工愿意从事管理类的工作，而且其知识、才能也胜任，如果将他们从原来的技术工作岗位上调动到管理工作岗位上，尽管级别未升，但是同样满足了员工的愿望和需要，对企业来说，将从事过技术工作的员工调动到管理岗位上，也有利于管理。

4. 薪酬变化

员工与企业岗位的匹配或者说员工的配置与再配置，都包含着劳动力的价格因素及员工薪酬状况。如果双方对彼此的其他条件都满意，而企业提供的薪酬没有吸引力，那么员工还是招不来，即使招来的，最终也会流失。员工对岗位的满意与否既体现在岗位本身，又体现在与该岗位相对应的薪酬。假定某一员工在某一岗位上工作了一定的时间，企业没有给他提薪，或者给他提薪的幅度小于劳动力市场上同类劳动力的平均薪酬的涨幅，那么，这位员工就会不满意，时间长了，难保不会走人。所以，员工与岗位的动态化配置，一定要考虑薪酬因素。

（二）员工的群体配置

现在的企业员工，都处于分工合作的工作方式背景之下，因此员工的配置，既要讲求员工个体配置得当，也要讲求员工群体配置得当。

在现代化企业体系中，团队代表了一种优化的员工群体配置。一般的工作群体，只是为了共享信息、相互工作，共同完成某个目标，但群体中的员工不一定积极配合，也不对群体承担共同的责任。团队则不同，它通过团队成员的共同努力，实现团队的集体绩效，并对团队的运转和发展承担共同责任；同时，团队中的员工技能不是单一的、随机的，而是根据团队的需要而相互补充的。因此，组织高绩效的团队，就是企业实行高绩效员工群体配置的一种形式。

此外，企业的核心人才配置，尤其需要达到一定的规模才能发挥作用。科研开发人员要配套、管理人员要充足，这样才能够发挥他们应有的作用。如果企业的核心人才配置不具规模，高级科研人员没有助手，高级管理人员的策划没有人去实施，势必造成人才浪费，形不成企业的人才规模效益。因此，当企业在引进人才、招聘人才时，就应当考虑核心人才的规模配置，实行人才的团体引进、团体招聘，以便迅速形成企业的生产力。

第四节 人力资源的培训

招聘到优秀的人才不等于就有了优秀的员工，企业还必须对新员工进行培训和开发，使其获得必需的知识和技能，使其价值观融入企业文化之中，从而实现优秀人才到优秀员工的转变。社会不断发展，知识和技能不断更新，昔日出色的员工今天就可能成为企业发展的绊脚石。可见，企业为了永远立于不败之地，就必须进行人力资源开发，加强对员工的培训，将员工造就成优秀的人才。

培训是公司为了有计划地帮助员工学习与工作有关的综合能力而采取的努力，这些能力包括知识、技能或者是对于成功地完成工作至关重要的态度和行为。它是人力资源开发的主要方式，有时人们往往把人力资源开发等同于培训。

为保证培训的有效性，企业应按照指导性的原则设计出培训程序。一般来说，一个完整的培训过程包括四个基本的步骤：分析培训需求，确定培训内容，选择培训方法和评价培训效果，如图 13-3 所示。

分析培训需求 → 确定培训内容 → 选择培训方法 → 评价培训效果

图 13-3 培训流程图

一、培训需求分析

培训需求分析即确定是否有必要搞培训，通常包括组织分析、人员分析以及任务分析三个层次的内容。

组织分析通常考虑培训的背景，判断培训与公司的发展战略与资源状况是否适应，员工上级和同事对培训活动是否支持，能否将他们在培训中学到的技能与行为运用到工作中去。组织分析其实就是从组织的战略与目标出发，来评估培训的组织需求。

人员分析的内容包括：判断业绩不良到底是因为知识、技能或能力的不足引起的，还是由于员工的态度或者是工作设计本身有问题而引起的；确认谁需要得到培训；确定雇员是否已经作好接受培训的准备。

任务分析首先要明确雇员需要完成哪些方面的重要任务，再确定为了帮助雇员完成他们的工作任务，应当在培训中强调哪些方面的知识、技能、态度和行为。

二、确定培训内容

在组织中，员工培训是围绕工作需要和提高工作绩效而展开的，而影响工作绩效的因素可分为三类：一是员工所掌握的知识，包括理论知识和业务知识；二是员工的业务技能；三是员工的工作态度，包括责任心、敬业精神、奉献精神、对组织的忠诚度等。实际上，这三类因素也就构成了员工培训的内容结构。

1. 知识培训

知识培训是员工培训的首要内容，组织应通过各种形式的培训使员工学习和掌握相关知识。常用的方式有学校进修、培训机构培训、自办的培训基地培训等。要根据不同的培训对象和不同的培训目标选择不同的培训内容与方式。

2. 技能培训

不同的岗位所需要的技能也是不同的，所以对于从事不同工作的人员来说，技能培训的内容是各有侧重的。对高层管理人员来说，最需要培训的是思维、理念技能，即判断与决策能力、改革创新能力、灵活应变能力等；对中层和基层管理人员，则主要侧重人际技能和技术技能，如业务操作技能、人际交往技能等。

3. 态度培训

态度是影响工作绩效的重要因素，而员工态度能否转变，以适应组织文化和工作需要，又主要取决于培训，特别是对新员工来说，态度培训尤其重要。组织通过态度培训，培养员工对企业文化的认同和逐渐融入，建立员工与组织以及员工与员工之间的相互信任关系，培养员工的团队精神，培养员工的价值观和对组织的归属感、荣誉感和对组织的忠诚等。

三、培训方法选择

根据不同的培训对象和不同的培训内容，一般都会采用不同的方法，力求适应时代特点，取得较好的成效。下面介绍几种企业教育培训中常用的方法，需要指出的是这些方法各有利弊，在实际应用中注意选择，综合使用。

（1）课堂授课法。这种方法实现起来比较简单，缺点是方式上整齐划一，不适应多样化的时代特点，还要确保师资质量。

（2）问题讨论法。围绕某一问题自由讨论，达到提高认识水平的目的。

（3）案例研究法。以实际发生的实例为素材，分析背景、原因、发生过程，找出理论依据或研究解决办法，起到形象化教学的作用。

（4）模拟训练法。这属于现场实验的方法，但不使用真实的现场条件，而是模拟与现场相同的条件、状态。这种方法主要用于员工缺乏经验和技术可能发生危险，或付出代价太高的场合。

（5）头脑风暴法。这种方法首先创造出一种完全无拘束的气氛，参加者可以毫无顾忌地发表自己的见解，任其自由发挥、互相启发。从而得到尽可能多的见解和设想，以便从中得到好的解决方案。多用于特别需要创造力的领域。

（6）课程学习法。这是一种设有若干阶段的系列教学法。在学习的每一阶段末都及时进行反馈，以便在以后的阶段中弥补前一阶段学习的缺陷。这种方法克服了课堂讲授法的"单项灌输"的缺点，也克服了"案例讨论法"不容易掌握理解程度和进度的缺点。

（7）经营演习法。这种方法令参加者分别作为同一行业中互相竞争企业的经营者，给他们提供同样的经营条件和数据，让他们进行竞争决策和经营，最后以"经营成绩"优劣来研究经营决策的得失。

四、培训效果评估

培训结束以后，还要对培训的效果进行评估，为以后培训方案的改进创造条件。目前在国内比较常用的培训评估模型是柯克帕特里克模型。该模型从评估的深度和难度将培训效果分为4个层次——反应层面、学习层面、行为层面、效果层面。

第一层面，反应层面：受训者是否喜欢该培训项目？对培训地点和设施有什么意见？课程有用吗？有什么建议？可以通过问卷方式来获得信息。

第二层面，学习层面：受训者在培训前后，知识以及技能的掌握方面有多大程度的提高？可以通过笔试、绩效考试来评估。

第三层面，行为层面：培训后受训者的行为有无不同？在工作中是否使用了在培训中学到的知识？360度考评可以获得比较完整的信息。

第四层面，结果层面：组织是否因为培训经营得更好了？主要通过企业的事故率、生产率、流动率、质量、士气变化来衡量。

培训对企业来说至关重要，但同时培训费用也是一笔不小的开支。这样就存在一个培训效益与风险的问题。对于培训效益，可以通过培训评估进行衡量，并可以根据培训评估的结果对培训方案进行改进，从而提高效益。可是，培训的风险又是现代企业面临的又一问题。企业刚刚培训完，员工就提出辞职，培训成了为别人作嫁衣，这使得企业对培训又爱又恨。因此，如何降低企业培训的风险值得我们思考。

企业培训从性质上可以分为通用培训和特殊培训。通用培训是指员工所接受得培训技能对多个企业都有用，具有相当得普遍性。特殊培训是指员工所接受得培训技能仅对单个企业有用，而对其他企业没用或几乎无用。

通用培训成本应该由受训者自己承担。方式是企业在培训期间付给员工较低的工资，使其与平时工资的差额弥补培训成本。而培训结束后，再付给他提高技能之后的工资。这样实质就是员工为培训买单，他们承担了培训期间的低工资。

特殊培训成本应由企业或劳资双方共同承担。企业在培训期间支付给员工的成本可以稍低于平时的工资，培训结束之后支付给员工的工资要高于平时的工资，但是低于员工实际能力提高而应该得到的工资，两者之间的差额可以弥补部分培训成本。

第五节　人力资源的评价

一、人力资源评价的概念

人力资源评价就是对企业人力资源状况的评估。要客观地把握企业的人力资源状况，必须从两个方面进行。第一个方面是单个员工的状况，包括员工的潜力以及工作绩效，前者是潜在的，后者是现实的；第二个方面是人力资源的配置状况，也就是整体效率问题。这两个方面的评价都是缺一不可的。

在此主要介绍对单个员工的评价问题，它主要包括工作能力评价和工作绩效评价，二者的评价目的与方法不尽相同。对工作能力的评价是为了判断员工的潜力，进而为人力资源管理和开发提供可靠的参考依据；而对工作绩效的评价则是判断员工对现任职位的胜任力，对分配和选拔具有指导意义。

二、工作能力评价

员工工作能力评价也称员工素质评价，是指以人为评价客体，运用各种考核、测试手段，判断评价客体的知识、技能、心理等内在素质以及相关联的其他方面。

根据评价内容的不同，工作能力评价大致可以分为两类：知识技能测试和心理测试。

（一）知识技能测试

一般来说，一个人的学历证书和专业证书基本上能够表明其知识与技能水平，但是为了进行公正的选拔，或者满足某些岗位在知识技能上特殊的需要，仍需进行知识技能测试。一般可采用笔试、口试和现场操作考试的方法来进行。

（二）心理测试

在国外，人员素质评价常采用各种心理测试的方法，对人的气质、思维敏捷性、个性、特殊才干等进行判断，从而确定其适应某种岗位的潜在能力。下面介绍一些常用的心理测试方法。

1. 智力测验

智力测验是通过测验来衡量人的智力水平的一种科学方法，是心理测验中产生最早也最为引人关注的测验。由于人们常把智力看成是各种基本能力的综合，所以智力测验又可称为普通能力测验。目前企业常用的智力测验方法有：韦克斯勒智力测验法、瑞文推理测验等。

2. 能力倾向性测验

能力倾向性测验法是测验人们在某些方面的特长和技能表现。同时，许多职位对任职者是否具有某些方面的特殊能力都有一定的要求，能力倾向性测验也为这类选拔提供参考依据。

3. 人格测验

人格测验也称个性测验，主要用于测量个人在一定条件下经常表现出来的、相对稳定的性格特征，如兴趣、态度、价值观等。

4. 心理健康测验

现代企业已经越来越关注员工的心理健康状况，这不仅是企业正常运行的一个重要保证，而且还关系到企业的长远发展和前景。常用的心理健康测验有心理健康临床症状自评测验、心理健康测验和焦虑自评量表等。

三、工作绩效评价

（一）绩效评估的概念

绩效评估，也称绩效考核，是指收集、分析、评估和传递某一个人在其工作岗位上的工作行为表现和工作结果方面的信息情况的过程，其实质是评价员工工作结果及其对组织贡献。在传统的人事管理中，绩效评估只停留在收集与员工工作绩效有关的信息这一层面上，是"立足于现在看过去"的一种评价方法；而在现代人力资源管理中，绩效评估不但需要收集与员工工作行为和工作结果的信息，更重要的是对这些信息进行分析、评估，并通过合适的途径向员工反馈，以便员工改进工作绩效。所以，在现代人力资源管理中，绩效评估是"立足于现在看将来"的一种评价方法，是管理者与员工之间为了提高工作能力与绩效，实现组织战略目标而进行的一种管理活动。

（二）绩效评估的作用

绩效考核对于企业的作用主要表现在以下几个方面。

1. 有助于提高企业的生产率和竞争力

考核使得员工更有积极性去表现自己，打破了"平均主义"和"大锅饭"，从而使得员工的工作效率大大提高，也更加有干劲。从企业层面来讲，企业整个效率得到提示，使得自己成本降低，从而在市场竞争中更有竞争力。

2. 为员工的薪酬管理提供依据

企业根据员工对企业的贡献，给予员工以相应的报酬，而贡献度的大小可以由绩效考核的结果反映出来。这样的薪酬制度才是对员工公平的，否则即使有很好的工资水平和福利也很难调动员工的积极性和对企业的忠诚度。

3. 为人员调配和职务调整提供依据

只有充分了解员工的个人素质、潜力，才能正确地用人，才能让员工发挥最大的能量，才不会造成人力资源的浪费。同时，也不会由于不了解员工的能力把他放到或者晋升到一个不适合他的位置。而绩效评估可以为企业决策时候，提供比较客观和全面的依据。

4. 为员工培训工作提供方向

培训要做到有的放矢，就必须了解员工在工作中存在的优势和劣势。通过有效的评估，可以发现员工的长处和不足，从而可以对症下药。

5. 有助于员工的自我提升

劳动力市场竞争越来越激烈，如果员工一直安于自己所了解的东西，当环境发生变化时，就可能失去生存能力。通过绩效评估与反馈，员工会不断努力，不断提高，以适应工作变化的要求，从而不断地学习和进步，不断发挥出自己的潜能，不断提示自己。

（三）绩效评估的原则

1. 公开原则

应该最大限度地减少评估者与被评估者双方对评估工作的神秘感。绩效标准和水平的制定是通过协商来进行的，应使评估标准和程序科学化、明确化和公开化，使评估结果公开化，使评估工作制度化。这样才能使员工对考评工作产生信任感和采取合作态度，对考评结果能理解和接受。

2. 客观原则

进行客观评估，即用事实说话，切忌主观武断和感情用事。缺乏事实依据，宁可不做评论，没有实践就没有发言权。

3. 反馈原则

做好绩效评估后的绩效面谈，将评估结果反馈给被评估者本人，同时听取被评估者的意见及自我评估的情况，对存在的问题应给予修改，建立互相信赖的关系。这是保证评估民主的重要手段。

4. 时效性原则

绩效评估是对评估期内的所有成果形成综合的评价，而不是将本评估期之前的行为强加于当期的评估结果中，也不能取近期的业绩或比较突出的一两个时期代替整个评估期的绩效进行评估，这就要求绩效数据与评估时段相吻合。

(四)绩效评估的方法

1. 排列法

排列法是根据某一评估指标,如销售汇款率,将全体评估对象的绩效从最好到最差依次进行排列的一种方法。这是一种比较简单的评估方法,所需要的时间很少,简单易行,一般适合于员工数量较少的评估需求。

2. 成对比较法

该方法就是将被评估者群体一对一地进行比较,根据配比的结果,排列出他们的绩效名次。这样方法的比较标准往往不是具体的工作成果,而是评估者对被评估者的一个整体印象。由于这种方法需要对每次比较进行强制排序,可以避免评估中易出现的趋中现象。但是,当比较人员较多时,会耗费很多的时间。

3. 等级评定法

它的一般做法是:根据工作分析,将被考核岗位的工作内容划分为相互独立的几个模块。在每个模块中用明确的语言描述完成该模块工作需要达到的工作标准。然后,将标准分为几个等级选项,如:"优秀、良好、合格、不合格",根据被考核者的实际工作表现,对每个模块的完成情况进行评定。它的优点是评估内容全面、实用,并且开发成本小。缺点是受评估者的主观影响较大。

4. 关键事件法

关键事件法是将绩效评估的注意力集中在那些有效从事一项工作与无效从事一项工作的关键行为上的方法。也就是说,评估者要记录下员工哪些行为是特别有效,哪些行为是特别无效的,从而对员工的绩效进行评估。关键事件法可以为员工提供丰富的行为榜样,让员工知道哪些行为是符合要求的,哪些行为是需要改进的。

5. 360 度评估

360 度绩效评估是一种比较全面的绩效评估方法。它是从多角度、全方位对员工的绩效信息进行搜集,来对员工的绩效进行评估。信息来源包括:上级、下属、同事、客户以及被考评者本人,如图 13-4 所示。

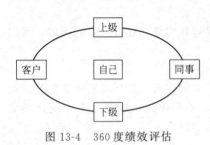

图 13-4 360 度绩效评估

360 度绩效评估全方位、多角度搜集信息,可以减少个人偏见及评分误差,评价结果更为准确。同时,也可以促进来自不同渠道的信息在企业内部的交流,增进上下级之间、平级之间的信息沟通,有利于建立员工间更为和谐的工作关系。但是,这种方法实施的成本较高,而且实际操作起来具有一定的难度。

(五)评估中常见的问题及其防范

1. 晕轮效应

绩效评估中的晕轮效应是指评估者对员工某一方面的印象影响到对这个人其他方面的考评。俗话说的"一好遮百丑"正是晕轮效应的典型例子。要避免晕轮效应,首先应使评估人员对晕轮效应有正确的认识,从而在实施考评时,有意识地加以避免,凡事要有事实依据,尽量客观地对被评估者做出评价。

2. 首因效应

首因效应是指评估者通常会根据所获得的关于被评估者的最初信息来评价其工作绩效的好坏,与最初判断相吻合的信息就容易被接纳,而相反的信息往往容易被忽略。要避免首因效应,首先要加强评估者的培训和教育,提高评估者全面搜集被评估者信息的能力。同时,评估者要多元化,以减少评估偏差。

3. 近因效应

近因效应也称为近期效应误差。一般来说,人们对于最近发生的事情印象会比较深刻,而对于远期发生的事情印象会较为淡薄。因此,在具体的评估工作开始之前的较短时期内,员工的表现会对评估结果有较大影响。解决这一问题较为有效的方法是：加强对被评估者平时工作中关键事件的观察和记录，必要时建立员工的个人档案。

4. 对比效应

对比效应是由于评估者对某一员工的评价受到之前评估对象的考评结果影响而产生的。在通常情况下，如果评估人员前面所考评的几个员工都较差的话，那么表现一般的员工就会显得比较突出；相反，如果之前考评的员工表现优秀，那么一般水平的员工就会显得表现极差。对此问题的解决，首先要注重对评估人员的培训，同时也可以采取整个考评结束再从整体上进行打分的方式。

5. 相似性错误

它的发生是由于评估者倾向于将自己作为被评估者的榜样，将自己的性格、能力、工作作风与被评估者相比，对于那些和自己较为相似的员工不由自主地做出较高评价；反之，则评价较低。要解决此问题，需要对考评人员进行相应的培训，使其形成正确的人才观。

第六节 薪酬设计

在所有的激励方式中，薪酬激励是最容易操作的，因此也是最常用的。从员工的角度看，薪酬水平对他（她）的生活水平有着极大的影响，甚至直接决定其生活水平的高低。在员工心中，薪酬不单单是工资单上钱的数目，还常常还会被看成是地位和成功的标志。因此，在一定意义上，薪酬设计是员工最为关心、敏感性最强的一项活动。薪酬设计水平的高低直接影响企业员工的工作满意度和绩效水平，甚至对人才的去留都会产生重要影响。一个好的薪酬体系不但可以对员工产生巨大的激励，使员工积极有效地工作，而且对一个组织人力资源的保持有重要意义。

一、薪酬的结构

广义的薪酬是指员工因向其所在单位提供劳动或劳务，而获得的各种形式报酬的总和。它可以分为经济性报酬与非经济性报酬，经济性报酬按照其作用的不同又可以分为固定工资、可变工资与福利，非经济性报酬主要是员工通过工作所获得的晋升与发展机会、满足感、成就感等。通常所说的薪酬是指狭义的薪酬，即经济性报酬，这也是后面所要探讨的内容。

固定工资主要指基本工资，它是对已完成的工作支付的基本现金薪酬，反映的是工作或技能的价值，不能体现个体的差异。津贴是基本工资形式的一种补充，主要是对在特殊劳动条件下工作的劳动者所付出的额外劳动消耗或生活费用以及对身体健康的损害给予的物质补偿。固定工资具有保障作用，从企业的角度讲，可以保障企业员工及其家庭生存与发展的需要；从社会角度讲，可以保障人力资源的再生产。

可变工资的内容比较丰富，包括绩效工资、公司红利、股票期权等。绩效工资是对员工完成业务目标而进行的奖励，也就是多劳多得，少劳少得。作为基本工资之外的增加，绩效工资往往随员工业绩的变化而调整。公司红利与股票期权等是一种长期激励性工资，目的是使员工能够注重组织的长期目标。不难看出，可变工资可以调动员工工作的积极性，激发他们的潜力，提高他们的工作效率。

福利是国家机关、企事业单位为员工提供生活方便、丰富生活内容等进行的各种补贴，一般包括：带薪休假，产假，外地员工的探亲假，医疗、安全等各方面的保险以及企业的各种文化娱乐活动等。福利具有调节作用，通过提供各种福利，可以增强员工对组织的责任感，提高员工的工作满意度，有助于形成良好的组织气氛。

二、薪酬设计的程序

（一）制定薪酬原则和策略

制定企业的薪酬原则和策略要在企业各项战略的指导下进行，集中反映各项战略的需求。要解决的具体问题包括：薪酬管理的目标，薪酬如何支持企业的经营战略，当企业面临着经营和文化压力时,薪酬战略如何调整等。

(二)职位分析

职位分析是薪酬体系中的重要环节。职位分析的内容包括分析工作的任务和责任、完成工作所需要的技能以及各种工作对组织整体目标实现的相对贡献大小。职位分析与职位评价之间有着密切的联系,职位分析所得到的信息是对工作进行评价的重要基础。所以说,职位分析是职位评价的起点。

(三)职位评价

所谓的职位评价,是指根据各种工作中所包括的技能要求、努力程度要求、岗位职责和工作环境等因素来决定各种工作之间的相对价值。职位评价重在解决薪酬的对内公平性问题。它有两个目的:一是为了比较企业内部各个职位的相对重要性,得出职位等级序列;二是为了进行薪酬调查建立统一的职位评估标准,消除不同公司间由于职位名称不同,或者职位名称相同但实际工作要求和工作内容不同所导致的职位难度差异,使不同职位之间具有可比性。

(四)确定薪酬水平

确定薪酬水平是通过薪酬调查与薪酬定位来进行的。薪酬调查,重在解决薪酬的对外竞争力问题。它可通过咨询公司,也可自己组织力量进行。通过调查,企业就可以了解本地区、本行业和相关劳动力市场的薪酬水平状况,特别是竞争对手的薪酬水平状况;然后要参照同行业同地区其他企业的薪酬水平,及时制定和调整本企业相应工作的薪酬水平及企业的薪酬结构。企业可以直接用同行的薪酬标准作为给付的标准,或者通过调查确定某些基本工作的给付标准,然后按照相对价值为其他工作确定薪酬。

(五)薪酬结构设计

薪酬结构设计,是指企业在薪酬制度设计中,在薪酬的平等化和薪酬的阶层化之间的权衡。平等化的薪酬结构是指公司的薪酬层次比较少,最高薪酬水平与最低薪酬水平之间的差距比较小,相邻的工资档次之间的差距也很小。阶层化薪酬结构是指公司的薪酬层次比较多,最高薪酬水平与最低薪酬水平之间的差距比较大,相邻的薪酬档次之间的差距也比较大。薪酬政策的平等化和阶层化是一组相对的概念,二者之间的区分并没有一个绝对的标准。

公司采取平等化还是差异化的薪酬政策,应该取决于公司中工作的组织方式。如果工作的完成是以工作团队和部门为核心的,平等化的薪酬政策就可能更合适一些;而如果工作的完成是以员工个人为核心的,则实行差异化的薪酬政策可能更合适一些。

(六)薪酬体系的实施和修正

在制定和实施薪酬体系过程中,应及时沟通,做必要宣传或培训。可利用薪酬制度问答、员工座谈会、满意度调查、内部刊物甚至 BBS 论坛等形式,充分介绍公司的薪酬体系及其制定的依据。

薪酬设计的时效性很强,方案一旦形成就要立即实施。否则,方案中涉及的数据发生变化,市场价格进行了调整,那么方案的数据就要进行相应调整。因此,在保证薪酬方案相对稳定的前提下,要随着企业经营环境和市场薪酬水平的变化做相应的调整。

第七节 职业生涯管理

一、职业生涯和职业

(一)职业生涯

职业生涯是员工个人职业的发展历程,包括员工职业生活的内容、职业生活的方式和职业发展的阶段。知识经济时代的绝大多数员工,都会对自己未来的职业发展抱有一定的愿望,并为自己制定发展的最终目标和阶段性目标,同时会积极为实现自己的愿望和目标创造条件。

员工的职业生涯目标能否实现,或者实现的程度有多大,不仅仅取决于员工自己,在很大程度上还取决于员工为之工作的组织。组织是否关心员工的职业生涯发展？是否为员工的职业生涯发展创造条件？是否鼓励员工将个人的职业生涯发展目标与组织的发展目标结合起来？这些，既影响着员工个人职业生涯的发展过程，也影响着组织的发展过程。因此，企业要鼓励员工的个人职业生涯发展，并且积极地将员工个人职业生涯发展纳入组织发展的过程中，形成员工职业生涯发展与组织发展互相匹配，共同推进的局面。

（二）员工的职业

员工选择职业、调整职业，并且在从事职业的过程中获得自身的发展和自我愿望的实现，同时也获得相应的薪酬，这就是员工的职业生涯过程。在这个过程中，员工选择和调整自己的职业是关键。

1. 职业类型

（1）技术型。技术型的职业，重点是工作的实际技术内容和职能内容。例如，工程技术工作、财务工作、教育工作、艺术工作等。从事这类职业的人，一般仅在本专业范围内向高层次纵向发展。

（2）管理型。以管理型职业为最终目标时，具体的技术或职能工作可能仅成为通向更高管理层的一个必经阶段。当一个人具备了一定的技术和管理工作经验时，他便可以横向跃升为管理型职业者。管理型职业要求择业者具备管理能力、分析能力和人际关系能力。

（3）安全型。安全型的职业能够提供较稳定的职位、较好的工作环境和足够维持生活的收入。追求这类职业的人员以较稳定安全为首选的择业目标。通常，这类求职者行为较规范，对组织的依赖性也较大。

（4）创造型。这类职业与管理型和技术型有一定程度的重叠，但尤以冒险与开拓为特点。这类职业的选择者喜欢新的项目和计划、喜欢开拓新的领域，因此他们的流动性较大。

（5）独立型。这类职业的选择者不喜欢组织的约束，倾向于按个人的意愿办事，大多为自由职业者。

2. 职业选择的要素

职业选择过程，也是人力资源配置的前期过程。正确地选择职业，能够减少人力资源过度流动的损失，更好地实现人力资源的优化配置。正确地择业，一般需要把握以下四个要素。

（1）职业技能。职业技能是从事某项特定职业所需具备的知识、技术和能力的总称。它是择业的基本条件。一般来说，求职者的职业技能层次越高、覆盖面越广，他的择业范围就越大，择业的成功率就越高。在劳动力市场竞争的条件下，某些"复合型"人才，由于其职业应变力与就业竞争力较强，故成为市场竞争热点，用人单位竞相聘用，需求远远大于供给。

（2）择业意向。择业意向是指求职者职业的选择偏好和价值判断。由于择业意向蕴含着个人对职业的价值判断，因此择业意向会受到个人的受教育程度、家庭背景与社会观念的影响。另一方面，择业意向也受到一些客观条件的影响，包括劳动报酬、福利保障、职业的社会地位、职业的发展前景、个人兴趣爱好和工作条件等。为了帮助择业者确立正确的择业意向，政府应当重视政策、舆论、信息、教育与择业指导方面的工作。

（3）职业信息。职业信息是求职者择业的依据。职业信息应当力求完整、正确且容易获得，从而能帮助求职者作出正确的判断和选择。职业信息包括：职业的需求与供给状况、职业的条件与要求、职业的发展前景、职业的特点以及职业的待遇等。

（4）职业岗位。职业岗位是求职者择业的对象。每一种职业岗位都有其特征。作为提供职业的用人单位来说，应当根据工作分析和岗位特点来选择员工；求职的员工则应根据自身的客观条件，来选择与之相匹配的工作岗位。在人力资源供求双方双向选择的过程中，尽量做到适人适位。

员工在选择和调整自己职业的过程中，应当根据自身的性格、技能等特点，选择适合自己的工作。而组织应当通过人力资源管理活动，为员工的职业选择和调整提供信息、咨询并且为之创造条件，努力将员工的职业选择与组织的员工配置和再配置活动有机地结合起来。

二、员工职业生涯的发展阶段和职业生涯道路

员工职业生涯的发展，在员工的职业生活中是一个连续的、长期的发展过程。员工的职业选择和调整也不是一劳永逸的事情，而是贯穿于员工整个职业生涯的一系列活动。

（一）职业生涯的各个阶段

员工职业生涯可以分为四个发展阶段，即职业预备期、职业初期、职业中期和职业后期。

1. 职业预备期

这一时期主要是接触、分析有关职业信息，形成择业意向，并为择业做准备。

2. 职业初期

在这一时期，正式作出职业选择，成为组织的成员，并且使自己逐步适应职业的要求。同时，还要了解并掌握组织内部的有关信息，尝试发挥自己的专长。某些难于使自己与职业要求相适应的人，需要进行调整，重新选择职业。职业初期的特点是适应和调整。

3. 职业中期

处于职业中期的员工，已完成了与职业的适应及调整工作，成为组织较稳定的成员。这一时期，员工会出现纵向提升、横向调动等情况，成为某一方面的熟练人员，从而为组织作出的贡献也最大。在职业中期，员工的职业生涯面临两个发展的问题：其一是如何充分利用自己的专业技能，并更新这些专业技能，保持职业的竞争优势；其二是如何确定自己进一步发展的生长点，并谋求新的发展。

4. 职业后期

处于这时期的员工体力、精力下降，但经验阅历丰富。员工将面临退休、结束职业生涯，故开始考虑退休后的问题。

（二）员工的职业生涯道路

员工选择并且调整自己的职业，从而实现自己的愿望和目标，一般都要在组织中确定自己的职业生涯发展道路。职业生涯发展道路从内容来看有专业技术类型与管理类型之分；从方向来看有纵向与横向之分。

员工选择专业技术类的职业生涯道路，就意味着他们将以专业技术的发展和专业技术职称的晋升作为发展的目标。沿着管理类的职业生涯道路发展，是以从事组织内各部门的管理工作为目标，其晋升的道路是从部门基层管理者的职位到部门级主管的职位，再到企业高层次的职位。

沿着专业技术类的职业生涯道路发展和沿着管理类的职业生涯道路发展，都是从低层次向高层次的纵向发展。除此之外，还有跨越这两大类的横向职业生涯发展道路。即使在专业技术类职业范围内，或者在管理类职业范围内，也存在跨越职能的横向发展道路。例如，从专业技术人员中提拔的管理者，就是从事专业技术的员工在其纵向职业生涯道路上有过一段发展之后，横向跨越到管理类道路上继续他的职业生涯发展。又如，从事专业技术的员工改而专门从事营销工作，就属于专业技术类中一种跨职能的横向发展道路。员工选择或确定自己的职业生涯发展道路，并且成功地实现自己的职业生涯计划或目标，离不开组织的支持。组织对员工职业生涯发展的管理，体现在企业人力资源管理计划和员工个人职业生涯发展计划上面。

三、组织职业生涯与员工职业生涯

组织职业生涯管理和个人职业生涯管理的主体不同，一个是组织，一个是个人。作为企业的人力资源管理部门当然是进行组织职业生涯管理。但是，个人职业生涯管理对组织职业生涯管理的成败产生重要影响。如果一个人的职业规划不切实际、好高骛远，组织肯定难以满足其要求；如果组织的职业生涯规划做的井井有条，可是个人对自己的职业发展漠不关心，那么组织的职业生涯规划就根本起不到激励的作用。所以即使是以组织为主体的职业生涯管理也要从两个方面进行展开。

一方面帮助员工做好个人的职业生涯规划。第一，帮助员工进行自我评估，也就是让员工更好地认识自己。可以为员工提供一些进行自我评估的工具和机会，例如，为员工提供职业兴趣测验或者给员工测定职业锚，开展职业生涯规划研讨会等。第二，帮助员工设定职业发展目标。根据员工的自我评价，结合员工的职业发展的实际情况和本单位实际，帮助员工确定自己职业发展的短期目标、中期目标和长期目标。第三，帮助员工将职业生涯规划落实到行动中，实现职业发展目标。企业应该通过研讨会或者个别咨询的方式解决员工实际工作中的困难，为其实现职业发展目标创造条件。还要帮助员工根据实际的变化不断修正其职业发展目标，以免和企业发展目标冲突。

另一方面就是真正意义上的组织职业生涯管理。这是一个系统工程，需要从员工招聘、职务分析、绩效评估到培训发展的全线支持。招聘的时候就需要考察应聘者的职业发展规划，看是否与本单位的实际情况相符合；职务分析的时候一定要把职位的纵向与横向定义弄得一清二楚，为以后职位的晋升或者轮换奠定基础；绩效考核的其中一个目的就是职位晋升，顺利通过考核是个人职业进一步发展的前提条件；培训目标的设定肯定要考虑个人的职业发展目标，理想状态是二者实现一致。作为人力资源管理的一个独立的模块，职业生涯管理还是有自己独立的工作去做。第一是设定职业生涯路径。职业生涯路径是组织为员工设计的自我认知、成长和晋升的管理方案，其实就是具有内部联系的一系列职位构成的序列。职业生涯路径按照方向可以分为横向和纵向，横向主要用于岗位轮换，纵向主要用于职位晋升。按照工作性质还可以分为技术职业生涯路径、管理职业生涯路径、研发职业生涯路径等。在传统的职业生涯路径中，技术职业生涯路径相对于管理职业生涯路径来说十分有限，造成了人才的流失。目前，许多企业正在开发或者已经在实行双重或者多重职业生涯路径系统，为技术人员和科研人员提供更多的职业发展机会。组织职业生涯管理的第二项工作就是进行职业咨询，一方面帮助员工进行个人的职业生涯管理；另一方面处理随时出现的员工职业发展问题。前面对此已有论述，在此不再赘述。

知识拓展

弹性工作制

弹性工作制是指在完成规定的工作任务或固定的工作时间长度的前提下，员工可以灵活地、自主地选择工作的具体时间安排，以代替统一、固定的上下班时间的制度。在欧美，超过40%的大公司采用了"弹性工作制"，其中包括施乐公司、惠普公司等著名的大公司；在日本，日立制造所、富士重工业、三菱电机等大型企业也都不同程度地进行了类似的改革。在我国，也涌现出越来越多试行该种制度的工厂和企业。2014年起，韩中央政府和地方政府将实施"5小时弹性工作制"，让员工灵活安排工作时间。

一、产生背景

随着信息技术的高速发展，现代社会工作方式的快速变化和生活节奏的加快提速，传统朝九晚五的工作方式受到越来越严峻的考验。据一项市场调查显示，国内有超过半数以上的白领工作者更钟情于不拘泥于传统的"弹性工作制"的工作方式，他们认为，现代工作、生活节奏过于紧凑，必须有更灵活的工作方式来激起他们的工作热情，帮助他们调整最适合自己作息习惯的生物钟，以保证有充足的休息时间来"降压""解压"，让他们的头脑时刻保持高度的清醒。而在人力资源管理研究领域，激励理论在实践中的应用也使这一新兴的、更适合时代发展的工作方式"弹性工作制"应运而生。

二、主要形式

（1）建立自主型组织结构。在这种组织结构中，为改善工作组织，组织建立弹性作制，让员工可以自主地决定工作时间，决定生产线的速度。如瑞典的VOLVO公司为发挥团队合作的效率优势，从1988年开始，将装配线改为装配岛，员工从重复枯燥的流水线上解脱出来，8～10人一组，灵活合作，可以自己决定自己的一切（包括生产时间、休息时间等）。有资料介绍，德国有25%、瑞典有20%、美国有15%的工作场所实行这种弹性工作制。

（2）工作分担方案。该计划允许由两个或更多的人来分担一个完整的全日制工作。比如，企业可以决定一周有40小时的工作，由两个人来分担。其中一个人上午工作，另一个人则可以在下午工作。

（3）临时性工作分担方案。主要在企业困难时期采用，企业用临时削减员工工作时间的方法来对付临时解雇员工的现象出现。比如，为了防止不得不解雇30名员工，企业的400名员工愿意每人每天只工作7小时，每周拿35小时的工资。

（4）弹性工作地点方案。只要员工能够完成单位指定的工作任务，以电子通信为手段与单位沟通，单位允许员工在家里或在离家很近的其他办公室中完成自己的工作。

（5）选择弹性工作时间。欧洲一些企业规定，员工可以在第一年过完6个月后，选择自己在下一年每个月愿意工作的时间，使员工有更灵活、更自由的时间去处理个人事务或进修学习。比如说，一个全日制工作者可以选择下一年每个月工作173个小时。再比如，一个希望平均每个月工作110小时的员工，可以在一月份工作150小时，而在二月份只工作70小时，剩下的时间可以去滑冰等。

（6）核心时间与弹性时间结合。企业可以决定，一个工作日的工作时间由核心工作时间（通常为5个小时）和前后两头的弹性工作时间组成。核心工作时间是每天某几个小时所有员工必须上班的时间，弹性时间是员工可以自由选定上下班的时间。例如某个公司规定每天工作时间为8小时，核心工作时间可以由上午9点到下午3点（午餐1小时除外），而办公室的实际开放时间为上午6点到下午6点。在核心工作时间内，所有员工都要来到工作岗位，但在核心区段前后的弹性时间内，员工可以任选其中的3小时工作。

（7）工作任务中心制。公司对员工的劳动只考核其是否完成了工作任务，不规定具体时间，只要在所要求的期限内按质量完成任务就照付薪酬。

（8）紧缩工作时间制。员工可以将1个星期内的工作紧缩在2~3天内完成，剩余时间自己安排"充电"。

三、弹性工作制的特点

（一）弹性工作制的优点

弹性工作制比起传统的固定工作时间制度，有着很显著的优点。

1. 弹性工作制对企业或组织的优点

（1）弹性工作制可以减少缺勤率、迟到率和员工的流失。

（2）弹性工作制可以增进员工的生产率。有一项研究发现，在所调查的公司中，弹性工作制使拖拉现象减少了42%，生产率增加了33%。对这种结果的解释是，弹性工作制可以使员工更好地根据个人的需要安排他们的工作时间，并使员工在工作安排上能行使一定的自主权。其结果是，员工更可能将他们的工作活动调整到最具生产率的时间内进行，同时更好地将工作时间同他们工作以外的活动安排协调起来。

（3）弹性工作制增加了工作营业时限，减少了加班费的支出（例如，德国某公司采取该制度后，加班费减少了50%）。

2. 弹性工作制对员工个人的优点

（1）员工在工作时间有了一定的自由选择，他们可以自由按照自己的需要作息，上下班可以避免交通拥挤，免除了担心迟到或缺勤所造成的紧张感，并能安排时间参与私人的重要社交活动，便于安排家庭生活和业余爱好。

（2）由于员工感到个人的权益得到了尊重，满足了社交和尊重等高层次的需要因而产生责任感，提高了工作满意度和士气。

（二）弹性工作制的缺陷

但是，弹性工作制也具有一定的缺陷。

(1) 它会给管理者对核心的共同工作时间以外的下属人员工作进行指导造成困难,并导致工作轮班发生混乱。

(2) 当某些具有特殊技能或知识的人不在现场时,它还可能造成问题更难以解决,同时使管理人员的计划和控制工作更为麻烦,花费也更大。

(3) 许多工作并不宜转为弹性工作制,例如,百货商店的营业员、办公室接待员、装配线上的操作工,这些人的工作都与组织内外的其他人有关联,只要这种相互依赖的关系存在,弹性工作制通常就不是一可行的方案。

四、推行意义和实行国家

由于每个人的生活需要风格、习惯不相同,传统的固定工作时间,强制每个人按照同样的时间工作,是一种比较僵化的方式,不能适应人的需要,因此无法发挥出人的最大效率。从这种意义上讲,弹性工作制看到了工作中人的位置,注重了人的需要,因此它的实施产生了较好的效果。由于弹性工作制的推广应用及其激励的后果,它已成为研究组织发展和变革的重要内容之一。

在欧美,超过40%的大公司采用了"弹性工作制",其中包括施乐公司、惠普公司等著名的大公司;在日本,日立制造所、富士重工业、三菱电机等大型企业也都不同程度地进行了类似的改革。而在我国,也涌现出越来越多试行该种制度的工厂和企业。

2013年9月8日,韩国雇佣劳动部发布的"为实现就业率70%目标的核心课题及具体规划",韩中央政府和地方政府将从2014年起实施"5小时弹性工作制",让员工灵活安排工作时间。

按照该规划,政府将听取舆论意见后,从2014年起全面实施"2人5小时弹性工作制",而韩国大多数工作单位仅实施"1人8小时全日工作制"。规划规定,即使员工选择"5小时弹性工作制",也在工资、晋升等方面与选择"全日工作制"的员工享有同等待遇。

为了普及弹性工作制度,政府将与三星、浦项制铁等30大企业进行合作,积极引导民间企业参与,还将向实施弹性工作制的企业提供减免税金等各种优惠。政府还将制定"弹性工作制员工的保护及就业促进法",并建立支援中心,以保护选择弹性工作制的员工。

本章小结

人力资源具有能动性、时效性和社会性的特征。人力资源管理就是对人力资源进行的管理,不过通常所说的人力资源管理是微观的、企业内部的人力资源管理。它的主要任务涉及人力资源的规划、获取、开发、评价和激励,工作主要涉及职务分析、人员的招聘、培训、绩效评估、薪酬设计和职业生涯管理等。

人力资源规划就是对人力资源管理工作的展开进行预测与计划,一般包括准备、预测、规划、实施和反馈五个阶段。其中,预测阶段是人力资源规划的关键部分,包括需求预测和供给预测两个方面。

人力资源的获取主要是指员工的招聘,它包括六个步骤:拟定计划、发布信息、审核信息、人员甄选、确定录用和评估。其中人员甄选技术性最强,主要方法有面试、笔试、心理测验和评价中心。培训是人力资源开发的主要方式,包括四个步骤:需求分析、确定内容、选择方法和评价效果。

人力资源评价可以分为工作能力评价和工作绩效评价。工作绩效评价是管理者与员工之间为了提高工作能力与绩效,实现组织战略目标而进行的一种管理活动。它为薪酬管理、人员调配、职务调整提供依据,为员工培训提供方向,对提高企业的生产率和竞争力以及员工的自我提升意义重大。绩效评估要坚持公开、客观、反馈等原则,根据实际情况的不同采用不同的方法,注意纠正一些常犯的错误。

薪酬设计主要遵循以下六个步骤:制定原则和策略、职位分析、职位评价、确定薪酬水平、薪酬结构设计、薪酬体系的实施和修正。个人的职业发展主要经历四个阶段，组织的职业生涯管理要针对每个阶段中特定的活动与任务从个人与组织两个角度展开。

案例分析

阿里巴巴：造就万名千万富翁的人力资源管理

一家中国公司登陆纽交所，并创下美股史上最大规模 IPO（首次公开发行上市）的记录，这注定被国人视为"走向世界"的骄傲、被世界视为"中国崛起"的信号，向世界讲述了一个中国故事。在阿里巴巴成功的背后，是数万员工的付出与贡献。阿里巴巴的人力资源管理在其中起了很大的作用。

一、做与业务结合紧密的员工个性化管理

作为阿里巴巴的 HR，挑战在于：在如此快速成长而多变的业务形态下，要如何能够兜底，托得住、稳住整个团队，同时引进人才。

目前阿里巴巴正在进行的 HR 组织变革正在将更多的管理重心转移到与业务结合紧密的员工个性化管理上来。通过建立薪酬服务中心，以及更全面覆盖招聘、入离职、报销等标准化公共服务的 HR 运营中心，原本分散在各业务 HRBP 的事务性工作将会被集中起来统一管理。而从中被解放出来的 HR，则能将更多的精力投入到与业务紧密相关的人才盘点、绩效评估、组织文化建设等事务上。

随着阿里巴巴的人员规模扩大，HR 配比预期将会降低到 1∶250 至 1∶300 之间，但这样的管理精细度也仍然被要求保留。

"在阿里巴巴，人才对最终业务成效的影响很大，尤其是在创业型的业务中，我们需要给人才更多的自主权和更大的想象空间。伴随互联网时代而来的大数据将能够帮助到 HR 调整工作方式，适应这样的改变。"建立大数据可以帮助企业更多关注员工的个性化差异，将员工真正当成资源，给他们更好的平台，并能在公司有项目时快速地找到他们，高效地组建团队，为企业带来更高的回报。

"作为一家互联网公司，阿里巴巴的特质要紧跟客户的价值和利益，我们希望的组织模式是召之即来、来之即战、战之即散的自组织过程。"陆凯薇表示，在新的 eHR 系统中，能够自然地呈现每个人在组织里的价值、人与人的关系，减少 HR 人为的判断和管理。

二、招聘：以诚信为最优先考虑因素

在阿里巴巴，价值观是决定一切的准绳。招聘形式有很多，但无论哪种形式，诚信都是第一考量的因素。

1. 选人诚信为先

对于阿里巴巴来说，其招聘人才的首要要求就是诚信，马云认为这是最基本的品质，有就有，没有是很难培养的。2006 年 2 月 10 日，在阿里巴巴一年一度的全体员工大会上，马云向员工们宣布了以"诚信建设和知识产权保护"作为公司新一年的三大主题之一。同时，阿里巴巴强调对客户的诚信，永远不给客户回扣，给回扣者一经查出立即开除。

2. 重视职业道德

阿里巴巴很看重员工的职业操守，这是阿里巴巴不愿意高薪挖人的一个重要的原因，因为它不希望挖过来的员工变成不忠、不孝、不义的人。从竞争对手那边挖过来的人，如果让他说原来公司的机密，他对自己的旧主就是不忠；如果不说原来公司的机密，他对现在的新公司就是不孝；即使不让他说原来公司的机密，他在工作中也会无意识地用到，这样他就是不义了。

3. 跳槽多不可靠

马云曾这样说过："我不喜欢跳槽的人，年轻人一个简历上前面五年换八个工作，这个人我一定不要他，他不知道自己想干什么，尤其跨 N 多的领域，不太会有出息。"

三、让员工自主学习的培训才有效

在阿里巴巴，会根据员工不同的偏好，分为三个职业阶梯，使性格不同、对自己未来规划不同的员工都能够满意。比方说，希望平衡生活，按部就班，照顾家庭，不需要有太多挑战，太多压力，可以选择去做 S 序列。S 序列都是标准工作的序列，只需要按照现有的方式做事就行了。如果这个人很擅长跟别人打交道，跟别人沟通，并不喜欢对着机器做事情，可以选择 M 的序列去发展。其实不同类型的员工，选择各不相同，所以人的发展绝对不是企业一厢情愿的事情，而是企业和个人的主观共同来发生的，只有当这种需求是大家都想要的，这个时候才会得到各方面的配合，才能得到认同，才能把"试"转化为"学"。阿里巴巴鼓励内部教学相长的文化，不断建立内部员工分享的氛围，希望营造一个要学一定要有行动，有了行动一定要有带来结果的学习氛围。

先要决定你的目标，再决定你在培训行为，然后评估带来什么结果。如果想在阿里巴巴做到这一条，先要把不同的人员进行定位，因为不同定位的人，需要的能力不一样，你给他的东西就不一样。

在阿里巴巴，年轻人平均 27 岁，好多人都有一个共同特点，很多员工是被爸爸妈妈培训大的，被老师培训大的，所以他自己自主学习的意愿还不是特别强。面对这群员工，用的方法又不一样。先培养行为，当他看到这种行为的结果，然后再去转变他的观念。就好比小孩子刷牙，你可以跟小孩子讲刷牙可以避免蛀牙，蛀牙是怎么产生的，讲了一大堆，小孩子也不懂什么是蛀牙。爸爸妈妈教小孩，一定是规定你早上、晚上一定要刷，先刷了再说，然后刷到二十多岁，他才知道为什么爸爸妈妈教我刷牙。这是行为带来结果改变思维的过程。

有了能力的需求，也有了发展行动的方向，这时候就可以开始设计另一些学习方法，来推动能力的建设。阿里巴巴学习的项目名称很怪，如夜校、课堂等，这些名字是为了强化学习概念。其实里面的内容还是管理体系，包括阿里巴巴所有的管理人员必须接受的强制性培训，如三 A 课程等。从低级的员工，到高管级的，阿里巴巴给每个员工制定了不同的选修和必修项目。

每年阿里巴巴会选出公司在管理上最严重的问题，最需要解决的问题，然后请高管配合 HR 同事，共同完成对员工的训练。在学习的过程中，他们会互相发表自己的看法。在阿里巴巴中国网站，员工还可以根据自己学习的期数，建立自己的群博客，他们会在上面保持自己是黄埔军校第几期的概念，这也是强化一些虚拟组织对员工归属感的提升。所以看培训不只是看培训二字，还看能力提升，看文化氛围建立，看员工的快乐工作，看整个公司和个人能力和组织能力的认可。

年轻的员工营造玩的氛围，好的东西可以贴出来跟人家去交流去分享，这些都是阿里巴巴特有的学习环境。所以，阿里巴巴有一个口号：知识点亮人生，学习成就未来。你要拿知识，要自己去学，而不是别人来一味地教你。

四、以"六脉神剑"考核员工，价值观与业绩各占 50%

彭蕾所说的价值观，在阿里巴巴被归纳成为"六脉神剑"：客户第一、团队合作、拥抱变化、诚信、激情、敬业。在阿里巴巴，价值观是真真切切地落在实处的，因为在阿里巴巴的考核体系中，个人业绩的打分与价值观的打分各占 50%，也就是说，即使一个业务员拥有很好的业绩，但是价值观打分不达标，在阿里巴巴依然会面临淘汰。

对一个员工业绩的考核显然更容易，价值观听起来就更虚无缥缈一些。但是阿里巴巴还是有一些办法把比较虚的价值观用一些具体的方法做出衡量，比如把价值观分解成 30 小条，每小条都对应相对的分值，采取递进制，纳入到考核之中。

尽管价值观的打分占到考核的一半，但是在阿里巴巴因为价值观而被淘汰的员工并不多。在招聘的时候这是一个非常重要的考量因素。虽然的确有违背"六脉神剑"而被开除的员工：比如诚信，如果销售人员在销售过程中给对方回扣等灰色的东西，一旦发现业绩再好肯定也会开除的。

不过马云并不想让他的数千员工变成苦行僧。在阿里巴巴，无处不在地强调着快乐工作。马云说:"我们阿里巴巴的LOGO是一张笑脸,我希望每一个员工都是笑脸"。

五、留住员工秘诀:双重层面激励员工

如何让员工愿意在阿里巴巴工作?在物质层面和精神层面的双重因素都很重要。物质层面,不能让员工每个月拿五百元还很高兴。阿里巴巴每年都请专业公司调查行业薪资,根据这个来确定公司的薪酬是有竞争力的。去年阿里巴巴发现员工的椅子没有扶手,研究之后发现这会额外增加员工的疲劳度,所以即使要花一大笔钱也决定把所有椅子都换成了有扶手的。

做到这些,还只能是留住他,而不是激励他,还要让他向上走。激励员工主要方式是,他的工作能不能得到认可,他的工作能否推动公司的发展。也许很难想象一个一线客服人员,在推动公司发展中起的作用。阿里巴巴经常给员工讲一个故事,三个人在那里砌房子,你问第一个人,他说在那里砌砖头,第二个人说在垒墙,第三个人说他在造世界上最美的教堂,每天钟声会响起。我希望我们的员工像第三个人,每天自己都有进步,公司也在成长,这是多少钱都买不到的。

另外阿里巴巴要求我们的管理者不断地赞美员工的进步,没有人愿意生活在失败当中,这样他就没意思了,所以要认可他的每个进步。当然合适的批评也同样可以起到这个作用,有一些管理者认为批评员工不好,实际上你为他好才是真的好,让他知道什么不足,觉得自己在哪方面有些不足并加以改正,他同样会对工作、生活充满希望。

在阿里巴巴,任何资历、背景都不重要,只要你具有相应职位的能力就会得到提拔。

资料来源:董克用等. 人力资源管理概论. 第四版 [M]. 北京:中国人民大学出版社,2015.

讨论题:

1. 请分析阿里巴巴如何吸引和留住新时代的年轻人?
2. 结合本章的相关内容和知识,谈谈阿里巴巴在人力资源管理方面有哪些可取之处?

复习思考题

1. 什么是人力资源管理?它包括哪些活动?这些活动之间是什么的关系?
2. 人力资源规划主要包括哪几个阶段?
3. 某企业最近4年的销售额分别为1020万元、800万元、700万元、900万元,员工人数分别为200人、160人、140人、180人,假定明年的销售额是1500万元,那么还需要再招聘雇员多少人?
4. X公司是一家以生产家用电器为主的大型国有企业,过去曾经有过辉煌的战绩。但是,随着我国国企改革的深入以及市场竞争的加剧,X公司连年亏损,面临倒闭的危险。新上任的公司老总不甘心让公司毁在自己的手上,决定进行大刀阔斧地改革。他深深地意识到企业之间的竞争归根到底是人才的竞争,所以决定先拿人事制度开刀,于是需要招聘一个能够协助自己进行改革的人事处主任一名。请你为该公司老总拟一个招聘计划。
5. 员工培训包括哪些内容?请为每一项培训内容选择你认为合适的培训方法,并谈谈原因。
6. 在绩效评估中容易出现哪些错误?应怎样克服?
7. 薪酬设计应该遵循怎样的程序?

第四篇 领导职能

第十四章　领　　导

本章学习目的

- 掌握领导的含义和本质
- 掌握领导理论
- 了解不确定性环境下的领导方式

导入案例 ▶▶▶

追梦的领导者戴跃锋

"我们要去的地方不是我们寻找的地方，而是我们要创造的地方"，这是戴跃锋的名言，也是他人生的真实写照。从一个普通的学生到普通网店店主，到网络专业的品牌分销商，"御泥坊"的当家人，再到湖南御家汇科技有限公司创始人、董事长CEO，湖畔大学一期学员，2011年全球十大网商。他是一个在战斗中成长起来的领导者，互联网的大潮中勇立潮头的优秀决策者。如今，他在一步步实现梦想。

偶然的机会戴跃锋知道了御泥坊，他觉得这个产品不一般，搜索了相关资料发现曾作为贡品上贡给慈禧太后，民国初期更远销欧美和日本。他立即加入，成为一个网上销售代理商。

2007年3月8日，戴跃锋的御泥坊淘宝网店开业。在他之前，御泥坊产品已经在淘宝上销售，但销量不好。戴跃锋经过认真的调查分析后，成功地挖掘了产品的文化内涵和情感因素，为御泥坊产品找到了三大卖点：功效的神奇性，历史的悠久性，独特的民族性。当时淘宝商城组织了一场化妆品团购活动，国际品牌、国内名牌等几十款化妆品同在一个页面促销，御泥坊试探性地用一款矿物面膜参加活动，在御泥坊旁边的是国际知名的品牌——兰蔻面膜，两者价格相差不大，销售结果却很震惊，兰蔻销售26件，御泥坊售出261件。开业3个月内，销售额突破70万元。2008年年底，御泥坊的网上销量超过四万件。戴跃锋开始尝试发展网络代理店铺，带领代理商家共同致富。2007年12月24日，"御泥坊"荣获2007年度淘宝网化妆品终评榜最佳面膜奖，2008年6月，戴跃锋并购了御泥坊品牌及位于隆回县的加工基地，他成为总经理。之后戴跃锋创办了御家汇，是典型以品牌为核心的中国第三代互联网企业，2013年由国家商务部认定为"全国百家电商示范企业"，湖南省商务厅评选为"湖南省电子商务示范企业"。

现在，戴跃锋领导的御家汇获得深圳创新投资集团与国家发改委下属基金的共同投资。御家汇旗下拥有御泥坊、师夷家、花瑶花、小迷糊四个护肤品品牌，及独立B2C商城汇美丽。公司自主研发的多个护肤品配方技术，均获得国家发明专利。自主设计的护肤品外包装，获得设计界奥斯卡之称"德国红点设计大奖"，成为中国化妆品企业中首个获得该国际大奖的品牌。旗下御泥坊品牌已成为中国水洗类面膜第一品牌，在全国已经拥有超过500万名消费者。2018年2月8日，御家汇在深交所创业板成功上市，成为国内IPO电商第一股。

资料来源：胡桂兰编写。

第一节 领导的含义与本质

一、领导的含义

"什么是领导？""怎样才能做一个好领导？"这些问题已困扰人类数千年之久。柏拉图、孙子、诸葛亮、斯隆都曾试图给出答案。拉尔夫·斯多蒂尔指出："领导的概念几乎和试图给领导下定义的人一样多。"最近几十年来，也出版了或者发表了大量的专著和论文讨论这些问题，关于领导的定义至少有以下几种解释：领导是解决问题的初始行为；领导是对制定和完成企业目标的各种活动施加影响的过程；领导是指挥部下的过程；领导是机械地服从组织的常规指令以外所增加的影响力；领导是一个动态的过程，该过程是领导者个人品质、追随者个人品质和某种特定环境的函数。

事实上，领导是领导者及其领导活动的简称。领导者是组织中具有影响力的人，他们可能是组织中拥有合法职位的、对各类管理活动具有决定权的主管人员，也可能是一些没有确定职位的权威人士。领导活动是领导者运用权力或权威对组织成员施加影响或进行引导，以使组织成员自觉地与领导者一起去实现组织目标的过程。领导是管理的基本职能，它贯穿于管理活动的整个过程。

领导的含义其实具有双重性，从名词来看，领导是指领导者，是利用影响力带领人们实现组织目标的人；而从动词来看，领导是指领导工作（领导职能），是指挥、带领、引导和鼓励部下为实现目标而努力的过程。它包括下列三要素：

第一，领导者必须有部下或追随者，没有部下的领导者不能称其为领导。

第二，领导者拥有影响追随者的能力或力量。这些能力或力量包括由组织赋予领导者的职位和权力，也包括领导者个人所具有的影响力。

第三，领导的目的是通过影响部下来达到组织的目标。

二、领导的本质

管理的核心是处理好人际关系。在组织中的各种要素和资源中，人是最重要、最活跃的要素和资源，可以直接或间接地影响组织的效果。因此调动人的积极性，发挥创造潜力，处理好人与人之间的关系，是管理的核心问题，也是领导工作所要完成的任务。

领导是在一定条件下，引导和激励人们实现组织目标的行为过程。这种行为包含行使组织所赋予的权力、实行监督和控制，但更主要的是通过个人（领导者）依据组织环境，运用领导技能，采取正确的领导方式和领导行为，团结和带领职工高效率实现组织目标。实际上，领导是领导者为了实现组织目标而运用权力向下属施加影响力。

影响力是指在与他人的交往中，影响和改变他人的心理与行为的能力。领导者的影响力，就是领导者在领导活动中有效影响和改变被领导者的心理和行为，使之纳入群体活动目标轨道的能力。领导者影响力是决定领导效能的必不可少的因素，是领导者的生命力。它由领导角色的地位、身份、权力和个人素质等因素决定，概括起来就是领导者的权力性影响力和非权力性影响力。

（一）权力性影响力

权力性影响力又叫强制性影响力。权力既是一种控制力，也是一种影响力。权力是构成一切正式组织的必要条件。一个组织的领导如不拥有某些合法权力，就不能成为真正意义上的领导，也不能维持正式组织并发挥其作用。权力影响力是合法权力所产生的效果。权力性影响力在于它对人的影响带有强迫性、不可抗拒性。它的产生主要有以下几个方面原因。

1. 传统因素

传统因素是指人们对领导者的一种由历史沿革而来的传统观念。传统首先来源于恐惧，其次是社会服从，从恐惧到服从要经过不断的制度化，深入到社会的各个阶级结构与意识形态，从而成为人类社会一种特殊的影响力量。

2. 权力因素

社会心理学认为，社会权力是形成领导影响力的基础。权力是一种制度化力量。美国社会学家克特·W. 巴克认为，权力就是在个人或集团的双方或多方之间发生利益冲突或价值冲突的形势下执行强制性控制。在现实生活中，权力往往表现为一种"位置"或"地位"的力量，即"职权"。现代社会很多组织结构几乎都拥有一个完美的金字塔形式，每个人按地位顺序置于一个特定位置上。权力和控制是从金字塔顶端逐渐向下延伸的，而服从和负责则是从金字塔最底层由下而上的。

3. 资历因素

领导者影响力的大小与他自身的资历密切相关。资历是资格和经历的合称，一定程度上反映出一个人的实践经验和能力。领导者的光荣历史、非凡经历，往往能使被领导者产生一种敬重感。

（二）非权力性影响力

非权力性影响力与权力性影响力不同的是，它不是外界赋予的奖励和惩罚别人的手段，而是来自于个人的自身因素。其中包括领导者的道德品质、工作才能、文化知识和交往艺术等。非权力性影响力的构成因素包括品格因素、能力因素、知识因素和感情因素。

三、领导者与管理者的关系

过去，人们更多地把领导与拥有某种职务联系在一起，认为领导就是统治和指挥别人。现代领导观念认为：领导的实质是影响别人，领导是一种影响过程，也是一种人与人之间的交往过程，在过程中来影响、激励和引导人们执行某项任务，以达到特定目标的一种行为。作为领导者应帮助群体最大限度地使用其能力来实现组织目标。他们不是站在一个群体的后面去推动、去督促，而是作为带头人来引导、鼓励人们去实现组织的目标。拿破仑说过："只有糟糕的将军，没有糟糕的士兵"。优秀的领导者能激励别人去思考和行动，他们是力量的主体。差异集中反映在两个方面：一是领导是否应该是非强制性的（即向下属施加影响时不采用权威、奖励和惩罚方式）；二是领导与管理之间是否有区别，后一问题尤其成为近年的热点话题，很多专家在这方面都有不同的看法。

实际上，领导是一种普遍的管理行为，普遍存在于组织和社会中的现象。关于领导和管理的关系，目前有不同的观点，有人甚至认为"管理就是领导"。事实上，领导工作作为管理工作中的一部分，或者是管理职能的一个重要职能，二者有一定联系，同时也有区别。首先，从工作主体方面看，领导人员是管理人员的一部分，是担负领导职务并有决策指挥权的那一部分管理人员；其次，从工作的客体方面看，管理的对象通常包括人、财、物等多种生产要素，而领导工作的对象更多是人；再次，从工作的手段和方法来看，管理包括计划、决策、组织、协调和控制等，而领导工作主要是大政方针的制定、人事安排和对于各种活动的协调等。

就组织中的个人而言，可能既是领导者，又是管理者；也可能只是领导者，而不是管理者；也可能是管理者，而不是真正的领导者。领导的本质就是被领导者的追随和服从，它不是由组织赋予的职位和权力所决定的，而是取决于追随者的意愿，因此，有些具有职权的管理者可能没有部下的服从，也就谈不上是真正意义上的领导者。从企业工作效果来看应该选择好的领导者从事企业的管理工作。对非正式组织中有影响力的人参加企业正式组织的管理，会大大有益于管理的成效。对不具备领导才能的人应该从管理人员队伍中剔除。

四、领导作用

在带领、引导和鼓舞部下为实现组织目标而努力的过程中，领导者要发挥指挥、协调和激励等三个方面的作用。

（一）指挥作用

人们在集体活动中，需要头脑清晰、胸怀全局，能高瞻远瞩、运筹帷幄的领导者帮助人们认清所处的环境和形势,指明活动的目标和达到目标的途径。领导者只有站在群众的前面,用自己的行动带领群众为实现企业目标而努力,才能真正起到指挥作用。

(二)协调作用

在许多人协同工作的集体活动中,即使有了明确目标,但因各人的才能、理解能力、工作态度、进取精神、性格、作风、地位等不同,加上外部各种因素的干扰,人们在思想上发生各种分歧、行动上出现偏离目标的情况是不可能避免的。因此就需要领导者来协调人们之间的关系和活动,把大家团结起来,朝着共同的目标前进。

(三)激励作用

引导不同职工的努力方向指向同一个目标,协调职工在不同时空的贡献,激发职工的工作热情,使他们在企业经营活动中保持高昂的积极性,这就是领导者在组织和率领职工为实现企业目标而努力工作的过程中必须发挥的具体作用。

五、领导者的素质

(一)思想素质

作为领导,思想素质是首要素质。良好的思想作风和工作作风是领导者人格魅力的重要体现,谦虚谨慎,戒骄戒躁,善于调查研究,工作扎实细致,有布置有监督,实事求是;能与员工同甘共苦,身先士卒;有较高的情商,具有影响他人的魅力,平等待人,和蔼可亲,不计个人恩怨,关心员工,有强烈的事业心,高度的责任感和勇于创业的精神。

(二)业务素质

领导者不仅要具有一定的业务知识,还要有较高的业务技能。

1. 较强的分析、判断和概括能力

领导者应能在纷繁复杂的事务中,透过现象看清本质,运用逻辑思维,进行有效的归纳、概括、判断,找出解决问题的办法。

2. 决策能力

决策,特别是经营决策的正确与否,对企业生产经营的效果影响巨大。因此,现代工业企业十分重视决策问题。作为企业的领导者,必须要有决策能力。决策是多种能力的综合表现。任何正确的决策,都来源于周密细致的调查和准确而有预见的分析判断,来源于丰富的科学知识和实践经验,来源于集体的智慧和领导勇于负责精神的恰当结合。因此,决策要求在充分掌握企业内外环境资料的基础上进行科学的预测,并对多种方案进行比较和选择。

3. 组织、指挥和控制的能力

领导者应懂得组织设计的原则,如因事设职、职权一致、命令统一、管理幅度等,熟悉并善于运用各种组织形式,善于运用组织力量,协调人力、物力和财力,以期达到综合平衡,获得最佳效果。企业要实现预定目标,就要求领导者能及时发现问题并采取措施予以克服,从而保证目标的顺利实现;并能根据实际情况进行目标调整。

4. 沟通、协调企业内外各种关系的能力

领导者要善于分析,倾听各方面的意见,应是交换意见、沟通情况的能手。尊重他人;对下属谦虚,平等待人;对内,要有自知之明,知道自己的长处和短处;对外,要热情、公平而客观。

5. 不断探索和创新的能力

领导者对新鲜的事物要敏感,富有想象力,思路开阔,善于提出新设想,新方案,对工作能提出新的目标,鼓舞下属去完成任务。

6. 知人善任的能力

领导者要重视人才的发现、培养、提拔和使用,知其所长,委以适当的工作,重视教育、提高下属的业务能力,大胆提拔,勇于起用新人。

(三)身体素质

领导者负责指挥、协调组织活动的进行,是一项不仅需要足够心智而且消耗大量体力的工作。因此，必须有强健的身体，充沛的精力。

（四）心理素质

心胸宽广是领导干部的基本素质。领导干部的宽广心胸，一是表现在能容人。特别是能容有反对意见的人，容有性格差异、能力差异和年龄差异的人，能尊重别人的人格、劳动和劳动成果，虚怀若谷。二是表现在能容事。对大事能胸有成竹，运筹帷幄；对小事能体察如微，了如指掌；对急事能处乱不惊，从容不迫；对难事能迎难而上，举一反三，有海纳百川的气度和气魄。

第二节 领 导 理 论

一、特质理论

特质理论（trait theory）也称伟人理论，是研究领导者的心理特质与其影响力及领导效能关系的理论。该理论阐述的重点是领导者与非领导者的个人品质差别。

长期以来，人们一直对"伟人"理论存在争议。历史是否是像凯撒大帝、拿破仑、丘吉尔等伟人创造的？或者这样的人是否是历史造就的？这些人是否具有某些品质，足以对人类事件的进程产生重大影响？或者，这些人成为领导仅仅是由于遇到合适的地点和合适的时间？这些问题诱发了学者们对领导心理特质的研究，试图找出领导者与非领导者在特质上的区别。例如，有的研究者认为，只要测定好的领导者和差的领导者的特质，比较其差别，就能找到问题的答案。1940年，曾有人列出20份不同的性格表，认为表上所列的性格就是领导者的特征，尔后又有人提出个人才智、工作能力、决断能力、自信心、客观性、主动性、可靠性、干劲、善于理解人、体贴人、感情的稳定性、追求成功的欲望，同他人合作的能力、个人品德，甚至身高、体格、外貌等，都能决定成败。还有人认为领导特质是与生俱来的，先天不具备这些特质者就无法当领导。

研究者在现实生活中也找到了一些依据。例如，一般领导者在社交、创造性、坚持性、协调性、处理问题的能力等方面都超过了普通人。此外，其性格特征也有别于普通人，如性格一般较为外向、智力较高、爱好群居、责任心强、积极地参与相应的社会活动，在工作中有坚韧性、能细致周到地考虑和解决问题等。但持反对意见的人认为，很多领导者并无上述个性特质，而且很多有上述特质的人也并未成为领导者。不同研究得出的结论往往不一致，常常还相互矛盾，其原因在于以下两方面。

（1）领导是一种动态进程，任何人都不可能生而具有领导者的特质，领导者的特性和品质是后天的，是在实践中形成的，可以通过培养训练而获得。

（2）各种组织的工作性质不同，为达成组织目标所需要的功能也不相同。因此，不同组织对领导者人格特质的要求大不相同。即使在同一组织中，工作和任务也是多质性的，工作岗位的性质不同，对领导者的人格特质的要求也不一样。有人是适合做这种工作的领导，但不一定是适合做另一种工作的领导。领导的人格特质都是具体的、特定的。企图找到一种普遍适用的领导人格特质，显然不符合实际。

总之，大量研究表明：具有某些特质确实能提高领导者成功的可能性，但没有一种特质是成功的保证。

二、领导方式理论

领导方式是领导者在活动中表现出来的比较固定的和经常使用的行为方式和方法的总和，又称为领导者工作作风，它表现出领导者的个性。例如，有的领导工作风格大胆泼辣、主观武断、粗暴、独断专行；有的领导在工作中胆小怕事，左请示、右汇报，非得等上级有十分具体、明确的提示后才肯行事等。领导方式既是个性的表现，又影响着他所领导的工作群体的作风，从而影响工作群体的工作效率。

关于领导方式的研究最早开始于莱温（K. Lewin）。他根据权力定位于谁，将领导方式分为三种类型：专权型领导、民主型领导和放任型领导。

（1）专权型领导，是指领导者自己决定一切，布置给下属去执行。该类型领导者要求下属绝对服从，并认为决策是自己一个人的事情。

（2）民主型领导，是指领导者发动下属讨论和共同商量，集思广益后做出决策，要求上下融洽，合作一致地工作。

（3）放任型领导，是指领导者一般撒手不管，下属愿意怎样做就怎样做，完全自由。他的职责仅仅是为下属提供信息，同时与企业外部保持联系，为下属工作提供便利。

为了更好地比较三种领导方式的不同，特地从群体方针的决定、群体活动的了解与透视、工作的分担与同伴的选择、参与及工作评价、与下属关系、与上下级关系、发生问题时等方面进行了差异比较，见表14-1。

表 14-1 三种领导方式的差异

项目	专制型领导	民主型领导	放任型领导
群体方针的决定	一切由领导者一人决定	所有方针均由群体讨论决定，领导参与协调	任由群体或个人决定，领导者不参与
群体活动的了解与透视	方法和步骤由领导决定，以命令的方式让成员接受	在讨论中已了解工作程序和最终目标，成员有选择方法的自由	提供工作上所需要的各种材料，成员问及时即给回答
工作的分担与同伴的选择	由领导指定工作任务及其工作伙伴	工作分担由群体决定，同伴自由选择	领导者完全不干预工作
参与及工作评价	回避群体作业，领导者以个人善恶来表扬或批评	在精神上成为群体成员，依据客观事实来表扬或批评	除非成员要求，不经常发表评论，不主动协调
与下属关系	严厉不可亲近，以特别身份出现，高高在上	可以亲近，且觉得可以依靠，不以特别身份出现	可以亲近，但觉得不太可能
与上下级关系	只听从上级指示，不考虑部属的情况	关心部属，将部属的要求反映到上级	不关心部属，也不在乎上级
发生问题时	不向部属做任何说明，即下命令	向部属说明情形，再加以适当指示	不向部属作任何说明，也不作指示
听取下属意见	根本不让部属发表意见	尽可能听取部属的意见	不太注意部属的意见
成员反应	缺乏自动意识，失去个性，依赖性大，消极、自卑、不满、不负责任	个性发扬，群体观念强	感到自由，但缺乏群体观念

比较三种领导方式优劣，大多数人都认同民主型领导，但从实际情况来看，三种领导方式在不同的环境条件下都有成功的事例。因此，不可简单地说哪种方法更有效，问题的关键在于如何根据具体情况选择合适的领导方式。

领导方式的三种基本类型各具特色、各自适用于不同的环境。领导者需要根据所处的管理层次、所担负的工作的性质，下属的特点，在不同时空处理不同问题时针对不同下属，选择合适的领导方式。

三、领导行为理论

领导行为理论是研究关于领导行为及其结构，组成要素和实际效果的理论。其中有代表性的理论主要有下列几种。

（一）领导方式的连续统一体理论

美国学者坦南鲍姆和施米特认为：领导方式是多种多样的，从专权型到放任型，存在多种过渡类型。根据这种认识，他们提出了"领导方式的连续统一体理论"。图 14-1 概括描述了他们这种理论的基本内容和观点，图中列出了七种典型的领导方式。

第一，经理作出并宣布决策。在这种方式中，上级就一个问题，考虑各种可供选择的解决方法，从中选择一个，然后向下属宣布执行。他可能考虑，也可能不考虑下属对他的决策的想法，他不给下属参与决策的机会。下级只有服从他的决定。

第二，经理"销售"决策。在这种方式中，如同前一种方式一样，经理承担确认问题和作出决定的责任，但不是简单地宣布决策，而是说服下属接受决策。这样做是表明他意识到下属中可能有某些反对意见，他企图通过阐明决策给下属带来利益以减除这种反对。

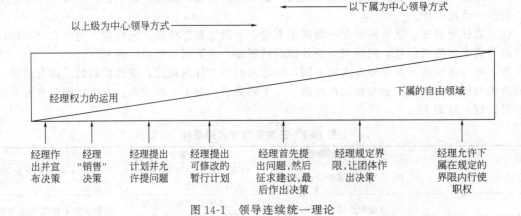

图 14-1 领导连续统一理论

第三，经理提出计划并允许提出问题。在这种方式中，经理作出决策并期望下属接受，但他向下属提供一个有关他的想法和意图的详细说明，并允许提出问题，这样，他的下属能更好地了解他的意图和计划。这个过程使经理和他的下属能深入探讨这个决策的意义和影响。

第四，经理提出可以修改的暂定计划。在这种方式中，允许下属对决策发挥某些影响作用。但是确认问题和决策的主动权仍然操纵在经理手中。他需要先考虑问题，并提出一个计划，但只是暂定的计划，然后把这个计划交给有关人员征求意见。

第五，经理首先提出问题，然后征求建议，最后作出决策。在这种方式中，确认问题和进行决策需要由经理进行，下属有建议权。下属可以在经理提出问题后，提出各种解决问题的方案，经理从他自己和下属提出的方案中选择满意者，这样的决策领导方式可以充分利用下属的知识和经验。

第六，经理决定界限，让团体作出决策。在这种方式中，经理把决策权交给团体。这样做之前，他解释需要解决的问题，并给要做的决策规定界限和范围。

第七，经理允许下属在规定的界限内行使职权。在这种方式中，团体拥有绝对的自由，唯一的界限是上级所做的规定。如果上级参加了决策过程，也往往是以普通成员的身份出现，并执行团体所做的任何决定。

坦南鲍姆和施米特认为，上述方式孰优孰劣并没有绝对的标准，成功的经理不一定是专权的人，也不一定是放任的人，而应该是在具体情况下采取恰当行动的人。当需要果断决策时，他善于指挥；当需要职工参与决策时，他能提供这种可能。只有这样才能取得理想的领导效果。

（二）利克特的领导方式

密执根大学的研究者 R. 利克特（Rensis Likert）及其同事从 20 世纪 40 年代起开始了对领导问题的研究。通过对许多领导人及其下属人员的访问调查发现，领导者行为方式基本上有以下两种。

（1）以工作为导向的领导方式。这类领导者利用自己合法的决定和强制职权密切地注视和掌握着职工工作的进度，以及他们在工作中的表现。他们随时都可以指令职工去干某一工作，并指挥他们如何干好工作，这类型的领导者将职工视为达到目标的工具。

（2）以职工为导向的领导方式。这类领导对职工的生活、福利等极为关心。具体说就是他们对工作小组的建立与发展，对职工参与管理，职工本人的生活福利，对职工个人的成长与发展，对职工工作的满意程度都很关心。

利克特认为这两种领导方式是相互对立的。一个领导者不是以工作为导向就是以职工为导向。研究表明：以职工为导向的领导要比以工作为导向的领导的效果更好。

（三）四分图理论

美国俄亥俄州立大学人事研究委员会以亨普希尔（J. K. Hemphill）为首的一批学者，从1945年就开始研究领导行为，逐步归纳总结，然后提出了领导行为四分图，见图14-2，他们经过调查列出了1790种刻画领导行为的因素，通过逐步概括，最后归纳为"组织"和"体谅"（"关心人"）两大类。

采取低组织、高体谅的领导者注意关心和爱护下属，经常与下属交换思想，交换信息，与下属感情融洽，但组织内规章制度不严，工作秩序不佳。此类型的领导者是较仁慈的领导者。

采取高组织、低体谅的领导者很注意严格执行规章制度，建立良好的工作秩序和责任制，但不注意关心爱护下属，也不与下属交流信息，与下属关系并不融洽。这样类型的领导者是较为严厉的领导者。

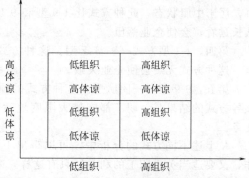

图14-2　领导四分图

采取高组织、高体谅的领导者非常注意严格执行规章制度，同时建立良好的工作秩序和责任制，关心爱护下属，注意与下属交流信息，沟通思想，想方设法调动组织成员的积极性，在下属心目中可敬又可亲。这样类型的领导者是高效成功的领导者。

采取低组织、低体谅的领导者不太注意关心爱护下属，很少与下属交换思想、交流信息，与下属关系不太融洽，也不注意执行规章制度，工作无序，效率低下。是无能的、不合格的领导。

以上四种方式中，一般来说高组织、高关心人的领导方式最佳。

（四）管理方格理论

在领导行为四分图的基础上，美国得克萨斯州立大学布莱克（Blake）和莫顿（Mouton）教授在1964年提出了"管理方格理论"。

"管理方格理论"是一张对等分的方格图，横坐标表示管理者对生产的关心，纵坐标表示管理者对人的关心。评价管理人员的工作时，就按其两方面的行为进行综合评价，在图上找出交叉点。这个交叉点便是管理者的类型，如图14-3所示，布莱克和穆顿在提出管理方式时，列举了五种典型的领导方式。

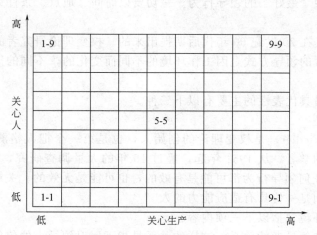

图14-3　领导管理方格理论

第一，9-1型方式——任务型。这种方式的领导只注重任务的完成，而不重视人的因素。这种领导是一种专权式的领导，在他的领导下，下属只能奉命行事，职工失去进取精神，不愿用创造性的方法去解决各种问题，不能施展所有的本领。

第二，1-9型方式——团和气型。这种方式与9-1型相反，即领导者特别关心职工。持此方式的领导者认为：只要职工精神愉快，生产效果自然会好。而且不管生产好与不好，都首先要重视职工的情绪。这种管理的结果可能很脆弱，一旦和谐的人际关系受到影响，企业的生产业绩自然也会随之下降。

第三，5-5型方式——中庸型。这种方式的领导者既不过于重视人的因素，也不过于敷衍了事，居于中庸状态。此种方式比1-9型和9-1型强些。但是，由于领导者过于保守，拒绝创新，从长远看，会使企业落伍。

第四，1-1型方式——贫乏型。这种方式的领导者对职工的关心和对生产任务的关心都很差。这种方式无疑会使企业失败。

第五，9-9型——团队型。这种方式的领导者对生产和人的关心都达到了最高点。应用这种领导方式的结果是，职工都能最大限度地运用智慧和创造力进行工作，关系和谐，出色地完成任务。

从上述不同方式的分析中，可以得出下述结论：作为一个领导者，既要关心企业任务和工作，又要适当关心职工的利益。只有这样，才能使领导工作卓有成效，达到和谐效果。

布莱克和莫顿认为，9-9型领导方式是最理想、最有效的领导方式，应当提倡其成为领导者努力的方向。但是，事实上这种领导方式一般很难做到。为此布莱克和莫顿提出要对领导者进行培训，并提出了相应的培训计划，以推动他们向9-9型发展。这个培训计划的特点是：由主管这一工作的领导，而不是学者或顾问来主持这一训练计划；应用上述管理方格理论作为训练的理论基础；实行全员培训，使各个管理层的领导者都能得到培训，而不是只培训某个层次的领导。

四、领导权变理论

随着研究的深入和管理实践的发展，人们越来越清楚地认识到，要找到一种适合于任何组织、任何性质的工作和任务、任何对象的固定的放之四海皆准的领导特质和领导行为的方式，都是不现实的，世界不可能有一成不变的，普遍适用的"最好的"领导理论和方法。领导行为效果的好坏，不仅取决于领导者本人的素质和能力，而且还取决于诸多客观因素，如被领导者的特点、领导的环境等，它们是诸多因素相互作用、相互影响的过程。这个观点可用公式表示如下：

$$领导 = f(领导者、被领导者、环境) \qquad (14-1)$$

因此，没有一种"最好"的领导行为。一切要以时间、地点、条件为转移，这便是权变理论的实质。

权变领导理论是在20世纪60年代后期提出来的。权变理论研究者的基本主张是没有万能的领导方式，有效的领导方式是因工作环境的不同而变化的，不同的工作环境需要采取不同的领导方式。

领导权变理论最具代表性的主要有以下三种。

（一）菲德勒模型

菲德勒（Fred Fiedler）是权变理论的创始人，也是第一个把人格测量与情境分类联系起来研究领导效率的学者。从1951年起，经过15年的大量调查研究，提出了菲德勒模型，见图14-4。他认为任何领导行为都可能是有效的，也可能是无效的。关键要看它是否与环境相适应。领导者必须是一位具有适应能力的人。

菲德勒定义的环境包括以下三项内容：

（1）领导者与被领导者的关系。这样的关系是指下属对领导人的信任、喜爱、忠诚和愿意追随的程度，以及领导者对下属的吸引力。它是决定领导者在群体中的控制力和影响力的主要因素。

（2）工作任务结构。指下属担任工作任务的明确程度，即任务的目的、方法和绩效标准的清晰程度。含义模糊不清的任务会带来一种不确定性，从而降低领导者对情景的控制度。

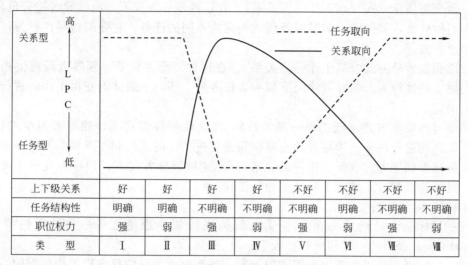

图 14-4　菲德勒模型

（3）职位权力。指领导者拥有的权力变量（如聘用、解雇、训导、晋升、加薪）的影响程度。

为了测定领导者的人格特征与情境之间的关系，菲德勒对 1200 个群体进行了广泛的调查，并且设计了一个"最不愿与之共事者"（least preferred co-worker）问卷，简称 LPC 问卷。问卷由 16 组双极性问题组成，让作答者想出一个与自己最难共事者，然后对他进行评价。问卷以 1~8 等级计分，最后累加得分高者，说明即使对最不喜欢共事者，他也给了好的评价，那么，他一定是关心人而宽容的领导，属关系取向型。LPC 得分低者则相反，他对人苛刻，是以工作为中心的，属于任务取向型。菲德勒运用 LPC 工具将绝大多数作答者划分为两种领导类型。当然，也发现有一小部分人处于两者之间，他承认很难勾勒出这些人的个性特点。

菲德勒模型的下一步是根据三次环境变量进行评估。领导者与成员关系或好或差，任务结构或高或低，职位权力或强或弱。他指出：领导与成员关系越好，任务的结构化程度越高，职权越强，则领导者拥有的控制力和影响力也越高。反之，领导者的控制力越低。总之，三项权变变量总和，便可得到 8 种不同的情境类型，每个领导者都可以从中找到自己的位置。研究结果表明：任务取向型领导者在非常有利或非常不利的情境下工作更有利，更有效率（见图 14-4），也就是说，当面对Ⅰ、Ⅱ、Ⅲ、Ⅵ、Ⅶ、Ⅷ类型的情境时，任务取向型领导会干得更好；而关系取向型领导则在中等有利的情境，即Ⅳ、Ⅴ型的情境中会干得更好，更出色。

（二）领导生命周期理论

领导生命周期理论由科曼（A. Korman）在 1966 年首先提出的，由赫西（Heresy）和布兰查德（Blanchard）加以继承发展。该理论认为，有效的领导行为需要把工作行为、关系行为和被领导者的成熟程度结合起来考虑，当被领导者渐趋成熟时，领导行为要作相应调整，才能取得有效的领导效果。赫西和布兰查德将成熟度定义为：个体完成某一项具体任务的能力和意愿的程度。前者是指个人的知识和技能。工作成熟度高的个体拥有足够的知识、能力和经验去完成他们的工作任务而不需要他人的指导。后者指的是一个人做某事的意愿和动机。心理成熟度高的个体不需要太多的外部激励，他们主要靠内部动机激励。

领导的生命周期理论使用的两个领导维度，该理论与菲德勒的划分相同：工作行为和关系行为。但是，赫西和布兰查德更向前迈进了一步，他们认为每一维度都有低有高，从而组成以下四种具体的领导风格。

(1) 命令型领导方式（高工作—低关系）。在这种领导方式下，由领导者进行角色分类，并告知人们做什么，如何做、何时以及何地去完成不同的任务。它强调指导性行为，通常采用单向沟通方式。

(2) 说服型领导方式（高工作—高关系）。在这种领导方式下，领导者既提供指导性行为，又提供支持性行为。领导者除向下属布置任务外，还与下属共同商讨工作的进行，比较重视双向沟通。

(3) 参与型领导方式（低工作—高关系）。在这种领导方式下，领导者很少进行命令，而是与下属共同进行决策。领导者的主要作用是促进工作的进行和与下属的及时沟通。

(4) 授权型领导方式（低工作—低关系）。在这种领导方式下，领导者几乎不提供指导或支持，只通过授权方式鼓励下属自主做好工作。

（三）路径—目标理论

路径—目标理论已经成为当今倍受人们关注的领导理论之一，它是罗伯特·豪斯（Robert House）提出的一种领导权变模型。

路径—目标理论是以期望水平模式以及对工作和对人关心的程度模式为依据的。该理论认为，领导者的效率是以他能激励下属达到组织目标，并在其工作中得到满足。

目标—途径理论同以前的各种领导理论的最大区别在于，它立足于部下，而不是立足于领导者。在豪斯眼里，领导者的基本任务就是发挥部下的积极作用，而要发挥部下的作用，就得帮助部下设定目标，把握好目标的价值，支持并帮助部下实现目标。在实现目标的过程中提高部下的能力，使部下得到满足。按照这些原理，豪斯认为目标—途径理论有以下四种领导行为。

(1) 指导型领导。包括对他们有什么希望，如何完成任务，完成任务的时间限制等。指导性领导者能为下属制定出明确的工作标准，并将规章制度向下属讲得清清楚楚。指导不厌其详，规定不厌其细。

(2) 支持型领导。领导者对下属的态度是友好的、可接近的，他们关注下属的福利和需要，平等地对待下属，尊重下属的地位，能够对下属表现出充分的关心和理解，在部下有需要时能够真诚帮助。

(3) 参与型领导。领导者邀请下属参与决策。参与型领导者能同下属一起进行工作探讨，征求他们的想法和意见，将他们的建议融入团体或组织将要执行的那些决策中去。

(4) 成就取向型领导。领导者鼓励下属将工作做到高水平。他们为下属制定很高的工作标准。除了对下属期望很高外，成就导向型领导者还非常信任下属有能力制定并完成具有挑战性的目标。

在现实中究竟采用哪种领导方式，要根据部下特性、环境变量、领导活动结果的不同因素，以权变观念求得同领导方式的恰当配合。

第三节 领 导 艺 术

一、领导工作基本原理

（一）目标明确原理

目标明确原理是领导工作的首要原则，是指领导工作必须要让全体人员明确组织的目标。组织的目标越明确，人们为组织所做的贡献就越大。

尽管明确目标不单是由有效的领导工作所能完成的，但这个原理表明，让人们充分理解组织目标和任务，是领导工作的重要组成部分。这一工作越有效，就越能使组织中的全体人员知道应该怎么样去完成任务和实现目标。

（二）目标协调原理

目标协调原理是指个人目标与组织目标能取得协调一致，人们的行为就会趋向于统一，从而实现组织目标的效率就会越高，效果也就会越好。

从根本上说，对下级的领导就是促使他们尽其所能地为组织做贡献。如果个人和组织目标相辅相成，大家都信心十足地、满腔热情地、团结一致地去工作，就能最有效地实现组织目标，人们参加工作是为了满足这些需要，这些需要并不一定和组织目标一致。但是，完全可以并能使个人与组织目标相互协调一致和相互补充。在指导和领导下级时，领导必须注意利用个人的需要动机去实现集体的目标。在阐明计划与委派任务时，协调个人与集体（组织）的目标，使人们发挥出忘我献身精神，这会使管理工作更加顺利和高效。

（三）命令一致原理

命令一致原理是指主管人员在实现目标过程中下达的各种命令越一致，个人在执行命令中发生矛盾的概率就越小，领导与被领导双方对最终成果的责任感和成就感也就越大。

命令一致又称统一指挥，强调的是一个人越是只接受一个上级的领导，上级之间相互抵触的指示就越少，从而个人对成果的责任感和成就感就越强。人们只有在受同一个上级的指导下，才能更好地按照领导的指示办事。然而确实有时为了提高一个组织（或部门）的全面工作效率而需要多头指挥，比如职能部门的职权，但是，这样的情况只有在所得明显大于所失时才会考虑。此外，一个上级主管在针对不同的下级部门或个人进行指导时，必须始终表现出所做的各项工作都是为了实现组织目标这一精神。不允许因为下级部门或个人的不同，所发出的命令、指示有相互矛盾或抵触，更不能"朝令夕改"，使下级部门或人员感到无所适从，造成工作秩序的混乱，从而影响目标的实现和给下属造成心理上的不愉快和不满。

（四）授权原理

授权原理是指主管人员同下级的直接接触越多，所掌握的各种情况就会越准确，从而领导工作就会更有效。尽管一个主管人员有可能使用一些客观的方法来评价和纠正下级的活动以保证计划的完成，但这不能代替面对面的接触。这不仅是因为人们喜欢和愿意亲身体验上级对他们本人及其工作的关心，而且，客观地说，作为主管若不经过亲身体验则永远不能充分掌握所需要的全部情况。通过面对面的接触，主管往往能够用更好的方法对下级进行指导和激励，与下级交换意见，特别是及时听取下级的建议，体会存在的各种问题，才能更有效地采用适宜的工作方法。

（五）沟通联络原理

沟通联络原理是指主管人员与下属之间越是有效地、准确地、及时地沟通联络，整个组织就越会成为一个真正的整体。

管理过程中所产生的大量信息情报，包括组织外的信息情报，主管人员必须及时掌握，通过自己或组织他人分析整理，才能了解组织内外的动态和变化，及时作出相应决策。主管、领导与下属及时进行沟通联络，是为了适应变化和保持组织的稳定，这是领导工作所采用的重要手段。

（六）激励原理

激励原理是指主管人员越能了解下属的需求和愿望，并给予满足，他就越能调动下属的积极性，使下属发挥能动性，为实现组织的目标做出更大的贡献。

二、领导的艺术

领导的工作效率和效果在很大程度上取决于他们的领导艺术。领导艺术是一门博大精深的学问，其内涵极为丰富。对于希望提升到领导岗位上的管理者，至少有以下几点值得注意。

（一）干好领导的本职工作

领导人们有条不紊地办事是一种艺术。领导者必须明白，凡是下属可以做的事，都应授权让他们去做，领导者只应做领导应干的事。

领导的事包括决策、用人、指挥、协调和激励。这些都是大事，是领导者应该做的，但绝对不是说都应由单位的最高领导人来做，而应该分清轻重缓急，主次先后，分别授权给下属去做，让每一级去管本级应管的事。企业的最高领导者应该只抓重中之重、急中之急，并且严格按照"例外原则"办事。也就是说，凡是授权给下属去做的事，领导者就要克制自己，不要再插手；领导者只需管那些没有对下授权的例外的事情。有些领导者太看重自己的地位和作用，不分巨细，事必躬亲，其结果不仅浪费了自己宝贵的时间和精力，还挫伤了下属的积极性和责任感，反过来又会加重自己的负担。

领导者对于那些必须由自己亲自处理的事，也应先问三个能不能：能不能取消它？能不能与别的工作合并处理？能不能用更简便的方法处理？这样就可以把那些可做可不做的事去掉，把一部分事合并起来用最简便的方法去做，从而减轻负担，腾出更多时间去进行思索和筹划，更好地发挥领导的作用。

（二）善于同下属交谈，倾听下属的意见

没有人际的信息交流，就不可能有领导。根据实践经验，领导在同下属谈话时，有一些要点是可以参考的。

（1）即使你不相信对方的话，或者对对方谈的问题毫无兴趣，但在对方说话时，也必须悉心倾听，善加分析。

（2）要仔细观察对方说话时的情态，捉摸对方没有说出的意思。

（3）谈话一经开始，领导就要尽量让对方把话说完，不要随意插话，打断对方的思路，岔开对方的话题，也不要迫不及待地解释、质问和申辩。对方找你谈话是要谈他的感受，领导者倾听下属意见的目的在于了解对方的想法，而不是用"权威"的架势去说服、教育对方，打通对方的思想。对方讲的是否有理，是否符合事实，可以留待以后研究。

（4）如果你希望对某一点多了解一些，可以将对方的意见改成疑问句简单重复一遍，这将鼓励对方作进一步的解释和说明。

（5）如果对方诚恳地希望听到你的意见，你必须抓住要领，态度诚恳地就实质性问题作出简明扼要的回答，帮助他拨开心灵上的云雾，解开思想上的疙瘩。同时，也要注意掌握分寸，留有余地。这是因为，对方说的许多情况你可能并不清楚，在未加调查之前，不应表态和许诺，以免造成被动，引起更大的不快。对于谈话涉及的重大原则问题或应由下属主管部门处理的问题，领导者应实事求是地告诉对方，这些问题是自己不能单独处理的，需待研究以后再予以答复。

（6）领导者必须控制好自己的情绪。作为领导，千万不能感情用事。对方说话的内容，领导者可能同意，也可能不同意，有怀疑，甚至反感和不满。但是，不管领导者自己的观点和情绪如何，都必须加以控制，始终保持冷静的态度，让对方畅所欲言。仅此一点，就会使对方感到领导注意他的意见，在彼此沟通思想感情。至于是非曲直，可以后再谈，或等对方冷静后自己去判断。

（三）争取众人的友谊和合作

企业的领导者不能只依靠自己手中的权力，还必须争取同事及下属的信任和合作。有些新踏上领导岗位的人，往往只知道自己埋头苦干，不善于争取别人的信任和合作；也有个别人只想利用手中的权力来指使下属和副手，让权力将他们慑服，而缺少考虑如何取得他们的支持和友谊。其实，领导者和被领导者之间的关系不应该只是一种刻板和冷漠的上下级关系，而应当建立起真诚合作的同志关系。要建立起这种关系，除了要求领导者的品德高尚、作风正派以外，还要求领导者精通领导艺术。

1. 平易近人

受几千年来封建思想的影响，有一些人的头脑中不自觉地残留着"官贵民贱"的意识，认为当"长"以后，总比一般老百姓高一等，领导者必须要自觉彻底地消除这种意识，在与同事和下属相处中，要注意礼貌，主动向对方表示尊重和友好；在办事时要多用商议的口吻，多听取和多采纳对方意见中合理的部分；要勇于承认和改正自己的错误和缺点。既不要轻易发脾气、耍态度、训斥人，也不要讲无原则的话，更不能随便表态、许诺。要谦虚待人，以诚待人。

2. 信任对方

领导者在分工授权之后，对下属不要再三关照叮嘱，更不要随便插手干预，让对方觉得你对他的能力有所怀疑。相反，领导者要用实际行动使下属感到你对他是信任的，感到自己对企业集体是重要的。这样，下属就会主动加强同领导者的合作。如果领导者能够在授权的同时，主动征求并采纳下属对工作的意见，使下属感到领导对自己的器重，这将有利于增进相互之间的友谊和合作。如果领导者让自己的副手或下属长期感到被忽视，不能发挥作用，则必然将导致他们的不满和怨恨。

3. 关心他人

群众最反感的就是领导以权谋私。所以，领导者要特别警惕，不仅不能以权谋私，而且要关心他人。领导者要吃苦在前，享受在后，在经济利益和荣誉面前一定要先想到他人。当企业取得成功时，千万别忘掉那些为企业做过贡献的人们，当人们面临困难的时候，如果你能伸出友谊之手，这种友谊将特别的宝贵和持久。

4. 一视同仁

人们之间的关系有亲疏远近，这是正常社会现象，领导者也不例外。但是，为了加强企业的内聚力，克服离心倾向，领导者既要团结一批同自己亲密无间、同命运共甘苦的骨干；也要注意团结所有职工，对那些与自己意见不一、感情疏远或反对自己的人，领导者绝对不能视其为异己，另眼看待加以排斥，而应当关心和尊重他们，努力争取他们的友谊和合作。领导者必须懂得，很多人在工作上犯错误，出毛病，都是因为想多做工作，做好工作而无意造成的。所以领导者对下属在工作上的错误要勇于承担，即使自己不沾边，也要主动承担起领导者的指导责任。在下属受到外界侵犯或蒙受冤屈时，应当挺身而出保护下属。这样一来，企业的全体人员就会感受到，在你的领导下，没亲疏远近，下属就会产生一种安全感，归属感，组织内部常有的"宗派"或"山头"也就失去了存在基础。

（四）做自己时间的主人

做任何事情都要占用时间。创造一切财富也都是要耗用时间的，时间似乎是一种取之不竭，用之不尽的资源，但是对个人来讲，时间又是一个常数。因此，"时间就是金钱"，"时间就是生命"，这是一条实实在在的真理。领导者要做时间的主人，首先一定要科学地组织管理工作，合理地分层授权，要把大量的工作分给副手、助手、下属去做，以摆脱烦琐事务的纠缠，腾出时间来做真正的应该由自己做的事情。

1. 养成记录自己时间消耗的习惯

有很多领导者忙了一天、一周或者一个月，往往说不出究竟做了哪些事情，哪些是自己应该做的，哪些是自己不应该做的。年复一年地如此下去，浪费了许多宝贵的时间。为了珍惜自己的时间，把有限的时间用在自己应该做的工作上，应该养成记录自己时间消耗情况的习惯。每做一件事情就记一笔账，写明几点办什么事情。每隔一两周，对自己的时间消耗情况进行一次分析。这样，就会发现自己在时间的利用上有许多惊人的不合理之处，从而就可以找到合理利用自己时间的方法。

2. 学会合理地使用时间

时间的合理安排使用是因人而异的，取决于企业的特点，企业的管理体制和组织结构，企业领导者的分工以及各人的职责和习惯。所以很难有一个统一标准。

3. 提高开会的效率

开会是交流信息的重要和有效手段。领导离不开开会，但是开会也要讲求艺术。企业领导者每年要开几百次会议，但是重视研究和掌握开会艺术的人却不多。有很多领导者整天沉没于文山会海之中，似乎领导的职能就是开会、批改文件，做报告，而开会是否解决了问题、效果效率如何，全然无法顾及。只要开了会，该传达的传达了，该说的说了，就算是尽到了责任。其实，不解决问题的会议是百害而无一利的。开会也要讲求经济效益，会议占用的时间也是劳动耗费的一种。会议的成本应该纳入到企业经济核算体系之内进行考核，借以提高开会的效率，节约领导者与与会者的宝贵时间。

第四节　不确定性环境下的领导

今天的领导者比以往面临更大的困难。从外在看，条件全变了；从内在看，曾经很笃定的东西，今天都没有了，经验不再管用。原有经验与核心竞争力可能变成陷阱，这使得企业家及领导者倍感焦虑。

从外在环境看，不确定性是一个更强烈的特征。不确定性（uncertainty）的概念存在于众多学科中，它是偶然性与必然性的综合体，是指事先不能准确知道某个事件或判断某种决策的结果。或者说，只要事件或决策的可能结果不止一种，就存在不确定性。总体而言，对不确定性的畏惧是人的普遍心态，对于不确定、未知有无、不明朗的情境，人的潜意识都会感觉会有某种威胁。金融巨鳄索罗斯就曾说：我什么都不怕，只怕不确定性。反之，并不是所有的人都惧怕不确定性，而是喜欢并拥抱不确定性，因为不确定性也有积极正面影响的一面，由于前景的模糊和混沌造成的不确定性，才使得新生力量可以脱颖而出，后来者可以居上，落后者也可以反败为胜，领跑者也可能昙花一现。人在改变，环境在改变，游戏规则在改变，竞争要素也在改变。在组织管理中，以前只要完成绩效指标，就等于完成了组织管理任务。而今天，除了完成绩效指标，还要去驾驭不确定性。从完成绩效指标，转向驾驭不确定性，对很多领导者来讲，在思维方式上、能力上的要求不同了。甚至对外部市场判断的逻辑也变了。

以前都是强调变化，为什么最近几年越来越强调不确定性了呢？与变化相比，不确定性有三个特点：第一，更复杂。以前讲变化，还可以知道变量是什么，但是在不确定性下，连变量是什么都不知道了。第二，更多维。新进入者和跨界现象的出现，使得维度变多了。第三，更加不可预测。今天，人们难以预测未来，但可以去创造未来；而且，创造未来比预测未来更重要。在充满不确定性的环境中创造未来，这是对今天的企业家和领导者最大的挑战。

一、不确定性的主要表现

1. 战略制定的不确定性

以往，制定战略的要素相对静态、变化不那么剧烈，企业通常可以制定以 3~5 年为周期的发展规划。现在，经济与产业周期变短、技术迭代与商业环境变化加快，导致企业战略制定和战略管控的不确定性大大增加，因此，企业面临如何敏捷制定战略的挑战。

2. 组织架构的不确定性

外部环境和客户需求的变化要求企业能够及时作出反应，这就需要企业具有随机应变的能力，需要对企业运营状态和组织架构及时进行动态调整（包括建立各类虚拟团队）。

3. 竞争方式的不确定性

过去，一个产业或行业的价值链相对清晰、相对静态；今天则不然，一个完全陌生的外来者，一进来就很有可能完全打碎了原来产业链的价值分配方式。在这样的价值链重新配置过程中，各种不确定性比以往大幅增加。今天层出不穷的共享服务模式就是代表。这就像有句话所说：颠覆你，但与你无关。

4. 信息驾驭的不确定性

互联网的发展，一方面造成了信息量的爆炸式增长；另一方面也加剧了信息的不对称性。这两大变化必然造成驾驭信息的难度增加。信息数据即资产，谁能更好地驾驭这些信息数据，谁就有更大的胜率。

不确定性已成为企业面对的新常态，在不确定中生存与发展是企业目前面临的最大挑战。我们常说：不确定＋不确定＝相对确定，作为企业家和管理者，我们的使命正是带领企业去驾驭这些不确定。我们有一个发现，协同管理是应对不确定性的一种很好的思维与模式。

二、如何应对不确定性

掌控不确定性是当代最重要的领导挑战。不管过去的经验让你多有成就，都无法保证你在新世界中也能成功。领导者要具备管理不确定性的能力，必须有以下几方面的准备。

1. 知觉敏感度

拥有心理与精神准备，就能看到即将发生的事，并且比其他人更早瞄准外部环境中潜在的重大异常、矛盾及奇特事物。有些人与生俱来就具备这种能力，但这是可以学习，甚至可以制度化操作的。如果持续练习保持警觉心、对改变的讯号有感觉，并积极寻找其中的讯息，你就能更加敏锐。

2. 能识别不确定性

不确定性有两种，一种是结构性上的不确定性，这种不确定性是颠覆性的。例如，互联网的出现就带来了零售产业结构性的变化，但是很多零售企业没有做好准备，反而是没有做过零售的企业冲进来了。结构性改变往往会被行业巨头忽略，因为它们原有的核心竞争力太强。第二种是经营性上的不确定性。例如，对手变了，盈亏出现问题了，整个产业链的成本模型变了，或者是市场波动，这些都是经营性上的不确定性。对于这类不确定性，很多管理者还是非常敏感的，所以，比较困难的是识别结构性上的不确定性。

3. 能与不确定性共处

不确定性也有可能成为机会。与不确定性共处，要做四件事情：一是打破自己内部的平衡，形成动态结构。二是同时做两个业务。除了正在做的，必须再做个新业务。三是构建新的组织管理形式，能够平衡新旧两个业务。四是始终跟顾客在一起。

4. 释放创造力

应对不确定性必须释放人的创造力，创造力释放，需要三个基本条件：一是组织要给予个体机会；二是组织要给予个体资源与支持；三是组织要给予个体充分授权。也就是说，需要个体与组织的协同。

> **知识拓展**

创业型领导

一、创业型领导的概念

在一个快速变化的新时代，公司面临的商业环境的不确定性、竞争程度日益激烈。在这种动荡不安的环境下，如何提升公司对不确定性环境的适应性，如何对战略价值创造进行发现与探索，如何创造新的商业模式就变得越来越重要。为了适应这些变化，无论实业界还是理论界都越来越关注一种新型的领导方式——创业型领导（entrepreneurial leadership）。

Ted认为创业型领导就是通过信任和团队工作形成高绩效的领导方式。Covin等认为，作为一种特别的领导方式，创业型领导是一种影响他人对资源进行战略性管理的能力，它既关注寻求机会的行为，也关注寻求优势的行为。

目前比较一致的认识是Gupta等提出的关于创业型领导的定义。Gupta等对以往研究进行了总结，并在整合创业、创业导向、创业管理与领导理论的基础上对创业型领导进行了界定，即创造一个愿景，以此号召，动员下属，并使下属承诺对战略价值创造进行发现与探索的一种领导方式。这个定义强调创业型领导面临挑战的有关价值创造的资源获取、下属承诺这两个问题，它包括创造愿景以及拥有一个有能力实现愿景的支持者群体。另一方面，它也强调对创业采取战略性思路，以便创业主动性能够提高公司持续创造价值的能力，因此创业型领导能够为公司构建一个竞争优势和技术增长的基础。

二、创业型领导的维度

高管团队的创业型领导具有以下六个维度。

(1) 培养创业能力。强调创业和人力资本开发具有同等重要价值的愿景有利于促使人们发展诸如敏捷、创新和战略管理资源的创业能力。

(2) 保护对当前经营模式有威胁的创新。有效的创业型领导会与组织成员一起就破坏性创新的潜在收益（如促进新竞争优势的发展等）进行充分沟通。

(3) 重视机会的价值。创业型领导能够与员工充分交流机会的价值以及如何利用机会实现企业和个人目标，促使人们乐于去追寻创业机会并据此发展出独一无二的竞争优势。

(4) 敢于挑战主导逻辑。主导逻辑是指领导者将其经营概念化的方法。领导者应该定期评估主导逻辑的潜在假设，对其进行审视和变更，从而通过识别可创造财富的创业机会对企业进行成功的定位。

(5) 对"想当然"的再思考。重新审视和思考关于企业竞争市场的诸多问题非常关键，因为如何回答这些问题往往会影响企业识别何种机会以及怎样管理资源去运用这些机会。

(6) 融合创业和战略管理。当领导者的创业理念帮助他们构建一种兼顾战略（优势导向）和创业（机会导向）的管理文化时，战略和创业的融合目的就可以实现了。

本章小结

本章主要内容是领导的研究，包括领导含义与本质，领导理论、领导艺术以及不确定性环境下的领导。

所谓领导就是指挥、带领、引导和鼓励部下为实现目标而努力的过程。具体包括了三要素。领导的本质是影响力，有来自权利性影响力和非权利性影响力。

领导与管理有着本质的区别，但也有很多必然的联系。领导具有坚强的战斗力作用，是发展的核心和关键所在。领导有指挥、激励、协调等作用。

从研究领导开始，关于领导的各种相关理论就不断涌现，迄今为止主要有领导特质理论、领导方式理论、领导行为理论、领导权变理论等。

领导在工作的过程中，必须要遵守各种相关工作原理和原则。但事实上，在实践工作中，领导工作更是一门艺术，需要很多技巧和技能。

现在领导面对的最大挑战是面对不确定性。

案例分析

中国梦，九久康

她是一位高级女白领，因为孝心毅然辞职，开启艰难的创业路，创业艰难时卖掉两套房子，她倾注全部身心，全部爱，扛起了一片天空，为老人们构筑起一个温馨的大家庭。她有一个梦，期望天下老人都能有幸福和融的晚年。她就是镇江九久老年康复中心的创办人刘彤。

一、寻梦之初衷：为尽孝白领辞职办老年康复中心

2010年，镇江创富大赛，初见刘彤，她的养老项目耳目一新。2011年，在她的养老院里，刘彤讲要做一个不一样的养老院，让养老院充满欢声笑语。6年后再到她的康复中心，旧貌换新颜，刘彤也完全变了一个人，坚韧中多了柔美，她说，多年创业让自己变得越来越和善，越来越有爱，越来越感受到美好。

"今儿个身体好点啦？查过了没得什么问题哎？" "你看你姑娘多好哦，孝顺吧，一喊就来了"，"带你检查检查，没得问题就好……" 每天早上到了康复中心，第一件事就是去每个房间巡房，和老人们拉家常，了解老人们的身心状况，这是刘彤坚持了7年的习惯。对刘彤来说，康复中心是她的第二个家。就连大年夜的团圆饭，刘彤都是和康复中心与老人们一起吃……。

2006年刘彤的母亲患上小脑萎缩，虽抢救挽回了生命，却只能躺在床上；同年父亲又被查出肺癌，接受手术后也需要照料。她想将父母送进养老院。2007～2009年间在南京找了很多家养老院，但是在两三年内都没有床位，没办法又返回镇江找，但那里的养老院条件设施又太差。一番奔波下来，一家心仪的养老院也没找到，只好找保姆照顾，可保姆要么做不长，要么就是缺乏责任心和护理知识，两年内先后换了20多个保姆。实在没辙刘彤只能自己照顾父母，当时还没有高铁，每天开车来回往返。每天早上六点起床，准时开车去南京，下午6点一下班就赶快开车返回，坚持几天还可以，时间长了，过度劳累使刘彤驾车时经常打盹，非常危险。

这种情况下，她想能不能在镇江也办一个条件好的养老院，可以照顾父母，镇江养老院匮乏，这不是一条很好的途径吗？一个念头出现在她的脑海中：辞职，回镇江办养老院！

决定是艰难而纠结的，身居某保险公司的副总经理的刘彤，平常做的是发号施令的工作，年薪30万元，不惑之年开始创业，天天跟柴米油盐、一群上年纪的人打交道，简直是瞎折腾。刘彤进行了长达半年的市场调研，信心满满，于是果断辞职。

二、梦之基石：庞大的养老市场支撑

国家近年来十分重视养老产业的发展，密集出台了多个重要文件，对养老服务标准、养老服务市场放开、医养结合、养老互联网建设等作出了明确的规定和说明。2017年3月国务院发布《"十三五"国家老龄事业发展和养老体系建设规划》，规划提出到2020年多支柱、全覆盖、更加公平、可持续的社会保障体系更加完善，居家为基础、社区为依托、机构为补充、医养相结合的养老服务体系更加健全。国内养老产业市场规模发展迅速。2016年国内养老产业市场规模约5万亿，预计到2020年，将达到7.7万亿元，CAGR为11.4%，预计2030年超过20万亿。

按照联合国对老龄化社会的定义：60岁以上人口占比超过10%，65岁以上人口占比超过7%。2016年，国内60岁以上人口比例为16.7%，远远超过定义比例，已大踏步进入老龄化社会。预计到2020年将达到17.8%，2030年将达到25%。老年抚养比是指65岁以上老人数量对劳动年龄人口数之比，从经济角度反映人口老化社会后果的指标之一。国家从20世纪80年代起大力推行计划生育政策，421的家庭结构逐渐形成。2020～2030年，随着计划生育一代普遍进入老年期，全国老年人口平均子女数将下降到2个以下，子女养老负担不断增长。根据预测，到2020年，我国的失能老人将达到4200万，80岁以上高龄老人将达到2900万，空巢和独居老年人将达到1.18亿。这部分老年群体是社会重点关注对象，同时也是解决养老问题的关键所在。

2013年国务院发布《关于加快发展养老服务业的若干意见》文件之后，养老机构从4.2万家增加到2014年9.4万家，这其中民营养老机构数占据大多数。伴随着养老机构的增加，我国每千人养老床位数在2015年达到30.3张，圆满完成十二五规划的30张床位数。十三五规划规定每千人养老床位数为35～40张，西方国家最低是每千人50张，我国的养老床位建设发展潜力大。

2015年在养老机构的失能老人有63.7万，按照国际3∶1的配比需要20万护理员，其他151万名自理老人也需要15万，总计需求35万名护理员。国内养老护理员的需求与现实则差距

更大，根据 2020 年老年人口规模预测，养老市场将需要 280 万名护理员，养老服务人才的培养迫在眉睫。

在这样的庞大市场下，民营养老大有可为，刘彤选择了一个金色行业，前途一片光明，但事情远远没有想象的容易。

三、挫折：开业艰难

原本刘彤希望和医院合作开一家医护型养老院。然而，经过多方接洽，最终没有成功。刘彤说："当时打击还是蛮大的，前后谈了有半年，时间都浪费了，原来的工作没有了，有种坐吃山空的焦虑。现在回头想想，其实也不算浪费，毕竟尝试过了，知道这条路不好走，对市场需求也摸得比较透，对后来的经营思路很有帮助。"

2010 年 7 月通过网络在丁卯路 160 号租下了四、五两层楼。装修好后，2010 年 10 月，九久老年康复中心对外开业了。"九"在中国传统文化里意味着对老人的尊重，九九重阳以彰孝心；而"久"字，寓意着事业长长久久，老人福寿绵延。刘彤给康复中心的定位是做养老康复，主要接收一些因子女工作繁忙没有精力照顾的老人。她笑言："我们条件比较多，老人吸烟的不收，子女不孝的不收，有传染病和精神病的不收，最初流失了一大批客户……"

环境好，伙食好，服务好，是刘彤努力的三个方向。"伙食好"是刘彤的准则，她保证老人们吃到新鲜可口的食物，为咀嚼有困难的老人专门制作营养丰富的糊食。令人印象深刻的是 2011 年重阳节，刘彤想为老人们补补身体，所以特地买了五个猪蹄膀，当时九久只有几个老人，负责做饭的阿姨心疼为资金短缺每天发愁的刘彤，私留了两个猪蹄膀。刘彤知道后严厉地斥责了阿姨，说老人们的伙食怎么能随意增减呢？这是我的底线，我的困难是我的，但绝不能因此降低老人们的生活水准。

但市场是无情的，没有因为伙食好改变了老人少的事实。入住率不够，资金周转难，员工留不住，怎么办？如果一直持续下去，康复中心只能关门了。刘彤非常焦虑，夜夜难眠。是护理出了问题，还是对老人照顾不到？刘彤一套又一套地卖掉自己的房子，开始吃住都在康复中心。有时很心酸，在南京是高级白领，优越的环境，大办公室，经常出差，住豪华酒店，发号施令，如今蜗居在很小的养老院，办公室就是家，家就是办公室，日日艰难，每天都发愁明天怎么办？但是人生没有后悔药可买，还是要面对问题。

焦虑中，她突然想起自己在盐城当经理时，有一个星期一早上，发觉整个公司除了自己就是扫地阿姨了，所有员工都被新来的保险公司挖走了。那时，刘彤气定神闲，买了瓜子和话筒，每天一个人上班，边唱歌，边吃瓜子，边想办法，半年后，局面完全改观，走的人基本都回来了，业绩成倍增加。那样的困境自己都走过来了，今天的养老院不应该比这个还难吧？

刘彤想，保险公司靠保单行天下，卖的是安全，口碑很关键，养老院卖服务，关键第一还是努力先把现在的老人服务好，做好口碑，再慢慢考虑其他。于是，刘彤转变了思路，她想自己的康复中心一定不是普通养老院，必须要有自己的特色，不能有普通养老院的衰老暮气，文化和精神是关键，想到这里，她觉得找到了思路，于是开始每天想着各种方法带着老小孩们玩，和员工们自编自导自演各种"节目"，比如模拟"开会"、时装秀等哄老人们开心，还时不时地调整家居的布局，给老人们带来焕然一新的新鲜感。

后来，活动从室内发展到室外，刘彤和员工带着老人们去游玩金山湖、南山等很多地方，举办唱歌等各种活动，笑声在康复中心越来越多，老人们的精神文化越来越丰富。与此同时，刘彤竭尽全力地改善康复中心的硬件，购置适合老人康复训练的设备，如网格床、站立床、跑步机等。刘彤和所有工作人员天天和老人同吃一锅饭，不搞特殊化。她还努力学习养生知识，不但在生活上对老人们无微不至，也很重视老人们的精神状态。刘彤说以前她爱看书，总看励志书，现在多看的是养生医疗书，变成了半个医生了。

在刘彤的努力下，九久越来越变样了。来过的人都说在这里看到的是欢乐，工作人员对待老人犹如家人一般亲热，不仅仅是康复中心，更是一个美丽的家。

努力换来了社会的认同，老人的认同，养老院状况得到了改观。2012 年，刘彤的事迹被公开报道，引起了良好的社会反响，带来了不少客源，也给刘彤和康复中心的所有人员带来动力。2012年6月时，中心入住的老人达到30名，年底突破了50人。九久老年康复中心又获得了"无烟养老院""无红包养老院"称号，刘彤还获得了"2012年镇江全民创业年度人物"。

　　随着九久步入良性发展后，原来的地方越来越不够用了。2014年九久康复中心搬迁了新地址，面积扩大了近5倍，同时投入数百万元进行硬件升级改造，铺设了地暖等设备，改造空地为花园绿地；根据老人生活习惯、营养需求及身体状况聘请资深营养师专门配置糊餐、碎餐及糖尿病人餐，力求做到营养均衡。值得一提的是在搬迁过程中仅仅流失了两位老人。

　　"家属们把老人送来了，就要让他们放心，不能再揪心。""老吾老及其人之老"，秉承着这样的创业初心，刘彤一直将提升"日常起居、精神慰藉、医疗保障"作为目标，2015年在市民政部门大力扶持下，康复中心引进中国香港养老机构先进模式，服务更加人性化；在市卫计委等部门的支持下和黎明社区卫生服务中心进行"医养融合"的探索，走在全省前列，满足了老年人在养老过程中的医疗卫生服务需求，整体提升了中心的养老服务水平，引来全国多地相关行业人士前来考察学习。

　　如今的康复中心已经拥有将近两百床位，护理人员余70人，康复中心内共入住了186位老人，入院时的平均年龄达83岁，其中九成需要提供护理服务，他们中的大部分为失能、失智老人，能完全自理的老人只占5%。七年来，为撑起这样一个大"家庭"，让老人们舒心、家属安心，刘彤付出了很多努力。

　　四、梦之支撑：用心经营，撑一片爱的天空

　　在康复中心访问刘彤时，老人们都很激动，纷纷走进来，抢着讲述对刘彤的感激之情。每个老人，都有一个故事。

　　81岁的王奶奶说，她到这儿有两个月了，之前是突发脑梗死，治疗出院后，儿子要把她送到九久老年康复中心。"儿子说，来这里考察过，挺好的，但我那时不愿意，我有房子有儿子，怎么能来养老院呢？儿子说，你一个人在家里我不放心。我也没办法，跟儿子说，我老了，随你们了。"刘彤说，王奶奶来的时候，颤巍巍地要人扶，现在能自己走了，刘彤笑着问她："现在还要回去不？"王奶奶说："不要了，现在想通了，在这里大家每天开开心心地玩，儿子也放心，有时间就来看我。"

　　69岁的王大爷，曾获得省劳模称号，大家都亲切地喊他"王劳模"。他说"我有严重的糖尿病并发症，曾经面临截肢的危险，"他脱下鞋袜，记者看到，他的足部还有着坏疽痕迹，"那时在医院动手术，从腿上取了一大块皮移植在脚上。"他到九久老年康复中心的时候，不能走路，现在已经恢复到行走自如了。"这里的人真好，平时对我们关怀得无微不至，我生病的时候，刘院长还亲自陪我去医院。"说着，他的声音哽咽了，眼泪流了出来，刘彤连忙拿纸巾给他擦。

　　老人们一个接一个，有讲不完的话……。

　　刘彤笑着说："我们这里的老人都好表现。经常有一些志愿者组织与我们联系，我都跟他们讲，不需要帮助打扫卫生之类的，带点节目来表演表演，和老人们聊聊天就是最好的。老人们还经常和志愿者进行比赛，你跳个舞我唱首歌，志愿者们节目表演完了，老人们还有节目呢。"

　　对入住中心的老人，中心都会建立个人健康档案，有康复治疗师定时为老人指导锻炼并予以记录，有营养师根据老人的身体状态及时给出合理的饮食和作息意见。刘彤说："我们把老人当自己的父母看待，比如吃饭，平时在家里怎么说？爸，你明天想吃什么？妈，晚饭包饺子怎么样？在这里，我们也是这样，吃什么都征求老人的意见，老人说明天早饭想吃花卷，行，没问题。新鲜蚕豆上市了，马上买回来。楼下开了家拉面馆，下午买几碗来，大家分着尝尝鲜。我们所有的工作人员，包括我，也跟老人一样吃，从来没有开小灶的。"

　　除了生活上的无微不至，刘彤也很关注老人们的精神世界。她发现，不少老人不会和子女交流，常因言语冲突引发矛盾，她就特别开了一个座谈会讨论这个问题，还请刘老师给大家示范。刘老师给儿子打电话是这样的："小乖乖，我来了七天了，想你啦，昨天刘院长给我吃了个猕猴桃，味道不错，你明天多买几斤带来，大家分分吃。要早点来噢。"第二天，他儿子就拎着猕猴桃来了，这一通电话效果好，父子俩都开心。座谈会过后，王劳模的女儿来看望他时，他主动夸了女儿一句，女儿当时眼泪就流下来了："爸爸从来没有夸过我，这还是第一次。"

老人们谈起刘彤，个个都竖大拇指：刘彤不简单，比自己的子女亲！养老院比家里还好！

五、全员营销，全员激励

养老院中有三个因素非常重要，决定了养老院的生死存亡了，卫生，老人的意外伤害和护工队伍的稳定性。如果一年出一两个意外伤害事故，钱基本都拿来赔偿了，护工不稳定，老人也难以安宁，所以刘彤在设激励方案时，就是紧紧围绕这三个指标，设计了全员营销。

全员营销就是激活每一个员工，把每个护理员都作为营销人员来管理。公司营造浓厚的氛围向优秀员工学习。老员工拿到奖励了，新员工自然就相信公司不是骗人的，护工的积极性大大提高，卫生和服务工作就做得越来越好。刘彤说事实上，不是员工没有积极性，是分配机制有问题。只有员工的利益和公司的利益同步成长，他才会真正成为公司的人，才会为你所用，最后实现共赢。

做到全员营销，必须做好追踪和监督。营销不追踪万事一场空，最重要的就是要追踪，卫生好不好、休假有没有超时等，提醒他不能发生意外。有一个员工，5月中旬时，他已经把第二季度的假期基本用光了，还有最后一天，他自己也认为可能达不成目标了，但是管理人员时时追踪他，给他鼓励。结果六月底他顺利达成了目标，他说正常情况下是不能完成的，但由于管理追踪做得好，他最后完成了。公司把达成目标的员工带出去吃饭庆祝，个个兴奋得像个孩子并个个保证，保证完成全年目标。这个活动充分调动了员工的积极性，员工开始自发管理自己了。活动结束后，刘彤出去玩了半个月。

事实上，其实技能远没有心态重要，只要解决了员工的心情，技能他自然会去学。如何可以实现共赢，还要学会帮助员工成长。

企业在不断做大，帮员工做好职业生涯规划就是给员工一个晋升的通道，让她们知道自己应该怎么做可以达到什么样的层级和收入。对比较年轻的四十五岁到五十二岁之间，有一些文化水平的，一入公司就给她规划班长主任的角色使其积极投入争取效益最大化。但前提都是必须融入九久半年以上才可以正式提拔。一旦培养起来，六个月正式的班长就诞生了，有了班长还不行，还要不断地培养护理部主任，护理部主任是需要工作年限两年以上的，他对整个康复中心的任何岗位都能够拿得起顶得上，工资待遇也要高很多，等组织架构完成了，管理体系建立起来，晋升通道出来了，责权利也就明晰了。

六、培育良好的企业文化

刘彤说文化就是创造一种氛围，氛围就是生产力。养老院不断营造让员工幸福快乐的氛围。要让员工觉得在公司是一种享受，心情好了才能做好事情。在康复中心活动不断，偶尔不会做饭的刘彤会亲自下厨炒菜，蒋总亲自做服务员等搞笑的活动，管理人员（所有的后勤和行政人员）为护理员做好服务，用微笑真心的服务赢得护理员的认可，有交融才有信任和依赖感。

以善的文化对待人。刘彤一直和护理员传递，养老是做善事。传统文化的善恶教育潜移默化的在护理工心中扎根，他们觉得做的是行善积德的好事情，为自己种福田。有一次刘彤在街上买了一套中国传统文化教育的碟片，组织员工每月看一期，谈体会和感受，让他们对中国传统文化的理解也一点点深入。因为他们没有机会去学习去提升自己，通过这些碟片的学习大家都开始改变自己的行为方式，在家里也开始孝敬公婆，和兄妹之间搞好关系，心情一天比一天好。

尊重员工。在九久有这样的一些规定。第一，员工直系亲属包括配偶的父母生病住院都可以有200元住院补贴。第二，护工的孩子结婚和添孙子都给200元庆贺；第三，每个季度和护理员聚餐一次，过生日都送生日礼物。通过这一系列活动，员工有了很强的归属感和成就感，凝聚力也就体现出来了。有一个护理员女儿住院，九久不仅派人去看望，还买了慰问品带了200元现金，她的女儿很感动，说妈妈才去九久几个月，她就能享受到福利，实在是人性化，后来这个护理员总是带头做好工作，还帮公司介绍了三个优秀的人加盟，真是人心换人心。

还有一对夫妻在一个季度过生日，九久为他们精心准备了一对鸳鸯戏水的钱包，寓意是拿钱多多，存钱多多之意，并给她们一起带上了生日帽唱生日歌祝福他们，瞬间二人眼泪都流了出来。他们从来没有在一个正规的单位工作过，都是被别人歧视的，到了九久找到尊严，找到价值找到成就感，他们的精神得到升华。九久是不允许收红包的，家属要感谢护理员服务的好，唯一的方法是送锦旗，家属做一面锦旗公司就奖励一百块红包给护理员，并在每月的月度分析会上隆重领取。他们在这个过程中他享受了至高无上的那种荣誉，自己的价值也通过一面锦旗得到了体现。2017年一年当中有一个月就收过十二面锦旗，其中最多的一个家属一年就送了三面锦旗给一个护理员，这种良性的互动和循环营造了一个积极的正能量，带动和形成了一个互相比拼服务的氛围。

　　刘彤说，带团队的方法有三点。第一要责任到人奖罚分明；第二定人定岗定薪定责；第三学会沟通，会激励会方法。员工不是没有激情，必须要有合理的机制，激发他们的热情，一定要与时俱进，与员工共赢，才能开创未来，不然都会被社会淘汰。小成功靠个人；大成功靠团队；你把钱分给了谁，谁就希望你成功，要努力地让所有的人在我们的身边得到好处，共赢共利，才能持久。现在她和员工是相互依赖，相互成就。

资料来源：胡桂兰编写。

讨论题：
1. 请结合刘彤女士的创业故事，谈谈领导的价值和作用。
2. 在创业过程中，刘彤起了重要作用，谈谈创业型领导的作用和价值？
3. 如何看待女性创业。

复习思考题

1. 什么是领导？如何对领导进行分类？
2. 领导有哪些基本特征？试结合某个具体的事件来谈谈领导者和管理者的区别。
3. 领导理论有哪些？怎么样应用情境管理理论？

第十五章 激 励

本章学习目的

- 理解激励的概念；
- 了解激励的类型和过程；
- 理解激励的内容理论、过程理论与行为改造理论；
- 了解管理中激励的技巧与方式。

导入案例 ▶▶▶▶

大学生招聘中的困惑

海科公司作为一家新三板上市的企业，公司为兑现上市承诺，计划在原有业务的基础上拓展新的领域。公司准备招聘30名左右的应届毕业生。

公司现有在职人员126名，现有的业务相对稳定，经营业绩稳步提升。公司在岗人员的工资待遇也相对稳定，无论在同行业还是同区域，都处于中间水平，并没有明显的竞争优势。在新员工的招募方面，为新员工提供的起薪和福利待遇等处于中下水平。

人力资源部门负责人，多次向高管层反应，公司开出的待遇缺乏吸引力，导致来应聘者寥寥无几，希望能提高大学生的试用期薪资待遇。建议由目前的实际工资不足3000元/月提高到4000元/月以上。

公司老板经过"慎重"考虑以后，提出了一个新的方案，针对目前招聘的大学生，主要就业去向为公司的销售部门，试用期工资不变，但是承诺，业绩分成不低于3%，这一比例高于同行业的水平。请公司的分管行政人事副总经理与人力资源部一起，到周边大学进行招聘。

行政人事副总与人力资源部门的同事，赶赴周围八所高校进行宣讲招聘。结果是，投送简历者勉强达到30人，电话通知复试后，应约来公司面试的仅有3人，最终来公司上班的仅有1人。上班不到2个月，这名同学也提出了离职，原因是：实际收入不足3000元/月，业绩奖励充满了不确定，不知道到了年底是不是会有奖金。

海科的人力资源负责人又一次陷入了困惑之中。

资料来源：李国昊编写。

第一节 激励概述

一、激励的概念

（一）需要、动机和行为

人的行为是由动机决定的，而动机则是由未满足的需要引起的。当人们产生某种需要时，就会有满足这种需要的欲望，这使人处于一种不安和紧张的状态之中，从而成为做出某种行为的内在驱动力，心理学上把这种驱动力称作动机。动机产生以后，人们就会寻找、选择能够满足需要的策略和途径,从而进行满足需要的活动。活动的结果如果未能使需要得到满足,人们会继续努力,或采取新的行为(积极的或消极的),或调整期望目标。如果行为的结果使需要得到满足,则人们往往会被自己的成功所鼓舞,产生新的需要和动机,确定新的目标,产生新的行为。因此,从需要的产生到目标的实现,人的行为是一个循环往复、不断升华的过程,如图 15-1 所示。

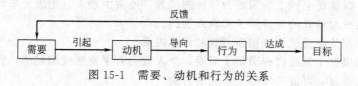

图 15-1 需要、动机和行为的关系

相同的需要是否产生相同的动机呢?动机是由需要引起的,有需要才有可能产生动机。但是,需要常带有较强的客观性,而动机则是纯主观的。同样是解渴的需要,有人想喝茶,有人想喝水,有人则想吃西瓜,这只能说明动机不同。需要侧重于缺乏某种东西时的客观状态,而动机总是和具体的目标及一定的行为方式相联系的。因此,动机更多地受社会、文化、意识、道德和个人品质的影响。所以在一些情况下,内在的需要和外在的刺激不等于就是动机。能不能成为动机还要受个体的人格系统和社会心理环境的影响,相同的需要可能产生不同的动机。

(二)激励的定义

在英文中,激励与动机是同一个单词"motivation",但是二者又是两个不同的概念。动机描述的是个体行为的内部驱动力,它与管理行为并没有必然的联系,也不依赖管理而存在。激励则是一项管理的职能,属于管理行为的范畴,这种管理行为要获得成功,必须以调动个体内在的动机为前提。由此可见,激励与动机在内涵上有密切联系,但却并不等同。管理中所谓的激励,是指创设满足员工各种需要的条件,激发员工为组织工作的动机,使之产生实现组织目标特定行为的过程。简言之,激励就是调动员工积极性的过程。

为了引导组织成员为组织目标的实现做出更大贡献,管理者不仅要根据组织活动的需要和个人素质与能力的差异,将不同的人安排在适合的岗位上,赋予相应的职责和任务。还要分析他们的行为特点和影响因素,有针对性地开展工作,创造并维持良好的工作环境,以调动他们的工作积极性,改变和引导他们的行为,使之符合实现组织目标的要求。这就是管理者激励工作所要完成的任务。

二、激励的过程

美国管理学家西拉季(A. D. Szilagyi)和华乐斯(M. J. Wallace)把管理中的激励过程划分了七个阶段,如图 15-2 所示。

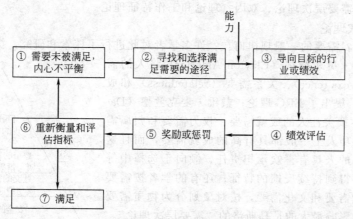

图 15-2 激励的过程

第一阶段,需要的激起,在个人内心引起不平衡(心理上的紧张)状态。

第二阶段，个人寻求并选择满足这些需要的策略。

第三阶段，个人将按目标去行动，去实施所选择的策略。某人虽然选定了某种策略，但他可能并不具备达到目标的能力（包括技能、经验、知识等）。

第四阶段，评价个人在实现目标方面的绩效。以满足个人工作中的自豪感为目标的绩效，通常由自己来评价；以满足金钱上的需要为目标的绩效，通常由别人（上级）来评价。

第五阶段，根据对绩效的评价给予奖励或惩罚。

第六阶段，根据奖励或惩罚来重新考核和评价需要。

第七阶段，如果这个激励过程满足了需要，个人就会有平衡感或满足感；倘若需要没有被满足，激励过程还得重复，可能选择一个不同的行为。

三、激励的类型

（一）物质激励和精神激励

物质激励着眼于满足人的物质需要，主要通过金钱、实物等形式来实现；精神激励着眼于满足人的精神需要，主要形式有授予称号、颁发奖状、表扬、记功、事迹宣传等。

（二）正激励和负激励

正激励，就是当一个人的行为表现符合社会需要和组织目标时，通过各种方式来巩固和强化这种行为，是对行为的一种肯定。负激励，就是当一个人的行为表现不符合社会需要和组织目标时，通过批评、惩罚等各种方式来抑制这种行为并使其不再发生，是对行为的一种否定。

（三）内在激励和外在激励

内在激励是通过启发诱导方式，激发人的主动精神，使他们的工作热情建立在高度自觉的基础上，充分发挥内在的潜力。外在激励则是运用环境条件来制约人们的动机，以此来强化或削弱有关行为，提高员工的工作意愿。内在激励着眼于调动人的内因，带有自觉性的特征；外在激励则倚重外因，具有一定程度的强迫性。

第二节　激励的理论

随着社会的不断发展，激励越来越受到人们的关注，也引起了很多学者和专家的探讨与研究。自20世纪50年代以来，激励理论不断丰富和完善，到今天已是硕果累累。综合各派的理论和观点，可以将激励理论大致分为：内容激励理论、过程激励理论和行为激励理论。

一、内容激励理论

内容型激励理论，顾名思义，就是主要研究激励员工的内容，旨在找出调动员工积极性的具体因素。主要包括需要层次理论、双因素理论和工作特征理论。

（一）需要层次理论

人有哪些需要？需要的一般规律何在？许多学者对此进行了探索和研究，提出了不同的理论和观点。如克莱顿·奥尔德福（Clayton Alderfer）将人的需要分为存在需要（exsitence）、关系需要（relatedness）和成长需要（growth），提出了ERG理论；戴维·麦克兰德（David McClelland）主要关注人的成就需要、权力需要和归属需要，研究得出，成功人士一般都具有高的成就需要，而且这些具有高成就需要的人具有喜欢承担责任、倾向于选择中等难度的目标和需要得到持续反馈的特征；还有的学者按需要的起源划分为自然需要和文化需要，按对象划分为物质需要和精神需要。其中影响最大的是马斯洛的"需要层次理论"。

马斯洛将人的需要分成五个层次，如图15-3所示。第一层次是生理的需要，人们维持生命最基本的需要，是各种需

图15-3　人类需要的层次

要的基础，表现为对食物、水、空气、睡眠和性的需要等；第二层次是安全的需要，人们希望保护自己身体和情感免受外界因素的伤害、威胁，希望自己已满足的需要、已得到的利益不再丧失，以及尽量保持对今后不确定性的控制等，这些都是安全需要，例如人身安全，避免疾病，工作安全，免受失业、职业病等；第三层次是社交的需要/归属与情感的需要，包括与人交往、友谊、爱情、归属及接纳等方面的需要，如人们希望交流沟通形成群体，渴望得到关心、支持和友爱；第四层次是尊重的需要，包括自尊和受别人尊重；第五层次是自我实现的需要，这是最高层次的需要，就是要实现个人的理想和抱负、最大限度地发挥自身潜能并获得成就。

马斯洛认为，对一般人来说，这些需要由低到高排成一个阶梯，在低层次需要得到相对的满足之后，才会产生更高一级的需要，只有未满足的需要才能产生激励作用。人的各种需要并非等量齐观，其中最迫切的需要形成主导需要，对激励人的行为起主要作用。人们对需要的追求各有差别。同一需要对不同的人的重要性、迫切性不一样。当一个人的高级需要和低级需要都能满足时，往往会追求高级需要。但是如果满足了高级需要，却没有满足低级需要时，有些人会牺牲高级需要而谋求低级需要，也有人可能为实现高级需要而舍弃低级需要。

马斯洛的需要层次理论具有直观性和简易性，考虑到了个体的心理特性和需求差异，在一定程度上反映了人类行为和心理活动的共同规律，为组织管理指出了调动积极性的工作方向和内容。但是这种理论缺乏实证资料的支持，过分强调个人价值，而对人的社会性考虑不够。

（二）双因素理论

双因素理论，也称激励-保健理论，是由美国心理学家赫兹伯格提出的。他认为，传统的关于满意的对立面是不满意的观点是不正确的。他提出了表示满意程度的四种状态，认为满意的对立面应当是没有满意，不满意的对立面应该是没有不满意。如图15-4、图15-5所示。

图15-4 传统的观点　　　　　　图15-5 赫兹伯格的观点

赫兹伯格认为，使员工感到满意的因素与使员工感到不满意的因素是大不相同的。使员工感到不满意的因素往往是由外界环境引起的，称为保健因素，像公司政策、行政管理和监督方式、工作条件、人际关系、地位、安全和生活条件等。这些因素改善了，只能消除员工的不满、怠工与对抗，但不能使员工变得非常满意，也不能激发他们工作的积极性，促使生产增长。使员工感到满意的因素通常是由工作本身产生的，称为激励因素，像工作富有成就感，工作成绩能得到认可，工作本身具有挑战性，负有较大的责任，在职业上能得到发展等。这类因素的改善，能够激励员工的工作热情，从而提高生产率。如果处理不好，也会引起员工不满，但影响不大。

双因素理论认为，满足各种需要所引起的激励深度和效果是不一样的。物质需求的满足是必要的，没有它会导致不满，但是即使获得满足，它的作用往往是很有限的，不能持久的。所以，要调动人的积极性，不仅要注意物质需要的满足，更要重视精神鼓励。注意工作的安排，量才录用，各得其所；注意对工作中的成绩给予表扬和认可；注意给人以成才、发展和晋升的机会。只有利用这些内在因素来调动人的积极性，才能起更大的激励作用并维持更长的时间。

但是，很多学者对双因素理论提出质疑，认为将保健因素与激励因素分开是不妥的。即使是这样，双因素理论带给管理的启示仍然值得借鉴。

（三）工作特征理论

哈克曼和奥尔德翰对影响员工满意感和出勤率的因素进行了测量与分析，在此基础上提出了工作特征理论。该理论认为，如果员工有较强的成长需要，那么某些特殊的工作特征可以增强他们的工作动机，提高他们的工作绩效和工作满意度。也就是说，工作特征对员工工作态度和工作行为的影响是存在个体差异的，成长需要强的人更容易受到工作特征改变的影响。此外，工作特征改变对员工的影响还必须通过员工的认知过程——他们对工作特征改变的知觉——的过滤与加工。

哈克曼和奥尔德翰认为核心的工作特征主要包括：技能多样性，工人在工作中使用各种技能和能力的程度；任务同一性，也叫工作整体性，就是说工作是否完成整个工作单元或者产品，而不是在生产线上完成一个部件或者一道工序；任务重要性，工作对生活或者顾客、同事利益的重要性；工作自主性，是否可以自主地安排工作时间，自主地组织工作；工作反馈性，是否及时向员工提供有关工作质量与效果的信息。

工作特征理论其实是对双因素理论中激励因素的具体深入分析，揭示了某些工作特征对员工的激励作用，促进了工作丰富化与扩大化运动的发展。

二、过程激励理论

过程激励理论探讨从动机的产生，到做出决策与选择的过程，主要包括：期望理论、公平理论与目标设定理论。

（一）期望理论

1964 年，美国心理学家佛隆在他的著作《工作与激励》中提出了期望理论，认为人之所以能够从事某项工作并达成组织目标，是因为这些工作和组织目标会帮助他们达成自己的目标，满足自己某方面的需要。他进一步指出，某一活动对某人的激发力量取决于他所能得到结果的全部预期价值乘以他认为达成该结果的期望概率。用公式(15-1)表示为：

$$M = V \times E \tag{15-1}$$

式中　M——激发力量，指调动一个人的积极性，激发出人的内部潜力的强度；

　　　V——目标效价，指达成目标后其对于满足个人需要的价值大小；

　　　E——期望值，指根据以往的经验判断，达成目标并能导致某种结果的概率。

期望理论实际上提出了在进行激励时要处理好以下三个方面的关系。

（1）努力与绩效的关系。人总是希望通过一定的努力能够达到预期的目标，如果个人主观认为通过自己的努力达到预期目标的概率较高，就会有信心，就可能激发出很强的工作力量。如果认为目标太高，个人就会认为通过努力很难达到，就失去了内在的动力，导致工作消极。但是，如果目标太低，个人几乎不需要努力就可以达到，那么也起不到激励的作用。

（2）绩效与奖励的关系。人总是希望取得成绩后能够得到奖励，这种奖励是一个广义的概念，既包括提高工资、多发奖金等方面的物质奖励，也包括表扬、自我成就感、得到同事们的信赖、提高个人威望等精神方面的奖励。如果个人认为取得绩效后能够获得合理的奖励，就有可能产生工作热情，否则就可能没有积极性。

（3）奖励与满足个人需要的关系。人总是希望自己所获得的奖励能满足自己某方面的需要。然而由于人们在年龄、性别、资历、社会地位和经济条件等方面都存在着差异，他们对各种需要要求得到满足的程度就不同。因而对于不同的人，采用同一种办法给予奖励能满足的需要程度不同，能激发出来的工作动力也就不同。

期望理论对实施激励工作提供很多有益的启示，所以一出现就受到管理专家和实际管理工作者的普遍重视。目前，人们已经把期望理论看作是最主要的激励理论之一。

（二）公平理论

公平理论也称社会比较理论，由美国心理学家亚当斯于 20 世纪 60 年代提出，主要讨论报酬的公平性对人们工作积极性的影响。该理论认为，人们将通过两个方面的比较来判断其所获报酬的公平性，即横向比较和纵向比较。

（1）横向比较就是指将"自己"与"别人"相比较来判断自己所获报酬的公平性，从而对此作出相对应的反应，用以公式(15-2)来说明：

$$\frac{Q_P}{I_P} \gtreqless \frac{Q_R}{I_R} \qquad (15\text{-}2)$$

式中 Q_P——自己对所获报酬的感觉；

Q_R——自己对别人所获报酬的感觉；

I_P——自己对所投入量的感觉；

I_R——自己对别人所投入量的感觉。

这里需要说明的问题是：投入量包括个人所受到的教育、能力、努力程度、时间等因素；报酬包括精神和物质奖励以及工作安排等因素；别人包括本组织中的其他人以及别的组织中与自己能力相当的同类人。

如果 $\frac{Q_P}{I_P} = \frac{Q_R}{I_R}$，则此人觉得报酬是公平的。

如果 $\frac{Q_P}{I_P} > \frac{Q_R}{I_R}$，说明个人得到了过高的报酬或付出的努力较少。在这种情况下，一般来讲个人不会要求减少报酬，而有可能会自觉地增加投入量。但过一段时间后就会因重新过高估计自己的投入而对高报酬心安理得，于是其产出又会恢复到原先的水平。

如果，$\frac{Q_P}{I_P} < \frac{Q_R}{I_R}$，个人就会对组织的激励措施感到不公平。此时个人可能会要求增加报酬，或者自动地减少投入以便达到心理上的平衡，甚至有可能离职。管理人员对此应特别引起注意。

（2）除了"自己"与"别人"的横向比较外，还存在着自己的目前与过去的纵向比较，在此用公式(15-3)进行说明。

$$\frac{Q_{PP}}{I_{PP}} \gtreqless \frac{Q_{PL}}{I_{PL}} \qquad (15\text{-}3)$$

式中 Q_{PP}——自己目前所获报酬；

Q_{PL}——自己过去所获报酬；

I_{PP}——自己目前的投入量；

I_{PL}——自己过去的投入量。

式(15-3)进行比较有如下三种结果：

第一，$\frac{Q_{PP}}{I_{PP}} = \frac{Q_{PL}}{I_{PL}}$，认为激励措施基本公平，积极性和努力程度可能会保持不变；

第二，$\frac{Q_{PP}}{I_{PP}} > \frac{Q_{PL}}{I_{PL}}$，一般来讲，不会觉得所获报酬过高，因为认为自己的能力和经验有了进一步的提高，其工作积极性不会因此而提高多少。

第三，$\frac{Q_{PP}}{I_{PP}} < \frac{Q_{PL}}{I_{PL}}$，觉得很不公平，工作积极性会下降，除非给他增加报酬。

公平理论提出后，受到人们的极大关注，近来的研究又将公平的概念予以扩展。长期以来，人们的关注点放在了分配公平上，即报酬分配的公平性，但也应该考虑程序公平，即用来确定报酬分配的程序是否公平。很多研究都证明，程序公平对员工的工作满意度有更大的影响。

公平理论提出的基本观点是客观存在的，也得到了很多研究证实，为激励工作的开展提供启示。首先，由于公平感的产生与个人的主观判断有关，一般人总是对自己的投入估计过高，对别人的投入估计过低。所以，在激励过程中应注意对被激励者公平心理的疏导，引导其树立正确的公平观，使大家认识到绝对的公平是没有的，不要盲目攀比，多听听别人的看法，结果就会客观一些。其次，管理者应该把分配的决策过程公开化，并且遵循公正、无偏的原则。尤为值得注意的是，在进行绩效考核的时候，一定做公正、合理、用明确、客观、易于核实的标准来进行，还要做好绩效考核结果的反馈与面谈。

（三）目标设置理论

目标设置理论由洛克于20世纪60年代提出，他认为个体的主要工作动机是由个体对实现特定目标的愿望所决定的，为了达到目标而工作是工作动机的主要激励源之一。设置具体的富有挑战性的工作目标，可以激励和引导个人的行为，促使他们以更加有效地工作。

目标设置理论有一个重要的前提假设，就是目标承诺，即个体达到目标的决心，也就是说在实现目标的过程中，个体不会降低目标，也不会放弃目标。影响目标承诺的因素很多，主要有三类：内部因素、外部因素和交互作用因素。内部因素主要有个体的自我效能感、成就动机、性格类型等。研究表明，具有高自我效能感、高成就动机、A型性格类型的人一般具有高的目标承诺。这类人不愿放弃自己的目标，愿意为实现目标而努力。

外部因素主要是权威和同伴影响，以及外部奖励。个体一般会遵从权威，如老板的信任与赞赏会加强个体的目标承诺；同伴群体的压力或者同伴的肯定，以及外部奖励的增加也会增加个体的目标承诺。

影响目标承诺的交互作用因素主要是个体是否参与目标的制定与个体是否及时得到反馈信息。一般来说，个体参与目标的设定可以提高目标的可接受性，从而有益于提高目标承诺。尤其是对那些难度较大，而且不容易被人接受的目标，个体参与目标设定可以增加个体的目标承诺。但是，对于那些难度较小、容易被人接受的目标，个体参与目标设定不比上司直接指定目标更能够提高人们采取行动的可能性。如果个体在实现目标的过程中及时得到其行为效果的反馈，一般会促使他们做得更好。而且，自我反馈比来自外部的反馈具有更好的激励效果。

目标设置理论得到很多研究的支持。许多研究都发现目标的设定对于提高的员工的工作绩效很有意义。不过，也有研究者指出，目标设置理论受到文化背景的影响，在美国和加拿大等北美国家是适用的。因为目标设定理论的假定与当地的文化相吻合：下属具有合理的独立性，员工与管理者都会寻求有挑战性的工作目标，都十分看重工作绩效。至于目标设置理论在我国的适用性如何，还需要进一步的检验。

三、行为激励理论

行为激励理论与前面讲的内容激励理论与过程激励理论不同。内容激励理论是从满足人的生理和心理的需要角度进行研究，过程激励理论是从人的动机的引发到行为的产生的过程进行研究，而行为激励理论抛开了人的心理因素，探讨外部环境与人的行为的关系，认为人的行为的产生是不断强化的结果。

行为激励理论主要包含强化理论、归因理论和挫折理论，这里主要介绍由美国心理学家斯金纳的强化理论，因为它属于行为主义学派，故而得名。强化理论最初是从动物的实验中得出来的，后来，斯金纳将其进一步发展，并用于人的身上。该理论认为人的行为是由外界环境决定的，外界的强化因素可以塑造行为。如果一个人的某种行为受到了奖励（正强化），那么他很可能重复这一行为；如果没有人认可这一行为，那么这种行为便不太可能再发生。当人的某种行为受到惩罚（负强化）时，他们通常会立刻停止这种行为，但是惩罚并不能保证不受欢迎的行为将彻底消失。

强化有几种类型，根据强化的性质和目的可分为正强化和负强化。在管理上，正强化就是奖励那些组织上需要的行为，从而加强这种行为；负强化就是惩罚那些与组织不相容的行为，从而削弱这种行为。正强化不仅仅是多发奖金，对成绩的认可和表扬，改善工作条件和人际关系，安排担任挑战性工作，给予学习和成长的机会等都能起到正强化的作用。负强化的办法也有很多，如批评、处分、降级等，不给予奖励或少给奖励也是一种负强化。

根据强化的频率与时间安排，可以分为连续强化和间隙强化。连续强化是指在每一个组织需要的行为出现之后都给予强化，也就是行为出现一次就给一次强化；间隙强化是指经过一段时间或者比率才强化一次。按时间分，间隙强化还可分为固定时间间隔强化和变动时间间隔强化，前者如员工每月定期发放工资或学生定期考试，后者如员工不定期升级，学生不定期的抽查考试。按比率分，间隙强化又可分为固定比率强化和变动比率强化。固定比率强化是说强化与行为出现的次数之间呈一定的比率，如计件工资；变动比率强化则是强化与行为出现的次数的比率可以变化，如按销售货物的难易对销售人员进行奖励。

不同的强化形式所起的作用是不一样的。有的只要给予强化刺激,反应很快,立竿见影,但刺激消失,行为马上消失,例如连续强化和固定比率强化。有的虽然不如前者反应快,但刺激消失行为却不马上消失,如变动时间间隔强化和变动比率强化。虽然每种强化方式所引起的效果不是绝对的,但却说明我们在进行强化时,不仅要注意强化的刺激内容,也要注意强化的方式。

强化理论强调外部因素或环境刺激对行为的影响,忽略人的内在因素和主观能动性对环境的反作用,具有机械论的色彩。所以,在运用强化理论进行激励时,要注意以下几点:第一,要依照强化对象的不同采用不同强化措施。人的年龄、性别、职业和文化不同,强化方式也应不一样。同样的方式对一部分人有效的,对另一部分人不一定有效。第二,小步子前进,分阶段设立目标。在鼓励人前进时,不仅要设立一个鼓舞人心而又切实可行的总目标,而且要将总目标分成许多小目标、小步子,每完成一个小的目标都及时给予强化。第三,及时反馈,即通过某种形式和途径,及时将工作结果告诉行动者。好的结果能鼓舞人心,继续努力,坏的结果能促使其分析原因,及时纠正。第四,奖励(正强化)和惩罚(负强化)都有激励作用,但应以正激励为主,负激励为辅,才会收到更好的效果。

四、激励的实务

激励的方式有多种多样,在创业过程的实际激励工作中,创业者需要结合不同的情况采用不同的方法。尤其是在创业过程中经济基础不是很充足,物质激励无法实现的时候,比较常用的激励方法主要有四种,分别是工作激励、成果激励、参与激励,以及培训教育激励。工作激励是指通过分配恰当的工作来激发员工内在的工作热情;成果激励是指在正确评估工作成果的基础上给予员工以合理奖惩,以保证员工行为的良性循环;参与激励是让员工参与到管理中来,提高员工的主人翁精神,从而起到激励的作用;培训教育激励则是指通过员工培训,来提高员工的素质,增强其进取精神、激发其工作热情。

(一)委以恰当工作,激发员工内在的工作热情

对员工委以恰当的工作,以求激发员工的工作热情,主要包括两方面的内容:一是工作的分配要尽量考虑到员工的特长和爱好,使人尽其才,人尽其用;同时还要使工作的要求既富有挑战性,又能为员工所接受。

1. 工作的分配要考虑员工的特长和爱好

给员工分配适当的工作,首先要把工作的知识和能力要求同工人的自身条件结合起来,实现"人"与"岗"的良好匹配。企业生产经营活动中有许多道不同的工序和工作,它们对人的知识、能力以及心理特征的要求是不同的。同时,每个人也有自己不同的特点。合理地分配工作就是根据工作的要求和个人的特点,把工作与人有机地结合起来。

在实际工作中,要学会从"这个员工能做什么",而不是从"不能做什么"的角度来考虑问题。"尺有所短,寸有所长",每个人都有自己的优势和劣势,全才是难求的。技术再高的人,也总有自己的不足之处;水平再低的人,也总有某个或某些独到之处。善于用人,就是要认真研究每个人"长"在何处,"短"在何方,用其长而避其短,使每个人都能充分负荷。

给每个人分配适当的工作,还要求能在条件允许的情况下,把分配给每个人的工作与其兴趣尽量结合起来。兴趣和爱好是最好的老师。当一个人对某项工作真正感兴趣,爱上了这项工作时,他便会千方百计地去钻研、去克服困难、去努力把这项工作做好。

2. 工作的分配要使工作的要求和目标富有一定的挑战性和新颖性

工作的分配仅仅考虑员工的特长和爱好还远远不够,还要使工作的要求和目标富有一定的挑战性和新颖性,这样才能真正激起员工奋发向上的精神。

(1)使工作的要求和目标略高于员工的实际能力,保证工作富有挑战性。工作目标设置的太低,员工完成任务后没有成就感,甚至还会想到是不是管理者低估了自己的能力。一般来说,工作目标低,得到的报酬肯定少。那么根据期望理论,目标的效价很低,虽然成功的概率很高,激励的效用也不会太大。目标设置的太高,员工就会觉得成功的概率为零,所以激励的效果也不好。那么,你一定会说工作目标与个人能力相当就能起到激励的作用,其实不然。这样做一开始可以

起到激励的作用，但是，随着时间的延长，员工也会感到厌烦。因为每个员工都有获得自我成长的需要，总是做同一水平的工作就好像原地踏步，时间一长必生反感，而且员工也不会获得成就感，激励作用自然会打折扣。正确的方法应该是把这项任务交给一个能力略低于要求的人，员工通过思考和努力，工作可以完成，目标可以达到。在完成任务的同时还获得了个人成就感，这反过来又可以对员工起到激励作用，同时还提高了员工的工作能力，起到了培训与发展的作用。

(2) 通过工作丰富化保持工作的新颖性与完整性。工作丰富化是指为了扩大工作范围所做的一种努力，给予员工在计划、执行与评价自身工作上更大的责任。在实际管理中，结合工作特征理论，工作丰富化可以通过以下方式实现：

第一，把一些小的、特殊的工作任务整合成一个大的工作单元，从而提高技能的多样性与工作的同一性；

第二，把工作安排在一个自然有意义的单元里面，让员工负责一个清晰可辨的单元，这样可以增强任务的同一性与重要性；

第三，让员工与客户或者产品使用者联系，进行沟通，提高工作的自主性与工作的反馈性；

第四，授予员工管理工作任务的责任与权力，这样不但可以增强工作自主性，而且也可以提高工作同一性和任务重要性；

第五，定期召开员工会议，让员工了解工作的进度与效果，增强工作反馈。

(二) 正确评价工作，合理给予报酬，促进良性循环

正确评价员工的工作成果，在此基础上给每个员工以合理的报酬，这也是激发员工积极性的一个重要因素。工作报酬有两种：一种是物质上的，另一种是精神上的。物质上的报酬主要指工资或奖金；精神上的报酬主要指通过各种形式的表扬，给予一定荣誉，或对工作结果不理想者提出批评。其中物质报酬是基础，应给予充分重视。

对员工来说，无论是物质方面的，还是精神上的，报酬的作用都可以是两方面的：一是通过报酬可以看出组织对自己这个阶段工作所做的评价，在某种意义上也反映了自己在组织中的地位；另一方面，报酬的获得可以使员工进行工作的原动力——需要得到满足（如精神上的表扬可以满足员工的荣誉感需要），或者可以提供满足需要的手段（物质报酬可以供员工去购买满足生理需要的生活用品）。在这同时，员工还会自觉或不自觉地总结这项工作与获得报酬的经验，以决定下个阶段在工作中应采取什么样的态度和表现。也就是说，对工作结果的评价和对报酬的付与会影响人们在下一循环的行为。

从报酬的性质来分，可以分为正报酬（奖）与负报酬（惩）。无论是物质上还是精神上的奖惩，都会影响人们的行为。因此，要从工作报酬的角度来持续、有效地调动员工的积极性，激发员工的工作热情，关键是要正确使用奖和惩这两种工具，即要做到"赏罚分明，赏要合理，罚要合情"。

1. "赏"——合理

欲使员工保持较高的工作热情，首先须使工作报酬公平合理。第一，实现分配公平。根据公平理论，员工总是将自己的投入与报酬之比和别人的投入与报酬之比进行比较，从而获得公平感。在管理中，要达到分配上的公平，必须建立一个完善的分配体制，实行绩效工资。第二，实现程序公平。程序公平比分配公平更影响员工的工作态度和行为。在管理中要注意两个方面，一方面分配制度的制定过程要公开、透明、公正、无偏。要提高员工对分配制度的接受性，最好的办法就是让员工参与进来，实行目标管理、质量圈等方式。另一方面，绩效考核的结果要客观公正，可以采用360度绩效考核，做好绩效后的绩效面谈格外重要。

"赏"的合理可以保证员工不会产生不满意，但是不一定能够让员工满意，也就是说不一定对员工产生很大的激励效用。因此，在"赏"的时候注意分清保健因素与激励因素，应该针对不同员工的不同需要，有的放矢，采用灵活的激励方式。例如，采用自助式福利政策，让员工在众多的福利项目中自主地选择一组自己需要的福利方案。

2. "罚"——合情

合理地"赏"对于保持和激发员工的工作热情是必要的。但仅有精神上的表扬与物质上的奖

励还是不够的。领导者还必须有效地去"罚"。这样才能有效地遏制对组织有害的行为的发生，达到防患于未然的目的。

"罚"的形式是多样的，常用的有：批评、罚款、行政处分等。"罚"的目的都是为了"惩前毖后"，使员工不要再犯类似错误。任何惩罚都应有"火炉效应"，即当 A 用手去触摸火炉时，立即会感到灼痛，迅速把手缩回来，A 与其他人都将由此得到教训，以后不能再用手"触摸火炉"。为了提高"罚"的效果，必须掌握以下四条规则。

首先，即时处理。违规与惩处间隔时间越短，效果越好。

其次，事先警告。要让每个员工事先都知道做了哪些违规行为一定会招致惩罚，并接受这种规定。

再次，人人平等。在惩罚面前人人平等，无论是谁违规后必然招致同样的惩罚。

最后，对事不对人。任何惩罚都只针对违规行为，而绝不要考虑违规者个人的情况。这一点在我国注重儒家文化讲究人情的氛围中最难做到。真正做到这四条规则，员工就会认为惩罚是公正的，就会起到火炉效应，就会自觉地不去触犯有关规定。

（三）实施员工卷入方案，让员工参与管理，提高员工积极性

员工卷入方案是一个广义的概念，它包括员工参与管理、工作场所民主化、合理授权等一系列流行的观点，其基本逻辑是让员工参与到对他们自身利益有影响的决策中来，增加他们对工作的自主权与控制力，从而来提高他们的积极性。员工卷入方案有以下几种具体的形式。

1. 目标管理

目标管理的思想在 20 世纪 50 年代就被提出，不过将其广泛应用于管理实践中却是最近的事情。目标管理强调把组织的目标转化成各个组织单元与个体的具体目标，严格意义上讲，它并不属于员工卷入方案的范畴。不过，在目标管理中，有四个要素是必需的：一是目标具体、明确、可测；二是完成目标有明确的时间限定；三是持续的绩效反馈；四是最重要的一个要素，就是员工参与决策。共同决策是目标管理的一个基本思想，从目标具体内容的确定、完成目标的时间方式，到最后的绩效反馈等都是在员工的参与下共同制定的，而不是上级单方面分派给下属的。

2. 参与管理

参与管理的基本思想就是下属与上司共同决策，也就是下属与上司共同分享决策权。这对提高员工的主人翁精神，增强员工的责任感有重要作用。因为，员工参与决策可以提高员工对决策的接受性，在实施决策的过程中半途而废的可能性就小。但是，在实际应用中要注意以下几点：决策的问题必须关乎员工切身的利益；决策者得到公平的对待与尊重，员工自愿参与，而不是强迫参与；员工必须具有进行决策所需的知识与能力；参与决策的各方必须相互信任和有信心。

3. 质量圈

质量圈是一种用来解决具体生产问题的员工团队，一般由 7～10 名来自同一部门的员工组成。成员自主申请资格，而且在处理具体问题之前会接受人际关系技能与处理问题技巧的训练。质量圈成员共同承担工作责任，利用工作地点与场所，定期会面，讨论质量问题，探讨问题成因，提出解决的建议，并实施纠正措施。其总体目标虽然是提高产品的数量与质量，但是，由于它要求员工在工作上承担更多的责任，并且允许员工参与影响工作性质与工作方式的决策过程，所以有利于增强员工的满意感与士气，并促进员工成长。

4. 自我管理工作小组

自我管理工作小组是一种允许小组成员管理、控制和监督工作中各方面事务的团队。这些事务包括招聘与录用新员工、培训和决定工作时间等。自我管理工作小组在今天的商业与工业领域非常流行。

在组建自我管理工作小组时，要注意以下事项：员工对他们的工作成果承担个人责任；员工监督自己的工作绩效，并且不断进行自我反馈；员工管理自己的工作绩效，在需要的时候自主提高绩效水平；员工自主地从组织中寻求他们需要的资源与协助；小组成员互相帮助，以提高整个小组的绩效。

（四）加强员工培训，提高员工素质，增强进取精神

员工在参与企业活动中的工作热情和劳动积极性通常与他们的自身素质有极大的关系。一般来说，自身素质好的人，进取精神较强，对高层次的追求较多，在工作中对自我实现的要求较高，因此，比较容易自我激励，能够表现出高昂的士气和工作热情。所以，通过教育和培训，以提高他们的自身素质，从而增强他们自我激励的能力，也是通常领导者在激励和引导下属行为时可以采用的一种重要手段。

员工的素质主要包括思想觉悟和业务技能两个内容。因此，提高员工素质的激励的方法也就主要表现在思想觉悟教育和业务技术知识及能力培训两个方面。

通过做思想工作来调动员工积极性，是我国企业管理的优良传统，在新的形势下仍可以发扬和光大。通过对员工进行科学的世界观的教育，可以帮助他们正确认识自身的社会地位的变化及肩负的历史使命，使他们树立正确的人生观、价值观和道德观，形成崇高的理想和抱负，从而为他们在工作中富于进取精神、积极努力、表现出高昂的工作热情提供良好的基础。

为了保证思想教育收到预期的效果，领导者在进行这方面的工作时，要注意遵循下述基本原则：要坚持以经济建设为中心，使思想政治工作为经济建设服务；要理论联系实际，防止空头理论、空洞说教；要平等对待员工，坚持民主原则，防止以教育者或"教训者"自居；要注意批评与表扬相结合，但以表扬为主；要在注意提高员工思想认识的同时，切实解决员工在工作和生活中遇到的实际困难；不仅要注意教育别人，更应严格要求自己，要以身作则，用行动去影响员工。只有在上述原则指导下进行的思想政治教育，才对员工具有吸引力、说服力，从而才有可能达到预期的激励效果。

培养和启动员工的自我激励机制，不仅要强调思想政治教育，还要注意专业知识和技术能力的培训。

进取心与个人的业务素质是相互促进的：强烈的进取心会促使员工努力地掌握新的知识和工作技能，从而可以实现个人素质的更加完善。反过来，良好的业务素质使个人有较多的成功机会，能够较多地带来心理上的满足。而成功以及由此带来的心理满足的体验会促使个人追求在事业上攀登新的高峰，从而会激发他们努力去掌握更多的新知识和新技能。

为了促进员工素质的提高，进取精神的增强，领导者应根据企业经营和员工个人的特点有计划、有重点、有组织、有针对性地进行培训工作。比如，对于管理干部，既要注意通过理论学习，使他们掌握现代化管理的新知识和新方法，也要注意实践中的培养，提高他们解决和处理实际经营管理问题的能力；对于生产工人，既要注意文化知识教育，提高他们的文化水平，也要结合本职工作，进行作业方法改进训练或相关作业的基本技能训练，以提高他们的作业技能；对于工程技术人员，既要注意采取各种方式，使他们及时了解本学科发展动态，掌握学科发展的最新知识，也要注意让他们有更多地运用新知识的机会，以使他们利用掌握的最新科技知识为企业的技术、工艺、材料、产品创新等作出贡献。有计划地派送员工到培训基地或学校脱产学习，到国外考察学习，这一行动本身就能有力地使员工感知组织对他的重视和期望，从而可极大地提高他们的责任心和积极性。总之，只有同时从业务理论知识和实际操作技能这两个角度根据工作和员工的特点，去组织培训工作，才有可能提高员工素质，增强进取精神，从而激发劳动积极性。

不论是工作激励、任务激励，还是培训教育激励，它们都是外在激励与内在激励的统一。可以说，通过改善工作内容、工作环境和工作条件等外在因素，以诱使员工内在地产生奋发向上的进取精神和努力工作的积极性，这就是激励工作的本质特征。

> 知识拓展

非物质激励

在当今经济社会环境下，物质是生活的基本保障。物质激励也一直是企业激励的主要模式，

但不难发现，在一些企业中，工资待遇福利都不错，但却未能调动员工的积极性，员工的牢骚抱怨很多，人才流动非常频繁，影响着组织的发展。对于那些创业中的企业来说，经济实力相对发展成熟的企业支付能力更弱一些。事实上，大量研究表明：员工不仅有物质上的需要，更有精神上的需要。尤其是对知识型员工，更应注重精神层面的激励——非物质激励。

一、非物质激励的内涵

非物质激励，即以精神资源作为激励手段，具体方式如表扬、表彰、晋升、鼓励、关怀、信任等。非物质激励的方法主要有：情感激励、目标激励、文化激励、榜样激励和荣誉激励。

与物质激励相比，非物质激励的优势体现在以下几方面。

(1) 满足员工深层次的需要。根据马斯洛的需要理论、ERG理论，当基本的生理安全上的需要得到满足之后，员工更关注尊重需要、自我实现需要和成就需要。企业文化的凝聚力，荣誉的激励将使员工产生更大的内在的驱动力。

(2) 辐射的员工多。非物质激励更多地表现为公开的、透明的。在企业中的所有员工都可以感受到关怀与信任的力量。

(3) 节约经营成本。不需要有太多的经济投入，反而促使员工积极性的提高。对于竞争日益激烈下的企业的生存环境来讲，企业的利润空间可以最大化。

(4) 塑造积极向上的文化氛围。标杆的作用、榜样的力量对人的影响是无穷的，在这种环境下，所有的员工将积极投入到工作中，由此形成良性的循环。

二、非物质激励的流程

(一) 塑造积极向上的企业文化

古往今来，得人心者得人才，善激励者得人心，企业文化是保持长久激励的最好措施。并且，企业文化也是在企业发展过程中逐渐被大家认同的，是一种无形的力量，对于调动员工的积极性，提高企业的凝聚力有着不可忽视的作用。可以从一些优秀的企业实际管理的案例中得到以下借鉴。

(1) 营造一个充分沟通，信息知识共享的环境。随着社会的发展，科技的进步，目前企业内部沟通方法和手段也有很大的发展。企业内部报刊、内部互联网、电子邮件、内联网等多种沟通方式，促进了人与人之间的信息共享的机会，方便员工之间相互传达信息，更好地了解彼此。

(2) 公平相待。在通用公司，从上到下都直呼其名，大家绝无尊卑之分，互相之间关系融洽、亲切。公司最高首脑欢迎员工随时进入他的办公室反映情况，并对员工的来信来访进行妥善处理。公司还每年至少召开一次全员自由讨论会，员工在公司感到生活在大家庭中，心情非常舒畅。

(3) 表扬和奖励。表彰或纪念对企业有卓著贡献的人，可以确保企业获得预期的效果和员工的行为模式。领导者期望成员有好的表现，最佳的方式就是给予表扬和奖励。成员在参与团队的活动中内心深沉的需求就是能获得赏识，当能被接受又受到肯定与表扬时，就会愿意再尽一份心力去为团队付出，求取更佳的表现。

(4) 关心员工的家庭。家庭是员工的后方基地，良好稳定的家庭关系可以解除员工的后顾之忧。

(二) 激励性的工作设计

工作扩大化（增加所需完成工作的类型）、工作丰富化（增加工作的决策权）以及工作轮换等都是激励性工作设计的具体表现。

这些工作方法对于提高员工的工作满意度，提高工作绩效起着积极的作用。有研究表明：员工在企业中的离职也有一个"232"规律，即入职两个星期，工作三个月和工作两年。在企业连续工作三年后，员工离职基本上是由于缺乏事业发展的机会。员工总是在原来的工作岗位，一成不变的工作对自己缺乏挑战，总是按规则完成一个又一个任务，而自身的能力似乎得不到提升，也看不到未来的发展之路，于是自己的前途感到茫然，这也就是通常所说的工作疲劳综合征。重复的工作让员工觉得烦闷，使他们失去了工作的激情，枯燥乏味与他们追求新奇的愿望是相抵触的，员工们总会按他们的愿望去寻求一种更适合他们的工作和职业机会。而激励性的工作设计可以有效地解决工作疲劳综合症状，并获得员工的持续的努力。例如，在微软等高科技企业里，不少40岁左右的优秀员工相当富有，他们往往会提前退休，为了留住这些优秀员工，公司允许他们自己设计工作职务，让他们从事自己感兴趣的工作，极大地提高了员工的工作积极性，也有效地防止了智力资产的流失。

（三）建立信任的上下级关系

建立信任的上下级关系，应该注意以下几点。

（1）帮助员工进行职业生涯规划。关键在于如何使员工在组织内获得提升，使职业更专业化，职业范围更加广泛。领导者可以帮助员工做到：发现他们的优势；认识到提升的可能性，并建立目标；明确他们追求的目标所必需的技能和经验；找到如何获得相关的技能，以及如何从他们目前的工作中获得必要的经验的方法。

同时，上级管理人员也可以针对某些事业心特别强，较注重追求成就感的员工，采取给任务、压担子的办法，让其获得事业感、成就感的满足，从而提高其工作积极性。

（2）加强员工参与。要尊重员工的意见，因为每个员工都需要价值感和尊重感。

（3）肯定工作成绩。当员工完成了某项工作时，最需要得到的是上司对其工作的肯定。上司的认可就是对其工作成绩的最大肯定。尤其当认可是来自于更高一层的主管或经理时，对员工的激励作用会上升几个等级。

（4）关心员工的家庭。每个人都希望得到关注。上级主管人员在和员工进行工作交流的同时，也要密切关注员工所关注的，比如员工的学业进展，员工的家庭生活，让家人也感受到领导的真切关怀对于员工在工作中激发干劲有着莫大的作用。比如，记得员工父母的生日，记住员工的特殊纪念日，并送去真切的祝福，一个电话、一句问候、一张贺卡、一个小礼物都能带来感动，都可能让员工终生难忘，给员工带来巨大的内在激励。

（四）制定个性的激励措施

激励的目的是为了提高员工工作的积极性，影响工作积极性的主要因素有：工作性质、领导行为、个人发展、人际关系、报酬福利和工作环境，而且这些因素对于不同企业所产生影响的排序也不同。

由此可见，企业要根据不同的类型和特点制定激励制度，而且在制定激励机制时一定考虑到个体差异：例如女性员工相对而言对报酬更为看重，而男性则更注重企业和自身的发展。在年龄方面也有差异，一般20～30岁之间的员工自主意识比较强，对工作条件等各方面要求得比较高，因此"跳槽"现象较为严重，而31～45岁之间的员工则因为家庭等原因比较安于现状，相对而言比较稳定；在文化方面，有较高学历的人一般更注重自我价值的实现，既包括物质利益方面的，但他们更看重的是精神方面的满足，例如工作环境、工作兴趣、工作条件等，这是因为他们在基本需求能够得到保障的基础上追求精神层次的满足，而学历相对较低的人则首要注重的是基本需求的满足；在职务方面，管理人员和一般员工的需求也有不同。

总之，激励是个系统化的过程。单一方面的激励不能从根本上解决员工对企业的认同感，不能起到持久地提高员工积极性的作用。如果只注重物质激励，忽视了精神激励；或者只注重精神激励，忽视了物质激励；或者将物质激励和精神激励割裂开来，缺乏系统性，则必定无法产生全面激励的作用。

最后，有效的激励是成功的人力资源管理中不可缺少的一部分，也是完善人力资源管理体系，提高人力资源管理部门在员工中的形象，提高人力资源管理在企业中影响力的重要因素。员工因激励技能上得到提升，提高了自己的核心竞争力，满意度得到提高，因此员工工作的成效得到改进；企业更会因员工在组织中的不断成长受益，降低了员工流失率，吸引人才，降低员工变动成本，塑造良好的企业文化氛围等对企业持续的发展提供了保障。

本章小结

激励是指创设满足员工各种需要的条件，激发员工为组织工作的动机，使之产生实现组织目标特定行为的过程。

内容激励理论主要包括需要层次理论、双因素理论与工作特征理论。需要层次理论是将人的需要从低到高分成了五个等级，人们对每个等级需要的强度会因人而异，所以要针对人的需要进行激励；双因素理论将影响员工工作态度与行为的因素分为保健因素与激励因素，只有激励因素才能起到激励的作用；工作特征理论指出某些特定的工作特征对员工有激励作用。

过程激励理论主要包括公平理论、期望理论与目标设置理论。公平理论指出，员工不仅关心报酬的相对量，更加关心报酬的绝对量。员工的公平感来自于与自身和他人的比较之中；期望理论认为，个人行为的内部驱动力取决于目标价值的大小和员工实现目标的可能性；目标设置理论认为工作动机是由个体对实现特定目标的愿望所决定的，设置具体的富有挑战性的工作目标，可以激励和引导个人的行为。行为激励理论主要是指强化理论，该理论认为人的行为是由外界环境决定的，外界的强化因素可以塑造行为。

激励的实务主要包括四个方面：委以恰当工作，激发员工内在的工作热情；正确评价工作，合理给予报酬，促进良性循环；实施员工卷入方案，让员工参与管理，提高员工积极性；加强员工培训，提高员工素质，增强进取精神。

案例分析

腾讯的"游戏化"激励员工成长体系

从腾讯离职后，一般不愁找到不工作。因为大部分企业对于那些有腾讯工作经验的员工都情有独钟。甚至，有很多投资人对于一些创业企业的投资会附带一条硬性要求，即企业里要有腾讯工作经验的员工。

腾讯为什么会是人才的聚集地？毕竟在进入腾讯前就非常有经验的员工还是少数，更多的优秀人才是由腾讯自己培养出来的。那么，腾讯是如何培养出这么多优秀人才的？

事实上，腾讯特别关注员工个人能力成长。为了实现这个目标，腾讯投入了大量的人力和资源，经过多年的发展和实践，逐步迭代优化出一套行之有效、完整且诱人的员工成长体系——"游戏化"成长体系。

受追捧的畅销书《腾讯之道：我们应该向腾讯学什么？》系统化地讲解了腾讯是如何对待员工的，比如腾讯鼓励员工犯错、如何像爱用户一样爱员工，以及腾讯的"游戏化"员工成长体系，值得广大企业借鉴。

一、八十个打怪升级通道

众所周知，腾讯大部分的收入来源于游戏，而游戏里面很重要的一个玩法就是打怪升级。有鉴于此，腾讯在打造员工成长体系时，也充分细化了"职业"和"主线任务"，非常类似于游戏里的打怪升级。

既然是打怪升级的游戏，那必不可少的是职业定位。腾讯对员工的"角色扮演"做了"如发丝般细致"的划分，甚至比一般游戏中的角色设置还要丰富：他有八十多个专业通道，大体上分成四大类。这些"种族"和"角色"是如下划分的。

T通道：技术通道，包括研发、视觉设计、交互、运维等子通道。

P通道：产品/项目通道，包括策划、运营、项目管理等子通道。

M通道：市场通道，包括市场、战略、网站编辑、商务拓展等子通道。

S通道：专业通道（职能通道），这是最复杂的一个通道，会包括公司的行政、秘书、采购、法务、财务、会计、人力资源、公关等各个子通道。

所谓通道，可以理解为一个看得见的上升渠道。

不止于此，在实际操作过程中，每个通道里面还会有更加细致的划分。

腾讯为员工设置如此多细分专业通道，给每一个专业领域的员工都提供一条清晰的发展路径，让大家都有发展进步的机会，保证公平，不用跨专业和跨等级。

另外，腾讯还会不断根据岗位和市场上技术的变化，设置不同类型且有针对性的通道，与时俱进地给予每名员工特别清晰的职业定位和职业规划。

在这个游戏化的成长体系中，每名员工的满级为18级，看起来并不多，但要真正做到却并也不那么容易，被戏称为"十八层地狱"。

"十八层地狱"设有六大级，分别称之为初做者（助理）、有经验者（普通）、高级（骨干）、专家、资深专家、权威；每大级又分为三个小级，称之为基础、普通、职业。根据这种分类就能给予每个员工一个标签。例如，员工等级为3.1的话，就是高级基础，如果是2.3则表示为普通职业等。

二、员工如何打怪

角色和升级都搞清楚了，那么腾讯的员工是如何去打怪的呢？

首先员工需要向公司提交晋级申请，每半年可以提交一次。

申请被受理之后，每个通道会成立一个由最专业、最权威专家组成的"通道委员会"，对申请进行评审。评审被一旦通过，接下来就要进入答辩阶段，也就是真正的"打怪"环节。这个阶段会设置三名答辩专家作为"怪物"出现，只要"打败"他们就能晋级。

如果通过了本次晋级，员工需要在新等级上至少待满一年，才能再次申请晋升，这样做的目的就是为了保证每名员工能够在每个级别上有足够多的历练，而不是急于去升级。也就是说，如果一名员工想从1.1升至满级，最顺利也要用去17年的时间才行，非常具有挑战性。

但是有的时候，由于员工准备的证据没有足够的说服力，或者客观的一些原因导致答辩失利了，该名员工还会有一次"复活"的机会，也就是重新申诉的机会。

正是因为定级如此困难，且不会因为某位高层的一句话，就轻易调整，所以腾讯对于员工级别的认定非常"保真"，通过级别能够基本上确定每位员工的专业能力。甚至当腾讯员工在加入其他企业时候，有经验的HR也会通过询问他的职级来判断其能力。

事实上，这种打怪升级的游戏模式并没有受到所有人的热衷。腾讯里面也有一部分员工更多地专注在业务上，甚至忘了去晋升。其实，这也没有关系，腾讯不会直接或间接地强迫任何员工去晋升，完全取决于员工自己。

这与腾讯自身的体制设计有关系。腾讯员工的等级与管理是脱钩的。也就是说，并不因为这名员工的等级是专家级，就会得到一些领导职责，更不会得到任何特权。"专家"这个职称仅仅证明他在某个领域上更加专业，有更多经验而已，如同游戏里的勋章，是一种能力的证明。

这样就从根本上杜绝了在别的企业里，一些所谓专家会很有架子，让普通员工感觉到压抑，企业内部难以实现平等交流的现象。

同时，腾讯员工的等级与待遇有弱相关的关系。也就是说，员工成功晋级后，薪资增加比例非常低，实际上最影响薪资水平的是业务绩效。所以，在那些业务做得很好的团队里，有些人并不在意职称晋级，因为薪资已经让自己很满意了，与其把时间用在晋级上，还不如更好地提升业务来得现实。

另外，这个荣誉升级体系为腾讯带来了一个非常好的补充。因为腾讯的组织划分是偏非职能化的，每一个团队或者说每一个业务部门都是一个完整的独立单元，可以独自作战，是一个典型的强矩阵模式。这种运营模式往往会让企业忽略员工的成长，而这个荣誉升级体系刚好在这方面起到了一个很好的补充。

这也就是所谓的"名利之分"吧，在乎名，就去做职级的晋升；在乎利，就去把自己的业务做好。也就是说，员工的成长不再完全依靠业务领导的关注，而是由一个虚拟化的通道组织来帮助制定目标，引导提升，非常有效。

资料来源：http://www.yixieshi.com/50098.html，作者略有删改。

讨论题：
1. 总结腾讯公司激励员工的特点。
2. 腾讯公司激励员工的做法，对你有什么启示？

复习思考题

1. 阐述需要、动机与行为的关系，并举例解释激励的概念。
2. 举例说明激励有哪些分类。
3. 阐述需要层次理论，谈谈该理论对管理激励的启示。
4. 请列出双因素理论中的保健因素与激励因素。
5. 举出能够对员工起到激励作用的工作特征。
6. 比较期望理论与目标设置理论的异同
7. 阐述强化理论，谈谈运用该理论进行员工激励时应该注意哪些问题。
8. 结合所学习的激励理论，谈几条具体的激励措施。

第十六章 沟 通

本章学习目的

- 理解和掌握沟通的概念、作用及过程
- 掌握沟通的类型及方式
- 掌握组织沟通网络的类型及其特点
- 掌握有效沟通的障碍及其方法
- 掌握冲突管理的概述、处理原则和方式

导入案例 ▶▶▶

杨瑞的困惑

杨瑞从西安某大学的人力资源管理专业毕业后,认为自己掌握了扎实的人力资源管理专业知识,因此只身前往广州求职。经过近1个月的反复投放简历和参加面试,杨瑞最终选定了东莞市一家公司规模适中、发展速度很快,人力资源管理工作还处于尝试阶段的研究生产食品添加剂的公司。

但是到公司实习一个星期后,杨瑞就陷入了困境。原来该公司是一个典型的小型家族企业,老板安排了主要负责公司研发工作的大儿子做杨瑞的临时上级,而这个人没有管理理念,更不用说人力资源管理理念。因此在到公司的第五天杨瑞拿着自己的建议书走向了直接上级的办公室。"王经理,我有一些想法想和您谈谈,您有时间吗?"杨瑞走到经理办公桌前说,"王经理,对企业来说,必须在管理上狠下功夫。我认为公司主要的问题在于职责界定不清;员工的自主权利太小;员工薪酬结构和水平的制定较随意,薪酬的公平性和激励性较低。"

王经理皱了一下眉头,说:"你说的这些问题我们公司确实存在,但我们公司在赢利就说明目前实行的体制的合理性。""可是,眼前的发展并不等于将来也能发展,许多家族企业都败在管理上。""好了,那你有具体方案吗?""目前都是想法还没有方案""那你先回去做方案,把材料放这儿我先看看再给你答复。"说完,王经理的注意力又回到了研究报告上。

杨瑞此时真切地感受到了不被认可的失落,她似乎已经预测到了自己第一次提建议的结局。果然,杨瑞的建议书如石沉大海,王经理好像完全不记得了。杨瑞不知道自己是应该继续和上级沟通还是放弃这份工作,另找一个发展空间。

资料来源:黄建春.管理学[M].重庆:重庆大学出版社,2017,作者略有删改。

组织管理离不开有效的沟通。本章将从沟通概述、沟通的障碍及其克服、沟通中管理冲突等方面对沟通做详细阐述。

第一节 沟通概述

沟通是管理中的一个重要部分。正如巴纳德(Barnard)认为,"在任何一种彻底的组织理论中,沟通都占有中心的地位。"卡茨(Katz)认为,"沟通是组织的本质。"无论计划的制订、工作的组织、部门间的协调、人事管理都离不开沟通。组织内部,有员工之间的沟通、员工与工作团队之间的沟通、工作团队之间的沟通;组织外部,有组织与客户之间的沟通、组织之间的沟通。沟通对于组织成员高效、协调地展开工作具有非常重要的作用,也将进一步促进组织绩效。如果组织成员之间没有良好的相互沟通,将会影响组织的正常经营。

一、沟通的概念

许多学者和组织对沟通给出了不同的概念。例如,《大英百科全书》认为,沟通就是"用任何方法,彼此交换信息。即指一个人与另一个人之间用视觉、符号、电话、电报、收音机、电视或其他工具为媒介,所从事之交换消息的方法。"《韦氏大辞典》认为,沟通就是"文字、文句或消息之交通,思想或意见之交换。"哈罗德·拉斯韦尔(Harold Lasswell)认为,沟通就是"什么人说什么,由什么路线传至什么人,达到什么结果。"西蒙(Simon,H. A.)认为,沟通"可视为任何一种程序,借此程序,组织中的每一成员,将其所决定的意见或前提,传送给其他有关成员。"

由上可见,沟通就是人与人之间信息传递与理解的过程。"传递"和"理解"是沟通的两大要素。这里,特别指出的是,传递的方式可以是口头的,也可以是书面的或通过电子化方式进行的;其内容可以是对于有关人物或事件的描述,也可以是态度或情感的交流;其目的可以是传达信息或取得后者对人物或事件的看法等。沟通的完整意义不仅是指信息被成功地传送出去,更是指信息所包含的意义被正确地接收和理解。因此,沟通实质上是一种理解的交换,理解是对信息沟通成功与否的检验。如果信息为人理解,沟通就是成功的,反之,沟通是失败的。

再者,"沟通"常常被理解为"意见一致"。实际上,二者并不是一回事,沟通双方能否达到意见上的一致,并不是由沟通这一因素决定的,它还涉及双方的根本利益是否一致,价值观念是否相似等其他重要因素。典型的例子是商务谈判,尽管双方沟通的非常充分,彼此的观点都能被对方清晰的理解,但是由于存在根本利益上的冲突,双方仍无法达到一致意见。因此,有效的沟通不在于是否达成一致意见,而在于是否能够相互理解。

二、沟通在组织中的作用

(一)提高管理效率

当组织中管理层级较多时,组织内上行下达的命令、请示、反馈等信息就需要经过多层级传送,不仅在传送过程中会出现信息失真问题,还会耗费大量时间在层层的信息传递中,导致组织运作效率低下。因此,管理者与下级员工之间必须进行有效的沟通。只有通过有效的沟通,上级管理者才能够准确、及时地把握下属员工的工作进展、工作难题,并及时为下属工作中难题的解决提供支持和帮助,这将有助于员工及时、高质量地完成工作任务,进而确保部门乃至整个组织的工作协调进行。

(二)提高决策质量

决策的依据是信息,科学的决策离不开及时、完整、准确的信息。管理者能否及时获取这些信息,关键在于沟通。重大经营方针的决策,往往直接关系到一个企业成败。而许多决策的失误,也常常是由于资料不全、沟通不畅所造成。因此,沟通是正确决策的前提和基础。此外,当组织做出某一项决策时,由于分析角度、掌握信息量、知识经验以及个人认知不同,组织成员对决策的态度具有差异性。通过充分而有效的沟通,彼此交换意见,分析讨论各种备选决策方案的利弊,可促进提高决策的质量,统一组织成员和思想、明确责任,统一行动,努力达成组织目标。

(三)营造和谐的人际氛围

一个组织需要营造一种和谐的人际氛围,而人际氛围的和谐就是指员工之间能够彼此友好相处、相互尊重。通过沟通可以增加成员间相互理解,更容易友好相处、共同工作。即使出现一些矛盾,也能够以一种平和的心态对待,有感情、配合默契。相反地,如果没有良好的沟通,这种和谐的氛围难以维持。

（四）激励员工的积极性

沟通是管理者激励下属的基本途径。通过沟通，管理者可以明确告诉员工做什么、怎么做、他的工作与整个企业发展的联系、如何提高绩效、并向员工展示组织的战略愿景等，这将使下属员工受到鼓舞，使之感知到自己受到的尊重和他工作本身的价值，从而唤起员工的责任感，直接给员工带来自我价值的满足，激发他们的工作热情和积极性。激励理论也告诉我们，具体目标的设置、实现目标过程中的持续反馈以及对理想行为的强化等都可以沟通激发员工促进高绩效动机。

总之，良好的沟通是促进组织协调运作的重要基础，是保证整个组织统一思想，实现高效率管理、促进高质量决策的必要条件，是管理者激励员工工作积极性的重要方式。

三、沟通的过程

沟通过程是由发送者将特定的信息通过一定的渠道传递给接收者的过程。沟通的目的在于让接收者正确地并完整理解发送者所要传递的信息。这一沟通过程通常需要经历三个基本环节，如图 16-1 所示。首先，发送者将需要传递的思想和情报通过编码转化为信息形式，然后再通过一定的渠道传送至接收者。由接收者将收到的信息进行解码，对发送者传递的思想和情报等进行理解，最后，再由接收者向发送者予以反馈。由此构成了信息沟通的完整的回路。

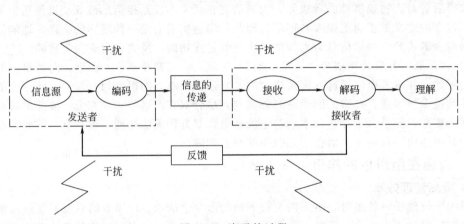

图 16-1 沟通的过程

（一）信息的发送

发送者是信息产生和发送的来源。在进行一项沟通之前，发送者存在一些资料或在脑海中一定产生了某种想法、观点，并希望将这些资料、想法或观点等传递给他人。这些想法、观点或资料就是沟通的信息源，它是沟通所要传递的本质内容，也是衡量一项沟通是否有效的最重要的指标，即判断接收者是否准确无误地接收到了这些本质的信息。但是，发送者要将自己的信息准确无误地传递出去并为他人所理解，必须通过某种方式方法，将这些信息源转化为适当的语言、文字、图片、动作、表情等具体可见、可供领会的传输符号，这一过程叫做信息解码。信息编码的质量受到发送者的知识、技能、态度、社会文化系统的影响。

需要注意的是，在解码时必须选择接收者熟悉和理解的符号。例如，如果与不会讲中文的外国人交流时，就不能直接用中文来编码。如果对方是个外行，你就应该尽量避免使用专业术语来编码。

（二）信息的传递

编码后的信息必须通过一定的信息传递渠道才能传递到接收者那里，信息传递渠道有许多。例如，书面的备忘录、电话、电报、电视、互联网等。选择什么样的信息传递渠道，需要考虑沟通的场合、沟通双方的距离、拥有的条件、渠道的成本等。各种信息沟通渠道都有利弊，信息的传递效率也不尽相同。因此，有效的信息沟通需要因时、因地、因人制宜选择适当的信息传递渠道。例如，公司的重大战略决策在沟通时应考虑周全，需要采用多层次、多方式的组合渠道进行全面沟通，如召开企业全体职工大会、制印书面的正式文件、通过企业网络进行宣导等；在与合作企业通过电话初步达成协议后，还需要以书面文件加以确认。

在信息传递过程中，还会受到一些干扰因素的影响。这些干扰因素对信息沟通会造成障碍。当上级主管与下属进行绩效沟通时，如果在嘈杂的车间或还有其他下属在场的情况进行沟通将不会产生良好的效果。从某种意义上讲，沟通既是由沟通主体双方把握的，也是由背景环境控制的。

（三）信息的接收

信息接收者是信息指向的客体，是信息沟通的对象。信息被发送后，并不能保证一定会被信息接收者接收。例如，沟通时，由于接收者出差不在，未能接收到信息；由于接收者沮丧的心情而不愿意接收信息等。总之，接收者是否接收到信息直接影响着沟通能否继续进行。

另外，即便接收者接收到信息，也需要将其中加载的传输符号解译成自己可以理解的形式，这就是对信息的解码。由于受到接收者知识、能力、情绪、文化背景等因素的影响，经过解码的信息容易被曲解。只有发送者与接收者对传输符号的含义都有相同理解时，才能进行有效的沟通。

（四）信息的反馈

信息的反馈是信息的发送和接收之间的有效反应。为了检查、核实沟通的效果，往往需要信息反馈这一环节。只有通过反馈，信息发送者才能最终了解和判断信息的传递效果。如在口头沟通中，"你明白我的意思吗？"所得到的答复就代表着反馈。但并不是所有的沟通都伴随着信息反馈。不出现反馈的信息沟通称之为单向沟通，反之则是双向沟通。

四、沟通的类型

（一）按沟通方式的组织化程度：正式沟通与非正式沟通

按照沟通方式的组织化程度，可以将沟通划分为正式沟通与非正式沟通。正式沟通是通过组织的正式结构或系统运行的；非正式沟通则是通过正式系统以外的途径进行信息的传递与交流。

1. 正式沟通

正式沟通是在组织系统内，通过组织明文规定的渠道进行的与工作相关的信息传递与交流。例如，组织内部的例行会议、组织文件的传达、下级向上级的工作汇报和请示等。正式沟通是组织内管理沟通的重要渠道，大量的信息都是通过正式沟通传递的。

正式沟通的优点是比较规范、可靠，有较强的约束力和权威性，信息量大，容易确保信息的准确性和保密性，沟通效果较好。因此，重要的信息和组织的决策等的传达，一般都采用这种方式，如会议、规章制度、正式文件等。但是，由于依靠组织系统逐层传递，这种沟通方式会导致沟通迟缓、信息失真或者扭曲的可能，从而影响信息传递的效果。此外，还存在沟通形式刻板，缺乏灵活性，信息传播范围受到限制等缺点。因此，组织为顺利进行工作，必须依赖非正式沟通来弥补正式沟通的不足。

2. 非正式沟通

与正式沟通不同，非正式沟通是以社会关系为基础，与组织内部明确的规章制度无关的沟通方式。其沟通的对象、时间、渠道和内容的随意性较大，不受组织的监督和控制，往往带有一定的感情色彩，如朋友聚会，工作休息时间与同事闲聊，传播传闻或小道消息等。而非正式沟通对正式组织具有重要的影响，做好非正式沟通是形成良好组织氛围的必要条件。

非正式沟通具有沟通方便、内容广泛、方式灵活、速度快的优点。此外，由于在这种沟通中比较容易表露思想、情绪和动机，因而能够提供一些正式沟通中难以获得的信息，以弥补正式沟通的不足。组织中的管理者有时为了某些特殊的目的，往往通过非正式沟通传播或收集信息；或通过非正式沟通，了解下属员工真正的心理倾向与需要，减轻管理者的沟通压力。同时，它能够满足组织成员的社会与情感的需要，缓解工作的压力和紧张感，在一定程度上也会促进组织绩效。

但是，非正式沟通也存在一些缺点，主要表现在：非正式沟通难以控制，传递的信息缺乏真实性和可靠性，有时甚至歪曲事实，并且可能导致小团体的产生，影响组织的凝聚力和人心稳定，干扰和影响组织的正常工作和目标的实现。非正式沟通往往源于小道消息。小道消息具有以下特点：不一定都是不确切的消息；传播速度快，同时也容易消散；很难追查到信息的来源；具有新闻性和现实性。管理者应避免过多地采用和鼓励非正式沟通方式，在组织内部还是应该以正式沟通为主要沟通手段，以非正式沟通作为辅助沟通手段。

总之，非正式沟通在任何情况都是客观存在的，并且在企业中扮演着重要的角色。管理者必须充分认识到非正式沟通的重要性，不能采取否定、阻止或打击的做法，应采取教育和引导的方法，积极利用非正式沟通为组织服务，更好地扬长避短，避免激化矛盾。

（二）按沟通的方式：语言沟通与非语言沟通

按沟通的方法可以将沟通划分为语言沟通和非语言沟通。

1. 语言沟通

语言沟通是指使用正式语言符号进行沟通的方式。语言沟通又分为口头语言沟通和书面语言沟通两种。

口头语言沟通是组织中最常用的一种方式，它包括组织内面谈、征询、各种会议、讨论会、业务洽谈、电话联系、演讲等多种具体形式。口头沟通的优点是具有亲切感，比较生动，可以用表情、语调等非语言沟通增强沟通的效果，可以及时得到对方的反馈，具有双向沟通的好处，比较灵活，可随机应变。其缺点是，口头信息一过即逝，无法再辨，不易记忆和保存；并且在传递中经过的层级越多，信息失真越严重，核实起来也越困难。

书面语言沟通则包括组织内文件、报告、通知、备忘录、内部刊物、职工手册、建议书等。书面沟通具有权威性、正确性，不容易在传达过程中被歪曲，可以永久保留和核实。除个别情况，如一个正式演说，书面语言比口头考虑得更全面，把东西写下来促使人们对自己要表达的东西进行更认真的思考。因此书面沟通显得更为周密、逻辑性强、条理清楚。其缺点是，反馈速度较慢，甚至不反馈。

当今社会，随着信息技术的发展，电子数据语言已成为组织内管理沟通的重要的语言沟通形式。它是指将包括图表、图像、声音、文字等在内的书面语言性质的信息，通过电子信息技术转化为电子数据进行信息传递的一种沟通方式或形式。它的主要特点是可以将大量信息以较低成本快速地进行远距离传送。在现代组织中，经常应用的有传真、电子邮件、因特网、企业内部网。通过这些沟通方式，可以加速组织内部之间、与组织外部的联系，促进知识共享，提高组织效率。但是，这种语言沟通过程过于依赖于技术本身，它的高效必须建立在技术的状态合适和人员对技术使用的熟练上。

2. 非语言沟通

非语言沟通是借助非正式语言符号进行沟通的方式，包括手势、表情、语调、着装、对物体的操纵等。有位心理学家对语言沟通和非语言沟通在沟通中的使用比率进行了研究。研究发现，非语言沟通占到93％，而语言沟通仅占7％。由此可见，非语言沟通在信息传递中起着重要作用。它具有的优点表现在：可以辅助言语沟通，使所要沟通的信息更清楚易懂，加强沟通的效果；传达的信息强有力，意义表达十分明确，内涵丰富，含义隐含灵活。但是，非语言沟通也存在一些缺点。如传送距离有限；界限含糊；只能意会，不能言传等。

（三）按沟通的方向：自上而下、自下而上、水平沟通

按沟通的方向，可以将沟通划分为自上而下的沟通、自下而上的沟通和水平沟通。

1. 自上而下的沟通

自上而下的沟通是指沟通信息从组织上级向下级传递，表现为上级对下级的通知、指示、命令协调以及绩效评价等。这是传统组织内最主要的沟通流向，是管理者行使职权的重要手段。它往往带有指令性、法定性、权威性和强迫性，容易引导重视，并严肃对待。此外，它有助于使员

工了解组织的经营目标,消除员工的疑虑和不稳定心理,改变员工的工作态度,增强其责任感,并能协调组织内各层级之间的关系。但是,这种沟通方式也存在一些缺点。例如,容易形成一种专制式的管理风格,易忽视信息的接收者,信息在传递过程中经常发生误解或曲解,传递路线过长,太费时间等。

这里需要指出的是,信息本身在传递过程中可能会逐级丢失。这一点在自上而下的沟通中体现得尤其明显。层级越多,沟通路径的节点数目也就越多,信息的损失也会加剧。曾经有学者调查了100家工业企业的沟通效率,结果发现在逐级传送中信息发生了损失。如表16-1所示。为了弥补这一损失,很多组织同时采用了自下而上的沟通方式。

表 16-1 沟通信息在组织层级上的损失百分比

组织层级	信息接收百分比/%	信息损失百分比/%
董事长	100	0
副总裁	66	34
高级经理	56	44
工厂主管	40	60
总领班	30	70
员工	20	80

2. 自下而上的沟通

自下而上的沟通是指信息从下级向上级传输的过程,例如,下级向上级请示工作、汇报工作进展、提出要求和建议、反映问题等。这种沟通具有非命令性和民主性,它有助于管理者了解下属的需要,避免不了解下属情况而盲目做出决策;可以帮助管理者了解下属对相关管理政策、指示命令是否表示支持、理解到位或在执行过程可能存在的困难等。这种沟通还给予了员工表达意见、释放情绪的机会,并让员工感到上级对自己的重视或尊重,从而提高了员工的工作积极性。

但是,自下而上的沟通更容易受到组织的忽视,使得向上沟通效率低下。主要原因表现为:一是,组织的规模越大、层级越多,信息就越容易被层层过滤并延误;二是,在向上沟通的每一环节上,每一个组织层级都被赋予了一定程度的筛选权力。当中层管理者认为一切良好而将一些自认为无中生有的反馈筛除后,在传递给上一层管理者时就造成了信息曲解。三是,害怕暴露坏消息,以影响自己的升迁和加薪。因此,在许多组织中,中层管理者往往拖延或过滤向上层传递坏消息,或故意歪曲其中的重要信息。鉴于此,要实现有效的向上沟通,一方面要采取多种灵活的沟通渠道,如走动管理、开门政策、职工大会、意见箱等,打消员工与上级的心理距离感、鼓励员工积极向上沟通;另一方面:组织必须要求管理者对员工不同渠道的反馈信息,要有灵活的适应能力;对来自员工的信号甚至是微弱信号,要有敏锐的感知能力。但是,管理者也要避免对下属向上传递的信息不加甄别就盲目采用。

3. 水平沟通和斜向沟通

水平沟通是指在组织内部处于同一层级的组织成员之间的沟通,也称为横向沟通。它常常具有非命令性、协商性和双向性。这种沟通方式有助于信息在组织内部的广泛共享,促进部门之间、员工之间的协作,消除冲突,通过彼此交流,满足社会和情感上的需求。但是,它也存在不利的一面。通过频繁的水平沟通和交流虽然增强了组织成员之间的相互关系,但是也很容易形成小团体。一旦这些小团体没有加以引导和疏通,将为给纵向的沟通带来严重的后果。斜向沟通是指组织内部无隶属关系的不同层次的部门或个人之间的信息交流。这种沟通常常发生在直线和参谋部门之间,参谋人员具有一定的职能权限。直线部门之间也常常应用斜向沟通,其中一方享有职能职权。

(四)按是否进行反馈:单向沟通与双向沟通

按照是否进行反馈,沟通可分为单向沟通和双向沟通。

1. 单向沟通

单向沟通是指在信息沟通时,一方只发送信息,另一方接收信息,接收信息者不再向发送者反馈信息。如作报告、演讲、下达指示等。单向沟通往往适合以下几种情况:任务紧急,工作简单,无须反馈;下属易于接受解决问题的方案;下属不了解情况,无法对方案提供任何信息;上级缺乏处理负反馈的能力,容易感情用事。

2. 双向沟通

双向沟通是指发送者与接收者之间进行相互的信息传递与反馈的沟通方向。在双向沟通中,发送信息者不仅要发出信息,还要听取信息接收者对信息的反馈。发送与反馈往往进行多次,直到双方有了共同的理解为止,如交谈、协商、谈判等。这种沟通能够使双方的信息得到及时反馈,准确性高,参与感强,有情感交流等。但是,沟通的速度较慢,参与者的心理压力较大,容易受到干扰。它比较适合以下几种情况:时间比较充裕,问题又比较棘手;下属对方案不接受或有争论;下属能对解决问题提供有价值的信息和建议;上级习惯于双向沟通,并且能够建设性地处理负反馈。表16-2对这两种沟通进行比较。

表 16-2　单向沟通和双向沟通的比较

比较因素	内容
时间	双向沟通比单向沟通需要更多的时间
信息理解的准确程度	在双向沟通中,接收者理解信息发送者意图的准确程度大大提高
接收者和发送者的自信程度	在双向沟通中,接收者和发送者都比较相信自己对信息的理解
满意	接收者比较满意双向沟通;发送者比较满意单向沟通
噪声	由于与问题无关的信息较易进入沟通过程,双向沟通的噪声比单向沟通要大得多

五、组织沟通网络

沟通网络指的是信息流动的通道。在组织中,员工与员工之间、员工与管理者之间、管理者与管理者之间由于种种原因都要建立并保持联系。也就是说,每个人在组织中都会参与沟通网络。管理者在管理沟通网络中起着重要的作用,同时网络也会给管理者的管理带来许多影响。组织沟通的网络包括正式网络和非正式网络两种类型。正式沟通网络是根据组织结构、规章制度来设计的,是以交流和传递与组织活动直接相关的沟通途径。非正式沟通网络是除了正式沟通网络以外存在的非正式的沟通途径所组成的沟通的结构形式,是由组织成员间自发形成的。

(一) 正式沟通网络

心理学家巴维拉斯曾研究过人际沟通的形式,提出了五种常见的信息沟通网络结构形式即为链式沟通、轮式沟通、环式沟通、全通道式沟通和Y式沟通,如图16-2所示。表16-3描绘了这些沟通网络的特点。

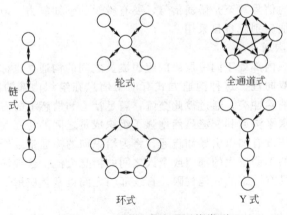

图 16-2　五种正式沟通网络类型

表 16-3 正式沟通网络的特点

沟通网络类型	特点	成员士气	领导的突出	工作绩效
链式沟通	严格遵循正式的命令系统	处于中心地位成员较具有满足感,最末端成员士气较低	有明显领袖出现	解决问题较具有时效,沟通有一定结构程序
轮式沟通	控制型网络,其中只有一个成员是各种信息的汇集点与传递中心	群体领导者最具有满足感,其他成员满足感较低	有强有力领袖	解决问题最有时效,但易出错
Y式沟通	纵向沟通网络,其中有一个成员位于沟通网络的中心,成为沟通的媒介	解决问题比较具有时效	有明显功能性领袖	解决问题比较具有时效
环式沟通	封闭式控制结构,每个成员只与两位成员进行沟通	所有成员士气相当,满足感相同	没有明显的领袖出现	解决问题迂回缓慢
全通道式沟通	开放式的网络系统,成员均能与其他成员直接沟通	所有成员士气相当,处事同等热情	没有明显的领袖出现	决策缓慢,但处理周延

不同的正式沟通网络各有其优缺点,对个体和群体的行为也有不同的影响。每一种网络的有效性取决于群体所关注的目标。没有一种沟通网络在所有的情形下都是最优的。在现实的组织活动中,很少存在单一的沟通模式。多种沟通网络往往同时并存或交替进行。沟通的复杂性和可变性要求组织的管理者以及组织的成员,灵活掌握综合运用各种沟通网络,才能提高组织沟通的效率。

(二)非正式沟通网络

在组织中,正式沟通网络只是信息沟通途径的一部分,实际上,在任何组织中都存在非正式沟通网络。非正式沟通网络不是由组织固定设置的,而是在组织成员进行非正式沟通中自然形成的。

美国心理学家戴维斯曾在一家皮革制品公司专门对 67 名管理人员进行调查研究,发现非正式沟通途径有以下四种传播方式,如图 16-3 所示。

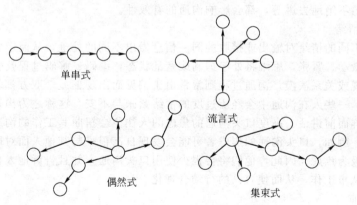

图 16-3 四种非正式沟通网络类型

第一,单串式,通过一连串的人把信息传给最终的接收者。

第二,流言式,一个人主动地传播给其他人,如在工作之余传播小道消息。

第三,偶然式,按偶然的机会传播小道消息,由一个将消息传给某一部分人,这些人又将消息传播给别人。

第四,集束式,把小道消息有选择地告诉自己的朋友或有关的人。这种模式是传播小道消息最普通的形式,又称为葡萄藤式。

非正式沟通网络传送消息多为口头传播，所以传播速度快，也容易迅速消散，一般没有永久性的结构和成员。由于非正式沟通像蜿蜒的小道似的在整个组织内盘绕着，分支伸向各个方向，缩短了正式的垂直和横向沟通的路线。因此，非正式沟通的效力有时远远超过正式沟通网络的效力。非正式网络沟通的信息可以是与工作有关的，也可以是与工作无关的，但大量的是与工作任务无关的。此外，非正式沟通往往能够表露出人们的真实思想和动机，因此，在一定程度上满足了组织成员的社会需要，并且，组织中存在非正式的沟通网络有时可以提供正式沟通中难以获得的某些信息，可以补充正式沟通网络中的不足。但是，由于这种沟通方式不受组织结构的监督和限制，有时可能会产生不利影响，所以管理者应对非正式沟通网络加以正确的引导和利用。

第二节 沟通的障碍及其克服

一、有效沟通的障碍

（一）沟通参与者方面存在的障碍

1. 沟通技能

沟通者缺乏一定的沟通技能会造成沟通上的障碍，主要体现在他们在知识、经验方面的不足和沟通技巧的缺乏两个方面。

由知识、能力、经验、语言等方面的不足，信息发送者可能无法对自己的想法、观点等信息进行准确的编码，从而造成接收者无法真正理解发送者的真实想法。例如，在信息传递过程中，发送者存在一些措辞不当、语句结构不连贯等情况，导致语义表达得含混不清或晦涩难懂，这往往会导致接收者在理解上的歧义。而缺乏相关知识、经验和一定语言表达能力的接收者，则可能导致在信息解码、逻辑推理、理解等方面出现问题。例如，由于接收者不具备相当的知识水平或经验，会对发送者传递的信息产生理解上的偏差。或者双方在知识、经验水平上的差距过大时，也会拉大彼此理解的差距，造成沟通障碍。

另外，也会由于信息发送者和接收者缺乏一定的沟通技巧，导致信息沟通上的障碍。例如，信息发送者在参与某项正式会议时，着装随意，不拘礼节，沟通时措辞粗鲁等；信息接收者人在听别人讲话时，常常走神，或因被讲话者激怒而不能够耐心听清全部讲话内容；或总是打断别人讲话，而自己滔滔不绝地去讲等，都会影响沟通的有效性。

2. 沟通者的情绪

沟通者会因不同的情绪对输出或接收的同一信息做出不同的处理，从而影响沟通的效果。如果沟通者的情绪激动、紧张，思维将处于抑制或紊乱状态，编码、解码过程就会受到干扰。如果沟通双方彼此敌视或关系淡漠，沟通过程则常常由于偏见而出现偏差，双方都较难以准确理解对方的思想。此外，一些人在沟通中会经历过度的情绪紧张与不安，这称之为沟通焦虑。典型的例子是，害怕在人群面前讲话。高度口头沟通的焦虑的人往往会扭曲其工作的沟通需求，以使沟通的需求减至最少。例如，口头沟通的焦虑者可能会发现自己很难与其他人面对面交谈，或当他们需要使用电话时极为焦虑。因此，他们将会很少使用口头沟通，并且告诉他人自己不需要太多的沟通就能有效地从事工作，从而使自己的行动合理化。

3. 选择性知觉

选择性知觉是指人们根据自己的心理结构及需求、意向系统，有选择性地接收信息。换句话说，在沟通过程中，接收者会基于自己的需要、动机、经验、背景及其他个人特质来选择地去看或听所传递给他的信息。有人曾做过这样一个试验：请一家公司的23位主管回答"假如你是公司总裁，你认为哪个问题最重要"，结果每个主管都认为从全公司的角度，自己所负责的部门最重要。销售经理说营销是个大问题；生产经理认为产品是生命；人事经理则回答说现代的管理人是中心。此外，接收者在解码的时候，还会把自己的兴趣和期望带到信息之中，解释所看或所听到的信息。例如，一位面试主考官认为，女性总是把家庭放在第一位，那么无论女性求职者是否真有这种想法或表现，他均会在这些女性求职者中感受到这样的判断。由此可见，无论有意还是无意,这种对选择性知觉也阻碍了有效的沟通。

4. 对信息的过滤

过滤是指发送者出于某些主观动机,对发送的信息进行有意识地筛选的现象,以使信息显得对接受者更为有利或更容易接受。当信息向上传递给上级管理者时,下属也常常压缩或整合这些信息以使上级不会因此而负担过重。同样,也会将个人的兴趣和自己对重要内容的认识加入进去,从而造成沟通中的过滤现象。正如通用电气公司的前任总裁曾说过:由于通用电气公司每个层级都对信息进行过滤,使得高层管理者不可能获得客观信息。因为"低层管理者们以这种方式提供信息,他们就能获得自己想要的答案。这一点我很清楚,我曾经也在基层工作过,也曾使用过这种手段。"

过滤的程度与组织结构的层级数目和文化有关。组织纵向的层级越多,过滤的可能性就越大。如果组织较少依赖呆板的层级安排,取而代之以更强调协作的工作安排,这样,信息过滤的问题就会减弱。

(二)信息方面存在的障碍

1. 语言障碍

同样的词汇,对于不同人来说,含义是不一样的。年龄、教育和文化背景是造成语言障碍的主要因素,它们影响着一个人的语言风格以及他对词汇的界定。在一个组织中,员工常常有不同的背景、不同的语言习惯。在同一组织不同部门中工作的人员,甚至还会有各自的行话和专业术语。例如,法律部门的员工经常使用法律术语,工程技术部门经常使用相关技术专业用语;在大型集团中,成员分布的区域也十分分散,甚至来自于不同的国家,这些来自不同地区的员工可能会使用该地区特有的术语或习惯用语。正如,我国南方人讲话北方人可能听不懂,中国人可能听不懂拉丁语等。因此,在沟通中,使用语言的不同,将会影响沟通的有效性。

另外,即使沟通者说同一种语言,但是,沟通者在语言的使用上并不一致。信息发送者常常认为自己所用的词汇和短语在接受该信息的人心中也同样的含义。这是一个错误的假设,也因此常常造成沟通上的困难。

2. 信息超载

一个人处理信息的能力是有限的。当需要处理的信息超过个人的加工能力时,就会出现信息超载的现象。由于传递的信息量过大,将会导致有些信息在传递过程中丢失或损坏,有时也会使信息接收者忽略了某些信息,拖延处理或干脆不处理等。在当代信息技术的发展,电子邮件已成为现代组织中重要的沟通方式,它使得沟通更加直接、更加快捷。但是,与此同时也可能导致信息超载。如果管理者一周出差后回来打开邮箱,可能会发现有上百封邮件正在等着他处理,而他又没有足够的时间去阅读和处理全部邮件。这时,他面临的就是信息超载问题。于是,往往倾向于选择删除、忽略或遗忘,或干脆放弃做进一步处理的努力。由此可见信息超载会使沟通变得困难。

3. 反馈过程出现的障碍

信息反馈是沟通过程的重要环节。在正常运转的组织信息管理系统中,发送者将信息经过媒介传递给信息接收者,只是完成了一项单向的信息传递任务;接收者对收到的信息进行解码和理解,将收到信息后的态度、意见或建议等信息反馈给信息发送者,才算完成了一次完整的信息循环过程。信息循环系统的运行质量不仅受制于传递环节,而且受制于反馈环节。任何在反馈过程中出现的障碍,都会影响组织信息传递工作的正常开展。反馈渠道本身设置问题、反馈渠道不畅、传递技术的编译码问题等都是信息反馈过程中可能出现的障碍。清除这些障碍,对于实现组织的有效沟通意义重大。

(三)沟通渠道方面存在的障碍

在沟通渠道方面存在的沟通障碍主要体现在媒介选择不当和缺乏有效的沟通网络两个方面。沟通渠道也即沟通所借助的媒介,一般包括电话、传真、电子邮件、面谈、会议、备忘录、文件、正式报告等,不同的渠道有不同的优缺点。如果选择不当,会给沟通带来困难。电子邮件解决了信息即时传递和即时反馈的问题,这使得组织的界限越来越不重要了。但是,电子邮件的书面传递方式受到设施和地点的限制,也无法传递出细腻的情感。又如,重要的公司文件没有通过会议和正式文件的形式与各级管理者及员工沟通,而是仅仅写了一份备忘录;管理者与下属进行绩效反馈不是采用面谈,而是写了一封电子邮件进行沟通。这种沟通的效果将大打折扣。

另外,信息沟通有时需要借助一定的沟通网络。如在组织内部上级与下级之间的沟通就需要借助沟通网络。有研究表明,组织中的许多决策信息都来自组织的较低层次,如果沟通出现障碍,许多基层的信息就很难传递到组织上层,因此,在组织内部建立良好的沟通网络就成为一项十分重要的管理工作。

(四)沟通环境方面存在的障碍

沟通总是在一定的环境下进行的,因此,沟通效果的好坏也受到环境因素的影响。

1. 物理环境

物理环境会对沟通造成干扰。例如,管理者与下属进行绩效沟通时,嘈杂喧闹的外部环境会使双方无法专心;在大型会议上,扩音器或投影仪等机器设备出现故障,导致沟通中断;非常杂乱的办公室中进行公司的招聘面试工作,会影响到招聘质量。另外,当发送者与接收者之间的地理位置过远,或者过于分散,都会影响信息在其间的有效传递,使沟通变得困难。

2. 社会环境

社会环境是指沟通时所处的社会角色关系背景,它往往也会对沟通造成障碍。具体表现在以下几个方面。

(1)地位差异。这种障碍是由于在组织结构中上下级所处的相对地位不同所引起。例如,员工往往对上级领导存在某种惧怕心态,不敢主动与上级沟通或沟通时有所顾忌;而一般上级在潜意识里轻视员工的意见,倾向于减少与员工沟通接触的机会,或沟通时无所顾忌。由此,上级领导就会失去一些充分而有价值的信息。特别是领导者不愿听取不同意见时,会导致堵塞言路,下级保持沉默。此外,接收者在接收信息时不仅会判断信息本身,而且还要判断发送人。似乎地位高的人传递的信息可信度和准确性越高,而地位低的人发送的信息则会打折扣。信息发送人的组织地位越高,其传递的信息越倾向于接受。

(2)组织规模。组织规模越大,各级组织成员之间的沟通就会越困难。一方面是由于沟通渠道的增长大大超过了组织规模的扩大。例如,5个人的团体,有$n(n-1)/2$,即10条渠道;依此类推,10人需要45条渠道,20人就需要190条渠道。另一方面,随着组织规模的扩大,沟通的形式也会变得更为复杂。据测算,如果将沟通的各种形式考虑在内,5人的团体中将存在$(3^n-2^{n+1})/2$约90条渠道。

(3)人际因素。人际因素主要是指沟通各方的利益冲突和相互信任程度。组织内部各部门及员工间可能存在的冲突,会阻碍他们之间的有效沟通。由于营销人员与研发人员可能会存在利益上的冲突。为此,营销人员会指责研发人员设计的产品不能满足市场的需求,或研发速度太慢,导致营销工作比其他竞争性企业滞后。而研发人员则指责营销工作没有做到位,存在诸多问题。此外,组织成员往往会为了某种利益而结成非正式团体,他们为了维护自身的利益可能会扭曲信息、掩盖信息,甚至伪造信息,使信息变得混乱而不真实,导致信息可信度下降。再者,上下级之间、员工之间的相互不信任关系会增加对沟通的抵触情绪,致使无法坦诚交流。例如,上级对下级有偏见,认为下级汇报的信息准确性较差;而下级员工对上级的信息不屑一顾,不加理会。同事之间缺乏信任时,也无法通过有效沟通展开协作。

3. 文化环境

文化环境包括社会文化和组织文化,它会通过对信息发送者的地位、威信、信仰或价值观的影响而影响人际沟通行为与过程。文化环境使人们形成较为稳定的价值取向、思维模式及心理结构,成为人们思考和行动的内在依据。因此,人们通常无法体会到文化对沟通的影响。实现上,文化影响着沟通过程中的每一个环节。例如,在"功利主义"文化盛行的组织中,当下级向上级汇报工作时,有意选择上级领导爱听的话进行汇报,或为了强调自己的政绩,有意隐瞒对自己政绩不利的信息，进而影响沟通过程。沟通双方在不同的社会文化传统或风俗习惯的背景下，在沟通时可能会发生激烈的碰撞和文化冲突，如发送者发送信息时用了在接收者看来可能与真实意思相反的词语，结果将会导致沟通出现障碍。

二、有效沟通的方法

在理想的状态下，发送者和接收者之间是可以实现完全信息沟通的。但遗憾的是，沟通过程中的大部分因素都有着造成信息失真的潜在可能性，并因此使完美、精确的沟通目标受到影响。因此组织必须采取必要的措施，克服沟通障碍，确保沟通的有效性。具体可以从以下几个方面着手。

（一）正确对待沟通

管理人员往往十分重视计划、组织、领导和控制等管理职能，而忽略了沟通在组织管理的重要性。他们通常认为，信息按照组织系统能够上传下达就可以了，对非正式沟通中的"小道消息"常常采取压制或不闻不问的极端态度，这些都反映出沟通没有得到应有的重视。因此，促进组织的有效沟通，首先必须要求管理者重视沟通、正确地对待沟通。

（二）重视沟通的方式方法

1. 选择适当的沟通类型

根据不同的场合和信息特点，选择适当的沟通类型，可以提高沟通效果。例如，如果向多人传递重要信息，应选择书面沟通中的发放通知的方式；如要求及时了解对方的反馈信息，应选择口头交谈、双向沟通的方式。梅奥主持的霍桑实验中对工人进行访谈，有效地获得了大量有价值的信息，提高了研究者与访谈对象之间的信任度。

2. 减少信息中转

信息在传递过程中，尤其是口头传递送时，由于过滤和选择性知觉等原因，会发生信息衰减甚至失真的现象。据测算，每一次传送过程中要损失30%的信息量。另外，由组织规模大、组织结构层次过多还会造成信息传递的迟滞性。因此，在组织管理中，应尽量减少组织结构的层级，避免组织机构或功能的重叠，增加沟通渠道，加强部门之间的联系，应将信息尽量减少信息中转次数或直接快速地传递给需要了解这些信息的人员。管理人员在利用正式沟通渠道的同时，还可以利用非正式的沟通渠道进行信息的传递；或采用现代电子媒介，通过闭路电视等设施起到辅助作用，以加快信息的沟通速度，保证信息的充分性和准确性。

3. 保持渠道畅通

要保持渠道畅通，就必须加强组织中上下级之间的纵向沟通。为此，管理者作为沟通的主导者，应积极与下级员工加强沟通。在沟通中，要注意言行一致，提高下属员工对自己的信任度；增加面对面的沟通，以贴近双方之间的距离，帮助管理者掌握真实有用的信息；了解下属员工关心的问题，增加共同语言，消除下属顾虑。同时，还应该促进部门间、员工间的横向沟通，以加强相互间的协作。通常，企业内部的沟通以与命令链相符的垂直沟通居多，部门间、车间间、工作小组间的横向交流较少。平行沟通却能加强横向的合作，因此，组织可以定期举行由各部门参加的工作会议，给予他们相互汇报本部门工作、提出对其他部门要求的机会，以强化横向沟通。

4. 创造支持性的沟通氛围

沟通的效果还是受到参与沟通各方情感和情绪的影响。因此，应当创造一个相互信任、真诚相待、平等对话的沟通环境，以充分调动参与者的积极情绪，提高沟通效果。

（三）提高沟通技能

为促进有效的组织沟通，管理人员必须提高沟通技能。美国专家帕瑞（Perry S）通过采用"管理才能评价法"对不同国家的经理人进行测试，提出经理人的四类关键能力，其中沟通能力就是其中的能力之一。

1. 学会倾听

在沟通中，倾听与交谈同样重要。著名哲学家苏格拉底曾经说过，"上帝给我们两只耳朵，一张嘴，为的是让我们多听少讲。"但是，倾听并不只是简单地听到别人传递过来的声音，还包括积极感知信息发送者传递的信号,准确地理解它们,并恰当地做出反应。只有当发送者传递的信息为接收者收到并理解时,倾听才是有效的。通过正确的倾听,有助于得到真实、完整的信息,找出信息的价值和意义。以下是一些倾听的要点,供读者参考。

(1) 专注。专注应做到以下几点:第一,在倾听时,不仅要集中注意力,还要关注内容,一个人如果带着心理定势,带着偏见去听,他永远不可能真正欣赏或是理解说话者所讲内容的要点所在。因此,应尽量客观地先听清楚说话内容,再思考问题。第二,要有耐心,即要克服身心的疲惫,避免打断说话者,耐心地听说话者说完其观点,听清全部内容,然后再做评价。耐心的听众显得更加有涵养,说话者会感受到一种理解和尊重。第三,保持目光交流。倾听时应保持与谈话者的眼神接触,但对时间长短应适当把握,如果没有语言上的呼应,只是长时间盯着对方,那会使双方都感到局促不安。通常,在谈到让人高兴的话题时,说话人与听众保持目光接触要容易得多。但在谈论令人不愉快的或难以解决的复杂问题时双方就会避免目光接触,以示礼貌与理解。而且,离说话者距离越近,越要避免目光接触。

(2) 采取开放式姿势。专心地倾听不仅要求健康的体质,而且要求躯干、四肢和头处于适当的位置。保持身体警觉有助于大脑处于兴奋状态,做到全神贯注,用整个身体去听对方说话。还需要注意的是,倾听要保持坦然直率的姿势,手臂不要交叉,不要僵硬不动;要随着说话人的话做出反应。坐着的时候,要面向说话人,身体略向前倾。开放式态度还意味着控制自身偏见和情绪,克服心理定势,在开始谈话前培养自己对对方的感受和意见感兴趣。做好准备积极适应对方的思路,去理解对方的话。

(3) 及时跟随。及时跟随应做到以下几点:第一,复述内容。即用自己的话准确简洁地重新表达对方的意见。这样做不仅可以加深记忆,同时可以检验自己是否正确地理解了听到的话;并鼓励对方详细解释他的说法。在提问—回答式的讨论过程中,复述还能确保每个人都能详细地听到正在讨论的内容。第二,记笔记。随听随记可以有助于提高倾听的效果。记录对方所说的话,能够说明你确实对正在讨论的话题感兴趣,并准备追随说话人的思路。记笔记会产生一种无声的力量,使得说话人充分地表达自己的见解。不过,有些情况下可能不适合记笔记。掂量一下具体情景,看看记笔记是否会显得很呆板,是否会使说话人觉得被监督或者你是否会过于专注于书写。第三,做比较。倾听时,要注意进行比较。哪些是事实、哪些是假设、哪些是夸张、哪些是优点、哪些是缺点、哪些是积极面、哪些是消极面,你都要分清楚。同时,你也要注意意思的连贯性,看看说话人现在说的和刚才说的是否一致。这有助于澄清事实,其中有些暂时不明白的地方,也可能会因此而迎刃而解。

(4) 理解。理解对方要表达的意思是倾听的主要目的,同时也是使对话继续下去的条件。要提高理解的效率,可以从以下几方面着手:第一,捕捉要点。一般情况下,人们说话和谈论的对象是分散的、杂乱甚至多余的东西。因此,需要我们能够在用心倾听别人谈话的过程中,获得某种宝贵知识和信息,从而触发自己的思考,产生灵感的火花。第二,听出对方的感情色彩。语言本身可能带有不同色彩,只有深刻体会到说者的潜在感情色彩,才能完全领悟其含义。全面倾听包含以下三方面的内容:听取讲话的内容;听取语调和重音;注意语速的变化。只有将三者结合,才能完整领会说话者的意愿和情绪,听出"弦外之音",发掘其中真实的动机。第三,结合视觉辅助手段。如果谈话对方提供了传单、讲义、小册子或提纲之类的辅助材料,最好充分利用。因为视觉、听觉刺激若结合起来,理解和记忆都可以得到加深。必要时也可以要求对方画图表予以说明。第四,"倾听"对方的非语言暗示。身体语言往往更加诚实可信,学会"倾听"身体语言是探测对方心灵的有力手段。

(5) 反馈。反馈应做到以下几点:第一,启发。启发是指以非语言暗示来诱导说话者诉说或进一步说下去的方式。一旦你决定听,可以通过显示你的注意和给人一个你乐于听的印象来传达你的非言语性支持。一是可以采用诚恳适宜的非语言暗示。在理解、承认对方的观点发出"嗯""唔""啊"的声音,这些信号在打电话时尤其有效。保持目光交流,用点头、微笑改变面部表情,运用恰当的手势、体态等都可以做出积极的反应,让对方感到你愿意听他说话。二是,要与说话者的体态保持协调。这并不是说要模仿说话者所做的每一个动作，但是有必要使自己（头、肩、腿）处于一个类似的方式。采用与对方相匹配的姿势会使他们觉得舒服。比如，如果对方的姿势是开放式的，你可以迎合他；如果对方有意保持一定距离，你最好不要凑得太近；第二，提问。在倾听之后，提出紧随其话的问题，能让说话者知道你很关注他的话。提问有多种目的，可以用提问来暗示观点，可以用提问来引导对方思考，也可以用来获取信息，还可以借以建立感情，表达自己参与的诚意。提问应注意以下几点：一是要因人而异，根据对方年龄、民族、身份、文化素养、性格的不同，提问也要采取不同的方式。二是可采用引导回答。范围较窄的问题给人回答的余地很小，如果你希望用问题引导对方接受你的决定，最好用窄范围问题。比如，饭店服务小姐问顾客："要加一个鸡蛋，还是加两个鸡蛋？"其效果肯定比问"要加鸡蛋吗？"好得多。三是让对方有话可说。与人交流时提问，往往是将谈话维持下去、加深双方感情的方法，所以应选择对方擅长的话题，并使用开放式问句，给予对方发挥的余地，使他能侃侃而谈。四是顺势而变。听话者在提问时要善于转换话题，缓和气氛。在对方说话的时候，提问者要注意察言观色。适当时，提问者可以谈谈自己的经历和看法，也可以采用迂回战术，先聊无关的事情。但切记目的是让说话者继续说下去，最终形成有效沟通，不能偏离主题。

2. 认真准备

沟通者在重要的沟通之前最后征求对方的意见，沟通时要解决的内容和要达到的目的。不仅沟通者要清楚，也要尽量使被沟通者清楚。此外，沟通之前应当对问题的背景、解决问题的预备方案、相关资料和信息、决策的理由等，力求做到沟通时有的放矢、心中有数。

3. 简洁用语

实际上，要把自己的想法、观点等用语言明确地表达出来，并使接收者从传递的语言中得到所期待的理解，并非容易。因此，发送者在发出信息时要慎重地选择用语，尽量做到言之有物，有针对性，语意清楚明确、通俗易懂，尽量不要使用笼统含混的语言，以免引起误解，更不要讲空话、套话和废话。此外，如果发送者熟悉接收者所习惯使用的语言，用这种语言进行沟通是最理想的做法。如在群体内使用行话，有助于促进理解，但是，在该群体之外使用行语就会造成很多问题。

4. 重视非语言沟通

在沟通过程中，除了注重语言的明确简洁性外，还要重视非语言沟通手段的运用，即通过身体动作、体态、语气语调等方式进行信息沟通。有时，应用这些非语言沟通会产生意想不到的积极效果。通过非语言沟通可以加深对方的印象，使语言表达更为准确、有力、生动和具体。

5. 应用反馈

应用反馈则可以减少有效沟通的障碍。在沟通反馈时，应遵循以下几点原则：一是反馈应该是建设性的，要有利于沟通的继续进行；二是，反馈内容应明确具体，不可泛泛而谈；三是，在接收者做好反馈准备时，有选择地将重点问题首先予以反馈；四是避免过早评价或判断对方的观点，这样会引起冲突或中断反馈；五是，认真听，同时观察对方在反馈过程中的非语言信息。很多时候，这些非语言信息可以证实或驳斥反馈的真实性。

6. 控制情绪

情绪可能导致信息传递受阻或失真，从而影响沟通的有效性。控制情绪需要平时训练，力求做到以下五点：一是学会放松。当你感觉过分紧张、烦恼、恐惧时，可采用深呼吸的方法放松自己，即深深地吸气，慢慢地呼气，使自己的身心放松。二是学会转移：当火气上涌时，有意识地转移话题或做其他的事情来分散注意力，可使情绪得到缓解，如打球、散步、听流行音乐等。三是学会宣泄：遇到不愉快的事情及委屈，不要埋在心里，要向知心朋友或亲人宣泄，释放内心郁积的不良情绪，有益于保持身心健康。四是学会安慰：当一个人追求某项目标而达不到时，为了减少内心的失望，可以找一个理由来安慰自己。五是学会幽默。具有幽默感，对生活保持积极乐观的态度。许多看似烦恼的事物，用幽默的方法对付，往往可以使人们的不愉快情绪荡然无存。总之，控制情绪需要长期修炼内心力量，它是在紧急时、面对纷繁复杂的局面时仍能保持冷静和逻辑的结果。此外，还需要注意的是，在沟通中不仅要控制自己的情绪，也要控制别人的情绪，以保证沟通的效果。

第三节　组织冲突与管理

一、组织冲突概述

（一）冲突的含义

冲突是指由某种抵触情绪或对立状况而引起的对差异的心理感知，差异是否真实客观地存在并不重要，只要组织成员感知到差异的存在，则冲突状态就可能产生和维持。相互冲突时所进行的各种活动，如目标不一致、对事物的认知存在分歧，以及对行为预期的不一致等。

21世纪的工作场所充满了紧张和冲突，在人与人之间、群体与群体之间以及群体内部，冲突时有发生，不是所有的组织中的冲突都是有害的，但组织中人与人之间的冲突如果不妥善处理，就会迅速导致生产效率低下、人心涣散，从而对组织造成破坏。在大部分情况下，由压力带来的冲突对组织及其员工而言会导致不安。饱受长时间工作、大量邮件、不现实的工作期限以及苛刻主管等折磨的员工们体会最深。因此，冲突处理能力是管理者需要掌握的重要技能之一。正确地处理冲突，是组织管理者走向成功的重要前提。

（二）关于组织冲突的观点

多年来，对组织冲突的看法，一般有以下三种观点。第一种观点认为组织应该避免冲突，冲突对组织是有害的。第二种观点认为冲突是任何组织不可避免的产物，并且不一定会导致对组织的危害，相反有可能成为组织的积极动力。第三种观点是当今的冲突管理观点，明确认为冲突不仅可以成为组织中的积极动力，而且其中有些冲突对于组织或组织单元的有效运作是必要的。换言之，冲突是组织保持活力的一种有效手段。因而，这种观点鼓励管理者维持一种冲突的最低水平，以便使组织保持创新的激发状态。由于突出冲突对于组织的运作效率，这种观点又被称为冲突的相互作用观点。

（三）冲突对组织的积极影响

20世纪90年代中期以来，全世界企业管理界掀起建立学习型组织的企业管理浪潮，这在很大程度上，是关于如何转化企业环境中激发的越来越多的冲突。其组织行为观点实际上是要求组织开放和提高内外沟通效率，达到提高组织在市场中盈利水平的目的，并进一步提高组织的竞争力。冲突的相互作用观认为，冲突不仅可以成为群体中的一种积极力量，而且有些冲突对群体和组织有效开展工作是必要的。因此，正确认识冲突的性质和影响，有助于管理者采取针对性的措施解决冲突。冲突对组织的积极影响体现在以下几个方面。

1. 增强组织的创造力

当员工处于激励竞争环境时，可能会更加具有创新精神；在群体间的冲突中，观点的激烈交锋能促进对某一问题的认识，思想碰撞能激发新的思想。通过鼓励员工从错误中分享和学习经验，组织可以收获自由创造性思维以及空前的学习氛围所带来的益处。

2. 有助于员工个人的发展

当员工希望在冲突中取胜时，可能会因此受到激励，并取得令自己都颇感意外的绩效。当个人偏见和误会不再是障碍，并且员工能从容不迫地处理偏见和误会时，员工能不断学习到新的东西并得到他人的支持，团队成员之间会更加团结。

3. 获得更多有价值的诊断信息

冲突可以给领导者提供有价值的信息，有助于领导者发现组织潜在的或实际存在的问题，并且运用恰当的手段管理或解决不利于组织健康发展的分歧。群体或部门间的冲突能暴露组织中不合理的现象和制度，促进组织不断变革与创新；冲突也可以促使组织不合理的目标和计划得到修正，促进组织的发展。

4. 增强群体凝聚力

群体内的冲突和群体间的冲突对群体的影响路径是有差别的。群体内的矛盾公开化未必是坏事，群体成员可以开诚布公地表达自己的想法，消除内部分歧和隐患，增进群体成员的相互了解，改善群体内的人际关系，从而增强群体凝聚力。群体间的冲突使群体充分发挥自身的能力与其他群体竞争，能更加有成效地完成工作，提高工作效率。

（四）处理冲突的基本原则

艾森哈等人通过对组织内功能性冲突的深入研究，提出了避免冲突沦为意气之争，并能够将冲突导向积极效能的六个基本原则。

原则一：将冲突引导到具体事实上。耐心准备大量有助于讨论具体事实的客观资料，这样在开会讨论、交流意见或协商谈判时，即使双方意见不同，也不至于将时间浪费在各种无谓的争辩上，特别是避免产生情感冲突。

原则二：沟通中应准备多种解决方案。沟通中没有全输或全赢，如果各方都认识到这一点，参与寻找解决方案的过程，就能建立起彼此合作的共识。设计出几种方案以供选择，避免因过度坚持立场而搞僵了关系。

原则三：确立共同追求的目标。如果组织成员缺乏共同目标，就容易相互对立，出现为维护自己的利益而产生冲突。但若能确立共同努力的目标，就可以以大局为重而相互包容。

原则四：多运用幽默方式。在冲突情境出现时，卷入冲突的各方都会感到紧张、压力、烦躁等，如果这些情绪得不到有效缓解，常常容易造成对立。幽默可以减小压力，缓和气氛。

原则五：沟通中应平衡彼此的权利结构。在冲突情境出现明显的强势与弱势之分时，如果强势一方在态度上没有谦让弱势一方，就会使弱势一方感到沟通无用，转而采取攻击等两败俱伤的做法。所以平衡权利结构的重点在于强者从态度上谦让弱者，使冲突在一定范围内得以解决。

原则六：不要强迫达成共识。在冲突处理方面，应提倡求同存异，只要出现彼此可以接受的妥协结果，就可以付诸实施。有的团队为达成共识，迟迟不做出决策，反而延误了商机。

二、组织冲突的管理

运用适当的方式和技能解决管理过程中出现的冲突，就是组织的冲突管理。冲突管理的目的在于，使组织内部或组织之间的冲突保持在基本适度和可以控制的范围之内，促使组织形成批评与自我批评、不断创新、努力进取的氛围。一般情形下，组织的冲突管理应该包括两方面的内容。

一方面，管理者要对冲突带来的负面效应给予高度重视。无论是恶性冲突还是良性冲突，负面作用都是客观存在的。这些冲突阻碍了组织实现目标，对组织具有破坏性作用，特别是恶性冲突，可能破坏整个组织的运行系统，因此必须及早采取应对措施。另一方面，管理者要对冲突带来的正面效应加以积极利用。建设性的良性冲突对于实现组织目标有益，它能够暴露组织管理工作的隐患和潜在问题，使员工的不满情绪及时得到释放，从而有利于组织的长期稳定发展。

组织管理者可以按照以下方式管理冲突。

（一）确定处理冲突的基本风格

在冲突处理中，每个管理者的基本风格是确定的。管理者处理冲突的基本风格通常是由其自身性格和成长环境所造就的，具有相对的稳定性和持久性。因而明确了管理者处理冲突的基本风格，虽然有时管理者会改变风格去适应情境，但基本风格决定了管理者可能采取的措施，以及经常使用的冲突处理方法。在冲突管理中，使管理者处理冲突的基本风格与所处情境保持协调一致，是提高冲突管理效果的重要途径。

（二）谨慎选择需要处理的冲突

由于管理者的时间和精力是有限的，处理冲突的基本风格又是明确的，因而在管理过程中，对于冲突管理要有所侧重、有所选择。管理者不应对所有冲突都高度重视，这样会降低冲突管理的总体绩效。对于组织的管理者而言，有些冲突可能过于简单，无须亲自处理，而另一些冲突又可能过于复杂，超过自己的能力范围。因此，管理者应当选择那些员工关心、影响面大，对推进工作、增强凝聚力和建设组织文化有意义、有价值的事件。

（三）认真评估冲突双方的具体情况

当组织的管理者选择了某一冲突情境进行处理时，需要投入一定的时间和精力了解冲突双方的具体情况。在了解过程中管理者需要掌握以下情况：哪些人卷入了冲突？他们的价值观、人格特点和情感如何？冲突双方各自的利益是什么？差异在哪里？他们拥有哪些经济资源和社会资源？等等。在充分掌握这些实际情况之后，管理者通过移情分析，才可能找出冲突产生的原因，大幅提高成功处理冲突的可能性。

（四）深入了解冲突产生的根源

冲突产生有其自身的根源，深入了解根源对解决冲突、化解矛盾有重要作用。冲突根源发现得越及时准确，越有利于提高冲突管理的总体绩效。冲突可能是多种原因交叉作用的结果，在冲突根源的寻找中，不仅要了解公开化的、表层的冲突原因，还要深入了解深层的、没有公开的原因。组织冲突可能是多种因素相互作用的综合结果。因此，需要分析各种导致冲突的因素的力量和强度，以及影响这些因素的制约因子的力量和强度，同时还要排除一些外在干扰因素带来的影响。

（五）选择妥善的冲突处理办法

不同风格的管理者需要针对具体的冲突，选择合适的冲突处理策略。一般来说，管理者处理冲突的策略有五种：回避（不自我坚持也不合作）、迁就（不自我坚持但合作）、竞争（自我坚持但不合作）、妥协（合作性和自我坚持性均处于中等程度）和合作（自我坚持且合作）。

1. 回避

回避策略是指管理者不满足冲突双方利益的冲突管理策略。管理者有时会采取回避措施，即从冲突中退出或者抑制冲突。对于一些微不足道的冲突，或者双方情绪极为激动并需要时间恢复平静的冲突，或者解决后可能招致不良后果的冲突，选择这一策略最为适当。但是，当冲突双方相互依赖性很强时，回避会影响工作，降低绩效，并且会忽略重要想法、意见和机会，招致对手的受挫、非议和影响冲突的解决，因此拟长期使用回避策略时，务必三思而后行。

2. 迁就

迁就是指把他人需要置于自己需要之上，从而达到维持和谐关系的目的。迁就策略又称克制策略或迎合策略，是指一种高度合作且武断程度较低，当事者主要考虑对方的利益、要求，或屈从对方的意愿，压制或牺牲自己的利益及意愿的冲突管理策略。管理者可以采取迁就措施应对一些不太重要、无关大局的冲突。使用场合为：各自利益极端相互依赖；双方力量过于悬殊；一方缺乏使用其他策略处理冲突的能力；一方对冲突结果的期望值低或低度投资，采取消极或犹豫不决的态度。迁就策略通常可以减少树敌，树立良好形象。

3. 竞争

竞争策略又称强制策略，是一种"你输我赢"，武断而不合作的冲突管理策略。在组织冲突管理中，它主要是指管理者运用职权解决争端。当管理者需要对重大事件作出迅速处理，并且处理方式可以忽略其他人的态度时，这种方式通常会带来很好的效果。但是，这种策略会忽略其他人的态度和意见，难以使对方心悦诚服。

4. 妥协

妥协实质上是一种交易，有人称之为谈判策略。妥协策略指的是一种合作性和武断性均处于中间状态，适度地满足自身利益和对方利益，通过一系列的谈判、让步，避免陷入僵局，"讨价还价"地部分满足双方要求和利益的冲突管理策略。妥协要求冲突双方都作出一定的有价值的让步。例如，在劳资双方协商新的劳工合同时，常常采用这种方法。如果解决冲突的时间较为紧迫，需要采取灵活变通的方法时，妥协往往是最佳策略。使用这种策略时，要着重防止满足短期利益在前，牺牲长期利益在后的妥协方案的消极影响。

5. 合作

合作策略指的是在高度合作精神的情况下，尽可能地满足冲突主体各方利益的冲突管理策略。在这种处理办法中，冲突各方之间公开对话，积极沟通并理解双方差异，认真考虑有利于双方的各种解决办法。管理者采取合作策略解决冲突，需要有以下情境：冲突是双方不可避免的共同问题；冲突双方相信彼此平等，应有平等待遇；双方充分沟通，信任对方，了解冲突情景；每一方都积极理解对方的需求，积极寻找"双赢"方案。当客观上不存在时间压力，冲突各方都希望实现"共赢"，而且问题十分重要不可妥协、迁就时，合作是冲突处理的最佳策略。

以上五种处理冲突的策略，要想达到预期的效果，都不同程度地需要冲突双方进行沟通。尤其是管理者采取迁就、妥协和合作策略时，冲突双方的充分、有效沟通就显得特别重要。总而言之，冲突双方要想达成双赢的结果，就必须进行沟通。

知识拓展

创业沟通

创业企业要生存和发展，必须重视沟通。既重视企业的外部沟通，又要重视内部沟通。通过外部沟通，能够促进创业企业与外部建立良好的关系，创建有利于企业生存与发展的外部环境；通过内部沟通，则能够增强企业凝聚力、促进企业的协调运营。

一、外部沟通

（一）与商业群体的沟通

创业企业一经成立，就处于供应商、经销商、金融机构、技术支持专门机构、广告商等商业伙伴的包围之中，甚至还可能包括有合作可能的竞争对手。创业企业与这些商业群体相互之间存在着互惠互利关系，也存在着利益冲突的潜在可能。因此，这些商业群体将直接影响着创业企业的经营现状及其未来的长远发展。因此，创业企业必须与这些商业群体保持必要的沟通。

（二）与潜在客户的沟通

在企业创业之初，其产品或服务都有可能存在需要改进之处，因此，这就要求创业企业必须与潜在客户保持必要的沟通，科学分析市场需求的变化，及时了解客户意见、建议，以获得充足的市场信息以进一步完善产品或服务体系。

（三）与政府部门的沟通

创业企业需要加大与工商、税务、交通等政府部门的沟通。通过创业企业建立定期或不定期的走访制度，寻求有效沟通，让政府部门知悉企业守法做事、依法经营、依法纳税，努力争做好企业公民，争取获得政府部门各方面的有力支持，保持良好的关系。通过产品发布会、电子邮件等形式传达企业有关资讯，力求扩大创业企业在政府中的知名度和良好声誉。

二、内部沟通

（一）创业团队内部的沟通

在两人或两人以上合作创业的企业中，多个创业者构成的创业团队之间内部沟通非常重要。在创业企业发展的过程中，团队成员相互之间不可避免地会在企业战略决策等重大问题上存在异议，在面对不断出现各种矛盾及各种难题时，也可能难以形成统一思想。如果团队成员之间不能及时地加强沟通，相互之间的意见和矛盾会不断加大，这将会导致团队的分裂。因此，一个优秀的创业团队需要进行充分的沟通，在管理决策制定的过程中，能够畅所欲言，坦诚相见。

（二）与员工的沟通

创业企业与其他成熟企业不同，企业的经营管理都要从零开始。因此，这就要求创业者与员工之间经常进行沟通。最为关键的是，要让企业中所有员工充分理解企业的经营理念以及未来发展战略。只有这样，才能得到员工的广泛认同，增加员工的工作热情，促使他们围绕企业的共同目标展开工作。以下两点可以帮助创业者与员工进行有效沟通。

第一，分析自己也分析一下别人。仔细地分析一下自己平时与员工沟通时存在哪些问题，最好能找到一个生活中的榜样，学习人家是怎样和员工沟通的。分析完自己之后，就要分析一下自己的员工，了解他们的心理，了解他们的需要。特别需要注意的是，一定要留意员工中是否有那种喜欢"挑事"或是"说怪话"的人。这种人在员工中起不到好的作用，往往会把积极的沟通曲解为消极的意思。

第二，对员工进行培训。培训的目的就是让员工能对企业有归属感，了解企业的运作方式，了解自己的职责所在，减少一些不必要的猜忌和抵触情绪。在现实生活中，一些创业者的做法就非常值得大家借鉴。即使自己的企业内部有培训师，他们在培训员工的时候，还是喜欢找那些企业之外的讲师来讲课。他们这样做是有良苦用心的，因为企业内部的培训师给员工做培训，容易使员工有抵触情绪。而企业外部的培训师来讲课，虽然讲得内容不变，但是员工的抵触情绪会很少。这样一来，培训师就在无形中成为企业与员工沟通的一个桥梁，起到了企业内部培训师起不到的作用。

本章小结

沟通是人与人之间信息传递与理解的过程。沟通的作用在于：提高管理效率、提高决策质量、营造和谐的人际氛围、激励员工。

沟通可以经历发送信息、传递信息和接收信息三个基本环节。在沟通过程中，存在许多干扰因素影响沟通的效果。

沟通有多种分类方法。按沟通方式的组织化程度可以分为正式沟通与非正式沟通；按沟通的方式可以分为语言沟通与非语言沟通；按沟通的方向可以分为自上而下的沟通、自下而上的沟通和水平沟通；按是否进行反馈可以分为单向沟通与双向沟通。

组织沟通的网络包括正式网络和非正式网络两种类型。正式沟通网络是根据组织结构、规章制度来设计的，是以交流和传递与组织活动直接相关的沟通途径。包括链式沟通、轮式沟通、Y式沟通、环式沟通、全通道式沟通。非正式网络是除了正式沟通网络以外存在的非正式的沟通途径所组成的沟通的结构形式，是由组织成员间自发形成的。它包括单串式、流言式、偶然式、集束式等沟通网络形式。

沟通过程中，在沟通参与者、沟通信息、沟通渠道、沟通环境等方面往往存在许多障碍影响了沟通的有效性。为了克服沟通障碍，确保沟通的有效性，应当从正确对待沟通、重视沟通的方式方法、提高沟通技能等采取必要的措施。

沟通过程中，在人与人之间、群体与群体之间以及群体内部，冲突时有发生。冲突和冲突管理的概念，为了实现冲突管理，管理者处理冲突的原则，准确地判断人们的行为意向时，采取回避、迁就、竞争、妥协和合作等处理方式，寻找到解决冲突的最佳办法。

案例分析

淘宝商城如何实现冲突管理

一、冲突的背景

2011年6月，马云宣布，实行大淘宝战略，将淘宝一分为三。第一个动作就是推出涨价的新规，即从2012年起，所有入驻淘宝商城的商家，技术服务年费从以往的每年6000元提高至3万元和6万元两个档次，涨幅达5~10倍。同时，商铺的违约保证金数额全线提高，由以往的1万元涨至5万元、10万元、15万元不等，交不起入门费的商家一律会被扫地出门。卖家入驻商城的门槛被极大地提高，把搜索竞价排名等全部费用计算进去，进入淘宝商城的门槛已经提高到50万元，一般的中小卖家无力负担，他们只能被迫转向淘宝集市。此外，淘宝商城对假货水货采取"零容忍"的态度。商家一旦出售假货、水货，将会被立即封店，并扣除全部违约金，消费者将获得"假一赔五"的赔偿。

二、反淘宝联盟发起"网络围攻"

在众多的中小卖家看来，马云的新规无疑是把他们的梦想狠狠地击碎了。他们在即将到来的新年之前不能筹集十多万元的网站管理费就得关门大吉,之前投的钱全部打水漂。"自从淘宝分拆后,很多集市卖家从一个月几千的收入到只有几百,最后到被迫关门!"

新规发布当晚,众多淘宝商户聚集在"娱乐公会"YY(在线语音通信平台)群,声讨、谩骂淘宝,并商定先在线上把火点起来。抗议的队伍从三四十人到六七千人,并还在源源不断地增加。他们攻击主要方式是:他们集中购买一间商铺的商品。商家如果不发货,就索要赔偿、扣分、差评,导致关店;如果发货,买家全部确认收货、给出差评、立即申请退货。

11日晚7点左右,淘宝商城上韩都衣舍、七格格、优衣库等销售过亿的网店,突然涌进数以千计的"顾客",不到一小时拍下店里所有商品,马上点确认收货,再集体退货,给出差评。几家网店被迫商品下架,歇业。

从12日凌晨开始,淘宝的另两个自主板块"直通车""聚划算"也开始遭到愤怒店主们的"攻击"。刚过9点,已有10家网店被网友挤爆,货品下架。淘宝集市的金冠网店也成了攻击对象。这些愤怒的店主们随后又在杭州的淘宝总部拉起横幅,抗议淘宝提价政策。此刻,反淘宝联盟的人数已接近4万人,人数还在继续增长。

10月21日,部分人选择对第三方支付平台支付宝进行"提现攻击"。10月30日,反淘宝联盟的语音频道被关闭,一些激进卖家转而建立了"反淘宝联盟"论坛。11月16日,反淘宝联盟向淘宝网提出了废除不合理的霸王条款等六个诉求。11月23日上午,近千名反淘宝联盟的中小卖家集聚在杭州淘宝总部门前,进行现场维权抗议活动,提出了14条诉求。

三、商务部协调,马云做出妥协

对反淘宝联盟的恶性攻击,马云表示坚决反对与他们谈判,并表示淘宝商城将坚持诚信原则,对假货、水货采取"零容忍"的态度。"什么是我们的原则,维护电子商务的诚信,我们半步不退。"

为防止事态进一步扩大,损害卖家和淘宝商城双方的利益,商务部进行了调解。通过与双方的沟通,认真评估了冲突双方的具体情况,深入了解了此次冲突的主要原因,要求双方妥善处理冲突。在商务部的协调下,在10月17日的媒体沟通会上,马云宣布对小卖家做出妥协,对于已经在淘宝商城开店的商家,新规执行时间延后至2012年9月30日,新商家2012年1月1日起执行,所有商家2012年保证金可减半。同时,阿里集团将斥资18亿元扶持卖家:追加10亿元进入消费者保障基金;拿出5亿元作为现金担保,为符合条件的小商家向银行和第三方金融机构的贷款提供担保支持;增加3亿元用于市场推广和技术服务平台的改善,加大对商场商户的支持力度。对于不考虑跟淘宝商城继续签约或不符合要求的,在规则前提下,将提供技术服务,将B店转为C店,信用及交易记录均在C店中予以保留。

资料来源:刘世英. 谁认识马云 [M]. 北京:中国友谊出版有限公司,2012. 作者略有删改。

讨论题:

1. 请指出案例中淘宝商城新规的制定和实施为什么会引起如此大的风波?
2. 马云应该如何妥善处理与中小淘宝商户发生的冲突?
3. 你认为如何才能实现有效沟通?

复习思考题

1. 什么是沟通?对组织来说,沟通有何意义?
2. 简述沟通的基本过程。
3. 沟通有哪几种类型?
4. 如何正确对待非正式沟通?
5. 有效沟通的障碍主要有哪些?如何克服?
6. 你认为还有哪些可以促进有效沟通的方法或途径?
7. 什么是组织冲突和组织冲突管理?
8. 组织冲突管理的处理原则和处理方法有哪些?

第五篇 控制职能

第十七章 管理控制

本章学习目的

- 理解控制的含义及其与计划的关系
- 认识控制的意义
- 掌握各种不同类型的控制
- 理解有效控制的基本原则
- 掌握控制的基本过程
- 明确控制的基本方法

导入案例 ▶▶▶

OEC 管理法

OEC 管理法意思为全方位优化管理法,是海尔依据自身特色对 5S 管理和 ISO 9000 的概念延伸,并使之成为海尔文化的一个组成部分,管理界称其为"海尔之剑"。该法为海尔集团创造了巨大的经济效益和社会效益,获得国家企业管理创新"金马奖"。正是通过这种持续改进,海尔集团由 1984 年的亏损企业发展成为全球大型家电第一品牌、中国最具价值品牌的大规模的跨国企业集团,2017 年海尔集团全球营业额实现 2419 亿元。

OEC 是 Overall Every Control and Clear 的英文缩写,其含义是全方位地对每人、每天所做的每件事进行控制和清理,做到"日事日毕,日清日高"。具体地讲,就是企业每天所有的事都有人管,控制到人不漏项;所有的人均有管理、控制的内容,并依据工作标准,按规定的计划执行。每日对每个过程或每件事进行日控、事事控,把执行结果与计划指标对照、总结、纠偏,确保实现预定的目标。

OEC 管理法的实质是:管理不漏项,事事有人管,人人都管事,管事凭效果,管人凭考核。简单地说,OEC 的含义就是:今天的工作必须今天完成;今天完成的事情必须比昨天有所提高;明天的目标必须比今天更高。

海尔 OEC 管理模式的理论依据是"海尔定律"(斜坡球体论):即企业如同爬坡的一个球,受到来自市场竞争和内部职工惰性而形成的压力,如果没有一个止动力它会下滑,这个止动力就是基础管理和企业持续不断地改进。

OEC 管理法的特点是:

1. 目标拆分——化大为小,化整为零

海尔很懂得把企业的总目标进行分解,从而简化了目标完成过程和完成难度。目标分解之后,把相应的子目标按照工作性质分类,划拨给具体的部门,限期完成,并考核。此过程中,执行单位或个人的目标明确而具体,做到"事事有人管,人人都管事"。

2. 强化沟通——加强上下级联系

OEC 管理法要求企业上下级之间定期召开会议,就工作中的冲突和困难进行沟通,协商最佳解决方案。有效保证了上下级行动的协调性和一致性。使工作目标贯彻更加精确、完整。

3. 及时考核工作成果——日日查

OEC 管理法要求对管理人员采取日清表的方式进行工作效果的反馈和控制。即每天一张表，使得员工和考核者都能明确一天的任务，帮助员工按期按量完成工作内容、考核人员考核有依据。并且要求每周、每月要进行总结，递交总结表。该法促使管理人员和企业员工对各自的工作情况都了若指掌。在海尔这种方法叫做"管事凭效果，管人凭考核"。

"OEC"的控制效果体现在以下三个方面。

（1）控制更加精确、全面。"OEC"要求精确到每项工作，从公司战略制定到卫生清洁状况都在其考核范围之内，保证使得每个人的每项工作都有具体的标准和要求，以追求工作的零缺陷。力争用最短的时间、最少的成本把经济损失降到最低，逐步实现管理的精细化。OEC能消除企业管理的所有死角，使控制达到了及时、全面、有效的状态。

（2）员工的自控能力得以提高。OEC管理法要求企业员工每日按照企业规定对自己的工作进行"日日清"，不断发现自己的缺陷，并加以改进，最终使得员工在工作能力和责任程度上得以提高。因为它采用的是一种自我反思的方式，所以能有效提高员工的自控能力，并通过实行质量奖惩价值券的方式强化员工的行为。

（3）流程控制得以加强。在各生产环节上，各职能部门的巡检人员定时巡检，进行瞬间纠偏，使得各环节始终处于有效控制之中。OEC管理法使得传统的事后检验和改进机制转化为有效的事前控制，防患于未然，为企业降低了可能的损失，并提高了生产效率和生产质量，形成整个企业的流程一体化。

资料来源：刘华．从OEC管理法看组织管理［J］．商情，2010（18），作者略有删改。

第一节 控制概述

一、控制的含义

作为管理的一项职能，控制工作就是衡量和矫正工作活动使之按计划进行，进而确保组织目标得以实现的过程。具体地说，控制就是用预定标准来检查组织中各项工作的进展情况，看其是否与计划相符，及时发现问题，采取矫正措施，使工作按原定计划进行；或适当调整计划，使之符合客观实际的管理活动。

控制就像一艘船上的舵，他使组织朝着正确的方向行进。它不时地以工作业绩（财务的、生产的与其他的）的形式将组织的实际方位与预期的方位进行比较。控制为组织提供了一种机制，在工作偏离可接受的范围时调整行进的路线。

控制是一个信息反馈过程。它需要两个前提条件：控制标准和控制机构。控制标准是开展控制工作的依据。制定控制标准的依据是计划、组织目标以及具体工作的专业规范。控制机构，即计划要有明确、完整的组织结构。这包含了两个方面的内容：一是要有专司控制职能的组织结构，即明确由何部门、何职位、何人来负责何种控制工作。没有明确的控制机构，控制职能就无法落实。二是对各部门、各岗位的职责必须有明确的规定。只有这样，通过控制工作发现的偏差，才能明确应由谁来承担责任和应由谁来采取必要的纠正措施。

控制标准、偏差信息和矫正措施是控制工作的三项基本要素，它们相互关联，相互依存，缺一不可。控制标准是预定的工作标准和计划标准，它是检查和衡量实际工作的依据，如果没有控制标准，衡量实际工作便失去了根据，控制工作便无法进行；偏差信息是实际工作情况或结果与控制标准或计划要求之间产生偏离的信息，如果没有这方面的信息，那么控制活动便无法继续开展；矫正措施是根据偏差信息，做出调整决策，并付诸实施。根据实际情况和需求，或矫正实际工作，或修正计划和标准，是控制的关键环节。

二、控制与计划

控制与计划是一个问题的两个方面。计划不仅确定了组织的目标,还制定了实现目标的措施。从控制的角度看,计划中的措施又是控制的手段和方式。反之,一切控制方法,如预算、程序,同时也是计划方法或计划本身。

计划是控制的前提,控制是计划实现的保证。一方面,计划是组织开展控制工作的前提。没有计划,人们不知道要控制什么,也不知道怎么控制。另一方面,控制是实现计划的保证。没有控制,人们可能知道自己干了什么,但无法知道自己干得怎样,存在哪些问题,哪些地方需要改进。事实上,计划和控制的效果分别依赖于对方,计划越明确、全面和完整,控制工作越容易,效果也越好;而控制越准确、全面和深入,就越能保证计划的顺利执行,并能更多地反馈信息以提高计划的质量。

在管理工作的实际过程中,很难区分出计划与控制究竟哪个是开始、哪个是结束。控制中发现的问题和产生的原因,在制定下一轮计划时,是必须考虑的因素,从而使新一轮计划更加符合实际。

计划与控制的上述关系,表明控制与计划是不可分离的两个职能。哈罗德·孔茨(Harold Koontz)和海因茨·韦里克(Heinz Weihrich)合著的《管理学》中,把计划工作和控制工作看成是一把剪刀的两片刃,没有任何一刃,剪刀就没有用了。

控制贯穿于管理过程的始终,好比是汽车驾驶员的方向盘,把组织、人员配备、领导指挥职能与计划设定的目标联结在一起,在必要时,它能随时启动新的计划方案,使组织运行的目标更加符合自身的资源条件和适应组织环境的变化。管理工作本质上就是由计划、组织、领导、控制等职能有机地联系而构成的一个循环的过程。

管理工作本质上是由计划、组织、领导、控制等职能有机地联系而构成的一个不断循环的过程。管理教科书中概括的以计划职能为起点的"计划—组织—领导—控制……"模式,很明显地是以组织的运行由"零"起步作为假设。现实中,组织的运行往往是"非零"起步的,上一阶段控制的结果就可能导致组织确立新的目标、提出新的计划,并在组织结构、人员配备和领导等方面进行相应的改变。

在管理工作中,人们借助计划工作确立目标,借助组织工作来调配资源,构建分工协作网络,借助领导和激励来指挥和激发员工的士气和工作积极性。但是,这些活动并非一定能保证实际工作按计划进行和组织目标的真正实现。因此,控制便显得尤为重要,控制是管理职能链条上的最终环节,也是下一个管理过程的起点。

三、控制的意义

法约尔曾说过:"在一个企业中,控制就是核实所发生的每一件事是否符合所规定的计划、所发布的指示以及所确定的原则,其目的就是要指出计划实施过程中的缺点和错误,以便加以纠正和防止重犯。控制对每件事、每个人、每个行动都起作用。"由此可见,控制应该贯穿在管理工作的每个阶段、每个部门,每个管理者都有控制职责。

(一)管理控制的必要性

任何组织、任何活动都需要进行控制。控制的必要性是由如下因素决定的。

1. 环境的变化

如果企业面对的是一个完全静态的市场,市场供求条件永不发生变化,每年都以同样的费用取得同样性质和数量的资源,同时又能以同样的价格向同样的客户销售同样品种和数量的产品,那么,企业管理人员便可以年复一年、日复一日地以相同的方式组织企业经营,工人可以以相同的技术和方法进行生产作业,因而,不仅控制工作,甚至管理的计划职能都将成为完全多余的东西。事实上,制定目标之后到目标实现之前,总是有一段时间。在这段时间内,组织内部和周围环境会有许多事情发生:竞争对手可能会推出新产品和新的服务项目,新材料和新技术可能会出现,政府可能会制定新的法规或对原有政策进行修正,组织内部的人员可能会产生很大的变动等。

这些不仅会阻止目标的实现,甚至可能要求视情况的变化对目标本身进行修改。因此,需要构建有效的控制系统帮助管理者预测和确定这些变化,并对由此带来的机会和威胁作出反应。这种环境探测越有效、持续的时间越长,组织对外部环境的适应能力就越强,组织在激烈变化的环境中生存和发展的可能性就越大。

2. 管理权力的分散

只要企业经营达到一定规模,企业主管就不可能直接地、面对面地组织和指挥全体员工的劳动。时间与精力的限制要求他委托一些助手代理部分管理事务。由于同样的原因,这些助手也会再委托其他人帮助自己工作。这便是企业管理层次形成的原因。为了使助手们有效地完成受托的部分管理事务,高一级的主管必然要授予他们相应的权限。因此,任何企业的管理权限都制度化或非制度化地分散在各个管理部门和层次。企业分权程度越高,控制就越有必要;每个层次的主管都必须定期或非定期地检查直接下属的工作,以保证授予他们的权力得到正确的利用,利用这些权力组织的业务活动符合计划与企业目的的要求。如果没有控制,没有为此而建立的相应控制系统,管理人员就不能检查下级的工作情况,即使出现权力的滥用或活动不符合计划要求等其他情况,管理人员也无法发现,更无法采取及时的纠正行动。

3. 工作能力的差异

即使企业制定了全面完善的计划,经营环境在一定时期内也相对稳定,对经营活动的控制也仍然是必要的。这是由不同组织成员的认识能力和工作能力的差异所造成的。完善计划的实现要求每个部门的工作严格按计划的要求来协调地进行。然而,由于组织成员是在不同的时空进行工作的,他们的认识能力不同,对计划要求的理解可能发生差异;即使每个员工都能完全正确地理解计划的要求,但由于工作能力的差异,他们的实际工作结果也可能在质和量上与计划要求不符。某个环节可能产生的这种偏离计划的现象,会对整个企业活动的进行造成冲击。也许小的差错和失误并不会立即给组织带来严重的损害,然而时间一长,小的差错就会得以积累、放大,并最终变得非常严重。因此,加强对这些成员的工作控制是非常必要的。

(二)管理控制的目的

在管理实践中,无论采用哪种方法进行控制,无外乎是要解决组织中经常出现的两大类问题:一是所谓的"急性问题",即经常出现的可迅速而直接影响组织日常经营活动的问题;二是所谓的"慢性问题",即长期存在的会影响组织整体素质的问题。由此,控制工作的目的也便十分明确,包括以下几方面。

1. 基本目的

解决急性问题,维持组织现状。即在变化着的内外环境中,通过控制工作,随时将计划的执行结果与控制标准进行比较,若发现有超出计划允许范围的偏差时,及时采取纠正措施,以使整个系统的活动趋于相对稳定,从而实现组织目标。由于急性问题经常发生,且会对多数人的工作及自身利益产生显而易见的影响,因而容易被人们发现与解决。为了维持现状而不致出现混乱局面,当机立断采取必要的控制手段也即成为可能。

2. 根本目的

解决慢性问题,打破组织现状。有时候,不断变化着的内外环境会对组织提出新的要求,或是主管人员对现状产生不满而要求改革、创新,这就势必要打破现状,修订计划,确定新的、更现实的组织目标与控制标准。在各级组织中,人们往往只注意解决急性问题而忽视解决慢性问题。这是因为慢性问题是在长期的活动中逐渐形成的,产生的原因复杂多样。人们对于其存在已经"习以为常",不可能发现或者即使是已经发现了也不愿意承认和解决由于慢性问题所带来的对组织素质的影响。而急性问题是经常产生的,对多数人的工作和利益会产生显而易见的影响,故容易被人们发现、承认和解决。这就使打破现状、解决实质问题成为控制工作的重点,也是使其真正发挥作用的重要契机。

3. 理想目的

防止问题的发生,即防止偏差的出现。俗话说"防患于未然",从事控制工作的人们也应树立这种"忧患意识",在问题或偏差出现之前就树立起超前意识,把控制系统建立在前馈而不是简单的信息反馈的基础上,不仅能预测而且能及时采取措施来加以防范,从而做到有备无患。

但是控制也有其局限性,能控制一切的能力并不能确保真正控制一切。一个强有力的管理者尽管可以采取强大的控制措施,干预组织内的一切过程,但是唯一控制不住的是人心中的不满。所以,控制还需要和其他手段联合起来才能够取得更好的效果。这个手段就是领导,领导职能是面向动机、面向人的积极性的,正好弥补了控制的弱点。

四、控制的类型

根据控制点的不同时间,控制可分为预先控制、现场控制、事后控制,如图 17-1 所示。

图 17-1 控制的基本类型

(一)预先控制

预先控制(也称前馈控制)以未来为导向,是在工作正式开始前对工作中可能产生的偏差进行预测和估计并采取措施,将可能的偏差消除于产生之前。如在企业中,制定一系列规章制度让职工遵守,进而保证工作的顺利进行;为了生产出高质量的产品而对原材料质量进行控制等,都属于预先控制。

预先控制有许多优点。首先,预先控制是在工作开始之前进行的控制,因而可防患于未然,避免了事后控制对于已铸成的差错无能为力的弊端。其次,预先控制是针对某项计划行动所依赖的条件进行的控制,不针对具体人员,不会造成心理冲突,易于被员工接受并付诸实施。但是,实施预先控制的前提条件也较多。它要求管理者拥有大量准确可靠的信息,对计划行动过程有清楚的了解,懂得计划行动本身的客观规律性并要随着行动的进展及时了解新情况和新问题,否则就无法实施预先控制。由于预先控制所需要的信息常常难于获得,所以在实践中还必须依靠其他两类控制方式。

(二)现场控制

在工作正在进行时进行控制,叫做现场控制,也称作同步控制或同期控制。现场控制主要有监督和指导两项职能。监督是按照预定的标准检查正在进行的工作,以保证目标的实现;指导是管理者针对工作出现的问题,根据自己的经验指导下属改进工作,或与下属共同商讨矫正偏差的措施,以便使工作人员能正确地完成所规定的任务。管理者亲临现场观察就是一种最常见的现场控制活动。

现场控制具有指导职能,有助于提高工作人员的工作能力和自我控制能力。但是,现场控制也有很多弊端。首先,运用这种控制方法容易受管理者的时间、精力、业务水平的制约。管理者不能时时、事事都进行现场控制,只能偶尔使用或在关键项目上使用。其次,现场控制的应用范围较窄。对生产工作容易进行现场控制,而对那些问题难以辨别、成果难以衡量的工作,如科研、管理工作等,几乎无法进行现场控制。第三,现场控制容易在控制者与被控制者之间形成心理上的对立,容易损害被控制者的工作积极性和主动性。

(三)事后控制

事后控制是在工作结束之后进行的控制。事后控制把注意力主要集中于工作结果上,通过对工作结果进行测量、比较和分析,采取措施,进而矫正今后的行动,故常称反馈控制。如企业对不合格产品进行修理,发现产品销路不畅而减产、转产或加强促销努力,学校对违纪学生进行处理等,都属事后控制。

事后控制类似于成语所说的"亡羊补牢",它的最大弊端是在实施矫正措施之前,偏差就已经产生。但是在实践中的有些情况下,事后控制又是唯一可选择的控制类型。事后控制能为管理者评价计划的制定与执行提供有用的信息,人们可以借助事后控制认识组织活动的特点及其规律,为进一步实施预先控制和现场控制创造条件,实现控制工作的良性循环,并在不断的循环过程中,提高控制效果。

上述三种控制方式互为前提互相补充。现实中，很少有组织只采取唯一的控制方式，而是综合使用这三种控制方式，对各种资源的输入、转换和输出进行全面的全过程的控制，以提高控制效果。预先控制虽然可以事先做好准备，防患于未然，但有些突发事件是防不胜防的，这时必须辅之以现场控制，否则，将前功尽弃。同样，不论是预先控制还是现场控制，都要用事后控制来检验，因为计划是否按预定执行，不是仅靠想象就行了，必须有真实的业绩支持。另外，在循环发展的过程中，对前一个阶段是事后控制，但对后一个阶段则往往是事先控制。而且，现场控制没有准备与积累也是难以奏效的。

五、有效控制的原则

为了使控制工作做得更加切实有效，这里对管理控制中一般需要注意的几条原则概括如下。

(一)控制应该同计划相适应

管理的各项职能相互关联、相互制约。不同的计划具有不同的特点，因而控制所需的信息也各不相同。例如，对成本计划的控制信息主要是各部门、各单位甚至各产品在生产经营过程中发生的费用；对产品销售计划的控制，则要收集销售产品的品种、规格、数量和交货期的情况。

(二)控制应该同组织相适应

同样，控制还应当反映组织结构的类型和特征。组织结构既然明确规定了企业内每个人所担任的职务和相应的职责权限，因而它也就可以成为确定计划执行的职权所在和产生偏差的职责所在的依据。由此也说明了，有效的管理控制必须要能够反映一个组织的结构状况并通过健全的组织结构予以保证，否则，只能是空谈。

健全的组织结构有两方面的含义：一方面，要能在组织中将反映实际情况和工作状态的信息迅速地上传下达，保证联络渠道的畅通；另一方面，要做到责权分明，使组织结构中的每个部门、每个人都能切实担负起自己的责任。否则，偏差一旦出现就难以纠正，控制也就不可能得以实现。

(三)突出重点，强调例外

组织是在一个完整的计划执行过程中选出众多的关键点，把处于关键点的工作预期成果及其影响因素作为控制的重点。在这样的情况下，管理人员不必完全了解计划执行中的全部具体细节，就能达到对工作有效控制的目的。控制要突出重点。管理者不能也没有必要事无巨细对组织活动的方方面面都进行控制，而是要针对重要的、关键的因素实施重点控制。

控制也应强调例外。管理者将控制工作重点放在计划实施中的例外情况上，可以使他们把有限的精力集中在真正需要引起注意和重视的问题上。

(四)具有灵活性、及时性和经济性

灵活控制是指控制系统能适应主客观条件的变化，持续地发挥作用，控制工作本是变化的，其依据的标准、衡量工作所用的方法等都可能会随着事情的变化而变化。如果事先制定的计划因为预见不到情况而无法执行，而事先设计的控制系统仍在如期运转，那将会在错误的道路上越走越远。

控制工作还必须注意及时性。信息是控制的基础，为提高控制的及时性，信息的收集和传递必须及时。如果信息的收集和传递不及时，信息处理时间又过长，偏差便得不到及时矫正。更有甚者，实际情况已经发生了变化，这时采取的矫正措施不仅不能产生积极作用，反而会带来消极的影响。

为了进行控制而支出的费用和由控制而增加的收益都直接与控制程度相关。这就是说，控制工作一定要坚持适度性的原则，以便提高经济性。所以，从经济性角度考虑，控制系统并不是越复杂越好，控制力度也不是越大越好。控制系统越复杂、控制工作力度越大，只意味着控制的投入越大，而且，在许多情况下，这种投入的增加并不一定会导致计划的顺利实施。

(五)避免出现目标的扭曲

组织将规则程序和预算这些低层次的计划作为控制标准时，最容易发生目标与手段相置换的

问题。本来，规则程度和预算只是组织实现高层次计划目标的手段，但在实际控制过程中，有关人员对这些手段的关注可能超过对实际组织目标的关注，或者忘记了这些手段性措施只是为了实现组织目标服务的，以致出现了为遵守规定或完成预算而不顾实际控制效果的种种刻板、僵硬、扭曲的行为。控制的功能障碍也就由此产生。当人们丧失了识别组织整体目标的能力时，往往会出现"不是组织在运用控制职能，而是控制在束缚着组织"的不正常现象。有时候控制仅仅被作为一种权力的标志。管理者为了显示自己的力量和地位而进行着控制，这是很危险的。以控制本身作为目的和手段的控制行为，将给管理者自己以及整个组织带来灾难性的后果。

(六) 培养组织成员的自我控制能力

员工在生产和业务活动的第一线，是各种计划、决策的最终执行者，所以，员工进行自我控制是提高控制有效性的根本途径。

自我控制具有很多优点。首先，自我控制有助于发挥员工的主动性、积极性和创造性。自我控制是员工主动控制自己的工作活动，是自愿的。这样，他们在工作中便能潜心钻研技术，对工作中出现的问题会主动设法去解决。其次，自我控制可以减轻管理人员的负担，减少企业控制费用的支出。再次，自我控制有助于提高控制的及时性和准确性。实际工作人员可以及时准确地掌握工作情况的第一手材料，因而能及时准确地采取措施，矫正偏差。

当然，鼓励和引导员工进行自我控制，并不意味着对员工可以放任自流。员工的工作目标必须服从于组织的整体目标，并有助于组织整体目标的实现。管理者要从整体目标的要求出发，经常检查各单位和员工的工作效果，并将其纳入组织全面控制系统之中。

第二节 控 制 过 程

控制工作过程包括三个步骤，即建立工作标准，根据建立的标准衡量实际工作情况，鉴定偏差并采取矫正措施。

一、确立标准

标准是人们检查和衡量工作及其结果（包括阶段结果与最终结果）的规范。制定标准是进行控制的基础。没有一套完整的标准，衡量绩效或纠正偏差就失去了客观依据。

(一) 确定控制对象

标准的具体内容涉及需要控制的对象。那么，企业经营与管理中哪些事物需要加以控制呢？这是在建立标准过程中首先要加以解决的。

无疑，经营活动的成果是需要控制的重点对象。控制工作的最初始动机就是要促进企业有效地取得预期的活动结果。因此，要分析企业需要什么样的结果。这种分析可以从盈利性、市场占有率等多个角度来进行。确定了企业活动需要的结果类型后，要对它们加以明确的、尽可能定量的描述，也就是说，要规定需要的结果在正常情况下希望达到的状况和水平。

要保证企业取得预期的成果，必须在成果最终形成以前进行控制，纠正与预期成果的要求不相符的活动。因此，需要分析影响企业经营结果的各种因素，并把它们列为需要控制的对象。影响企业在一定时期经营成果的主要因素有以下几方面。

1. 环境特点及其发展趋势

企业在特定时期的经营活动是根据决策者对经营环境的认识和预测来计划和安排的。如果预期的市场环境没有出现，或者企业外部发生了某种无法预料和抗拒的变化，那么原来计划的活动就可能无法继续进行，从而难以为组织带来预期的结果。因此，制定计划时所依据的对经营环境的认识应作为控制对象，列出"正常环境"的具体标志或标准。

2. 资源投入

企业经营成果是通过对一定资源的加工转换得到的。没有或缺乏这些资源，企业经营就会成为无源之水、无本之木。投入的资源，不仅会在数量和质量上影响经营活动的按期、按量、按要求进行,从而影响最终的物质产品,而且其取得费用会影响生产成本,从而影响经营的盈利程度。因此,必须对资源投入进行控制,使之在数量、质量以及价格等方面符合预期经营成果的要求。

3. 组织的活动

输入到生产经营中的各种资源不可能自然形成产品。企业经营成果是通过全体员工在不同时间和空间上,利用一定技术和设备对不同资源进行不同内容的加工劳动才最终得到的。企业员工的工作质量和数量是决定经营成果的重要因素,因此,必须使企业员工的活动符合计划和预期结果的要求。为此,必须建立员工明确的工作规范,各部门和各员工在各个时期的阶段成果的标准,以便对他们的活动进行控制。

对于上述各方面因素中哪些是管理控制工作的重点,需要根据具体的情况来确定。在工作成果较难衡量而工作过程也难以标准化、程序化的高层管理和创新性活动中,工作者的素质和技能是主要的控制对象。而在工作方法或程序与预期工作成果之间有比较明确或固定关系的常规性活动中,工作过程本身就是主要的控制对象。

(二)选择关键控制点

企业无力、也无必要对所有成员的所有活动进行控制,而必须在影响经营成果的众多因素中选择若干关键点。所谓关键控制点,是指那些对计划目标实现具有重大影响的关键点,它们是业务活动中的一些限定性不利因素,或是能使计划更好地发挥作用的有利因素。企业控制住了关键点,实际上也就控制了全局。以下因素往往成为关键控制点。

第一,影响整个工作运行过程的重要操作与事项。

第二,能在重大损失出现之前显示出差异的事项。这一点意味着,并不是所有的重要问题都作为控制的关键点。通常情况下,管理者应该选择那些易检测出偏差的环节进行控制,这样才有可能对问题作出及时、灵敏的反应。

第三,若干能反映组织主要绩效水平的时间与空间分布均衡的控制点,因为关键控制点数量的选择应足以使管理者对组织总体状况形成一个比较全面的把握。

良好的控制来源于关键控制点的正确选择,因而这种选择或决策的能力也就成为判断管理者控制工作水平的一个重要标准。在选择关键控制点的过程中,管理人员可以对自己提出下列问题:什么是最好的反映本组织的指标?在计划目标未实现时,什么信息能让我最快最准确地了解工作进展情况并且找出问题之所在?谁应该对失误负责?等等。

(三)制定标准

控制标准制定中最为简单的情况是,可以把计划过程中形成的可考核的目标直接作为控制标准,但现实中更多的情况往往是需要通过一些科学的方法将某一计划目标分解为一系列具体可操作的控制标准。

控制标准可分为定量标准和定性标准两大类。所谓定量标准就是可以用数字量化的标准。定量标准便于度量和比较,是控制标准的主要表现形式。定量标准主要分为实物标准(如产品数量、废品数量)、价值标准(如单位产品成本、销售收入、利润等)、时间标准(如工时定额、交货期)。除了定量标准外,组织中还经常使用一些定性标准,如有关产品和服务质量、组织形象等方面的衡量一般都是定性的。但实际工作中为了便于掌握这些方面的工作绩效,也要尽可能地采用一些可度量的方法。例如,产品等级、合格率、顾客满意度等指标就是对产品质量的一种间接衡量。

二、衡量成效

企业经营活动中的偏差如能在产生之前就被发现,则可指导管理者预先采取必要的措施以求避免。这种理想的控制和纠偏方式虽然有效,但其现实可能性不是很高。在这种限制条件下,最满意的控制方式应是必要的纠偏行动能在偏差产生以后迅速采取。为此,要求管理者及时掌握能够反映偏差是否产生,并能判定其严重程度的信息。用预定标准对实际工作成效和进度进行检查、衡量和比较，就是为了提供这类信息。

为了能够及时、正确地提供能够反映偏差的信息，同时又符合控制工作在其他方面的要求，管理者在衡量工作成绩的过程中应注意以下几个问题。

(一) 确定合适的衡量方式

1. 衡量的项目

衡量什么是衡量工作中最为重要的方面。管理者应该针对决定实际工作成效好坏的重要特征进行衡量，但实际中容易出现一种趋向，即侧重于衡量那些易于衡量的项目，而忽视那些不易衡量的、较不明显但实际相当重要的项目。实绩衡量应该围绕构成好绩效的重要特征来进行，而不能够偏向那些易于衡量的项目。

2. 衡量的方法

管理者可通过如下几种方法来获得实际工作绩效方面的资料和信息：一是来自观察。通过个人的亲自观察，管理者可亲眼看到工作现场的实际情况，还可以与工作人员现场交谈来了解工作进展及存在的问题，进而获得真实而全面的信息。但是由于时间和精力的限制，管理者不可能对所有工作活动都进行亲自观察。二是利用报表和报告。这是经由书面资料了解工作情况的常用方法。这种方法可节省管理者的时间，但可获取信息是否全面、准确则取决于这些报表和报告的质量。三是抽样调查。即从整批调查对象中抽取部分调查样本进行调查，并把结果看成是整批调查对象的近似代表，此种方法可节省调查成本和时间。四是召开会议。让各部门主管汇报各自的工作及遇到的问题，这既有助于管理者了解各部门的工作情况，又有助于加强部门间的沟通和协作。另外还应当看到，组织中常存在一些无法直接衡量的工作，他们做得好坏有时可通过某些现象作出推断。比如，从员工的合理化建议增多，或许可推断企业的民主化管理有所加强；员工工作热情下降现象增多，或许可推断出管理工作存有不当之处等。以上这些方法各有利弊。因此，在衡量实际工作成绩过程中，必须多种工作方法结合使用，以确保所获取信息的质量。

3. 衡量的频度

衡量的频度也即衡量实绩的次数或频率，通俗地说就是间隔多长时间衡量一次实绩。是每时、每日、每周，还是每月、每季度或每年？是定期的衡量还是不定期的衡量？当然，对不同的衡量项目，衡量的频度可能不一样。有效的控制要求确定适宜的衡量频度。对控制对象或要素的衡量频度过高，不仅会增加控制的费用，而且还会引起有关人员的不满，也影响他们的工作态度；但是衡量的次数过少则有可能造成许多重大的偏差不能被及时发现和纠正。适宜的衡量频度取决于被控制活动的性质、控制活动的要求。例如，对产品质量的控制常常需要以件或小时、日等较小的时间单位来进行，而对新产品开发活动的成绩可能需要以月或更长的时间单位来衡量。

4. 衡量的主体

衡量实际工作成效的人是工作者本人，还是同一层级的其他人员，抑或是上级主管人员或职能部门的人员？衡量实绩的主体不一样，控制工作的效果和方式也就形成差别。例如，目标管理之所以被称为是一种自我控制方法，就是因为工作的执行者同时成为工作成果的衡量者和控制者。

(二) 建立信息反馈系统

担负有控制责任的管理人员只有及时掌握了反映实际工作与预期工作绩效之间偏差的信息，才能迅速采取有效的纠正措施。然而，并不是所有的衡量绩效的工作都是由主管直接进行的，有时需要借助专职的检测人员。因此，应该建立有效的信息反馈网络，使反映实际工作情况的信息适时地传递给适当的管理人员，使之能与预定标准相比较，及时发现问题。这个网络还应能及时将偏差信息传递给予被控制活动有关的部门和个人，以使他们及时知道自己的工作状况，为什么错了，以及需要怎样做才能更有效地完成工作。建立这样的信息反馈系统，不仅更有利于保证预定计划的实施，而且能防止基层工作人员把衡量和控制视作上级检查工作、进行惩罚的手段，从而避免产生抵触情绪。

(三)通过衡量成绩，检验标准的客观性和有效性

衡量工作成效是以预定的标准为依据的，但利用预先制定的标准去检查各部门在各个阶段的工作，这本身也是对标准的客观性和有效性进行检验的过程。

检验标准的客观性和有效性，是要分析通过对标准执行情况的测量能否取得符合控制需要的信息。在为控制对象确定标准的时候，人们可能只考虑了一些次要的因素，或只重视了一些表面的因素，因此，利用既定的标准去检查人们的工作，有时并不能达到有效控制的目的。比如，衡量职工出勤率是否达到了正常水平，不足以评价劳动者的工作热情、劳动效率或劳动贡献；分析产品数量是否达到计划目标，不足以判定企业的盈利程度；计算销售人员给顾客打电话的次数和花费在推销上的时间，不足以判定销售人员的工作绩效。在衡量过程中对标准本身进行检验，就是指出能够反映被控制对象的本质特征，从而最适宜的标准。要评价员工的工作热情，可以考核他们提供有关经营或技术改造合理化建议的次数；评价他们的工作效率，可以计量他们提供的产品数量和质量；分析企业的盈利程度，可以统计和分析企业的利润额及其与资金、成本或销售额的相对百分比；衡量推销人员的工作绩效，可以检查他们的销售额是否比上年或平均水平高出一定数量等。

由于企业中许多类型的活动难以用精确的手段和方法加以衡量，建立标准也就相对困难，因此，企业可能会选择一些易于衡量，但并不反映控制对象特征的标准。比如，科研人员和管理人员的劳动效果，并不总能用精确的数字表示出来，有关领导可能根据研究小组上交研究报告的数量和质量来判断其工作进展；或根据科室是否整齐划一、办公室是否挂满了各种图表来判断管理人员的工作努力程度。然而，根据这些标准去进行检查，得到的可能是误导性结果：科研人员用更多的时间去制作和张贴更漂亮的图表，而不是用这个时间去撰写数量更多、结构更严谨的报告。

三、纠正偏差

利用科学的方法，依据客观的标准，对工作绩效的衡量，可以发现计划执行中出现的偏差。纠正偏差就是在此基础上，分析偏差产生的原因，制定并实施必要的纠正措施。这项工作使得控制过程得以完整，并将控制与管理的其他职能相互联结：通过纠偏，使组织计划得以遵循，使组织结构和人事安排得到调整，使领导活动更加完善。

为了保证纠偏措施的针对性和有效性，必须在制定和实施纠偏措施的过程中注意下述问题。

(一)找出偏差产生的主要原因

并非所有的偏差都可能影响企业的最终成果。有些偏差可能反映了计划制定和执行工作中的严重问题，而另一些偏差则可能是一些偶然的、暂时的、区域性因素引起的，从而不一定会对组织活动的最终结果产生重要影响。因此，在采取任何纠正措施以前，必须首先对反映偏差的信息进行评估和分析。首先，要判断偏差的严重程度，是否足以构成对组织活动效率的威胁，从而值得去分析原因，采取纠正措施；其次，要探寻导致偏差产生的主要原因。

纠正措施的制定是以偏差原因的分析为依据的。而同一偏差则可能由不同的原因造成：销售利润的下降既可能是因为销售量的降低，也可能是因为生产成本的提高；前者既可能是因为市场上出现了技术更加先进的新产品，也可能是由于竞争对手采取了某种竞争策略，或是企业产品质量下降，后者既可能是原材料、劳动力消耗和占用数量的增加，也可能是由于购买价格的提高。不同的原因要求采取不同的纠正措施。要通过评估反映偏差的信息和对影响因素的分析，透过表面现象找出造成偏差的深层原因。在众多的深层原因中找出最主要的方面，为纠偏措施的制定指导方向。

(二)确定纠偏措施的实施对象

需要纠正的不仅可能是企业的实际活动，也可能是组织这些活动的计划或衡量这些活动的标准。大部分员工没有完成劳动定额，可能不是由于全体员工的抵制，而是定额水平太高；企业管理人员的收入数倍或数十倍于工人，可能不是由于经营者的努力数倍或数十倍于工人，而是由于绩效指标不恰当或确定管理者收入的方法不合理；企业产品销售量下降，可能并不是由于质量劣

化或价格不合理,而是由于市场需求的饱和或周期性的经济萧条等。在这些情况下,首先要改变的不是或不仅是实际工作,而是衡量这些工作的标准或指导工作的计划。

预定计划或标准的调整是由两种原因决定的:一是原先的计划或标准制定的不科学,在执行中发现了问题;二是原来正确的标准和计划,由于客观环境发生了预料不到的变化,不再适应新形势的需要。负有控制责任的管理者应该认识到,外界环境发生变化以后,如果不对预先制定的计划和行动准则进行及时的调整,那么,即使内部活动组织得非常完善,企业也不可能实现预定的目标。如消费者的需求偏好转移,这时,企业的产品质量再高,功能再完善,生产成本和价格再低,仍然不可能找到销路,不会给企业带来期望利润。

(三)选择恰当的纠偏措施

针对产生偏差的主要原因,就可能制定改进工作或调整计划与标准的纠正方案。纠偏措施的选择和实施过程中要注意以下几个方面。

1. 使纠偏方案双重优化

纠正偏差,不仅在实施对象上可以进行选择,而且对同一对象的纠偏也可采取多种不同的措施。所有这些措施,其实施条件和效果相比的经济性都要优于不采取任何行动、使偏差任其发展可能给组织造成的损失,有时最好的方案也许是不采取任何行动,如果行动的费用超过偏差带来的损失的话。这是纠偏方案选择过程中的第一重优化。第二重优化是在此基础上,通过对各种经济可行方案的比较,找出其中追加投入最少,解决偏差效果最好的方案来组织实施。

2. 充分考虑原先计划实施的影响

由于对客观环境的认识能力提高,或者由于客观环境本身发生了重要变化而引起的纠偏需要,可能会导致原先计划与决策的局部甚至全局的否定,从而要求企业活动的方向和内容进行重大的调整。这种调整有时被称为"追踪决策"。追踪决策的经营环境或内部的经营条件已经由于初始决策的执行而有所改变,是"非零起点"。因此,在制定和选择追踪决策的方案时,要充分考虑到伴随着初始决策的实施已经消耗的资源,以及这种消耗对客观环境造成的种种影响。

3. 注意消除人们对纠偏措施的疑虑

任何纠偏措施都会在不同程度上引起组织的结构、关系和活动的调整,从而会涉及某些组织成员的利益。不同的组织成员会因此而对纠偏措施持不同态度,特别是纠偏措施属于对原先决策和活动进行重大调整的追踪决策时。虽然一些原先反对初始决策的人会幸灾乐祸,甚至夸大原先决策的失误,反对保留其中任何合理的成分,但更多的人对纠偏措施持怀疑和反对的态度,原先决策的制定者和支持者会害怕改变决策标志着自己的失败,从而会公开或暗地里反对纠偏措施的实施;执行原决策、从事具体活动的基层工作人员则会担心失去某种工作机会、影响自己的既得利益而极力抵制任何重要的纠偏措施的制定和执行。因此,控制人员要充分考虑到组织成员对纠偏措施的不同态度,特别是要注意消除执行者的疑虑,争取更多的人理解、赞同和支持纠偏措施,以保证避免在纠偏方案的实施过程中可能出现的人为障碍。

4. 应急性矫正行动与永久性矫正行动并重

管理者在准备采取偏差纠正措施的时候,应该决定此时此刻面对所出现的问题宜采取应急性矫正行动,还是永久性矫正行动。通俗地说,就是要决定是"治标",还是"治本"。针对所出现的问题立即采取应急性矫正行动,可以及时地将出现问题的工作拉到正常的轨道上,但问题的根源可能得不到发现和根除。就像出现火情时人们的第一反应往往是参与救火打电话一样,如果企业管理者长期只顾救火,并不去设法根除火灾的隐患,那问题就无法得到根本解决。永久性矫正行动并不是着眼于对症状性质的表层问题马上采取解决措施,而是从"问题的症状—问题的原因—问题的根源"的层层深入分析中,找到彻底解决问题的突破口,然后针对性地采取解决的行动。现实中,许多管理者常常以没有时间为借口而偏好于采取应急性矫正行动,并且因采取这种行动取得的直接效果而沾沾自喜。他们没有想到,不断的救火式的应急纠正措施只会把深层次的问题掩盖得更难发现,而且针对某一问题采取的应急性矫正行动还可能会引致其他问题的产生。结果,管理者就只能不断地疲于解决各式各样的表面问题,最终无法避免"被煮青蛙的命运",

这是值得管理者深思的。

第三节 控 制 方 法

企业管理实践中运用着多种控制方法，管理人员除了利用现场巡视、监督或分析下属依循组织路线传送的工作报告等手段进行控制外，还经常借助预算控制、比率分析、审计控制等方法。

一、预算控制

企业在未来的几乎所有活动都可以利用预算进行控制。所谓预算，就是用数字、特别是用财务数字的形式来描述企业未来的活动计划，它预估了企业在未来时期的经营收入或现金流量，同时也为各部门或各项活动规定了在资金、劳动、材料、能源等方面的支出不能超过的额度。预算控制就是根据预算规定的收入与支出标准来检查和监督各个部门的生产经营活动，以保证各种活动或各个部门在充分达成既定目标、实现利润的过程中对经营资源的利用，从而费用支出受到严格有效的约束。

(一)预算的形式

为了有效地从预期收入和费用两个方面对企业经营全面控制，不仅需要对各个部门、各项活动制定分预算，而且要对企业整体编制全面预算。分预算是按照部门和项目来编制的，它们详细说明了相应部门的收入目标或费用支出的水平，规定了他们在生产活动、销售活动、采购活动、研究开发活动或财务活动中筹措和利用劳力、资金等生产要素的标准；全面预算则是在对所有部门或项目分预算进行综合平衡的基础上编制而成的，它概括了企业相互联系的各个方面在未来时期的总体目标。只有编制了总体预算，才能进一步明确组织各部门的任务、目标、制约条件以及各部门在活动中的相互关系，从而为正确评价和控制各部门的工作提供客观的依据。

任何预算都需用数字形式来表述。全面预算必须用统一的货币单位来衡量，而分预算则不一定用货币单位计量。比如，原材料预算可能用千克或吨等单位来表述；劳动预算可能用用工数量或人工小时来表述。这是因为对一些具体的项目来说，用时间、长度或重量等单位来表达能提供更多、更准确的信息。比如，用货币金额来表达原材料预算，就只知道原材料消耗的总费用标准，而不能知道原材料使用的确切种类和数量，也难以判断价格变动会产生何种影响。当然，不论以何种方式表述的各部门或项目的分预算，在将它们综合平衡以编制企业的全面预算之前，必须转换成用统一的货币单位来表达的方式。

(二)预算的内容

不同企业，由于生产活动的特点不同，预算表中的项目会有不同程度的差异，但一般来说，预算内容包括收入预算、支出预算、现金预算、资金支出预算和生产负债预算。

1. 收入预算

收入预算和下面要介绍的支出预算提供了关于企业未来某段时期经营状况的一般说明，即从财务角度计划和预测了未来活动的成果以及为取得这些成果所需付出的费用。

由于企业收入主要来源于产品销售，因此收入预算的主要内容是销售预算。销售预算是在销售预测的基础上编制的，即通过分析企业过去的销售情况、目前和未来的市场需求特点及其发展趋势，比较竞争对手和本企业的经营实力，确定企业在未来时期内，为了实现目标利润必须达到的销售水平。由于企业通常不止生产一种产品，这些产品也不仅在某一个区域市场上销售，因此，为了能为控制未来的活动提供详细的依据，便于检查计划的执行情况，往往需要按产品、区域市场或消费者群（市场层次），为各经营单位编制分项销售预算。同时，由于在一年中的不同季度和月度，销售量也往往不稳定，所以通常还需预计不同季度和月度的销售收入。这种预计对编制现金预算是很重要的。

2. 支出预算

企业销售的产品是在内部生产过程中加工制造出来的，在这个过程中，企业需借助一定的劳动力，利用和消耗一定的物质资源。因此，与销售预算相对应，企业必须编制能够保证销售过程得以进行的生产活动的预算，关于生产活动的预算，不仅要确定为取得一定销售收入所需要的产品数量，而且更重要的是要预计为得到这些产品、实现销售收入需要付出的费用，即编制各种支出预算。不同企业，经营支出的具体项目可能不同，但一般都包括以下几方面。

(1) 直接材料预算。直接材料预算是根据实现销售收入所需的产品种类和数量，详细分析为了生产这些产品，企业必须利用的原材料的种类数量，它通常以实物单位表示，考虑到库存因素后，直接材料预算可以成为采购部门编制采购预算、组织采购活动的基础。

(2) 直接人工预算。直接人工预算需要预计企业为了生产一定数量的产品，需要哪些种类的工人，每种类型的工人在什么时候需要多少数量，以及利用这些人员劳动的直接成本是多少。

(3) 附加费用预算。直接材料和直接人工只是企业经营全部费用的一部分。企业的行政管理、营销宣传、人员推销、销售服务、设备维修、固定资产折旧、资金筹措以及税金等，也要耗费企业的资金，对这些费用也需要进行预算。这就是附加费用预算。

3. 现金预算

现金预算是对企业未来生产与销售活动中现金的流入与流出进行预测，通常由财务部门编制。现金预算只能包括那些实际包含在现金流程中的项目：赊销所得的应收款在用户实际支付以前不能列作现金收入；赊购所得的原材料在未向供应商付款以前也不能列入现金支出；而需要今后逐年分摊的投资费用却需要当年实际支出现金。因此，现金预算并不需要反映企业的资产负债情况，而是要反映企业在未来活动中的实际现金流量和流程。企业的销售收入、利润即使相当可观，但大部分尚未收回，或收回后被大量的库存材料或在制品所占用，那么它也不可能在目前给企业带来现金上的方便。通过现金预算，可以帮助企业发现资金的闲置或不足，从而指导企业及时利用暂时过剩的现金，或及早筹齐维持营运所短缺的资金。

4. 资金支出预算

上述各种预算通常只涉及某个经营阶段，是短期预算，而资金支出预算则可能涉及好几个阶段，是长期预算。如果企业的收支预算被很好地执行，企业有效地组织了资源的利用，那么利用这些资源得到的产品销售以后的收入就会超出资源消耗的支出，从而给企业带来盈余，企业可以利用盈利的一个很重要部分来进行生产能力的恢复和扩大。这些支出，由于具有投资的性质，因此对其计划安排通常被称为投资预算或资金支出预算。资金支出预算的项目包括：用于更新改造或扩充包括厂房、设备在内的生产设施的支出；用于增加品种、完善产品性能或改进工艺的研究与开发支出；用于提高职工和管理队伍素质的人事培训与发展支出；用于广告宣传、寻找顾客的市场发展支出等。

5. 资产负债预算

资产负债预算是对企业会计年度末期的财务状况进行预测。它通过将各部门和各项目的分预算汇总在一起，表明如果企业的各种业务活动达到预先规定的标准，在财务期末企业资产与负债会呈现何种状况。作为各分预算的汇总，管理人员在编制资产负债预算时虽然不需作出新的计划或决策，但通过对预算表的分析，可以发现某些分预算的问题，从而有助于采取及时的调整措施。比如，通过分析流动资产与流动债务的比率，可能发现企业未来的财务安全性不高，偿债能力不强，可能要求企业在资金的筹措方式，来源及其使用计划上作相应的调整。另外，通过将本期预算与上期实际发生的资产负债情况进行对比，还可发现企业财务状况可能会发生哪些不利变化，从而指导事前控制。

(三) 预算的作用及其局限性

由于预算的实质是用统一的货币单位为企业各部门的各项活动编制计划，因此它使得企业在不同时期的活动效果和不同部门的经营绩效具有可比性，可以使管理者了解企业经营状况的变化方向和组织中的优势部门与问题部门，从而为调整企业活动指明了方向；通过为不同的职能部门和职能活动编制预算，也为协调企业活动提供了依据；更重要的是，预算的编制与执行始终是与控制过程联系在一起的；编制预算是为企业的各项活动确立财务标准；用数量形式的预算标准来对照企业活动的实际效果，大大方便了控制过程中的绩效衡量工作，也使之更加客观可靠；在此基础上，很容易测量出实际活动对预期效果的偏离程度，从而为采取纠正措施奠定了基础。

由于这些积极作用，预算手段在组织管理中得到了广泛运用。但在预算的编制和执行中，也暴露了一些局限性，主要表现在以下几个方面。

第一，它只能帮助企业控制那些可以计量的、特别是可以用货币单位计量的业务活动，而不能促使企业对那些不能计量的企业文化、企业形象、企业活力的改善予以足够的重视。

第二，编制预算时通常参照上期的预算项目和标准，从而会忽视本期活动的实际需要，因此会导致这样的错误：上期有的而本期不需的项目仍然沿用，而本期必须有而上期没有的项目会因缺乏先例而不能增设。

第三，企业活动的外部环境是在不断变化的，这些变化会改变企业获取资源的支出或销售产品实现的收入，从而使预算变得不合时宜。因此，缺乏弹性、非常具体、特别是涉及较长时期的预算可能会过度束缚决策者的行动，使企业经营缺乏灵活性和适应性。

第四，预算，特别是项目预算或部门预算，不仅对有关负责人提出了希望他们实现的结果，而且也为他们得到这些成果而有效开支的费用规定了限度。这种规定可能使得主管们在活动中精打细算，小心翼翼地守着以确保不超过支出预算的准则，而忽视了部门活动的本来目的。

只有充分认识了上述局限性，才能有效地利用预算这种控制手段，并辅之以其他工具。

二、比率分析

仅仅去考虑反映经营结果的某个数据，往往不能说明任何问题：企业本年度盈利100万元，某部门本期生产了5000个单位产品，或本期人工支出费用为85万元，这些数据本身没有任何意义。只有根据它们之间的内在关系，相互对照分析才能说明某个问题。比率分析就是将企业资产负债表和收益表上的相关项目进行对比，形成一个比率，从中分析和评价企业的经营成果和财务状况。利用财务报表提供的数据，可以列出许多比率，常用的有两种类型：财务比率和经营比率。

（一）财务比率

财务比率及其分析可以帮助我们了解企业的偿债能力和盈利能力等财务状况。

1. 流动比率

流动比率是企业的流动资产与流动负债之比，即流动比率＝流动资产/流动负债×100%。它反映了企业偿还需要付现的流动债务的能力。一般来说，企业资产的流动性越大，偿债能力就越强；反之，偿债能力则弱，这样会影响企业的信誉和短期偿债能力。因此，企业资产应具有足够的流动性。资产若以现金形式表现，其流动性最强。但要防止为追求过高的流动性而导致财务资源的闲置，以避免使企业失去本应得到的收益。

2. 负债比率

负债比率是企业总负债与总资产之比，即负债比率＝企业总负债/总资产×100%。它反映了企业所有者提供的资金与外部债权人提供的资金的比率关系。只要企业全部资金的利润率高于借入资金的利息，且外部资金不在根本上威胁企业所有权的行使，企业就可以充分地向债权人借入资金以获取额外的利润。一般来说，在经济迅速发展时期，债务比率可以很高。20世纪60年代到70年代初，日本许多企业的外借资金占全部营运资金的80%左右。确定合理的债务比率是企业成功地举债经营的关键。

3. 盈利比率

盈利比率是企业利润与销售额或全部资金等相关因素的比例关系，它们反映了企业在一定时期从事某种经营活动的盈利程度及其变化情况。常用的比率有以下两种。

（1）销售利润率。销售利润率是销售净利润与销售总额之间的比例关系，即销售利润率＝销售净利润/销售总额×100%，它反映企业从一定时期的产品销售中是否获得了足够的利润。将企业不同产品，不同经营单位在不同时期的销售利润率进行比较分析，能为经营控制提供更多的信息。

（2）资金利润率。资金利润率是指企业在某个经营时期的净利润与该期占用的全部资金之比，即资金利润率＝企业净利润/占用的全部资金×100％，它是衡量企业资金利用效果的一个重要指标，反映了企业是否从全部投入资金的利用中实现了足够的净利润。

同销售利润率一样，资金利润率也要同其他经营单位和其他年度的情况进行比较。一般来说，要为企业的资金利润率规定一个最低的标准。同样一笔资金，投入到企业营运后的净利润收入，至少不应低于其他投资形式（比如购买短期或长期债券）的收入。

(二)经营比率

经营比率，也称活力比率，是与资源利用有关的几种比例关系。它们反映了企业经营效率的高低和各种资源是否得到了充分利用。常用的经营比率有三种。

1. 库存周转率

库存周转率是销售总额与库存平均价值的比例关系，即库存周转率＝营业收入/平均存货余额×100％，它反映了与销售收入相比库存数量是否合理，表明了投入库存的流动资金的使用情况。

2. 固定资产周转率

固定资产周转率是销售总额与固定资产之比，即固定资产周转率＝销售总额/固定资产×100％，它反映了单位固定资产能够提供的销售收入，表明了企业固定资产的利用程度。

3. 销售收入与销售费用的比率

这个比率表明单位销售费用能够实现的销售收入，在一定程度上反映了企业营销活动的效率。由于销售费用包括了人员推销、广告宣传、销售管理费用等组成部分，因此还可进行更加具体的分析。比如，测度单位广告费用能够实现的销售收入，或单位推销费用能增加的销售收入，等等。

反映经营状况的这些比率也通常需要进行横向的（不同企业之间）或纵向的（不同时期之间）比较，才更有意义。

三、审计控制

审计是对反映企业资金运动过程及其结果的会计记录及财务报表进行审核、鉴定，以判断其真实性和可靠性，从而为控制和决策提供依据。根据审查主体和内容的不同，可将审计划分为三种主要类型：由外部审计机构的审计人员进行的外部审计；由内部专职人员对企业财务控制系统进行全面评估的内部审计；由外部或内部的审计人员对管理政策及其绩效进行评估的管理审计。

(一)外部审计

外部审计是由外部机构（如会计师事务所）选派的审计人员对企业财务报表及其反映的财务状况进行独立的评估。为了检查财务报表及其反映的资产与负债的账面情况与企业真实情况是否相符，外部审计人员需要抽查企业的基本财务记录，以验证其真实性和准确性，并分析这些记录是否符合公认的会计准则和记账程序。

外部审计实际上是对企业内部虚假、欺骗行为的一个重要而系统的检查，因此起着鼓励诚实的作用；由于知道外部审计不可避免地要进行，企业就会努力避免做那些在审计时可能会被发现的不光彩的事。

外部审计的优点是审计人员与管理当局不存在行政上的依附关系，不需看企业经理的眼色行事，只需对国家、社会和法律负责，因而可以保证审计的独立性和公正性。但是，由于外来的审计人员不了解内部的组织结构、生产流程和经营特点，在对具体业务的审计过程中可能产生困难。此外，处于被审计地位的内部组织成员可能产生抵触情绪，不愿积极配合，这也可能增加审计工作的难度。

(二)内部审计

如其名称所示，内部审计是由企业内部的机构或由财务部门的专职人员来独立地进行的。内部审计兼有许多外部审计的目的。它不仅要像外部审计那样核实财务报表的真实性和准确性，还要分析企业的财务结构是否合理；不仅要评估财务资源的利用效率，而且要检查和分析企业控制系统的有效性；不仅要检查目前的经营状况，而且要提供改进这种状况的建议。

内部审计是企业经营控制的一个重要手段,其作用主要表现在三个方面。

内部审计提供了检查现有控制程序和方法能否有效地保证达成既定目标和执行既定政策的手段。例如,制造质量完善、性能全面的产品是企业孜孜以求的目标,这不仅要求利用先进的生产工艺,工人提供高质量的工作,而且对构成产品的基础——原材料提供了相应的质量要求。这样,内部审计人员在检查物资采购时,就不仅限于分析采购部门的账目是否齐全、准确,而且将力图测定材料质量是否达到要求。

根据对现有控制系统有效性的检查,内部审计人员可以提供有关改进公司政策、工作程序和方法的对策建议,以促使公司政策符合实际,工作程序更加合理,作业方法被正确掌握,从而更有效地实现组织目标。

内部审计有助于推行分权化管理。从表面上来看,内部审计,作为一种从财务角度评价各部门工作是否符合既定规则和程序的方法,加强了对下属的控制,似乎更倾向于集权化管理。但实际上,企业的控制系统越完善,控制手段越合理,越有利于分权化管理。因为主管们知道,许多重要的权力授予下属后,自己可以很方便地利用有效的控制系统和手段来检查下属对权力的运用状况,从而可能及时发现下属工作中的问题,并采取相应措施。内部审计不仅评估了企业财务记录是否健全、正确,而且为检查和改进现有控制系统的效能提供了一种重要的手段,因此有利于促进分权化管理的发展。

虽然内部审计为经营控制提供了大量的有用信息,但在使用中也存在不少局限性,主要表现在:

第一,内部审计可能需要很多的费用,特别是如果进行深入、详细的审计的话。

第二,内部审计不仅要搜集事实,而且需要解释事实,并指出事实与计划的偏差所在。要能很好地完成这些工作,而又不引起被审计部门的不满,需要对审计人员进行充分的技能训练。

第三,即使审计人员具有必要的技能,仍然会有许多员工认为审计是一种"密探"或"检查性"的工作,从而在心理上产生抵触情绪。如果审计过程中不能进行有效的信息和思想沟通,那么可能会对组织活动带来负激励效应。

(三)管理审计

外部审计主要核对企业财务记录的可靠性和真实性;内部审计在此基础上对企业政策、工作程序与计划的遵循程度进行测定,并提出必要的改进企业控制系统的对策建议;管理审计的对象和范围则更广,它是一种对企业所有管理工作及其绩效进行全面系统地评价和鉴定的方法。管理审计虽然也可组织内部的有关部门进行,但为了保证某些敏感领域得到客观的评价,企业通常聘请外部的专家来进行。

管理审计的方法是利用公开记录的信息,从反映企业管理绩效及其影响因素的若干方面将企业与同行业其他企业或其他行业的著名企业进行比较,以判断企业经营与管理的健康程度。

管理审计在实践中遇到了许多批评,其中比较重要的意见是认为,这种审计过多地评价组织过去的努力和结果,而不致力于预测和指导未来的工作,以至于有些企业在获得了极好评价的管理审计后不久就遇到了严重的财政困难。

尽管如此,管理审计不是在一两个容易测量的活动领域进行了比较,而是对整个组织的管理绩效进行了评价,因此可以为指导企业在未来改进管理系统的结构、工作程序和结果提供有用的参考。

知识拓展

创业风险分析与控制

一、创业环境风险

(一)创业环境风险来源

主要来源于目标行业的进入壁垒，包括：生产规模、顾客品牌转移（品牌、消费者的习惯和偏好）、投资量的大小（技术研发、人才等）、销售渠道限制、资源竞争、技术进步速度。

（二）大创业环境风险控制

创业之前要先对创业环境进行仔细分析，首先是金融工具、政策方面支持，如所在城市是否有对创业提供金融支持的会计事务所或者有无税收优惠政策以及对提高创业知识的培训与教育，如果从事制造的还应该留意政府采购项目和科研成果转移；然后对目标市场的开放程度和进入难度进行考察，初步把握市场竞争的情况，其次还要大概了解当地的基础设施，如土地、交通、网络、法律服务机构的分布和使用情况，最后要确保所创的企业符合当地的社会文化和经济发展趋势。

二、创业团队管理风险

1. 造成创业团队管理风险的原因

（1）成员的目标与团队目标不一致。

（2）创业团队成员关系不和谐。

（3）团队角色配置不合理。

（4）成员不能很好地遵守团队纪律。

2. 创业团队管理风险控制

（1）用科学手段构建和谐团队（如运用"九型性格"来组建团队）。

（2）团队成员的股份比例、薪酬待遇方面不要人人平等，因为过于松散的民主气氛常使得管理软弱无力，绝对的平等就是不平等。

（3）企业在试运行阶段通过行动来观察团队成员的能力，将成员的问题暴露出来。

（4）不要单纯以感情投资希望得到回报的心理来处理团队成员的关系，也不要太相信有"背叛"前科的人。

（5）企业团队应该有动态的发展观，团队组成应随着成员的实际贡献的变化而变化，因为具有发展观念的团队才有可能建立一套完善的内部调节机制，也有利于成员体面地离开。

三、关键员工离职的风险

企业的关键员工拥有专门技术并掌握核心业务，对企业的经营与发展会产生深远影响。他们一般占据企业总人数的20%~30%，但集中了企业80%~90%的技术和管理，创造了企业80%以上的财富和利润，是企业的骨干。这些员工的离职会使企业的有形和无形资产都遭受损失，削弱企业的核心竞争力；另外，企业需要追加招聘和培训成本，这会影响到企业的正常运转和发展的连续性。

1. 关键员工离职的原因

（1）内部原因：由于契约或管理制度的不完备性、员工个人目标与组织整体目标不一致，或员工在企业中受到不公平的对待或企业无法提供足够的发展空间都将使员工产生去意。

（2）外部原因：一旦外界提供了更好的发展机遇，他们便会通过比较利润的高低和机会成本的大小最终选择离开。

2. 创业对关键员工离职风险的防范

（1）定时或不定时地了解员工的情况（待遇、工作成就感、自我发展、人际关系、公平感、地位、生活、对企业的信心、对企业战略的认同感等）。

（2）用培训和开发来激励员工，因为对于高素质的关键员工而言，这比提高薪水更有意义。

（3）契约约束，如签订"竞业禁止"协定，要求员工在离职后一段时间内不得从事与本企业有竞争关系的工作，并要为企业保守商业、技术机密。

四、创业项目选择的风险

1. 创业项目选择的风险的来源

（1）项目市场需求量的不确定性。

（2）项目市场接受时间的不确定性。

(3) 项目产品的市场扩散速度的不确定性。

2. 创业项目选择风险防范

创业前进行详细的市场评估和预测并写好创业计划书。

五、市场营销风险

1. 市场营销风险来源

(1) 营销模式不转变：当影响的目标市场发生变化时缺乏应对新形势的新思路，对消费者的变化缺乏调查和研究，沿用以前的思维定势，对市场营销模式如法炮制。

(2) 盲目依赖广告：不可否认广告在新创企业初期的巨大作用，但是若企业不能提供与广告相称的产品或服务时就会影响到市场的忠诚度。

(3) 缺乏危机管理：突发事件发生时没有加以重视，不能迅速拿出富有创造性和实质性的危机处理方案，因此新创企业要树立危机管理意识，完善公关工作，处理好突发事件。

2. 创业市场营销风险控制

(1) 建立市场监测及策略调整机制，也就是在企业运营过程中，定期分析市场，保持对关键市场信号的敏感度，结合试销阶段，调整前期制定的营销策略。

(2) 借助行业中强势企业的力量，借船出海，能有效规避市场风险。

六、管理风险

1. 管理风险来源

(1) 创业者的素质：如果创业者缺乏专业技术和管理素质，就会局限在产品的创新上，而忽略了市场、管理方面的创新，给企业带来风险。

(2) 决策风险：创业者在企业初期往往是最终的决策者，决策一旦失误则会导致不可估量的损失，根据自己的偏好或凭经验、运气，不进行科学分析的决策都可能导致创业的失败。

(3) 组织结构风险：新创企业的迅速发展如果不伴随组织结构的相应调整，往往会成为企业潜在的重大危机，随着企业的发展，解决的难度也会越来越大。

2. 创业管理风险防范

(1) 创业者要培养企业家的精神，锻炼自我的诚信力、决策力、管理力、创新力、社交力、理财力。

(2) 阅读管理类书籍，掌握科学的管理理念和方法，并运用到创业团队的管理中去。

七、财务风险

1. 财务风险来源

(1) 企业财务管理的宏观环境复杂多变，而企业管理系统不能适应复杂多变的宏观环境。

(2) 企业财务管理人员对财务风险的客观性认识不足。财务风险是客观存在的，在现实工作中，许多企业的财务管理人员缺乏风险意识。

(3) 财务决策缺乏科学性导致决策失误。

(4) 企业内部财务关系不明。企业与内部各部门之间及企业与上级企业之间，在资金管理及使用、利益分配等方面存在权责不明、管理不力的现象，造成资金使用效率低下，资金流失严重，资金的安全性、完整性无法得到保证。

2. 创业财务风险防范

(1) 建立一套完整的风险预警机制和财务信息网络。

(2) 保持自有资金和借入资金的比例和适当的负债结构（长短结合，避免还款期过于集中或处于销售淡季）。

(3) 制定还款计划，谨慎负债；利用举债加速企业发展的同时，必须加强企业管理，加速资金周转，努力降低资金占用额，尽力缩短生产周期，提高产销率，降低收账款项，保证企业信誉。

资料来源：https://wenku.baidu.com/view/ce9cc48902d276a200292eb2.html，作者略有删改。

本章小结

作为管理的一项职能，控制工作就是衡量和矫正工作活动使之按计划进行，进而确保组织目标得以实现的过程。

控制与计划是一个问题的两个方面。管理工作本质上是由计划、组织、领导、控制等职能有机地联系而构成的一个不断循环的过程。控制是管理职能链条上的最终环节，也是下一个管理过程的起点。

控制的必要性是由如下因素决定的：环境的变化、管理权力的分散和工作能力的差异。控制工作既要解决急性问题，维持组织现状，又要解决慢性问题，打破组织现状。更重要的是防止问题的发生，即防止偏差的出现。

根据控制点的不同时间，控制可分为预先控制、现场控制、事后控制。控制也分为直接控制和间接控制。各种类型控制有其优缺点和适用范围。

控制工作过程包括三个步骤，即建立工作标准，根据建立的标准衡量实际工作情况，鉴定偏差并采取矫正措施。

企业管理实践中运用着多种控制方法，管理人员除了利用现场巡视、监督或分析下属依循组织路线传送的工作报告等手段进行控制外，还经常借助预算控制、比率分析、审计控制等方法。

案例分析

甲车间的管控改革

T公司是一家私营电子企业，始建于1990年，处于行业的领先地位。后来企业先后投资6000多万元对其进行了技术改造，包括新建了一个生产电子产品的车间（以下简称甲车间）。

企业的高层领导对甲车间的期望值非常高，认为T公司从此可以大展宏图。然而，甲车间在2010年投产后的情况大出高层领导的预料，并且成了此后几年间困扰T公司的一个痼疾。

一、甲车间失控的主要原因

(1) 甲车间的人员是从各部门抽调的。按照厂领导的要求，调往甲车间的人员必须是各方面的尖子、骨干。但是，由于本位主义的影响，事实并非如此。除了由厂领导直接点名的有限几名人员以外，其他的多属于部门淘汰的人员和走后门的人员，他们被一股脑地塞进了甲车间。因此，甲车间的人员基础就像是一盘散沙。

(2) 甲车间的设备是分别从日本和意大利引进的，与原有老设备相比，技术复杂程度的提高跨度较大，人员掌握起来有困难。

(3) 设备的零部件供应跟不上，使许多设备带病运转。

(4) 管理上缺乏管理、控制、驾驭新引进的先进设备的经验，造成管理滞后，乃至失控。

此后的几年里，甲车间的生产效率始终非常低下，平均不足30%。为了解决甲车间的问题，T公司的高层领导采取了许多措施，其中最多的就是撤换车间的领导，从2010年至2014年的4年间，一共调换了6位车间主任，而每位车间主任都把提高产量作为第一位的任务，他们采用得最多的方法就是向厂里争取更多的奖金，用以刺激员工的积极性。最终的结果是，增长的并不是产量，而是员工的"胃口"。在频繁的走马换将中，甲车间的管理却每况愈下。回想当时的情况，真是像噩梦一般，我们不妨把一些典型的事例列举如下。

(1) 生产过程中的消耗、浪费惊人。车间处理废品的设备开足马力，仍然阻止不了堆积如山的废品一天天地增长，最终只能抽调科室干部加班搬运废品。

(2) 部分员工为逃避工作故意毁坏设备，好端端的进口设备被破坏得面目全非。

(3) 由于技术被少数人垄断，致使部分人员成了车间的"贵族"，他们凌驾于制度之上，不服从管理，甚至左右企业的政策取向。而历任领导，为了保当前平安，大多采取忍让的态度。

（4）车间有盗窃现象，有的工人甚至在车间更衣室内就转手倒卖赃物。几年间，被公安机关处理的有近十人。

（5）不少客户参观甲车间时，看到脏乱的环境、混乱的秩序、残缺不全的设备、低劣的产品质量、完全处于失控状态的管理，感到非常失望，取消了合作的意向。

二、甲车间管控改革的举措

1. 综合治理

2014年5月6日，第七任主任L先生到甲车间走马上任了。他决定从基础抓起。

从2014年到2015年的一年间，主要抓了被称之为"综合治理"的工作，具体如下。

（1）整顿纪律，建立正常的管理和生产秩序。

（2）树正气、刹歪风，使员工的精力集中到生产工作上，对不愿悔改者，采取严厉的手段予以打击，直至清除。

（3）恢复设备，建立正常的后勤供应服务保障系统，为生产线提供保障。

（4）通过培训提高员工的水平和技能。

（5）改革考核分配体制。

2. 点检制

通过一年的工作，甲车间的形势有了初步改变，但还是极不稳定，总是在低水平徘徊。L主任通过分析，认为主要原因是管理上控制不力，管理人员的工作职责没有到位。企业虽然强调齐抓共管，但由于责任不明确，人人有责任变成了人人不负责。经过研究，决定推行点检制的管理方法（所谓的点检制，是按照一定的标准、一定周期、对设备规定的部位进行检查，以便早期发现设备故障隐患，及时加以修理调整，使设备保持其规定功能的设备管理方法。点检制不仅仅是一种检查方式，而且是一套管控制度和方法）。其核心内容如下。

（1）对车间的人、机、料、环等方面进行综合分析，选择国家控制点，包括容易出现问题的岗位（如计量、卫生、安全等方面的工作），车间的生产管理影响较大的部位（设备的维修、保养交接班等），对产品质量影响较大的部位（如材料管理使用、工艺操作规程等）。

（2）对每个点都制定具体的控制标准。

（3）将控制点按专业分工兼顾工作量平衡的原则，划分给4个管理人员，由管理人员按标准检查自己分工负责的点。虽然控制点最多时有196个，但分配给每个管理人员的点并不多，他们完全可以在每个班检查两次以上。

（4）利用计算机对点的检查、统计、考核、奖惩进行管理，让人们面对计算机只要输入的数据满足计算机管理程序，点检制的管理思想、制度就基本得到了贯彻。

（5）对控制点的增减和标准的调整，是根据具体情况的变化而变化，实行动态管理。控制点最多时达到196个，最少时有16个。这些控制点覆盖了车间管理的全方位，使车间各方面的工作都处于有效的控制之下。

整套管理制度制定完成以后，在如何进行贯彻的问题上产生了争论。大多数人认为，任何工作都必须循序渐进，点检制的标准要求与现实差距太大，恐怕难以执行。而L主任等人却认为，管理无定式，目前的甲车间需要一次产生震动的变革，以改变车间形象、振奋员工精神、树立自信心。

2015年9月，甲车间用一个月的时间，将点检制的管理制度进行了全方位的宣传和培训，使每一个人都清楚地掌握了与本岗位相关的点检制度。时机成熟了。10月3日，甲车间全面推行了点检制管理制度，车间整体面貌很快发生了令所有人都意想不到的变化。由于整个车间的人、机、料、环都处于有效的受控状态，人流、物流、信息流畅通有序，由此而产生了一系列相关的变化：生产效率大幅度提高（70%以上）；物耗水平大幅度降低；产品质量明显改善。消息传出后，许多员工和客户到甲车间参观，看到整洁的生产环境、正常运转的生产线、整齐如新的机器、有序的管理，对车间的变化感到惊讶。

资料来源：http://www.docin.com/p-70449062.html，作者略有删改。

讨论题：
1. T公司借助频繁更换管理人员以求解决问题的办法，为什么会失败？
2. L主任的控制举措有什么可借鉴之处？
3. L主任所采取的综合治理与点检制之间是怎样的关系？

复习思考题

1. 计划与控制是怎样的关系？
2. 一个缺乏有效控制的组织会出现怎样的问题？
3. 控制有哪些类型？它们各有什么优缺点？
4. 有效控制的原则是什么？它们为什么重要？
5. 结合实际，谈谈你对应急性矫正行动与永久性矫正行动的认识。
6. 控制过程包括哪些步骤？各个步骤中，应当注意哪些问题？
7. 控制有哪些主要的方法？

第十八章 危机控制

本章学习目的

- 了解危机的一般含义与特征
- 了解危机管理的含义与基本过程
- 掌握危机控制的含义与基本原则
- 掌握危机应对的基本策略

导入案例 ▶▶▶

三株帝国的没落

在中国企业群雄榜上,三株是一个绕不过去的名字。1994年8月当吴炳新、吴思伟父子在山东济南创立三株公司的时候,怎么也不会料到自己会创造出中国保健品行业最辉煌的历史。今天,三株的辉煌传奇和其瞬间衰落瓦解的故事一样,仍然为人们津津乐道。

1994~1996年的短短3年间,三株销售额从1个多亿跃至80亿元;从1993年年底30万元的注册资金到1997年年底48亿元的公司净资产。三株在全国所有大城市、省会城市和绝大部分地级市注册了600个子公司,吸纳了15万销售人员,迅速崛起的三株达到了自身发展的顶峰时刻。

1995年10月17日,总裁吴炳新在一次年会上宣读了"争做中国第一纳税人"的报告,设想到20世纪末完成900亿~1000亿元销售额。为了实现这一理想,三株公司开始实施全面多元化发展战略,向医疗电子、精细化工、生物工程、材料工程、物理电子及化妆品等6个行业渗透。与此同时,三株在全国范围内收购、并购几十家亏损医药企业。这种过分乐观的态度和盲目扩张的战略,无疑助长了从管理层到普通员工的骄傲自满情绪,也成为三株危机意识淡薄的诱因。

由于盲目扩张和实施多元化战略,4年间,三株集团及其下属机构的管理层扩大了100倍,三株所崇尚的高度集权的管理体制造成了种种类似"国企病"的症状,各个部门之间画地为牢,官僚主义盛行,令企业对市场信号反应严重迟钝。

在三株的高速发展阶段,产品宣传开始出现大量冒用专家名义、夸大功效、诋毁同行的言语,总部到最后已疲于奔命而无可奈何。单在1997年上半年,三株公司就因"虚假广告"等原因而遭到起诉10余起。三株也因此被部分地方卫生部门吊销药品批准文号。1996年6月,湖南常德汉寿县退休老人陈伯顺在喝完三株口服液后去世,其家属随后向三株公司提出索赔,财大气粗的三株则拒绝给予任何赔偿,坚决声称是消费者自身问题。遭到拒绝后陈伯顺家属一张状纸将三株公司告上法院。1998年3月,法院一审宣判三株败诉后,20多家媒体炮轰三株,引发了三株口服液的销售地震,4月份(即审判后的第二个月)的三株口服液销售额就从上年的月销售额2亿元下降至几百万元,15万人的营销大军,被迫削减为不足2万人,生产经营陷入空前灾难之中,总裁吴炳新也被重重击倒。1999年3月,法院终审判决三株公司获胜,但此时三株帝国已经陷入全面瘫痪状态,全国销售基本停止。

正如其迅速崛起一样,三株的失败,来得是那样突然。危机伴随着任何一个组织的发展和个人的成长，从企业成立之日起它便形影不离。危机管理水平的差异，便导致了不同组织和个人结局的不同。三株的决策失误和管理失控，播下了日后衰落的种子。创造中国保健品奇迹的三株公司，在危机应对中的表现却极其不成熟：就事论事，陷于局部谁是谁非，与消费者争论不休却忽视危机管理。最终三株为此付出巨大代价。

资料来源：危机管理6F原则与经典案例［DB/OL］.http://my.boke28.com/，滦福田，2007-1-11，作者略有删改。

当今社会，危机层出不穷：矿难频发、环境污染、自然灾害、产品安全、社会安全、公共卫生、事业挫折……，从政府部门到商业企业，从公众人物到平凡百姓，任何组织和个人都已不能脱离开危机的影子。有人曾经说过："世界上只有两类公司——已经经历过危机的公司和将会经历危机的公司。"危机已成为这个时代生活的一部分，一次又一次的危机不断向组织和个人提出挑战，也暴露了人们在当今纷繁复杂的环境里缺乏对危机的认识和防范，缺少应对危机的完善的管理体系，从而使组织陷入困境。因此，正确认识危机及危机管理是组织有效避免危机与应对危机的前提。

第一节　危机控制概述

一、危机的定义与特征

(一)危机的定义

危机（crisis）一词来源于希腊语种的Krinein，其原始含义是指筛选、鉴别。后来随着人类的发展，人们赋予它的含义也逐渐发生了变化。《现代汉语词典》对危机的界定：危险的根由，如危机四伏；严重困难的关头，如经济危机、人才危机。《牛津词典》对危机的定义是：危险和非常困难的时期；决定性的瞬间或转折点。

对于危机的概念，多位学者从不同角度对危机进行过界定。

危机研究的先驱赫尔曼（Hermann，1972）认为危机是指一种情景状态，在这种形势中，其决策主体的根本目标受到威胁，作出决策的反应时间有限，形势的发生也出乎决策主体的意料。

危机研究专家罗森塔尔和皮恩伯格（Rosenthal and Pijnenburg，1989）认为危机是对一个社会系统的基本价值和行为架构产生严重威胁，并且在时间性和不确定性很强的情况下必须对其作出关键性决策的事件。

经济学家巴顿（Barton，1993）认为危机是会引起潜在负面影响的具有不确定性的事件，这种事件及其后果可能对组织及员工、产品、服务、资产和声誉造成巨大的损害。

里宾杰（lerbinger，1997）认为危机是对企业未来的获利性、成长乃至生存具有潜在威胁的事件。

对危机的概念，还有以下表述：

危机是由组织外部环境变化或内部管理不善造成的可能破坏正常秩序、规范和目标，要求组织在短时间内作出决策，调动各种资源，加强沟通管理的一种威胁性形势或状态。

危机是一种对组织基本目标的实现构成威胁，要求组织在极短的时间内作出关键性决策和进行紧急回应的突发性事件。

危机是对组织的基本价值和行为架构产生严重威胁，要求组织在时间紧迫的情况下作出决策的情境状态。

危机是指具有严重威胁、不确定性和有危机感的情境，它会引发组织中一系列的负面影响，对组织及其员工在财务和形象上造成巨大的损害。

上述关于危机的诸多定义，都从不同视角揭示了危机的特点，综合以上定义，可以认为危机是对一个社会系统或组织的基本价值和行为构架产生严重威胁，要求组织在时间紧迫和不确定性极高的情况下必须作出决策的突发性事件。这种事件及其后果可能对组织及其员工、产品、服务、资产和声誉造成巨大的损害,甚至会威胁组织的生存。

(二)危机的特征

正确把握危机的特征是迅速辨别、确认危机的基础,从上述对危机的定义出发,危机具有以下基本特征。

1. 突发性

突发性是危机的首要特征。危机往往是在意想不到、没有准备的情况下突然爆发的。危机的爆发是量变到质变的过程,遗憾的是其量变的过程很少引起人们的注意。因而,现实中危机总是表现出突发性的特征,往往使组织措手不及。

2. 破坏性

破坏性是危机的本质特征,所有的危机都必然会不同程度地造成损害。危机造成的破坏可以是有形的,如造成财产损害、人员伤亡、社会秩序的破坏等;还可以是无形的,如社会基本价值的损害、企业形象和声誉的受损、政府公信力的下降等。

3. 紧迫性

由于危机一旦爆发就呈扩散趋势,必须在第一时间采取应对措施,迅速控制事态发展,即使在有关资源条件有限、信息沟通不畅的情况下也要快速果断作出决策,防止或缓解事态升级,损失扩大。

4. 不确定性

危机的不可预料性不仅表现在其发生的不可预测性,而且其发展也有较大的不确定性,无论从其表现的形式、影响的范围、造成的后果、发展的方向等方面来看。不确定性是危机的重要属性。

5. 无序性

由于危机事件的发生是突然的,并且是在该组织或某一地区首次发生的,因此从一开始就表现得难以把握。无序性主要表现在:从未发生过,处理起来无章可循,是非程序化决策的问题;随着环境中某些因素的变化而变化,无特定发展方向。

6. 隐蔽性

危机的隐蔽性是一个动态的过程,是危机量变的阶段,隐蔽性和突发性凸显了危机从积累到爆发阶段的特征。组织树立正确的危机意识、建立有效的危机预警机制有助于组织及早发现危机,并将之消除在萌芽状态。

7. 扩散性

危机的影响与危害是具有高度扩散性的,危机发生后若处理不当,可能会使一件小的危机引发系列危机。尤其是在当今互联网普及、通信技术发达的背景下,危机一旦爆发,一夜之间几乎会人尽皆知。

(三)危机的类型

正确处理与应对危机的首要环节是认识危机的类型,危机的分类根据不同的标准可划分为多种类型。

1. 自然危机与人为危机

按照危机的性质划分,危机可划分为自然危机与人为危机。自然危机是指非人为原因引发的危机,如地震造成的人员伤亡与财产损失等;人为危机即由人的原因引发的危机,如企业内部财务危机、高层离职造成的危机、恐怖分子实施的破坏性事件等。

2. 外生型危机、内生型危机和内外双生型危机

按照危机产生的诱因划分,危机可分为外生型危机、内生型危机以及内外双生型危机。外生型危机是指由于外部环境变化带来的危机,涵盖政治法律危机、经济金融危机、自然灾害疫情危机和社会关系危机四类;内生型危机主要是指组织内部要素的异化、管理不善等原因造成的危机,包括战略决策危机、品牌声誉危机、经营管理危机、人力资源危机及文化差异危机。现实中的危机常常是组织外部环境变化与内部管理不善等因素交叉作用的结果,很难清晰地划分两者的

边界，所以许多危机都表现出内外双生的性质。

3. 国际危机、国内危机和组织危机

按照危机的影响范围划分，可划分为国际危机、国内危机和组织危机。如全球能源危机、生态环境危机、国家之间的外交危机属于国际危机范畴；汶川和玉树地震、三鹿集团三聚氰胺超标事件引发的全国乳业危机可视为国内危机；冠生园月饼陈馅事件、三株帝国的没落事件都是组织危机。

此外，还可以根据危机中的不同利益主体、危机发生的不同方式等标准来划分危机类型。

二、危机管理的定义与过程

(一)危机管理的定义

自20世纪中叶危机管理的概念被提出以来，危机管理的理论研究与应用实践日趋活跃。关于危机管理的定义，一直以来，不同的学者有不同的看法。

美国学者史蒂文·芬克（Steven Fink，1986）认为是对于企业前途转折上的危机，有计划地消除风险与不确定性，使企业更能掌握自己前途的艺术。

格林（Green，2004）认为危机管理是尽可能控制事态，在危机事件中把损失控制在一定范围内，在事态控制后要争取重新控制住。

除上面以外，还有以下表述。

危机管理是组织或个人通过危机检测、危机预控、危机决策和危机处理，达到避免、减少危机产生的危害，甚至将危机转化为机会的目的。

危机管理是指为了预防危机的发生，应对各种企业可能出现的危机情境，减轻危机损害，尽早从危机中恢复过来，所进行的信息收集与分析、问题决策与预防、计划制定与责任落实、危机化解处理、经验总结与企业调整的管理过程。

从危机的生命周期角度来考察危机管理，认为危机管理是指组织通过危机的事前监控、事中处理与事后恢复，最大限度地降低或消除危机带来的损害的一系列过程。

综合上述学者们的观点，可以发现危机管理是组织为避免或者减轻危机所带来的严重损害和威胁，而有组织、有计划地制定和实施一系列的管理措施和应对策略的过程。危机管理的目的就是要发现危机发生的诱因、掌握处理危机的方法与策略，尽力避免危机所造成的危害和损失，有效的危机管理甚至能化危为机，推动组织的健康发展。与导入案例中三株的悲剧形成鲜明对照的是，1982年美国强生公司因成功处理泰诺药片中毒事件赢得了公众和舆论的广泛同情，原本一场"灭顶之灾"竟然为强生迎来了更高的声誉，在危机管理历史上被传为佳话。

(二)危机管理的过程

从时间序列的角度来看，危机管理实际上是一种过程管理。对于危机管理过程的划分，诺曼·奥古斯丁（Norman R. Augustine）将危机管理划分为危机的避免、危机管理的准备、危机的确认、危机的控制、危机的解决和从危机中获利六个不同的阶段，见图18-1。

罗伯特·希斯（Robert Heath）将危机管理的过程划分为四大阶段：缩减、预备、反应和恢复，见图18-2。安·米特罗夫（Ian I Mitroff）和克里斯汀·皮尔森（Christine M. Pearson）认为危机管理由五个阶段构成：危机信号侦测阶段、危机准备与预防阶段、危机损失控制阶段、危机的恢复阶段以及学习阶段。此外，国内有的学者提出了危机管理的三范畴模式：危机战略规划、危机预控和危机应急管理；有的学者提出了危机管理的5P模式，即端正态度、防范发生、时刻准备、积极参与以及危中找机；还有的学者从危机管理的流程出发，从危机的预警、危机的处理和危机的恢复三个纬度来探讨危机管理的过程。

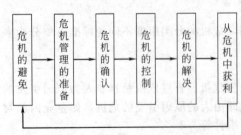

图18-1 奥古斯丁的六阶段模式

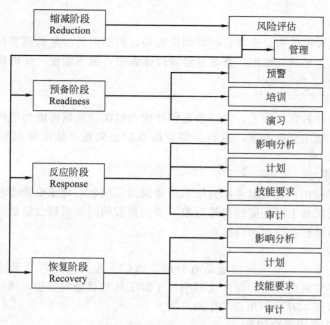

图 18-2 罗伯特·希斯危机管理 4R 模式图

上述观点虽各有侧重,但都从时间序列的角度将危机的事前、事中、事后管理纳入了危机管理的范畴,危机管理包括危机的预警、危机管理的准备、危机的确认、危机的控制、危机的解决和危机后的恢复发展这样一个动态过程,其中危机的预警是危机管理的首要阶段,危机控制则是危机管理顺利进行的重要保障。

三、危机预警系统

危机预警系统就是组织未来能够感知危机的来临,及时地向组织和个人发出警告而建立的危机信号监测系统。预警系统有利于组织进行快速的反应,因为预警系统可以及时地发出警告,减少判断危机是否发生所花费的时间,还可以弥补因人们的经验欠缺所导致的危机识别障碍。预警系统还可以减少危机监测成本,改善危机监测效果。

(一)危机预警系统的类型

预警系统可以从不同角度进行划分,从状态角度可以分成动态或静态的预警系统、移动或固定的预警系统,从物质属性角度可以分成电子预警系统和指标预警系统。

1. 电子预警系统

电子预警系统主要借助于电子手段来进行信息采集、分析、决策和发出警报。电子预警系统是自动预报系统,运作过程基本上依赖于电子装置,它要求危机信息和危机之间有着比较明确的关系,如火灾中的烟雾和温度的关系。

2. 指标预警系统

指标预警系统一般来说用于危机信号与危机的发生之间没有明确的关系,不能简单地将信号与危机的发生直接联系起来。因此,需要对原始的危机信号进行加工,转化成一系列的指标,然后通过综合的指标体系来判定危机发生与否。建立预警指标系统要选择合适的指标体系,指标不仅要能通过技术手段反映危机的发生,而且还要有相对稳定的内涵和可持续性。

(二)危机预警系统建立的原则

根据危机管理的要求,建立预警系统应坚持以下原则。

1. 以人为本原则

面对各种危机的严重性,各级组织在设计危机管理预案时,要以"尊重人的生命安全"为前提,如果采取的措施和行为有可能损害到人的生命安全,一定要慎重,哪怕造成一定的经济损失也是值得的。

2. 常抓不懈原则

要建立危机管理常设机构，而非临时协调性机构，长期担负起危机预警和处置的重任，并把危机预警纳入到国家、地区、城市、企业日常管理体系中，绝不能使"危机预警"成为"危机应付"，变为可有可无的工作。

3. 分级预警原则

在总结预警经验和教训基础上，广泛借鉴国外成功做法，依据可能的危机事件的范围、影响程度进行科学分级，制定分级预案，进行分级预防和应急处理，依法规范和宣布突发事件的级别，科学应对。

4. 注重实效原则

在进行预警的过程中，必须要考虑到组织治理能力、民众心理承受能力和大众传播媒介等诸多因素。对于不同层次和不同程度的预警对象，要在预警的同时采取合适的方式方法，圆满实现既"应该做"又"做得好"的预期目标。

5. 全员参与原则

从管理学的理论来看，组织的功能是有限的，组织不能无所不包，无所不揽。通过全员参与，既让大家了解了危机的性质、深度及影响，了解了危机预警的方法，增强了透明度，又发挥了大家的作用和积极性，有利于预警工作的开展。

(三)危机预警系统的建立过程

第一步，确定需要对哪些危机建立预警系统。

第二步，评估危机风险源、危机征兆、危机征兆与危机发生之间的关系。这时需要危机管理专家和遭受危机影响的部门成员一起参与评估，如有必要也可以邀请其他的遭受危机影响者参与评估，使得分析更全面。

第三步，根据评估结果，确定危机监测的内容和指标，并确定危机预警的指标临界点。

第四步，确定建立什么样的危机预警系统，采用什么样的技术、设备、程序，需要为危机预警系统配备哪些资源。

第五步，评估危机预警系统的性能，了解系统的特性，如系统的误差、准确性、可信度、稳定性、连续性，系统需要什么样的维护措施，系统可能受到什么样的干扰等。

第六步，为危机预警系统的使用和维护配备适当的人力资源，并制定相应的规章制度，确定使用和维护人员的责任、权利和义务。

第七步，向需要接收危机警报的人们（不一定只是组织成员，如果危机会影响到组织外部人员，应该包括外部成员）说明危机预警系统，使他们能理解危机警报，并在收到危机警报时能做出正确的反应。

四、危机控制的定义

危机控制是根据不同情况确定工作的优先次序，果断进行决策，遏制危机并防止危机的蔓延，尽快将危机所造成的损失控制在最小范围之内。在危机发生之前已经制定了明确的危机管理计划，因此危机控制过程一般都有计划地进行。在这个要求按照事情的轻重缓急依次处理的阶段，迅速向问题发生的现场派出高级负责人（通常是首席执行官）将是非常有益的。要让一群人专职从事危机的控制工作，其他人继续公司的正常经营工作。同时，应当指定一人作为组织的发言人，所有面向公众的发言都由他主讲。

许多危机在爆发之前都会出现某些征兆，危机管理关注的不仅是危机爆发后各种危害的处理，而且要建立危机控制体系，危机控制体系的构建是一个系统的工程，包括制度、组织、人员、资金、法律等方方面面，危机控制的过程也是一个综合利用各种手段的过程，这其中包括信息工具的使用、财力的支持、物资的调拨以及人的创造性发挥。企业在危机到来之前，把一些可以避免的危机消灭在萌芽之中，对于另一些不可避免的危机通过危机控制体系能够及时得到解决，把企业的损失减少到最低的程度。在危机发生时，企业可以从以下几方面入手进行危机控制。

(一)快速启动危机处理计划

由于危机的产生具有突变性和紧迫性,如果初期反应滞后,将会造成危机的蔓延和扩大。应针对具体问题,根据事先制定的应急预案迅速采取应急行动,并随时修正和充实危机处理计划,控制或者解决正在发生的危机事件,减少灾害损失。

(二)把公众的利益放在首位

企业从危机爆发到危机化解应更多地关注消费者的利益而不仅仅是企业的短期利益,拿出实际行动表明公司解决危机的诚意,尽量为受到危机影响的公众弥补损失,这样有利于维护企业的形象和长远利益。

(三)开辟高效的信息传播渠道

危机发生后,应尽快调查事情原因,弄清真相,尽可能地把完整情况告诉新闻媒体,避免公众的各种无端猜疑。企业应掌握宣传报道的主动权,通过媒体向公众告知危机发生的具体情况,公司目前和未来的应对措施等内容,信息应具体、准确。随时接受媒体和有关公众的访问,以低姿态、富有同情心和亲和力的态度来表达歉意、表明立场。

(四)选择适当的危机应对策略

应设法把危机的负面影响隔离在最小范围内,避免殃及其他非相关生产经营部门。要根据危机发展趋势,选择适当的危机处理策略,主动承担危机造成的损失,如停止销售、收回产品,关闭有关工厂、部门等。要利用正面材料,迅速有效地消除危机带来的负面影响。危机不等人,解决危机速度是关键。

第二节 危机控制的原则

如何控制与处理危机是一个综合性、多元化的复杂问题,管理者在进行危机控制时必须遵循一些基本的危机控制原则。危机控制的基本原则主要有以下几种。

一、快速反应原则

危机的发展具有周期性:酝酿期、爆发期、扩散期和消退期。与之相对应,危机的破坏性往往随着时间的推移而呈非线性爆炸式增长。危机发生后,能否首先控制住事态,使其不扩大、不升级、不蔓延,是处理危机的关键。一方面,因为危机发生后的24小时,是危机控制的黄金时间,危机在曝光初期具有较大的新闻价值,媒体会积极介入,社会公众对信息的需求也最为迫切,而组织如果不能在这个时期给关注危机的公众作出一个合理的表态,公众的怀疑和不满情绪将逐渐上升,组织形象和声誉都会由此受损,并很难进行弥补。另一方面,从危机事件本身特点来看,危机事件爆发的突发性和极强的扩散性决定了危机应对必须要迅速、果断。因此,越早发现危机并迅速反应以控制事态,越有利于危机的妥善解决和降低各方利益损失。

危机控制的快速反应原则覆盖两个方面:首先,组织内部对于危机事件必须保持高度警觉,早发现、早通报,便于高层尽快掌握了解真相、做出决策,绝对不可推诿扯皮,贻误战机。在对外沟通方面,快速反应原则显得更为重要,及早向外界发布信息既体现出组织对危机事件的快速反应姿态,又可以平息因信息不透明而产生的虚假谣言,赢得公众信任。同时,在危机发生后第一时间与利益相关者进行沟通公关,争取良好的外部环境,分解组织的外部压力,有利于危机的妥善解决。可以说谁能第一时间做出反应,谁就掌握了主动。

1993年7月,美国百事可乐公司突然陷入一场灾难,美国出现了关于在罐装百事可乐内接连发现注射器和针头的流言,许多超市立刻将百事可乐撤下货架。百事可乐公司迅速、果断地采取了一系列措施:通过新闻界向投诉的消费者道歉,并邀请他们到生产线上参观;重金买下美国所有电视、广播公司的播出时段反复进行辟谣宣传,并播放生产流程录像。由于百事可乐公司及时把真相告知公众,流言很快被击破。

二、尊重事实原则

任何组织在处理危机过程中，都必须坚持实事求是的原则，这是妥善解决危机的最根本原则。危机爆发后，发生危机的组织必须向公众提供事实的全部真相，而不必遮遮掩掩，以免引起公众的好奇、猜测乃至反感。片面的、不充分的信息只会延长危机影响的时间，增加危机所造成的损失。而不实的、捏造的信息一旦曝光，将加剧公众的愤怒情绪，使组织信誉蒙受巨大的损失。对于处于危机风波中的组织来说，最大的致命伤便是失信于民，一旦媒体和公众得知组织在撒谎，新的危机又会马上产生。

世上没有不透风的墙，违背尊重事实原则弄虚作假、封锁消息、愚弄公众，往往会产生一系列连锁反应，进一步加重危机的负面作用，以至给组织造成不可挽回的损失。向公众说出真相是危机控制与处理中最关键、最有效的解决办法。犯了错误并不可怕，可怕的是不敢承认错误。从危机公关的角度来说，只有坚持实事求是、不回避问题，勇于承担责任，向公众表现出充分的坦诚，才能获得公众的同情、理解、信任和支持。

2001年9月，南京知名食品企业冠生园被中央电视台揭露用陈馅做月饼，面对即将掀起的产品危机，南京冠生园既没有坦承错误、承认陈馅月饼的事实，也没有主动与媒体和公众进行善意沟通、赢得主动，反而公开指责中央电视台的报道蓄意歪曲事实、别有用心，并宣称"使用陈馅做月饼是行业普遍的做法"。一时间，媒体公众的猛烈谴责、同行企业的严厉批评、消费者的投诉控告、经销商退货浪潮令事态开始严重恶化，也导致冠生园最终葬身商海。

三、承担责任原则

危机发生后，公众关注的焦点往往集中在两个方面：一方面是利益的问题，利益是公众关注的焦点，因此无论谁是谁非，组织应该勇于承担责任，不推卸责任，即使受害者在事故发生中有一定责任，组织也不应该首先追究其责任而引起公众的反感。另一方面则是感情问题，公众一般都很在意组织是否在意自己的感受，因此组织应该站在受害者的立场上给予一定的同情和安慰，并通过新闻媒体向公众道歉，解决深层次的心理、情感关系问题，赢得公众的理解和信任。

危机事件往往会造成组织利益和公众利益的冲突激化，组织是否遵循承担责任原则，实质上是考验陷于危机中的组织对于组织利益选择的不同态度。目光短浅的组织，为了保护自身、获取短期利益，在危机管理中往往将公众利益和社会责任束之高阁，最终却为之付出巨大代价。而具有强烈责任感的组织，宁愿以牺牲自身短暂利益换来良好的社会声誉，树立和不断提升组织和品牌形象，从而实现组织发展的基业长青。1982年，美国强生公司不惜花巨资在最短的时间内收回了数百万瓶泰诺药片，成功处理了泰诺药片中毒事件，选择了一种自己承担巨大损失而使他人免受伤害的做法，赢得了公众和舆论的广泛同情。三株口服液风波和强生泰诺事件，相似的产品危机形势，不同的责任表现和结局，这两个经典的危机管理事件对此作了最好的诠释。

四、真诚沟通原则

当危机爆发后，及时、坦诚的沟通是化解危机的重要途径之一。处于危机中的组织要高度重视做好信息的传递发布并在组织内外部进行积极、坦诚、有效的沟通，把自己所做、所想的，积极坦诚地与公众沟通，保障社会公众的知情权、充分体现出组织在危机应对中的社会责任感，从而为妥善处理危机创造良好的氛围和环境，达到维护和重树组织良好形象的目的。可以说，组织内外部的信息传递和沟通效果是妥善处理危机的核心问题。事实上，陷于危机事件中的管理者们往往将大部分时间和精力用于组织内外部沟通，但最终的结果却大相径庭，其原因便在于能否真正遵循真诚沟通原则进行及时、坦率、有效的危机沟通。

企业组织危机沟通的覆盖范围主要有：企业内部员工、消费者、政府及相关部门、新闻媒体。与企业内部管理层和员工的沟通是危机沟通中的第一步，内部沟通有三个作用：一是容易激发出员工对企业处境的同情并增强责任感，二是可以避免谣言由内向外传播，三是保持企业的有序运转，减少危机的破坏程度。在危机中，消费者是企业危机管理中的重要砝码，企业必须重视消费者的要求,采取积极行动,赢得消费者的信任,这些积极行动看起来受益者是消费者,其实也是企业自己。在很多危机场合,企业应该倚仗政府、行业组织等主管部门,借助他们的权威更容易消除不良影响,化解危机。在危机管理中,新闻媒体的作用也越来越大,危机的恶化在很大程度上来自于媒体的推波助澜,所以做好与媒体的沟通非常重要,不要同媒体发生冲突,要采取多种方式同媒体保持联系。

2010年2月18日湖南省质监局抽查出金浩茶油部分产品存在质量问题,之后的半年多时间里此事一直未向消费者披露。面对网上流传的"金浩茶油苯并芘超标6倍"的说法,金浩持完全否认态度。8月30日,《新世纪周刊》率先报道了金浩问题茶油秘密"召回"的情况,9月1日,金浩茶油发布道歉信,公布了被质监部门检出致癌物超标的9个批次产品信息,对问题产品承诺退换并按国家最高赔付标准赔付。金浩由完全否认转向道歉,前后态度发生了戏剧性的变化,但公司损失已经过亿。粮油问题关系国计民生,从已经爆出的多起公共产品安全事件来看,事实一次次证明,信息的通畅与公开只会有利于社会稳定,能否真正遵循真诚沟通原则进行及时、坦率、有效的沟通关系到能否最终妥善处理危机。

五、系统运行原则

危机控制的系统运行原则指在逃避一种危险时,不要忽视另一种危险。在进行危机管理时必须系统运作,要综合运用各种手段,绝不可顾此失彼。对引发危机的原因要查明事情真相,积极与媒体沟通,将事情的真实情况通过媒体通报给消费者;动用政府、行业协会等相关部门的影响力,利用他们的权威性澄清有关事实;及时处理好与供应商、经销商、银行之间的关系,防止出现釜底抽薪的情况;果断决策、系统部署、迅速行动,彻底消除危机,将危机的负面影响降低到最低程度。

近年来,在突发性危机事件应对中,一大批中国本土企业纷纷倒下,一个个曾经叱咤风云的品牌相继陨落。而在2004年11月爆发的中国香港创维数码董事局主席黄宏生被拘捕的危机面前,创维公司管理层借助于系统运行原则,积极展开危机公关,与多方进行坦诚沟通,获得了从经销商到供应商,从金融机构到政府部门的一致支持,有效避免了以往国内爱多公司、金正公司等企业在危机事件中遭遇经销商、供应商和投资者联合发难逼债崩盘的悲惨局面,堪称中国企业危机管理的典范。

六、借助外力原则

危机管理,既是一门科学,又是一门艺术。危机发生后,处于危机中的组织由于利益关系和社会公众往往会产生一定的冲突,单纯依靠组织本身发出的信息和解释已很难被公众直接接受,说服力不足。这时如能够灵活变通,迂回曲线,向知名专家学者或者权威机构核对验证,通过第三方传递出信息,往往会起到降低社会公众警戒心理,重获信任的效果。组织应尽力争取政府主管部门、独立的专家或机构、权威的媒体及消费者代表的理解和支持,而不是自己去徒劳地解释或自吹自擂。

2006年饮料消费旺季即将到来之际,可口可乐、百事可乐两大国际饮料巨头同时遭遇软饮料可能致癌事件。两大巨头对事件做出了迅速反应,均表示公司的所有产品都是安全的。同时,国家质检总局、中国饮料工业协会等权威机构的验证信息和专家的评论无疑具有极强说服力,软饮料可能致癌一事终于告一段落,其主导原因在于事件的爆发初期权威检测机构的检测结果及专家的评论信息,并非两大饮料巨头公关人员的声明辩解。借助权威机构和专家外力这一招,也被众多成功危机公关的企业多次采用,屡试不爽。

第三节 危机控制的方法及趋势

选择恰当的危机控制的方法,有助于危机管理者理清思路,改善危机处理的效果,减少危机的危害程度,甚至可以化危为机。

一、危机应对的相关理论

开创危机管理战略分析理论的学者威廉·班尼特（William Benoit）提出危机处理的五大战略方法：第一个战略是否认，分为简单否认和转移视线两种；第二个战略是逃避责任，这是最复杂的策略，包括被激怒下的行为、不可能的任务、事出意外、纯属善意四种具体战术；第三个战略是减少敌意，包括支援与强化、趋小化、差异化、超越、攻击原告、补偿六种策略；第四个战略是亡羊补牢，通过制定相关法律法规来减少以后类似事件的发生；第五个战略是自责，包括道歉、忏悔和寻求公众的宽恕。前两大战略强调责任，后两项与消除敌意有关，最后一项则是表达自责。另外，著名的危机管理专家伊恩 I. 米特诺夫提出了被迫告知真相、先发制人、隐藏信息、阻碍信息传递的危机处理策略。

二、危机应对的一般策略

（一）危机中止策略

针对危机诱因，在危机尚未曝光或者负面影响尚不严重之前采取危机中止策略非常重要。如果危机的根源在于企业产品的质量出现问题、企业的生产经营过程造成污染等，企业就应立即实施中止策略，如停止生产和销售、回收产品，主动承担相应的损失，向公众传达企业的社会责任感，防止危机进一步扩散。2017年8月1日，惠普暗影精灵Ⅲ代PLUS游戏本电脑上市。因为工作人员的人为疏忽，在广告中标错了散热管的数量。在发现问题之后，惠普官网迅速删除了之前的宣传页面，并在一周后就提出了赔偿方案，通过微博发表声明，对广大消费者郑重道歉，有效控制了负面消息的传播范围，未使危机升级。由于惠普主动承担责任，及时有效地处理了问题，不仅摆脱了2010年"蟑螂门"留下的阴影，而且还增加了品牌曝光度，树立了积极正面的品牌形象。

（二）危机隔离策略

由于危机的发生往往具有扩散效应，如果不加以控制，危机影响的范围将不断扩大。危机隔离策略的目的在于将危机的负面影响隔离在最小范围内，避免造成更多的人员伤亡和财产损失，殃及组织的其他部门或相关公众。隔离策略主要有两种情形：危害隔离和人员隔离。危害隔离即对危机采取武力隔离的方法，使危机所造成的损失尽可能控制在一定范围之内。比如，当火灾发生之后，采取果断措施隔离现场，避免"城门失火，殃及池鱼"；对于一些多元化经营的企业，在某一产品线发生信誉危机之后，要采取有效的隔离措施，避免对其他产品线造成不利影响。人员隔离即在危机发生后在人力资源上让危机管理小组成员专门负责处理危机，让其他人继续从事企业正常的生产经营活动，防止危机对企业正常的生产经营活动造成巨大冲击。

（三）危机消除策略

危机消除的目的在于采取有效措施迅速消除危机带来的各种负面影响，转变人们的态度和看法。危机造成的负面影响可能包括物质财富上的损失，如企业生产经营场所遭受破坏、产品大量退货、积压等；也可能包括精神上的损失和打击，如员工士气低落、股东信心不足、组织形象受损等。面对突如其来的危机，组织应尽可能地保持沉着冷静，根据当时的外部与内部环境，选择恰当的措施消除危机带来的负面影响。要善于利用正面材料，冲淡危机的负面影响，如通过新闻界传达企业对危机后果的关切，采取的措施等，并随时接受媒体的访问并回答记者的提问。

2013年4月12日以来，某报持续28天以连续67个版面、76篇报道，称农夫山泉"标准不如自来水"，引发了市民对饮用水问题的强烈担忧，使农夫山泉深陷危机。在受到了舆论的广泛关注之后，农夫山泉并没有对消费者所关注的标准问题进行正面解释和回应，而是在多家媒体以整版公告的形式公布其产品的相关标准，并对相关报道进行批驳。一个企业敢于申报或执行国家标准，甚至敢于积极参与国家标准的制定，至少说明这个企业处于行业中的领先水平，这种"被动式广告"比任何形式的主动宣传广告都有效。

（四）危机利用策略

组织在危机中处理得当、表现得体、诚实负责，往往有可能化危为机。因此，越是在危机时刻，越能反映出一个优秀组织的整体素质、综合实力和博大胸怀，也越能体现出一个优秀领导者的管理水平。要采取诚实、坦率、负责的态度，就有可能将危机化为生机，处理得当，就会收到坏事变好事的效果。例如2000年11月史克公司因康泰克PPA事件而一度遭受重大挫折，但有效的危机管理帮助史克公司走出了阴影，各大媒体对新康泰克的上市进行了积极报道，为新产品打开市场起到了很好的造势作用，为新康泰克赢得"老大"的地位奠定了坚实的基础。

上述四种危机应对策略并不是彼此割裂的，在危机控制过程中，往往要综合运用各种危机应对策略，以达到最好的效果，但不同阶段可以不同策略为重点。一般情况下，危机中止策略和危机隔离策略广泛运用于危机处理的前期，而危机消除策略和危机利用策略则在危机处理的后期普遍使用。

三、危机控制的具体方法

(一)针对企业内部员工的方法

在危机发生后，企业应尽快制定针对内部员工的方法：在稳定情绪、稳定秩序的基础上向职工告知事故真相和企业采取的措施，使员工同心协力，共渡难关；收集和了解职工的建议和意见，做好说明解释工作；如有伤亡损失，做好抢救治疗和抚恤工作，通知家属或亲属，做好慰问及善后处理工作；制定挽回影响和完善企业形象的工作方案与措施。

企业可用的内部信息发布渠道通常有以下几类：管理层会议、相关负责人小组会议、企业内部网络管理信息系统、全体职工大会、企业内部发行物和电话会议或邮件。事实上，企业在危机中的内部信息发布渠道往往是立体组合的，管理层会议用来统一高层共识；与相关负责人面谈能实现重点沟通，了解事情发展状态；内部网络平台可以提升沟通效率，能在最短的时间内达到最好的效果；全体员工大会可以做到最全面的部署，也能最大限度地调动全体员工应对危机的积极性。至于渠道选择的优先顺序就得视具体情况而定了。

(二)针对受害者的方法

受害者是危机处理的第一公众对象，企业应认真制定针对受害者的切实可行的应对方法：首先，设专人与受害者接触，对受害者应明确表示歉意，冷静地倾听受害者的意见和他们提出的赔偿要求。即使这时他们的意见并不完全合理，也不要马上与之辩论、讨论；即使受害者本身要对事故负有一定责任，也不应马上予以追究或推出门了事，或立刻诉诸法律。然后，应该同他们坦诚、冷静地交换意见，同时谈话中应避免给人造成推卸责任，为本组织辩护的形象。最后，确定关于责任方面的承诺内容与方式，制定损失赔偿方案，包括补偿方法与标准；制定善后工作方案，不合格产品引起的恶性事故，要立即收回不合格产品，组织检修或检查，停止销售，追查原因，改进工作；确定向公众致歉、安慰公众心理的方式和方法。还要注意在处理事故的过程中，没有特殊情况，不要随便更换负责危机处理的人员和探望受害者的人员，以便保持处理意见的一致性和操作的连续性。

(三)针对新闻界的方法

媒介对危机事件反应敏感，传播速度快，范围广，影响力大，处理不好容易误传，形成不利于事件处理的舆论。因此，要特别注意处理好与新闻媒介的关系，具体方法包括：确定配合新闻媒介工作的方式；向新闻媒介及时通报危机事件的调查情况和处理方面的动态信息，企业应通过新闻媒介不断提供公众所关心的消息，如善后处理、补偿办法等；确定与新闻媒介保持联系，沟通的方式，何时何地召开新闻发布会应事先通报新闻媒介；以宽容和灵活的策略对待不利于企业的新闻报道和记者的态度。

(四)针对上级有关部门的方法

危机发生后，企业要与上级有关部门保持密切联系以求得指导和帮助；企业要及时地、实事求是地汇报情况，不隐瞒、不歪曲事实真相，随时汇报事态发展情况；事件处理后详细报告事件经过、处理措施、解决办法和防范措施。

(五)针对其他公众的方法

企业应根据具体情况,对兄弟单位、社区公众、社会机构、政府部门通报危机事件和处理危机事件的措施等情况,并制定出相应的方案,全面消除危机事件的影响。对待社区,如果是火灾、毒物泄漏等给当地居民确实带来了损失的,组织公关部门应向当地居民登门道歉,根据事故的性质也可以挨门挨户道歉。必要时可以在全国性或地方性报纸上刊出致歉广告,直到给以经济赔偿。这种致歉广告应该面向有关公众,告知他们急需了解的情况,明确表示出组织敢于承担责任、知错必改的态度。

四、危机控制的新趋势

在舆论影响力上,电视、报纸、杂志位居前三位,传统媒体拥有强大的舆论引导权力,其观点和立场往往影响着民众对企业或品牌的判断。随着信息社会的加速到来,网络媒体将进一步摆脱作为传统媒体附庸的角色,在信息来源上更显独立性,并从深度、广度、互动性上将大大体现出其有别于传统媒体的优势。而更多有关企业的负面报道、负面批评、负面消息将可能第一时间出现于网络之上,BBS、博客、个人论坛、专业网站、投诉网站甚至是个人式MSN签名档之上,传统媒体将反向从网络媒体中搜集新闻素材,从而去诠释、跟进、演绎某一个新闻题材特别是危机事件的报道。

长尾效应不仅可以有效地解释市场营销中许多新的现象,而且对于危机事件的发生,长尾效应同样显现出惊人的概括力。在一个完全以自我为中心的网络时代,信息传播的规则已经发生了深刻的变化——信息传播的权力、舆论的批评权力开始从机构向个人过渡,"长尾"进入主流。企业要管理的危机源头,将从个别高高在上的主流媒体,变成千千万万草根式的"长尾"个人媒体。

对于这种新的危机发生现象,任何企业都不可能忽视。但是绝对大部分企业关注的、监测的对象几乎都只是传统媒体,在企业领导者的思维中,只有大的主流媒体才是舆论的引导者、意见领袖的担当者,网络媒体、特别是门户网站之外的网络信息完全不是企业所要监控的对象。然而,越来越多的影响力巨大的企业危机完全是以谁也无法预料到的方式引爆——不是主流报纸义正词严的深入新闻报道,也不是中央电视台式严肃调查取证的焦点访谈,而是许许多多个人意见式、感受分享式、调侃式、揭露提醒式的小帖子、邮件或博客文章,使得某些事件迅速成为民众关注的焦点,并引来传统媒体的大规模介入,非正规式网络信息正成为企业危机出现的最主要来源。

国家统计局发布的数据显示2017年我国互联网普及率达到55.8%,互联网上网人数7.72亿人,其中手机上网人数为7.53亿人。防范来自网络深处的危机袭击,将是企业危机控制的关键所在。

知识拓展

新创企业的危机管理

一、新创企业的成长阶段划分

弗拉姆豪茨和兰伊尔在《企业成长之痛——创业型公司如何走向成熟》中将企业的生命周期分为七个阶段,包括新创期、成长期、规范期、成熟期、多元化期、调整期、衰退或再创业期。就一般新创企业而言,关注的重点在新创期、成长期和规范期。新创期始于企业成立之日,在这个阶段企业经过多次的产品(或服务)改良后已经能够满足目标市场的需求;在成长期这一阶段,企业在市场上已经站稳了脚跟,关注的重点是如何满足日益增加的需求;规范期指企业在管理方面开始出现各种问题,单纯依靠增加物质投入已经无法应对发展的需求,建章立制成为这个阶段的重点。表18-1为企业在三个不同时期的主要特征,它可以帮助创业者更好地理解每个时期的主要工作。

表 18-1　新创企业在新创期、成长期、规范期的主要特征

区别要素	新创期	成长期	规范期
利润	把利润视为副产品	以业务增长为主导,利润为辅助	以利润为导向,把利润作为明确的目标
计划	不规范、非正式的计划	对计划开始重视,逐渐规范	规范、系统的计划过程,涵盖了战略规划等
组织	职位重叠,责任不明	机构增加,分工开始专业化	规范、明确的职位描述,分工专业化
控制	局部非正式的控制,很少使用规范的评估	开始关注对业务单元整体绩效的评估和控制	规范的、有计划的组织控制系统
培训	非正式培训,主要为在岗培训	应急式的培训,以应对业务增长的需要	有计划的培训,建立完善的培训体系

二、新创企业实施危机管理的重要性

创业时时有风险,甚至会遇到致命性危机,因此新创企业必须关注危机管理。在特定条件下,某些风险一旦达到某个程度并被触发,就可能转化为危机。在创业这个动态过程当中。创业者必须认识到:即使经营发展得很顺利,但成功不是永恒的,意想不到的危机可能在没有任何前兆的情况下突然发生。所以创业者必须有敏锐的洞察力,时刻关注周围的情况,并且善于行动,始终保持进攻的态势,拿出足够的激情甚至是狂热。为了企业的持续稳定发展,创业者必须突破现状并不断革新才会带来永远的繁荣,不可安于现状,这正是"商道"的本质所在。危机不一定将企业打倒,但通过危机管理,它也有可能使企业变得更强大。新创企业可能遇到的危机主要有市场开拓危机、财务危机、组织与人才危机、品牌危机等。

三、防范和控制各类新创企业危机

(一) 防范和控制市场开拓危机

新创企业的关键是生存,因此寻找目标客户、开拓市场成为重中之重。企业在这一阶段遇到的危机可以分为两大类:第一类是进入市场的时机失误,致使市场开拓效果不明显;第二类是为了扩大市场盲目冒进,可是企业后劲不足,导致扩张失败。针对市场开拓危机的不同情况,需要不同的解决办法。

先谋后动、慎思敏行。《商业机会评价:富金矿与热山芋》中详细介绍了蒂蒙斯评价体系,指出了行业和市场状况(涉及市场结构、市场规模、成长率和可获得的市场份额等指标)的重要性,特别强调了市场的客观存在性。为了全面地了解市场状况,创业者需要对计划进入的行业有全面的了解,其中包括该产业的价值链是如何构成的、是否具有资源或成本方面的壁垒、是否存在技术标准的壁垒、企业从何处以何种条件获得资金、企业的盈利点在哪里等。

量力而行、有所不为。这不仅是大公司在实施多元化战略时应该牢记的警句,而且也应该是新创企业在市场开拓(包括选择进入何种市场)中要时时刻刻思考的问题。面对现实的诱惑,创业者必须学会等待、善于放弃。对于创业者而言,市场开拓失败只是众多危机中的一个,它既不是最重要的,也绝不是最后的一个。失败是创业者职业生涯中的一部分,比成功更具必然性,它是一件让人遗憾、但并不可耻的事情。

(二) 防范和应对财务危机

"现金为王"是在现代企业家中流传甚广的格言警句,然而在现实中因此翻船的企业却不在少数。随着新创企业市场份额的增大,企业需要更多的原材料、机器设备和员工,然而货款的回收却并不一定如想象中的顺利,实际的销售利润率也许比设想的要低很多,而原材料以及制成品的库存、意想不到的现金支出却可能比计划多出很多,企业掌控的资金不足以维系企业的正常运行,以致企业面临关闭、破产的可能。导致财务危机的原因有很多,从创业者的角度来分可以归为两大类:第一类是创业者缺乏财务知识、忽略了企业财务体系的建设和完善;第二类是创业者具备必要的知识,但是缺乏对客观规律的敬畏心理,铤而走险。财务危机的后果是严重的,然而预防其发生的方法却远非高深莫测。新创企业防范和应对财务危机,必须精通财务管理,把财务管理放到核心地位,杜绝引发财务危机的各类问题。企业要建立财务预算;注意资产平衡,减少

资金占用；要随时观测企业财务状况是否存在异常情况；要与银行保持合作关系，获得必要的资金支持或受信额度。绝不可以违背财务规律去经营企业，挑战规律取得成功是命运的恩惠，而失败才是顺情合理的结果。创业者需要冒险，但应该是有节制地冒险。

（三）防范和应对组织与人才危机

当企业发展到一定阶段以后，如果没有相应的组织和制度保障，就会出现成长中的不平衡，成为销售的巨人、制度的侏儒，其最终结果不言而喻。组织与人才危机是指由于新创企业在发展过程中未能建立合理有效的组织机构和与之相配套的人才培养与招聘等各项规章制度，致使企业的内部管理水平滞后于产品的市场开拓能力，从而阻碍了企业的进一步发展。具体而言，组织危机主要指新创企业内部部门的设置与职责、部门之间的协调等方面的问题导致的突发事件；人才危机则指由于缺乏培训和招聘机制，致使企业无法获得胜任各个部门职责的员工导致的突发事件，因为二者的关系互为表里，所以统称为组织和人才危机。组织和人才危机有两种不同类型：一是没有建立必要的组织机构和规章制度，从而使创业者事必躬亲，当创业者意识到这个问题以后开始授权时，企业却缺少必要的人才；二是因为没有建立有效的组织机构和规章制度，从而迫使创业者成为救火队长。

防范和控制组织与人才危机，创业者需要继续通过言传身教把创新和创造力的精神传给尽可能多的员工，使新创企业保留某些创业特性，防止过早的机构官僚化；逐步改变事必躬亲的做法，开始构思企业的组织框架、建章立制、育人用人，从一个一人决策的创业型公司转变成为一个有组织的、有专业管理团队的公司，将自己的角色从运动员逐步转变为教练员和监督员；伴随着组织机构的设立和完善，与之相适应的各种规章制度也要建立起来。随着企业的发展扩大和组织框架的构建，人才问题越来越成为新创企业发展的瓶颈，主要表现为当初一起创业的员工缺少必要的管理技能，难以胜任新的岗位；同时他们对外部招聘过来的新员工（特别是他们的上级）不予合作，倚老卖老。因此管理技能开发的主要目的是挖掘现有员工的潜能，使其掌握充分的管理（特别是沟通）技能，能够适应新的角色并会与新人合作。

（四）防范和控制品牌危机

企业的品牌危机指由于企业外部环境的变化和（或者）企业品牌运营管理过程中的失误，而对企业品牌形象造成不良影响并在很短的时间内波及社会公众，进而大幅度降低企业品牌价值，甚至危及企业生存的窘困状态。企业的品牌危机分为两类：第一类是产品质量问题引发的危机，由于设计或制造技术方面的原因而造成产品存在缺陷，不符合相关法规、标准，从而引发质量问题；第二类是非产品质量问题引发的危机，导致非产品质量引发危机的因素很多，比如企业信誉危机、服务危机、品牌被仿冒而产生的危机以及品牌延伸策略失误引发的危机等。

防范和应对品牌危机首先需要立即启动危机处理组织机制，成立危机领导小组，高层领导以"新闻发言代表"或"企业代表"身份出现，疏通沟通渠道，在第一时间以坦诚的态度出现在媒体和公众面前，并与之保持良性的互动。其次，启动危机处理机制，企业应及时组建现场处理小组、技术支持小组，任命谈判代表，要在第一时间赶赴现场接触受害者（直接/间接/潜在），查找危机成因，确定危机的关键点，汇编这些公众的联系方式，确认具体受影响的程度，他们希望通过什么方式解决，确认他们对危机可能的认知和态度（正面/中立/负面），确认可能的支持，并把这些结果及时通报给危机领导小组和发言人。随后，运用定量和定性的分析方法对危机损失进行评估，确定危机水平等级，启动下一步的危机处理环节，即制定相应的危机处理方案，并通过谈判专家与受害者、媒体接触，确定处理方案。有效的危机控制能够增加企业曝光度，提高品牌、组织的知名度，树立该品牌负责任、关注社会公众利益、讲求信誉的良好形象，甚至提高市场占有率。

此外，新创企业要主动防范发生知识产权纠纷，理性解决所发生的知识产权危机以免新创企业陷入与其他企业、机构的知识产权纠纷之中而难以自拔，以致影响到企业正常的经营和发展；防范和控制可能引发核心创业团队危机的因素和问题，培育团队领袖，确保团队结构合理，培育团队共识的目标、利益、思路、规则，团队成员相互激励，克服"畏惧心理"和"机会主义"；积极防范和应对客户关系危机。

本章小结

　　危机是对一个社会系统或组织的基本价值和行为构架产生严重威胁，要求组织在时间紧迫和不确定性极高的情况下必须作出决策的突发性事件。危机具有突发性、破坏性、紧迫性、不确定性、无序性、隐蔽性和扩散性等基本特征。

　　危机管理是企业为避免或者减轻危机所带来的严重损害和威胁，而有组织、有计划地制定和实施一系列的管理措施和应对策略，包括危机的预警、危机的规避、危机的控制、危机的解决与危机后的恢复发展这样一个动态过程。危机管理的目的就是要发现危机发生的诱因、掌握处理危机的方法与策略，尽力避免危机所造成的危害和损失，有效的危机管理甚至能化危为机，推动企业的健康发展。其中，建立危机预警系统非常重要，遵循危机预警系统的原则，熟悉建立过程。

　　危机控制的职能是危机管理顺利进行的重要保障。危机控制的基本原则主要有：快速反应原则、尊重事实原则、承担责任原则、真诚沟通原则、系统运行原则和借助外力原则。

　　危机应对策略是对危机处理的整体性思考。危机控制的一般性策略有危机中止策略、危机隔离策略、危机消除策略和危机利用策略。危机应对的具体方法可以分为针对企业内部员工、针对受害者、针对新闻界、针对上级有关部门以及针对其他公众的方法。此外，应掌握危机控制的新趋势。

案例分析

海底捞三小时危机公关

一、公司简介

　　四川海底捞餐饮股份有限公司成立于1994年，是一家以经营川味火锅为主、融汇各地火锅特色于一体的大型直营餐饮民营企业。公司在张勇董事长确立的服务差异化战略指导下，始终秉承"服务至上、顾客至上"的理念，以创新为核心，改变传统的标准化、单一化的服务，提倡个性化的特色服务，将用心服务作为基本经营理念，致力于为顾客提供"贴心、温心、舒心"的服务；在管理上，倡导双手改变命运的价值观，为员工创建公平公正的工作环境，实施人性化和亲情化的管理模式，提升员工价值。

　　海底捞品牌创立二十余年来，公司在北京、上海、西安、郑州、天津、南京等中国大陆的57个城市有190家直营餐厅。在中国台湾有2家直营餐厅。在国外，已有新加坡4家、美国洛杉矶1家、韩国首尔3家和日本东京1家直营餐厅。成功地打造出颇具四川火锅特色、融会巴蜀餐饮文化、"蜀地，蜀风"浓郁的优质火锅品牌。

　　海底捞现有七个大型现代化物流配送基地、两个底料生产基地。七个大型物流配送基地分别设立在北京、上海、西安、郑州、成都、武汉和东莞，以"采购规模化、生产机械化、仓储标准化、配送现代化"为宗旨，形成了集采购、加工、仓储、配送为一体的大型物流供应体系，位于郑州的底料、调料生产基地具有出口企业备案资质，通过了ISO 9001：2008质量管理体系认证，产品通过了HACCP认证。

　　2008～2012年连续5年荣获大众点评网"最受欢迎十佳火锅店"。2008～2015年连续8年获"中国餐饮百强企业"荣誉称号。公司发展至今，已成为海内外瞩目的品牌企业。中央电视台二套《财富故事会》和《商道》曾两次对海底捞进行专题报道；湖南卫视、北京卫视、上海东方卫视、深圳卫视等电视媒体多次进行报道；美国、英国、日本、韩国、德国、西班牙等多国主流媒体亦有相关报道。

二、海底捞老鼠门事件

2017年8月25日,《法制晚报》发布了一则卧底海底捞的报道。《法制晚报》记者在海底捞北京劲松、太阳宫两家门店暗访近4个月,在后厨看到的一幕幕触目惊心:配料房、上菜房、水果房、洗碗间、洗杯间等处均发现了老鼠的踪迹,甚至有老鼠爬进了装着食物的柜子里;用来清扫地面、墙壁和下水道的扫帚和簸箕,还会用来清理洗碗机和储物柜;洗碗机内壁上沾满了油渍和腐烂的食物残渣,洗碗机内的蓄水池满是黄色的污水。后厨下水管道堵塞,配料房的工作人员打开了下水管道的挡板,清理堵塞的垃圾杂物,他们所使用的清理工具正是供顾客吃火锅使用的漏勺……卧底的记者拍下了老鼠横行、扫垃圾的簸箕放洗碗池中清洗、用火锅漏勺掏下水道等令人发指的后厨行为。

一般而言,这样的卫生状况被披露于众,对任何一家餐饮企业而言,都是打在七寸上的沉重一击,近乎灭顶之灾。海底捞在北京劲松店、北京太阳宫店食品卫生安全事件爆发3小时后,发表了致歉信。又在2个多小时后,海底捞对这一危机发布了7条处理通报。在通报的第六条中清晰写明责任董事会承担,涉事员工无须恐慌。民意迅速反转,网友疯狂转发,舆论导向偏向正面。

不提"偶发、意外、仅此一次"。在海底捞的致歉声明中,看不到"仅"或"只有"这样的字眼。首先,他们没有按照惯例,将事发的概率范围尽可能缩小,反而承认"每个月我公司也会处理类似的食品安全事件"。接下来,海底捞进一步表示,往常该类事件的处理结果会公告于众,消费者可以通过其官网或者微信平台对此进行查证——为自己对食品安全问题的重视找证据。"我们感谢媒体和公众对海底捞火锅的监督并指出我们工作上的漏洞,这暴露了我们的管理出现了问题。"海底捞强调他们一直在坚守社会责任的底线,而对于管理漏洞深表自责。对此,加拿大莱桥大学管理学院副教授、复旦大学管理学院EMBA特聘教授鲍勇剑表示,海底捞的致歉信是有亮点的危机公关稿件——给予读者正面的主观感受。

"相关责任人"纷纷浮出水面。海底捞在最短的时间内,在处理通报中出台了一些具体的行动陈述,如下所述。

聘请第三方公司,对下水道、屋顶等各个卫生死角排查除鼠,与第三方虫害治理公司从新技术的运用到门店设计等方向研究整改措施。

公布一系列整改措施的具体负责人的职位、姓名甚至联系电话:网络化监控——公司总经理杨小丽、监督意见联系人——副总经理杨斌、海外门店责任人——公司董事苟轶群、袁华强……

不用"临时工"顶包,也不会开除员工。海底捞将事件根由衍生到企业管理制度,并在公众面前保全员工,这让很多人感慨不已。海底捞一直以来主打"将员工当作顾客来服务"的企业文化,其大多数员工来自农村,经济能力不高。公司鼓动他们"双手改变命运",并赋予他们有给顾客赠送菜品、免单等权利,为其解决住宿,建立子女寄宿学校,对有贡献的员工奖励全家旅游、父母养老金等。

长江商学院副院长、市场营销学教授朱睿曾向界面新闻记者表示,企业社会责任的第一层是员工关怀,"自己都照顾不好的人,怎么去关心他人",而公众往往认为,心系员工的企业,不会对消费者太差。有了这么多年培育的企业基因,海底捞如今这一"另类"应对才显得不做作。同时,它没有对员工进行偏袒和回避,表示涉事员工"需按照制度要求进行整改并承担相应的责任"。在社会形象几乎要崩塌的一刻,是长期的企业基因为它挽回了些许余地。

面面俱到,第一时间回应。鲍勇剑曾向界面新闻记者表示,越是千钧一发的时刻,管理者越需要明确企业必须保护的生存资源是什么,在"消费者、员工、供应商、政府部门、媒体"中确定最关键的利益相关者,才能寻找到可以为己所用的转折机会。

在海底捞的致歉信和处理通报中,几乎可以看到每一位利益相关者的身影。

"今天,媒体的朋友也为我们提供了照片,这让我们十分惭愧和自责"

"我们感谢媒体和顾客帮助我们发现了这些问题"

"欢迎顾客、媒体朋友和管理部门前往海底捞门店检查监督"

"门店在此次整改活动中,应依据所在国家、地区的法律法规,以及公司相关规定进行整改"

"涉事停业的两家门店的干部和职工无须恐慌"

上午，海底捞沦陷；下午，海底捞逆袭。在数小时之内力挽狂澜，海底捞的应对，也被视为危机公关的完美典范而在网上被广泛传颂。海底捞的企业文化，被外界命之为"家文化"。海底捞在此次危机公关中，除了反应迅速（所谓舆情处理的"黄金四小时"之内）、措辞谦恭和态度恳切之外，最为核心和关键的一点，是公司的高层传达了"这锅我背、这错我改、员工我养"的信息，让顾客和员工都为之心动，从而扭转了不利的舆情。这与海底捞苦心经营的企业形象相符，与其"家文化"相符，也与公众的预期相符，从而维护了企业声誉。

三、问题店重开

2017年12月26日，被曝光"后厨老鼠乱窜"的海底捞劲松店，在停业整顿4个月后悄然开业。北京商报记者中午12时抵达该店发现，餐厅一楼的显眼位置已经安装一块电子屏幕，屏幕上半部分为餐厅后厨的直播画面，下半部分为海底捞的邀请函以及"诚告"。邀请函中明确表示，随时接待顾客参观，在后厨参观区域内可拍照、可摄像。诚告则是以列表形式，对餐厅售卖产品的成分、添加剂等信息进行公示。餐厅二楼入口处也设有一块内容相同的电子屏幕，消费者可通过该屏幕以及点餐的平板电脑实时观看后厨的直播画面。

北京商报记者进入餐厅后厨发现，各个操作间均较为整洁，工作人员都穿着制服，佩戴口罩、头套工作，打扫卫生的工具也都挂上"名称标牌"。据该店工作人员介绍，劲松店是海底捞在北京的第三家门店，经营时间较久，后厨个别设备也存在老旧现象。事件发生后，该店在4个月的时间内进行了重新装修，餐厅所有设备全部置新。

海底捞劲松店店长龚正浩在接受北京商报记者采访时表示，针对此前出现老鼠的现象，餐厅装修时填补了所有的缝隙，在不同区域放置了防鼠板等设备，后厨操作间的门也换成了感应门，提防老鼠的同时也减少了工作人员开关门时对双手的污染。餐厅的新变化还体现在新制定的食品安全制度以及明厨亮灶工程两方面。据龚正浩介绍，新制度总共有60多条规定，是在原有制度基础上的升级完善。每个员工每年记12分，违反不同的规定将给予不同的惩罚，扣至0分的员工按规定将予以辞退。"餐厅整改之前，后厨摄像头存在部分盲区，现在后厨摄像头已实现全面覆盖，且摄像已同步至食药监、阳光餐饮App等平台，消费者可随时观看。"龚正浩说。

多位接受采访的消费者表示，事件发生后企业能第一时间站出来道歉并积极改正，显示企业还是有一定的责任感，相信整改后会做得更好。不过也有消费者表示，以服务著称的海底捞出现重大的食品安全事故，并不能仅靠道歉、整改挽回形象。企业一旦逾越食品安全雷池，必须受到相关部门的制裁，才能起到警示作用。

随后，面对北京市食药监局针对此事件的"约谈"，海底捞承诺，将积极参与北京市的"阳光餐饮"工程，对北京各门店实现后厨的公开化、信息化和可视化。2017年9月7日，北京商报记者在海底捞望京店发现，该门店正在对后厨进行整改并且对消费者开放参观。该店工作人员表示，海底捞的后厨其实一直是向消费者开放的，但是之前很少有消费者提出参观需求，此次事件发生后，有参观后厨需求的消费者明显增加。而很多消费者参观之后，反而加深了对海底捞的好感和认同。

除了对门店进行升级整改和人员培训外，海底捞的事业版图也在继续扩张。北京商报记者注意到，在"老鼠门"事件后不久，海底捞门店陆续上线了海底捞自己的啤酒产品——Hi海底捞啤酒。据海底捞服务员介绍，这款啤酒是海底捞自己酿造的，已经陆续在海底捞各个门店上线，点击率也呈现逐渐上升的趋势。

海底捞"老鼠门"事件引发舆论哗然，很多人之所以选择"一秒钟就原谅了"，其实并不是海底捞的危机公关有多么的经典，实在是因为人们见多了太过低级和拙劣的危机处理方式。认错、道歉、整改，原本是任何一个单位面对事故和危机最起码的应对之策。但是，良好的危机公关只是一时之策，在快速成长之后，海底捞的内部管理显然已经跟不上，力不从心了。当各个门店的卫生状况频发之际，海底捞急需要做的，便是加强其内部管理，减少乃至杜绝类似事件的发生！

资料来源：[1] 全季们弱毙了 海底捞危机公关高明在哪里 [DB/OL]．
http：//www.jiemian.com/article/1578496.html, 2017-08-25 22：01；
[2] 海底捞问题店老鼠门事件后重张开业可实时观看后厨画面 [DB/OL]．
http：//www.mnw.cn/news/consumer/1909899.html, 2017-12-27 10：02；
[3] 海底捞的危机：漂亮公关之下，力不从心的管理 [DB/OL]．
http：//www.yidianzixun.com/0HAXxGkq, 2017-08-30，作者略有删改。

讨论题：

1. 请结合海底捞"老鼠门"危机事件，分析其特征与类型，谈谈科学的危机管理的重要意义。

2. 海底捞集团面对危机时采取了哪些危机应对策略？是否符合危机控制的原则？

3. 比较三株集团和海底捞集团面对危机时所采取的危机应对策略，为什么会产生截然不同的效果？

4. 结合海底捞集团谈谈餐饮企业如何防范各类危机的发生？企业应做好哪些基础工作？

5. 张勇曾谈到对快速扩张的担忧："别人都以为现在海底捞很好，可是我却常常感到危机四伏，有时会在梦中惊醒。以前店少，我自己能亲自管理。现在这么多店要靠层层干部去管，有些很严重的问题都不能及时发现；加之海底捞现在出名了，很多同行在学我们。我总担心搞不好我们十几年的心血就会毁于一旦。"谈谈你对这段话的理解。

复习思考题

1. 什么是危机？如何对危机进行分类？

2. 危机有哪些基本特征？试结合某个具体的危机事件来谈谈危机的特征。

3. 危机处理的过程中必须遵循哪些基本的原则？试用这些基本原则分析评述一个具体的企业危机事件。

4. 危机处理的一般策略有哪些？你认为导入案例中的三株公司应该采取哪些策略才可能化危为机？

参 考 文 献

[1] 海因茨·韦里克,马克 V. 坎尼斯,哈罗德·孔茨. 管理学 [M]. 第 12 版. 北京：经济科学出版社,2008.
[2] 梅强. 创业基础 [M]. 北京：清华大学出版社,2012.
[3] 周三多,陈传明,鲁明泓. 管理学——原理与方法 [M]. 第 5 版. 上海：复旦大学出版社,2009.
[4] 姜彦福,张帏. 创业管理学 [M]. 北京：清华大学出版社,2005.
[5] 西蒙 H A. 管理行为 [M]. 北京：机械工业出版社,2004.
[6] 斯蒂芬 P. 罗宾斯,蒂莫西 A. 贾奇. 组织行为学 [M]. 第 12 版. 北京：中国人民大学出版社,2008.
[7] 王俊柳,邓二林. 管理学教程 [M]. 北京：清华大学出版社,2003.
[8] 邬志辉,管理学基础 [M]. 长春：东北师范大学出版社,2005.
[9] 王方华,吕巍. 战略管理 [M]. 北京：机械工业出版社,2004.
[10] 张玉利. 创业管理 [M]. 北京：机械工业出版社,2009.
[11] 亨利·明茨伯格. 企业的社会责任 [J]. IT 经理世界,2005,(5).
[12] 朱丽霞. 企业社会责任的内涵及其管理 [J]. 企业改革与管理,2007,(12).
[13] 黎友焕,杜彬. 国内 SA 8000 研究综述 [J]. 中外食品,2008,(11).
[14] 张太海. 蓝色壁垒与企业蓝色经营策略 [J]. 生产力研究,2007,(2).
[15] 赵因因. SA 8000 与我国劳动密集型行业的国际竞争力——一个动态的宏观视角 [J]. 对外经贸实务,2006,(7).
[16] 叶祥松,罗海平. 企业社会责任与珠三角核心竞争力的重构 [J]. 珠江经济,2006,(3).
[17] 陈炜,王茂祥. 我国企业社会责任管理体系的构建 [J]. 管理现代化,2008,(2).
[18] 王阳. 我国企业社会责任管理体系的构建 [J]. 开发研究,2008,(4).
[19] 周祖城. 管理与伦理 [M]. 北京：清华大学出版社,2000.
[20] 刘建平,郑炳章,赵磊. 创业机会观点评述 [J]. 河北经贸大学学报,2010,(1).
[21] 郭剑兰,井润田. 高科技企业创业机会辨识的案例研究 [J]. 管理案例研究与评论,2008,(7).
[22] 张玉利,杨俊,任兵. 社会资本、先前经验与创业机会——一个交互效应模型及其启示 [J]. 管理世界,2007,(8).
[23] 林嵩,姜彦福,张帏. 创业机会识别：概念、过程、影响因素和分析架构 [J]. 科学学与科学技术管理,2005,(6).
[24] Stephen P. Robbins. 组织行为学 [M]. 北京：中国人民大学出版社,2005.
[25] 杰弗里·蒂蒙斯. 创业学 [M]. 第 6 版. 北京：人民邮电出版社,2002.
[26] 杜文晶. 创业融资渠道分析及应注意的问题 [J]. 商业会计,2007,(17).
[27] 廖继胜. 创业融资选择的影响因素分析及其策略探讨 [J]. 金融与经济,2007,(5).
[28] 黄速建,黄群慧. 管理科学化与管理方法论 [M]. 北京：经济管理出版社,2005.
[29] 徐国华,张德,赵平. 管理学 [M]. 北京：清华大学出版社,2009.
[30] 唐靖,张帏,高建. 不同创业环境下的机会认知和创业决策研究 [J]. 科学学研究,2007,(4).
[31] 王斌,田志龙. 动态竞争战略中的企业环境分析 [J]. 研究与发展管理,2005,(6).
[32] 王汝志. 中小企业竞争战略与竞争优势 [J]. 改革与战略,2005,(4).
[33] 韵江. 竞争战略新突破：来自低成本与差异化的融合 [J]. 中国工业经济,2003,(2).
[34] 李扣庆. 企业优化价值链的战略性思考 [J]. 管理世界,2001,(5).
[35] 丁慧平. 企业核心能力培育与价值创造 [J]. 北方交通大学学报,2001,(5).
[36] 潘晓云. 人力资源管理 [M]. 上海：立信会计出版社,2005.
[37] 萧鸣政. 人员测评与选拔 [M]. 上海：复旦大学出版社,2005.
[38] 龙立荣. 职业生涯管理的结构及其关系研究 [M]. 武汉：华中师范大学出版社,2002.
[39] 胡桂兰. 网海淘金——成功网商创业案例 [M]. 北京：清华大学出版社,2008.
[40] 王童玉. 关于企业内部经济效益评价体系的研究 [J]. 现代商业,2009,(20).
[41] 周健临. 管理学教程. [M]. 上海：上海财经大学出版社,2001.
[42] 纳哈雯蒂. 领导力. [M]. 北京：机械工业出版社,2003.
[43] 张勉,张德. 组织文化测量研究述评 [J]. 外国经济与管理,2004,(26).
[44] 刘兴才. 权变理论与管理方式的选择 [J]. 辽宁教育行政学院学报,2003,(11).
[45] Duane P. Schultz, Sydney Ellen Schultz. 工业与组织心理学 [M]. 北京：中国轻工业出版社,2004.
[46] 王英俊. 现代管理中的人本原理 [J]. 全球科技经济瞭望,2005,(4).
[47] 彭耽龄. 普通心理学 [M]. 北京：北京师范大学出版社,2001.
[48] 李专,李显东,孙明. 激励理论探析 [J]. 沈阳农业大学学报：社会科学版,2004,(5).
[49] 汪雪兴. 管理心理学 [M]. 第 2 版. 上海：上海交通大学出版社,2005.

[50] 李锡元. 管理沟通 [M]. 武汉：武汉大学出版社，2006.
[51] 陈国海. 组织行为学 [M]. 北京：清华大学出版社，2008.
[52] 薛长青，陈玉琴. 企业管理的人本原理 [J]. 集团经济研究，2006，(17).
[53] 孙健敏，李原. 组织行为学 [M]. 北京：复旦大学出版社，2008.
[54] 夏怡新. 坚持人本原理应重视对人的素质的培养 [J]. 华东经济管理，2001，(S2).
[55] 托马斯 S. 贝特曼. 管理学：构建竞争优势 [M]. 北京：机械工业出版社，2001.
[56] James R. Barker. 束紧的铁笼子：自我管理团队中的协和控制. 管理科学季刊最佳论文集 [M]. 北京：北京大学出版社，2005.
[57] 罗伯特·孟克斯，尼尔·米诺. 监督监督人——21世纪的公司治理. 北京：中国人民大学出版社，2006.
[58] 陈传明. "内部人控制"成因的管理学思考 [J]. 中国工业经济，1997，(11).
[59] 多兹，哈默尔. 联盟优势 [M]. 北京：机械工业出版社，2004.
[60] 滦福田. 危机管理6F原则与经典案例系列 [DB/OL]. http：//my.boke28.com/滦福田. 2007-1-11.
[61] 余明阳等. 危机管理战略 [M]. 北京：清华大学出版社，北京交通大学出版社，2009.
[62] 胡百精. 危机传播管理 [M]. 北京：中国传媒大学出版社，2005.
[63] 卢涛. 危机管理 [M]. 北京：人民出版社，2008.
[64] 张岩松. 危机管理案例精选精析 [M]. 北京：中国社会科学出版社，2008.
[65] 李世宗. 管理学原理 [M]. 武汉：华中科技大学出版社，2008.
[66] 李华晶，张玉利. 创业型领导：公司创业中高管团队的新角色 [J]. 软科学. 2006，(3).
[67] Gupta V., MacaMillan, C., Surie, G. Entrepreneurial Leadership: developing and measuring a cross-culture construct [J]. Journal of Business Venturing, 2004, (19).
[68] McGrath R. G., MacMillan I. C. The Entrepreneurial Mindset. Boston [M], MA: Harvard Business School Press, 2000.
[69] Covin J. G., Slevin D. P. The entrepreneurial imperatives of strategic leadership [M]. Oxford: Blackwell Publishers, 2002.
[70] Graen G. b., Uhl-Bein, M. Relationship-based approach to leadership: development of leader-member theory of leadership over 25 years: applying a multi-level multi-domain perspective [J]. Leadership of Quarterly, 1995, 6 (2).
[71] House R. J., Aditya R. N. The social scientific study of leadership: quo Vadis [J]. Journal of Management, 1997, 23 (3).
[72] Devarajan T. P., Ramachandran K. Entrepreneurial Leadership and Thriving Innovation Activity [J]. Journal of Business Venturing, 2002.
[73] Ireland R. D., Hitt M. A., Sirmon D. G. A Model of Strategic Entreprcneurship: The Construct and its Dimensions [J]. Journal of Management, 2003, 29 (6).
[74] 张刚，焦建军，王文奎. 管理沟通理论的变革性质和意义 [J]. 理论导刊，2005，(2).
[75] 张霞，胡建元. 管理沟通的障碍与疏导 [J]. 企业活力，2005，(1).
[76] 马志强，马宝军，朱永跃. 基于全程沟通视角的组织绩效计划管理研究 [J]. 科技管理研究，2010，(12).
[77] 丁岳枫，刘小平. 绩效管理过程中的沟通及策略 [J]. 商业研究，2003，(13).
[78] 王建军. 绩效考核管理中的沟通问题研究 [J]. 中国人力资源开发，2007，(12).
[79] 邓丽芳，孙大强，郑日昌. 如何管理员工的沟通压力 [J]. 中国人力资源开发，2009，(2).
[80] 董玉芳，何大伟. 中国企业管理沟通问题及对策研究 [J]. 经济问题，2005，(3).
[81] 陈康敏，李斌. 我国企业内部管理沟通问题及对策研究 [J]. 学术论坛，2009，(3).
[82] 张振鹏. 以持续沟通构建心理契约，提升企业绩效管理 [J]. 中国人力资源开发，2009，(2).
[83] 武勇. 优秀的创业团队是创业成功的法宝 [J]. 改革与战略，2006，(7).
[84] 聪慧. 创业阶段如何做好沟通 [J]. 企业文化，2005，(4).
[85] 罗珉. 目标管理的后现代管理思想解读 [J]. 外国经济与管理，2009，(10).
[86] 周青. 目标管理：关注结果还是关注过程 [J]. 企业管理，2006，(3).
[87] 许一. 目标管理理论述评 [J]. 外国经济与管理，2009，(9).
[88] 刘琴，周柏林. 中小企业战略管理缺失与应对策略 [J]. 特区经济，2010，(5).
[89] 李光. 析企业计划管理模式的变革 [J]. 经济问题，2002，(12).
[90] 陈洁，陈伟. 建立企业战略目标传导管理体系 [J]. 企业管理，2009，(11).
[91] 杨华江. 集团公司战略经营计划的管理过程探讨 [J]. 中国软科学，2001，(2).
[92] 靳磊，夏龙君. 战略管理理论回顾及研究趋势 [J]. 经济研究参考，2010，(24).
[93] Denison, Daniel R., and Mishra, Aneil K. Toward a Theory of Organizational Culture and Effectiveness [J]. Organization Science, 1995.

[94] Kim S. Cameron, and Robert E. Quinn. Diagnosing and Changing Organizational Culture: Based on The Competing Values Framework [J]. Addison Wesley, 1998.

[95] Lianke Song, Yonggui Wang, Jiangru Wei. Revisiting motivation preference within the Chinese context: an empirical study [J]. Chinese Management Studies, 2007.

[96] O'Reilly, C. A., Chatman, J. A., and Caldwell, D. F.. People and Organizational Culture: A Profile Comparison Approach to Assessing Person-organization Fit [J]. Academy of Management Journal, 1991.

[97] Stepen T. T. Teo, Titien Ahmad, and John J. Rodwell. HR Role Effectiveness and Organizational Culture in Australian Local Government [J]. Asia Pacific Journal of Human Resources, 2003.

[98] 黄昌富. 基于企业生命周期的危机管理研究 [J]. 企业经济, 2010, (6).

[99] 李唐周. 国外组织文化研究综述 [J]. 心理学动态, 1996, (1).

[100] 马力, 曾昊, 王南. 企业文化测量研究述评 [J]. 北京科技大学学报, 2005, (3).

[101] 宋联可, 魏江茹, 张钰. 企业文化对人力资源影响的研究述评 [J]. 商业研究, 2008, (5).

[102] 宋联可, 杨东涛, 魏江茹. 组织文化量表研究综述及评析 [J]. 华东经济管理, 2006, (10).

[103] 唐均, 刘树林, 朱涛. 成员文化异同对群体绩效影响的国外研究综述 [J]. 工业工程, 2004, (3).

[104] 张晓辉. 危机管理: 企业在管理中如何变"危"为"机"[J]. 中国经贸, 2009, (4).

[105] 游昌乔. 危机公关——中国危机公关典型案例回放及点评 [M]. 北京: 北京大学出版社, 2006.

[106] 赵仲夏. 危机传播中的信息控制 [J]. 鞍山师范学院学报, 2009, (3).

[107] 彭燮. 可追溯性: 危机控制的利器 [N]. 中国质量报, 2006-1-11 (第5版).

[108] 李宏舟. 新创企业的危机管理（上）[J]. 软件工程师, 2008, (2).

[109] 李宏舟. 新创企业的危机管理（中）[J]. 软件工程师, 2008, (4).

[110] 李宏舟. 新创企业的危机管理（下）[J]. 软件工程师, 2008, (5).

[111] 郭占元. 管理学理论与应用 [M]. 第2版. 北京: 清华大学出版社, 2015.

[112] 冯云霞, 沈远平. 管理沟通: 基于案例分析的视角 [M]. 第2版. 北京: 中国人民大学出版社, 2015.

[113] 程国平. 管理学原理 [M]. 第3版. 武汉: 武汉理工大学出版社, 2015.

[114] 赵丽芬, 刘小元. 管理理论与实务 [M]. 第3版. 北京: 清华大学出版社, 2017.

[115] 冯国珍. 管理学 [M]. 第3版. 上海: 复旦大学出版社, 2017.

[116] 缪匡华. 管理学: 案例、技能与实践 [M]. 北京: 清华大学出版社, 2016.

[117] 邓新明, 李剑峰, 侯俊东. 企业战略管理 [M]. 北京: 清华大学出版社, 2014.

[118] 任广新, 陈葆华. 管理学理论与实务 [M]. 北京: 北京大学出版社, 2016.

[119] 王作军. 管理学理论与实务 [M]. 重庆: 西南师范大学出版社, 2016.

[120] 金占明. 战略管理: 超竞争环境下的选择 [M]. 第4版. 北京: 清华大学出版社, 2016.

[121] 徐大勇. 企业战略管理 [M]. 北京: 清华大学出版社, 2015.

[122] 陈嘉莉. 管理学原理与实务 [M]. 第3版. 北京: 北京大学出版社, 2016.

[123] 周三多. 管理学 [M]. 第4版. 北京: 高等教育出版社, 2014.

[124] 吴淑芳, 李树超. 管理学原理 [M]. 北京: 机械工业出版社, 2016.

[125] 卓翔芝, 赵恒. 管理学概论 [M]. 合肥: 中国科学技术大学出版社, 2017.

[126] 杜慕群. 管理沟通案例 [M]. 北京: 清华大学出版社, 2013.

[127] 秦勇, 李东进. 管理学: 理论、方法与实践 [M]. 北京: 清华大学出版社, 2013.

[128] 单凤儒, 金彦龙. 管理学: 互联网思维与价值链视角 [M]. 北京: 高等教育出版社, 2015.

[129] 黄建春. 管理学 [M]. 重庆: 重庆大学出版社, 2017.

[130] 李铭辉. 管理学: 服务时代的决胜关键 [M]. 北京: 经济管理出版社, 2017.

[131] 张德. 现代管理学 [M]. 北京: 清华大学出版社, 2007.

[132] 单凤儒. 管理学基础 [M]. 第6版. 北京: 高等教育出版社, 2017.

[133] 陈传明, 周小虎. 管理学原理 [M]. 第2版. 北京: 机械工业出版社, 2015.

[134] 阚兴辉. 传统文化对大学生创业的影响与创业精神的构建 [J]. 学术月刊, 2013, (10).

[135] 岳杰勇. 中国社会危机管理的发展趋势与机制完善研究 [J]. 河南师范大学学报: 哲学社会科学版, 2006, 33 (3).

[136] 辛胜阻, 曹冬梅, 李睿. 让"互联网+"行动计划引领新一轮创业浪潮 [J]. 科学学研究, 2016, (2).

[137] 岳理. 大数据时代的创业趋势 [N]. 经济日报, 2015-09-14 (第16版).

[138] 杨昆. 大数据时代: 如何把握创业方向与机遇 [DB/OL]. https://www.qianzhan.com/analyst/.detail/220/150921-d4a47216.html, 2015-09-22.

[139] 王仕斌, 陈春花, 徐石. 共话协同管理: 与不确定性共舞 [DB/OL]. http://w.huanqiu.com/r/MV8wXzExMj-E1NTI4XzE4MV8xNTA0NTkyNTIw, 2017-09-05.

[140] 199IT互联网数据中心. 企业高管性别多样化及其影响 [DB/OL]. https://baijia.baidu.com/s?id=158631788-2674386217&wfr=pc&fr=new_lst. 2017-12-09.
[141] 梅强, 赵观兵. 创业案例集 [M]. 北京: 经济管理出版社, 2008.
[142] 危机预警系统 [DB/OL]. https://baike.so.com/doc/7691108-7965203.html.
[143] 中国质量认证中心. SA8000认证 [DB/OL]. http://www.cqc.com.cn/www/chinese/txrz/sa/.
[144] 辜胜阻. 新一轮互联网创业浪潮特点与趋势 [DB/OL]. 人民论坛网, 2016年3月21日.